Künstliche Intelligenz (KI) für Unternehmenssoftware (ERP)

Siar Sarferaz

Künstliche Intelligenz (KI) für Unternehmenssoftware (ERP)

Konzepte für Enterprise AI mit Beispielen von SAP S/4HANA

Siar Sarferaz
SAP SE
Walldorf, Deutschland

ISBN 978-3-031-86151-2   ISBN 978-3-031-86152-9 (eBook)
https://doi.org/10.1007/978-3-031-86152-9

Die Deutsche Nationalbibliothek verzeichnet diese Publikation in der Deutschen Nationalbibliografie; detaillierte bibliografische Daten sind im Internet über https://portal.dnb.de abrufbar.

Übersetzung der englischen Ausgabe: „Embedding Artificial Intelligence into ERP Software " von Siar Sarferaz, © The Editor(s) (if applicable) and The Author(s), under exclusive license to Springer Nature Switzerland AG 2024. Veröffentlicht durch Springer Nature Switzerland. Alle Rechte vorbehalten.

© Der/die Herausgeber bzw. der/die Autor(en), exklusiv lizenziert an Springer Nature Switzerland AG 2025

Das Werk einschließlich aller seiner Teile ist urheberrechtlich geschützt. Jede Verwertung, die nicht ausdrücklich vom Urheberrechtsgesetz zugelassen ist, bedarf der vorherigen Zustimmung des Verlags. Das gilt insbesondere für Vervielfältigungen, Bearbeitungen, Übersetzungen, Mikroverfilmungen und die Einspeicherung und Verarbeitung in elektronischen Systemen.
Die Wiedergabe von allgemein beschreibenden Bezeichnungen, Marken, Unternehmensnamen etc. in diesem Werk bedeutet nicht, dass diese frei durch jede Person benutzt werden dürfen. Die Berechtigung zur Benutzung unterliegt, auch ohne gesonderten Hinweis hierzu, den Regeln des Markenrechts. Die Rechte des/der jeweiligen Zeicheninhaber*in sind zu beachten.
Der Verlag, die Autor*innen und die Herausgeber*innen gehen davon aus, dass die Angaben und Informationen in diesem Werk zum Zeitpunkt der Veröffentlichung vollständig und korrekt sind. Weder der Verlag noch die Autor*innen oder die Herausgeber*innen übernehmen, ausdrücklich oder implizit, Gewähr für den Inhalt des Werkes, etwaige Fehler oder Äußerungen. Der Verlag bleibt im Hinblick auf geografische Zuordnungen und Gebietsbezeichnungen in veröffentlichten Karten und Institutionsadressen neutral.

Planung/Lektorat: Petra Steinmueller
Springer Vieweg ist ein Imprint der eingetragenen Gesellschaft Springer Nature Switzerland AG und ist ein Teil von Springer Nature.
Die Anschrift der Gesellschaft ist: Gewerbestrasse 11, 6330 Cham, Switzerland

Wenn Sie dieses Produkt entsorgen, geben Sie das Papier bitte zum Recycling.

Vorwort

Enterprise-Resource-Planning(ERP)-Systeme digitalisieren sämtliche Geschäftsprozesse von Unternehmen, um den Grad der Automatisierung und Optimierung zu erhöhen. Diese ERP-Lösungen integrieren Daten und Prozesse aus Bereichen wie Vertrieb, Marketing, Finanzwesen, Lieferkette, Fertigung, Services, Beschaffung und Personalwesen. Damit fungieren sie als zentrales Erfassungs- und Verarbeitungssystem für Unternehmen. Unternehmen sind daten- und erkenntnisgesteuert. Es geht nicht nur darum, die richtigen Daten zu haben, sondern auch die Erkenntnisse, die sich aus diesen Daten in Verbindung mit Geschäftsprozessen ergeben, sinnvoll zu nutzen. Hierbei kann Künstliche Intelligenz (KI) unterstützen, indem sie nützliche Informationen aus strukturierten und unstrukturierten Daten gewinnt, was intelligente ERP-Lösungen ermöglicht. Künstliche Intelligenz wird allgemein als die Fähigkeit einer Maschine definiert, kognitive Aufgaben zu übernehmen, die wir gewöhnlich mit menschlichem Denken verbinden, wie Wahrnehmung, Argumentation, Lernen und Problemlösung. Dazu braucht ein System die Fähigkeit, externe Daten korrekt zu interpretieren, aus diesen Daten zu lernen und die gewonnenen Erkenntnisse flexibel anzuwenden, um vorgegebene Ziele zu erreichen. Anders als traditionelle Programmierung, die explizite Regeln definiert, lernt Künstliche Intelligenz aus Daten und deckt dadurch verborgene Einsichten und Beziehungen auf. Künstliche Intelligenz wird zunehmend ein integraler Bestandteil von ERP-Systemen. Ihre Bedeutung ergibt sich aus ihrer Fähigkeit, die Effizienz, Genauigkeit und Funktionalität dieser Systeme erheblich zu verbessern. Im Folgenden finden Sie einige Beispiele für die transformative Wirkung von Künstlicher Intelligenz auf ERP-Systeme:

- Verbesserte Entscheidungsfindung: Künstliche Intelligenz kann große Mengen an Daten schnell und präzise analysieren und dadurch Erkenntnisse liefern, die Entscheidungsprozesse verbessern. KI-gestützte ERP-Systeme können Trends vorhersagen, potenzielle Probleme erkennen und geeignete Maßnahmen vorschlagen. Dies ermöglicht es Unternehmen, fundierte und zeitnahe Entscheidungen zu treffen.
- Automatisierung von Routineaufgaben: Künstliche Intelligenz kann wiederholende Aufgaben automatisieren, wodurch der manuelle Aufwand reduziert und die Mitarbeitenden sich auf komplexere Aufgaben konzentrieren können. Dies führt zu

erheblichen Produktivitäts- und Effizienzsteigerungen. Beispielsweise können Algorithmen Aufgaben wie Datenerfassung, Rechnungsbearbeitung oder Bestandsführung in ERP-Systemen übernehmen.

- Optimierung der Lieferketten: Künstliche Intelligenz kann Lieferketten optimieren, indem sie den Bedarf prognostiziert, Lieferwege optimiert und potenzielle Unterbrechungen der Lieferkette identifiziert, bevor sie auftreten. Algorithmen analysieren historische Daten und erkennen Muster, um präzise Vorhersagen zu treffen, etwa bei Absatzprognosen und Bestandsführung.
- Risikomanagement und Betrugserkennung: Künstliche Intelligenz kann Transaktionsmuster analysieren, um Anomalien aufzudecken, die auf betrügerische Aktivitäten hinweisen könnten. Sie kann auch potenzielle Risiken vorhersagen und Warnmeldungen auslösen, was die Sicherheit und Zuverlässigkeit von ERP-Systemen erhöht.
- Verbesserung des Kundenservice: Künstliche Intelligenz verbessert den Kundenservice durch personalisierte Erlebnisse, kürzere Reaktionszeiten und genauere Informationen. Beispielsweise können KI-gestützte Chatbots rund um die Uhr Kundenanfragen bearbeiten und nur komplexe Probleme an menschliche Agenten weiterleiten. Künstliche Intelligenz kann auch das Kundenverhalten analysieren und vorhersagen, was in Zukunft benötigt wird, um die Services entsprechend anzupassen.
- Vorausschauende Instandhaltung: Künstliche Intelligenz analysiert große Datenmengen, um mögliche Geräteausfälle vorherzusagen, bevor sie auftreten. Das ermöglicht Unternehmen, von einem reaktiven zu einem proaktiven Wartungsansatz überzugehen, was Ausfallzeiten und Kosten erheblich reduziert.

ERP-Systeme bieten aufgrund ihrer umfassenden Datengrundlage und des starken Fokus auf Geschäftsprozesse eine optimale Basis für die Integration von Künstlicher Intelligenz. Allerdings stellt diese Integration aufgrund der Komplexität der Systeme eine Herausforderung dar. Zum Beispiel umfasst das SAP-ERP-Produkt mehr als 250 Mio. Codezeilen und 143.000 Tabellen, unterstützt 25 Branchenlösungen und Lokalisierungen für 64 Länder sowie über 100.000 Geschäftsprozesse. Die Integration von Künstlicher Intelligenz in ERP-Software erfordert die Lösung von zwei wesentlichen Herausforderungen: Erstens, wie kann Künstliche Intelligenz systematisch in ERP-Geschäftsprozesse integriert werden, um die Automatisierung zu erhöhen? Zweitens, wie kann Künstliche Intelligenz so implementiert werden, dass sie ERP-Qualitäten wie Compliance, Lebenszyklusmanagement, Erweiterbarkeit und Skalierbarkeit erfüllt? Diese Herausforderungen zu adressieren und passende Lösungen zu bieten, ist das Ziel dieses Buches. Im ersten Teil werden die Geschichte und zukünftige Trends der ERP-Software beschrieben. Ebenso werden Referenzprozesse und eine Referenzarchitektur für ERP-Systeme vorgestellt, die die Grundlage für das vorgeschlagene Lösungskonzept bilden. Zudem wird eine Methode zur Operationalisierung von Intelligenz in ERP-Geschäftsprozessen definiert. Im zweiten Teil werden Konzepte zur Einbettung von Künstlicher Intelligenz in ERP-Software dargestellt. Hierbei wird unsere Lösungsarchitektur vorgestellt und spezifische Themen wie Datenintegration, Modellvalidierung, Erklärbarkeit, Datenschutz, Modelldegradation und

Performance behandelt. Im letzten Teil wird ein Implementierungsframework vorgeschlagen, das die definierten Konzepte praktisch umsetzt. Das Framework harmonisiert die Entwicklung und den Betrieb von KI-Applikationen im Kontext von ERP-Systemen. Dieser Teil wird mit Fallstudien abgeschlossen, in denen Anwendungsfälle von Künstlicher Intelligenz im SAP-ERP-System erläutert werden, etwa in den Bereichen Logistik, Finanzwesen und Vertrieb. Diese Anwendungsfälle zeigen den Mehrwert und die reale Anwendbarkeit der vorgeschlagenen Konzepte. Abschließend werden im Epilog ethische Aspekte der Künstlichen Intelligenz kurz diskutiert. Business AI bezeichnet die Anwendung von Künstlicher Intelligenz im geschäftlichen Umfeld, um die Effizienz zu steigern, die Entscheidungsfindung zu verbessern und wertvolle Erkenntnisse zu generieren. Diese Anwendungen umfassen verschiedene Geschäftsfunktionen wie Vertrieb und Marketing, Kundenservice, Personalwesen, Finanzwesen und operatives Geschäft. Da Unternehmen ERP-Systeme zur Steuerung ihrer Geschäftsprozesse einsetzen, operationalisiert im Umkehrschluss unsere Lösung zur Integration von Künstlicher Intelligenz in ERP-Software die Umsetzung von Business AI. Bei dem Buch handelt es sich um die Übersetzung der englischen Ausgabe von Sarferaz (2024a, b, c). Hierbei wurden auch KI-basierte Werkzeuge herangezogen.

Haftungsausschluss: Diese Publikation enthält Verweise auf die Produkte der SAP SE oder eines SAP-Konzernunternehmens. In diesem Dokument erwähnte Produkte und Dienstleistungen von SAP sowie die entsprechenden Logos sind Marken oder eingetragene Marken der SAP SE oder eines SAP-Konzernunternehmens. Für SAP-Produkt-Screenshots, die in dieser Publikation enthalten sind, sind die Urheberrechte von SAP vorbehalten. Alle anderen Namen von Produkten und Dienstleistungen sind Marken der jeweiligen Firmen. Die Angaben im Text sind unverbindlich und dienen lediglich zu Informationszwecken. Produkte können länderspezifische Unterschiede aufweisen. SAP ist weder Autor noch Herausgeber dieser Publikation und nicht für deren Inhalt verantwortlich. Der SAP-Konzern übernimmt keinerlei Haftung oder Haftung für Fehler oder Unvollständigkeiten in dieser Publikation. Der SAP-Konzern steht lediglich für Produkte und Dienstleistungen nach der Maßgabe ein, die in der Vereinbarung über die jeweiligen Produkte und Dienstleistungen ausdrücklich geregelt ist. Aus den in dieser Publikation enthaltenen Informationen ergibt sich keine weiterführende Haftung.

Walldorf, Deutschland   Siar Sarferaz

Methodologie

In diesem Kapitel beschreiben wir die Ziele und den Inhalt der Ausarbeitung. Das Buch ist in die Abschnitte „ERP-Grundlagen", „Konzepte zur Einbettung von Künstlicher Intelligenz", „Implementierungsframework" und „Fallstudien" gegliedert. Zudem erläutern wir kurz den Problembereich, unseren Lösungsvorschlag, den Ansatz zur Ableitung der Ergebnisse und den Mehrwert unserer Ergebnisse. Um die Geschäftsanforderungen abzuleiten und zu lösen, haben wir 60 Anwendungsfälle von ERP-Systemen für Künstliche Intelligenz und 20 ERP-Produkte analysiert, die ebenfalls in diesem Kapitel vorgestellt werden.

Wissenschaftlicher Ansatz

Es gibt verschiedene Wissenschaftstheorien, die die Grundlage für die Erforschung von Informationssystemen bilden. Ein Beispiel ist Design Science Research, das sich auf die Entwicklung und Bewertung von Artefakten wie Konstruktionen, Modellen oder Methoden konzentriert, um reale Probleme zu lösen und bestehende Lösungen zu verbessern (Gregor et al., 2013; Venable et al., 2016; Winter, 2008). Das Hauptziel von Design Science Research besteht darin, Wissen durch die Gestaltung und Analyse innovativer Artefakte zu schaffen, mit denen relevante und signifikante Probleme in verschiedenen Bereichen wie Informationssystemen, Ingenieurwesen und Wirtschaft angegangen werden können (Goldkuhl, 2002; Straub et al., 2010; Hevner et al., 2010). Mein geehrter Philosophieprofessor Peter Janich bietet einen noch umfassenderen Rahmen für die Wissenschaftstheorie. Er argumentiert, dass Wissenschaft nicht einfach nur Reflexion einer objektiven Realität ist, sondern von Menschen durch Sprache, Praktiken und Kommunikation konstruiert wird (Janich, 1997, 2005, 2006). Laut Janich wird wissenschaftliches Wissen durch einen Prozess der sozialen Verhandlung und des Konsenses unter Wissenschaftlern entwickelt und anhand seiner Kohärenz, Einfachheit und Effektivität bei der Lösung bestimmter Probleme bewertet. Seiner Ansicht nach ist die Wissenschaft eine soziale Aktivität, bei der allgemeine und objektive Erklärungen beobachtbarer Zusammenhänge anhand empirischer Daten und eines gemeinsamen methodischen Ansatzes gefunden werden. Die gemeinsame Basis dieser Wissenschaftstheorien können wir auf drei zentrale Fragen reduzieren, die den Forschungsbeitrag betreffen: Stimmt es? Ist es neu? Ist es interessant? (Wilson, 2002). Diese Fragen beantworten wir im Zusammenhang mit der Einbettung von Künstlicher Intelligenz in ERP-Software. Wir beginnen mit der letzten Frage, da die Relevanz des zu behandelnden Problems der wichtigste Aspekt des Forschungsbeitrags ist.

Ist es interessant?

ERP-Software ist für Unternehmen unerlässlich, da sie das Fundament bildet, indem sie wichtige Funktionen und Prozesse in einem einzigen, einheitlichen System integriert. ERP-Software bietet somit zahlreiche Vorteile für Unternehmen:

- ERP optimiert und automatisiert Geschäftsprozesse, verbessert den Datenfluss und die Kommunikation und bietet Echtzeitzugriff auf präzise und konsistente Informationen in verschiedenen Abteilungen.
- Durch die Automatisierung von Routineaufgaben und die Standardisierung von Geschäftsprozessen reduziert ERP manuelle Arbeit und menschliche Fehler, was zu höherer Produktivität und Effizienz führt.
- ERP bietet Echtzeitzugriff auf präzise und konsistente Daten, sodass Mitarbeiter fundierte Entscheidungen auf der Grundlage relevanter und aktueller Informationen treffen können.
- Durch den Abbau von Informationssilos und die Bereitstellung einer zentralen Datenquelle für alle Abteilungen verbessert ERP die Kommunikation und Zusammenarbeit im gesamten Unternehmen.
- Durch ein besseres Ressourcenmanagement, eine bessere Prozessoptimierung und weniger operative Redundanzen hilft ERP Unternehmen dabei, Kosten zu sparen und ihr Geschäft zu verbessern.
- ERP kann einfach skaliert und an das Unternehmenswachstum und sich ändernde Geschäftsanforderungen angepasst werden.

Neben der Optimierung von Unternehmen wirken sich ERP-Systeme auch auf den Alltag gewöhnlicher Personen aus. Milliarden von weltweiten Transaktionen werden täglich von ERP-Systemen abgewickelt, beispielsweise beim Kauf von Getränken im Supermarkt, bei Banküberweisungen, beim Besuch eines Krankenhauses zur Aufnahme, bei der Geltendmachung eines Versicherungsfalles, beim Antragsstellen an Ämter oder beim Buchen von Flügen. Die Entwicklung der ERP-Software zeigt, dass moderne ERP-Lösungen regelbasierte Ansätze nutzen, um Prozesse zu automatisieren, die Compliance zu verbessern und Datenkonsistenz zu gewährleisten (Kap. 1). Obwohl regelbasierte Automatisierung die Effizienz erhöht hat, sind diese Systeme in ihrer Lern- und Entwicklungsfähigkeit begrenzt, da sie menschliches Eingreifen für Regelanpassungen erfordern. Künstliche Intelligenz hilft, diese Lücke zu schließen und erhöht den Automatisierungs- und Optimierungsgrad von Geschäftsprozessen durch selbstlernende Algorithmen. Mit Hilfe von Künstlicher Intelligenz können Prozesse schneller und mit geringerem menschlichem Einsatz und weniger Fachwissen verbessert werden. Intelligente ERP-Systeme kombinieren Künstliche Intelligenz mit regelbasierten Techniken und ermöglichen es den Menschen, sich auf wertschöpfende Aufgaben zu konzentrieren. Höhere Produktivität durch die Integration von Künstlicher Intelligenz in Geschäftsprozesse fördert Kreativität und eröffnet neue Geschäftsmodelle. Beispiele, wie Künstliche Intelligenz die ERP-Funktionen verbessern kann, sind zahlreich (Sarferaz, 2021a,b,c):

- Der Ausfall von Industrieanlagen stellt für Hersteller ein bedeutendes Geschäftsproblem dar. Sensordaten können mit Geschäftsdaten aus ERP-Systemen kombiniert werden, um Modelle mit Künstlicher Intelligenz anzuwenden. Dadurch lassen sich proaktive Geschäftsprozesse für die Wartungsplanung, Logistikplanung für Ersatzteile und Zuweisung des Reparaturpersonals entwickeln.
- Unternehmenserfolg hängt davon ab, lokale Markttrends frühzeitig vorherzusagen und genau die Produkte bereitzustellen, die der Markt benötigt. Algorithmen für Künstliche Intelligenz können Kaufmuster analysieren und Produkte vorschlagen, die in das Angebot eines Unternehmens aufgenommen oder daraus entfernt werden sollen. Sie können auch helfen zu ermitteln, welche Varianten, nach bestimmten Märkten segmentiert, derzeit nicht gut verkauft werden und welche in der Zukunft zu den Bestsellern werden könnten.
- Zu den abschließenden Qualitätssicherungs- und Versandprüfungen gehört die Bestätigung, dass ein Produkt genau gemäß den Spezifikationen und Konfigurationen hergestellt wurde. Dieser menschenzentrierte Prozess kann durch Bilderkennungsalgorithmen unterstützt werden, die visuelle Produktqualitätsprüfungen ausführen. Dadurch können die Genauigkeit und der Automatisierungsgrad von Qualitätsprozessen in der Produktion erhöht werden, was zu weniger Retouren, höherer Kundenzufriedenheit und höherer Rentabilität führt.
- Hochwertige Stammdaten sind die Grundlage für ERP-Geschäftsprozesse. Um Datenkonsistenz zu gewährleisten, können Modelle mit Künstlicher Intelligenz Validierungsregeln automatisch identifizieren und anwenden. Außerdem wird die Interaktion mit Endbenutzern durch auf Künstlicher Intelligenz basierende automatische Vervollständigung von Attributwerten bei der Pflege von Stammdaten vereinfacht und die Kosten reduziert.
- Die Abstimmung zwischen verschiedenen Unternehmen dauert während des Finanzabschlusses oft sehr lange. Algorithmen der Künstlichen Intelligenz helfen, lokale und Konzernabschlüsse zu verbessern und zu beschleunigen, indem sie durchgängige konzerninterne Rechnungsstellungs-, Zahlungs- und Abrechnungsszenarien automatisieren und steuern. Diese Modelle helfen, Diskrepanzen bei Abstimmungen zu erkennen und zu beheben, wodurch genaue Daten für das Konzernberichtswesen am Monatsende und eine verbesserte Transparenz des unternehmensinternen Managements erzeugt werden.

Künstliche Intelligenz ermöglicht disruptive Innovationen in vielen ERP-Bereichen und hat große Auswirkungen auf den ERP-Softwaremarkt. Marktanalysten sind sich einig, dass ERP-Produkte zu intelligenten ERP-Lösungen mit dem Ziel der autonomen Verarbeitung weiterentwickelt werden (Kap. 1). Die IDC-Marktforschung prognostiziert, dass bis 2026 alle Unternehmensbereiche Funktionen haben werden, die von Künstlicher Intelligenz angetrieben werden (IDC, 2022a). 60 % der Unternehmen werden diese Funktionalität aktiv nutzen, um Ergebnisse zu verbessern, ohne sich auf Experten für Künstliche Intelligenz verlassen zu müssen. Weltweit werden Unternehmen im Jahr 2022 voraussichtlich 118 Mrd. US-Dollar für Lösungen für Künstliche Intelligenz investieren. Diese Ausgaben sollen von 2021 bis 2026 mit einer durchschnittlichen jährlichen Wachstumsrate von 26,5 % um 301 Mrd. US-Dollar steigen. Die weltweiten IT-Ausgaben für die Jahreswachstumsrate im selben Fünfjahreszeitraum betragen 6,3 %, was mehr als viermal so hoch ist. Laut McKinsey wird der Markt für Anwendungen der Künstlichen Intelligenz bis 2025 weltweit 127 Mrd. US-Dollar wert sein (Sarferaz, 2021a, b, c). PricewaterhouseCoopers prognostiziert, dass Künstliche Intelligenz das Wachstum des Bruttoinlandsprodukts um bis zu 26 % steigern und bis 2030 fast 16 Billionen US-Dollar zur Weltwirtschaft beitragen könnte (Sarferaz, 2021a, b, c). Gartner prognostiziert zudem, dass bis 2023 Künstliche Intelligenz 60 % der manuellen Aufgaben automatisieren wird. Fast alle Branchen werden davon profitieren (Sarferaz, 2021a, b, c).

Zusammenfassend lässt sich sagen, dass ERP-Software relevant ist, da sie sich sowohl auf das Geschäft der Unternehmen als auch auf den Alltag der Menschen auswirkt. Der derzeitige regelbasierte Automatisierungsgrad von ERP-Geschäftsprozessen kann durch Techniken der Künstlichen Intelligenz gesteigert werden, wie z. B. durch verbesserte Prognosen, optimierte Abläufe, personalisierte Kundenservices und eine verbesserte Benutzererfahrung. ERP-Analysten prognostizieren ein zunehmendes Marktvolumen und die zunehmende Bedeutung Künstlicher Intelligenz im Bereich der Geschäftsanwendungen. Daher ist es relevant und sinnvoll, die Herausforderungen der Integration von Künstlicher Intelligenz in ERP-Software anzugehen und zu lösen.

Ist es neu?

Es gibt verschiedene Publikationen zum Thema Künstliche Intelligenz im Geschäftsbereich (Akerkar, 2019; Cubric, 2020; Kerzel, 2020; Soni et al., 2020). Diese Arbeiten konzentrieren sich jedoch meist auf spezifische Szenarien und individuelle Implementierungen von Künstlicher Intelligenz, erklären den Data-Science-Ansatz für Geschäftsprobleme oder bieten allgemeine Ansichten zu den sozialen, wirtschaftlichen und ethischen Auswirkungen von Künstlicher Intelligenz. Was fehlt, ist eine umfassende Betrachtung, wie Künstliche Intelligenz in digitalisierte Geschäftsprozesse eingebettet werden kann. Wir zielen darauf ab, diese Lücke zu schließen, indem wir einen durchgängigen Ansatz bieten, von der Ermittlung der Geschäftsanforderungen bis hin zur konzeptionellen Lösung und zum Nachweis der Machbarkeit durch Fallstudien.

Methodologie XIII

Abb. 1 Herausforderungen der Künstlichen Intelligenz im Kontext von ERP

Unsere Analyse vieler Anwenderfälle hat zwei wesentliche Hindernisse aufgezeigt, die bei der Integration von Künstlicher Intelligenz in ERP-Software überwunden werden müssen, wie in Abb. 1 dargestellt. Unsere Methodik zur Identifizierung und Lösung dieser Herausforderungen wird im nächsten Abschnitt detailliert erläutert. Wir sehen die Identifizierung dieser Anforderungen als neue Erkenntnisse, da es keine Veröffentlichung gibt, die diese ganzheitlich widerspiegelt. Wie in Abb. 1 gezeigt, muss die Integration von Künstlicher Intelligenz in Geschäftsprozesse den spezifischen Unternehmensanforderungen entsprechen. Die Einbindung von Funktionen der Künstlichen Intelligenz in ERP-Software muss zum Beispiel zu vorschriftenkonformen, sicheren und effizienten Geschäftsprozessen führen. Wir bezeichnen diese Qualität als *Enterprise Ready AI* (Kap. 5).

Typischerweise sind die Nutzer von Geschäftsprozessen nicht in Data Science geschult und haben auch keine technische Ausrichtung. Es ist deshalb entscheidend, dass die Funktionen der Künstlichen Intelligenz tief in die Geschäftsprozesse und Benutzeroberflächen der ERP-Software integriert sind, um die Nutzung zu vereinfachen. In Abb. 1 wird dies als *Built-In AI* bezeichnet. Daher müssen Funktionen der Künstlichen Intelligenz der richtigen Person, am richtigen Ort und zur richtigen Zeit zur Verfügung stehen. Um diese Anforderung zu erfüllen, müssen entsprechende Konzepte entwickelt werden. Diese Konzepte müssen den Anspruch an Built-In AI erfüllen und gleichzeitig die Anforderungen für Enterprise Ready AI gewährleisten. Um diese Aspekte der Künstlichen Intelligenz zu adressieren, stellen wir die Geschäftsanforderungen dar und schlagen neue Konzepte für Lebenszyklusmanagement (Kap. 7), Datenintegration (Kap. 8), Datenschutz (Kap. 9), Konfiguration (Kap. 10), Erweiterbarkeit (Kap. 11), Modelldegradation (Kap. 12), erklärbare Künstliche Intelligenz (Kap. 13), Arbeitslastmanagement und -leistung (Kap. 14), Auditierbarkeit (Kap. 15), Validierung von Modellen (Kap. 16) sowie Benutzeroberflächen (Kap. 17) und generativer Künstlicher Intelligenz (Kap. 18) vor. Für verschiedene dieser Konzepte haben wir Patente angemeldet. Patente schützen neue und nicht offensichtliche Erfindungen und beweisen im Umkehrschluss die Neuheit unserer Lösungsvorschläge. Die Patentbehörde führt intensive Prüfungen zum Aspekt der Neuheit durch, was diesen Nachweis untermauert. Zur Veranschaulichung listen wir die Zusammenfassung einiger unserer Patente auf, die auf https://patents.justia.com/inventor/siar-sarferaz veröffentlicht sind:

- Automatische Durchsetzung der Datenverwendungsrichtlinie für Anwendungen des Maschinellen Lernens (Patentnummer 11494512): „Techniken und Lösungen werden beschrieben, um die Verwendung von Daten in Anwendungen des maschinellen Lernens einzuschränken. Einschränkungen basieren auf Verwendungsstatus-informationen, die u.a. mit einem Retention Manager verknüpft sind und angeben, ob Daten für die Verwendung gesperrt sind. Dabei werden Datenidentifikatoren, die von cloudbasierten Systemen verwendet werden, mit Archivierungsobjekten eines lokalen Systems korreliert, um die Verwendung gesperrter Daten zu vermeiden, indem Verwendungsstatusinformationen empfangen werden."
- Erkennung der Verschlechterung des Modells für Maschinelles Lernen (Patentnummer 11625602): „Die Methode umfasst das Training eines Modells für maschinelles Lernen basierend auf einem ersten Trainingsdatensatz und die Erkennung der Modelldegradation anhand von Genauigkeitskennzahlen wie Vorhersageleistungs- und Prognosekonfidenzmetriken. Weitere Indikatoren können Drift und Skew in Eingabe- und Ausgabedatensätzen sein, sowie explizites oder implizites Feedback zur Performance. Bei Erkennung der Verschlechterung wird das Modell basierend auf einem neuen Trainingsdatensatz nachtrainiert."
- Eingebettetes Maschinelles Lernen (Patentnummer 11507884): „Darstellung von Systemen und Verfahren zum Empfangen einer Datenanforderung, die einer bestimmten Funktionalität einer Anwendung zugeordnet ist. Es wird ein Attribut identifiziert, das mit generierten Daten eines Modells für maschinelles Lernen übereinstimmt. Daraufhin wird eine View oder eine Prozedur ausgeführt, die Daten für das Modell generiert, verarbeitet und als Antwort auf die Anfrage bereitstellt."
- Erleichterung der Konfiguration des Maschinellen Lernens (Patentnummer 11580455): „Techniken und Lösungen zur Erleichterung des Einsatzes von maschinellem Lernen, einschließlich der Definition von Filtern für Segmente eines Trainingsdatensatzes und Auswahl geeigneter Modelle zur Verarbeitung von Anfragen. Es werden Hyperparameter definiert, welche die Konfiguration eines Algorithmus für maschinelles Lernen steuern."
- Erleichterte Dateneingabe basierend auf Maschinellem Lernen (Patentnummer 20210342738): „Techniken und Lösungen zur Erleichterung der Dateneingabe mittels maschinellen Lernens. Ein Modell für maschinelles Lernen wird trainiert, um empfohlene Werte bereitzustellen. Benutzeroberflächensteuerungen greifen auf Empfehlungsfunktionen zu und stellen optional Werte für Instanzen des Datenobjekts bereit, wobei Kriterien für die Bestimmung dieser Werte beschrieben werden."
- Maschinelles Lernen mithilfe von Remote-Daten (Patentnummer 20210264312): „Techniken und Lösungen zur Erleichterung der Verwendung von maschinellem Ler-

nen unter Nutzung von Remote-Daten. Ein System empfängt Trainingsdaten von einem Remote-Computersystem und verwendet diese zum Modelltraining. Die Daten können unstrukturiert oder strukturiert sein und werden zur späteren Nutzung gespeichert."
- Lebenszyklusmanagement von Maschinellem Lernen (Patentnummer 20210241170): „Systeme, Methoden und Computerprogrammprodukte zur Verwaltung des Lebenszyklus einer Anwendung für maschinelles Lernen. Die Trainingspipeline wird durch eine Integratorkomponente generiert und enthält Trainingslogiken, die mit definierten Workflows für das Training verknüpft sind. Trainingsmetriken, die die Genauigkeit des Modells charakterisieren, werden bereitgestellt."
- Automatisierte, progressive Erläuterungen der Ergebnisse des maschinellen Lernens (Patentnummer 20210192376): „Techniken und Lösungen zur schrittweisen Erklärung von Ergebnissen des maschinellen Lernens auf verschiedenen Granularitätsebenen. Globale und lokale Erklärungen bieten eine umfassende Analyse und ermöglichen ein besseres Verständnis und Vertrauen in die Ergebnisse."
- Performance und Workload-Management von Maschinellem Lernen (Patentnummer 20210004712): „Systeme und Methoden zur Reduzierung des Ressourcenverbrauchs eines Datenbanksystems und maschinell lernenden Systems. Daten werden für Inferenzaufrufe zwischengespeichert, um maschinell lernende Modelle zu umgehen und die Ausführungsleistung zu verbessern."

Wir ziehen das Fazit, dass das angesprochene Problem und die vorgeschlagenen Lösungen neue Beiträge zur wissenschaftlichen Erkenntnis liefern. Die Neuheit dieser Beiträge wird durch entsprechende Patente und dazugehörige Literaturrecherche bewiesen.

Stimmt es?

Die Rückverfolgbarkeit der Ergebnisse ist ein wichtiger Aspekt, um wissenschaftliche Erkenntnisse nachvollziehbar zu machen. Zur Verifizierbarkeit zeigen wir in Abb. 2 die Herleitung unserer Ergebnisse.

Um den Problembereich zu verstehen, haben wir zunächst rund 60 Anwendungsfälle für Künstliche Intelligenz im Bereich der ERP-Systeme analysiert. Die zentralen Fragen, die wir in diesem Zusammenhang betrachteten, waren: Sollte das zugrunde liegende Problem mit Künstlicher Intelligenz gelöst werden oder könnten regelbasierte Techniken eine bessere Alternative sein? Welche technischen Funktionen sind erforderlich, um den Anwendungsfall für Künstliche Intelligenz zu implementieren? Tab. 2 listet diese Anwendungsfälle auf und beschreibt sie kurz. Um eine breite Abdeckung zu gewährleisten, stammen die Anwendungsfälle aus den Kernprozessen von ERP-Systemen, *von der Idee bis zur Markteinführung*, *von der Beschaffung bis zur Bezahlung*, *von der Planung bis zur Erfüllung*, *vom Angebot bis zum Auftrag*, *von der Rekrutierung bis zum Ruhestand*, *von der Übernahme bis zur Stilllegung* sowie aus dem Bereich der *Unternehmensführung* und dem *Finanzwesen*. Rund 30 der Anwendungsfälle werden wir in Teil 3 ausführlich be-

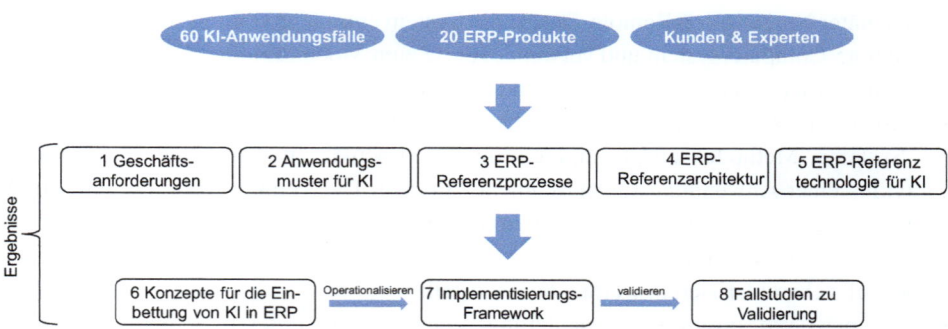

Abb. 2 Herangehensweise bei der Ergebnisermittlung

schreiben, wo die Fallbeispiele erläutert werden. Aus der Anwendungsfallanalyse haben wir die Geschäftsanforderungen abgeleitet, wie in Abb. 2 dargestellt. Darüber hinaus haben wir Anwendungsmuster für Künstliche Intelligenz identifiziert. Diese Geschäftsanforderungen und Anwendungsmuster (Kap. 5) haben wir zusätzlich mit Kunden und Fachexperten validiert. Die Anwendungsmuster für Künstliche Intelligenz kategorisieren die Anwendungsfälle nach Ähnlichkeit von Geschäftsfunktionen und Realisierungsansatz. Der Grund dafür ist, dass wir nicht für jeden Anwendungsfall eine individuelle technische Implementierung bereitstellen möchten. Stattdessen streben wir an, mindestens ein oder mehrere Anwendungsmuster mit derselben Lösungsarchitektur zu lösen. Dieser Ansatz führt zu einem schlankeren und mächtigeren Lösungskonzept. Um Künstliche Intelligenz in ERP-Systeme zu integrieren, müssen wir die zugrunde liegende Softwarearchitektur berücksichtigen. Dies ist vergleichbar mit dem Bau eines neuen Raumes in einem Haus, bei dem die bestehende Architektur ebenfalls beachtet werden muss. Im Kontext von ERP-Software besteht die Herausforderung darin, dass keine standardisierte Architekturdefinition verfügbar ist. Dies liegt am unterschiedlichen Funktionsumfang der ERP-Produkte, an verschiedenen Implementierungsstrategien und daran, dass die Produktarchitektur oft ein streng gehütetes Geheimnis der ERP-Anbieter ist. Um diese Lücke zu schließen, haben wir eine ERP-Referenzarchitektur vorgeschlagen (Kap. 3). Bevor wir jedoch eine solche ERP-Referenzarchitektur vorschlagen konnten, mussten wir zunächst ERP-Referenzprozesse definieren (Kap. 2), die die Funktionen von ERP-Systemen beschrieben werden. Die Referenzprozesse beschreiben das *Was*, während die Referenzarchitektur das *Wie* abbildet. Für die Definition der ERP-Referenzprozesse haben wir etwa 20 ERP-Produkte untersucht, die in Tab. 1 aufgeführt sind. Wir haben diese ERP-Produkte gemäß der IDC-Analyse (IDC, 2020) der ERP-Anbieter mit dem höchsten Marktanteil ausgewählt. Wir haben wichtige Aspekte berücksichtigt, z. B. die von den Produkten angebotenen Funktionen und, falls verfügbar, den technischen Realisierungsansatz des Anbieters. Darüber hinaus haben wir die ERP-Produkte hinsichtlich der Technologie für die Künstliche Intelligenz untersucht und zu einer Referenz abstrahiert (Kap. 4). Mit den Ergebnissen 1 bis 5 aus Abb. 2 haben wir die notwendige Grundlage, um das Lösungskonzept für die Einbettung von Künstlicher Intelligenz in ERP-Software zu definieren

Tab. 1 Analysierte ERP-Produkte, die aus der IDC-ERP-Liste ausgewählt wurden. (IDC, 2020)

ID	ERP-Produkt	Anbieter	Berücksichtige Informationen
1	SAP S/4HANA, SAP SuccessFactors, SAP Customer Experience	SAP	https://www.sap.com/products/
2	Oracle Fusion Applications Suite, NetSuite-Anwendungen	Oracle	https://docs.oracle.com/en/
3	Infor LN, Infor M3	Infor	https://www.infor.com/solutions/erp
4	Sage X3, Sage 100	Sage	https://www.sage.com/en-us/products/
5	Microsoft Dynamics 365	Microsoft	https://docs.microsoft.com/en-us/dynamics365/
6	Workday Finance, Spend Management und HCM	Workday	https://www.workday.com/en-us/products/
7	Customer 360, Sales Cloud, Service Cloud, Commerce Cloud, Marketing Cloud	Salesforce	https://www.salesforce.com/products/
8	Kinetisch	Epicor Software	https://www.epicor.com/en-us/industry-productivity-solutions/
9	TurboTax, QuickBooks, Mailchimp, Minze	Intuit	https://www.intuit.com/products/
10	SYSPRO ERP	Syspro	https://eu.syspro.com/product/erp-software/
11	IFS Cloud	IFS global	https://www.ifs.com/ifs-cloud/ifs-cloud-overview
12	Visma.net ERP	Visma	https://www.visma.com/enterprises
13	3DEXCITE, 3DVIA, BIOVIA, CATIA, DELMIA	Dassault Systems	https://www.3ds.com/products-services/
14	Acumatica Cloud ERP	Acumatica	https://www.acumatica.com/cloud-erp-software/
15	Mago ERP, Mago Cloud	Zucchetti	https://www.zucchetti.com/
16	Aptean ERP	Aptean	https://www.aptean.com/en-US/solutions/erp
17	Ramco ERP	Ramco	https://www.ramco.com/products/erp-software/
18	Teamcenter PLM	Siemens	https://plm.sw.siemens.com/en-US/teamcenter/
19	Mainpac	Konstellation	https://mainpac.com/
20	Clover	Fiserv	https://docs.clover.com/docs/home

(Kap. 6, 7, 8, 9, 10, 11, 12, 13, 14, 15, 16, 17 und 18). Diese Konzepte wurden mit einem Implementierungsframework umgesetzt (Kap. 19), um deren Nutzung durch Entwickler zu vereinfachen. So wendet das Framework die Konzepte so weit wie möglich automatisch an, während Entwickler sich auf die Implementierung der Geschäftslogik konzentrieren können. Dies reduziert die Gesamtentwicklungskosten und erhöht die Qualität des Codes.

Während die Konzepte allgemein gültig sind, führen wir eine konkrete Implementierung als Machbarkeitsnachweis auf Basis der ERP-Plattform von SAP ein. Diese Technologie wird auch für die Umsetzung der Fallstudien genutzt. Die Fallstudien belegen die reale Machbarkeit der vorgeschlagenen Lösung. Anwendungsfälle für Künstliche Intelligenz aus den Bereichen Vertrieb und Forschung (Kap. 20), Bezugsquellenfindung und Beschaffung (Kap. 21), Bestand und Lieferkette (Kap. 22) sowie Finanzwesen (Kap. 23) wurden basierend auf dem vorgeschlagenen Lösungskonzept und Implementierungsframework erfolgreich umgesetzt. Die Entwicklung von Anwendungen der Künstlichen Intelligenz im Kontext von ERP-Systemen muss auch ethische Aspekte berücksichtigen, die im Epilog diskutiert werden (Epilog: Ethische Aspekte).

Zusammenfassend haben wir erläutert, wie unsere Ergebnisse hergleitet und validiert wurden, damit die Wissenschaftsgemeinschaft sie nachverfolgen und verifizieren kann.

* Das Szenario wird als Fallstudie in Teil 3 des Buches erläutert.

Tab. 2 Analysierte KI-Anwendungsfälle, * Szenario wird als Fallstudie in Teil 3 des Buchs erläutert

ID	Szenarioname	Szenariobeschreibung	ERP-Referenzprozess
1*	Forderungseinzelpostenabgleich	Die Debitorenbuchhaltung umfasst die Verfolgung von Zahlungen, die Kunden für Waren und Dienstleistungen schulden, und Künstliche Intelligenz kann verwendet werden, um Zahlungsavise automatisch zu digitalisieren, Zahlungen mit offenen Forderungen abzugleichen und auszugleichen und den Zahlungsprozess zu optimieren.	Finanzwesen
2*	Abgleich mit Zahlungsavis-Informationen	Ein Zahlungsavis ist eine wichtige Informationsquelle für Buchhaltungsabteilungen. Mithilfe von Algorithmen der Künstlichen Intelligenz können relevante Daten aus unstrukturierten Belegen automatisch extrahiert und verarbeitet werden, um den Ausgleichsprozess zu optimieren.	Finanzwesen
3*	Abgleich mit Lockbox-Informationen	Die zunehmende Nutzung elektronischer Zahlungen hat aufgrund von entkoppelten Zahlungsinformationen und unterschiedlicher Datenqualität zu Herausforderungen bei der Identifizierung von Zahlenden und Forderungen geführt. Um dies zu beheben, kann Künstliche Intelligenz genutzt werden, um Lockbox-Einträge anzureichern, die dann von Buchhaltern bestätigt und mithilfe der Lockbox-Funktion ausgeglichen werden können, mit automatischem Ausgleich als mögliche Option.	Finanzwesen

(Fortsetzung)

Tab. 2 (Fortsetzung)

ID	Szenarioname	Szenariobeschreibung	ERP-Referenzprozess
4*	Verbindlichkeiten-Einzelpostenabgleich	Ausgangszahlungen, bei denen es sich um Sollposten im Kontoauszug eines Kunden handelt, und von Lieferanten initiierte Zahlungen, die von Lieferanten ausgelöst und direkt von der Bank des Kunden abgezogen werden, können von einem Service für Künstliche Intelligenz effektiv verwaltet und ausgeglichen werden, der vom Kontoverhalten lernt, sofort arbeitet und sich kontinuierlich anpasst, ohne dass eine laufende Wartung erforderlich ist, wodurch die Einschränkungen durch zu wenig Informationen auf Kontoauszügen überwunden werden.	Finanzwesen
5*	Ausgleich von Wareneingangs- und Rechnungskonten	Waren- und Rechnungskontenabstimmung ist ein Ausnahmebehandlungsprozess, der Diskrepanzen zwischen Waren- und Rechnungseingängen behebt und einen erheblichen manuellen Aufwand bei der Erstellung von Berichten, der Datenerfassung und der Ursachenuntersuchung erfordert. Dies führt zu Verzögerungen beim Periodenabschluss, kann jedoch mit Empfehlungen, die auf Künstlicher Intelligenz basieren, effizienter gemacht werden, was zu besseren GuV-Ergebnissen, reduzierten Abschreibungen und einer verbesserten Kosten- und Bestandsbewertung von Unternehmen führt.	Finanzwesen
6*	Abgrenzungsverwaltung	Die Abgrenzungsvorhersagefunktion kann Künstliche Intelligenz nutzen, um Abgrenzungen für die Cashflow-Planung zu schätzen und vorherzusagen, Herausforderungen wie asynchrone Projekte und veraltete Meldewerte zu bewältigen, indem sie historische Bestelldaten nutzt und ähnliche Aufträge gruppiert, letztendlich die Effizienz des Jahresabschlusses verbessert, Fehler und Finanzkosten reduziert und Abgrenzungsberechnungen automatisiert, Portfoliomanagement optimieren.	

(Fortsetzung)

Tab. 2 (Fortsetzung)

ID	Szenarioname	Szenariobeschreibung	ERP-Referenzprozess
7*	Prädiktive Buchhaltung	Die auf Künstlicher Intelligenz basierende vorausschauende Buchhaltung revolutioniert die herkömmliche Buchhaltung, indem sie Abschlussaktivitäten automatisiert und auf eingehenden Kundenaufträgen basierende Daten in Echtzeit bereitstellt. So können Unternehmen fundierte Entscheidungen treffen und Strategien für zukünftige Geschäftsabläufe entwickeln.	Finanzwesen
8	Überwachung von Waren- und Rechnungseingängen	Der Hauptbuchhalter muss prüfen, ob Lieferantenrechnungen mit empfangenen Waren übereinstimmen, und manuell Analysen durchführen und nicht ausgeglichene Finanzbelege verarbeiten, da die Abstimmung und Erläuterung signifikanter Differenzen bei der Abstimmung von Waren- und Rechnungseingängen für Periodenabschlussaufgaben entscheidend ist. Dies kann durch Künstliche Intelligenz verbessert werden, indem nicht ausgeglichene Buchungen analysiert, Buchungen innerhalb vordefinierter Schwellenwerte ausgeglichen und die nächsten Schritte für Finanzbuchungen auf Bestellpositionen empfohlen werden.	Finanzwesen
9	Intelligente Abgrenzung	Bei der Abgrenzungsschätzung passt ein Buchhalter lineare Werte basierend auf seinem Wissen, dem Feedback der Bereichsverantwortlichen und den gemeldeten Werten an. Künstliche Intelligenz kann diesen Prozess jedoch durch die Analyse aktueller und historischer Bestellungen, vergangener Zahlungen und die Gruppierung ähnlicher Bestellungen verbessern, um Empfehlungen für zuverlässigere Abgrenzungen während der manuellen Prüfung zu geben und letztlich Abgrenzungsvorhersagen mit hoher Konfidenz zu ermöglichen.	Finanzwesen
10	Bankabstimmung	Bei der Abstimmung am Monatsende muss ein Hauptbuchhalter Abschlusssalden und Einzelposten aus Kontoauszügen mit entsprechenden Buchungsbelegen abgleichen. Dies kann zeit- und arbeitsintensiv sein, insbesondere für Unternehmen mit zahlreichen Bankkonten oder hohem Transaktionsvolumen. Durch die Implementierung eines automatisierten Abstimmungsprozesses auf Basis Künstlicher Intelligenz kann dieser manuelle Aufwand jedoch erheblich reduziert werden.	Finanzwesen

(Fortsetzung)

Tab. 2 (Fortsetzung)

ID	Szenarioname	Szenariobeschreibung	ERP-Referenzprozess
11	Intelligente Intercompany-Abstimmung	Die Intercompany-Buchhaltung, eine große Herausforderung für viele Unternehmen aufgrund ihres zeitaufwändigen, fehleranfälligen und arbeitsintensiven Charakters, kann zu erheblichen Problemen bei Finanzberichten und Abschlussprozessen führen. Intercompany-Abstimmung auf Basis Künstlicher Intelligenz kann jedoch Echtzeitabgleich auf Transaktionsebene, benutzerdefinierte Zuordnungs- und Abstimmungsregeln und einen vollständig automatisierten Prozess vom Unternehmen bis zum Unternehmensabschluss bieten.	Finanzwesen
12	Risiko einer verspäteten Abgabe	Das Risiko einer verspäteten Abgabe kann mit Künstlicher Intelligenz reduziert werden, indem der Risiko-Score für steuerzahlende Organisationen ermittelt wird, Funktionskataloge zur Identifizierung von Hochrisikofaktoren zur Verfügung gestellt wird, die automatische Generierung von Risiko-Scores mit den wichtigsten Einflussfaktoren unterstützt wird und die Personalisierung von Inkasso- oder Folgeprozessen ermöglicht wird.	Finanzwesen
13	Verarbeitung von ausgelagerten Abrechnungsbelegen	Hier geht es um die Anwendung von Künstlicher Intelligenz im Abrechnungsprozess der Versorgungswirtschaft, um das bisherige Verhalten von Mitarbeitern zu verstehen und eine Freigabe aller unkritischen Ausnahmen entweder automatisch freizugeben oder vorzuschlagen, um den manuellen Arbeitsaufwand effizient zu reduzieren.	Finanzwesen
14	Risiko für verspätete Zahlung	Das Risiko einer verspäteten Zahlung kann mit Künstlicher Intelligenz reduziert werden, indem der Risiko-Score für möglicherweise fehlende Fälligkeitstermine ermittelt wird. Dadurch wird das Risiko verringert, dass bis zum Fälligkeitsdatum keine ausstehende Rechnung bezahlt wird.	Finanzwesen
15	Prognostizierte Tage bis Zahlung	Künstliche Intelligenz wird verwendet, um die vorzeitige oder verspätete Zahlung offener Rechnungen für jeden Kunden in öffentlichen Sektor- und Finanzprozessen zu prognostizieren und so personalisierte Sammel-Strategien durch vordefinierte Variablen und Ereigniskataloge zu ermöglichen.	Finanzwesen

(Fortsetzung)

Tab. 2 (Fortsetzung)

ID	Szenarioname	Szenariobeschreibung	ERP-Referenzprozess
16*	Kontraktausschöpfung	Führungskräfte in der Beschaffung müssen ablaufende Verträge neu verhandeln, um bessere Bedingungen zu schaffen und Herausforderungen bei der Verfolgung von Ablaufdaten zu meistern. Die Funktionen für Künstliche Intelligenz für die Bezugsquellenfindung und Beschaffung bieten frühzeitige Neuverhandlungen mit Lieferanten, verbesserte Preise, vorhergesagtes Vertragsende, verbesserte Einkaufs-Compliance und eine optimierte Verwaltung der Ausgaben über alle Kategorien hinweg.	Von der Bezugsquellenfindung bis zur Zahlung
17*	Auflösung für Rechnungszahlungssperre	Der Fakturierungsprozess ist hochgradig digitalisiert und automatisiert, aber für Zahlungssperren ist ein manuelles Eingreifen aufgrund von Problemen wie ungeplanten zusätzlichen Kosten, Mengen-/Preisabweichungen oder anderen Sperrgründen erforderlich, was den Prozess zeitaufwändig und teuer macht. Die Integration von Künstlicher Intelligenz kann dabei helfen, diese Probleme zu analysieren, zu verfolgen und zu lösen, die Bearbeitungszeit zu verkürzen und Skontoverluste für Käufer zu vermeiden.	Von der Bezugsquellenfindung bis zur Zahlung
18*	Vorhersage der Lieferung	Während des Einkaufsprozesses werden Materialien häufig von mehreren Lieferanten geliefert, und Verzögerungen können sich auf Produktions- und Montagelinien auswirken. Mithilfe von Algorithmen für Künstliche Intelligenz können Einkäufer jedoch Lieferverzögerungen vorhersagen, die Kommunikation mit der Abteilung Produktlebenszyklusmanagement (PLM) verbessern und die Materialbedarfsplanung (MRP) pflegen.	Von der Bezugsquellenfindung bis zur Zahlung
19*	Vorschlag einer neuen Katalogposition	Ein Einkaufsleiter steht vor Herausforderungen bei der Verwaltung der Beschaffung von Waren, der Aktualisierung des internen Katalogs und der Analyse großer Mengen von vom Benutzer generierten Freitextpositionen. Durch das Vorschlagen von Katalogpositionen mit Künstlicher Intelligenz konnten jedoch Ermittlungsaktionen und die Bestellungserstellung automatisiert, die Katalogabdeckung optimiert, fehleranfällige Einkäufe reduziert und letztendlich das Ziel der Minimierung von Freitextpositionen erreicht werden.	Von der Bezugsquellenfindung bis zur Zahlung

(Fortsetzung)

Tab. 2 (Fortsetzung)

ID	Szenarioname	Szenariobeschreibung	ERP-Referenzprozess
20*	Vorschlag der Warengruppe	Operative Einkäufer müssen falsch zugeordnete Warengruppen für Freitextpositionen korrigieren, um fehlerhafte Kategorieeinträge zu minimieren und Herausforderungen wie ressourcenintensive manuelle Aufgaben zu bewältigen. Die Automatisierung dieses Prozesses mit Künstlicher Intelligenz kann Vorteile wie geringere Kosten, höhere Effizienz und bessere Entscheidungsfindung bringen, indem sie die Zuordnung von Materialgruppen zu geringeren Fehlallokationen beim Anlegen von Bestellanforderungen unterstützt.	Von der Bezugsquellenfindung bis zur Zahlung
21*	Materialien ohne Einkaufskontrakt	Einkäufer müssen Materialien ohne Kontrakte identifizieren, Anforderungen basierend auf ähnlichen Materialien mit vorhandenen Verträgen erstellen und priorisieren. Künstliche Intelligenz kann die vertragsunabhängigen Ausgaben reduzieren, indem sie die Materialien ohne Einkaufsverträge priorisiert, Optionen vorschlägt und Herausforderungen bei der Ausführung von Beschaffungsaufgaben des Unternehmens bewältigt, um kontraktunabhängige Ausgaben zu reduzieren, den Anforderungserstellungsprozess zu optimieren und frühzeitige Neuverhandlungen mit Lieferanten für bessere Einkaufspreise zu ermöglichen.	Von der Bezugsquellenfindung bis zur Zahlung
22*	Bildbasierter Einkauf	Durch die Nutzung Künstlicher Intelligenz für die Beschaffung kann die Einkaufserfahrung verbessert werden, indem der Einkaufsbedarf automatisch durch Bilderkennung und katalogübergreifende Suchen generiert wird. Dies führt zu einer höheren Benutzereffizienz, geringeren Verzögerungen und erheblichen Kosteneinsparungen, indem die Diskrepanzen zwischen Benutzer- und Einkäuferbeschreibungen minimiert und der Bedarf im Voraus validiert wird.	Von der Bezugsquellenfindung bis zur Zahlung

(Fortsetzung)

Tab. 2 (Fortsetzung)

ID	Szenarioname	Szenariobeschreibung	ERP-Referenzprozess
23*	Intelligenter Genehmigungs-Workflow	Künstliche Intelligenz kann den Genehmigungsprozess für Bestellungen optimieren, indem Anforderungen mit einer über 90 %igen historischen Genehmigungswahrscheinlichkeit automatisch genehmigt werden und historische Daten genutzt werden, um Muster zu erkennen und die Effizienz zu steigern. Gleichzeitig werden Kosten gesenkt und ein Konfidenzniveau für die Genehmigung jeder Bestellanforderung bereitgestellt.	Von der Bezugsquellenfindung bis zur Zahlung
24	Zentrale Rechnungsverwaltung	Der Algorithmus für Künstliche Intelligenz identifiziert Rechnungsdokumente und zugehörige Inhalte, digitalisiert automatisch unstrukturierte Rechnungen und gleicht extrahierte Informationen mit Stammdaten ab, während Kopfdaten für alle Rechnungen, Steuern auf Einkaufsrechnungen und Positionsdetails extrahiert werden.	Von der Bezugsquellenfindung bis zur Zahlung
25*	Transitbestand	Kunden verfolgen und verwalten Umlagerungsbestellungen zwischen Lagerorten oder Werken. Sie bewältigen Herausforderungen wie mangelnde Transparenz über verspätete Lieferungen und Prognosen der Umlagerungsdauer, verbessern letztendlich die Planung und Termingenauigkeit und reduzieren den Sicherheitsbestand, indem sie Künstliche Intelligenz einbinden, um das Ankunftsdatum von Lieferungen vorherzusagen und so pünktliche Lieferungen sicherzustellen und negative Auswirkungen auf nachgelagerte Fertigerzeugnisse zu minimieren.	Von der Planung bis zur Auftragserfüllung
26*	Bedarfsorientierte Wiederbeschaffung	Mit Künstlicher Intelligenz stellt der Bestandsmanager die rechtzeitige Materiallieferung sicher und überwacht die Nachschubplanung, -ausführung und -puffer mit dem Ziel, die datengesteuerten Puffer zu optimieren, um den Kundenservice und gebundenes Kapital durch bedarfsorientierte Wiederbeschaffung, Vorhersage der Beschaffungszeit und dynamische Pufferanpassungen auszugleichen, den Sicherheitsbestand, die Lagerhaltungskosten, die Bestandsdauer und die Obsoleszenz zu reduzieren und gleichzeitig die Effizienz der gesamten Lieferkette zu verbessern.	Von der Planung bis zur Auftragserfüllung

(Fortsetzung)

Tab. 2 (Fortsetzung)

ID	Szenarioname	Szenariobeschreibung	ERP-Referenzprozess
27*	Fehlercodevorschlag mit Texterkennung	Der Qualitätstechniker und -ingenieur wickelt die Fehlerbearbeitung durch Reporting und Analyse ab. Künstliche Intelligenz kann ihn dabei unterstützen, indem sie Fehlercodegruppen und -codes basierend auf Textbeschreibungen und Bildern vorschlägt und Empfehlungen bereitstellt.	Von der Planung bis zur Auftragserfüllung
28*	Frühzeitige Erkennung nicht gängiger Bestände	Der Produktions- und Bestandsplaner kann Künstliche Intelligenz nutzen, um Bestandsmengen an verschiedenen Standorten wie Werken, Lagern und Händlern zu optimieren, indem er historische Daten analysiert, langsamen und nicht bewegten Bestand im Voraus erkennt und vorausschauend Materialbewegungen basierend auf eingehenden Bestellanforderungen, Kundenaufträgen und Ersatzbedarf vorschlägt, um Stagnation zu verhindern.	Von der Planung bis zur Auftragserfüllung
29*	Ursachenanalyse automatisieren	In einem herkömmlichen Qualitätstechnikprozess werden Probleme auf verschiedene Weise erkannt, analysiert und dokumentiert, während die auf Künstlicher Intelligenz basierende Lösung historische Daten und Fehlermerkmale effizient analysiert, mögliche Grundursachen für Fehler aufzeigt und Qualitätsingenieuren ermöglicht, schnell Korrekturen zu implementieren, Ausfallzeiten zu reduzieren und das Inspektionsmanagement zu verbessern, indem sie die relevantesten Informationen für eine einfache Filterung und Priorisierung bereitstellt.	Von der Planung bis zur Auftragserfüllung
30*	Prüfpläne optimieren	Im herkömmlichen Prozess prüfen Sachbearbeiter Qualitätsmerkmale und Prüfergebnisse und passen dann Prüfpläne basierend auf Kundenanforderungen an. Die Lösung für Künstliche Intelligenz verwendet jedoch historische Daten, um den Prozess zu optimieren, den manuellen Aufwand für Qualitätsingenieure zu reduzieren und verschiedene Prüfzwecke zu berücksichtigen und gleichzeitig eine ähnliche Struktur wie Arbeitspläne beizubehalten. Der Plankopf enthält wichtige Informationen und Prüfvorgänge, die ähnlich wie Arbeitsplanvorgänge organisiert sind, sodass mehrere Prüfmerkmale pro Vorgang möglich sind.	Von der Planung bis zur Auftragserfüllung

(Fortsetzung)

Tab. 2 (Fortsetzung)

ID	Szenarioname	Szenariobeschreibung	ERP-Referenzprozess
31*	Fehlererfassung	Die auf Künstliche Intelligenz gestützte Bilderkennung optimiert Vorschläge für Fehlercodes und ermöglicht es Qualitätstechnikern, sich auf die Suche nach mehr Fehlern zu konzentrieren, während Überschneidungen mit Anwendungsfällen zur Texterkennung untersucht werden und wie Fehler kategorisiert werden, wobei relevante Daten aus dem Produktionsauftrag für Produktionsfehler übernommen werden.	Von der Planung bis zur Auftragserfüllung
32	Sichtprüfung	Die Prüfung, die für die Aufrechterhaltung der Produktqualität in der gesamten Wertschöpfungskette entscheidend ist, ist derzeit ein manueller, kostspieliger und fehleranfälliger Prozess. Künstliche Intelligenz kann jedoch Fortschritte in der Computer-Vision-Technologie nutzen, um die Fehlererkennung zu beschleunigen und Computer Vision nahtlos in Prüfprozesse zu integrieren.	Von der Planung bis zur Auftragserfüllung
33	Präskriptive Planung und Simulation	Künstliche Intelligenz erleichtert die vorausschauende Terminierung und Simulation, die sich dynamisch an gewichtete KPIs anpasst. Regel- und ereignisbasierte Simulationen werden für die Planung, Optimierung und Ausführung des Fertigungsbereichs verwendet, um die Effizienz zu steigern, Was-wäre-wenn-Analysen zu ermöglichen und alternative Lösungen zur Behebung von Engpässen anzubieten.	Von der Planung bis zur Auftragserfüllung
34*	Umwandlung von Verkaufsangeboten	Vertriebsmitarbeiter müssen die Umwandlungsraten von Verkaufsangeboten verfolgen und verbessern, um das Verkaufsvolumen zu steigern und gleichzeitig Herausforderungen wie manuellen Aufwand und Schwierigkeiten bei der Identifizierung von Angeboten zu bewältigen. Künstliche Intelligenz kann dabei helfen, die Datenerfassung und -analyse zu automatisieren und genaue Prognosen über Umwandlungsraten und potenzielle Umsätze zu liefern. So können sich die Mitarbeiter auf Angebote mit hohem Potenzial konzentrieren und die Gesamteffizienz des Vertriebs verbessern und so zum Wachstum des Unternehmens beitragen.	Vom Auftrag bis zum Zahlungseingang

(Fortsetzung)

Tab. 2 (Fortsetzung)

ID	Szenarioname	Szenariobeschreibung	ERP-Referenzprozess
35*	Absatzprognosen	Die Vertriebsplanung, ein komplexer Prozess mit Datenerfassung, -analyse und -erfahrung, steht vor Herausforderungen wie hohem manuellem Aufwand, zeitaufwendigen Aufgaben und Datenungenauigkeit. Die durch Künstliche Intelligenz gesteuerte Vorhersage der Vertriebsleistung kann jedoch Vorteile wie ein höheres Umsatzwachstum, einen geringeren Aufwand und eine bessere Unterstützung für unerfahrene Mitarbeiter bieten, indem sie Datenanalysen automatisiert, Erkenntnisse vereinfacht und informierte, faktenbasierte Entscheidungen ermöglicht, indem Abweichungen frühzeitig erkannt und auf wichtige Leistungsindikatoren fokussiert werden.	Vom Auftrag bis zum Zahlungseingang
36*	Lieferverzugvorhersage	Die Lieferleistung, ein wichtiger KPI in Lieferketten, steht vor Herausforderungen wie Verzögerungen, mangelnder Transparenz und Kundeneskalationen. Mithilfe von Services für Künstliche Intelligenz können Vertriebsmitarbeiter Verzögerungen vorhersagen, analysieren und beheben, indem sie aus früheren Daten lernen, die Kundenzufriedenheit erhöhen, die Kundenbindung erhöhen und die Gesamteffizienz steigern, während aktuelle Methoden wie die Available-to-Promise-Planung (ATP-Planung) bei der Berücksichtigung zukünftiger Abweichungen unterschritten werden.	Vom Auftrag bis zum Zahlungseingang
37	Neuempfehlung personalisierter Produkte	Personalisierung, die für die Verbesserung der Online-Erlebnisse der Kunden entscheidend ist, kann durch Algorithmen der Künstlichen Intelligenz erreicht werden, die das Klickverhalten von Kunden in Web-Shops analysieren, um maßgeschneiderte Produktempfehlungen basierend auf ihren Präferenzen zu generieren.	Vom Auftrag bis zum Zahlungseingang
38	Optimiertes Marketing und optimierter Vertrieb	Künstliche Intelligenz kann dabei helfen, Marketing- und Kundenservicestrategien, Vertriebsplanung, Budgetierung und Prognosen zu verbessern und gleichzeitig ein organisatorisches Netzwerk aufzubauen, die Pipeline-Ausbeute durch praxisorientierte Empfehlungen zu steigern und die Prognosegenauigkeit durch automatisierte Pipeline-Zustandsanalysen zu erhöhen.	Vom Auftrag bis zum Zahlungseingang

(Fortsetzung)

Tab. 2 (Fortsetzung)

ID	Szenarioname	Szenariobeschreibung	ERP-Referenzprozess
39	Marketingdurchführung	Nutzung Künstlicher Intelligenz zur Verbesserung von Marketingausführung, Segmentierung, Preisgestaltung, Werbeaktionen und Lead-Generierung, während gleichzeitig der Umsatz im E-Mail-Kanal durch personalisierte Produktempfehlungen gesteigert und die E-Mail-Interaktion mit Versandzeit und Lieferoptimierung optimiert wird.	Vom Auftrag bis zum Zahlungseingang
40	Opportunity-Optimierung	Künstliche Intelligenz hilft bei der Optimierung von Verkaufsprozessen wie Angebot, Konfiguration und Preisfindung, indem Rabattempfehlungen zur Steigerung der Abschlussraten, personalisierte Cross-Selling-Vorschläge zur Vergrößerung von Geschäftsabschlüssen, Opportunity-Scoring zur Ermittlung von Top-Interessenten, personalisierte Produktempfehlungen für Web-Channel Umsatz, Scoring zur Vorhersage der Kaufabsichten von Kunden und visuell ähnliche Warenkorbempfehlungen zur Steigerung des Verkaufs neuer Lagerartikel bereitgestellt werden.	Vom Auftrag bis zum Zahlungseingang
41*	Projektkostenprognose	Für einen Projektmanager ist die Pflege von Budgets und die Vermeidung von Überschreitungen für den Projekterfolg von entscheidender Bedeutung. Die Nutzung von Services für Künstliche Intelligenz kann dazu beitragen, häufige Herausforderungen wie unzureichende Daten und unperfekte Prognoseverfahren zu bewältigen, indem historische Daten verwendet werden, um objektive Referenzdaten zu erstellen, einen idealen Projektstrukturplan (PSP) zu erstellen, die Genauigkeit der Kostenprognose zu verbessern und eine kontinuierliche Überwachung und Entscheidungsunterstützung für das Projektmanagement bereitzustellen, um die Kundenzufriedenheit zu erhöhen und Budgetüberschreitungsrisiken zu mindern.	Von der Idee bis zur Markteinführung

(Fortsetzung)

Tab. 2 (Fortsetzung)

ID	Szenarioname	Szenariobeschreibung	ERP-Referenzprozess
42*	Verarbeitung digitaler Inhalte	Viele Unternehmen setzen nach wie vor auf ineffiziente papier- und dokumentbasierte Prozesse, aber Algorithmen der Künstliche Intelligenz können dabei helfen, unstrukturierte Quellen zu digitalisieren und automatisierte Klassifizierungen zu implementieren. Sie können die Effizienz erheblich verbessern, Fehler reduzieren und den geschäftlichen Nutzen durch Kosteneinsparungen, höhere Automatisierung und agile kundenspezifische Szenarien steigern und gleichzeitig Kundenproblemen begegnen, indem sie Lösungen beheben, Hindernisse beseitigen, Risiken mindern und vorab Investitionskosten senken.	Von der Idee bis zur Markteinführung
43	Projektportfolioprognose	Der kaufmännische Projektleiter benötigt verschiedene Kostenprognosealternativen für die Simulation der zukünftigen Projektkostenentwicklung, indem er einfache Ansätze wie die Verwendung von Plan-Ist-Prognosen für zukünftige Perioden, manuelle Prognosedaten oder den Cost Performance Index (CPI) aus dem Earned Value Management verwendet, sowie Künstliche Intelligenz, die historische Daten aus ähnlichen Projekten und Umgebungsbedingungen nutzt, es dem Projektfinanzcontroller ermöglicht, Parameter zu verstehen und anzupassen, zusätzliche Informationen wie Wetter- und Rohmaterialkosten zu berücksichtigen und kontinuierlich aus Parameteranpassungen zu lernen, um den Prozess zu optimieren.	Von der Idee bis zur Markteinführung
44	Frühwarnung für Projekt	Künstliche Intelligenz kann dabei helfen, den aktuellen Projektstatus automatisch abzuleiten und zukünftige Status vorherzusagen. So können Abweichungen, Risiken und Trends frühzeitig erkannt und der Gesamtstatus aus unvollständigen oder veralteten Daten aggregiert, die Abhängigkeit von der Erfahrung von Projektmanagern minimiert und die Entscheidungsfindung und Problemlösung proaktiv unterstützt und schließlich das Projektmanagement von einem reaktiven in einen aktionsorientierten Prozess umgewandelt werden.	Von der Idee bis zur Markteinführung

(Fortsetzung)

Tab. 2 (Fortsetzung)

ID	Szenarioname	Szenariobeschreibung	ERP-Referenzprozess
45	Kontext-spezifische Rezeptentwicklung	Künstliche Intelligenz kann Clustermuster zwischen Inhaltsstoffen in Rezepten analysieren und identifizieren, sodass sie Mitarbeiter unterstützen kann, indem sie während des Entwicklungsprozesses Vorschläge macht, Suchergebnisse im Kontext eines Rezepts optimiert und Rezeptentwickler während des gesamten Formulierungsprozesses unterstützt.	Von der Idee bis zur Markteinführung
46	Geführte Konfiguration	Während des Bestellprozesses könnte Künstliche Intelligenz Benutzer bei der Konfiguration von Produkten anleiten, indem sie Vorschläge basierend auf historischen Daten bereitstellt, um die gewünschten individuellen Konfigurationen zu erreichen, Fehler zu reduzieren und die Konversionsraten zu erhöhen. Dies führte letztendlich zu vereinfachten, intelligenten Produktkonfigurationen und weniger manueller Nachbearbeitung durch Experten bei Kundenaufträgen.	Von der Idee bis zur Markteinführung
47	Konfigurierbare Stückliste	Inkonsistente Kundenaufträge für konfigurierbare Produkte können zu Schwierigkeiten bei der Identifizierung übereinstimmender Komponenten auf Unterkomponentenebene führen, aber Künstliche Intelligenz kann dieses Problem beheben, indem Eingabeeigenschaften automatisch mit verfügbaren Komponenten abgeglichen werden, wodurch die Notwendigkeit einer manuellen Neukonfiguration durch Experten in Kundenaufträgen reduziert wird.	Von der Idee bis zur Markteinführung
48	Automatische Zeitrückmeldung	Künstliche Intelligenz generiert automatisch Zeitrückmeldungsvorschläge, indem Daten aus verschiedenen Workflow-Werkzeugen analysiert werden, sodass Projektteammitglieder sie innerhalb einer Woche bestätigen oder ändern können. Dadurch wird der Aufwand reduziert und eine genauere Zeiterfassung sichergestellt, die die tatsächliche Situation widerspiegelt. Gleichzeitig können sie aus historischen Mustern lernen, um Vorhersagen zu verbessern.	Von der Idee bis zur Markteinführung

(Fortsetzung)

Tab. 2 (Fortsetzung)

ID	Szenarioname	Szenariobeschreibung	ERP-Referenzprozess
49	Bedarfsgesteuerte Entwicklung	Die frühen Designphasen umfassen schnelle Innovationszyklen, die Generierung zahlreicher Ideen und die Auswahl der vielversprechendsten Konzepte für die Weiterentwicklung der Nutzung von Künstliche Intelligenz, um das Wissen des Unternehmens über erfolgreiche und fehlgeschlagene Lösungen, vergangene Entwicklungen und Produktfeedback zu nutzen, was zu beschleunigten Entwicklungszyklen, der Berücksichtigung einer größeren Bandbreite von Alternativen und der frühzeitigen Ablehnung nicht erfolgreicher Konzepte führt und so Investitionsverschwendung verhindert.	Von der Idee bis zur Markteinführung
50	Personalassistent	Als einstellender Manager mit einem Ressourcenengpass kann Künstliche Intelligenz autonom bei der Einstellung von Zeit- oder Festangestellten, der Weiterbildung bestehender Mitarbeiter oder der Auslagerung an Auftragnehmer helfen, indem sie Informationen über den Vertragsmarkt, Schulungsangebote und verfügbare Budgets konsolidiert, zeitaufwendige Prozesse erleichtert, Entscheidungen beschleunigt und Schulungs- und Supportanforderungen für Wachstumsmanager reduziert.	Von der Rekrutierung bis zum Ruhestand
51	Personalisierte Empfehlung	Künstliche Intelligenz hilft dabei, einzelne Daten wie Benutzerattribute, Präferenzen, absolvierte Schulungen und Empfehlungen von Mitarbeitern zu analysieren, um zielgerichtete, personalisierte Kursvorschläge aus der Schulungsbibliothek des Benutzers bereitzustellen, wobei die Ähnlichkeit mit abgeschlossenen Kursen und den Lernhistorien anderer Benutzer sowie von Benutzern gewünschte Themen berücksichtigt werden können. Dabei wird vermieden, dass Kurse empfohlen werden, die bereits im Schulungsplan des Benutzers enthalten sind, mit Lesezeichen versehen oder abgeschlossen sind.	Von der Rekrutierung bis zum Ruhestand

(Fortsetzung)

Tab. 2 (Fortsetzung)

ID	Szenarioname	Szenariobeschreibung	ERP-Referenzprozess
52	Karrierefinder	Künstliche Intelligenz kann Mitarbeitern personalisierte Karrieremöglichkeiten basierend auf ähnlichen Karrierepfaden innerhalb des Unternehmens empfehlen, sodass sie Rollen erkunden, Qualifikationslücken analysieren und Präferenzen aktualisieren können. Gleichzeitig dient sie als Datenquelle für den Markt, um Mitarbeitern zu helfen, relevante Chancen zu entdecken, einschließlich unkonventioneller Rollen und Karriereschritte von außerhalb ihrer Jobhierarchie.	Von der Rekrutierung bis zum Ruhestand
53	Bildbasierte Ausgabenverwaltung	Künstliche Intelligenz kann die Spesenabrechnung optimieren, indem Mitarbeiter Belegbilder erfassen, Ausgabeneinträge automatisch generieren, kategorisieren und aufschlüsseln und so die Papierübersichtlichkeit verringern, die Ausgabentransparenz erhöhen, das Budgetmanagement verbessern, Zeit beim Einreichen von Berichten sparen und den Erstattungsprozess beschleunigen.	Von der Rekrutierung bis zum Ruhestand
54	Vorausschauende Instandhaltung	Künstliche Intelligenz unterstützt die Optimierung des operativen Anlagenmanagements, indem sie die Servicerentabilität steigert, die Wartungskosten senkt und die Anlagenverfügbarkeit durch die Identifizierung des Anlagenzustands mithilfe von Lernalgorithmen verbessert. So können Ingenieure und Fachexperten Zustandsindikatoren mithilfe kundenspezifischer Modelle berechnen, die physische Bedingungen widerspiegeln und verborgene Muster und Abhängigkeiten in Sensordaten aufdecken, um Anomalien zu erkennen, Ausfälle vorherzusagen und eine gesamte Flotte zu überwachen.	Vom Erwerb bis zur Stilllegung
55	Schadenskurvenanalyse	Künstliche Intelligenz kann bei der Schadenskurvenanalyse helfen, die Wahrscheinlichkeit und das Alter von Anlagenausfällen zu bewerten, indem Fehlerkurven für Gruppen von Geräten mit ähnlichen Betriebsbedingungen verwendet werden, die Einblicke wie aktuelles Alter, Ausfallwahrscheinlichkeit, Konfidenzintervalle, vorhergesagtes Ausfalldatum und verbleibende Nutzungsdauer liefern und so eine frühzeitige Erkennung potenzieller Risiken und eine proaktive Präventionsplanung ermöglichen.	Vom Erwerb bis zur Stilllegung

(Fortsetzung)

Tab. 2 (Fortsetzung)

ID	Szenarioname	Szenariobeschreibung	ERP-Referenzprozess
56	Emissionsprognose	Umweltmanager in emissionsintensiven Branchen müssen Emissionsdaten sammeln, überwachen und melden, um die Einhaltung von Betriebsgenehmigungen sicherzustellen. Sie können Künstliche Intelligenz nutzen, um zukünftige Emissionen zu prognostizieren, potenzielle Abweichungen oder Verstöße zu erkennen und unerwünschte Ereignisse proaktiv zu verhindern. Gleichzeitig planen sie gesetzliche Änderungen und operative Anpassungen, die sich auf ihr Emissionsinventar und ihre Genehmigungsanforderungen auswirken können.	Vom Erwerb bis zur Stilllegung
57	Unplausible Ableseergebnisse	Der Einsatz von Künstlicher Intelligenz im Messprozess von Versorgungsunternehmen hilft dabei, die historischen Aktionen von Sachbearbeitern zu analysieren und die Freigabe unkritischer Ausnahmen autonom freizugeben oder zu empfehlen, wodurch der Prozess optimiert und der manuelle Arbeitsaufwand erheblich verringert wird.	Vom Erwerb bis zur Stilllegung
58*	Business Integrity Screening	Services für Künstliche Intelligenz in den Bereichen Governance, Risk und Compliance unterstützen Unternehmen bei der Bewältigung von Änderungen, der Identifikation von Risiken und der Einhaltung von Vorschriften, indem sie Risiken analysieren, Vorschriften verwalten und die Compliance überwachen. Dies verbessert das Risikomanagement, die Betrugsvermeidung und das Auditmanagement und unterstützt Betrugsermittler und Prüfer bei der Priorisierung wirkungsvoller Fälle mithilfe vorausschauender Aufdeckungsmethoden, was letztlich die Effizienz, Rentabilität und Entscheidungsfindung verbessert und gleichzeitig das Risiko von Unterbrechungen kritischer Geschäftsprozesse reduziert.	Unternehmensführung.

(Fortsetzung)

Tab. 2 (Fortsetzung)

ID	Szenarioname	Szenariobeschreibung	ERP-Referenzprozess
59	Steuer-Compliance	Ständig wechselnde gesetzliche Anforderungen des Unternehmens erfordern eine Zentralisierung von Geschäftsprozessen, einschließlich kontinuierlicher Steuerkonformität auf Transaktionsebene, für Wachstum und Transparenz. Künstliche Intelligenz kann Compliance-Herausforderungen und Risikoherausforderungen auf der Grundlage historischer Buchhaltungsbelege bewältigen und ermöglicht die Integration von Aufdeckungsmethoden in Strategien zur Überprüfung der Geschäftsintegrität, automatisierte Korrekturmaßnahmen und das Lernen aus neuen Entscheidungen.	Unternehmensführung
60	Geschäftsregel-Mining	Mit Künstlicher Intelligenz können Unternehmen Rule Mining nutzen, um Muster in vorhandenen Stammdaten aufzudecken, sie mithilfe von Mining-Läufen zu analysieren, gemeinsam die Geschäftsrelevanz vorgeschlagener Regeln zu ermitteln, Datenqualitätsregeln aus akzeptierten Regeln zu erstellen und zu verknüpfen und Informationen aus Rule Mining bei der Implementierung von Datenqualitätsregeln zu nutzen.	Unternehmensführung
61	Stellenbeschreibung und Gesprächsfrage mit generativer KI	Die Nutzung generativer Künstlicher Intelligenz bei der Personalbeschaffung kann die Erstellung konsistenter, überzeugender Stellenbeschreibungen und personalisierter Fragen zu Vorstellungsgesprächen optimieren, die Effizienz, Qualität der Einstellungen und das Mitarbeiter-Branding verbessern und gleichzeitig Vorurteile und Zeit- und Kostenaufwand reduzieren.	Vom Erwerb bis zur Stilllegung
62	Lieferscheinbearbeitung mit generativer KI	Generative Künstliche Intelligenz im Transportmanagement extrahiert Informationen aus Belegen, um die Lieferscheinbearbeitung zu beschleunigen, die Zeit pro LKW zu verkürzen, manuelle Prüfungen zu reduzieren, den Entladeprozess zu beschleunigen und die Genauigkeit zu verbessern.	Von der Planung bis zur Auftragserfüllung

Literatur

Akerkar, R. (2019). *Artificial intelligence for business*. Springer Verlag.

Cubric, M. (2020). Drivers, barriers and social considerations for AI adoption in business and management: A tertiary study. *Technology in Society, 62*, 101257.

Goldkuhl, G. (2002). *Anchoring scientific abstractions ontological and linguistic determination following socio-instrumental pragmatism*. European Conference on Research Methods in Business and Management, S. 29–30.

Gregor, S., Hevner A.R. (2013). Positioning and Presenting Design Science Research for Maximum Impact. *MIS Quarterly, 37*(2), 337–355.

IDC. (2020). Worldwide enterprise resource planning software market shares, 2020: The advance of modular and intelligent ERP systems.

IDC. (2022a). IDC futureScape: Worldwide Artificial Intelligence and automation 2023 predictions.

Janich, P. (1997). Kleine Philosophie der Naturwissenschaften. BeckscheReihe 1203.

Janich, P. (2005). *Was ist Wahrheit? Eine philosophische Einführung*. C.H.Beck.

Janich, P. (2006). Was ist Information? Kritik einer Legende. Suhrkamp.

Kerzel, U. (2020). Enterprise AI canvas integrating Artificial Intelligence into business. *Applied Artificial Intelligence, 35*.

Wilson, J. (2002). Responsible authorship and peer review. *Science and Engineering Ethics, 8*(2), 155–174.

Winter, R. (2008). Design science research in Europe. *European Journal of Information Systems, 17*, 470–475.

Sarferaz, S. (2021a). U.S. Patent Application No. 16/725,734. U.S. Patent and Trademark Office.

Sarferaz, S. (2021b). U.S. Patent Application No. 16/797,835. U.S. Patent and Trademark Office.

Sarferaz, S. (2021c). U.S. Patent No. 16/865,021. U.S. Patent and Trademark Office.

Sarferaz, S. (2024a). Embedding Artificial Intelligence into ERP Software. Springer Publishing.

Sarferaz, S. (2024b). U.S. Patent No. 11,893,458. U.S. Patent and Trademark Office.

Sarferaz, S. (2024c). U.S. Patent No. 12,014,248. U.S. Patent and Trademark Office.

Straub, D. (2010). Editor's Comments: Why Top Journals Accept Your Paper. *Management Information Systems Quarterly, 33*, 3.

Soni, N., Sharma, E., Singh, N., & Kapoor, A. (2020). Artificial Intelligence in business: From research and innovation to market deployment. *Procedia Computer Science, 167*, 2200–2210.

Venable, J., Pries-Heje, J., & Baskerville, R. (2016). FEDS: A framework for evaluation in design science research. *European Journal of Information Systems, 25*, 77–89.

Inhaltsverzeichnis

Teil I ERP-Grundlagen

1 Intelligentes ERP 7
   1.1 ERP-Evolution 7
   1.2 ERP-Zukunft 12
   1.3 Anwenden von Intelligenz auf ERP 18
       1.3.1 Methodik 18
       1.3.2 Betriebswirtschaftliche Sicht 22
       1.3.3 Technologische Sicht 22
   1.4 Fazit 24

2 ERP-Referenzprozesse 27
   2.1 Einleitung 27
   2.2 Von der Idee bis zur Markteinführung 31
   2.3 Von der Bezugsquellenfindung bis zur Zahlung 34
   2.4 Von der Planung bis zur Auftragserfüllung 37
   2.5 Vom Auftrag bis zum Zahlungseingang 41
   2.6 Von der Rekrutierung bis zum Ruhestand 45
   2.7 Erwerb bis Stilllegung 48
   2.8 Unternehmensführung 51
   2.9 Finanzwesen 55
   2.10 Fazit 59

3 ERP-Referenzarchitektur 61
   3.1 Einführung 61
   3.2 Forschung & Entwicklung/Konstruktion 64
   3.3 Beschaffung 66
   3.4 Lieferkette 68
   3.5 Fertigung 71
   3.6 Verkauf 73
   3.7 Service 75
   3.8 Personalwesen 78

	3.9	Anlagenmanagement	80
	3.10	Finanzwesen	82
	3.11	Fazit	84
4	**ERP-Referenztechnologie für Künstliche Intelligenz**	**87**
	4.1	Einleitung	87
	4.2	Datenvorbereitung	90
		4.2.1 SAP HANA	90
		4.2.2 SAP Data Intelligence	91
		4.2.3 SAP AI Core	92
		4.2.4 SAP Analytics Cloud	92
	4.3	Modellierung	93
		4.3.1 SAP HANA	93
		4.3.2 SAP Data Intelligence	94
		4.3.3 SAP AI Core	95
		4.3.4 SAP Analytics Cloud	96
	4.4	Evaluierung	96
	4.5	Implementierung	97
		4.5.1 SAP HANA	97
		4.5.2 SAP Data Intelligence	99
		4.5.3 SAP AI Core	99
		4.5.4 SAP Analytics Cloud	101
	4.6	Fazit	101
5	**Geschäftsanforderungen und Anwendungsmuster**	**103**
	5.1	KI-Anforderungen von ERP	103
		5.1.1 Sicherheit	105
		5.1.2 Datenisolierung	106
		5.1.3 Flexibilität	108
		5.1.4 Erweiterbarkeit	109
		5.1.5 Innovation	110
		5.1.6 Performance	112
		5.1.7 Betrieb	114
		5.1.8 Kommerzialisierung	116
	5.2	KI-Anwendungsmuster von ERP	117
		5.2.1 Abgleich	118
		5.2.2 Empfehlung	119
		5.2.3 Rangfolge	120
		5.2.4 Vorhersage	121
		5.2.5 Kategorisierung	121
		5.2.6 Dialogorientierte Künstliche Intelligenz	122
	5.3	Fazit	122

Teil II Konzepte zur Einbettung Künstlicher Intelligenz

6 Lösungsarchitektur 127
   6.1   Leitprinzipien 127
   6.2   Lösungsarchitektur 130
   6.3   Embedded AI 132
   6.4   Side-by-Side AI 138
   6.5   Fazit 146

7 Lebenszyklusmanagement 147
   7.1   Geschäftsanforderung 147
   7.2   Lösungskonzept 150
       7.2.1   Artefakte, Prozesse und Rollen 150
       7.2.2   Vorbedingungsprüfung 155
       7.2.3   Training 156
       7.2.4   Bereitstellung 157
       7.2.5   Inferenz 158
       7.2.6   Überwachung 159
   7.3   Fazit 160

8 Datenintegration 161
   8.1   Geschäftsanforderung 161
   8.2   Lösungskonzept 165
       8.2.1   Datenextraktion mit Views 169
       8.2.2   Pipelines und Operatoren 171
       8.2.3   Ausgabeverwaltung 172
   8.3   Fazit 173

9 Datenschutz 175
   9.1   Geschäftsanforderung 175
       9.1.1   Datenschutz-Grundverordnung (DSGVO) 176
       9.1.2   California Consumer Privacy Act (CCPA) 178
       9.1.3   Anforderungen an künstliche Intelligenz 178
   9.2   Lösungskonzept 180
       9.2.1   Sperren, Löschen und Einwilligen 180
       9.2.2   Embedded AI 183
       9.2.3   Side-by-Side AI 187
       9.2.4   Zusätzliche Frameworks 189
   9.3   Fazit 190

10 Konfiguration 193
   10.1   Geschäftsanforderung 193
   10.2   Lösungskonzept 196
       10.2.1   Konfiguration der Unterstützung mehrerer Modelle 198
       10.2.2   Konfiguration der Modell-Hyperparameter 199
   10.3   Fazit 201

11 Erweiterbarkeit ... 203
- 11.1 Geschäftsanforderung ... 203
- 11.2 Lösungskonzept ... 205
  - 11.2.1 Erweiterung der Trainingsdatenquelle ... 205
  - 11.2.2 Erweiterung der KI-Logik ... 210
  - 11.2.3 Erweiterung der Inferenz-APIs ... 212
  - 11.2.4 Neue KI-Applikation ... 214
  - 11.2.5 Lebenszyklusmanagement von Erweiterungen ... 216
- 11.3 Fazit ... 217

12 Modelldegradation ... 219
- 12.1 Geschäftsanforderung ... 219
- 12.2 Lösungskonzept ... 220
  - 12.2.1 Genauigkeits-KPIs ... 221
  - 12.2.2 Drift- und Skew-Erkennung ... 222
  - 12.2.3 Feedback-Schleifen ... 222
  - 12.2.4 Lösungsarchitektur ... 226
- 12.3 Fazit ... 229

13 Erklärbarkeit der Ergebnisse ... 231
- 13.1 Geschäftsanforderung ... 231
- 13.2 Lösungskonzept ... 232
  - 13.2.1 Benutzungsoberfläche ... 233
  - 13.2.2 Backend-Prozesse ... 238
- 13.3 Fazit ... 241

14 Workload-Management und Performance ... 243
- 14.1 Geschäftsanforderung ... 243
- 14.2 Lösungskonzept ... 246
  - 14.2.1 Embedded AI ... 247
  - 14.2.2 Side-by-Side AI ... 250
  - 14.2.3 Performanceoptimierte Programmierung ... 252
- 14.3 Fazit ... 254

15 Auditierbarkeit ... 255
- 15.1 Geschäftsanforderung ... 255
- 15.2 Lösungskonzept ... 257
- 15.3 Fazit ... 264

16 Modellvalidierung ... 267
- 16.1 Geschäftsanforderung ... 267
- 16.2 Lösungskonzept ... 268
- 16.3 Fazit ... 276

17	Design der Benutzeroberfläche	279
17.1	Geschäftsanforderung	279
17.2	Lösungskonzept	281
	17.2.1 Abgleich	283
	17.2.2 Empfehlung	285
	17.2.3 Rangfolge	288
17.3	Fazit	291

18	Einbettung generativer KI	293
18.1	Geschäftsanforderung	293
18.2	Lösungskonzept	298
18.3	Fazit	305

Teil III   Implementierungsframework und Fallstudien

19	Implementierungs-Framework	309
19.1	Vergleich der Ansätze	309
19.2	Implementierung von Embedded-AI-Applikationen	313
	19.2.1 Generierter Ansatz basierend auf APL	314
	19.2.2 Codierter Ansatz basierend auf PAL	326
19.3	Implementierung von Side-by-Side-AI-Applikationen	333
	19.3.1 Erforderliche Entwicklung in SAP BTP	333
	19.3.2 Erforderliche Entwicklung in ABAP	344
19.4	Fazit	349

20	Vertrieb und Forschung	351
20.1	Umsetzung von Verkaufsangeboten	351
20.2	Vorhersage von Absatzprognosen	355
20.3	Prognose des Lieferverzugs	359
20.4	Prognose der Projektkosten	362
20.5	Verarbeitung digitaler Inhalte	365
20.6	Betrugserkennung und -prävention	369
20.7	Fazit	372

21	Bezugsquellenfindung und Beschaffung	375
21.1	Vertragsausschöpfung	375
21.2	Auflösung für Rechnungszahlungssperre	378
21.3	Vorhersage der Lieferung	381
21.4	Vorschlag für neue Katalogpositionen	384
21.5	Vorschlag für Warengruppen	387
21.6	Materialien ohne Einkaufskontrakt	390
21.7	Bildbasierter Einkauf	393
21.8	Intelligenter Genehmigungs-Workflow	397
21.9	Fazit	401

22	**Bestand und Lieferkette**		403
	22.1	Transitbestand	403
	22.2	Bedarfsorientierte Wiederbeschaffung	407
	22.3	Fehlercode mit Texterkennung	410
	22.4	Frühzeitige Erkennung nicht gängiger Bestände	413
	22.5	Automatisierung der Ursachenanalyse	416
	22.6	Optimierung der Prüfpläne	419
	22.7	Fehlererfassung	423
	22.8	Fazit	427
23	**Finanzwesen**		429
	23.1	SAP Cash Application	429
		23.1.1 Abgleich von Forderungspositionen	434
		23.1.2 Forderungseinzelpostenabgleich mit Zahlungsavis	435
		23.1.3 Forderungseinzelpostenabgleich mit Lockbox	437
		23.1.4 Einzelpostenabgleich für Verbindlichkeiten	439
	23.2	Buchhaltung und Finanzabschluss	441
		23.2.1 Ausgleich von Wareneingangs- und Rechnungskonten	442
		23.2.2 Abgrenzungsverwaltung	445
		23.2.3 Prädiktive Buchhaltung	446
	23.3	Fazit	448
24	**Epilog – Ethische Aspekte**		449
	24.1	Leitprinzipien	449
	24.2	Ethische Richtlinien	452
		24.2.1 Menschliches Handeln und Aufsicht	452
		24.2.2 Bekämpfung von Vorurteilen und Diskriminierung	452
		24.2.3 Transparenz und Erklärbarkeit	454
		24.2.4 Zivilgesellschaft	456
	24.3	Bewertungsprozess für Anwendungsfälle	456
	24.4	Fazit	459
Literatur			461

Teil I
ERP-Grundlagen

Wir beginnen diesen Abschnitt mit einem historischen Überblick über ERP-Systeme. Die ersten Softwarelösungen für Unternehmen waren sogenannte Best-of-Breed Produkte, die für spezifische Anwendungsfälle entwickelt wurden. Die daraus resultierende Integrationslücke zwischen diesen zahlreichen Lösungen wurde später durch monolithische ERP-Systeme geschlossen. Der hohe Implementierungs- und Betriebsaufwand monolithischer Systeme wird heutzutage durch cloudbasierte ERP-Lösungen kompensiert, bei denen Hardware von mehreren Installationen gemeinsam genutzt wird. Intelligentes ERP stellt jedoch die zukünftige Entwicklungsrichtung dar. Diese Produkte nutzen Technologien der Künstlichen Intelligenz, um Geschäftsprozesse autonom zu machen. Obwohl noch ein langer Weg vor uns liegt, sind die ersten Anwendungsfälle in diesem Bereich sehr vielversprechend. Auch Marktanalysten sehen in diesem Bereich großes Potenzial und erwarten ein Milliardenwachstum. Folglich ist die Erforschung der Einbettung von Künstlicher Intelligenz in ERP-Software unerlässlich, um die zugrunde liegenden Herausforderungen zu lösen und die enormen Chancen zu nutzen, wie wir es in diesem Buch tun. Des Weiteren diskutieren wir kurz die Anwendung von Künstlicher Intelligenz im Kontext von ERP-Systemen im Hinblick auf die Erhöhung der Automatisierung von Geschäftsprozessen. In diesem Zusammenhang beantworten wir auch die Frage: Was macht ein ERP-System intelligent? Um Künstliche Intelligenz in ERP-Software einzubetten, müssen wir die Architektur von ERP-Systemen kennen, um systematisch Künstliche Intelligenz einzubinden. Die Funktionen und die Architektur von ERP-Lösungen hängen jedoch von den Anbietern ab und unterscheiden sich entsprechend. Daher schlagen wir zunächst Referenzprozesse vor, die die Funktionalität von ERP-Lösungen darstellen. Alle Unternehmen decken die Bereiche Produkt- und Serviceentwicklung, Bedarfsgenerierung, Bedarfsdeckung sowie Planung und Verwaltung ab und müssen die zugrunde liegenden Geschäftsprozesse digitalisieren. Wir schlagen Referenzprozesse für diese Bereiche vor und leiten daraus eine Referenzarchitektur für ERP-Software ab. Die vorgeschlagenen Referenzprozesse werden genutzt, um festzulegen, welcher Teil eines Geschäftsprozesses mit Künstlicher Intelligenz angereichert werden soll, während die vorgeschlagene Referenzarchitektur dazu dient, zu ermitteln, wo und wie Künstliche-Intelligenz-Technologie integriert werden soll. Insbesondere die Konzepte, die wir später definieren, basieren auf diesen Referenzmodellen und sind daher allgemein gültig. Als zusätzlicher Nutzen können die Referenzprozesse und die Referenzarchitektur auch für die Bewertung von ERP-Produkten wiederverwendet werden. Dieser Abschnitt basiert auf unseren Untersuchungen in Sarferaz (2022a, 2023a). Wie beispielhaft aufgeführt, gibt es zahlreiche Publikationen zu ERP-Software. Ihr Schwerpunkt liegt jedoch nicht auf zukünftigen Trends, Referenzprozessen und der Referenzarchitektur, sondern auf folgenden Aspekten:

- ERP-Auswahlkriterien (Aberdeen Group, 2006, 2007; Ayağ & Ozdemir, 2007; Bhatt et al., 2021; Bueno & Salmeron, 2008; Chang, 2020; Han, 2004; Keil & Tiwana, 2006; Kumar et al., 2003; Lall & Teyarachakul, 2006; Ratkevičius et al., 2012; Verville & Halingten, 2003; Wei et al., 2005; Yang et al., 2007; Yurtyapan & Aydemir, 2021)
- ERP-Erfolgsfaktoren (Ewusi-Mensah, 1997; Glass, 1998; Laughlin, 1999; Swan et al., 1999; Parr & Shanks, 2000; Soh et al., 2000; Sumner, 2000; Motwani et al., 2002; Grabski et al., 2003; Stapleton & Rezak, 2004; Wei & Wang, 2004; Anexinet, 2006; Kimberling, 2006; Ibrahim et al., 2008)
- ERP-Wertversprechen (Chen et al., 2006; Davenport, 1998; Dong, 2000; Gibson et al., 1999a; Gibson et al., 1999b; Gobeli et al., 2002; Gunasekaran et al., 2006; Jacobs & Bendoly, 2003; Krumbholz et al., 2000; Prahalad & Krishnan, 2008; Rebstock & Selig, 2000; Robinson & Dilts, 1999; Somers et al., 2000; Tarantilis et al., 2008)
- ERR-Implementierung (Avital & Vandenbosch, 1999; Bancroft et al., 1998; Becerra-Fernandez et al., 2000; Gobeli et al., 2002; Gattiker & Goodhue, 2005; Jacobs & Bendoly, 2003; Soh et al., 2000; Boersma & Kingma, 2005; Bonner, 2000; Brown & Vessey, 1999; Ranganathan & Brown, 2006; Al-Mashari et al., 2003; Umble et al., 2003)

Literatur

ERP-Auswahlkriterien

Aberdeen Group. (2006, November). *Best practices in extending ERP*. Research brief.
Aberdeen Group. (2007). *The total cost of ERP ownership*. Research brief.
Ayağ, Z., & Ozdemir, R. G. (2007). An intelligent approach to ERP software selection through fuzzy ANP. *International Journal of Production Research, 45*(10), 2169–2194.
Bhatt, N., Guru, S., Thanki, S., & Sood, G. (2021). Analysing the factors affecting the selection of ERP package: A fuzzy AHP approach. *Information Systems and e-Business Management, 19*, 641–682.
Bueno, S., & Salmeron, J. L. (2008). Fuzzy modeling enterprise resource planning tool selection. *Computer Standards and Interfaces, 30*(3), 137–147.
Chang, Y. (2020). What drives organizations to switch to cloud ERP systems? The impacts of enablers and inhibitors. *Journal of Enterprise Information Management, 33*(3), 600.

Han, S. W. (2004). ERP-enterprise resource planning: A cost-based business case and implementation assessment. *Human Factors and Ergonomics in Manufacturing, 14*(3), 239–256.

Keil, M., & Tiwana, A. (2006). Relative importance of evaluation criteria for enterprise systems: A conjoint study. *Information Systems Journal, 16*(3), 237–262.

Kumar, V., Maheshwari, B., & Kumar, U. (2003). An investigation of critical management issues in ERP implementation: Empirical evidence from Canadian organizations. *Technovation, 23*(10), 793–807.

Lall, V., & Teyarachakul, S. (2006). Enterprise resource planning (ERP) system selection: A data envelopment analysis (DEA) approach. *Journal of Computer Information Systems, 47*(1), 123–127.

Ratkevičius, D., Ratkevičius, Č., & Skyrius, R. (2012). ERP selection criteria: Theoretical and practical views. *Ekonomika, 91*(2), 97–116.

Verville, J., & Halingten, A. (2003). A six-stage model of the buying process for ERP software. *Industrial Marketing Management, 32*(7), 585–594.

Wei, C. C., Chien, C. F., & Wang, M. J. J. (2005). An AHP-based approach to ERP system selection. *International Journal of Production Economics, 96*(1), 47–62.

Yang, J. B., Wu, C. T., & Tsai, C. H. (2007). Selection of an ERP system for a construction firm in Taiwan: A case study. *Automation in Construction, 16*(6), 787–796.

Yurtyapan, M. S., & Aydemir, E. (2021). ERP software selection using intuitionistic fuzzy and interval grey number-based MACBETH method. *Grey Systems: Theory and Application, 12*(1), 78–100.

ERP-Erfolgsfaktoren

Anexinet, R. B. (2006). *Top 10 ERP implementation pitfalls*. Retrieved from http://www.anexinet.com/pdfs/ERP_top10pitfalls3-2006.pdf. Zugegriffen am 01.02.2023.

Ewusi-Mensah, K. (1997). Critical issues in abandoned information systems development projects. *Communications of the Association for Computing Machinery (ACM), 40*(9), 74–80.

Glass, R. L. (1998). Enterprise resource planning: Breakthrough and/or term problem? *Data Base, 29*(2), 14–15.

Grabski, S. V., Leech, S. A., & Lu, B. (2003). Enterprise systems implementation risks and controls. In G. Shanks, P. B. Seddon, & L. P. Willcocks (Hrsg.), *Second-wave enterprise resource planning systems: Implementing for effectiveness*. Cambridge University Press.

Ibrahim, A. M. S., Sharp, J. M., & Syntetos, A. A. (2008). A framework for the implementation of ERP to improve business performance: A case study. In Z. Irani, S. Sahraoui, A. Ghoneim, et al. (Hrsg.), *Proceedings of the European and Mediterranean conference on information systems (EMCIS)*.

Kimberling, E. (2006). 7 critical success factors to make your ERP or IT project successful. Retrieved from http://it.toolbox.com/blogs/erp-roi/7-criticalsuccess-factors-to-make-your-erp-or-it-project-successful-12058. Zugegriffen am 01.02.2023.

Laughlin, S. (1999). An ERP game plan. *Journal of Business Strategy, 20*(1), 32–37.

Motwani, J., Mirchandani, D., Madan, M., et al. (2002). Successful implementation of ERP projects: Evidence from two case studies. *International Journal of Production Economics, 75*(1), 83–96.

Parr, A., & Shanks, G. (2000). A model of ERP project implementation. *Journal of Information Technology, 15*(4), 289–304.

Soh, C., Kien, S., & Tay-Yap, J. (2000). Cultural fits and misfits: Is ERP a universal solution? *Communications of the ACM, 43*(4), 47–51.

Stapleton, G., & Rezak, C. J. (2004). Change management underpins a successful ERP implementation at Marathon Oil. *Journal of Organization Excellence, 23*(4), 15–21.

Sumner, M. (2000). Risk factors in enterprise-wide/ERP projects. *Journal of Information Technology, 15*(4), 317–327.

Swan, J., Newell, S., & Robertson, M. (1999). The illusion of 'best practice' in information systems for operations management. *European Journal of Information Systems, 8*(8), 284–293.

Wei, C. C., & Wang, M. J. J. (2004). A comprehensive framework for selecting an ERP system. *International Journal of Project Management, 22*, 161–169.

ERP-Wertversprechen

Chen, A. N., Goes, P. B., Gupta, A., & Marsden, J. R. (2006). Heuristics for selection robust database structures with dynamic query patterns. *European Journal of Operational Research, 168*, 200–220.

Davenport, T. H. (1998). Putting the enterprise into the enterprise system. *Harvard Business Review, 76*(4), 121–131.

Dong, L. (2000). A model for enterprise systems implementation: Top management influences on implementation effectiveness. In *Americas conference on information systems,* AMCIS, USA.

Gibson, N., Holland, C., & Light, B. (1999a). A case study of a fast track SAP R/3 implementation at Guilbert. *Electronic Markets, 9*(3), 190–193.

Gibson, N., Holland, C., & Light B. (1999b). Enterprise resource planning: A business approach to systems development. In *32nd Hawaii international conference on science systems HICSS*, Maui, Hawaii.

Gobeli, D. H., Koeing, H. F., & Mirsha, C. S. (2002). Strategic value creation. In P. Phan (Hrsg.), *Technological entrepreneurship* (S. 3–16). McGraw Hill.

Gunasekaran, A., Ngai, E. W. T., & McGaughey, R. E. (2006). Information technology and systems justification: A review for research and applications. *European Journal of Operational Research, 173*, 957–983.

Jacobs, F. R., & Bendoly, E. (2003). Enterprise resource planning: Developments and directions for operations management research. *European Journal of Operational Research, 146*, 233–240.

Krumbholz, M., Galliers, J., Coulianos, N., & Maiden, N. A. M. (2000). Implementing enterprise resource planning packages in different corporate and national cultures. *Journal of Information Technology, 15*(4), 267–280.

Prahalad, C. K., & Krishnan, M. S. (2008). *The new age of innovation: Driving co-creating value through global networks*. McGraw Hill.

Rebstock, M., & Selig, J. (2000). Development and implementation strategies for international ERP software projects. In *8th European conference on information systems ECIS, 2*, 932–936.

Robinson, A., & Dilts, D. (1999). OR & ERP: A match for the new millennium? *OR/MS Today, 1999*, 30–35.

Somers, T., Nelson, K., & Ragowsky, A. (2000). Enterprise resource planning ERP for the next millennium: Development of an integrative framework and implications for research. In *Americas conference on information systems,* AMCIS, USA.

Tarantilis, C. D., Kiranoudis, C. T., & Theodorakopoulos, N. D. (2008). A web-based ERP system for business services and supply chain management: Application to real-world process scheduling. *European Journal of Operational Research, 187*, 1310–1326.

Sarferaz, S. (2022a). *Compendium on enterprise resource planning*. Springer Publishing.

Sarferaz, S. (2023a). *ERP-Software: Funktionalität und Konzepte*. Springer Publishing.

ERP-Implementierung

Al-Mashari, M., Al-Mudimigh, A., & Zairi, M. (2003). Enterprise resource planning: A taxonomy of critical factors. *European Journal of Operational Research, 146*(2), 352–364.

Avital, M., & Vandenbosch, B. (1999). SAP implementation at metallica: An organizational drama. In *International conference on information systems ICIS,* Charlotte.

Bancroft, N., Seip, H., & Sprengel, A. (1998). *Implementing SAP R/3: How to introduce a large system into a large organization* (2. Aufl.). Manning Publications.

Becerra-Fernandez, I., Murphy, K., & Simon, S. (2000). Integrating ERP in the business school curriculum. *Communications of the ACM, 43*(4), 39–41.

Boersma, K., & Kingma, S. (2005). Developing a cultural perspective on ERP. *Business Process Management Journal, 11*(2), 123–136.

Bonner, M. (2000). *Roadmap to ERP success. Control Magazine, 26*(08), 14.

Brown, C., & Vessey, I. (1999). ERP implementation approaches: Toward a contingency framework. In *International conference on information systems ICIS.*

Gattiker, T., & Goodhue, D. L. (2005). What happens after ERP implementation: Understanding the impact of interdependence and differentiation on plant-level outcomes? *MIS Quarterly, 29*(3), 559–585.

Gobeli, D. H., Koeing, H. F., & Mirsha, C. S. (2002). Strategic value creation. In P. Phan (Hrsg.), *Technological entrepreneurship* (S. 3–16). McGraw Hill.

Jacobs, F. R., & Bendoly, E. (2003). Enterprise resource planning: Developments and directions for operations management research. *European Journal of Operational Research, 146*, 233–240.

Ranganathan, C., & Brown, C. V. (2006). ERP investments and the market value of firms: Toward an understanding of influential ERP project variables. *Information Systems Research, 17*(2), 145–161.

Soh, C., Kien, S. S., & Tay-Yap, J. (2000). Cultural fits and misfits: Is ERP a universal solution? *Communications of the ACM, 43*(4), 47–51.

Umble, E. J., Haft, R. R., & Umble, M. M. (2003). Enterprise resource planning: Implementation procedures and critical success factors. *European Journal of Operational Research, 146*(2), 241–257.

Intelligentes ERP

In diesem Kapitel führen wir den Leser durch die Geschichte von ERP-Systemen, beleuchten deren Stärken und Schwächen und erläutern, wie die Anbieter auf die ständigen Veränderungen der Anforderungen reagieren. In diesem Zusammenhang werden die ERP-Anbieter und ihre Marktanteile kurz vorgestellt. Die ersten Materialbedarfsplanungssysteme wurden als Best-of-Breed Lösungen vor mehr als 50 Jahren bereitgestellt. Darauf folgten monolithische ERP-Systeme, die die Integrationsprobleme der MRP-Produkte bewältigten. Heute stehen cloudbasierte ERP-Lösungen im Fokus, die durch Cloud-Computing-Techniken darauf abzielen, die Hardware- und Betriebskosten zu senken. Die Zukunft jedoch liegt in intelligenten ERP-Systemen, die mithilfe von Künstlicher Intelligenz die kognitiven Fähigkeiten des Menschen nachahmen, um die Automatisierung von Geschäftsprozessen zu steigern. Dies ist ein völlig neuer Forschungsbereich, für den wir in diesem Buch Antworten geben.

1.1 ERP-Evolution

ERP steht für Enterprise Resource Planning System. Aber was genau beinhaltet es? ERP bezieht sich auf eine multimodulare Software, die entwickelt wurde, um eine Vielzahl von Aktivitäten zu verwalten und zu verarbeiten, die Unternehmen unterstützen. Funktionen wie Datenerfassung, Lagerung, Produktplanung, Teilebeschaffung, Bestandsführung, Einkauf, Kundenservice und Auftragsüberwachung können durch ERP vereinfacht werden. Darüber hinaus umfasst ERP Anwendungsmodule für das Finanz- und Personalmanagement. Im Wesentlichen zielt ERP-Software darauf ab, alle Unternehmensprozesse zu digitalisieren, um die Gesamtoptimierung zu erhöhen. Die Implementierung eines ERP-Systems erfordert eine umfassende Neugestaltung von Geschäftsprozessen und eine Umschulung der Mitarbeiter. Die rasante Weiterentwicklung der Informationstechnologie und die kontinuierliche Digitalisierung sowohl des privaten als auch des geschäftlichen Sektors haben die Nachfrage nach fortschrittlichen ERP-Systemen erhöht. Faktoren, die zu diesem Bedarf beitragen, sind die Notwendigkeit einer sofortigen Lieferung von Waren und Dienstleistungen sowie eine schnelle, einfache und sichere Methode zur Durchführung von Transaktionen über mehrere Instanzen hinweg. Sehen wir uns die Entwicklung von ERP-Systemen und die Änderungen an Anforderungen und Funktionen an.

Die Ursprünge von ERP-Systemen lassen sich je nach Quelle bis in die 1960er oder 1970er-Jahre zurückverfolgen. Alles begann mit MRP-Systemen, die für Materialbedarfsplanungssysteme (Material Requirement Planning (MRP)) stehen. Zunächst wurden diese Systeme in erster Linie für die Fertigungsindustrie entwickelt und zur Berechnung der Materialien und Komponenten verwendet, die zur Herstellung eines Produkts benötigt werden (Essex, 2020). Joseph Orlicky, ein IBM-Ingenieur, erfand 1964 das MRP-System. Die MRP-Systeme hatten jedoch einige Einschränkungen, wie ihre enge Ausrichtung und fehlende Feedback-Mechanismen für Produktionspläne, wenn Materialpläne aufgrund von Kapazitätsengpässen nicht durchführbar waren. Im Laufe der Zeit entwickelten sich MRP-Systeme, und es zeigte sich, dass ein umfassenderer, ganzheitlicher Ansatz erforderlich war, um andere Prozesse und das gesamte Unternehmen zu integrieren. Zu dieser Entwicklung gehörte unter anderem der Aufbau von Verbindungen zwischen der Produktionsdurchführung und den Produktionsplanungsaktivitäten, die als Leitteileplanung (Master Production Schedule (MPS)) bezeichnet werden. Außerdem wurden verschiedene Ansätze für die Kapazitätsplanung und Finanzplanung entwickelt. Diese Verbesserungen führten zur Erstellung fortschrittlicherer MRP-Systeme, die als MRP-II-Systeme bezeichnet wurden. Anfang der 1970er-Jahre entstanden mehrere Firmen, die sich auf Standardsoftware für Unternehmen konzentrierten. Diese Start-ups konzentrierten sich zunächst auf das Finanzwesen und verwendeten eine einzige Datenbank und Echtzeitverarbeitung. Damals wurden diese Systeme als Mainframe-Software auf großen Computern bereitgestellt. Nach und nach wurden Backoffice-Prozesse wie Personalwesen und Rechnungswesen kombiniert, und bis in die 1980er-Jahre wurden alle Geschäftsfunktionen innerhalb eines Unternehmens integriert. Möglich wurde diese Aufwärtsentwicklung durch die raschen und kontinuierlichen Fortschritte in der Computertechnologie, sowohl in der Hard- als auch in der Software. MRP II wurde 1983 von dem Managementexperten Oliver Wight (Wight, 1984) eingeführt. Er definierte MRP II als umfassendes, markt- und ressourcenorientiertes Planungssystem für Vertriebs-, Produktions- und Bestandsmengen, beginnend auf der Führungsebene. Die Entwicklung und Integration verschiedener Unternehmensabteilungen führten zur Idee einer einheitlichen Datenbank und eines einzigen Systems, da getrennte Systeme oft zu Inkonsistenzen und erhöhtem Zeitaufwand führten. MRP-II-Systeme boten die Möglichkeit, Simulationen auf der Grundlage von Datensätzen durchzuführen und eine unternehmensweite Informationsbasis bereitzustellen. Diese Simulationen unterstützten Unternehmen bei operativen Entscheidungen, ohne die tatsächlichen Datensätze in der Datenbank zu ändern. Folglich hatten MRP-II-Systeme drei wichtige Funktionen: Interfunktionale Koordination, Closed-Loop-Planung und Was-wäre-wenn-Analyse. Trotz dieser Fortschritte hatten MRP-II-Systeme einen erheblichen Nachteil: Sie

1.1 ERP-Evolution

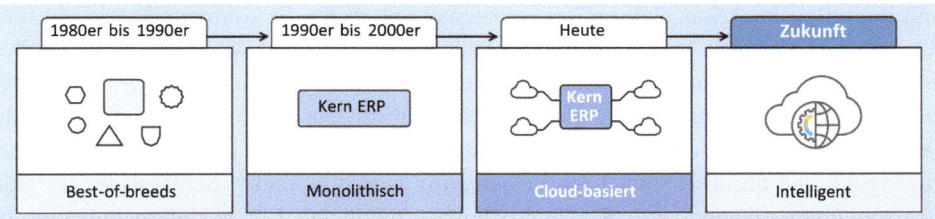

Abb. 1.1 Entwicklung der ERP-Software

konzentrierten sich in erster Linie auf die Produktion, was nicht produzierende Unternehmen und andere Wirtschaftszweige ausschloss. Dieser Mangel führte zur Entwicklung der nächsten Stufe: ERP-Systeme, die diese Marktlücke schließen sollten. ERP-Systeme entstanden in den 1990er-Jahren, wie in Abb. 1.1 dargestellt (Saueressig et al., 2021b). Die von Essex (Essex, 2020) zitierten Forschungsanalysten von Gartner identifizierten die Notwendigkeit einer konsistenten Nomenklatur und leiteten die Bemühungen zu deren Etablierung. Sie ließen sich von Anbietern von Unternehmenssoftware wie SAP, PeopleSoft und Baan inspirieren. Obwohl die Begriffe MRP und MRP II nicht mehr weit verbreitet sind, werden sie als Vorläufer moderner ERP-Systeme angesehen. Viele ihrer Konzepte und Ideen werden weiterhin in heutigen ERP-Systemen eingesetzt. In den meisten Fällen werden MRP-Lösungen als Standardfunktion in ERP-Systeme integriert.

Was genau ist also ein ERP-System? ERP-Systeme sind vielseitige Lösungen, die wichtige Geschäftsprozesse in verschiedenen Branchen und Unternehmenstypen unterstützen. Sie wickeln nicht nur produktive Workflows ab, sondern verwalten auch andere allgemeine Geschäftsprozesse. Ein wesentliches Merkmal von ERP-Systemen ist ihre Anwendbarkeit auf alle Branchen, da jedes Unternehmen Rechnungen ausstellen und in irgendeiner Weise mit anderen Unternehmen zusammenarbeiten muss. Mit der Entwicklung von ERP-Systemen standen die Anbieter vor den Herausforderungen der Lokalisierung, globaler Märkte und internationaler Netzwerke. Dies führte zur Entwicklung von Mehrsprachen- und Mehrwährungssystemen mit Konvertierungsfunktionen, um mit der sich ständig verändernden globalen Marktlandschaft und dem Wettbewerb Schritt zu halten. ERP-Systeme mussten zahlreiche Hürden bewältigen wie den Umgang mit verteilten Systemen, benutzerdefinierten Datenansichten und Verarbeitungsfunktionen für verschiedene Rollen und Mitarbeiter. Bis 2000 gehörten zu den typischen Funktionen eines ERP-Systems Konstruktion, technische Änderungskontrolle und Dokumentation, Beschaffung oder Einkauf, Materialwirtschaft, Fertigung, Personalwesen, Kostenrechnung, Finanzwesen, Marketing und Vertrieb. Die Einführung des ERP-Konzepts veranlasste Systemanbieter, ihren Ansatz neu zu bewerten und von Mainframe-Computern auf Client-Server-Architekturen zu wechseln, was Mehrbenutzeroperationen erleichterte. Die Benutzungsoberflächen wurden schrittweise verbessert, und ERP-Systeme ermöglichten die Nutzung von Echtzeitsoftware an einzelnen Arbeitsplätzen. Weitere Funktionen, die in diesem Zeitraum eingeführt wurden, waren verteilte relationale Datenbanken mit Abfrage-

und Reporting-Funktion, elektronischer Datenaustausch für die Kommunikation mit Lieferanten und Kunden, Entscheidungsunterstützungssysteme für Manager, grafische Benutzungsoberflächen und Standardschnittstellen für die Anwendungsprogrammierung. Der technologische Fortschritt endete jedoch nicht im Jahr 2000. In den nächsten zehn Jahren entwickelte sich ein neuer Trend: Daten mussten jederzeit und von jedem Ort aus zugänglich und abrufbar sein. *Cloud Computing* wurde zu einem Schlagwort, das eine Echtzeitkommunikation zwischen Unternehmen ermöglichte. Einige Unternehmen wechselten von herkömmlichen Desktop-Anwendungen zu browserbasierten Benutzungsoberflächen. Seit den 2010er-Jahren stellen zahlreiche technologische Weiterentwicklungen ERP-Systemanbieter immer wieder vor neue Herausforderungen. Dazu gehören Künstliche Intelligenz und maschinelles Lernen, Blockchain, prädiktive Analysen und andere neue Technologien, die fortschrittliche Rechenleistung der Cloud, Big Data und Internetkonnektivität erfordern. Die langfristige Zukunft von ERP-Systemen beinhaltet daher die Entwicklung autonomer Lösungen, die als „intelligentes ERP" bezeichnet werden. Der Fortschritt bei Künstlicher Intelligenz hat sich erheblich auf die Prozessautomatisierung, dynamische Analysen und Benutzererfahrungen basierend auf Sprache, Vision und Nachrichten ausgewirkt. Künstliche Intelligenz ermöglicht es Benutzern, Routineaufgaben zu eliminieren, indem sie Geschäftsprozesse automatisieren – vom Personalwesen über die Zahlungsabwicklung bis hin zu Bestellgenehmigungen und Vertriebsabläufen. Die proaktive Analyse neuer Daten und die Erkennung unbekannter Muster bieten viel Potenzial zur Erkennung von Chancen und Risiken. Funktionen für Künstliche Intelligenz erleichtern die Interaktion von Menschen, indem sie Benutzern nur nicht automatisierte Aufgaben zur Verfügung stellen. Erweiterte Bot-Techniken wie ChatGPT können sogar Code generieren, sodass sich intelligente ERP-Systeme autonom an Änderungen anpassen können.

Im Jahr 2021 wurde der ERP-Markt mit 92,1 Mrd. US-Dollar bewertet, wie in Abb. 1.2 dargestellt. Die größten Marktkonkurrenten nach Aktienwert waren SAP mit 13,0 %, Intuit mit 8,7 %, Oracle mit 6,1 %, Workday mit 4,9 % und Microsoft mit 2,6 %. Zusammen machten diese Unternehmen fast ein Drittel des gesamten globalen ERP-Marktes aus. Der gestiegene Marktanteil von Technologieriesen wie Microsoft, Oracle und SAP lässt sich auf ihre einzigartigen historischen Hintergründe und vielfältigen Strategien zurückführen. Microsoft erzielte beispielsweise Erfolge im ERP-Markt, indem es Unternehmensprodukte und vollständig integrierte Tools sowie strategische Akquisitionen wie Great Plains (Davidson, 2020) anbietet. Auf der anderen Seite ist SAP seit der Einführung ihres ersten ERP-Systems im Jahr 1972 (Davidson, 2020) ein Vorreiter im Bereich Geschäftsanwendungen und betreut Kunden in über 180 Ländern mit einer Vielzahl von ERP-Lösungen, die auf verschiedene Anwendungsfälle und Geschäftsgrößen zugeschnitten sind. Auch die Skalierbarkeit der Software trägt zu ihrem Vorteil bei. Oracle, das vor allem für den Verkauf von Datenbanken, Plattformsoftware, Cloud-Systemen und Unternehmenssoftwareprodukten bekannt wurde, entwickelte sich nach mehreren Akquisitionen Anfang der 2000er-Jahre zu einem führenden ERP-Unternehmen. Durch die Übernahme von NetSuite im Jahr 2016 konnte ihre Position im Bereich der ERP-Cloud-

1.1 ERP-Evolution

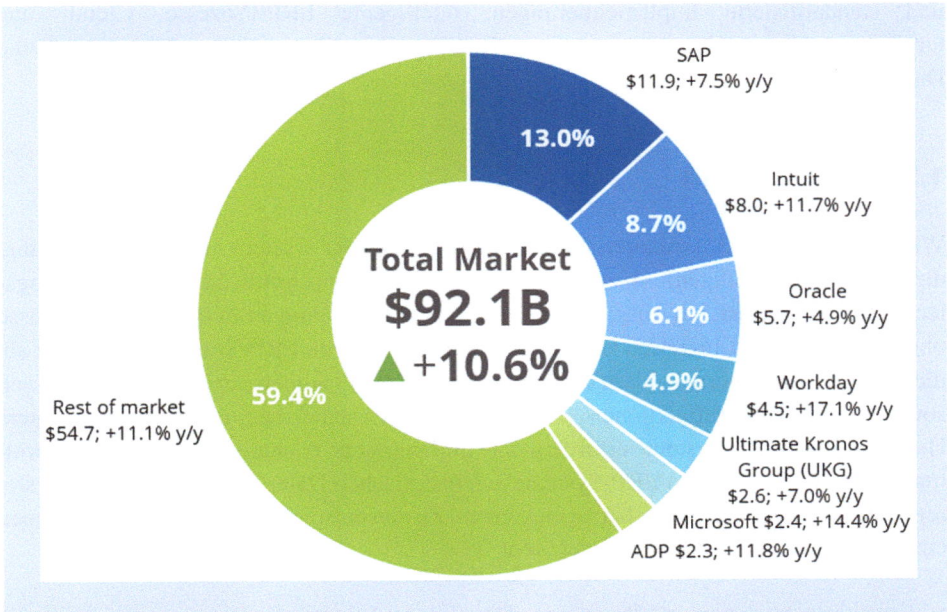

Abb. 1.2 Weltweiter ERP-Marktanteil 2021 (IDC, 2021), Anmerkung: Anteil 2021 (%), Umsatz ($Milliarden) und Wachstum (%)

Systeme weiter gestärkt werden. In der Zwischenzeit hat Sage, ähnlich wie SAP, eine langjährige Geschichte in ERP-Software seit dem Jahr 1981, die sich vor allem auf kleine Unternehmen konzentriert. Ihre ERP-Lösungen sind für ihre Modularität und Anpassungsmöglichkeiten bekannt.

Infor hat sich nach der aggressiven Modernisierung seiner Produktlinie seit 2010 und der Nutzung von Akquisitionen zur Bereitstellung von ERP-Software für verschiedene Branchen zu einem führenden Anbieter im Mittelstandssektor entwickelt. Um am Markt vorn zu bleiben, wenden Wettbewerber verschiedene Strategien an, die in Umsatzwachstum, Technologie und Branche gruppiert werden können. Trotz dieser vielfältigen Ansätze ist ein gemeinsamer roter Faden unter ihnen der Wunsch, neue Technologien wie Künstliche Intelligenz und Cloud-Services zu nutzen, damit Kunden tiefere Dateneinblicke gewinnen und Geschäftsprozesse verbessern können. Im Allgemeinen liegt der Schwerpunkt auf kundenorientierten, cloudbasierten und intelligenten Lösungen.

Diese Architekturweiterentwicklungen haben es ermöglicht, die Eigenschaften und Funktionalitäten von ERP-Systemen und deren jüngste Implementierung zu verbessern, damit diese Lösungen auf dem Markt herausragen und eine hohe Leistung, Zuverlässigkeit und Anpassungsfähigkeit bieten. Mit der Entwicklung der Kundenbedürfnisse standen ERP-Anbieter vor neuen Herausforderungen, die zur Entstehung von sieben wesentlichen Funktionen für moderne ERP-Systeme führten (Saueressig et al., 2021b): hohe Leistung und Skalierbarkeit, Benutzerfreundlichkeit, erweiterbare Architektur, optimierte und standardisierte Implementierungen, intelligente ERP-Prozesse, Cloud- und On-Premise-Bereitstellungsoptionen sowie Sicherheit, Datenschutz, Compliance und Datenisolierung.

1.2 ERP-Zukunft

Wie in Sarferaz (2022) erläutert, ist ein intelligentes ERP-System eine Softwarelösung, die Künstliche Intelligenz, maschinelles Lernen und fortschrittliche Automatisierungstechnologien umfasst, um Aufgaben auszuführen, Entscheidungen zu treffen und Prozesse ohne menschliches Eingreifen zu verarbeiten. Diese Art von ERP-System zielt darauf ab, die Effizienz zu steigern, Fehler zu reduzieren und sich mit autonomen Geschäftsprozessen sowie Selbstdiagnosefunktionen an veränderte Geschäftsbedingungen anzupassen. Herkömmliche ERP-Systeme erfordern eine umfangreiche manuelle Eingabe und Verwaltung, während intelligente ERP-Systeme aus historischen Daten lernen, Muster analysieren und zukünftige Trends vorhersagen können. Zu den beispielhaften Schlüsselfunktionen eines intelligenten ERP-Systems gehören:

- Erweiterte Analysen und Prognosen: Das System kann große Datenmengen analysieren, um Trends zu erkennen und genaue Prognosen zu treffen. So können Unternehmen fundiertere Entscheidungen treffen.
- Intelligente Automatisierung: Intelligente ERP-Systeme können Routineaufgaben wie Datenerfassung, Rechnungsstellung und Auftragsbearbeitung automatisieren, sodass sich die Mitarbeiter auf strategisch wichtigere Aufgaben konzentrieren können.
- Kontinuierliche Verbesserung: Das System kann aus der eigenen Leistung und dem Feedback der Benutzer lernen, um seine Fähigkeiten kontinuierlich zu verbessern und im Laufe der Zeit bessere Einblicke und Empfehlungen zu liefern.
- Höhere Sicherheit: Mit integrierter Künstlicher Intelligenz und maschinellem Lernen kann ein intelligentes ERP-System potenzielle Sicherheitsbedrohungen, Schwachstellen und Compliance-Probleme effektiver erkennen als ein herkömmliches System.
- Personalisierung: Das System kann sich an die Präferenzen und Bedürfnisse der einzelnen Benutzer anpassen, bietet ein maßgeschneidertes Erlebnis und verbessert die Produktivität.

Ein intelligentes ERP kann eine hervorragende Lösung für Unternehmen sein, die ihre Abläufe optimieren und in der sich schnell entwickelnden digitalen Landschaft wettbewerbsfähig bleiben möchten. Die Einführung eines solchen Systems kann jedoch erhebliche Investitionen in Technologie, Infrastruktur und Ausbildung erfordern. Um dies zu erreichen, müssen moderne ERP-Systeme intelligenter werden. Intelligenz ist in der Regel eine Qualität, die Menschen und anderen Lebewesen zugeschrieben wird, gekennzeichnet durch die Fähigkeit, zu lernen, zu verstehen und zu verrichten. Im Kontext von ERP-Systemen wird Künstliche Intelligenz genutzt, um Geschäftsprozesse mit Intelligenz zu verknüpfen und so das Automatisierungs- und Optimierungsniveau zu erhöhen. Dazu werden Data-Science-Techniken angewendet. Die Data-Science-Ziele können in zwei Hauptpunkte zerlegt werden: die Lösung eines bestimmten Problems und die Ableitung von Erkenntnissen aus einem Datensatz, wobei letzteres als Mittel dient, um ersteres zu erreichen. Da das Datenvolumen, das generiert und gespeichert wird, exponentiell wächst, wird die Nutzung von Daten zur Lösung von Problemen immer wichtiger und bietet Data Science mehr Möglichkeiten, Lösungen bereitzustellen. Der Data-Science-Prozess kann in die folgenden Phasen unterteilt werden (Varga, 2019; Shah, 2019):

1. Projektinitiierung und Definition des Problems.
2. Datenerfassung oder Sammlung der erforderlichen Daten, um das in Schritt 1 beschriebene Problem zu lösen.
3. Datenaufbereitung und Qualitätsbewertung, um sicherzustellen, dass die gesammelten Daten für ihren vorgesehenen Zweck geeignet sind. Während Data Science keine Erkenntnisse aus Daten von schlechter Qualität gewinnen kann, kann sie dies sicher tun, wenn sie korrekt auf eine Datenmenge von angemessener Qualität angewendet wird.
4. Modellierung, bei der jeder Schritt und jede Technik auf die Daten angewendet wird, um das angegebene Ziel zu erreichen und diese Schritte auszuführen.
5. Berichterstellung und Kommunikation von Erkenntnissen, die aus dem Modell erlangt worden sind. Dieser Schritt hängt, zusammen mit der anschließenden Nutzung dieser Erkenntnisse, stark von den Ergebnissen ab, die in Schritt 4 gewonnen wurden.

Managemententscheidungen erfordern die Verfügbarkeit hochwertiger Informationen, und Data Science ist für die Bereitstellung dieser Informationen an Führungskräfte von entscheidender Bedeutung. Neben diesem strategischen Aspekt trägt Data Science auch dazu bei, ein Unternehmen betriebsbereit zu halten. Die Verbindung von Data-Science-Prinzipien mit Daten, die in ERP-Systemen gesammelt werden, bringt Mehrwert. Dadurch wird nicht nur die Funktionalität operativer Prozesse erweitert, sondern auch das volle Potenzial ihrer Daten ausgeschöpft. Durch die Umwandlung von Daten in wertvolles Wissen und Erkenntnisse können Unternehmen ein tieferes Verständnis ihrer Kunden und der Funktionsweise ihrer Prozesse gewinnen. Diese Informationen können verwendet werden, um Produkte auf die Kundenanforderungen zuzuschneiden, Prozesse zu optimieren und die Faktoren zu identifizieren, die den Erfolg eines Unternehmens fördern. Durch die Nutzung der in ERP-Systemen erzeugten Daten durch alltägliche Abläufe können Unternehmen den Übergang zu intelligentem ERP beschleunigen. Da ERP-Systeme in der Regel große Mengen an transaktionalen Geschäftsprozessdaten enthalten, ist es logisch anzunehmen, dass aus diesen Informationen nützliche Erkenntnisse extrahiert werden können. Durch die Anwendung von Techniken der Künstlichen Intelligenz auf diese Daten können Unternehmen bestimmte Problemstellungen angehen, z. B. Materialbedarfe für kommende Quartale vorhersagen oder die Faktoren identifizieren, die sich auf Kaufentscheidungen von Kunden auswirken. Mithilfe desselben Datensatzes können Unternehmen Finanzdaten analysieren und wichtige Finanzereignisse prognostizieren, sodass sie proaktiv handeln können. Mit dem weiteren Wandel hin zu vernetzten Anlagen unter dem Stichwort Industrie 4.0 und dem Internet der Dinge (IoT) stehen immer mehr Echtzeit-Sensordaten zur Verfügung, wodurch die Anwendungen der Data Science weiter ausgebaut werden. Die Einführung neuer Services im Zusammenhang mit der Anlagenwartung, wie z. B. der automatisierten Anomalieerkennung und der vorausschauenden Instandhaltung, hat die Branche verändert. Die Bereitstellung effektiver Lösungen in diesem Bereich ist jedoch eine schwierige Aufgabe. Es erfordert nicht nur ein fundiertes Wissen über Data-Science-Techniken, sondern auch ein umfassendes Verständnis der Anlagen und Maschinen. Durch die Anwendung von Systemen für die Verarbeitung natürlicher Sprache und Computer Vision können Unternehmen wichtige Informationen automatisch aus Belegen wie Rechnungen extrahieren und so den Fakturierungsprozess optimieren. Ähnliche Ansätze können verwendet werden, um Dokumente, z. B. Kundentickets, zu kategorisieren und automatisch dem entsprechenden Call-Center Mitarbeiter zuzuordnen. Chatbots, die mit Analysetools verbunden sind, können Mitarbeitern dabei helfen, Informationen aus verschiedenen Datenquellen zu erhalten. Berichte mit Drilldown-Funktionen können verwendet werden, um komplexe Informationen auf vereinfachte Weise an das Management zu übermitteln und so die Transparenz zu verbessern. Künstliche Intelligenz und ERP-Systeme gibt es zwar schon seit einiger Zeit, aber die Synergien zwischen ihnen sind eine junge Entwicklung. Data Scientisten erforschen nun innovative Möglichkeiten, um Erkenntnisse aus Daten zu gewinnen, um ihren Unternehmen Vorteile zu bieten. Die zunehmende Forschung zur Anwendung von Algorithmen der Künstlichen Intelligenz zur Lösung alltäglicher Probleme hat den Weg für neuartige Lösungen für alte Herausforderungen geebnet. Die effektive Nutzung von Data Science bietet Unternehmen zahlreiche Vorteile, darunter einen höheren Return on Investment, eine höhere betriebliche Effizienz und weniger menschliche Fehler. Außerdem können Unternehmen schneller auf Änderungen an Produkten, Services, Preisen oder Verfügbarkeiten reagieren, um sicherzustellen, dass sie wettbewerbsfähig bleiben. Wenn Sie die Vorteile Künstlicher Intelligenz und die daraus resultierenden Erweiterungen der Geschäftsprozesse nicht nutzen, kann dies z. B. zu einer Verschlechterung der Kundenzufriedenheit führen. Derzeitige ERP-Systeme nutzen Künstliche Intelligenz weitgehend nicht, sodass der Weg zu einem vollständig intelligenten ERP langwierig sein wird. Ein vollständig intelligentes ERP zu entwickeln, kann aufgrund technischer, rechtlicher und funktionaler Einschränkungen eine Utopie sein. Zwischenschritte hin zu einem intelligenten ERP-System, wie die Integration von Intelligenz in bestimmte Prozesse, sind jedoch auch wertvoll. Ein Beispiel ist die bereits erwähnte Vorhersage eines Ausfalls von Hightech-Geräten, die für die Hersteller von entscheidender Bedeutung ist. Durch die Kombination von Sensordaten mit Geschäftsinformationen in ERP-Systemen und mithilfe von Modellen der Künstlichen Intelligenz kann der Zustand von Maschinen vorhergesehen werden, wodurch die Wartungsplanung und Logistikplanung für das Ersatzteil- und Reparaturpersonalmanagement in proaktive Prozesse umgewandelt werden. Ein weiteres Beispiel ist die Notwendigkeit, vor dem Versand zu verifizieren, dass ein Produkt genau nach Spezifikationen und Konfiguration gefertigt wird, was ein wichtiger Schritt in der abschließenden Qualitätssicherung ist.

1.2 ERP-Zukunft

Bilderkennungsalgorithmen können verwendet werden, um visuelle Produktqualitätsprüfungen durchzuführen und so die Genauigkeit und Automatisierung von Produktionsqualitätsprozessen zu erhöhen. Dies führt zu weniger Retouren, höherer Kundenzufriedenheit und besserer Rentabilität. Ein drittes Beispiel veranschaulicht die Bedeutung hochwertiger Stammdaten als Grundlage für ERP-Prozesse. Künstliche Intelligenz kann eingesetzt werden, um die Identifizierung und Implementierung von Validierungsregeln zu automatisieren und so die Datenkonsistenz sicherzustellen. Die automatische Vervollständigung von Attributwerten mithilfe Künstlicher Intelligenz bei gleichzeitiger Pflege von Stammdaten optimiert die Interaktion mit Endbenutzern, reduziert manuelle Aufgaben und spart Kosten. Diese intelligenten Prozesse können in Anwendungsmuster wie Empfehlungen, Prognosen oder Ranking-Szenarien klassifiziert werden. ERP-Systeme sollten ein standardisiertes Framework für jedes Muster bieten, sodass Entwicklungsteams Anwendungsmuster für Künstliche Intelligenz als wiederverwendbare Bausteine anwenden und die Implementierung beschleunigen können. Zusammenfassend lässt sich sagen, dass ein vollständig intelligentes ERP zwar ein visionäres Konzept bleiben kann, das nie ganz erreichbar ist, aber eine symbiotische Beziehung zwischen Menschen und Maschine wird sich weiter entwickeln. In dieser Beziehung werden Maschinen Benutzer unterstützen und menschliche Fähigkeiten erweitern.

Betrachten wir auch Analystenberichte, die die wachsende Bedeutung von Künstlicher Intelligenz in Geschäftsanwendungen betonen und umgekehrt die Bedeutung der Lösung der Herausforderung der Einbettung von Künstlicher Intelligenz in ERP-Software beschreiben. Laut dem Worldwide Semiannual Artificial Intelligence Systems Spending Guide (IDC, 2022a), der Software, Hardware und Services für Künstliche Intelligenz branchen- und anwendungsübergreifend verfolgt, wird erwartet, dass Unternehmen weltweit im Jahr 2022 118 Mrd. US-Dollar in Lösungen für Künstliche Intelligenz investieren werden. Diese Ausgaben sollen für den Zeitraum 2021–2026 auf 301 Mrd. US-Dollar bei einer durchschnittlichen jährlichen Wachstumsrate (CAGR) von 26,5 % anwachsen. Dies ist mehr als viermal höher als die fünfjährige CAGR von 6,3 % bei den weltweiten IT-Ausgaben im selben Zeitraum. Darüber hinaus wird die weltweite intelligente Prozessautomatisierungssoftware im Jahr 2026 49 Mrd. US-Dollar erreichen und im Zeitraum 2021–2026 mit einer CAGR von 19,4 % wachsen. Laut IDC werden KI-gesteuerte Funktionen bis 2026 in die Geschäftstechnologien eingebettet sein. 60 % der Unternehmen werden diese Funktionen aktiv nutzen, um bessere Ergebnisse zu erzielen, ohne auf technische KI-Experten angewiesen zu sein. Der Markt für Plattformen für den Lebenszyklus Künstlicher Intelligenz wächst weltweit rasant. IDC-Daten prognostizieren einen CAGR-Umsatz von 36,2 % bis 2026, aber die Einführung von KI-gestützter Technologie in Unternehmen wird in den kommenden Jahren von eingebetteten KI-Funktionen in anderen Technologien dominiert. KI-gestützte Funktionen finden ihren Weg in alle Arten von Technologien, die Unternehmen von der Optimierung und Automatisierung in modernen Netzwerken und Infrastrukturmanagement-Tools bis hin zu unterstützenden Softwareentwicklungstools nutzen, die Smart Code Completion und automatisierte Tests nutzen, bis zur fortschrittlichen Bedrohungserkennung in modernen Unternehmensplattformen, bis hin zur Bereitstellung erweiterter Prognosen, Empfehlungen und sogar der Erstellung von Anlagen für Geschäftsanwender von ERP-Anwendungen. Anbieter versuchen, diese Funktionen zu integrieren, um Unternehmen dabei zu unterstützen, Aspekte ihrer Technologieinstallation, -konfiguration, -administration, -entwicklung und -anpassung zu automatisieren. Diese Systeme nutzen die eigenen Daten von Unternehmen, häufig kombiniert mit anonymisierten Daten aus größeren Kundengruppen, um intelligente Empfehlungen und Prognosen für Geschäftsbenutzer bereitzustellen und so effektiver zu sein. IDC FutureScape (IDC, 2022b) hebt hervor, dass intelligente ERP-Systeme und zugehörige Anwendungen eine Fülle von Änderungen durchlaufen, von den Tagen der On-Premise-Altsysteme hin zu SaaS- und cloudfähigen Anwendungen, die voller Künstlicher Intelligenz und automatisierter Prozesse sind. Diese modernen, modularen und intelligenten Systeme können riesige Datenmengen in Echtzeit verwalten und die Leistungsfähigkeiten eines Unternehmens verändern. IDC prognostiziert, dass bis Mitte 2025 50 % der Endanwender KI-gestützte Anwendungen nutzen werden, die von traditionellen Systemen auf intelligente Anwendungen umsteigen und so bessere Ergebnisse erzielen. Darüber hinaus werden bis 2028 30 % der Arbeitgeber intelligente Prozesse einsetzen, um den Mangel an Arbeitskräften zu kompensieren, und dadurch die Agilität, Resilienz und Leistung des Unternehmens erhöhen. Laut einem aktuellen IDC-Bericht (IDC, 2022c) wird der globale KI-Softwaremarkt voraussichtlich von 340,4 Mrd. US-Dollar im Jahr 2021 auf 791,5 Mrd. US-Dollar im Jahr 2026 mit einer durchschnittlichen jährlichen Wachstumsrate von 18,4 % wachsen, wie in Abb. 1.3 dargestellt. KI-zentrierte Software bezieht sich auf Anwendungen, bei denen Künstliche Intelligenz für ihre Funktionen unerlässlich ist und ohne die sie nicht mehr funktionieren würden. Diese Programme erfordern Künstliche Intelli-

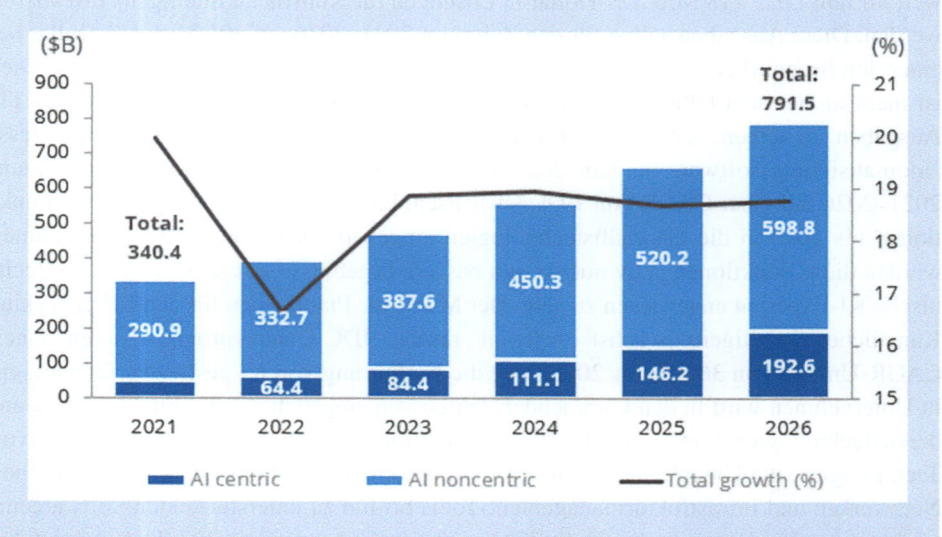

Abb. 1.3 Worldwide Artificial Intelligence Software Forecast 2022–2026. (IDC, 2022c)

1.2 ERP-Zukunft

genz (z. B. supervised, unsupervised, reinforcement) und Benutzer-/Dateninteraktion (z. B. Verarbeitung natürlicher Sprache, Bild-/Videoanalyse) oder Fähigkeiten zur Darstellung von Wissen. Im Gegensatz dazu bezeichnet nicht-KI-zentrierte Software Anwendungen, bei denen Künstliche Intelligenz in die Software integriert ist, aber für ihre Kernfunktionen nicht wesentlich ist. Diese Anwendungen können weiterhin ohne Künstliche Intelligenz ausgeführt werden und können Funktionen für maschinelles Lernen, Benutzer-/Dateninteraktion oder Wissensdarstellung umfassen.

Künstliche Intelligenz ist heute im gesamten Technologie-Stack inkludiert. Der KI-Softwaremarkt von IDC umfasst KI-Plattformen, KI-Anwendungen, KI-Systems-Infrastructure-Software und KI-Entwicklungsumgebung. Eine Umfrage von IDC vom Mai 2022 unter mehr als 2.000 Entscheidungsträgern aus den Bereichen IT und Fachabteilungen bestätigt, dass die Akzeptanz von Künstlicher Intelligenz weltweit zunimmt. Es wird erwartet, dass Unternehmen ihre KI-Ausgaben 2022 im Vergleich zu 2021 um 4 % steigern werden. Künstliche Intelligenz hat erhebliche Auswirkungen auf Unternehmen und Organisationen in verschiedenen Branchen. Erstanwender haben in den letzten drei Jahren eine Verbesserung der Innovation um 35 % und eine Steigerung der Nachhaltigkeit um 33 % durch Investitionen in Künstliche Intelligenz verzeichnet. Investitionen in Künstliche Intelligenz haben auch zu einer Steigerung der Kunden- und Mitarbeiterbindung um 32 % geführt. Unternehmen steigern in diesem Jahr ihre KI-Ausgaben mit beschleunigter Innovation als vorrangigem Geschäftsziel für die Einführung von Künstlicher Intelligenz. Etwa 50 % der großen Unternehmen betrachten dies als ihren wichtigsten Treiber. Die COVID-19-Pandemie hat auch KI-gestützte Automatisierung in allen Regionen beschleunigt. Abb. 1.4 zeigt, wie sich die Einführung von Künstlicher Intelligenz auf verschiedene ERP-Bereiche auswirkt.

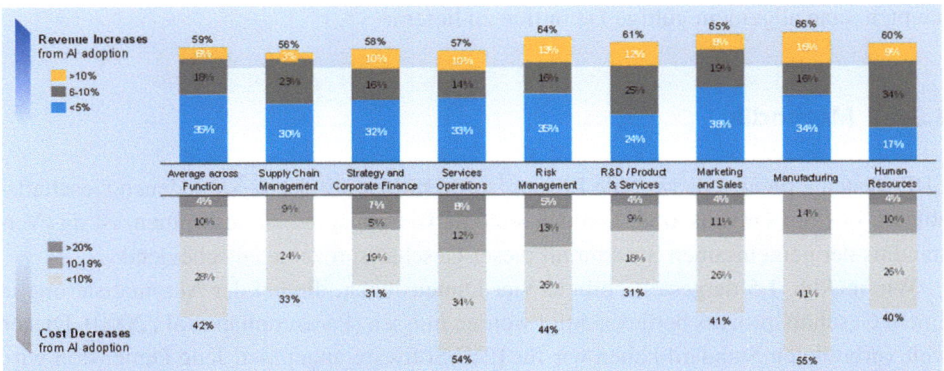

Abb. 1.4 Umsatz- und Kostenverbesserungen durch KI-Einführung

1.3 Anwenden von Intelligenz auf ERP

Wie in Sarferaz (2022) beschrieben, beginnen wir mit der Problemstellung: ERP-Software hat sich in den 1980er-Jahren von einer Best-of-Breed Strategie zu monolithischen Systemen in den 1990er-Jahren entwickelt. Derzeit liegt der Schwerpunkt auf cloudbasiertem ERP, wobei das Ziel die Entwicklung intelligenter ERP-Software ist. Was genau stellt jedoch ein intelligentes ERP-System dar? Trotz umfangreicher Forschung und Diskussion gibt es noch keine universell abgestimmte Definition von Intelligenz. Verschiedene Modelle wurden von Wissenschaftlern vorgeschlagen, um mathematische, sprachliche, kognitive, musikalische und emotionale Intelligenz darzustellen, aber keine hat breite Akzeptanz erlangt. Wie können wir also intelligente ERP-Software entwickeln, ohne genau zu verstehen, worum es sich handelt? Um dieses Problem anzugehen, schlagen wir vor, die Operationalisierungsmethodik anzuwenden, die ihre Wurzeln in der Philosophie hat. Diese Methode wird verwendet, um den Begriff der Intelligenz im Kontext von ERP-Software quantifizierbar zu machen (ähnlich wie IQ-Werte in der Psychologie), indem verschiedene Automatisierungsgrade festgelegt werden. Im Kontext von ERP ist Intelligenz nicht ein Selbstzweck, sondern es geht darum, die Automatisierung zu verbessern, um ein autonomeres ERP-System zu erreichen. Dadurch werden die Gesamtbetriebskosten (TCO) durch beschleunigte Prozesslaufzeiten oder eine optimierte Ressourcenauslastung gesenkt. Folglich gilt folgendes Prinzip: Je höher der Automatisierungsgrad in einem ERP-Geschäftsprozess oder ERP-System insgesamt, desto höher ist sein Intelligenzniveau. In diesem Abschnitt stellen wir eine Methodik zur Messung der Intelligenz von Geschäftsprozessen vor, die durch ERP-Software ermöglicht werden. Wir diskutieren sowohl die betriebswirtschaftlichen als auch die technologischen Aspekte. Wir betonen, dass wir den Begriff Intelligenz nur im Kontext von ERP-Software betrachten und nicht behaupten, eine allgemein gültige Definition zu liefern.

1.3.1 Methodik

ERP-Systeme dienen als zentrale Lösung zur Verarbeitung der verschiedenen Geschäftsabläufe in einer Organisation. Um den Automatisierungsgrad zu bestimmen, ist das Verständnis der gemeinsamen Struktur all dieser Geschäftsprozesse entscheidend.

Wie in Abb. 1.5 dargestellt, gibt es vier Dimensionen, die bei der Automatisierung in einem Geschäftsprozess berücksichtigt werden müssen (Parasuraman et al., 2000). Diesen weit verbreiteten Standard haben wir für ERP-Software angepasst. Jede Dimension wird auf einer Skala von 1 (niedrig) bis 5 (hoch) basierend auf ihrem Automatisierungsgrad bewertet. Durch die Bewertung des Automatisierungsgrads jeder Dimension für einen bestimmten Geschäftsprozess oder ein bestimmtes System (Summe aller Geschäftsprozesse) kann der Gesamtautomatisierungsgrad ermittelt werden. Dies ermöglicht die Bestimmung

1.3 Anwenden von Intelligenz auf ERP

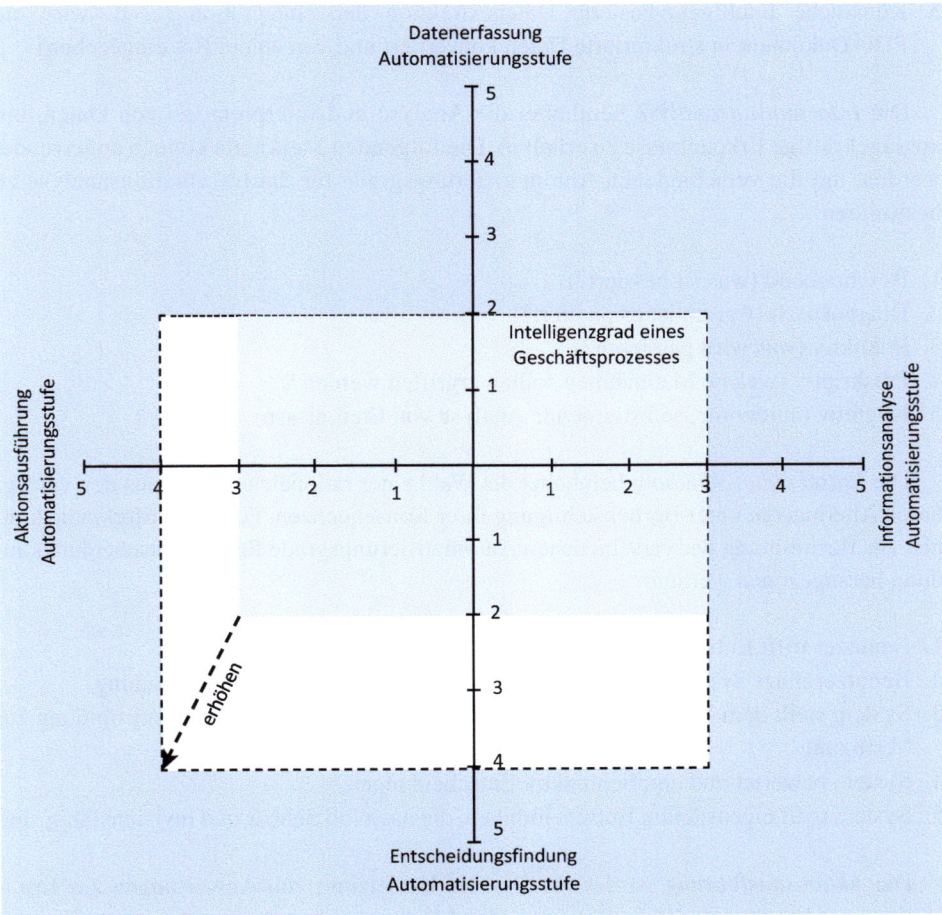

Abb. 1.5 Methodik zur Operationalisierung der Intelligenz

des aktuellen und gewünschten Intelligenzlevels und die Erstellung eines Implementierungsplans, um die Intelligenz des Geschäftsprozesses zu verbessern.

Die *Datenerfassung* umfasst die Eingabe von Daten in ERP-Systeme mithilfe von Geräten wie Tastaturen, Scannern, Speicherkarten oder Spracheingabe. Die folgenden Merkmale können zur Bestimmung der verschiedenen Automatisierungsgrade für die Datenerfassung herangezogen werden:

1. Manuelle Eingabe durch den Benutzer
2. Manuelle Eingabe kombiniert mit Datenintegration
3. Datenintegration mit gelegentlicher manueller Eingabe
4. Dialogorientierte Künstliche Intelligenz und Datenintegration

5. Künstliche Intelligenz-basierte Datenextraktion und -integration (z. B. wird ein PDF-Dokument in strukturierte Daten konvertiert und von einem Bot eingegeben)

Die *Informationsanalyse* beinhaltet die Analyse und Interpretation von Daten, um aussagekräftige Erkenntnisse zu erhalten. Die folgenden Merkmale können angewendet werden, um die verschiedenen Automatisierungsgrade für die Informationsanalyse zu bestimmen:

1. Beschreibend (was ist passiert?)
2. Diagnostisch (warum ist es passiert?)
3. Prädiktiv (was wird passieren?)
4. Präskriptiv (welche Maßnahmen sollten ergriffen werden?)
5. Kognitiv (autonome, selbstlernende Analyse von Ereignissen)

Die *Entscheidungsfindung* beinhaltet die Wahl einer rationalen Option aus den verfügbaren Alternativen unter Berücksichtigung ihrer Konsequenzen. Folgende Merkmale können zur Bestimmung der verschiedenen Automatisierungsgrade für die Entscheidungsfindung herangezogen werden:

1. Benutzer trifft Entscheidungen manuell
2. Benutzer nutzt Systemereignisse und -änderungen zur Entscheidungsfindung
3. System stellt dem Benutzer relevante Informationen für die Entscheidungsfindung zur Verfügung
4. System bewertet und empfiehlt aktiv Entscheidungen
5. System trifft eigenständig Entscheidungen, die nachvollziehbar und revisionsfähig sind

Die *Aktionsausführung* ist der Prozess der Umsetzung von Anweisungen zur Erreichung eines bestimmten Ziels. Die folgenden Merkmale können angewendet werden, um die verschiedenen Automatisierungsgrade für die Aktionsausführung zu bestimmen:

1. Benutzer führt Aktionen manuell aus
2. Benutzer verwendet Systemereignisse und -änderungen zur Durchführung von Aktionen
3. System stellt dem Benutzer relevante Informationen für die Aktionen zur Verfügung
4. System bewertet und empfiehlt aktiv Aktionen
5. System führt eigenständig Aktionen aus, die nachvollziehbar und revisionsfähig sind

Um unser Verständnis zu vertiefen, wenden wir diese Methodik auf einen Anwendungsfall zur Vertriebsleistung an: Ein Vertriebsplan ist eine Strategie, die Umsatzziele und die zur Erreichung dieser Ziele erforderlichen Schritte beschreibt. In der Regel umfasst das Erstellen eines solchen Vertriebsplans die manuelle Analyse historischer Daten, um den Erlös als Schlüsselkennzahl zu prognostizieren. Dieser Prozess könnte erweitert werden,

1.3 Anwenden von Intelligenz auf ERP

indem Künstliche Intelligenz verwendet wird, um die zukünftige Verkaufsentwicklung vorherzusagen. Dadurch können bessere Einblicke in die erforderlichen Maßnahmen gewonnen und der manuelle Aufwand für die Vertriebsplanung reduziert werden, was den tatsächlichen Umsatz erhöhen kann. Abb. 1.6 veranschaulicht die Implementierung dieser Methode zur Ermittlung des aktuellen und gewünschten Intelligenzlevels für die beschriebenen Vertriebsprozesse. Es zeigt sich, dass durch die Prognose des Umsatzes mit Künstlicher Intelligenz die Automatisierungslevels für die Dimensionen der Entscheidungsfindung und Aktionsausführung erhöht werden. Die Automatisierungslevels für die Datenerfassung und die Informationsanalyse bleiben unverändert, da keine zusätzliche Intelligenz in diese integriert wird.

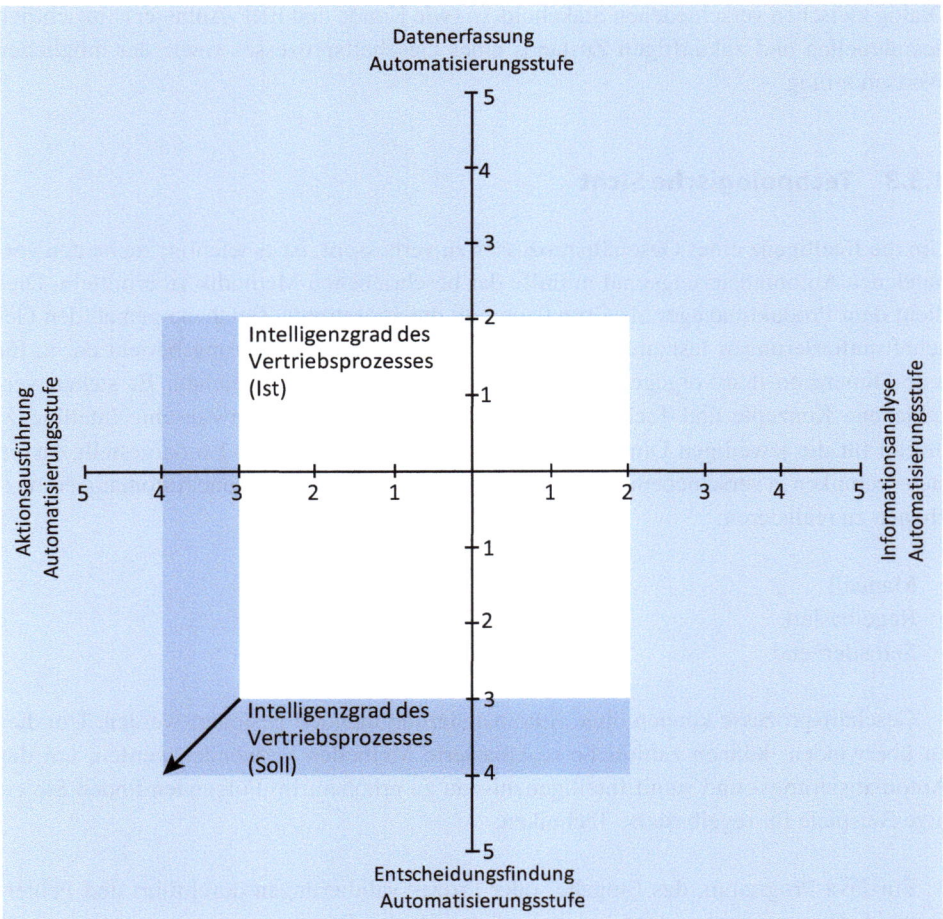

Abb. 1.6 Beispiel für die Anwendung der Methodik

1.3.2 Betriebswirtschaftliche Sicht

Unternehmen jeder Größe bemühen sich, ihre Umsatz- und Gewinnmargen mithilfe moderner ERP-Systeme zu steigern. Diese Systeme unterstützen durch die Integration von Künstlicher Intelligenz in Geschäftsprozesse bei der Erreichung dieser Ziele, indem sie neuartige Erkenntnisse aus Daten generieren oder eine datengesteuerte Automatisierung ermöglichen. Der spezifische Nutzen der Einbindung von Künstliche Intelligenz hängt jedoch vom Kontext oder der jeweiligen Anwendung ab. So kann beispielsweise eine inkrementelle Verbesserung durch regelbasierte Methoden als intelligenter im Vergleich zum vorherigen Zustand wahrgenommen werden, was dem Unternehmen zusätzlichen Mehrwert bietet. Der vorgeschlagene Rahmen dient als Grundlage für einen unparteiischen Dialog zwischen verschiedenen Stakeholdern (wie Kunde und ERP-Anbieter) hinsichtlich des aktuellen und zukünftigen Zustands eines Geschäftsprozesses sowie der möglichen Wertschöpfung.

1.3.3 Technologische Sicht

Um die Intelligenz eines Geschäftsprozesses zu verbessern, ist es wichtig, zuerst den vorhandenen Automatisierungsgrad mithilfe der beschriebenen Methodik zu ermitteln. Dies dient dem Produktmanager als Grundlage, um die angestrebte Zielebene gemäß den Geschäftsanforderungen festzulegen. Die nachfolgende Herausforderung besteht darin, für jede Dimension den vorgegebenen Automatisierungsgrad zu erreichen. Es stehen verschiedene Konzepte und Technologien zur Verfügung, um das gewünschte Intelligenzniveau für die jeweiligen Dimensionen zu erreichen. Wie in Abb. 1.6 dargestellt, lassen sich Techniken in verschiedene Kategorien unterteilen, um verschiedene Automatisierungsebenen zu realisieren:

- Manuell
- Regelbasiert
- Selbstlernend

Geschäftsprozesse können ohne Automatisierung manuell gesteuert werden. Um dies zu überwinden, können zahlreiche regelbasierte Methoden verwendet werden, um das Automatisierungs- und somit Intelligenzniveau zu erhöhen. Im Folgenden finden Sie einige Beispiele für regelbasierte Techniken:

- Ein Java-Programm, das Eingabe- oder Prozessvalidierungen durchführt und Fehlermeldungen zusammen mit Lösungsleitfäden für den Benutzer anzeigt
- Ein Workflow zur Ausführung einzelner Aufgaben oder Entscheidungen, der von einem Schritt zum nächsten geht, bis ein vordefinierter Prozess abgeschlossen ist

1.3 Anwenden von Intelligenz auf ERP

- Ein Szenario für Insight-to-Action Analytics, das mit einer KPI-Anzeige (Key Performance Indicator) beginnt, um den Benutzer auf Trends hinzuweisen, bis hin zur Durchführung von Ursachenanalysen und dem Ergreifen von Korrekturmaßnahmen
- Eine Anwendung zur Ausnahmenverarbeitung, die den Benutzer über ein Problem benachrichtigt, die erforderlichen Daten zur Lösung bereitstellt und vordefinierte Aktionen vorschlägt

Um die Stufe 5 zu erreichen, sind regelbasierte Methoden in der Regel nicht ausreichend und müssen durch selbstlernende Künstliche-Intelligenz-Techniken ergänzt werden. Diese Ansätze analysieren Rohdaten, um verborgene Erkenntnisse und Beziehungen aufzudecken, indem sie aus den Daten lernen, anstatt sich auf explizit programmierte Regeln zu verlassen. Beispiele hierfür sind (Abb. 1.7):

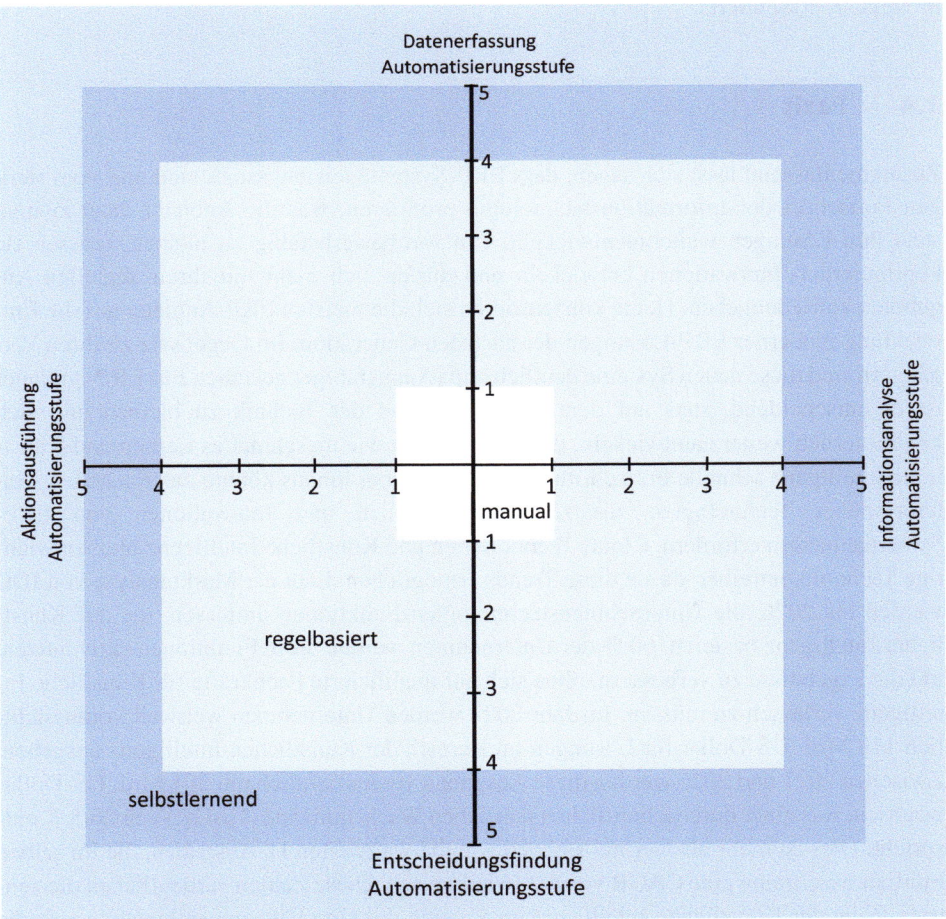

Abb. 1.7 Kategorien für Automatisierungstechnologien

- Deep Learning für Bilderkennung
- Dialogorientierte Künstliche Intelligenz für die Verarbeitung natürlicher Sprache (NLP)
- Bots oder intelligente Anwendungen, die Modelle mit Künstlicher Intelligenz nutzen, um eigenständig Entscheidungen zu treffen und Aktionen auszuführen

Im Kontext von ERP-Software sind regelbasierte Technologien gut etabliert. Daher konzentriert sich dieses Buch ausschließlich auf selbstlernende Methoden, die auf Künstlicher Intelligenz basieren, um das Intelligenzniveau von Geschäftsprozessen zu erhöhen. Der vorgeschlagene Ansatz bietet einen Rahmen für die Festlegung einer strategischen Richtung für ERP-Systeme im Hinblick auf die Erhöhung ihrer Intelligenz. Um ERP-Systeme intelligenter zu machen, müssen mehr Geschäftsprozesse auf die Stufe 4 und 5 gehoben werden, um ein autonomes ERP-System anzustreben. Folglich wird die Gesamtintelligenz eines ERP-Systems durch das Intelligenzniveau seiner einzelnen Geschäftsprozesse repräsentiert.

1.4 Fazit

Zusammenfassend lässt sich sagen, dass ERP-Systeme leistungsstark sind und vom stetigen Fortschritt der Informationstechnologie profitieren, was die Anbieter dazu zwingt, stets ihre Lösungen weiterzuentwickeln. Um wettbewerbsfähig zu bleiben, müssen sie kontinuierlich Innovationen entwickeln und dürfen sich nicht mit ihren aktuellen Angeboten zufriedengeben. Heute konzentrieren sich die meisten ERP-Anbieter auf die Entwicklung moderner ERP-Lösungen der nächsten Generation. Im Gegensatz zu ihren Vorgängern sind diese neuen Systeme deutlich anpassungsfähiger gestaltet. Für ERP-Anbieter ist es entscheidend, stets auf dem neuesten Stand der Technik zu bleiben und sich kontinuierlich weiterzuentwickeln, da Technologien wie maschinelles Lernen und Künstliche Intelligenz schnelle Fortschritte machen. Darüber hinaus könnte das Entstehen weiterer neuer Technologien zusätzliche Maßnahmen und Innovationen von ERP-Systemanbietern erfordern. Cloud-Technologien und Künstliche Intelligenz bleiben wichtige Technologietreiber, da sie diese Trends ermöglichen. Laut der Marktanalyse von IDC werden bis 2026 alle Unternehmenstechnologien Funktionen umfassen, die auf Künstlicher Intelligenz basieren. 60 % der Unternehmen werden diese Funktionen aktiv nutzen, um die Ergebnisse zu verbessern, ohne sich auf qualifizierte Fachkräfte für Künstliche Intelligenz verlassen zu müssen. Im Jahr 2022 werden Unternehmen weltweit voraussichtlich 118 Mrd. US-Dollar für Lösungen im Bereich der Künstlichen Intelligenz ausgeben. Zwischen 2021 und 2026 werden diese Ausgaben voraussichtlich um 301 Mrd. US-Dollar wachsen, was einer durchschnittlichen jährlichen Wachstumsrate (CAGR) von 26,5 % entspricht. Dies ist mehr als viermal so hoch wie die weltweiten IT-Ausgaben, die im selben Fünfjahreszeitraum eine CAGR von 6,3 % aufweisen. Diese Zahlen verdeutlichen die zentrale Rolle der Künstlichen Intelligenz im Bereich der Geschäftsanwendungen sowie die Bedeutung der Bewältigung der Herausforderungen, die mit der Integration von Intelli-

1.4 Fazit

genz in ERP-Software verbunden sind. Eine zentrale Frage, die gelöst werden muss, lautet: Was macht ein ERP-System intelligent? Die Antwort auf diese Frage ist nicht einfach, da es keine allgemein akzeptierte Definition des Begriffs Intelligenz gibt. Aus unserer Sicht sind regelbasierte Geschäftsanwendungen, die als Workflows programmiert oder implementiert werden, bereits intelligent, da sie komplexe Aufgaben ausführen. Allerdings werden die entsprechenden Regeln vom Menschen definiert und als Software kodiert. Bei Künstlicher Intelligenz lernen die Algorithmen hingegen aus Daten und bestimmen die zugrunde liegenden Regeln eigenständig, ohne menschliches Eingreifen. Daher gibt es unserer Ansicht nach unterschiedliche Ebenen der Intelligenz und folglich auch unterschiedliche Automatisierungsgrade für ERP-Geschäftsprozesse. In diesem Kapitel haben wir eine Methodik zur systematischen Anwendung von Künstlicher Intelligenz auf ERP-Software vorgeschlagen. Unsere Idee ist es, den Begriff Intelligenz zu operationalisieren und ihn mit dem Grad der Automatisierung von Geschäftsprozessen in Beziehung zu setzen. Alle Geschäftsprozesse in einem ERP-System umfassen die Dimensionen Datenerfassung, Informationsanalyse, Entscheidungsfindung und Aktionsausführung. Für jede Dimension kann der Automatisierungsgrad durch den Einsatz von Techniken der Künstlichen Intelligenz erhöht werden. Mit der zunehmenden Intelligenz der zugrunde liegenden Geschäftsprozesse wird auch das ERP-System intelligenter und entwickelt sich hin zu einem autonomen ERP.

ERP-Referenzprozesse

2

Obwohl ERP-Systeme seit Jahren genutzt werden, gibt es keine gemeinsame Definition des Funktionsumfangs. Daher bieten Marktanalysten und ERP-Anbieter ihre eigene, äußerst subjektive Interpretation von ERP-Funktionen an. Um jedoch systematisch Künstliche Intelligenz in ERP-Software einzubetten, benötigen wir über ein klares Verständnis des ERP-Funktionsumfangs. In diesem Kapitel wird ein Referenzprozess vorgeschlagen, der als funktionale Spezifikation für ERP-Systeme dient. Die Referenzprozesse skizzieren den Funktionsumfang von ERP-Software und die Komplexität der Einbettung von Künstlicher Intelligenz in diese. Gleichzeitig betonen sie das hohe Potenzial, Künstliche Intelligenz zur Verbesserung dieser Geschäftsprozesse einzusetzen. Darüber hinaus bilden die Referenzprozesse die Grundlage der ERP-Referenzarchitektur des nächsten Kapitels. Die Referenzprozesse können auch verwendet werden, um die Funktionalität verschiedener ERP-Produkte zu vergleichen.

2.1 Einleitung

Beginnen wir mit der Problemstellung. Trotz langjähriger Nutzung von ERP-Lösungen gibt es keine allgemein abgestimmte Definition ihres Funktionsumfangs. Im Bereich der Datenbanksysteme beschreibt der SQL-Standard die primäre Funktionalität eines Datenbanksystems. Für ERP-Systeme gibt es jedoch keine solchen Standards. Dadurch bieten Marktanalysten und ERP-Anbieter eigene Interpretationen des Funktionsumfangs an, die oft subjektiv sind. Um dieses Problem zu beheben, schlagen wir eine Referenz-Geschäftsprozessdefinition für Unternehmen vor, die als funktionale Spezifikation für ERP-Systeme dienen soll. Diese Geschäftsprozessbeschreibung kann verwendet werden, um die Funktionsabdeckung von ERP-Lösungen zu überprüfen oder die Funktionen verschiedener ERP-Produkte zu vergleichen. In diesem Kapitel geben wir einen kurzen Überblick über diese Geschäftsprozesse, um den Funktionsumfang von ERP-Software und das enorme Potenzial der Künstliche Intelligenz zur Erhöhung des Automatisierungsgrads von ERP-Systemen hervorzuheben. Die Beschreibung der zentralen Geschäftsprozesse unterstreicht die Komplexität von ERP-Software und damit die große Herausforderung, Künstliche Intelligenz in sie zu integrieren. Die erläuterten Geschäftsprozesse (das *Was*) bilden die Grundlage für die ERP-Referenzarchitektur (das *Wie*), die wir im nächsten Kapitel vorstellen werden. Die ERP-Referenzarchitektur bildet die Grundlage für die technische Lösung zur Einbindung von Künstlicher Intelligenz in ERP-Software.

Die Wertschöpfungskette umfasst die gesamten Prozesse eines Unternehmens. Sie kann als initialer Ansatz zur Ermittlung und Schaffung strategischer Wettbewerbsvorteile verwendet werden. Wie in Abb. 2.1 dargestellt, betrachtet die Wertschöpfungskette alle miteinander verbundenen Aktivitäten im Zusammenhang mit der Lieferung von Produkten oder Dienstleistungen als Komponenten innerhalb einer komplexen Kette. Jede Komponente der Wertschöpfungskette verursacht Kosten und trägt zum Wert des Endprodukts bei. Daher ist es wichtig, jede Komponente der Kette zu analysieren. Die Aktivitäten eines Unternehmens werden in zwei Kategorien unterteilt: primäre Aktivitäten und unterstützende Aktivitäten. Primäre Aktivitäten leisten einen unmittelbaren wertschöpfenden Beitrag zur Entwicklung eines Produkts oder einer Dienstleistung,

Abb. 2.1 Unternehmensdomänen

während unterstützende Aktivitäten die Effizienz und Effektivität primärer Aktivitäten verbessern. Primäre Aktivitäten umfassen Eingangslogistik, Fertigung, Warenausgang, Marketing, Vertrieb und Service, während unterstützende Aktivitäten die Beschaffung, die technologische Infrastruktur, das Personalmanagement und die Unternehmensverwaltung umfassen.

Die Wertschöpfungskette kann in vier verschiedene Unternehmensdomänen unterteilt werden: die Kundendomäne, die Auftragserfüllungsdomäne, die Unternehmensdomäne und die Produkt- und Dienstleistungsdomäne. Die mit dem Produkt- und Dienstleistungsbereich verbundenen Abteilungen konzentrieren sich auf die Entwicklung von Produkten und Dienstleistungen, während sich die mit dem Kundenbereich verantwortlichen Abteilungen auf die Generierung von Nachfrage konzentrieren. Abteilungen innerhalb des Unternehmensbereichs sind mit der Planung und Verwaltung des Unternehmens betraut, und die mit der Auftragserfüllungsdomäne verbundenen Abteilungen sind für die Erfüllung des Kundenbedarfs verantwortlich. Die grundlegenden Geschäftsprozesse für diese vier Bereiche umfassen die Entwicklung von Produkten und Dienstleistungen, die Generierung von Bedarf, die Deckung des Bedarfs sowie die Planung und Verwaltung des Unternehmens, wie in Abb. 2.2 dargestellt. Der Prozess *Von der Idee bis zur Markteinführung* unterstützt die Ideenfindung, Anforderungsanalyse und den Entwurf von Produkten und Dienstleistungen. Diese Ausgabe wird dann im Prozess *Von der Bezugsquellenfindung bis zur Zahlung* verwendet, bei dem Lieferanten beauftragt, die erforderlichen Materialien und Dienstleistungen beschafft und die entsprechenden Rechnungen bezahlt werden. Der Prozess *Von der Planung bis zur Auftragserfüllung* umfasst den Eingang und die Prüfung von Waren sowie die Herstellung von Produkten oder die Bereitstellung von Dienstleistungen. Marketingaktivitäten, die Nachfrage generieren und Absatzchancen in Angebote und Aufträge umwandeln, werden durch den Prozess *Vom Auftrag bis zum Zahlungseingang* abgewickelt. Zusätzlich zu diesen Kernprozessen sind ergänzende Prozesse zur Unterstützung eines Unternehmens erforderlich. Der Prozess *Von der Rekrutierung bis zum Ruhestand* verwaltet den gesamten Mitarbeiterlebenszyklus – von der Einstellung über das Onboarding bis hin zur Entwicklung, Vergütung und Pensionierung. Der Prozess *Erwerb bis Stilllegung* wickelt die Planung, die Beschaffung, das Onboarding, den Betrieb und die Stilllegung von Anlagen wie Fertigungsmaschinen ab. Unternehmen müssen auch Risiken und Compliance, Identität und Zugriff, Cybersicherheit und Datenschutz, IT-Infrastruktur sowie Handels- und Steuervorschriften verwalten, die durch den unterstützenden Prozess *Unternehmensführung* sichergestellt werden. Der Prozess *Finanzwesen* deckt die Rechnungsabwicklung und das Cash Management sowie das Treasury- und Immobilienmanagement ab.

Diese Geschäftsprozesse werden in den nächsten Abschnitten kurz beschrieben.

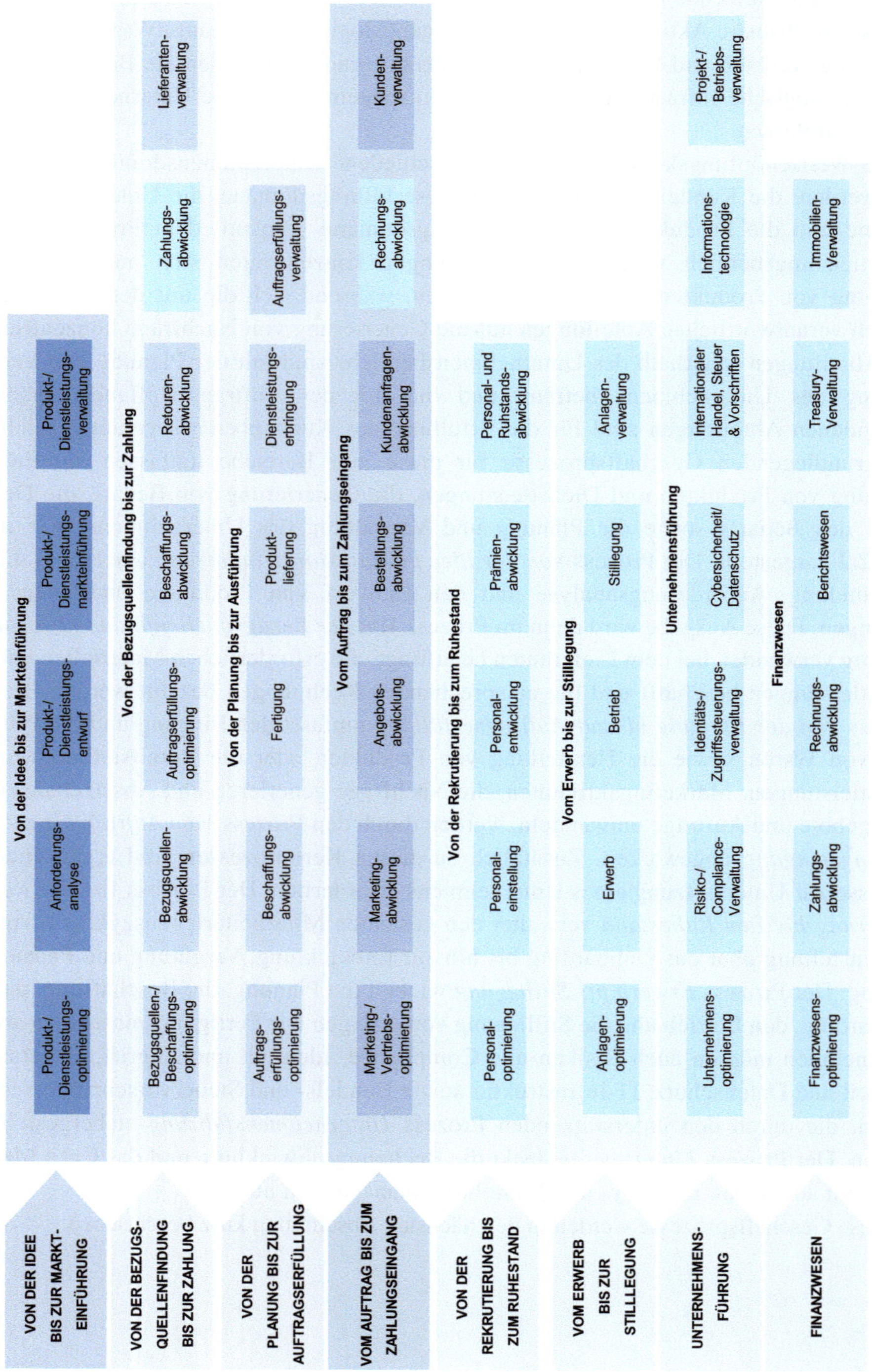
VON DER IDEE BIS ZUR MARKT-EINFÜHRUNG
Von der Idee bis zur Markteinführung
Produkt-/Dienstleistungs-optimierung
Anforderungs-analyse
Produkt-/Dienstleistungs-entwurf
Produkt-/Dienstleistungs-markteinführung
Produkt-/Dienstleistungs-verwaltung
VON DER BEZUGS-QUELLENFINDUNG BIS ZUR ZAHLUNG
Von der Bezugsquellenfindung bis zur Zahlung
Bezugsquellen-/Beschaffungs-optimierung
Bezugsquellen-abwicklung
Auftragserfüllungs-optimierung
Beschaffungs-abwicklung
Retouren-abwicklung
Zahlungs-abwicklung
Lieferanten-verwaltung
VON DER PLANUNG BIS ZUR AUFTRAGSERFÜLLUNG
Von der Planung bis zur Ausführung
Auftrags-erfüllungs-optimierung
Beschaffungs-abwicklung
Fertigung
Produkt-lieferung
Dienstleistungs-erbringung
Auftragserfüllungs-verwaltung
VOM AUFTRAG BIS ZUM ZAHLUNGSEINGANG
Vom Auftrag bis zum Zahlungseingang
Marketing-/Vertriebs-optimierung
Marketing-abwicklung
Angebots-abwicklung
Bestellungs-abwicklung
Kundenanfragen-abwicklung
Rechnungs-abwicklung
Kunden-verwaltung
VON DER REKRUTIERUNG BIS ZUM RUHESTAND
Von der Rekrutierung bis zum Ruhestand
Personal-optimierung
Personal-einstellung
Personal-entwicklung
Prämien-abwicklung
Personal- und Ruhestands-abwicklung
VOM ERWERB BIS ZUR STILLLEGUNG
Vom Erwerb bis zur Stilllegung
Anlagen-optimierung
Erwerb
Betrieb
Stilllegung
Anlagen-verwaltung
UNTERNEHMENS-FÜHRUNG
Unternehmensführung
Unternehmens-optimierung
Risiko-/Compliance-Verwaltung
Identitäts-/Zugriffssteuerungs-verwaltung
Cybersicherheit/Datenschutz
Internationaler Handel, Steuer & Vorschriften
Informations-technologie
Projekt-/Betriebs-verwaltung
FINANZWESEN
Finanzwesen
Finanzwesens-optimierung
Zahlungs-abwicklung
Rechnungs-abwicklung
Berichtswesen
Treasury-Verwaltung
Immobilien-Verwaltung

Abb. 2.2 ERP-Referenzprozesse

2.2 Von der Idee bis zur Markteinführung

Der Prozess *Von der Idee bis zum Markteinführung* lässt sich in fünf einzelne Teilprozesse unterteilen, wie in Abb. 2.3 dargestellt.

Die *Produkt- und Dienstleistungsoptimierung* umfasst im Allgemeinen das Produkt- und Dienstleistungsportfoliomanagement. Das Portfoliomanagement ist für folgende Aufgaben zuständig:

1. Portfoliokomponenten zusammenstellen und beschreiben
2. Portfoliokomponenten definieren und bewerten
3. Portfoliokomponenten vergleichen und Entscheidungen treffen
4. Portfoliokomponenten überwachen

Diese Aufgaben werden mit einer Vielzahl von Metriken zum Vergleichen ausgeführt. Die eigentliche Implementierung jeder Komponente erfolgt später im Projektmanagement. Zusammenfassend ist das Produkt- und Dienstleistungsportfoliomanagement für die Überwachung von Produkt- und Dienstleistungsstrategien, die Verwaltung des Produkt- und Dienstleistungsportfolios sowie für die Planung und Verfolgung von Portfolioinvestitionen verantwortlich. Weiterhin werden die Teilprozesse *Anforderungsanalyse* und *Produkt-/Dienstleistungsentwurf* von diesem Kernprozess umfasst.

Der Schwerpunkt des Ideenmanagements liegt in der systematischen Erfassung neuer Ideen für Produkte und Dienstleistungen oder deren Variationen sowie in der systematischen Dokumentation neuer Ideen zur Erweiterung oder Änderung bestehender Produkte und Dienstleistungen. Ideenmanagement umfasst nicht nur die Erfassung von Ideen, sondern auch die Bewertung ihrer Machbarkeit. Für diese Bewertung sind mehrere Kriterien wie Kosten- und Wettbewerbsanalysen erforderlich. Es ist von entscheidender Bedeutung, vor der Definition neuer Konzepte explorative Forschungsarbeiten durchzuführen. Anschließend werden neue Ideen und Anforderungen analysiert. Nach Abschluss des Ideenmanagements beginnt die Phase des Produkt- und Dienstleistungsentwurfs, die die Definition von Anforderungen umfasst. Es ist wichtig, das Geschäftsprozesssegment zu berücksichtigen; dieses ist eine Gruppe von Geschäftsaktivitäten und -funktionen, die einen bestimmten Wert oder ein bestimmtes Ergebnis für einen Stakeholder generieren. Der Prozess *Produkt- und Dienstleistungsentwurf* besteht aus drei verschiedenen Teilprozessen: Entwurfsmanagement, das teilweise während des Anforderungsanalyseprozesses stattfindet, Bezugsquellenabwicklung, sowie Produktionsmanagement. Sobald die Anforderungsanalyse abgeschlossen ist, kann die Konzeptionsphase beginnen. Eine initiale Struktur für das Produkt oder Dienstleistung wird entwickelt und kontinuierlich verfeinert und angepasst. Diese Struktur kann entweder unabhängig sein oder eine Kombination aus funktionalen, konzeptionellen und Entwicklungsstrukturen darstellen. Für die anschließende Validierung ist ein Prototyp erforderlich, um das Produkt oder die Dienstleistung zu verifizieren. Typischerweise sind die entwickelten Produkte oder Dienstleistungen hochkomplex und müssen strenge Qualitäts- und Effizienzstandards erfüllen. Die Sicherstellung umfasst in der Regel die Planung, Steuerung und Durchführung von Untersuchungen der Ergebnisse, z. B. eines Prototyps. Jede

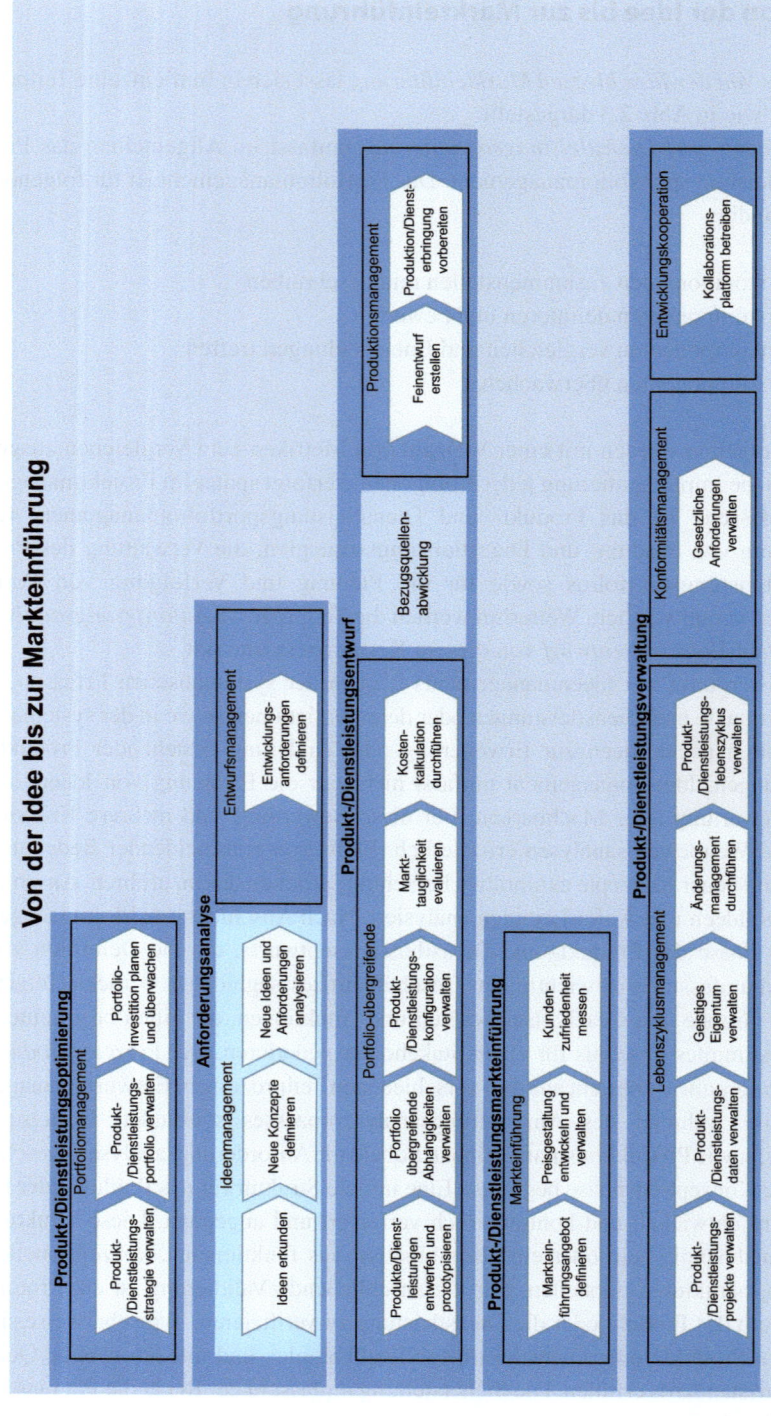

Abb. 2.3 Referenzprozess Von der Idee bis zur Markteinführung

2.2 Von der Idee bis zur Markteinführung

Ausnahme oder jeder Fehler muss dokumentiert und behoben werden, um den Erfolg sicherzustellen. Die Identifizierung aller Fehler ist von entscheidender Bedeutung, da sie zu zusätzlichen Kosten führen und die Produkt- oder Dienstleistungsqualität negativ beeinflussen können. Die Produkt- oder Dienstleistungsvalidierung basiert auf zuvor festgelegten Anforderungen und Zielen. Alle Erkenntnisse, ob Fehlschläge oder Erfolge, müssen in die Produkt- oder Dienstleistungsverbesserung integriert werden. Die Validierung ist in jeder Phase der Produkt- oder Dienstleistungsentwicklung erforderlich. Ziel der Validierung ist es, sicherzustellen, dass alle Qualitätsstandards erreichbar sind, und den Prozess zu optimieren. Eine regelmäßige Überwachung der Personalbudgets und anderer Ausgaben ist unerlässlich. Die Produktvalidierung umfasst mehrere Komponenten, einschließlich Dokumentenverwaltung, Qualitätsmanagement, Prozessmanagement, Produktmanagement und operative Instandhaltung. Dies zeigt die Bedeutung der Vorabplanung für die Validierung und die Notwendigkeit regelmäßiger Validierungsprüfungen während des gesamten Prozesses. Zusammenfassend müssen Produkte und Dienstleistungen entworfen und prototypisiert, portfolioübergreifende Abhängigkeiten und Konfigurationen verwaltet, Zielmärkte für überarbeitete oder neue Produkte identifiziert und Kostenkalkulationen durchgeführt und überwacht werden. All dies geschieht vor den Phasen Bezugsquellenabwicklung und Produktionsmanagement. Das letztere umfasst den Feinentwurf sowie die Vorarbeit für die eigentliche Produktion oder Dienstleistungserbringung. Dieser Prozess umfasst die Integration von Produktentwicklung und Produktion. Während der Produktion muss die Stückliste systematisch überwacht und gesteuert werden. Die Stückliste ist eine umfassende Liste aller Materialien und deren Bedarfsmengen für ein bestimmtes Produkt oder eine spezifische Dienstleistung. Die Stücklistenverwaltung dient als Grundlage für die Implementierung von Konzepten wie digitalen Fabriken und Industrie 4.0. Digitale Fabriken fungieren als Vermittler zwischen Produktentwicklung, Planung und Produktion und verknüpfen Produktionsdaten mit Entwicklungsdaten für die Fertigung. Modellierungswerkzeuge und verschiedene Simulations- und Visualisierungsmethoden sind dabei unerlässlich. Ziel ist es, einen digitalen Ansatz zu verfolgen und dreidimensionale Produkte zu schaffen. Während Industrie 4.0 die Tools und Methoden nicht bereitstellt, unterstützt sie digitale Fabriken in Echtzeit und überwacht deren Betrieb und Optimierung. Sobald ein Produkt oder eine Dienstleistung entworfen und bereitgestellt wurde, kann der Markteintritt geplant werden. Dazu gehört die Definition des Markteinführungsangebots, die Entwicklung und Verwaltung der Preise sowie die Messung der Kundenzufriedenheit mit den Produkten oder Dienstleistungen. Dieser gesamte Prozess fällt unter *Produkt- und Dienstleistungsmarkteinführung*, die den Markteintrittsprozess und seine Vorbereitung umreißt. Der letzte Prozess ist die *Produkt- und Dienstleistungsverwaltung*, die *Lebenszyklusmanagement*, *Konformitätsmanagement* und die *Entwicklungskooperation* umfasst. Das Lebenszyklusmanagement bezieht sich auf die Verwaltung von Produkt- und Dienstleistungsprojekten, Daten, geistigem Eigentum, Leistung, Änderungsmanagement und Lebenszyklus. Das Konformitätsmanagement behandelt gesetzliche Anforderungen, die immer überwacht werden müssen. Dazu gehört die Zusammenarbeit während der Entwicklung, bei der die Plattform für die Produkt- oder Dienstleistung betrieben wird. Die Einrichtung einer geeigneten Projektstruktur, die von einem Projektmanager oder kaufmännischen Projektleiter geleitet wird, ist für alle projektbezogenen Planungs-, Ausführungs- und Überwachungsaktivitäten von entscheidender Bedeutung. Der Projekterstellungsprozess reicht von der Strukturierung einfacher Projekte mit einzelnen Kontierungsobjekten bis hin zu komplexen Projekten mit einer Hierarchie von Arbeitspaketen, abhängig von den Anforderungen. Die frühzeitige Kostenplanung für ein Projekt erfordert häufig erheblichen Aufwand.

2.3 Von der Bezugsquellenfindung bis zur Zahlung

Der Prozess *Von der Bezugsquellenfindung bis zur Bezahlung* kann in sechs einzelne Teilprozesse unterteilt werden, wie in der Abb. 2.4 dargestellt.

Der erste Teilprozess *Bezugsquellen- und Beschaffungsoptimierung* umfasst die Identifikation und Beschaffung der Anforderungen einer Organisation, bevor diese Waren oder Dienstleistungen einkauft. Bei der Bezugsquellenfindung müssen die Bedürfnisse der Organisation mit einem Lieferanten abgeglichen werden, der in der Lage ist, die benötigten Waren oder Dienstleistungen bereitzustellen. Der Beschaffungsprozess beinhaltet Schritte wie das Erkennen und Verstehen von Anforderungen, das Eingrenzen potenzieller Lieferanten, das Anfordern von Informationen und Angeboten, das Erteilen des Zuschlags für den besten Vorschlag sowie den Übergang zum Beschaffungsprozess durch Bestellungen oder Verträge. Der erste Teilprozess konzentriert sich auf die Analyse der allgemeinen Einkaufsstrategien eines Unternehmens. Dazu gehört die Untersuchung des Ausgabenprofils der Organisation, die Planung von Ausgaben und die Klärung der Einkaufsanforderungen, um einen Überblick über die notwendigen Einkäufe zu erhalten. Der Teilprozess der *Bezugsquellenabwicklung* erfolgt über eine Ausschreibung, die in der Regel aus drei Komponenten besteht: Informationsanfrage, Preisanfrage und Ausschreibungsanfrage. Der Ausschreibungsprozess beginnt mit der Informationsanforderung, gefolgt von der Ausschreibung und dem Vergleich potenzieller Lieferanten. Die Ausschreibungsphase endet mit der Auswahl einer Bezugsquelle. Nachdem eine Bezugsquelle ausgewählt wurde, besteht der letzte Schritt darin, Einkaufsquoten für verschiedene Produkte und Dienstleistungen mit der ausgewählten Bezugsquelle festzulegen. Im Rahmen der *Beschaffungskontraktverwaltung* werden Geschäftsbedingungen ausgehandelt und Verträge abgeschlossen. Der Folgeprozess *Auftragserfüllungsoptimierung* begleitet wichtige Schritte, um eine optimale Auftragserfüllung zu erreichen. Die Beschaffungsaktivitäten reichen von alltäglichen Anforderungen wie der Suche nach Bürolieferanten bis hin zu strategischen Aufgaben wie der Bedarfsprognose und der Verhandlung der besten Preise mit einem optimalen Lieferantenmix. Bei der Bezugsquellenfindung geht es nicht nur um den Preis; ein Lieferant kann den besten Preis anbieten, aber möglicherweise nicht liefern oder mit externen Herausforderungen konfrontiert sein, was zu Unterbrechungen der Lieferkette oder einer Verringerung der Endproduktqualität führt. Die Beschaffung beginnt in der Regel dort, wo die Bezugsquellenfindung endet, und legt Bestellanforderungen an und gibt Bestellungen für Waren oder Dienstleistungen an den während des Beschaffungsprozesses identifizierten Lieferanten aus. Insgesamt beschreibt der Prozess *Beschaffungsabwicklung* den Weg von der Beschaffung bis zum Wareneingang. Die Anfangsphase des Prozesses ist

2.3 Von der Bezugsquellenfindung bis zur Zahlung

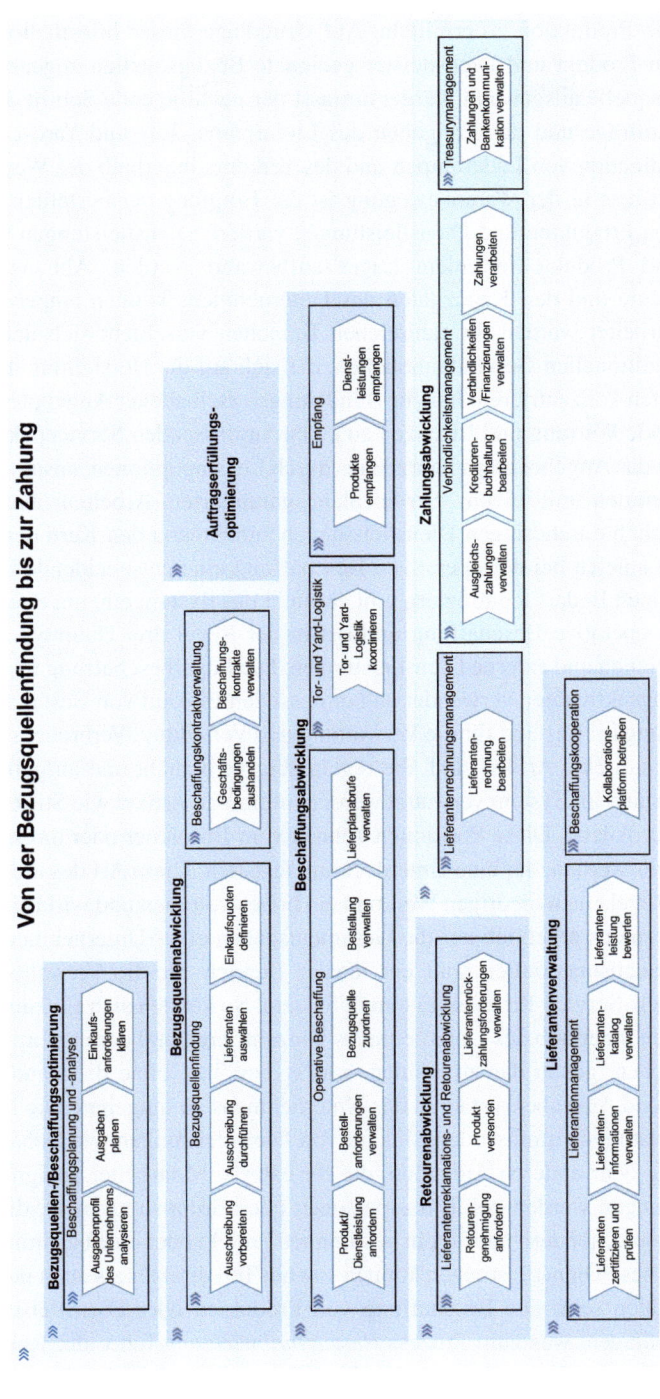

Abb. 2.4 Referenzprozess Von der Bezugsquellenfindung bis zur Zahlung

die operative Beschaffung, die darauf abzielt, die erforderlichen Produkte oder Dienstleistungen für die Produktion zu ermitteln. Auf Grundlage dieser Informationen werden jedem benötigten Produkt und Dienstleister geeignete Bezugsquellen zugeordnet. Nachdem eine Bezugsquelle ausgewählt wurde, umfasst der nachfolgende Schritt das Generieren relevanter Aufträge und das Freigeben des Lieferplans. Tor- und Yard-Logistik verwalten die Koordination von Laderampen und des Verkehrs innerhalb des Werksgeländes. Der letzte Teilprozess in der Warenbewegung ist der Empfang der bestellten Positionen. Der Empfang von Produkten und Dienstleistungen variiert; Dienstleistungen werden verbraucht, während Produkte in einem Lager aufbewahrt werden. Abhängig von der Produktionsstrategie und den Kapazitäten des Unternehmens können eingehende Waren auch sofort verarbeitet werden. In zahlreichen Branchen verschiebt sich der Fokus zunehmend von traditionellen Geschäftsmodellen, die sich auf die Herstellung und den Verkauf von Produkten konzentrieren, hin zur Bündelung verschiedener Angebote wie Waren, Garantien, laufende Wartung und Lizenzen zu einem umfassenden Servicepaket. Ein gängiges Beispiel ist das Angebot eines Fahrzeuges durch Leasingoptionen, anstatt ein Auto zu verkaufen, zusammen mit einem Serviceplan, garantierten Arbeiten und Standardreparaturen. Folglich durchdringen Dienstleistungen zunehmend den Kern der Geschäftswelt. Mitarbeiter spielen bei der operativen Beschaffung eine entscheidende Rolle. Wenn ein Mitarbeiter einen Bedarf identifiziert, gibt er ihn in das System ein, um eine Bestellung aufzugeben. Die operative Beschaffung umfasst in der Regel drei Haupttypen: Bestand, Verbrauchsmaterialien und externe Dienstleistungen. Die Lagerbeschaffung wird häufig für Direktbeschaffungsaktivitäten verwendet und umfasst den Einkauf von Bestandspositionen und deren Lagerung im Bestand für die Verwaltung und Verteilung. Verbrauchsmaterialien, die in der Regel indirekte Artikel sind, die regelmäßig verbraucht und aufgefüllt werden, aber nicht als Bestand im System verwaltet werden, umfassen Artikel wie Stifte, Papier und Kaffee für die Büroküche. Diese Positionen können vom Büroleiter oder direkt von einem Mitarbeiter bestellt werden, der eine Unterdeckung feststellt. Diese Art des indirekten Einkaufs hat in der Regel einen niedrigen Wert und ein hohes Volumen und wirkt sich aufgrund dieses hohen Volumens erheblich auf die Gesamtausgaben eines Unternehmens aus. Ausgaben für Verbrauchsmaterialien sind ein idealer Bereich für die Verwaltung der Beschaffung über Self-Service-Prozesse in einem System. So können sich Einkäufer auf strategische Ausgaben innerhalb des Unternehmens konzentrieren und dem anfordernden Mitarbeiter ermöglichen, genau das zu wählen, was er benötigt, ohne die standardmäßigen Genehmigungs- und Ausgabenverfahren des Unternehmens zu umgehen. Die Beschaffung externer Dienstleistungen umfasst den Einkauf von Dienstleistungen wie Gebäudeinstandhaltung, Beratung oder anderen Aufgaben, die für externe Mitarbeiter geeignet sind. Externe Dienstleistungen werden von Einzelpersonen oder Gruppen erbracht, die nicht Teil der Organisation sind, sondern nur für ein bestimmtes Projekt oder eine bestimmte Aufgabe beauftragt sind. Diese Dienstleistungen können sowohl Teil direkter als auch indirekter Beschaffungsaktivitäten sein. Die Beschaffung von Produkten oder Dienstleistungen kann manchmal fehlschlagen, was zum Prozess *Retourenabwicklung* führt, der Reklamationen und Retouren beinhaltet. Wenn Waren oder Dienstleistungen nicht den Erwartungen entsprechen, entstehen Ansprüche. Nach der Erfassung und Bearbeitung von Forderungen mit dem Lieferanten beginnt der Retourenprozess. In der Regel muss der Lieferant den Retourentransport koordinieren. Die Analyse von Schadensfällen hilft dabei, Lücken zu erkennen und Prozesse und Produkte kontinuierlich zu verbessern. Der Prozess *Zahlungsabwicklung* endet mit der Zahlung, die den Empfang und die Verarbeitung von Rechnungen in nachfolgenden Phasen umfasst. Obwohl Zahlungen in der Regel am Ende eines Beschaffungsprozesses und am Beginn eines Bezugsquellenfindungsprozesses erfolgen, stellen einige Beschaffungsszenarien die Idee einer einheitlichen Abfolge in Frage. Der unterstützende Prozess *Finanzwesen* verwaltet den Prozess *Zahlungsabwicklung*, der für die Beschaffung von Waren bei Rechnungszahlungen von entscheidender Bedeutung ist. Eine Lieferantenrechnung ist ein Beleg eines Lieferanten für gelieferte Materialien oder erbrachte Dienstleistungen. Die Lieferantenrechnungsverwaltung umfasst die Bearbeitung von Lieferantenrechnungen, das Einholen der Rechnung und das Initiieren der Zahlung. Finanzabrechnungen werden basierend auf Kreditoren integriert, und Finanzierungsverbindlichkeiten initiieren Zahlungen. Abrechnungen sind das primäre Element innerhalb des Prozesses, und Kreditoren werden ausgehend von diesen Abrechnungen verarbeitet. Das *Treasurymanagement* konzentriert sich auf die Kommunikation mit Banken, um Zahlungen zu verarbeiten, und unterstützt Treasuryprozesse wie Cash- und Liquiditätsmanagement, Fremdfinanzierungs- und Investitionsmanagement sowie Devisenrisikomanagement. Die Verwaltung und Zusammenarbeit mit Lieferanten ist in zwei Teilprozesse unterteilt. Das Ziel des *Lieferantenmanagements* besteht darin, vorhandene Lieferanten zu organisieren und zu analysieren. Der erste Schritt versucht, vorhandene Lieferanten basierend auf internen Kriterien zu zertifizieren und zu prüfen, um eine bessere Klassifizierung zu ermöglichen. Anschließend werden Lieferanteninformationen verwaltet, die Stammdaten und verschiedene Ausschreibungsdokumente abdecken. Eine aktuelle und umfassende Liste aller relevanten Informationen ist für die Auswahl des richtigen Lieferanten von entscheidender Bedeutung. Lieferanten werden in einem Katalog kategorisiert, der für die Bezugsquellenauswahl verwendet werden kann. Ein letzter Schritt, der in Zusammenarbeit mit Lieferanten durchgeführt wird, ist die Leistungsbewertung. In diesem Schritt kann das Unternehmen entscheiden, welche Quelle für einen neuen Auftrag basierend auf früheren Lieferungen ausgewählt werden soll. Der Zugriff auf Lieferantennetzwerke ist von entscheidender Bedeutung. Dazu werden Plattformen für die Zusammenarbeit mit Lieferanten verwendet.

2.4 Von der Planung bis zur Auftragserfüllung

Der Prozess *Von der Planung bis zur Auftragserfüllung* kann in fünf einzelne Teilprozesse unterteilt werden und beginnt mit *Auftragserfüllungsoptimierung*, wie in Abb. 2.5 dargestellt.

Bevor eine Dienstleistung initiiert oder ein Produkt hergestellt wird, muss ein Lieferantennetzwerk eingerichtet werden. Dieses Netzwerk umfasst verschiedene Richtlinien, die umgesetzt werden müssen, sowie eine Strategie zur Verwaltung von Materialien. Mit der Absatz-, Bestands- und Beschaffungsplanung können Unternehmen Kundenbedarfe, Bestände sowie operative Risiken und Chancen vorhersagen und bewältigen. Es

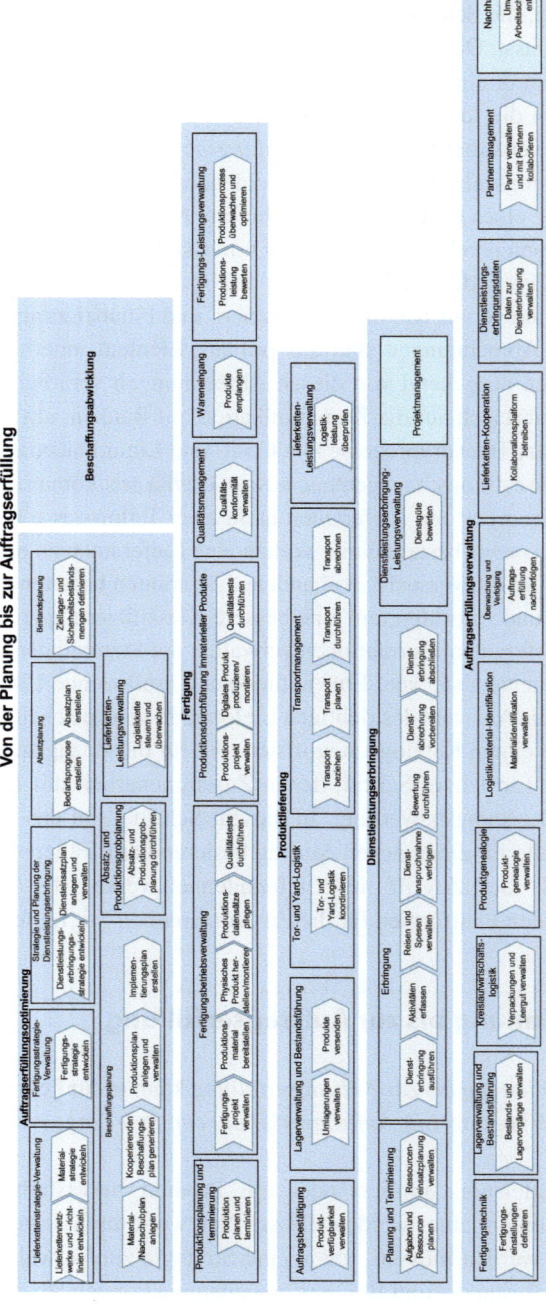

Abb. 2.5 Referenzprozess Von der Planung bis zur Auftragserfüllung

2.4 Von der Planung bis zur Auftragserfüllung

ist wichtig, eine Fertigungsstrategie zu entwickeln und zu verwalten, um eine organisierte und strukturierte Fertigungsphase im Lebenszyklus eines Produkts aufrechtzuerhalten. Mit dem Teilprozess *Fertigungsstrategie-Verwaltung* können Benutzer eine Fertigungsstrategie für einen bestimmten Geschäftsbereich dokumentieren und entsprechend planen. Sobald eine Strategie eingerichtet ist, müssen die erforderlichen Ressourcen und deren Mengen ermittelt werden. Das Anlegen und Verwalten eines Dienstleistungseinsatzplans ist eine wesentliche Komponente der Dienstleistungserfüllungsstrategie und -planung. Die Absatzplanung umfasst Prozesse und Funktionen im Zusammenhang mit der Programmplanung, statistischen Prognosen, Promotion und Lebenszyklusplanung. Dies ist ein kritischer Aspekt der Absatz- und Produktionsgrobplanung eines Unternehmens und umfasst die Entwicklung einer Baseline-Bedarfsprognose und die Generierung eines kooperativen Absatzplans. Durch die *Bestandsplanung* können Unternehmen die idealen Lagerbestände für Produkte an bestimmten Standorten planen. Unternehmen müssen entscheiden, ob sie an einer Lokation lagern oder Endlagern wollen, und die optimale Bestellmenge sowie den Sicherheitsbestand für jede Produktlokation berechnen. Dieser Ansatz minimiert Lagerhaltungs- und Bestellkosten und gewährleistet gleichzeitig ein hohes Maß an Kundenservice. Das Hauptziel der *Beschaffungsplanung* besteht darin, den Bedarf mit dem Bestand innerhalb der Lieferkette eines Unternehmens abzustimmen. Dazu gehört die Erstellung eines Material- und Nachschubplans, die Generierung einer kooperativen Logistikkette und die Verwaltung des Produktionsplans. Mit einer effektiven Beschaffungsplanung können Unternehmen die Lagerbestände und die Ressourcenauslastung optimieren und gleichzeitig die Kundenzufriedenheit durch pünktliche Auftragslieferung sicherstellen. Die *Absatz- und Produktionsgrobplanung* ist eine flexible Prognose- und Planungsaktivität, die Vertriebs-, Produktions- und andere Lieferkettenziele basierend auf historischen, aktuellen und prognostizierten zukünftigen Daten festlegt. Die *Fertigungs-Leistungsverwaltung* unterstützt Unternehmen dabei, die Effektivität und Reaktionsfähigkeit ihrer Lieferkette angesichts komplexer und sich schnell ändernder Marktbedingungen zu verbessern. Durch die Konzentration auf die entsprechenden Kennzahlen können Unternehmen die Performance überwachen, Engpässe erkennen und Chancen identifizieren. Dieser Ansatz erleichtert sowohl das abteilungsübergreifende als auch das organisatorische Performance Management. Der *Fertigungsprozess* führt die Materialbedarfsplanung aus, stellt die Materialverfügbarkeit sicher und führt eine grundlegende Produktionsplanung durch. Ausreichende Zugänge müssen geplant werden, um Bedarfe zu decken, unabhängig davon, ob sie aus Kundenaufträgen, Umlagerungsaufträgen oder der Produktion stammen. Ziel ist es, die rechtzeitige Verfügbarkeit des Kunden- und Produktionsbedarfs zu gewährleisten und gleichzeitig Störungen aufgrund fehlender Teile zu vermeiden. Das Hauptziel der *Fertigungsbetriebsverwaltung* besteht darin, den Fertigungsprozess zu überwachen. Dazu gehören die Organisation von Produktionsmaterialien, die Erstellung und Montage physischer Produkte, die Pflege von Produktionsdatensätzen und die Durchführung von Qualitätsprüfungen. Im Gegensatz dazu konzentriert sich die *Produktionsdurchführung immaterieller Produkte* auf nicht materielle Anlagen wie Dienstleistungen. Das Hauptziel besteht darin, das Produktionsprojekt zu verwalten, digitale Produkte zu erstellen und zu montieren sowie Qualitätstests durchzuführen. Bei immateriellen Produkten sind keine Produktionsmaterialien erforderlich, daher ist keine Bereitstellung nötig. Die Qualitätsplanung ist von Anfang an unerlässlich, um die Qualität von Produkten, Prozessen und Dienstleistungen zu gewährleisten. Die Kunden haben hohe Erwartungen an Auftragsversprechen, da sie eine schnelle und zuverlässige Lieferung ihrer Produkte wünschen. Das genaue Lieferdatum zu kennen, ist für Kunden von entscheidender Bedeutung, sodass die Verwaltung der Produktverfügbarkeit zum Hauptziel der Auftragszusage wird. Die Bestandsführung befasst sich mit der mengen- und wertmäßigen Erfassung und Verfolgung von Materialien. Dazu gehören die Planung, Erfassung und Dokumentation von Lagerbewegungen wie Wareneingängen, Warenausgängen, physischen Umlagerungen und Umbuchungen sowie die Durchführung der Inventur. Während sich die Bestandsführung auf Bestände nach Menge und Wert konzentriert, berücksichtigt die Lagerverwaltungskomponente die spezifische Struktur eines Lagers und überwacht die Zuordnung von Lagerplätzen und Umlagerungstransaktionen wie den Versand innerhalb des Lagers. Tor- und Yard-Logistik zielen darauf ab, Annahme- und Ausgabeprozesse zu beschleunigen, was eine schnellere Ausführung von Aktivitäten und einen höheren Yard-Durchsatz ermöglicht. Dies gewährleistet eine optimierte Ressourcennutzung und unterstützt die Planung, Ausführung und Fakturierung mit integriertem Yard-Logistikmanagement. Das *Transportation Management* hingegen zielt darauf ab, Kosten zu senken und den Service durch Straffung der Transportmanagementprozesse zu verbessern. Es deckt den gesamten Transportmanagement-Lebenszyklus für inländische und internationale Fracht ab und verbessert letztendlich die Kundenzufriedenheit. Die Dienstleistungsplanung und -terminierung, ein Teil der *Dienstleistungserbringung*, ist für die Ausführung optimierter Just-in-Time-Produktionen erforderlich. Unternehmen müssen Serviceaufgaben und erforderliche Ressourcen planen und eine Ressourceneinsatzplanung entwickeln, um eine funktionale Lieferkette mit minimalen Ausfallzeiten sicherzustellen. Die Dienstleistungserbringung umfasst verschiedene Aufgaben wie die Verwaltung der Serviceerbringung, die Erfassung von Aktivitäten, die Abwicklung von Reisen und Spesen, das Verfolgen des Serviceverbrauchs, das Durchführen von Bewertungen und Abrechnen, das Vorbereiten der Dienstleistungsabrechnung und das Abschließen der Serviceerbringung. Die *Dienstleistungserbringung-Leistungsverwaltung* legt den Schwerpunkt auf die Überprüfung und Berichterstellung der Performance. Bevor die Fertigungsphase des Lebenszyklus eines Produkts initiiert wird, muss festgelegt werden, wie dieser Schritt im Kontext der Erfüllung verwaltet werden soll. Die Fertigungstechnik unterstützt bei der Einrichtung und Entwicklung des Fertigungsprozesses eines Produkts und bei der Definition der Fertigungseinrichtung für eine nahtlose Produktion. Die Lagerverwaltung ermöglicht es Benutzern, ihre Lageraktivitäten zu überwachen und sich an schwankende Bedarfe anzupassen, während die Kosten minimiert bleiben. Kreislaufgeschäftsansätze legen den Fokus auf die Wiederverwendung von Ressourcen und die Reduzierung von Abfall auf nahezu null, was Nachhaltigkeit und Kreislaufwirtschaft zu sehr profitablen Strategien macht. Die zunehmende Verbreitung dieser Praktiken wird durch Urbanisierung und Verbraucherpräferenzen für nachhaltige Produkte, Dienstleistungen und Marken bestimmt.

Daher ist die Verwaltung von Verpackungen und leeren Containern ein entscheidender Aspekt der Kreislaufwirtschaftslogistik. Es ist wichtig, die Genealogie eines Produkts zu verwalten, einschließlich der Vorwärts- und Rückwärts-Rückverfolgbarkeit vom Primärmaterial zu seinen Unterkomponenten. Echtzeiteinblicke in die Material- und Produktverfügbarkeit sind von entscheidender Bedeutung, um Risiken in der Lieferkette zu reduzieren und die Kosten zu optimieren. Die Rückverfolgbarkeit ist eine grundlegende Fähigkeit, Waren effizient auf den Markt zu bringen und Risiken zu mindern. Die Zusammenarbeit in der Lieferkette soll sicherstellen, dass alle Stakeholder effektiv in einem Netzwerk zusammenarbeiten, was zu verschiedenen organisatorischen Vorteilen führt. Während des Dienstleistungserbringungsprozesses werden Daten gesammelt, archiviert, erfasst und analysiert. Diese erzeugen eine beträchtliche Menge an Daten, die für die Analyse verwaltet und organisiert werden müssen. Die *Dienstleistungserbringungsdaten* unterstützen Benutzer bei der Verwaltung und Organisation dieser erfassten Daten. Das Partnermanagement konzentriert sich auf die Optimierung von Partnerbeziehungen, zu denen Wiederverkäufer, Makler, Dienstleister, Distributoren oder andere kooperierende Einheiten gehören können. Diese Partnerschaften können den Ideenaustausch und die Bereitstellung überlegener Inhalte erleichtern. Im Rahmen des *Nachhaltigkeitsprozesses* wird ein effizientes EHS-Programm (Environment, Health and Safety) entworfen und implementiert. Durch die kontinuierliche Analyse operativer Daten und die Bereitstellung relevanter Informationen bindet dieser Prozess die Mitarbeiter ein, identifiziert potenzielle Gefahren und ergreift Maßnahmen, bevor die Sicherheit gefährdet wird. Die EHS-Performance wird durch die Integration des Risikomanagements in den täglichen Betrieb durch einheitliche Geschäftsprozesse, gemeinsame Daten und Workflows verbessert.

2.5 Vom Auftrag bis zum Zahlungseingang

Der Prozess *Vom Auftrag bis zum Zahlungseingang* kann in sieben einzelne Teilprozesse unterteilt werden und beginnt mit der *Marketing- und Vertriebsoptimierung*, wie in Abb. 2.6 dargestellt. Im ersten Teilprozess, der *Marketingstrategie und -planung*, besteht der initiale Schritt darin, eine geeignete Marketingstrategie zu formulieren und entsprechende Marketingbudgets festzulegen. Es ist auch ratsam, ein geeignetes Kundenbindungsprogramm zu erstellen und zu überwachen. Der Aspekt Kundenservice und -planung hilft bei der Entwicklung einer Kundenbetreuungs- und Servicestrategie, um ein durchgängiges Kundenerlebnis zu fördern. Die *Vertriebsplanung* und das *Leistungsmanagement* erleichtern die Erstellung einer Absatzprognose, gefolgt von der Bereitstellung eines umfassenden Vertriebsbudgets, Vertriebszielen und Kennzahlen. Darüber hinaus können Verkaufsprovisionen ermittelt und verwaltet werden. Der Teilprozess *Marketingabwicklung* umfasst die wesentlichen Schritte der Ausführung des Marketingprozesses. Dazu gehören die Identifizierung von Marktsegmenten, die Planung und die Definition von Verkaufspreisen.

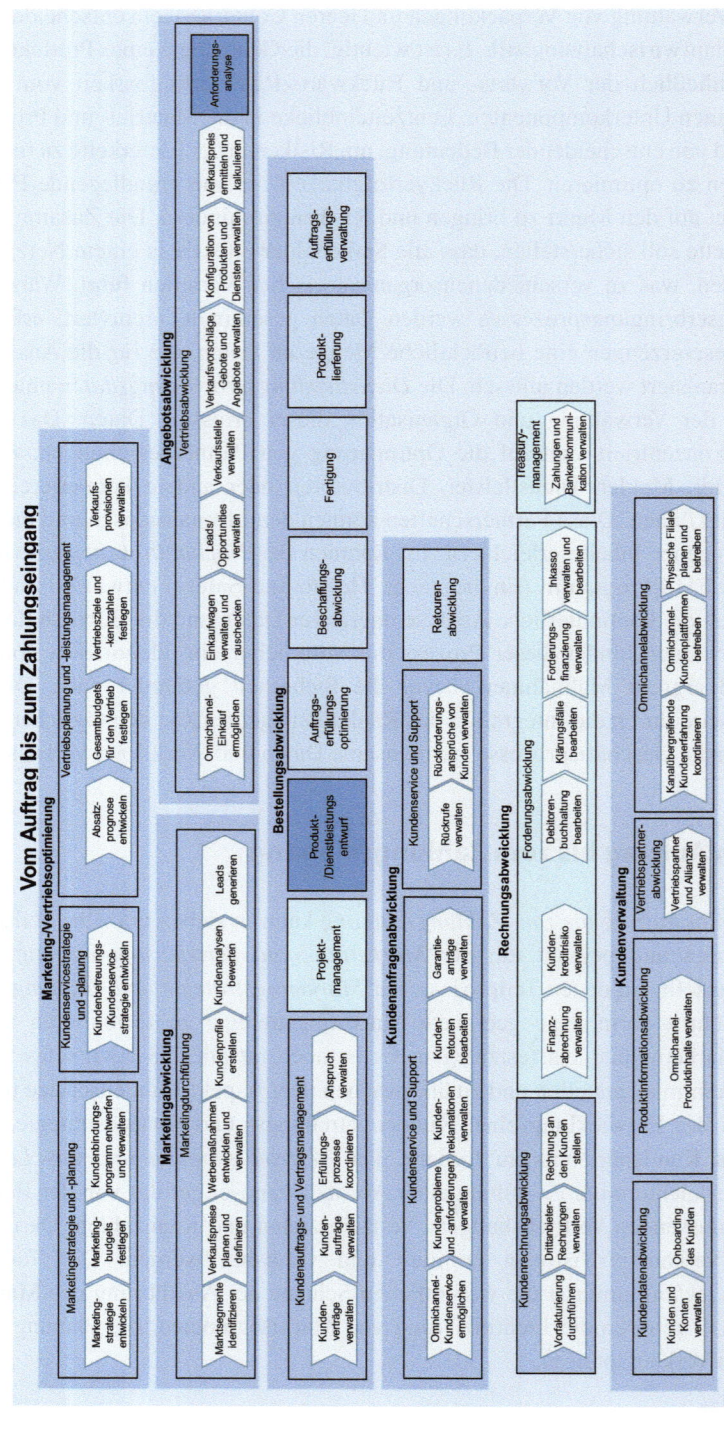

Abb. 2.6 Referenzprozess Vom Auftrag bis zum Zahlungseingang

2.5 Vom Auftrag bis zum Zahlungseingang

Gleichzeitig werden Werbemaßnahmen erarbeitet und überwacht, wobei bestimmte Kundendemografien ermittelt werden, um die entsprechende Zielgruppe anzusprechen. Dadurch können Marketinginitiativen effektiv umgesetzt werden. Die daraus resultierenden Daten ermöglichen die Analyse und Reaktion auf Kundeneinblicke und identifizieren potenzielle Käufer, die an bestimmten Produkten oder Services interessiert sind. Im Teilprozess *Angebotsabwicklung* werden verschiedene Kanäle wie das Internet oder lokale Filialen für Verkaufszwecke genutzt. Darüber hinaus werden Einkaufswagen und Kassen per Self-Service verwaltet, zusammen mit der Abwicklung von Leads, Opportunities und Verkaufsstellen. Außerdem ist es wichtig, Verkaufsvorschläge zu überprüfen, eingegangene Angebote zu managen, die Konfiguration von Produkten und Dienstleistungen anzupassen sowie Verkaufspreise zu ermitteln und zu berechnen. Nach erfolgreicher Kundenakquisition ist die Verhandlung und Bearbeitung eines Kundenvertrags im Kontext *Bestellungsabwicklung* erforderlich. Solche Verträge werden im Teilprozess *Kundenauftrags- und Vertragsmanagement* definiert und im entsprechenden System gespeichert. Dies ermöglicht die Verwaltung von Kundenverträgen und -aufträgen sowie die Orchestrierung des Erfüllungsprozesses. Letztendlich können Anrechte verwaltet werden, und sobald ein Kundenauftrag abgeschlossen ist, beginnen die Produktionsprozesse. Aufträge mit besonderen Anforderungen können jedoch zu Änderungen am Gesamtdesign führen. *Bestellungsabwicklung* umfasst auch Prozesse wie das Projektmanagement, einschließlich der Planung der Optimierung der Auftragserfüllung und der Lieferung des Produkts oder der Dienstleistung. Die Hauptaufgaben eines Vertriebsmitarbeiters im Innendienst umfassen die Auftragserfassung und -erfüllung. Das Hauptziel von *Kundenanfragenabwicklung* ist die Verwaltung des Kundenservice und -Supports. In der Vergangenheit lag der Schwerpunkt auf dem Aufbau von Markenloyalität und der Herstellung außergewöhnlicher Produkte. Obwohl die Bereitstellung eines ausgezeichneten Services Vorteile hat, konzentrierten sich Unternehmen in erster Linie auf die Produkte, wobei der Service oft als sekundär betrachtet wurde. Dies wird durch den Begriff *After-Sales-Service* angedeutet, der sich auf die Behebung beschädigter Artikel bezieht. Guter Service wurde hauptsächlich eingesetzt, um den Preis eines Produkts zu verbessern, während der Service selbst als Kostenposition angesehen wurde. Da Unternehmen nicht nur nach Produkten suchen, wird die Servicefunktion zu einem wesentlichen Bestandteil des Gesamtangebots und Wertversprechens sowie zu einer Gewinnquelle. Darüber hinaus können Unternehmen im heutigen Wettbewerbsumfeld nicht allein auf reaktive *Break-Fix-Services* angewiesen sein, da diese immer teurer und weniger rentabel sind als ein effizienter Servicebetrieb. Um ihr Servicegeschäft zu maximieren und ihren Kundenstamm zu halten, benötigen Unternehmen Serviceverträge, die sowohl reaktive als auch vorausschauende Szenarien berücksichtigen und Serviceangebote, die als profitabler Teil des Unternehmensportfolios konzipiert, geplant und verwaltet werden. Um diese Veränderungen voranzutreiben, ändern Unternehmen die Art und Weise, wie die Serviceabteilung in ihre Unternehmen integriert ist. Der Service wechselt von einer lokalen Kostenstelle zu einem zentralen Geschäftsangebot und muss entsprechend geplant, verwaltet und gesteuert werden. Die kontinuierliche Transformation von einem streng kostenorientierten hin zu einem geschäftsorientierten Serviceansatz findet statt, wobei der Schwerpunkt zunehmend auf dem Verkauf von einer Gesamtlösung liegt. Hierbei ist der Service nur ein Aspekt eines Abschlusses, der die Rentabilität durch Produkte, Abonnements, Verträge, Services und sogar Projekte steigert. *Kundenanfragenabwicklung* konzentriert sich auf alle Support-Aktivitäten, die nach der Lieferung materieller oder immaterieller Produkte an Kunden erforderlich sind. Diese Kundenservices können über verschiedene Kanäle bereitgestellt werden, beispielsweise über Internet- oder Telefonhotlines. Dieser Prozess verwaltet Kundenserviceprobleme, -anfragen und -reklamationen, was zu Retouren führen kann, die ebenfalls im Rahmen des Prozesses *Kundenanfragenabwicklung* überwacht werden. Die Garantieantragsabwicklung ist ein weiterer wichtiger Aspekt, neben der Abwicklung von Rückrufen und Kundenrückforderungen während des Serviceprozesses. Ein zuverlässiger After-Sales-Prozess, einschließlich Reklamationsabwicklung, Reparaturen und Retourenabwicklung, ist für die meisten Unternehmen unerlässlich. Der Retourenprozess sollte von hoher Qualität sein und eine transparente Abwicklung, ein effizientes Management und einen sofortigen Rückerstattungsprozess umfassen. Der Verkauf von retournierten, sanierten oder recycelten Produkten gewinnt zunehmend an Bedeutung und trägt zur Entwicklung einer Kreislaufwirtschaft bei. Sachbearbeiter für Retouren und Rückerstattungen stehen bei der Verwaltung dieser komplexen Prozesse täglich vor Herausforderungen. Die beschleunigte Retourenabwicklung im Verkauf wird verwendet, um Einkäufer- und Lieferantenretouren zu überwachen und bietet zahlreiche erweiterte Funktionen für die Retourenabwicklung. Nach einer abgeschlossenen Kundenlieferung, einer erfolgreich erbrachten Dienstleistung oder der Erfüllung eines Kundenvertrags findet der Teilprozess *Kundenrechnungsmanagement* von *Rechnungsabwicklung* statt, gefolgt von der Fakturierung. Dieser Schritt umfasst die Vorbereitung von Rechnungsinhalten vor der Fakturierung und die Verwaltung von Dritten, wenn Subunternehmer beteiligt sind. Schließlich wird die Rechnung an den Kunden gesendet. Die *Forderungsabwicklung* befasst sich mit der Abrechnung, der Kontrolle des Kundenkreditrisikos und der Debitorenbearbeitung. Weiterhin werden Klärungsfälle gelöst, die Forderungsfinanzierung verwaltet und das Inkasso verarbeitet. Sachbearbeiter in der Rechnungsbearbeitung spielen eine wichtige Rolle bei der Überwachung des gesamten Fakturierungsprozesses und arbeiten eng mit Vertriebsmitarbeitern im Innendienst, Versandsachbearbeitern und Debitorenbuchhaltern zusammen, um die rechtzeitige Erstellung von Rechnungen sicherzustellen und Kundenzahlungen ohne Reklamationen zu beschleunigen. *Kundenverwaltung* umfasst das Kundendatenmanagement, das alle Kunden- und Kontoinformationen sowie das Kunden-Onboarding abwickelt. Das *Produktinformationsmanagement* konzentriert sich auf die Bereitstellung von Produktinhalten über mehrere Kanäle hinweg. Die *Vertriebspartnerabwicklung* befasst sich in erster Linie mit dem Management von Vertriebspartnern und Allianzen. Der Teilprozess *Omnichannelabwicklung* koordiniert kanalübergreifende Kundenerlebnisse, unterstützt den Betrieb von Omnichannel-Kundenplattformen und plant sowie koordiniert Filialen.

2.6 Von der Rekrutierung bis zum Ruhestand

Der Prozess *Von der Rekrutierung bis zum Ruhestand* kann in acht einzelne Teilprozesse unterteilt werden, wie in Abb. 2.7 dargestellt. Der Teilprozess *Personaloptimierung* beginnt mit der Organisation und Prüfung des finanziellen und personellen Bedarfs. Um dies zu erreichen, werden Ziele festgelegt und die erforderlichen Ressourcen prognostiziert. Die Strategie und Planung des Personalwesens (Human Resources (HR)) umfasst die Formulierung der HR-Strategie, die die Belegschaft bei der Umsetzung der gesteckten Ziele anleitet. Außerdem werden Richtlinien für die gesamte Belegschaft festgelegt und finalisiert. Vor der Fertigstellung des Personalbudgets müssen die prognostizierten personellen und finanziellen Ressourcen vom Management autorisiert werden. Das *Organisationsmanagement* ist für das Anlegen der Organisationsstruktur und die Ermittlung der Ressourcenanforderungen der Mitarbeiter verantwortlich. Dazu gehört die Identifizierung der notwendigen Ressourcen und Fähigkeiten, um die festgelegten Ziele zu erreichen. Das Ziel des Prozesses *Personaleinstellung* besteht darin, neue Talente auf der Grundlage früherer Planungs- und Optimierungsmaßnahmen zu gewinnen. Dies beginnt mit der Entwicklung einer Branding-Strategie für das Unternehmen. Sobald die erforderlichen Planstellen genehmigt wurden, werden entsprechende Stellenanforderungen generiert, die eine Grundlage für potenzielle Kandidaten bilden, die sich auf offene Stellen bewerben können.

Die eingereichten Bewerbungen werden dann den verfügbaren Planstellen zugeordnet, und die am besten geeigneten Kandidaten werden rekrutiert. Bestellanforderungen dienen dazu, wichtige Ausrüstungen für neue Mitarbeiter zu erwerben, wie zum Beispiel Hardware oder Software. Bei der Einstellung durchlaufen neue Mitarbeiter ein Onboarding, bei dem sie mit ihren Aufgaben, Richtlinien, Strategien und anderen erforderlichen Informationen vertraut gemacht werden, um zeitnahe produktiv zu werden. Der *Personalentwicklung* konzentriert sich auf die Wachstumsziele und den Entwicklungsbedarf der Mitarbeiter und strebt an, das ideale Gleichgewicht zwischen individuellen Entwicklungszielen und organisatorischen und abteilungsbezogenen Zielen zu finden. Führungskräfte und Mitarbeiter sollten in einen kontinuierlichen Dialog eintreten, um die kurz-, mittel- und langfristige Entwicklung jedes Mitarbeiters zu koordinieren, sodass sie ihre Stärken und Fähigkeiten zum Vorteil des Unternehmens einsetzen können. Das Jahreszielgehalt setzt sich häufig aus einem monatlich gezahlten Grundgehalt und variablen Bezügen oder Boni zusammen. Boni können jährlich oder häufiger gewährt werden, zum Beispiel vierteljährlich, und werden für außergewöhnliche Leistungen von einer Abteilung oder einem einzelnen Mitarbeiter vergeben. Leistungsstarke Mitarbeiter werden beispielsweise belohnt, zum Beispiel Mitarbeiter mit dem höchsten Umsatz. Der Teilprozess *Belohnung* zielt darauf ab, Mitarbeiter zu binden, indem Prämien und Anreize angeboten werden. Zusätzlich zur direkten finanziellen Vergütung können Unternehmen weitere Leistungspakete bereitstellen, um Mitarbeiter zu motivieren, ihr Bestes zu geben und eine gesunde Work-Life-Balance aufrechtzuerhalten. Arbeitgeberleistungen sollen die Gesundheit und Produktivität verbessern und gleichzeitig die Mitarbeiter vor Risiken von künftigen Ein-

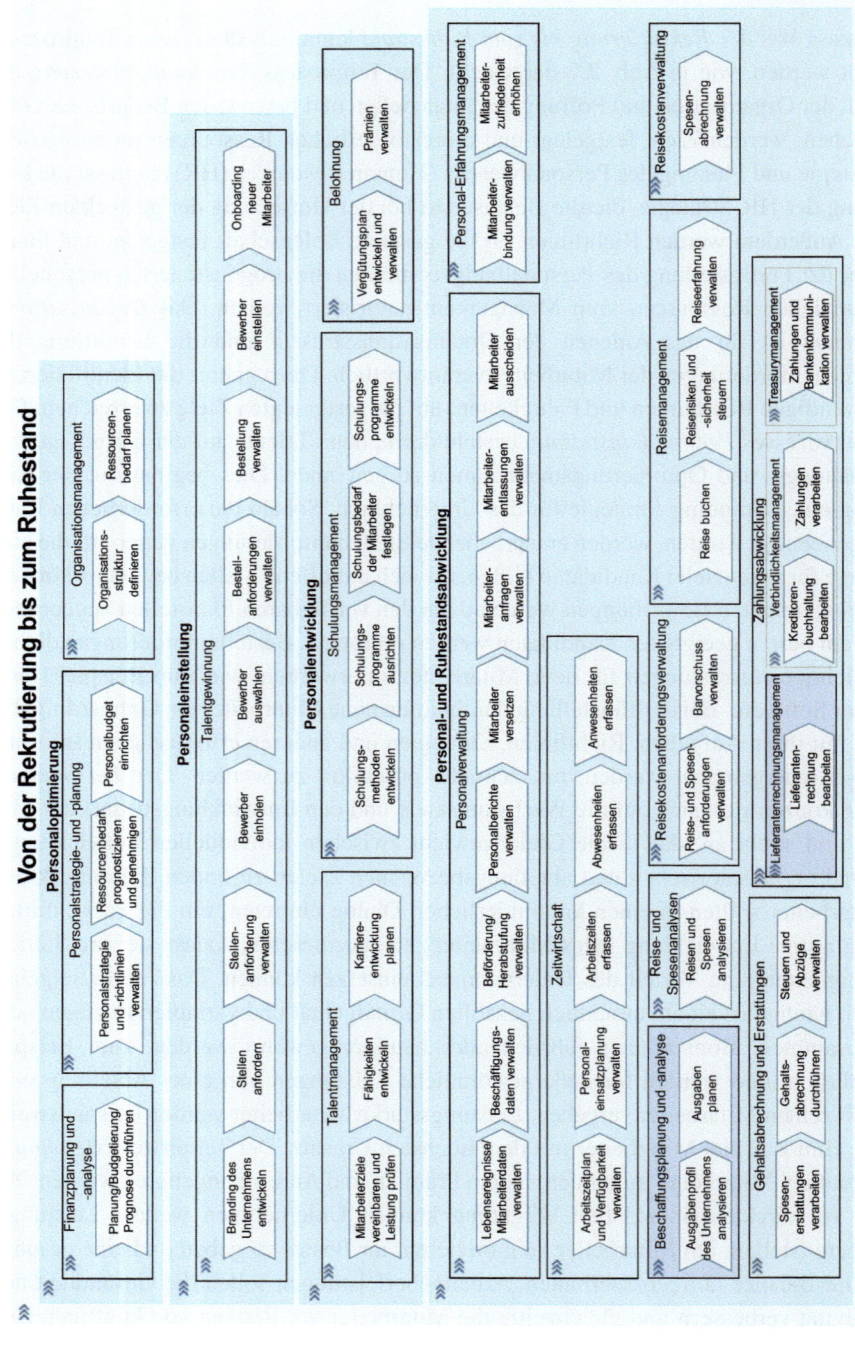

Abb. 2.7 Referenzprozess Von der Rekrutierung bis zum Ruhestand

2.6 Von der Rekrutierung bis zum Ruhestand

kunftsverlusten schützen. Diese Angebote können je nach Land variieren und umfassen lokale Begünstigungen wie Sportanlagen oder Gesundheitschecks. Im Kontext der *Personalverwaltung* werden Beschäftigungs- und Mitarbeiterdaten gepflegt, einschließlich administrativer Informationen wie Namen, Adressen und Alter sowie Vertragsdaten wie Vollzeitbeschäftigung, Gehälter oder befristete Verträge. Je nach Karriereentwicklungsplänen und Zielerreichung können Mitarbeiter auf eine höhere Stufe befördert oder in ungünstigeren Fällen zurückgestuft werden. Beförderungsrichtlinien müssen Mitarbeitern und Führungskräften transparent kommuniziert werden. Um Prozesse zu verbessern und die Bedürfnisse der Mitarbeiter besser zu erfüllen, führen Personalabteilungen regelmäßig Berichte und Analysen durch. In einer zunehmend globalisierten Welt können Teams verlegt und umstrukturiert werden, was möglicherweise die Verlagerung von Mitarbeitern in andere Regionen erforderlich macht. Der Umzugsprozess umfasst verschiedene Aspekte wie die Änderung von Arbeitsverträgen, die Deckung von Umzugskosten und die Änderung von Rentenbeiträgen. Bei ihrer täglichen Arbeit haben Mitarbeiter häufig zahlreiche Anfragen in Bezug auf Personalabrechnung, Verträge oder Überstunden. Diese Anfragen müssen systematisch von der Personalverwaltung verarbeitet werden, zum Beispiel durch den Einsatz einer Ticketing-Lösung, um Anfragen effizient und effektiv zu bearbeiten. Ein weiterer entscheidender Aspekt ist das Ausscheiden von Arbeitgebern in den Ruhestand oder befristete Arbeitsverträge. Darüber hinaus konzentriert sich der Teilprozess *Personal-Erfahrungsmanagement* auf die Verbesserung der Mitarbeiterzufriedenheit. Der Teilprozess *Zeitwirtschaft* stellt sicher, dass Mitarbeiter ihre Arbeits- und Abwesenheitszeiten erfassen. Dies ist für die Finanz- und Personalplanung sowie die Einhaltung des Personalabrechnungs- und Arbeitsrechts von entscheidender Bedeutung. Die Unterstützung verschiedener Arbeitsmodelle, wie Teilzeitjobs und variable Personaleinsatzplanung, ist ebenfalls entscheidend. In der Regel werden Arbeitsstunden auf Tätigkeitsebene erfasst, und Abwesenheitszeiten aufgrund von Urlaub oder Krankheit müssen ebenfalls dokumentiert werden. Eine genaue Analyse des Ausgabenprofils und der Planung einer Organisation ist eine Voraussetzung für die Reise- und Spesenabwicklungsprozesse. Mitarbeiter müssen häufig aus verschiedenen Gründen reisen, was die Etablierung eines Reise- und Spesenprozesses erfordert, der mit der Analyse des Reisebedarfs beginnt und mit der Verwaltung der Spesen endet. Es ist eine Reisebuchungslösung erforderlich, die die Reiserichtlinien des Unternehmens widerspiegelt. Einige Spesen, wie Hotelübernachtungen, werden vom Unternehmen im Voraus bezahlt, während andere, wie Taxipreise, in der Regel vom Mitarbeiter bezahlt und später über den Rückerstattungsprozess erstattet werden. Unvorhersehbare und Ad-hoc-Ausgaben werden in der Regel vom Mitarbeiter vorgestreckt und später zur Erstattung angefordert. Rechnungen müssen basierend auf dem Rückerstattungsprozess von Gehaltsabrechnung und Rechnungszahlung eingereicht und erstattet werden. Das Einreichen und Verarbeiten von Spesenrechnungen ist in der Regel automatisiert, da die entsprechenden Lösungen unstrukturierte Dokumente in relationale Systemdatensätze umwandeln können. Abgesehen von den Ausgaben muss das monatliche Gehalt über den Abrechnungsprozess an den Mitarbeiter gezahlt werden, der Steuern und gesetzliche Abzüge berücksichtigt. Beispiele sind Kirchensteuern, Lohnsteuer, Krankenversicherung und Rentenversicherung, die einbehalten und direkt an die jeweiligen Parteien überwiesen werden müssen. Der Prozess *Zahlungsabwicklung* behandelt Lieferantenrechnungen und verwaltet Verbindlichkeiten, während das Treasurymanagement Zahlungen mit der Bank abwickelt. Dazu gehört auch die Kommunikation mit der Bank und die Überweisung von Gehältern auf die Bankkonten der Mitarbeiter.

2.7 Erwerb bis Stilllegung

Der Prozess *Vom Erwerb bis zur Stilllegung* gliedert sich in fünf einzelne Teilprozesse, wie in Abb. 2.8 dargestellt ist.

Um Instandhaltungsverfahren und Anlagenleistungen zu verbessern, müssen Unternehmen ihre Instandhaltungsprogramme konsequent bewerten und verfeinern, um einen sicheren, zuverlässigen und effizienten Anlagenbetrieb zu gewährleisten. Dies ist das Hauptziel des Teilprozesses *Anlagenoptimierung*. Mithilfe von Best-Practice-Methoden, wie der zuverlässigkeitsorientierten Instandhaltung, bewerten Zuverlässigkeitsingenieure Anlagenrisiken, um optimale Wartungs- und Servicestrategien zu ermitteln, die Kosten minimieren und die Ausfallwahrscheinlichkeit für kritische Anlagen verringern. Das Anlagenleistungsmanagement wandelt diese etablierten Methoden in datengestützte Prozesse um. Der Teilprozess *Anlagenoptimierung* wird initiiert, bevor der eigentliche Anlagenlebenszyklus beginnt. Dieser Teilprozess umfasst die Planung des Zugangs zur Anlage und der Gesamtakquisitionsstrategie, die in zwei Komponenten unterteilt werden kann: *Anlagenstrategie und -planung* sowie *Anlagenwartungsstrategie*. Die Anlagenstrategie und der Planungsprozess beschreiben die Ansätze für den Erwerb neuer Anlagen. Zunächst muss eine unternehmensweite Anlagenstrategie entwickelt werden, die die Anforderungen anderer Prozesse wie *Unternehmensführung* berücksichtigt. Zweitens muss die Immobilienstrategie definiert werden, die festlegt, ob eine Anlage gekauft oder gemietet werden soll, wobei finanzielle Überlegungen eine entscheidende Rolle spielen. Schließlich muss ein Anlageninvestitionsplan erstellt werden. Für die Wartungsstrategie muss die Anlagenwartungsrichtlinie definiert werden, gefolgt von einer Analyse der Anlagen und der Instandhaltungsleistung. Wartungsingenieure definieren Anlagenwartungsstrategien, indem sie eine Risiko- und Kritikalitätsbewertung für Anlagen durchführen. Diese Bewertungen generieren spezifische Auswirkungen und priorisieren die wichtigsten Anlagen. Basierend auf einem fundierten Verständnis der potenziellen Ausfallmuster der Anlage können Ingenieure aus verschiedenen Wartungsstrategien wählen, z. B. reaktive Instandhaltung (auch als *Run-to-Failure* bezeichnet), zeit-, nutzungs- oder zustandsbasierte Instandhaltung sowie vorausschauende oder präskriptive Instandhaltung. Die vorgeschlagene Wartungsstrategie umfasst mehr als nur spezielle Reparaturarbeiten, um die Anlage betriebsbereit zu halten. Sie kann auch Prüfanforderungen, Konstruktionsänderungen und andere Maßnahmen umfassen, um die Wahrscheinlichkeit potenzieller Ausfälle zu verringern. Ein Wartungstechniker kann eine Wartungsstrategie überarbeiten, um bessere Ergebnisse zu

2.7 Erwerb bis Stilllegung

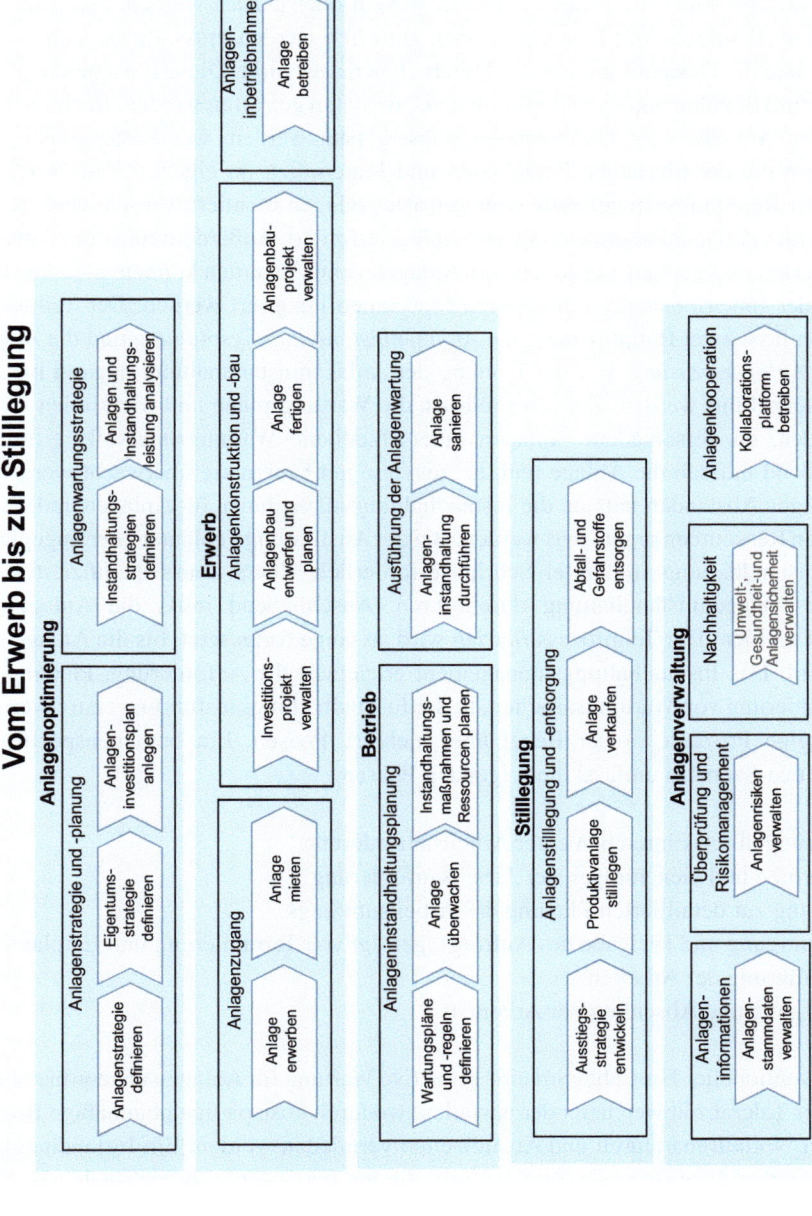

Abb. 2.8 Referenzprozess Vom Erwerb bis zur Stilllegung

erzielen. Ein Instandhaltungsplaner kann die empfohlene Strategie und die vorgeschlagenen Maßnahmen überprüfen und in einem kooperativen Prozess implementieren. Die nächste Phase im Lebenszyklus einer Anlage ist der Erwerb und der Betrieb. Der Teilprozess Anlagenzugang umfasst den Anlagenerwerb, den Anlagenbau und die Anlageninbetriebnahme. Zunächst muss die Anlage entweder gekaut oder geleast werden, eine Entscheidung, die in Absprache mit Finanzprozessen getroffen werden muss, da sie sich auf den Cashflow und die Gesamtliquidität des Unternehmens auswirkt. Diese Entscheidung kann auch von funktionalen und nicht-funktionalen Qualitäten getroffen werden. In einigen Fällen müssen Anlagen vom Unternehmen selbst gebaut werden, was kostengünstig sein kann, wenn die erforderlichen Fähigkeiten und Materialien im eigenen Haus verfügbar sind. In der Regel müssen gekaufte oder geleaste Anlagen montiert werden, was die Verwaltung eines Anlagenbauprojekts für die Anlage erfordert. Außerdem muss der Anlagenbau entworfen und geplant werden. Bevor Anlagen genutzt werden können, müssen sie im Rahmen der Inbetriebnahme mit anderen Maschinen integriert werden. Der Teilprozess *Betrieb* umfasst zwei Hauptthemen: die *Anlageninstandhaltungsplanung* und die *Ausführung der Anlagenwartung*. Bei der Planung der Anlageninstandhaltung müssen mehrere Schritte ausgeführt werden. Zunächst müssen die Wartungspläne und -richtlinien festgelegt werden, da verschiedene Anlagen unterschiedliche Wartungsintervalle erfordern. Anschließend müssen die Anlage und die zugehörigen Ereignisse überwacht werden. In regelmäßigen Abständen müssen die Instandhaltungsmaßnahmen für Anlagen und die zugeordneten Ressourcen organisiert werden. Bei der Ausführung geplanter oder ungeplanter Anlageninstandhaltung sind zwei Schritte erforderlich. Zuerst muss qualifiziertes Personal die Anlageninstandhaltung durchführen. Anschließend muss die Anlage aufgearbeitet werden. Der Teilprozess *Betrieb* wird so lange fortgesetzt, bis die Anlage stillgelegt wird. Das Instandhaltungsmanagement erleichtert die Anforderung, Planung und Implementierung von Wartungsarbeiten. In der Instandhaltungsausführung erstrecken sich durchgängige Prozesse in der Regel über mehrere Phasen. Ein branchenspezifisches Best-Practice-Szenario umfasst die folgenden Phasen:

- Initiierung durch Einreichen einer Arbeitsanforderung
- Überprüfen und Genehmigen der Arbeitsanforderung
- Übergang zur detaillierten Planung des Arbeitsumfangs
- Genehmigung und Freigabe des Auftrags, gefolgt von Terminierung und Einplanung
- Durchführung der Arbeiten
- Bestätigung und Abschluss der Arbeiten

In konventioneller Hinsicht wird eine proaktive Wartung für Anlagen angeordnet, bevor sie von der Toleranz abweichen oder ausfallen, wodurch kostspielige planmäßige Reparaturen oder Notfallreparaturen und Ausfallzeiten vermieden werden. Ein Instandhaltungsplaner kann den Arbeitsumfang und die Zeit, die für zeit- oder verbrauchsabhängige Aktionen wie Prüfungen und Instandhaltungsmaßnahmen benötigt werden, mithilfe von Wartungsplänen und Arbeitsplänen im Voraus definieren. Anstelle eines generischen Ansatzes mit herkömmlichen zeit- oder leistungsabhängigen Wartungsplänen werden zustandsbasierte und vorausschauende oder präskriptive Instandhaltungsmethoden verwendet. Folglich können Unternehmen zu einem stärker personalisierten Anlagenwartungsprogramm wechseln, das über optimierte Zeiträume und Arbeitsumfänge verfügt, was zu einer verbesserten Anlagenleistung und -verfügbarkeit führt. Der Teilprozess *Stilllegung* bezeichnet den Abschluss des Lebenszyklus der Anlage. Wenn der Weiterbetrieb einer Anlage nicht mehr sinnvoll ist oder sie ersetzt wird, wird dieser Teilprozess angestoßen. Er umfasst die Stilllegung der Anlage und deren Entsorgung. Zunächst muss eine Ausstiegsstrategie entwickelt werden. Anschließend müssen produktive Anlagen stillgelegt werden. Danach sollte die Anlage möglichst verkauft oder entsorgt werden. Schließlich müssen die Abfallbeseitigung und die Entsorgung von Gefahrstoffen behandelt werden. Der Teilprozess *Anlagenverwaltung* wird gleichzeitig mit anderen Prozessen aus der Perspektive des Anlagenlebenszyklus ausgeführt. Eine Aufgabe innerhalb dieses Teilprozesses ist das Anlageninformationsmanagement, das die Verwaltung der Anlagenstammdaten umfasst, die konsistent gepflegt und regelmäßig aktualisiert werden müssen. Eine weitere laufende Aufgabe ist die inhärente Überprüfung und Verwaltung von Anlagenrisiken. Dieser Prozess umfasst die Identifizierung, Bewertung und Minderung von Bedrohungen im Zusammenhang mit der Anlage. Bei Bedarf werden auf der Grundlage des Risikomanagementplans Gegenmaßnahmen durchgeführt. Indem potenzielle Risiken systematisch angegangen werden, bevor sie entstehen, kann ein Unternehmen Geld sparen und seine Anlagen schützen. Eine weitere wichtige Aufgabe sind Nachhaltigkeitsabläufe, die sich auf das Management der Umwelt, des Gesundheitswesens und der Sicherheit der Anlage konzentrieren. Dadurch wird sichergestellt, dass der tägliche Betrieb sicher ist, und die Gefahren erkannt und behoben werden, bevor sie sich auf die Sicherheit auswirken. Durch die Aufrechterhaltung der Betriebskontinuität wird die Anlagenintegrität gewahrt und die Produktion optimiert, indem ungeplante Ausfallzeiten und Ausfälle durch proaktive Erkennung und Minderung von Sicherheitsproblemen minimiert werden. Der Teilprozess *Anlagenkooperation* handelt vom Betrieb von Plattformen für die Zusammenarbeit von Anlagen. Diese Markttrends schaffen eine höhere Nachfrage nach kollaborativen Business-Services und Netzwerkkonzepten. Der sichere und standardisierte Austausch von Anlagendaten ist für die Unterstützung von Kollegen in der Instandhaltungs- und Dienstleistungsbranche unerlässlich.

2.8 Unternehmensführung

Der Prozess *Unternehmensführung* lässt sich in sieben einzelne Teilprozesse unterteilen und beginnt mit *Unternehmensoptimierung*, wie in Abb. 2.9 dargestellt.

Die Initiierung dieses Teilprozesses umfasst den Umgang mit den sich ständig weiterentwickelnden Geschäftsmodellen. Ein Paradebeispiel dafür ist das Geschäftsmodell von Amazon: Bei seiner Gründung handelte Amazon ausschließlich mit Büchern. Heute bietet das Unternehmen ein umfangreiches Angebot an Produkten und Dienstleistungen an und

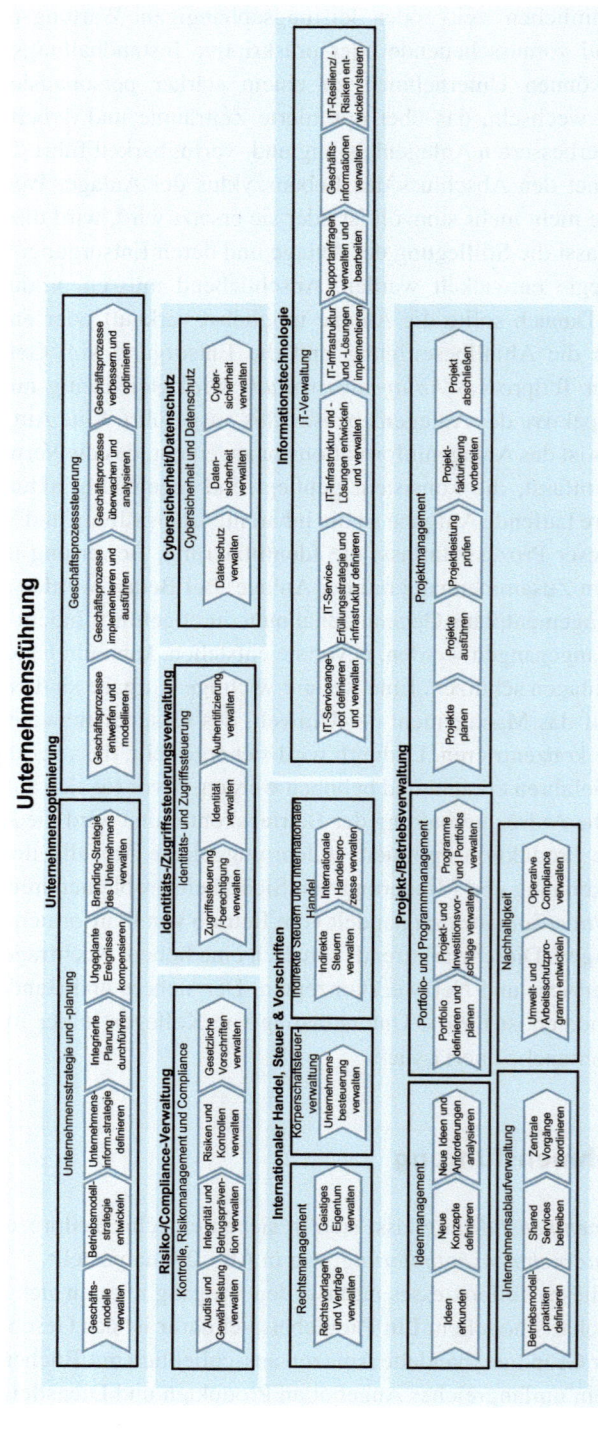

Abb. 2.9 Referenzprozess Unternehmensführung

2.8 Unternehmensführung

hat damit sein Geschäftsmodell effektiv vom ausschließlichen Verkauf von Büchern hin zur Vermarktung einer Vielzahl von Artikeln geändert. Daher ist es entscheidend, das Geschäftsmodell kontinuierlich zu verfeinern und anzupassen. Um dies zu gewährleisten, wird eine geeignete Betriebsmodellstrategie formuliert. Weiterhin ist es wichtig, einen Plan für die Verwaltung von Geschäftsinformationen zu entwickeln, da die Daten eines Unternehmens sowohl sensibel als auch rechtlich bedeutsam sind und nicht ohne entsprechende Berechtigung abgerufen werden dürfen. Der Prozess *Unternehmensführung* umfasst die Koordination aller durchgängigen Prozesse, um eine nahtlose Integration in die Planung zu ermöglichen. Besonderes Augenmerk muss auf unerwartete Vorkommnisse gelegt werden, die gelöst oder gemildert werden müssen, um nachteilige Auswirkungen auf das Unternehmen zu vermeiden. Insbesondere ist es unerlässlich, einen Unternehmens-Branding zu etablieren, der das Ansehen und die Öffentlichkeitsarbeit des Unternehmens beeinflusst. Alle Geschäftsprozesse eines Unternehmens sind miteinander verbunden und müssen daher ganzheitlich betrachtet werden, um einen hohen Grad an Optimierung zu erreichen. Geschäftsprozesse werden auf globaler Ebene konzipiert und modelliert, um eine konsistente Grundlage für die Implementierung zu schaffen. Neben der Optimierung des Unternehmens ist der Unternehmensführungsprozess für das Management von Unternehmensrisiken und Compliance verantwortlich. So kann eine Organisation Risiko-, Kontroll- und Sicherungsaufgaben effektiv bewältigen. Um Risiken zu minimieren und Compliance sicherzustellen, müssen Audits und Kontrollen durchgeführt werden. Die Geschäftsintegrität muss gewahrt und Maßnahmen zur Betrugsvermeidung ergriffen werden. Die Einhaltung gesetzlicher Vorschriften muss auch durch die Definition geeigneter Aktionspläne und Ausführungsprozesse gesteuert werden. Der Teilprozess *Identitäts- und Zugriffssteuerungsverwaltung* ist für den technischen Zugriff auf kritische Infrastrukturen und Systeme verantwortlich. Dieser Teilprozess bestimmt, welche Mitarbeiter über die Authentifizierung auf bestimmte Informationen innerhalb des Unternehmens zugreifen können. Das gesamte Lebenszyklusmanagement von Identitäten, von der Bereitstellung bis zur Stilllegung, muss abgedeckt werden. Relevante Richtlinien, Authentifizierungsmechanismen und Implementierungsstrategien müssen definiert werden. Dies gilt auch für Berechtigungen, die Daten, Prozesse und Systeme betreffen. Neben Informationen muss die Identitäts- und Zugriffssteuerung auch andere Vermögenswerte abdecken, wie zum Beispiel Gebäude. Der Teilprozess *Cybersicherheit und Datenschutz* behandelt diese kritischen Aspekte des Gesamtprozesses. Es gibt eine zunehmende Anzahl von Datenschutz- und Sicherheitsanforderungen, wie die Datenschutz-Grundverordnung (DSGVO) und den California Consumer Privacy Act, die für die Einhaltung gesetzlicher Vorschriften in Unternehmen berücksichtigt werden müssen. Geschäftsdaten sind sehr sensibel und wertvoll, was sie zu einem beliebten Ziel für Cybersicherheitsbedrohungen macht. Erfolgreiche Sicherheitsangriffe können zu erheblichen finanziellen Verlusten führen und die öffentliche Glaubwürdigkeit des Unternehmens schädigen. Daher müssen Datenschutzmaßnahmen implementiert werden, um die Einhaltung gesetzlicher Vorschriften sicherzustellen. Datenschutzverfahren müssen angewandt werden, um Geschäftsdaten vor unberechtigtem Zugriff zu schützen, und Cybersicherheitsmechanismen müssen implementiert werden, um das Unternehmen vor Sicherheitsschwachstellen zu schützen. Der Teilprozess *Internationaler Handel, Steuer- und Vorschriften* stellt sicher, dass das Unternehmen internationale Vorgaben einhält. Im Rahmen des *Rechtsmanagement* werden relevante Vorlagen und Verträge definiert und zur Wiederverwendung zur Verfügung gestellt. Dies gilt auch für die indirekte Besteuerung, die in der Regel von einem Hersteller oder Einzelhändler erhoben und an die Regierung gezahlt wird. Der internationale Handel umfasst den Austausch von Waren und Dienstleistungen zwischen Ländern und ermöglicht es Verbrauchern, Zugang zu Produkten und Dienstleistungen zu erhalten, die im Inland nicht verfügbar sind. Der Teilprozess *IT-Verwaltung* beginnt mit der Definition und Verwaltung verschiedener IT-Serviceangebote, die auf den Anforderungen des Unternehmens basieren. Die Nachfrage nach IT-Services hängt von der Branche ab, in der das Unternehmen tätig ist. Um diese IT-Anforderungen zu erfüllen, muss eine Serviceerfüllungsstrategie und ein Infrastrukturkonzept definiert werden. Diese bilden die Grundlage für die Entwicklung und Verwaltung der IT-Infrastruktur und Softwarelösungen. Bei der Verwendung von IT-Lösungen können Probleme oder Bugs auftreten. Die Benutzer müssen in der Lage sein, diese Probleme zu melden und Unterstützung bei der Lösung zu erhalten. IT-Support muss eingerichtet werden, um Benutzeranfragen zu verwalten und zu erfüllen. Der Teilprozess *Projekt- und Betriebsverwaltung* umfasst fünf verschiedene Prozesse, von denen der erste das *Ideenmanagement* ist. Ein Unternehmen beschäftigt in der Regel viele Personen mit jeweils eigenen Gedanken und Ideen. Diese Ideen können für das Unternehmen wertvoll sein, und das Ideenmanagement erleichtert die Einreichung von Ideen durch die Mitarbeiter. Dies steigert die Motivation der Mitarbeiter, da ihre Ideen als bedeutend eingestuft werden. Wichtig ist auch die Anerkennung derjenigen Mitarbeiter, deren Anregungen in die Praxis umgesetzt werden. *Portfolio- und Programmmanagement* sind für Unternehmen von entscheidender Bedeutung, da sie sich mit einer Vielzahl von Produkten und Dienstleistungen beschäftigen. Daher muss das Portfolio entsprechend der Produkt- oder Servicestrategie des Unternehmens skizziert und geplant werden. Die Definition eines Portfolios ist kompliziert und umfasst zahlreiche Stakeholder und Ziele, die möglicherweise die Einrichtung eines Programms für eine erfolgreiche Implementierung erfordern. Programme bestehen aus mehreren gleichzeitig laufenden Projekten, die koordiniert und synchronisiert werden müssen. Unternehmen haben zahlreiche Aufgaben, die die Erstellung von Programmen zur Ausführung erfordern. Daher muss eine standardisierte Methodik entwickelt werden, um die Programme zu harmonisieren und so vergleichbarer und effizienter zu machen. Für das Portfolio- und Programmmanagement sind eine kontinuierliche Überwachung und Kontrolle erforderlich, um vordefinierte Ziele zu erreichen und die zugrunde liegenden Prozesse zu verbessern. Die täglichen Aufgaben in Unternehmen sind häufig in Projekten organisiert, zum Beispiel Marktanalyse, Portfoliodefinition oder Produktdesign. *Projektmanagement* muss innerhalb von Unternehmen hinsichtlich Methoden und Tools für die Planung, Ausführung und den Abschluss von Projekten optimiert werden. Im Rahmen der *Unternehmensablaufverwaltung* werden Geschäftsmodellpraktiken etabliert. Unternehmen können wählen, ob sie Vorgänge in Shared Services auslagern oder intern verarbeiten möchten. In der Regel wird eine hybride Strategie angewendet, die beide Optionen kombiniert. Der letzte Teilprozess *Nachhaltigkeit* umfasst die Verwaltung nachhaltiger Abläufe. Für Unternehmen geht es bei Nachhaltigkeit nicht nur um Umweltschutz, sondern auch darum, ihr Image und ihr Branding zu verbessern. Ein nachhaltiges Unternehmen unterstützt auch die Einhaltung gesetzlicher Vorschriften und die Vermeidung von Geldstrafen.

2.9 Finanzwesen

Der Finanzprozess kann in fünf einzelne Teilprozesse unterteilt werden, wie in Abb. 2.10 dargestellt. Der erste Teilprozess im Finanzwesen umfasst *Finanzwesenoptimierung*. Dieser Teilprozess kann in drei Schritten unterteilt werden: Planung, Ausführung und Analyse. Während der Planungsphase ist es wichtig zu ermitteln, welche Key Performance Indicators (KPIs) während der Ausführungsphase überwacht werden müssen, und die Dauer für Budgetierungs- und Prognoseaktivitäten festzulegen. Um eine Roadmap für die Ausführungsphase bereitzustellen, werden Budgets für alle Abteilungen erstellt, und Ausgaben- und Einnahmenprognosen erarbeitet. Im Ausführungsabschnitt wird jeder Abteilung ein Budget zugewiesen, und sie muss über ein effektives Buchhaltungsmanagement korrekte Finanzdatensätze pflegen. Sowohl Einnahmen als auch Ausgaben müssen dokumentiert werden.

Der Schwerpunkt des internen Rechnungswesens liegt auf der Identifizierung, Messung, Analyse, Interpretation und Übermittlung von Finanzdaten an Manager, um sie bei der Überwachung der Unternehmensziele zu unterstützen. Mit diesen Informationen erhalten Manager die nötigen Einblicke, um fundierte Geschäftsentscheidungen zu treffen. Die Kostenrechnung, ein Teilbereich des internen Rechnungswesens, konzentriert sich auf die Erfassung der Gesamtproduktionskosten, indem sowohl variable als auch fixe Ausgaben berücksichtigt werden. Auf diese Weise können Manager unnötige Ausgaben identifizieren und reduzieren und gleichzeitig Gewinne maximieren. In der Analysephase werden die Pläne mit den während der Betriebsphase erfassten Informationen verglichen, sodass Abweichungen erkannt und Korrekturmaßnahmen durchgeführt werden können. Ziel des Prozesses *Zahlungsabwicklung* ist es sicherzustellen, dass Rechnungen bezahlt werden, und die ausstehenden Verbindlichkeiten des Unternehmens zu überwachen. Das *Lieferantenrechnungsmanagement* verarbeitet Rechnungen von Lieferanten, nachdem eine Dienstleistung oder ein Produkt geliefert wurde. Die Verwaltung von Verbindlichkeiten ist für die Verfolgung von Finanzanlagen zuständig, beginnend mit der Verwaltung von Abrechnungen und der Weiterverarbeitung der Kreditorenbuchhaltung, um einen umfassenden Finanzüberblick zu erhalten. Dieser Prozess umfasst auch die Finanzierung von Verbindlichkeiten, die für den Ausgleich von Lieferantenrechnungen und die Zahlung an die entsprechenden Kreditoren zuständig ist. Die Kreditorenbuchhaltung, ein Konto im Hauptbuch, stellt die Verpflichtung eines Unternehmens dar, Verbindlichkeiten gegenüber seinen Gläubigern oder Lieferanten auszugleichen. Die gesamten ausstehenden Beträge, die Lieferanten geschuldet werden, werden als Kreditorensaldo in der Bilanz des Unter-

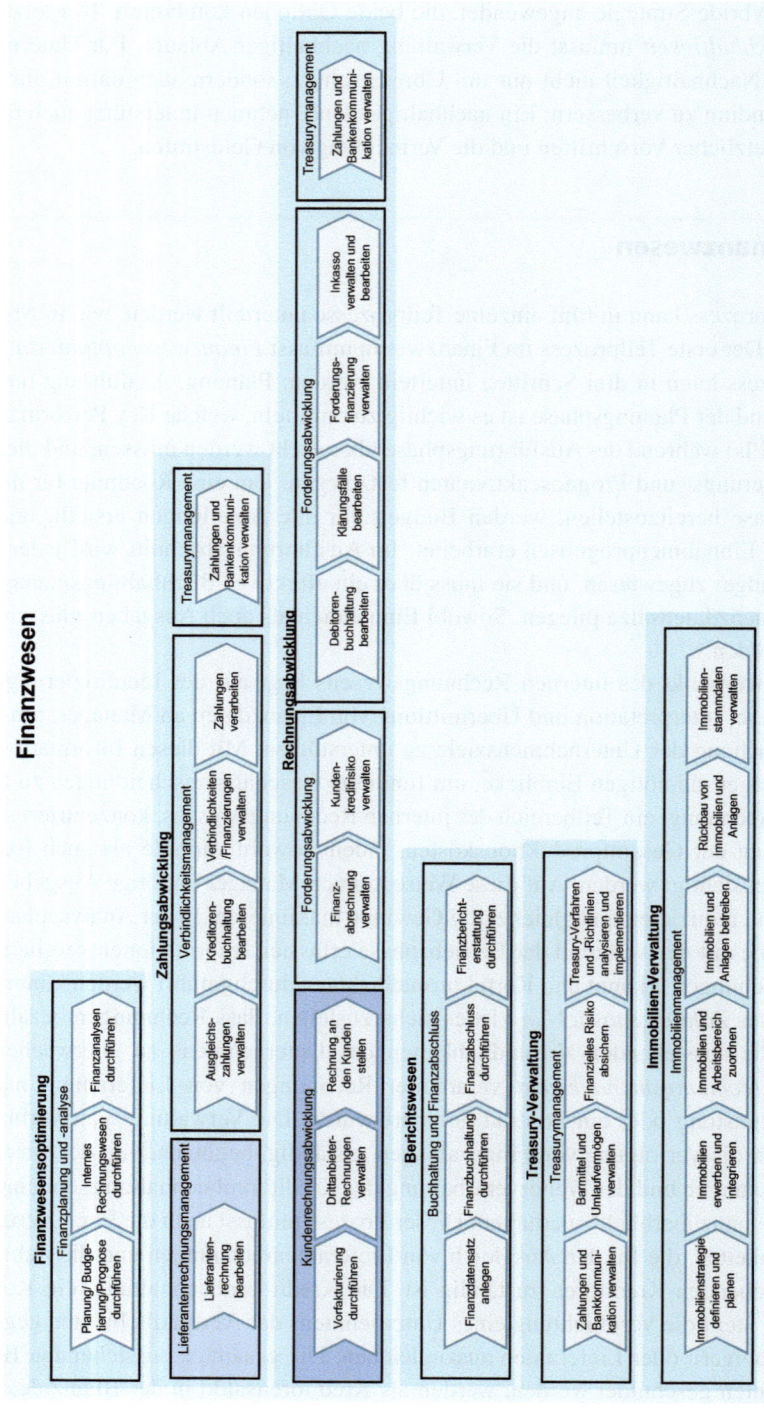

Abb. 2.10 Referenzprozess Finanzwesen

2.9 Finanzwesen

nehmens angezeigt, wobei Erhöhungen oder Rückgänge aus der vorherigen Periode in der Kapitalflussrechnung widergespiegelt werden. Eine Verbindlichkeitsfinanzierung ist eine Kreditart, bei dem Unternehmen Geld von einem Lieferanten leihen, um Produkte und Waren zu kaufen. Der Prozess *Rechnungsabwicklung* umfasst, ähnlich wie Zahlungsabwicklung, Kunden, die dem Unternehmen schulden. Die *Kundenrechnungsabwicklung* verarbeitet die Vorabfakturierung sowie die Verwaltung von Rechnungen Dritter und deren Einbeziehung in die Rechnung, die bei Bedarf an den Kunden gesendet wird. Die Forderungsabwicklung gewährleistet den ordnungsgemäßen Eingang von Zahlungen, beginnend mit der Verwaltung von Finanzabrechnungen und der Fortsetzung des Kundenkreditrisikomanagements. Forderungen und Klärungsfälle werden bearbeitet, und die Forderungsfinanzierung und Inkassoverarbeitung werden durchgeführt. Die Debitorenbuchhaltung stellt den Saldo dar, den Kunden für erhaltene Waren oder Dienstleistungen schulden. In der Bilanz als Umlaufvermögen erfasst, spiegelt die Debitorenbuchhaltung den Geldbetrag wider, den Kunden bei Kreditkäufen schulden. Die Debitorenbuchhaltung ist vergleichbar mit der Kreditorenbuchhaltung und konzentriert sich auf zu erhaltendes und nicht auf geschuldetes Geld. Die Debitorenbuchhaltung kann anhand der Umsatzquote oder der Außenstandsdauer der Forderungen analysiert werden, um zu schätzen, wann die Zahlung tatsächlich eingeht. Die Forderungsfinanzierung ist relevant, wenn Kunden Finanzierungen basierend auf ausgestellten Rechnungen für gekaufte Waren oder Dienstleistungen erhalten, die Zahlung jedoch noch nicht eingegangen ist. Das Treasurymanagement befasst sich mit Bankinteraktionen und schließt den Zahlungsprozess ab. Der Teilprozess Berichtswesen umfasst das Anlegen eines Finanzdatensatzes, das Durchführen der Finanzbuchhaltung, das Ausführen des Finanzabschlusses und das Generieren von Finanzberichten. Der Prozess der Generierung von Informationen für das Management zur Beurteilung des Unternehmensstatus wird durch die Finanzbuchhaltung erleichtert, einem Buchhaltungszweig, der die zahlreichen Transaktionen dokumentiert, konsolidiert und kommuniziert, die sich aus Geschäftstätigkeiten über einen bestimmten Zeitraum ergeben. Diese Transaktionen werden zu Finanzberichten zusammengefasst, einschließlich Bilanz, Gewinn- und Verlustrechnung und Kapitalflussrechnung, die die operative Leistung des Unternehmens in einem bestimmten Zeitraum widerspiegeln. Die Finanzbuchhaltung folgt verschiedenen etablierten Rechnungslegungsvorschriften, die den Anforderungen des Unternehmens an die Auflagen und das Berichtswesen unterliegen. Beispielsweise müssen Unternehmen in den USA die Finanzbuchhaltung gemäß den allgemein anerkannten Rechnungslegungsvorschriften GAAP durchführen, um konsistente Informationen für Investoren, Gläubiger, Aufsichtsbehörden und Steuerbehörden zu gewährleisten. Der Finanzabschluss ist ein wiederkehrender Prozess im internen Rechnungswesen, bei dem Buchhaltungsteams Kontensalden am Ende einer bestimmten Periode (z. B. jährlich oder vierteljährlich) prüfen und anpassen, um Finanzberichte für das Unternehmen zu erstellen. Ziel ist es, Management, Investoren, Kreditgeber und Aufsichtsbehörden über die Finanzlage des Unternehmens zu informieren. Der Abschluss der Bücher umfasst die Konsolidierung von Transaktionen aus mehreren Konten, die Abstimmung der Daten, um deren Richtigkeit sicherzustellen, und das Identifizieren von Diskrepanzen und Anomalien. Entscheidend ist, dass die Summe aller Belastungen gleich der Summe aller Gutschriften ist. Hauptbuchhalter, Abschlusssachbearbeiter, Business-Analyst und Konsolidierungsexperte sind die vier Hauptrollen, die für die Gewährleistung der Genauigkeit und Transparenz in der Buchhaltung verantwortlich sind. Jedes Unternehmen verfügt über Bankkonten, die eingehende und ausgehende Cashflows aufgrund von Zahlungen verarbeiten, die überwacht und verwaltet werden müssen. In kleinen Unternehmen kann die Buchhaltung oder das Management diese Aufgabe übernehmen, aber wenn ein Unternehmen wächst, erfordern größere und komplexere Zahlungsvorgänge in der Regel eine oder mehrere Vollzeitpositionen, z. B. eine Treasuryabteilung. Das Hauptziel des *Treasurymanagements* besteht darin, die Solvenz des Unternehmens durch Kontrolle seiner Liquidität aufrechtzuerhalten. Zu den Aufgaben des Treasurymanagements gehört auch das Risikomanagement in der Unternehmensfinanzierung, im Anlagenmanagement und in der Kapitalbeschaffung. Das Treasurymanagement wird in vielen Organisationen häufig als Teilbereich des Finanzmanagements betrachtet. Während das Finanzmanagement die Verwaltung von Finanzressourcen zur Erreichung von Umsatzzielen fokussiert, legt das Treasurymanagement den Schwerpunkt darauf, die Liquidität jederzeit zu gewährleisten. Das Finanzmanagement skizziert den Finanzplan, der Strategien zur Erreichung der finanziellen Ziele des Unternehmens enthält, während das Treasurymanagement für die Umsetzung von Strategien sorgt, die für kurz- bis mittelfristige Ziele definiert wurden. Eine Aufgabe des Treasurymanagements ist die Liquidität bzw. das Cash Management, das die Erfassung und Kontrolle der Cashflows liquider Mittel für die interne und externe Finanzierung des Unternehmens mit dem Ziel der Aufrechterhaltung der Solvabilität umfasst. Auch das Finanzrisikomanagement im Unternehmen ist ein zentraler Schwerpunkt des Treasurymanagements. Um den Erfolg eines Unternehmens sicherzustellen, ist es wichtig, Zahlungsströme so zu verwalten, dass Defizite vermieden werden, die zu verspäteten Zahlungen führen könnten. Eine effiziente Verwaltung dieser Cashflows erfordert die Implementierung des Treasurymanagements. Die Aufgabe des Liquiditätsmanagements besteht darin, sicherzustellen, dass das Umlaufvermögen eines Unternehmens auf die effizienteste und effektivste Weise genutzt wird, um letztendlich dem Unternehmen zu helfen, seine langfristigen finanziellen Ziele zu erreichen, z. B. Umsatzsteigerung und Kostensenkung. Die *Immobilien-Verwaltung* spielt eine entscheidende Rolle bei der Beaufsichtigung der Vermögenswerte eines Unternehmens. Dieser Prozess beginnt mit der Entwicklung und Planung einer Immobilienstrategie und erstreckt sich auf den Erwerb und die Integration von Immobilien. Die *Immobilien-Verwaltung* konzentriert sich auf die gewinn- und wertorientierte Beschaffung, Verwaltung und Vermarktung von Immobilien und ist besonders wichtig für Unternehmen, die keine Immobilien als Kerngeschäft haben. Diese Immobilien werden oft als Unternehmensimmobilien bezeichnet. Nach der Zuordnung von Immobilien und Arbeitsbereichen werden operative Prozesse wie Mietzahlungen, regelmäßige Inspektionen und Instandhaltung durchgeführt. Wenn die Immobilie nicht mehr benötigt wird, wird sie abgestoßen. Die Verwaltung von Immobilienstammdaten ist eine wichtige Aufgabe und wird ebenfalls berücksichtigt.

2.10 Fazit

Obwohl ERP-Systeme schon seit langer Zeit existieren, gibt es kein allgemein anerkanntes Verständnis ihres Funktionsumfangs. Um dieses Problem zu lösen, haben wir Referenzprozesse für Organisationen vorgeschlagen, die als Funktionsumfang für ERP-Systeme dienen sollen. In diesem Kapitel sind wir auf diese Referenzprozesse eingegangen, um das Potenzial der Integration von Künstlicher Intelligenz in den Geschäftsprozessen bzw. ERP-Funktionalität zu veranschaulichen. Alle Unternehmen konzentrieren sich auf vier Schlüsselbereiche: Kunden, Produkte/Dienstleistungen, Auftragserfüllung und Unternehmen. Zu den grundlegenden Geschäftsprozessen in diesen Bereichen gehören *Von der Idee bis zur Markteinführung*, *Von der Bezugsquellenfindung bis zur Bezahlung*, *Von der Planung bis zur Auftragserfüllung*, *Vom Auftrag bis zum Zahlungseingang*, *Von der Rekrutierung bis zum Ruhestand*, *Vom Erwerb bis zur Stilllegung*, *Unternehmensführung* und *Finanzwesen*. Die vorgestellten Referenzprozesse bilden die Grundlage der ERP-Referenzarchitektur im nächsten Kapitel.

ERP-Referenzarchitektur 3

Um Künstliche Intelligenz in ERP-Software zu integrieren, ist es notwendig, die zugrunde liegende Architektur zu verstehen. Die Lösungsarchitektur von ERP unterscheidet sich jedoch je nach Anbieter aufgrund unterschiedlicher Funktionsumfänge und verwendeter Technologie. Um diesem Problem entgegenzuwirken, abstrahieren wir von den verschiedenen ERP-Produkten und schlagen eine Referenzarchitektur vor. Auf diese Weise können wir unsere Konzepte zur Integration von Künstlicher Intelligenz systematisch in die ERP-Referenzarchitektur einbetten und deren Gültigkeit unabhängig vom jeweiligen ERP-Anbieter sicherstellen. Aber wie kommen wir zu der Referenzarchitektur? Um diese Herausforderung zu bewältigen, nutzen wir die Referenzprozesse aus dem vorherigen Kapitel, um eine gemeinsame Referenzarchitektur abzuleiten, indem wir die Softwaremodule Forschung und Entwicklung, Vertrieb, Lieferkette, Beschaffung, Fertigung, Verkauf, Service, Anlagenmanagement, Personalwesen und Finanzwesen definieren. Ein Nebeneffekt ist, dass die Referenzarchitektur auch verwendet werden kann, um verschiedene ERP-Produkte zu vergleichen und zu bewerten.

3.1 Einführung

Um Künstliche Intelligenz in ERP-Software einzubetten, müssen wir die zugrunde liegende Architektur verstehen. Die Lösungsarchitektur variiert jedoch je nach ERP-Anbieter bedingt durch den Funktionsumfang und die eingesetzte Technologie. Um diese Herausforderung zu lösen, abstrahieren wir von den verschiedenen ERP-Produkten und schlagen eine Referenzarchitektur für ERP-Software vor. So können wir die später eingeführten Konzepte der Künstlichen Intelligenz systematisch in die ERP-Referenzarchitektur integrieren und ihre Gültigkeit unabhängig von ERP-Anbietern sicherstellen. Die Referenzarchitektur implementiert die im vorherigen Kapitel erläuterten Referenzprozesse anhand entsprechender Softwaremodule. Somit wird auch die Einbettung von Künstlicher Intelligenz auf Geschäftsprozessebene berücksichtigt. Als Nebeneffekt kann die vorgeschlagene Referenzarchitektur verwendet werden, um die funktionalen und nicht-funktionalen Merkmale verschiedener ERP-Produkte zu vergleichen. Wie in Abb. 3.1 dargestellt, baut die Referenzarchitektur auf verschiedenen Softwareschichten auf. Das Datenbanksystem dient der Ablage von Stamm-, Bewegungs- und Konfigurationsdaten. Stammdaten beziehen sich auf die Attribute eines Objekts und bleiben über lange Zeiträume konstant. Diese Art von Daten umfasst Informationen, die regelmäßig benötigt werden; Produkte sind ein Beispiel für Stammdaten. Im Gegensatz dazu sind Bewegungsdaten dynamisch und umfassen die Daten für alle ausgeführten Geschäftsprozesse. In der Regel sind Bewegungsdaten auf einen bestimmten Zeitraum beschränkt und unterliegen häufigen Änderungen. Instanzen dieser Daten enthalten Informationen, die aus täglichen Transaktionen generiert wurden, wie Änderungen in Bestellaufträgen oder Rechnungen.

Schließlich beziehen sich Konfigurationsdaten auf die technischen Details, welche die Geschäftsprozesse steuern und während der Implementierungsphase von ERP-Systemen gepflegt werden. Beispiele für Konfigurationsdaten sind Einstellungen für

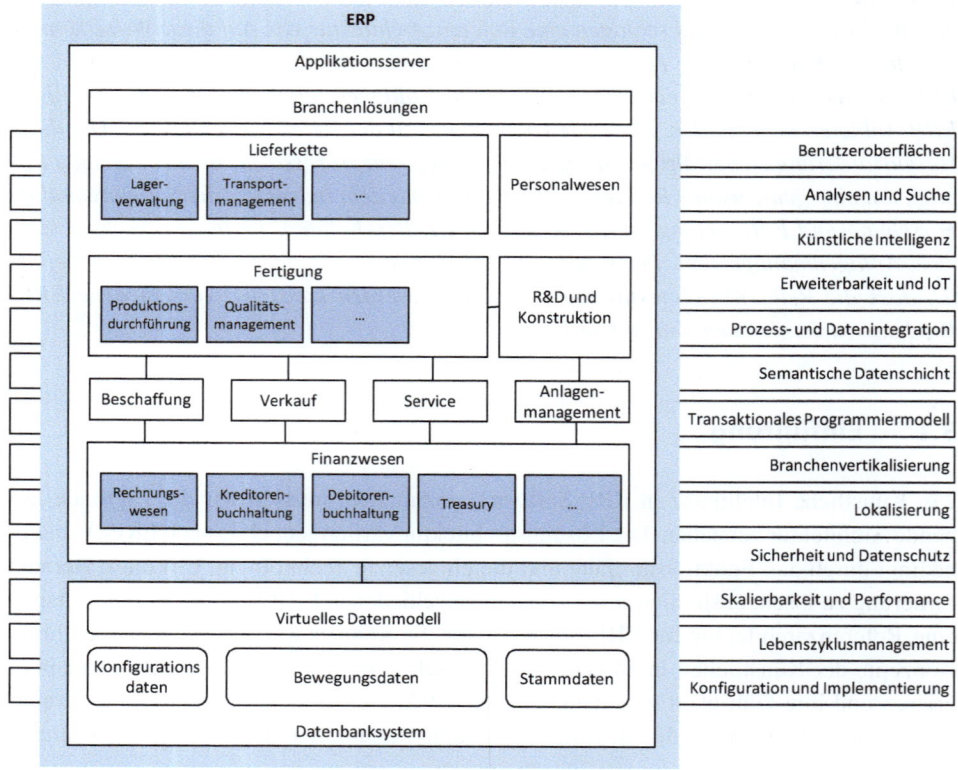

Abb. 3.1 ERP-Referenzarchitektur

3.1 Einführung

Organisationsstrukturen oder Geschäftsjahresdefinitionen für das Finanzwesen. Das Datenmodell von ERP-Systemen wurde im Laufe der Zeit erweitert und umfasst Zehntausende von Tabellen mit komplizierten Netzwerken von Beziehungen und kryptischen Feldnamen, was die Nutzung und Verständlichkeit erschwert. Um dieses Problem zu beheben, wird eine semantische Schicht auf den Datenbanktabellen bereitgestellt, um die Komplexität zu verbergen und einen verständlichen und effizienten Zugriff auf Geschäftsdaten zu ermöglichen. Diese semantische Schicht wird typischerweise als virtuelles Datenmodell bezeichnet, da sie keine zusätzliche Materialisierung von Daten und Tabellen erfordert. Die Softwaremodule auf dem Applikationsserver bieten wiederverwendbare Funktionen zur Implementierung der im letzten Kapitel besprochenen Referenzprozesse. Es gibt keine Eins-zu-Eins-Entsprechung zwischen Anwendungsmodulen und Kern- oder unterstützenden Referenzprozessen; in der Regel werden Funktionen aus mehreren Softwaremodulen benötigt, um einen einzigen Kern- oder unterstützenden Referenzprozess auszuführen. *Forschung und Entwicklung sowie Konstruktion* tragen wesentlich zum Kernprozess *Von der Idee bis zur Markteinführung* bei, während *Beschaffung, Lieferkette* und *Fertigung* die Kernprozesse *Von der Bezugsquellenfindung bis zur Zahlung* und *Von der Planung bis zur Auftragserfüllung* abwickeln. Der Kernprozess *Vom Auftrag bis zum Zahlungseingang* wird hauptsächlich von *Verkauf* und *Service* verwaltet, während *Von der Rekrutierung bis zum Ruhestand* von Softwaremodulen für das *Personalwesen* verarbeitet wird. *Anlagenmanagement* wickelt in erster Linie den Referenzprozess *Vom Erwerb bis zur Stilllegung* ab, und der unterstützende Referenzprozess *Finanzwesen* wird hauptsächlich von der Komponente *Finanzwesen* verwaltet. Für die Umsetzung des Referenzprozesses *Unternehmensführung* werden verschiedene technische Funktionen der ERP-Plattform verwendet, wie Identitäts- und Zugriffsverwaltung, Information Lifecycle Management oder Risikomanagement. Branchenlösungen basieren auf den Kernmodulen und erweitern die Kernfunktionen um branchenspezifische Funktionen für verschiedene Industrien wie Einzelhandel, Banken, Versicherungen, Automobilindustrie oder den öffentlichen Sektor. ERP-Software muss zahlreiche Produktqualitäten sicherstellen, darunter die Einhaltung von Regularien, die Bereitstellung hoher Performance und die Unterstützung der Erweiterbarkeit. Diese nicht-funktionalen Anforderungen müssen einheitlich über alle ERP-Anwendungsmodule hinweg mithilfe der Konzepte und Frameworks erfüllt werden, die auf der rechten Seite von Abb. 3.1 dargestellt sind. Um Künstliche Intelligenz in die oben genannten ERP-Anwendungsmodule einzubetten, ist es unerlässlich, deren Struktur zu verstehen. Daher schlagen wir in den folgenden Abschnitten für jede von ihnen Referenzarchitekturen vor. Die Kernanwendungsmodule in Abb. 3.1 können auf mehrere Anwendungsserver verteilt und mit verschiedenen Deployment-Typen kombiniert werden, wie On-Premise, Public Cloud oder Private Managed.

3.2 Forschung & Entwicklung/Konstruktion

Der Referenzprozess *Von der Idee bis zur Markteinführung* wird primär vom Modul Forschung & Entwicklung/Konstruktion realisiert, wie in Abb. 3.2 dargestellt.

Das zentrale Portfolio- und Projektmanagement gliedert sich in zwei Hauptkomponenten: kaufmännische Projektsteuerung und Lieferungssteuerung für Projekte. Die kaufmännische Projektsteuerung verantwortet die Planung und Überwachung von Ausgaben und Budgets und ermöglicht eine präzise Kostenverfolgung, die eng in die wesentlichen Geschäftsprozesse integriert ist. Diese Kosten- und Budgetverfolgung trägt dazu bei, unnötige Ausgaben zu vermeiden und das Projekt abzusichern. Die Projektlogistiksteuerung ermöglicht die Erstellung von Projektstrukturen, bestehend aus Projektstrukturplänen und Netzplanstrukturen, die Planung und Terminierung von Projektaktivitäten, die Verwaltung von Beschaffungsprozessen in Verbindung mit Kerngeschäftsabläufen und bietet umfassende Einblicke in alle logistischen Aspekte der Projektausführung. Das Modul Produktkonstruktion ist in zwei Bereiche unterteilt: Grundlage der Produktentwicklung und Variantenkonfiguration. Die Grundlage der Produktentwicklung stellt eine Produktplattform bereit, welche die Basis für den gesamten Entwicklungsprozess bildet. Diese fördert das Produktdesign, initiiert Stammdaten und Produktstrukturen und integriert das Änderungs- und Konfigurationsmanagement. Zudem umfasst diese Komponente

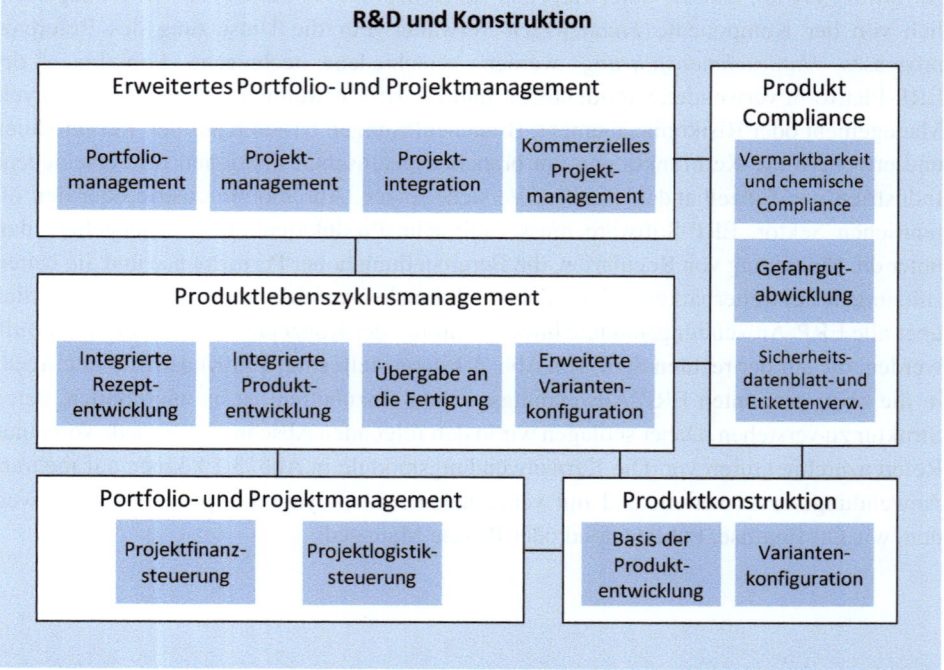

Abb. 3.2 Referenzarchitektur für Forschung und Entwicklung/Konstruktion

die Stückliste, eine Auflistung aller benötigten Materialien und deren Mengen für einen spezifischen Prozess. Mit der Variantenkonfiguration können Kunden ihre eigenen Produktmodelle gestalten, indem Nutzer die Regeln und Designs des Produkts selbst definieren. Dabei wird zeitgleich ein passender Arbeitsplan und eine Stückliste für die Produktion generiert. Diese Komponente unterstützt zudem zusätzliche Funktionen wie die Preisberechnung. Die Produkt Compliance besteht aus drei Unterkomponenten: Vermarktbarkeit und chemische Compliance, Gefahrgutabwicklung sowie Sicherheitsdatenblattverwaltung und Gefahrzetteldaten. Die Unterkomponente Vermarktbarkeit und chemische Compliance hilft bei der Verwaltung von Material- und Inhaltsstoffinformationen unter Einhaltung gesetzlicher und kundenspezifischer Anforderungen. Sie sammelt Compliance-Daten von Lieferanten und Kunden und macht diese öffentlich zugänglich. Zudem überwacht sie automatisch regulierte Stoffmengen und bewertet Produkte und Materialien anhand verschiedener Compliance-Anforderungen, wie z. B. obligatorische Registrierungen und zulässige Mengen. Die Gefahrgutabwicklung zentralisiert Gefahrgutinformationen für alle Produkte, Regionen und Verkehrszweige. Sie automatisiert die Klassifizierung von Gefahrgut und verwendet eingebetteten gesetzlichen Content. Diese Komponente gewährleistet, dass alle Sendungen den Gefahrgutvorschriften entsprechen, indem integrierte Prüfungen durchgeführt, geeignete Verpackungen bereitgestellt, präzise Transportmethoden und -routen festgelegt und die Erstellung sowie Verteilung von Gefahrgutpapieren automatisiert werden. Der Zweck der Sicherheitsdatenblattverwaltung und Gefahrzetteldaten besteht darin, Stoff- und gesetzliche Informationen zentral zu managen, die Komponenten- und Produktklassifizierung zu optimieren sowie die Automatisierung des Anlegens von Sicherheitsdatenblättern und Etiketten zu ermöglichen. Diese Komponente nutzt gesetzliche Inhalte, um den Aufwand zu reduzieren und die Compliance sicherzustellen und automatisiert dabei den Etikettendruck und die Distribution von Sicherheitsdatenblättern innerhalb der Logistikprozesse. Produktlebenszyklusmanagementumfasst die integrierte Rezeptentwicklung, die integrierte Produktentwicklung, die Übergabe an die Fertigung und die erweiterte Variantenkonfiguration. Die integrierte Rezeptentwicklung beschreibt die Produktfertigung oder die Ausführung von Prozessen. Rezepte enthalten Informationen über Produkte, Prozesskomponenten, benötigte Ressourcen und die auszuführenden Schritte. Auch Rezeptarten werden im Entwicklungsprozess berücksichtigt. Die integrierte Produktentwicklung ist für die diskrete Fertigung konzipiert und beschleunigt das Design, indem das Produktlebenszyklusmanagement in eine einheitliche Echtzeitumgebung integriert wird. Diese Komponente verwaltet komplexe Produktstrukturen, einschließlich Hardware- und Softwarekompatibilität und ermöglicht das Erstellen individualisierter Produkte durch die Definition und Wiederverwendung variabler Produktstrukturen in der gesamten Logistikkette. Sie umfasst die Entwicklung eingebetteter Systeme, die visuelle Instanzplanung, die visuelle Anlagenplanung, die 3D-Fertigungsplanung, die Zugriffskontrollverwaltung sowie die Änderungs- und Aktenverwaltung. Die erweiterte Variantenkonfiguration optimiert den Informationsaustausch innerhalb des Unternehmens bis hin zur Kundenlieferung. Sie bietet eine umfassende Simulationsumgebung für Variantenkonfigurationsmodelle und benutzerfreundliche Klassifizierungsfunktionen. Der integrierte erweiterte Variantenkonfigurator unterstützt mehrstufige Variantenkonfigurationsmodelle. Das erweiterte Portfolio- und Projektmanagement steigert die Effizienz und Automatisierung und bietet Einblicke in die Produkt- und Projektleitung in Bezug auf Kosten, Zeit, Umfang, Ressourcen und Qualität. Es kombiniert Portfoliomanagement, Projektmanagement, Projektverbindung und kommerzielles Projektmanagement. Project Integration automatisiert und optimiert beispielsweise den bidirektionalen Austausch von Projektinformationen mit externen Terminierungswerkzeugen und koordiniert den Austausch durch Geschäftsregeln, die die Reihenfolge des Anlegens und Änderns von Projektelementen definieren. Kommerzielles Projektmanagement deckt durchgängige Prozesse ab, einschließlich Verkauf, Planung, Ausführung, Überwachung und Steuerung von Projekten.

3.3 Beschaffung

Der Referenzprozess *Von der Bezugsquellenfindung bis zur Zahlung* wird hauptsächlich über das Modul Beschaffung ausgeführt, wie in Abb. 3.3 gezeigt.

Die operative Beschaffung umfasst mehrere Elemente und beginnt mit der Bearbeitung von Bestellanforderungen. Eine Bestellanforderung bezieht sich auf eine Anfrage für eine

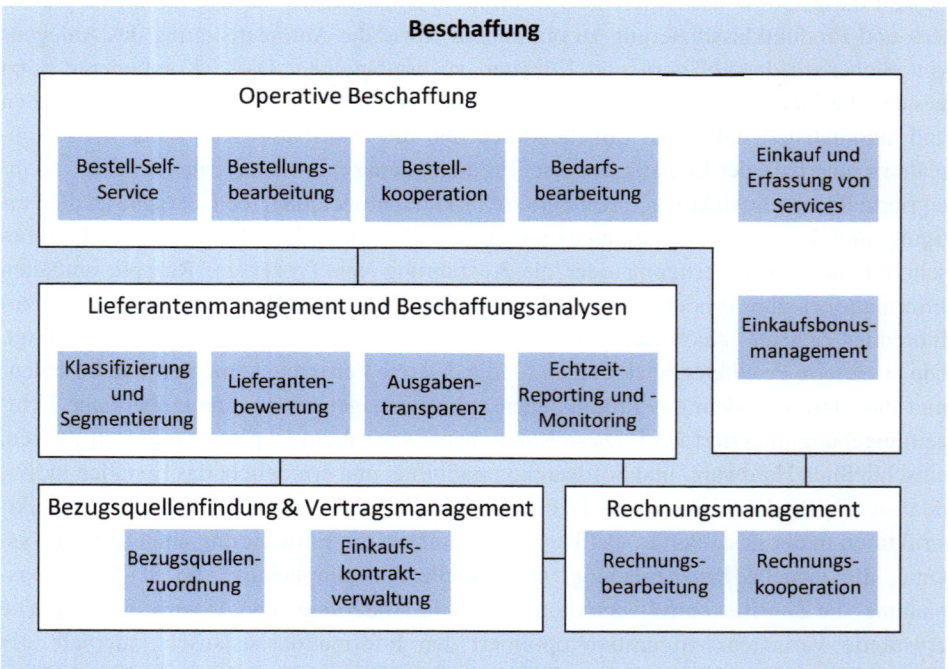

Abb. 3.3 Referenzarchitektur für die Beschaffung

3.3 Beschaffung

bestimmte Menge von Materialien oder Dienstleistungen mit einer vorgegebenen Lieferzeit. Dies markiert den Beginn des Einkaufsprozesses. Ein Bedarf aus einer Materialbedarfsplanungsaufgabe (MRP-Aufgabe) kann ebenfalls zu einer Bestellanforderung führen. Normalerweise folgen Bestellanforderungen einer Freigabestrategie oder initiieren einen Genehmigungsprozess basierend auf der Workflow Engine. Eine Bestellung ist eine Anfrage an einen externen Lieferanten, eine spezifische Materialmenge zu einem bestimmten Zeitpunkt zu liefern oder bestimmte Dienstleistungen innerhalb eines festgelegten Zeitraums zu erbringen. Die Bestell-Self-Service bietet eine benutzerfreundliche Oberfläche und eine katalogübergreifende Suche, die es den Mitarbeitern einfacher macht, die Beschaffungsprozesse und -richtlinien zu übernehmen. Außerdem sollte ein erweiterter Workflow zum Abschließen von Bestellanforderungen, einschließlich einem Workflow-Eingang, zur Verfügung stehen. Die Bestellkooperation erleichtert sowohl die indirekte als auch die direkte Beschaffung. Diese Komponente umfasst Analysefunktionen zur Überwachung des Status von Bestellungen. Die Bedarfsbearbeitung bietet die Möglichkeit zur Automation und manuellen Eingriffen nach Bedarf und unterstützt die Entscheidungsfindung durch analytische Visualisierungen, die in transaktionale Anwendungen eingebettet sind. Der Einkauf und die Erfassung von Services optimiert die Beschaffung von Waren und Dienstleistungen. Der Prozess vereinfacht Limitbestellpositionen (nur Wert), um die Kontrolle über ungeplante Dienstleistungen zu behalten und relevante Details zu erfassen. Schließlich überwacht das Einkaufsbonusmanagement den gesamten Lebenszyklus eines Einkaufsbonus, von der Planung und Verfolgung bis hin zur Abrechnung und Analyse von Bonusabsprachen. Der Prozess der Beschaffung von Waren und Dienstleistungen umfasst nicht nur die Identifizierung des idealen Lieferanten, sondern auch strategische Aktivitäten wie die Prognose des Bedarfs in wichtigen Ausgabenkategorien für ein Unternehmen. Dazu gehört die Aushandlung der besten Preise mit einem optimalen Lieferantenmix, was das Ziel von Lieferantenmanagement und Beschaffungsanalysen ist. Selbst wenn Lieferanten die wettbewerbsfähigsten Preise anbieten, können sie aufgrund von Qualitätsproblemen oder Lieferverzögerungen dennoch nicht ausgewählt werden. Daher ist die Bezugsquellenzuordnung ein entscheidender Aspekt des Beschaffungsprozesses. Die Einkaufskontraktverwaltung bietet analytische Anwendungen zur Überwachung des Status von Kontrakten und Vereinbarungen. Ein Rahmenvertrag zwischen einem Lieferanten und einem Unternehmen, das spezialisierte Materialien oder Dienstleistungen beschafft, wird als Einkaufskontrakt bezeichnet. Das Rechnungsmanagement ist in zwei Komponenten unterteilt: Rechnungsbearbeitung und Rechnungskooperation. Lieferantenrechnungen werden nach Erhalt einer Rechnung vom Lieferanten erstellt und können mit oder ohne Bezug auf eine Bestellung angelegt werden. Um die Richtigkeit der Lieferantenrechnung zu überprüfen, werden Rechnungsprüfungen durchgeführt. Die Lieferantenrechnung kann vor dem Buchen simuliert werden, um Kontobewegungen anzuzeigen. Rechnungsverarbeitung und -kooperation erleichtern das Hochladen von Lieferantenrechnungsanlagen und ermöglichen eine vollständig automatisierte Implementierung ohne Benutzerintervention. Diese Komponente unterstützt die Verwaltung von Lieferantenrechnungen und Zahlsperren sowie das Hochladen gescannter Rechnungskopien für die manuelle

Rechnungsbearbeitung mit optionaler Integration in OCR. Lieferantenmanagement und Beschaffungsanalysen zielen darauf ab, Lieferanten kontinuierlich zu bewerten und zu klassifizieren, indem Lieferantensegmente von unterschiedlicher Bedeutung zugeordnet werden. Dadurch können Einkäufer sich auf strategisch wichtige und kritische Lieferanten konzentrieren und so die Entwicklung und Verwaltung ihrer Geschäftsbeziehungen ermöglichen. Mit Einkaufskategorien können Käufer Lieferanten basierend auf bestimmten Waren und Dienstleistungen verwalten, z. B. Hardware und Software oder Installation und Prüfung. Die Lieferantenbewerbung, Klassifizierung und Segmentierung unterstützen die Bewertung, indem Lieferantenkriterien wie Gewichtung und Punktzahl definiert werden. Diese Komponente ermöglicht eine Echtzeitanalyse der Punktzahl für Teile pro Million, um mögliche Qualitätsverbesserungsaktivitäten mit dem Lieferanten zu besprechen. Ausgabentransparenz, Echtzeit-Reporting und Monitoring sollen einen mehrdimensionalen Ausgabenbericht in Echtzeit bereitstellen, der wie eine Pivot-Tabelle bearbeitet werden kann und Drilldown-Funktionen enthält.

3.4 Lieferkette

Der Referenzprozess *Von der Planung bis zur Auftragserfüllung* wird von den Modulen Lieferkette und Fertigung realisiert, wobei dieser Abschnitt sich auf das Modul Lieferkette konzentriert. Abb. 3.4 veranschaulicht die Referenzarchitektur des Lieferkettenmoduls. Die Bestandsverwaltung gewährleistet Transparenz und Kontrolle über Lagerbestände und Bestandsmengen, sodass ein reibungsloser Materialfluss in allen Eingangs- und Ausgangslogistikvorgängen ermöglicht wird. Eine effiziente Lagerhaltung ermöglicht eine effektive Lagerung und Handhabung von Waren und Materialien, verbessert die Anlagenauslastung, steigert den Durchsatz und fördert eine präzise, termingerechte Auftragserfüllung mit optimaler Lagertransparenz. Die Warenbewegung verwendet vereinfachte Buchungen für Umlagerungen und Verschrottungen von Waren, die von der Verarbeitung großer Datenmengen in Echtzeit mithilfe von Sensordaten profitieren. Bestandsanalyse und -steuerung verfeinern Bestands- und Materialflüsse auf der Grundlage von Echtzeitanalysen. Die Leihgutkontoverwaltung überwacht den Versand und Empfang von Mehrwegpackmitteln an und von Geschäftspartnern, erhöht die Transparenz bei der Materialverteilung und minimiert das Gesamtmaterialvolumen, indem Logistikinformationen in einer einheitlichen Datenbasis konsolidiert werden. Die Inventur ermöglicht ein Echtzeit-Reporting zu Lagerbeständen und dokumentiert die physischen Mengen von Lagerbeständen, eigenen Beständen und anderen Bestandsarten. Die Leergutverwaltung überwacht leere Container von und zu Geschäftspartnern, sammelt detaillierte Daten und erfasst Transaktionen mit hohem Volumen für Leerbehälterretouren und zugehörige Einlagen genau.

Die Lagerverwaltung ermöglicht Echtzeiteinblicke in die Handhabung und Verarbeitung von Materialien und optimiert somit Lagervorgänge. Dieser Prozess beginnt mit der Organisation des Lagers, indem die physische Struktur, die Lagertypen und das Anlegen

3.4 Lieferkette

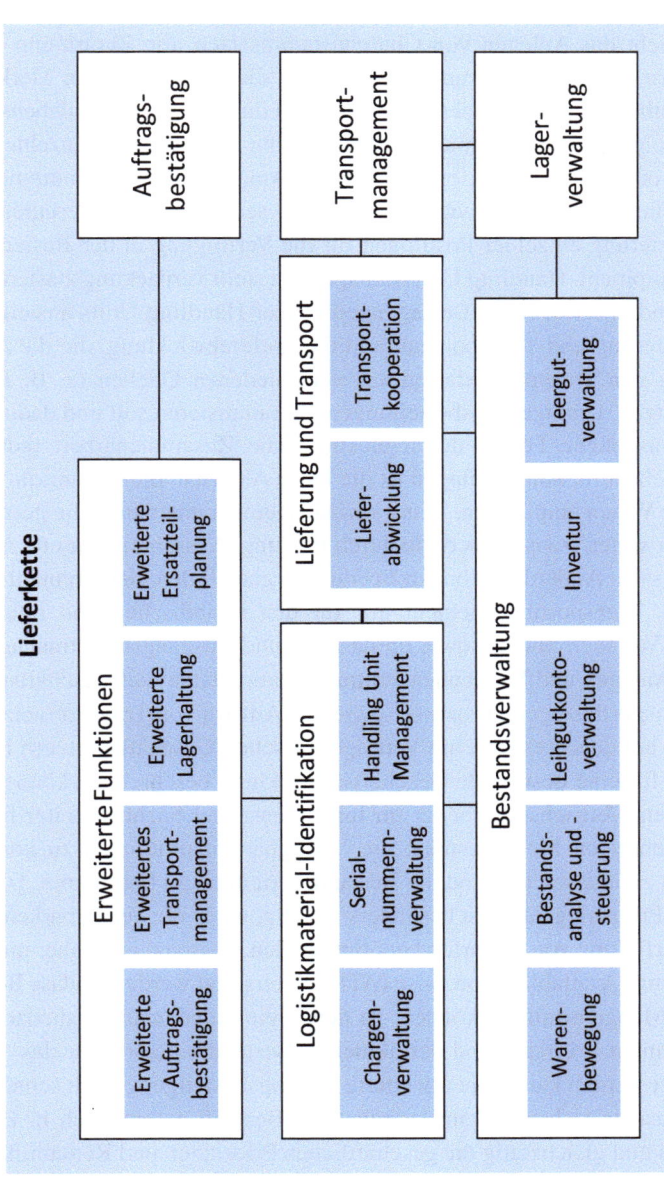

Abb. 3.4 Referenzarchitektur für Supply Chain

von Lagerplätzen definiert werden. Das gesamte Lager kann bis auf die Ebene der einzelnen Lagerplätze im System abgebildet werden. Die Logistikmaterial-Identifikation umfasst die Chargenverwaltung, welche die Produktqualität verbessert, eine umfassende Rückverfolgbarkeit gewährleistet und Kunden- und Rechtsrisiken minimiert. Diese Komponente ermöglicht das Anlegen von Chargenstammsätzen, die Zuordnung bestimmter Chargennummern, die Klassifizierung von Chargen, die Zuordnung von Merkmalen, die automatische Einhaltung gesetzlicher Anforderungen durch den Chargenlebenszyklus und die Chargenverfolgung. Die Serialnummernverwaltung unterscheidet einzelne Positionen eines Materials oder Equipments, ermöglicht das Anlegen von Serialnummernprofilen, Serialnummernstammsätzen, die wichtige Daten zu serialisierten Materialien enthalten, und die Identifizierung einzelner Positionen für die Verfolgung in der Bestandsführung, Inventur und Equipment. Handling Unit Management stellt verpackungsbasierte Logistikstrukturen dar und überwacht die Bewegungen ganzer Handling Units anstelle einzelner Materialien. Lieferung und Transport umfasst die Lieferabwicklung, die die Ausführung und Bestätigung von Transportbedarfen aus verschiedenen Quellen (z. B. Kundenaufträgen, Bestellungen, Umlagerungsbestellungen) automatisieren soll und dadurch Redundanzen und menschliche Fehler durch elektronische Zusammenarbeit reduziert. Der Wareneingangsschritt für Anlieferungen ist die letzte Aktivität, die Organisationen durchführen, bevor sie Waren empfangen. Transportmanagement unterstützt die gesamte Transportkette und verwaltet Transportbedarfe durch Planung, Ausschreibung und Abrechnung von Frachtprozessen. Außerdem können Spediteure gemäß den Gefahrgutanforderungen gebucht werden. Transportmanagement gilt für den inländischen und internationalen Transport in der Verladerbranche sowie für das Ein- und Ausgangsfrachtmanagement. Sie ermöglicht das Anlegen und Verwenden zentraler Stammdaten wie Geschäftspartner und Produkte für transportbezogene Prozesse sowie den Aufbau von Transportnetzen. Frachtvereinbarungen, bei denen es sich um Verträge zwischen Geschäftspartnern handelt, die ihr Engagement für eine bestimmte Geschäftsabwicklung beschreiben, können ebenfalls verwendet werden. Vertriebsmitarbeiter im Innendienst und Sachbearbeiter für die Auftragserfüllung benötigen Mechanismen, um Verfügbarkeitsprüfungen zu konfigurieren, auszuführen und zu überwachen und die Bestandsverteilung zu optimieren. Dies sind die Ziele von Order Promising. Dies ist besonders wichtig, wenn die Verfügbarkeit von Materialien, die zur Erfüllung von Bedarfen benötigt werden, begrenzt ist. Daher muss die Verfügbarkeitsprüfung (Available-to-promise (ATP)) unterstützt werden, sodass Benutzer das Datum und die Menge ermitteln können, zu denen ein Kundenauftragsbedarf basierend auf einer bestimmten Prüfregel und der aktuellen Bestandssituation für das angegebene Material bestätigt werden kann. Die erweiterte Auftragsbestätigung stellt schnelle und genaue Auftragszusagen sicher, indem der relevante Bestand automatisch in Echtzeit berücksichtigt wird und gleichzeitig die geschäftlichen Prioritäten und Rentabilitätsziele gewahrt bleiben. Das erweitertes Transportmanagement steigert die Transporteffizienz durch eine umfassende Verwaltung aller ein- und ausgehenden Fracht. Die erweiterte Lagerhaltung optimiert Aufträge mithilfe von Funktionen wie Cross-Docking, Personaleinsatzplanung, Lagerungsdisposition, Bestandsoptimierung, Unterstützung der Transitlagerung und Anbindung an Lagerautomatisierungsgeräte. Mit der erweiterten Ersatzteilplanung kann man den Ersatzteilbestand über Distributionsnetzwerke hinweg basierend auf Teilevolumen, Geschwindigkeit und Segmenten genau planen und so Kompromisse zwischen Kosten und Service strategisch berechnen.

3.5 Fertigung

Wie bereits erwähnt, wird die primäre Implementierung des Referenzprozesses *Von der Planung bis zur Auftragserfüllung* von den Modulen Lieferkette und Fertigung realisiert. In diesem Abschnitt liegt der Schwerpunkt auf dem Fertigungsmodul. Die Referenzarchitektur für die Fertigung ist in Abb. 3.5 dargestellt.

Die Fertigungstechnik ist in zwei Komponenten aufgeteilt. Die erste Komponente, die Produktkonstruktion, umfasst das Design und die Entwicklung neuer Produkte. Neue Produkte oder Produktlinien werden entwickelt, um die vorhandene Prozesstechnologie zu nutzen und die Qualität sowie Zuverlässigkeit zu verbessern. Bestehende Produkte können aufgrund veränderter Markt- oder Kundenanforderungen modifiziert werden. Das Ergebnis dieser Phase sind entsprechende Zeichnungen und eine Liste aller erforderlichen Teile für die Produktfertigung, bekannt als Stückliste. Die Produktionsstücklistenverwaltung organisiert Produkte zur Verwaltung von Komponenten und Baugruppen und definiert separate Stücklisten für verschiedene Bereiche wie Konstruktion, Produktion, Verkauf und Service. Die Komponente identifiziert die passende Stücklistenversion für ein bestimmtes

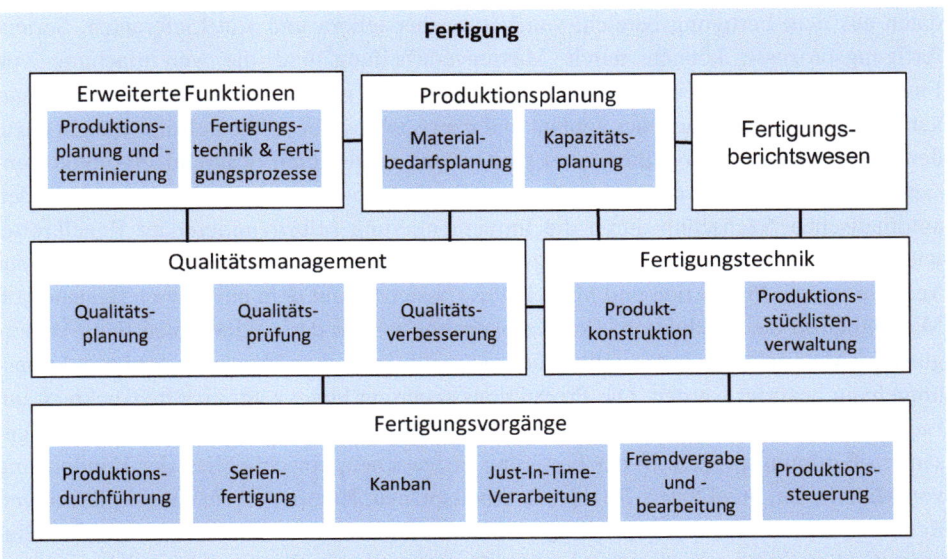

Abb. 3.5 Referenzarchitektur für die Fertigung

Datum, eine bestimmte Fertigungsversion und einen spezifischen Zweck. Die Produktkonstruktion umfasst auch die Rezeptentwicklung, die Vorgänge während der Fertigungsaktivitäten plant. Vorgänge bilden die Grundlage für die Terminplanung, die Kapazitätsbedarfe von Arbeitsplätzen und den Materialverbrauch. Rezepte beschreiben den Produktformulierungsprozess und die Entwicklung von Fertigungsprodukten. Arbeitsplätze und Ressourcen stellen Maschinen, Fertigungslinien, Mitarbeiter oder Mitarbeitergruppen dar. Arbeitsplätze und Ressourcen gehören neben Stücklisten und Arbeitsplänen zu den kritischsten Stammdaten im Produktionsplanungs- und -steuerungssystem. Sie sind essenziell für die Terminierung, Kalkulation, Kapazitätsplanung und Vereinfachung der Vorgangspflege. Das Ziel der Produktionsplanung besteht darin, Produkte und Komponenten zu planen, um die interne und externe Beschaffung zu initiieren. Der Manager muss dabei zwei Faktoren berücksichtigen: Materialbedarf und Kapazität. Unternehmen müssen Rohstoffe basierend auf der Stücklistenauflösung von Fertigerzeugnissen planen. Weiterhin müssen Vorschläge für die interne und externe Beschaffung basierend auf Mengen und Terminbedarfen generiert werden. Zur Kapazitätsplanung muss der Produktionsplaner die Produktionsbedarfe mit dem Kapazitätsangebot der jeweiligen Arbeitsplätze und Schichtkalender abgleichen, was im Mittelpunkt der Kapazitätsplanung steht. Die Materialbedarfsplanung (Material Requirements Planning (MRP)) stellt die Bedarfsdeckung durch Zugangselemente ohne Berücksichtigung der verfügbaren Kapazität sicher. Die Rolle der Kapazitätsplanung besteht darin, MRP-Planer bei der Anpassung des Produktionsplans zu unterstützen, um Kapazitätseinschränkungen zu berücksichtigen und gleichzeitig Bedarfe in Bezug auf Zeit und Menge zu pflegen. Die Produktionsdurchführung ist eine Komponente der Fertigungsvorgänge und umfasst die Ausführung, Steuerung, Überwachung und Verifizierung des Fertigungsprozesses mithilfe von Echtzeitdaten aus dem Fertigungsbereich, von Vertragsherstellern und von Lieferanten. Serienfertigungsprozesse können durch Massenverarbeitung und die Vereinfachung von Finanzkontrollen in periodischen Aktionen optimiert werden. Bei dieser Fertigungsart kann der Materialfluss genauer geplant und überwacht werden. Planaufträge dienen dazu, den Materialfluss zu modellieren, zu planen und zu initiieren, während Produktkostensammler die zugehörigen Kosten erfassen. Die Kanban-Bestandsführung ermöglicht den automatischen Nachschub durch die Implementierung selbstregulierender Regelkreise, wie etwa Leerplätze, die Beschaffungsprozesse anstoßen. Kanban ist eine Methode zur Verwaltung von Produktion und Materialfluss basierend auf dem physischen Bestand von Materialien in der Produktion. Das Kernkonzept besteht darin, eine konsistente Versorgung mit Materialien sicherzustellen, die regelmäßig in kleinen Mengen in der Produktionsumgebung benötigt werden. Die Produktionssteuerung bietet zentralisierte Cockpits, um Engpässe zu minimieren und Risiken zu reduzieren. Daher müssen Mitarbeiter den gesamten Fertigungsprozess in der Fertigung überwachen, einschließlich der Handhabung von Materialien, Stücklisten, Rezepten, Arbeitsplänen, Komponenten, Arbeitsplätzen und Ressourcen bis hin zur Fertigstellung der Endprodukte. Diese Verwaltung und Regulierung des Fertigungsprozesses wird in der Regel von einem Fertigungssteuerer durchgeführt, der für die Zuordnung von Produktionsaufgaben zu einzelnen Maschinen und die

Implementierung von Maßnahmen zur Behebung von Maschinenausfällen oder Komponentenengpässen zuständig ist. Die Lohnbearbeitung kann genutzt werden, um die Produktion über die Lohnbearbeitungsbeschaffung auszulagern, sodass Unternehmen basierend auf der Stücklistenstruktur Komponenten an den Auftragnehmer liefern müssen. Mit der Fremdbearbeitung können Organisationen Produktionsvorgänge an Drittanbieter oder andere Produktionseinheiten innerhalb des Unternehmens auslagern. Dies kann über Fremdvorgänge in Arbeitsplänen und Fertigungsaufträgen verwaltet werden. Die Just-In-Time-Verarbeitung eliminiert Bestandspuffer, indem Komponenten und Unterbaugruppen direkt an die Fertigungslinie des Kunden geliefert werden. Bei Just-In-Sequence wird die Montage in der Reihenfolge geliefert, die durch die angeforderten Bedarfe vorgegeben ist. Das Qualitätsmanagement enthält Werkzeuge zur Prüfung von Produktionsprozessen und Wareneingängen, zur Verwaltung von Prüflosen und zur Implementierung von Verwendungsentscheiden zur Verbesserung der Fertigungsleistung. Das Qualitätsmanagement umfasst die Qualitätsplanung, -prüfung und -verbesserung. Die Qualitätsplanung ist entscheidend für die Planung der Qualität von Produkten, Prozessen und Dienstleistungen. Manufacturing Insights unterstützt dabei, Fertigungsdaten für Prozesserweiterungen, Entscheidungsunterstützung sowie Berichts- und Dokumentationszwecke zu analysieren. Diese Komponente bietet ausnahmebasierte Managementwarnungen mit Benachrichtigungen in Echtzeit, die auf Produktionsengpässen wie Zeit- oder Komponentenverzögerungen oder Ressourcen-Constraints basieren. Diese können verwendet werden, um Fehlmengen und Ausschuss mit hoher Effizienz zu minimieren. Die erweiterte Produktionsplanung und -terminierung soll die Kernfunktionen der Produktionsplanung und -terminierung verbessern, indem sie die visuelle Plantafel nutzt. Diese Komponente automatisiert die verbrauchsgesteuerte Wiederbeschaffung durch bedarfsorientierte Materialbedarfsplanung und nutzt Simulationsfunktionen mit vorausschauender Materialbedarfsplanung. Die erweiterte Fertigungstechnik und Fertigungsprozesse verwaltet Produktionsprozesse und überbrückt die Lücke zwischen Produktkonstruktion und Fertigungsvorgängen, indem das Produktdesign in ein Produktionsprozess-Design umgewandelt wird. Dieses dient als Grundlage für die Fertigungsauftragsverwaltung und die Fertigungsausführung.

3.6 Verkauf

Der Referenzprozess *Vom Auftrag bis zum Zahlungseingang* wird durch die Module Verkauf und Service realisiert, wobei dieser Abschnitt den Schwerpunkt auf den Verkauf legt. Die Referenzarchitektur für den Vertrieb ist in Abb. 3.6 dargestellt. Die Komponente zur Auftrags- und Vertragsverwaltung besteht aus sechs wesentlichen Unterkomponenten, die einheitliche Stammdaten im gesamten Unternehmen sicherstellen, einschließlich der Preisfindung. Das Vertriebsstammdatenmanagement für den Verkauf soll vereinfachte Datenmodelle und einen zentralen Geschäftspartner nutzen, um das Anlegen, Ändern oder Anzeigen von Vertriebsstammdaten in einer einheitlichen Benutzererfahrung bereitzustellen. Die Definition von Kundenmaterialien wird relevant, wenn sich die Produktiden-

Abb. 3.6 Referenzarchitektur für den Verkauf

tifikatoren der Kunden von denen des Unternehmens unterscheiden. Das Preismanagement überwacht die Definition von Preisstammdaten und führt Preisberechnungen durch. Sie richtet den Preisfindungsprozess in Geschäftsbelegen ein und bestimmt, wie Nettowerte berechnet werden.

Das Verkaufskontrakt- und Angebotsmanagement sollte verschiedene Vertragsarten unterstützen, wie zum Beispiel Verkaufskontrakte, Konditionskontrakte für das Abrechnungsmanagement, Lieferpläne oder Handelskontrakte. Diese Komponente ermöglicht das Anlegen, Ändern oder Anzeigen von Kundenangeboten, die auf Anfragen von Kunden basieren. Als Antwort auf die Anfrage wird ein Angebot erstellt, das der Kunde annehmen oder ablehnen kann. Das Kundenauftragsmanagement sollte eine umfassende Sicht auf die Kundenauftragsausführung bieten und durch integrierte vorausschauende Analysen helfen, Lieferverzögerungen zu vermeiden. Diese Komponente ermöglicht das Ausführen von Geschäftsvorgängen basierend auf Verkaufsbelegen wie Anfragen, Angeboten und Kundenaufträgen, die im System definiert sind. Die Verkaufsfakturierung umfasst sowohl manuelle als auch automatisierte Fakturierungsszenarien, sodass externe Fakturadaten mit Verkaufsbelegen in einer einzigen Rechnung kombiniert werden können. Rechnungen können erstellt, in der Finanzbuchhaltung gebucht und über verschiedene Kanäle ausgegeben werden. Die Komponente Verkaufsboni und Provisionen erleichtert die Abwicklung von umsatzbasierten Verkaufsboni anhand der Konditionskontraktabrechnung. Das Retouren- und Rückerstattungsmanagement hilft, die Kosten für Kundenservice und Support zu senken, indem es die Prozesse für Retouren und Kundenretourenanalysen optimiert, die Nachverfolgung verbessert, die Bearbeitung von

Anforderungen beschleunigt und die Betriebskosten senkt. Diese Komponente erweitert die Erfassung und Abwicklung aller Reklamationen und Retouren und löst logistische Folgeaktionen wie Produktinspektion, Problemlösung sowie Forderungs- und Rückerstattungsmanagement aus. Die Vertriebsüberwachung und -analyse erlaubt die Überwachung und Analyse zentraler Vertriebsgeschäftsprozesse, von Angeboten und Verträgen über Kundenaufträge und deren Erfüllung bis hin zur Fakturierung. Vertriebspläne können erstellt, geändert, freigegeben und angezeigt werden, was die Analyse der Vertriebszielerreichung und die Bereitstellung von Einblicken in die aktuelle Vertriebsleistung ermöglicht. Die Vertriebsunterstützung deckt den gesamten Presales-Lebenszyklus ab, von Terminen bis hin zur Lead- und Opportunity-Erstellung. Das Lead Management verfolgt das Ziel, zu Beginn der Sales Pipeline potenzielle Verkaufsinformationen zu sammeln, den initialen Presales-Prozess zu automatisieren und initiales Interesse mit dem Vertrieb zu verknüpfen. Das Opportunity Management erfasst hingegen identifizierte Verkaufschancen und verfolgt den Fortschritt während des gesamten Verkaufszyklus. Es kontrolliert Verkaufschancen, die Interessenten, angeforderte Produkte oder Services, Budgets, potenzielle Umsätze und geschätzte Umsatzwahrscheinlichkeiten beschreiben. Das Aktivitätsmanagement unterstützt bei der Planung, Verfolgung und Organisation von Vertriebsaktivitäten über den gesamten Lebenszyklus der Kundenbeziehung hinweg und erfasst sämtliche Mitarbeiteraktivitäten des Unternehmens, einschließlich der Erstellung von Terminen und Aufgaben. Das Kunden- und Vertragsmanagement bietet den Vertriebsmitarbeitern einen umfassenden Überblick über jeden Kunden, einschließlich der wichtigsten Ansprechpartner- und Kundendaten, wodurch ein einfacher Zugang zu Kunden und Ansprechpartnern ermöglicht wird. Die Vertriebsleistungsverwaltung unterstützt die Motivation von Vertriebsmitarbeitern und die Steigerung des Umsatzes durch attraktive Anreiz- und Vergütungsrichtlinien. Durch die Implementierung überzeugender Programme zur variablen Vergütung kann die Komponente für das Management von Incentives und Kommissionen die Vertriebsleistung des Unternehmens verbessern. Unternehmen können Programme für Mitarbeiter und Partner verwalten sowie präzise, strategisch abgestimmte Anreiz- und Vergütungspläne erstellen und pflegen, um Leistungsträger zu binden und zu motivieren und Unternehmensziele zu erreichen.

3.7 Service

Wie bereits erwähnt, wird der Referenzprozess *Vom Auftrag bis zum Zahlungseingang* hauptsächlich über die Module Verkauf und Service realisiert. Dieser Abschnitt konzentriert sich auf Service, wie in Abb. 3.7 dargestellt, während die Referenzarchitektur für den Vertrieb in Abb. 3.6 gezeigt wurde.

Die Servicestammdaten und -vereinbarungsverwaltung ist für die Verarbeitung von Kundenanlagendatensätzen, Servicehistorien und Handelsvereinbarungen zuständig. Es plant vorbeugende Wartungsservices anhand der verfügbaren relevanten Informationen. Technische Anlagen, Struktur und Historie liefern genaue Informationen über Kunden-

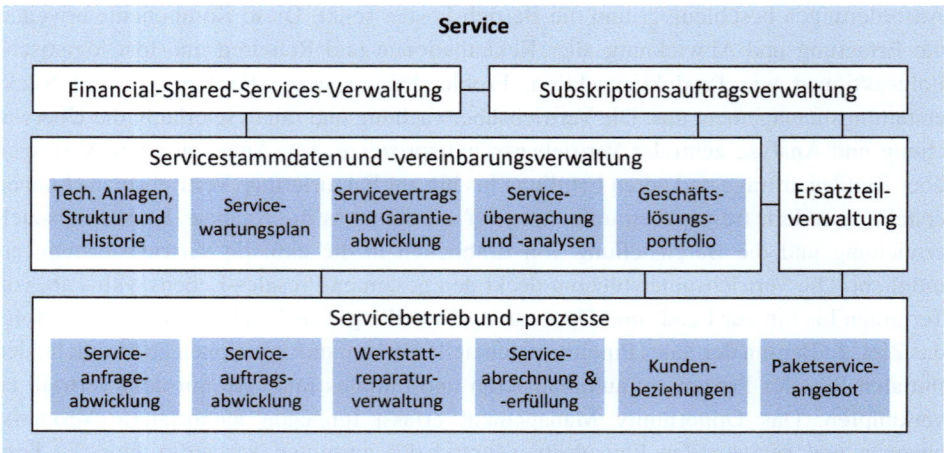

Abb. 3.7 Referenzarchitektur für Service

standorte und installierte Geräte für Callcenter, Außendienst, Depotreparaturen und Vertriebsmitarbeiter. Dies ermöglicht die Planung und Durchführung von Instandhaltungsservices mit umfassenden Datensätzen über Equipment oder Systeme, einschließlich Equipmentstammdaten, Wartungsplänen, Messpunkten, Arbeitsplänen und Stücklisten. Der Servicewartungsplan erleichtert die Terminierung von Serviceverpflichtungen und bedeutenden Wartungsereignissen wie Stillständen und Turnarounds. Zudem ermöglicht er vorbeugende und vorausschauende Serviceaktivitäten, basierend auf Zeit, Zähler, Zustand oder Risiko. Die Servicevertrags- und Garantie-abwicklung deckt Serviceabsprachen, Preisvereinbarungen und Kundenansprüche in einem einheitlichen Repository ab und ermöglicht die automatische periodische Fakturierung. Verträge sind langfristige Servicevereinbarungen zwischen Unternehmen und ihren Kunden, die den Inhalt und Umfang der Services beschreiben, die innerhalb bestimmter Toleranzgrenzen für bestimmte Parameter garantiert werden, z. B. innerhalb eines vordefinierten Zeitrahmens. Garantien definieren den Umfang und die Teileverwendung der Services, die Organisationen im Falle von Schäden oder Problemen durchführen. Dieser Prozess stellt sicher, dass die Abwicklung von Serviceauslieferungen mit automatischen Garantievereinbarungsprüfungen erfolgt. Geschäftslösungsportfolio, Serviceüberwachung und -analysen ermöglichen die Überwachung des Betriebs und der Ergebnisse von Servicegeschäften durch umfassende Erfassung und Messung der Serviceleistung und -profitabilität mithilfe von operativem Reporting und Dashboards. Das Serviceanfragemanagement, eine Komponente von Servicebetrieb und -prozesse, ermöglicht es Benutzern, Serviceanforderungen zu generieren, zu überwachen und zu bearbeiten. Dadurch wird die vollständige Transparenz aktueller und historischer Servicevereinbarungen und -aktivitäten gewährleistet. Durch die Verwendung von Lösungsangeboten können Benutzer Angebote für verschiedene Produkttypen anlegen, z. B. materielle Produkte, Services und Servicevertragspositionen. Die Service-

3.7 Service

auftragsabwicklung versorgt Außendienstteams mit den neuesten Informationen über die Servicehistorie und die Equipmentkonfiguration und ermöglicht es ihnen, Wartungsserviceaufgaben fachkundig auszuführen. Diese Komponente optimiert die Verwaltung des Servicelebenszyklus, von der Generierung und Bearbeitung von Serviceauftragsangeboten bis hin zur Erstellung und Bearbeitung von Serviceaufträgen und -rückmeldungen. Die Werkstattreparaturverwaltung unterstützt Unternehmen, die Werkstattreparatur- und Wartungsservices für Produkte bereitstellen. Durch die Integration des Reparaturprozesses über mehrere Geschäftsbereiche hinweg wird die Planung und Ausführung von Werkstattreparaturen effizienter und transparenter. Diese Services werden in Werkstätten intern erbracht und umfassen zentrale Reparatur- und Wartungsaktivitäten wie Vorprüfung, Angebotsabwicklung, Planung, Reparatur und Fakturierung für Reparaturobjekte. Serviceabrechnung und -erfüllung stellt die effiziente Erbringung von Serviceleistungen sicher, von einfachen bis hin zu hochkomplexen Services, über Planung, Terminierung, Teilebereitstellung, Servicearbeiten und Fakturierung. Dieser Ansatz führt zu geringeren Kosten und umfassenden Logistik- und Finanzeinblicken. Customer Engagement fördert eine effektive Problemlösung durch Multichannel-Kundeninteraktion und intelligente Interaktionen. Paketierte Serviceangebote bündeln automatisch Positionen und initiieren entsprechende Folgeprozesse bis zur Abrechnungsphase. Das Ersatzteilmanagement optimiert die Bearbeitung des Ersatzteilbestands basierend auf Verwendung und Verfügbarkeit und steigert so die Effizienz in der Teileabwicklung, Planung, Beschaffung und Lagerhaltung. Dies wird durch die Integration in die Kernfunktionen der Materialwirtschaft und des Finanzwesens sowie die Unterstützung von Sprach- und Lokalisierungsanforderungen erreicht. Die Komponente deckt alle Aspekte des Ersatzteilmanagements ab, einschließlich Planung, Ausführung, Erfüllung, Zusammenarbeit und Analysen, und umfasst Szenarien für die Ersatzteilplanung und -ausführung. Mit der Subskriptionsauftragsverwaltung und der Financial-Shared-Services-Verwaltung können Kunden ihre Geschäftslösungen als Mischung aus Produkten und Serviceabonnements anbieten. Dazu können wiederkehrende Gebühren, nutzungsabhängige Gebühren und einmalige Gebühren gehören, die auf einem Verbrauchspreismodell basieren. Die Komponente verwaltet alle an Geschäftsvorgängen beteiligten Parteien und alle Daten zu Abonnementprodukten sowie die Abwicklung von Produkten und Produktpaketen, die aus verschiedenen Produkt- und Abonnementkombinationen bestehen. Financial-Shared-Services-Verwaltung umfasst die Verwendung von Servicemanagementfunktionen, die nativ in durchgängige Prozesse integriert sind, um Synergien zu generieren und die Effizienz in einer einzigen Arbeitsumgebung zu steigern. Die Komponente unterstützt effiziente, skalierbare Abläufe, indem sie die Ausführung wichtiger Finanzprozesse abteilungsübergreifend vereinfacht und automatisiert. Letztendlich werden Qualität und Compliance verbessert, indem standardisierte, konsistente und wiederholbare Services für verschiedene Geschäftssysteme bereitgestellt werden.

3.8 Personalwesen

Die Realisierung des Referenzprozesses *Von der Rekrutierung bis zum Ruhestand* erfolgt durch das Modul Personalwesen, wie in Abb. 3.8 dargestellt.

Das Personalwesen unterstützt Unternehmen dabei, ihre strategischen Ziele zu erreichen, indem es Mitarbeiter gewinnt, entwickelt und effektiv verwaltet. Die Personal- und Organisationsverwaltung ist eine Komponente des Personalmanagements und wickelt Verwaltungsaufgaben in Bezug auf Mitarbeiterstammdaten ab, wie persönliche Daten, Adressen, Bankdaten und Arbeitsvertragsdetails. Die Daten in der Personalverwaltung sind in der Regel für einen bestimmten Zeitraum gültig. Beispielsweise sind die Bankinformationen eines Mitarbeiters vom 1. März 2021 bis zum 30. Oktober 2021 gültig. Das Organisationsmanagement wird verwendet, um eine Aufbauorganisation zu entwickeln, welche die funktionale Struktur eines Unternehmens skizziert und Elemente wie Organisationseinheiten, Planstellen, Aufgaben und Stellen umfasst. Diese Komponente wird zur Bewertung des Personalbestands, zur Ermittlung von Reporting-Hierarchien und zur Zuordnung von Bearbeitern zu Workflow-Aufgaben genutzt. Mit der Personalbeschaffungsverwaltung können Bewerber und Kandidaten Stellenangebote erkunden, einem Talentpool beitreten und ihre Bewerbungen online einreichen. Dadurch wird der gesamte Personalbeschaffungsprozess von der Erstellung der Bewerberdaten bis zur Besetzung offener Stellen unterstützt. Die Arbeitgeberleistungsverwaltung bietet Services für Anfragen zu verschiedenen Arbeitgeberleistungsplänen, wie Krankenversicherung, Versicherung, Ersparnis, Guthaben, Sonstiges, Aktienerwerb, Vorsorgepläne und Vorsorgeplanforderungen. Diese Leistungen spielen eine entscheidende Rolle in den Gesamtvergütungspaketen, die Arbeitgeber bereitstellen, um Spitzenkräfte zu gewinnen und zu halten. Die Personalentwicklung umfasst Aktivitäten zur Förderung des Mitarbeiterwachstums,

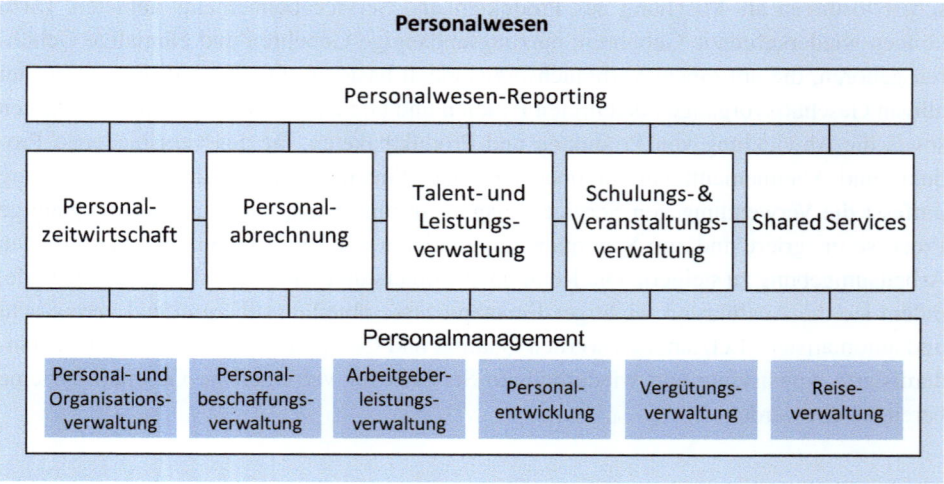

Abb. 3.8 Referenzarchitektur für Human Capital Management

3.8 Personalwesen

wie die Ermittlung von Potenzial und Qualifikationen, die Planung von Laufbahnen und Nachfolgeplanung sowie die Ausarbeitung von Entwicklungsplänen. Diese Komponente ermöglicht die Planung und Durchführung zielgerichteter Personal- und Schulungsmaßnahmen, um das berufliche Wachstum der Mitarbeiter zu fördern und gleichzeitig sicherzustellen, dass die Qualifikationsanforderungen erfüllt und geplant werden. Mit der Vergütungsverwaltung können Unternehmen innovative Vergütungsstrategien implementieren, einschließlich leistungs- und kompetenzbasierter Bezahlung, variabler Vergütungspläne und langfristiger Anreizprämienprogramme. Außerdem ermöglicht es die Analyse und den Vergleich von Vergütungspaketen anhand interner und externer Gehaltsdaten, um die Wettbewerbsfähigkeit des Marktes zu erhalten. Die Reiseverwaltung bietet Zugriff auf Buchungsservices wie Flüge, Hotels, Mietwagen und Bahn, setzt Reiserichtlinien für Abfragen und Buchungen durch, erstellt individuelle Hotelkataloge, berücksichtigt Vereinbarungen mit Reisedienstleistern und speichert persönliche Präferenzen von Reisenden. Die Reisekostenabrechnung unterstützt das Anlegen allgemeiner Daten für Reisekostenabrechnungen, die Abrechnung von Reisekosten und die Zahlung von Spesen über die Finanzbuchhaltung und Personalabrechnung. Die Personalzeitwirtschaft unterstützt alle Prozesse im Zusammenhang mit der Planung, Erfassung und Auswertung interner und externer Arbeits- und Abwesenheitsdaten. Personalzeiten können zentral von einem Zeitsachbearbeiter oder von jedem Mitarbeiter einzeln erfasst werden. Die Personalabrechnung unterstützt alle Prozesse im Zusammenhang mit der Mitarbeitervergütung. Basierend auf den Zeitdatensätzen und dem Arbeitsvertrag eines Mitarbeiters berechnet die Personalabrechnungsanwendung das Brutto- und Nettoentgelt, das einzelne Bezüge und Abzüge enthält, die während einer Abrechnungsperiode berechnet wurden. Talent- and Leistungsverwaltung unterstützt die Entwicklung und Förderung von Talenten in Unternehmen. Es unterstützt die Einstellung von Personal, die Weiterbildung und Entwicklung von Talenten, die Identifizierung und Gestaltung zukünftiger Managementpersönlichkeiten sowie die Abstimmung der Mitarbeiter mit den Unternehmenszielen und der Vergütung. Das Schulungs- und Veranstaltungsmanagement bietet ein breites Spektrum an robusten Funktionen für die Planung und Verwaltung verschiedener Veranstaltungen, von Trainingseinheiten bis hin zu Kongressen, effizient und effektiv. Es umfasst Analyse- und Auswertungsfunktionen für die Vorbereitung von Veranstaltungen, die Erstellung hierarchisch strukturierter Veranstaltungskataloge, die Berechnung von Veranstaltungskosten und Preisvorschlägen, die Buchung von Einzel- und Gruppenteilnehmern, die Abwicklung der Fakturierung, die Auswertung von Teilnehmern und Veranstaltungen sowie das Reporting aller veranstaltungsbezogenen Daten. Die Schulungsverwaltung besteht aus Trainingsangeboten, die die Trainingsplanung und Katalogerstellung umfassen, und der Trainingsverwaltung, die auch Buchungsvorgänge umfasst. Shared Services standardisiert und automatisiert Shared-Service-Prozesse und Self-Services für Mitarbeiter und Manager. Einheitliche Prozesse und Services können im gesamten Unternehmen implementiert werden, um operative Vorlaufzeiten zu verkürzen und einen gleichbleibend hohen Servicegrad sicherzustellen. Die Self-Services-Komponente ermöglicht das Anlegen und Verwalten von Mitarbeiter-Self-Services und Manager-Self-Services. Um Prozesse und Services zu verbessern, sind umfassende Echtzeitanalysen für das Personalwesen erforderlich, die im Personalwesen Reporting im Mittelpunkt stehen. Da das Personalwesen alle relevanten Mitarbeiterdaten enthält, können die erforderlichen Analysevorgänge ausgeführt werden, um die Entscheidungsfindung zu unterstützen. Es können zahlreiche Standardberichte bereitgestellt werden, mit denen Unternehmen Daten entlang hierarchischer Strukturen auswerten und problemlos auf Standardanalysen zugreifen können.

3.9 Anlagenmanagement

Der Referenzprozess *Vom Erwerb bis zur Stilllegung* wird durch das Modul Anlagenmanagement ausgeführt, wie in Abb. 3.9 dargestellt. Das Wartungsmanagement verfolgt eine umfassende Strategie, die Planung, Ausführung, Erweiterung und Zusammenarbeit umfasst. Die Grundlage für verschiedene Anlagenmanagementprozesse bilden Instandhaltungsstammdaten. Zu den zentralen Funktionen gehören die hierarchische und horizontale Organisation technischer Objekte, das Generieren von Stammsätzen für technische Plätze und Equipment sowie das Anlegen von Instandhaltungsstücklisten. Mit der Bearbeitung von Wartungsbedarfen können Benutzer eine Vielzahl von Arbeitsanforderungen bearbeiten, von herkömmlichen Korrekturmethoden bis zu zustandsbasierten, vorausschauenden oder präskriptiven Instandhaltungsansätzen. Instandhaltungsarbeiten können über mobile Geräte oder Desktop-Computer angefordert und beschrieben werden, um technische Probleme zu melden.

Die Wartungsplanung ermöglicht die Terminierung von Instandhaltungsmaßnahmen und die Identifizierung des geeignetsten Technikers, der die richtigen Werkzeuge und Ressourcen verwendet. Darüber hinaus bietet sie einen umfassenden Überblick über den

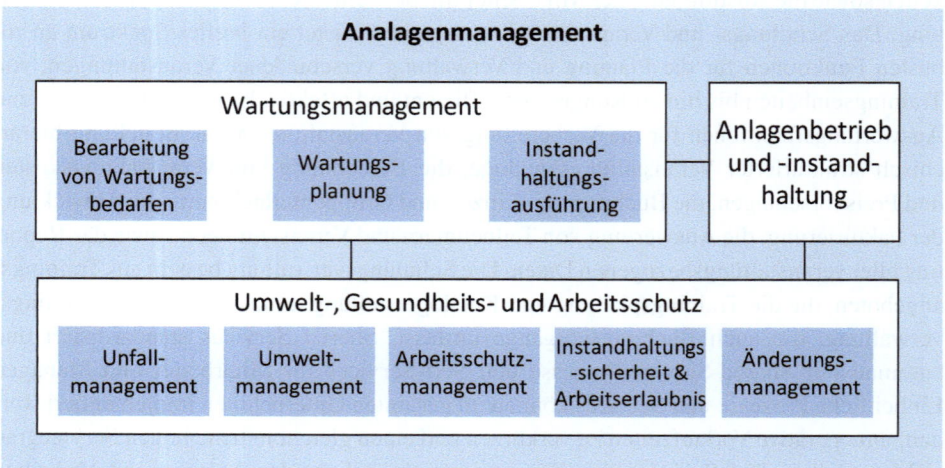

Abb. 3.9 Referenzarchitektur für Asset-Management

3.9 Anlagenmanagement

Anlagenstatus, die Instandhaltungskosten und die Ausfallursachen. Instandhaltungskosten können durch die effektive Nutzung von Personal, Materialien, Equipment und Terminplänen minimiert werden. Eine weitere Funktion ist die Klassifizierung von Wartungsplänen, um die Suche, Analyse und Überwachung von Instandhaltungsaufwänden zu erleichtern. Vorgänge können in Vorarbeit, Hauptarbeit und Nacharbeit kategorisiert werden. Die Instandhaltungsausführung ermöglicht die Bearbeitung geplanter oder Notfallwartungen und bietet Zugriff auf relevante Informationen auf jedem Gerät. Mitarbeiter können remote auf zugewiesene Arbeitsaufträge zugreifen, diese übertragen, abschließen und verwalten und gleichzeitig Echtzeiteinblicke in die Anlagenleistung erhalten, um zeitnah fundierte Entscheidungen treffen zu können. Sie müssen auch in der Lage sein, laufende Wartungsaktivitäten zu überprüfen und bei Bedarf mehrmals täglich neu einzuplanen. Anlagenbetrieb und -instandhaltung erweitert die Kernplanungsfunktionen um erweiterte Planungs- und Ressourcenplanungsfunktionen. Wartungsterminierung hilft Benutzern, übermäßige Ausfallzeiten zu minimieren und Kosten zu senken, indem die richtigen Systeme und Prozesse implementiert werden. Es berücksichtigt Verfügbarkeitsfenster für die Instandhaltung, Arbeitsplatzkapazität und Wartungspläne. Die Komponente umfasst die Ressourceneinsatzplanung, die Einblicke in die Arbeitslast der Instandhaltung und Kontrolle über verfügbare Kapazitäten für aktuelle und anstehende Instandhaltungsaktivitäten ermöglicht. Das Multi-Ressourcenmanagement optimiert und automatisiert Prozesse zur Definition und Erfüllung von Projektressourcenbedarfen. Außerdem sollen Funktionen zum Verfolgen, Zuordnen und Einplanen von Ressourcen, zum Sammeln von Einsatzgenehmigungen und zum Generieren relevanter Berichte wie Bedarfsübersicht und Ressourcenauslastungsberichte bereitgestellt werden. Umwelt-, Gesundheits- und Arbeitsschutz (Environment, Health and Safety (EHS)) spielt eine entscheidende Rolle bei der Überwachung der Geschäftsabläufe im Zusammenhang mit dem Umweltschutz sowie der Gesundheit und Sicherheit von Einzelpersonen. Mit dieser Komponente können Kunden Aktivitäten planen und ausführen, die für die Einhaltung emissionsbezogener Umweltvorschriften erforderlich sind. Weiterhin bietet sie die Möglichkeit, Ereignisse, Sicherheitsbeobachtungen und Beinaheunfälle zu dokumentieren und zu analysieren. Über das Unfallmanagement ermöglicht EHS die Erfassung von Ereignissen, Beinaheunfällen und Beobachtungen, wodurch Transparenz und Standardisierung mithilfe von Vorlagen, Aufgabenverfolgung und automatisierten Analyseberichten gefördert werden. Dies kann zu geringeren Verletzungs-, Krankheits- und Unfallraten sowie zu niedrigeren EHS-Strafen, Bußgeldern und ungeplanten Ausfallzeiten führen. Das Umweltmanagement wendet Algorithmen des maschinellen Lernens und statistische Methoden auf Projektemissionsdaten basierend auf historischen Informationen an. Dies ermöglicht das Management von Treibhausgasemissionen und anderen Luft- oder Wasseremissionen, um gesetzliche Anforderungen zu erfüllen und gleichzeitig proaktive Datentransparenz und -überwachung zu fördern. Arbeitsschutzmanagement unterstützt bei der zentralen Verwaltung allgemeiner und ausrüstungsbezogener Sicherheitsanweisungen, verhindert Vorfälle und minimiert EHS-Risiken durch einen standardisierten, kostengünstigen Ansatz für das betriebliche Risikomanagement. Diese Komponente hilft dabei, Expositionen am

Arbeitsplatz und deren gesundheitliche Auswirkungen zu reduzieren und die Arbeitssicherheit und -überwachung durch Planung und Durchführung von Arbeitsplatzprobenkampagnen sowie zugehörigen Messungen zu verbessern. Instandhaltungssicherheit und Arbeitserlaubnis gewährleistet die ordnungsgemäße Kontrolle von Instandhaltungsarbeiten, indem klare Sicherheitsanweisungen und Genehmigungen bereitgestellt werden, die EHS-Informationen mit technischen Anlagen und Instandhaltungsaufgaben verbinden. Diese Komponente bietet flexible Genehmigungsebenen, die nativ in den Arbeitsauftragsprozess im unternehmensweite Anlagenmanagement integriert sind, den Genehmigungsprozess automatisieren und vollständig prüfbare Verfahren durchsetzen, die ein konsistentes Verhalten fördern. Schließlich optimiert das Änderungsmanagement Änderungsanträge und steigert so die Effektivität von EHS-Systemen bei der Bewältigung von Umwelt- und Sicherheitsbelangen.

3.10 Finanzwesen

Die Realisierung des Referenzprozesses *Finanzwesen* erfolgt über das Modul Finanzwesen, wie in Abb. 3.10 dargestellt ist.

Finanzvorgänge überwacht Ein- und Ausgangszahlungen in Echtzeit und bietet dabei einen Überblick über den Finanzstatus eines Unternehmens, indem es alle Finanzaktivitäten verfolgt. Die Kreditorenbuchhaltung zeigt die Verbindlichkeiten des Unternehmens gegenüber seinen Gläubigern als Verbindlichkeiten in der Bilanz an. Sie bietet zudem einen Überblick über die ausstehenden Beträge und deren Fälligkeitstermine. Die effiziente Verwaltung der Debitorenbuchhaltung erfolgt über ein spezielles Modul, das sich mit

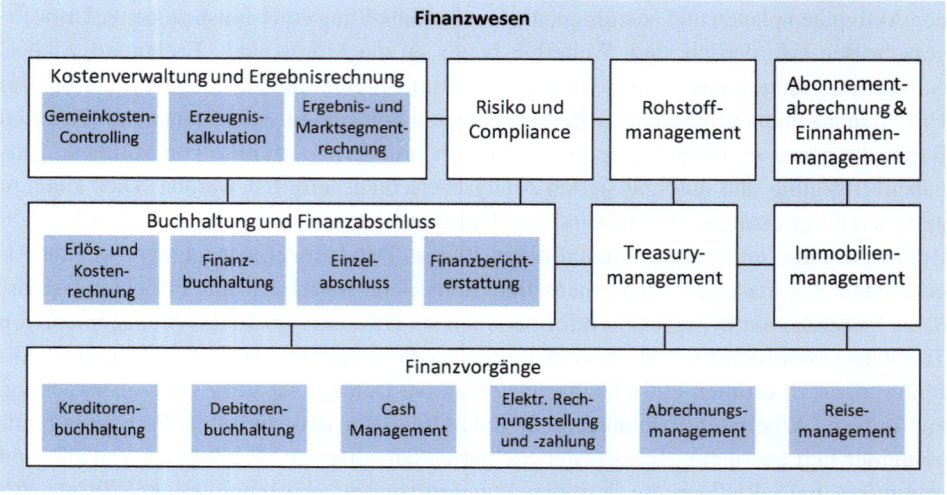

Abb. 3.10 Referenzarchitektur für das Finanzwesen

den Mitteln befasst, die dem Unternehmen für gelieferte Waren oder erbrachte Dienstleistungen geschuldet werden. Mit Cash Management kann das Unternehmen Barmittel und Liquidität zentral verwalten, indem es den Echtzeit-Cashflow überwacht, um sicherzustellen, dass die angemessene Liquidität aufrechterhalten wird. In der modernen digitalen Landschaft ist die elektronische Rechnungsstellung und -zahlung unerlässlich. Sie bietet elektronische Abrechnungs- und Online-Zahlungsoptionen und unterstützt Unternehmen bei der Erstellung elektronischer Rechnungen für ihre Kunden gemäß den Unternehmensrichtlinien. Das Abrechnungsmanagement befasst sich mit komplexen Finanzzahlungsprozessen für Geschäftspartner. Das Reisemanagement überwacht alle Aspekte von Geschäftsreisen und den damit verbundenen Spesen, verfolgt Kosten und erstattet Mitarbeitern die erforderlichen Ausgaben. Buchhaltung und Finanzabschluss stellt sicher, dass die Finanzdaten des Unternehmens gut organisiert und korrekt sind. Das in dieser Komponente angelegte Hauptbuch dient als Grundlage für die Finanzen des Unternehmens. Die Erlös- und Kostenrechnung verwaltet detaillierte Aufzeichnungen eingehender und ausgehender Cashflows. So kann das Unternehmen die Genauigkeit erhöhen, indem es mit Änderungen in der Kostenrechnung auf dem Laufenden bleibt. Die Automatisierung von Erlös- und Kostenrealisierungsprozessen kann Auditkosten reduzieren, den Zeitaufwand für den Jahresabschluss verkürzen und die Gesamtfinanzkosten senken. Die Finanzbuchhaltung erleichtert die Berichterstellung in Echtzeit, indem Finanzprozesse gestrafft und detaillierte Informationen bereitgestellt werden. Diese Funktion ermöglicht Finanzberichte und Self-Service-Analysen in Echtzeit, die aus hochdetaillierten operativen Daten abgeleitet werden und das Anlagenmanagement sowie den Jahresabschluss unterstützen. Mit dem Einzelabschluss werden die Bücher am Jahresende fertiggestellt und Bilanzen im gewünschten Format generiert, wobei die internationalen Rechnungslegungsstandards eingehalten werden. Die Finanzberichterstattung liefert Informationen zur Finanzposition eines Unternehmens für das Management, Investoren und Behörden und unterstützt Manager dabei, fundierte Entscheidungen zu treffen sowie das Unternehmen bei Audits und Compliance-Angelegenheiten zu unterstützen. Kostenverwaltung und Ergebnisrechnung überwacht die Ausgaben und die Rentabilität von Produkten und Dienstleistungen, sodass Unternehmen ihre Produktaufstellung anpassen oder Kosten optimieren können. Durch den Vergleich von Kosten und Erlösen wird eine Ergebnisrechnung erstellt. Das Gemeinkosten-Controlling bietet Transparenz und Einblicke in den Gemeinkostenverrechnungsprozess, wobei Kostenstellen, Profitcenter und die Margenanalyse sowohl für Istdaten als auch für Pläne verfügbar sind. Die Erzeugniskalkulation ermöglicht die Erstellung von Abschlüssen auf Konzernebene und die Berechnung der Kosten, die bei der Herstellung einzelner Produkte oder Dienstleistungen anfallen, ohne dass Extraktions-, Transformations- und Ladeprozesse erforderlich sind, und unterstützt so eine kontinuierliche Rechnungslegung. Die Ergebnis- und Marktsegmentrechnung bietet einen Überblick über die Produktprofitabilität, einschließlich der Risiken und Kosten, durch eine zentrale Datenspeicherung, die Echtzeitanalysen ermöglicht und die Erstellung des Produktportfolios unterstützt. Treasurymanagement wickelt das Cash Management und die Bankkommunikation ab, unterstützt das Cash-, Liquiditäts- und Risikomanagement sowie die integrierte Finanzberichterstattung. Sie optimiert das Umlaufvermögen, das Risikomanagement und die Compliance-Aktivitäten in Bezug auf Barmittel, Zahlungen, Liquidität und Risiken. Das Immobilienmanagement deckt alle Aspekte des Immobilienlebenszyklus ab, dazu gehören Investitionen und Bau, Vertrieb und Marketing, Miet- und Flächenmanagement sowie Wartung und Reparatur. Es umfasst Aufgaben von der Portfolioanalyse über die Verfolgung von Investitionen bis hin zur Lead-Qualifizierung, Leasingbuchung, Mieteskalation sowie Instandhaltungs- und Reparatur-Serviceaufträgen. Die Immobilienobjektverwaltung bietet sowohl architektonische als auch Nutzungssichten auf Stammdaten. Risiko und Compliance unterstützt bei der Verwaltung von Risiken, Kontrollen und gesetzlichen Anforderungen im Geschäftsbetrieb. Zur Minimierung von Risiken und zur Gewährleistung der Compliance werden alle eingehenden und ausgehenden Zahlungen geprüft. Für schnellere Reaktionszeiten werden automatische Alarmmeldungen an die Verantwortlichen gesendet. Rohstoffmanagement identifiziert und qualifiziert finanzielle Risiken im Zusammenhang mit Preisschwankungen in Verkauf und Beschaffung. Es verfolgt Lieferanten, Ressourcen und Preisentwicklungen und ermöglicht es Unternehmen, fundierte Beschaffungsentscheidungen zu treffen oder Risiken durch Derivate abzusichern. Das Modul überwacht auch Wechselkurse für Dienstleistungen, die in verschiedenen Ländern und Währungen erbracht werden, unterstützt Materialverwaltungskontrakte von der Preisfindung bis hin zu Risikoanalysen und erleichtert Mark-to-Market-Abfragen, Bestandslogistikbelege und Finanzderivate. Abonnementabrechnung und Einnahmenmanagement ermöglicht Unternehmen die Einführung flexibler Zahlungsmodelle, einschließlich Abonnements und verbrauchsabhängiger Fakturierung. Zu den wichtigsten Funktionen gehören Abonnementgeschäftsmodelle mit wiederkehrenden und einmaligen Gebühren, die Abrechnung von Millionen Nutzungstransaktionen von mehreren Plattformen, komplexe volumenbasierte Rabatte und Zuschläge sowie Umsatzbeteiligung und Partnerabrechnung. Mit der Subskriptionsauftragsverwaltung können Kunden ihre Geschäftslösungen als Mischung aus Produkten und Dienstleistungen anbieten.

3.11 Fazit

In diesem Kapitel haben wir eine Referenzarchitektur für ERP-Software vorgeschlagen. Diese Referenzarchitektur besteht aus verschiedenen Modulen zur Implementierung der im vorherigen Kapitel erläuterten Referenzprozesse. Die Referenzarchitektur bildet die technische Grundlage für die Einbettung von Künstlicher Intelligenz in ERP-Lösungen. Der Referenzprozess *Von der Idee bis zur Markteinführung* wurde mithilfe des Moduls Forschung & Entwicklung/Konstruktion realisiert. Der Referenzprozess *Von der Bezugsquellenfindung bis zur Zahlung* wurde durch das Modul Beschaffung realisiert. Die Module Lieferkette und Fertigung haben den Referenzprozess *Von der Planung bis zur Auftragserfüllung* implementiert. *Vom Auftrag bis zum Zahlungseingang* wurde den Modulen Verkauf und Service zugeordnet. Das Modul Personalwesen hat den Referenzprozess *Von*

3.11 Fazit

der Rekrutierung bis zum Ruhestand verarbeitet. Das Modul Anlagenmanagement deckt den Referenzprozess *Vom Erwerb bis zur Stilllegung* ab, während das Modul Finanzwesen den Geschäftsprozess *Finanzwesen* implementiert. Der Referenzprozess *Unternehmensführung* wurde mit verschiedenen Komponenten der zugrunde liegenden ERP-Technologieplattform implementiert und daher nicht weiter diskutiert.

ERP-Referenztechnologie für Künstliche Intelligenz   4

In diesem Kapitel werden die Technologien der Künstlichen Intelligenz erläutert, die in ERP-Systemen verwendet werden, um intelligente Geschäftsanwendungen zu implementieren. Wir haben zwei Arten der Technologiebereitstellung im Kontext von ERP-Systemen identifiziert. Es gibt Technologien der Künstlichen Intelligenz, die in das Datenbanksystem und den Anwendungsserver von ERP-Systemen eingebettet sind. Zusätzlich wird aus Gründen der Skalierbarkeit auch eine KI-Infrastruktur (z. B. GPU-Computing) neben der ERP-Plattform bereitgestellt. Wir werden beide Arten von ERP-Technologien einführen, um ein allgemeines Verständnis zu vermitteln. Aus unserer Sicht ist es jedoch nicht sinnvoll, dieses Thema abstrakt zu betrachten. Daher werden wir als konkretes Beispiel SAP S/4HANA als bekanntes ERP-Produkt darstellen und die enthaltenen Technologien der Künstlichen Intelligenz erläutern. Dies ist auch hilfreich für das Verständnis der Fallstudien und des Implementierungsframeworks, die im letzten Teil der Ausarbeitung eingeführt werden. Ziel ist es, zu beschreiben, wofür diese Technologien verwendet werden, und nicht alle technische Merkmale und Funktionen im Detail zu erklären.

4.1 Einleitung

Aus der Analyse der verschiedenen ERP-Produkte (siehe Kapitel *Methodologie*) und ihrer verwendeten Technologien für Künstliche Intelligenz haben wir die ERP-Referenztechnologie für Künstliche Intelligenz abgeleitet, wie in Abb. 4.1 dargestellt. Es gibt zwei Varianten von Technologien der Künstliche Intelligenz, die im Kontext von ERP-Software genutzt werden. Erstens, auf der ERP-Plattform sind KI-Bibliotheken und KI-Laufzeiten für die Implementierung einfacher Szenarien bereitgestellt. Zusätzlich werden KI-Technologieplattformen wie AWS AI, Azure AI, Google AI, IBM Watson, Alibaba AI oder SAP AI für komplexe Szenarien neben (*side-by-side*) der ERP-Plattform zur Verfügung gestellt.

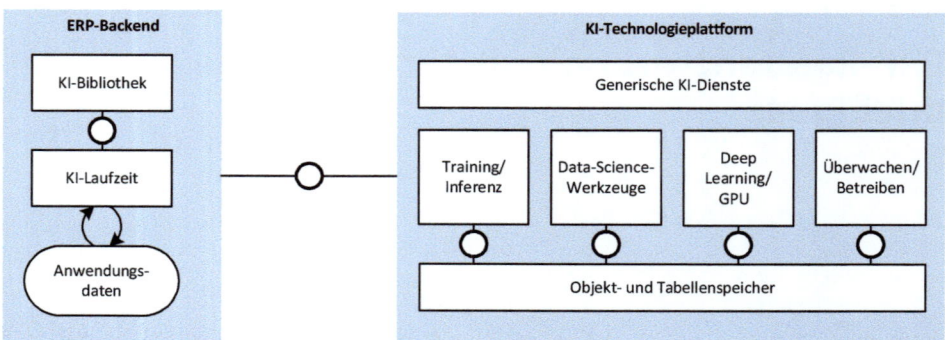

Abb. 4.1 ERP-Referenztechnologie für Künstliche Intelligenz

Diese KI-Technologieplattformen haben in der Regel eine ähnliche Struktur und bieten Infrastruktur für Training, Inferenz, Datenspeicherung, GPU-Hardware, Betrieb und Überwachung. Sie unterstützen auch Data-Science-Umgebungen und generische Services wie Bilderkennung und Textübersetzung. Alle diese Komponenten sind selbsterklärend und werden in Kap. 6 *Lösungsarchitektur* besprochen, sodass wir die Technologien der Künstlichen Intelligenz für ERP nicht abstrakt beschreiben wollen, sondern sie konkret am Beispiel SAP S/4HANA als am weitesten verbreiteten Produkt darstellen. Dies ist besonders hilfreich für den dritten Teil des Buches, wo Fallstudien auf Basis von SAP S/4HANA vorgestellt werden, um unsere Lösungskonzepte zu validieren.

Unser Ziel ist es, einen Überblick über einige der wichtigsten Technologien der SAP für Künstliche Intelligenz zu geben. Dieses Kapitel deckt nicht alle Funktionen dieser Technologien ab, sondern bietet Hilfestellung bei ihrer Verwendung und gibt Empfehlungen dazu, welche Technologie in bestimmten Situationen zu verwenden ist. SAP bietet ihren Partnern, Kunden und internen Stakeholdern eine Reihe von Technologien für Künstliche Intelligenz für ihre Projekte an. Wir besprechen SAP HANA, SAP Data Intelligence, SAP AI Core, SAP Analytics Cloud und schließen SAP AI Business Services und SAP AI Launchpad. Basierend auf der ERP-Referenztechnologie für Künstliche Intelligenz, die in Abb. 4.1 dargestellt ist, können wir SAP HANA als eingebettete Technologie der ERP-Plattform klassifizieren, während alle anderen aufgeführten Technologien *side-by-side* auf der KI-Technologieplattform der SAP bereitgestellt werden.

SAP HANA ist ein Mehrzweckdatenbank, mit der Benutzer all ihre Daten und Prozesse der Künstliche Intelligenz im Arbeitsspeicher halten, verarbeiten, trainieren und konsumieren können. Da alle KI-Aktionen und -Operationen sofort in der In-Memory-Datenbank von SAP HANA ausgeführt werden, müssen die Daten zur Verarbeitung nicht in ein anderes System übertragen werden. Die spezialisierten KI-Bibliotheken *Automated Predictive Library* (APL) und *Predictive Analytics Library* (PAL), die in SAP HANA integriert sind, unterstützen eine Vielzahl von Algorithmen für Künstliche Intelligenz. Aus Gründen der Benutzerfreundlichkeit bieten alle Algorithmen eine native Scripting Schnittstelle (SQLScript), die direkt verwendet oder in Python- und R-Programmierumgebung verschalt werden.

4.1 Einleitung

Wenn es um komplexe Orchestrierung, Datenkategorisierung und Datenqualitätsverfahren geht, ist SAP Data Intelligence die geeignete Lösung. Sie kann vor allem unstrukturierte Anwendungsdaten in verschiedenen Formaten überführen und über das gesamte Unternehmen verteilen. Mit der Integration zu R-, Python-, APL- und PAL-Bibliotheken bietet SAP Data Intelligence eine einheitliche grafische Designoberfläche für die Datenaufnahme und -transformation. SAP Data Intelligence wird in Szenarien verwendet, in denen die KI-Anwendung auf verschiedenen Datenquellen basiert, die in SAP HANA, mit einem R-Server oder direkt in einer Python-Umgebung zusammengeführt und verwaltet werden müssen. Sie unterstützt auch die Datenorchestrierung in externen Umgebungen. Wenn Hardwareressourcen wie GPUs oder eine aufwendige Orchestrierung von Workflow-Schritten erforderlich sind, ist SAP AI Core die empfohlene Lösung für die Verwaltung und Steuerung von Training und die Bereitstellung von Inferenz APIs in einer skalierbaren KI-Laufzeit. Die Lösung richtet sich an KI-Ingenieure mit Programmierkenntnissen und einem Bedarf an Flexibilität. SAP AI Core zielt darauf ab, skalierbare, kostengünstige und anpassbare Modelle für Künstliche Intelligenz zu betreiben und dabei den Datenschutz und die Compliance zu wahren. Die Lösung gewährleistet die hohe Perfomance für KI-Szenarien durch automatische Skalierung, Scale-to-Zero, Multi-Model-Serving und eine breite Palette von Ressourcentypen, einschließlich GPU-Unterstützung. SAP AI Core konzentriert sich auf das Lebenszyklusmanagement und sammelt verschiedene Kennzahlen, vor allem durch die Integration mit den so genannten KI-APIs für die Lebenszyklusabwicklung, was die Amortisationszeit für Anwendungen der Künstlichen Intelligenz reduziert. Für Analysen bietet SAP Analytics Cloud integrierte Prognosefunktionen mit einer einfachen Benutzungsoberfläche. Die zugehörige Prognose-Engine basiert auf der APL-Bibliothek von SAP HANA. Mit der Lösung können Daten in Echtzeit auf SAP HANA Systemen angelegt oder aus mehreren Quellsystemen gesammelt werden. Vorhersagen, die mit den Prognosefunktionen von SAP Analytics Cloud erstellt wurden, werden in der Regel über SAP Analytics Cloud Storys exponiert. SAP AI Business Services bieten wiederverwendbare Funktionen für maschinelles Lernen, die die Implementierungszeiten durch Automatisierung reduzieren. Diese KI-Services sind als wiederverwendbare, generische Lösung verfügbar, die sofort genutzt werden können. Die meisten dieser Services verwenden SAP AI Core als zugrunde liegende Umgebung für Künstliche Intelligenz. SAP AI Launchpad dient als zentrales Werkzeug für die Verwaltung des Lebenszyklus von Modellen für Künstliche Intelligenz, Deployments und anderen betriebsbezogenen Prozessen. Außerdem können Benutzer damit die KI-Laufzeiten von SAP AI Core, SAP HANA und SAP Data Intelligence verwalten. SAP AI Launchpad wird aufgrund der zentralen KI-APIs für das Lebenszyklusmanagement zur standardisierten Benutzungsoberfläche für den Betrieb von Anwendungen der Künstlichen Intelligenz, die von SAP bereitgestellt oder kundenspezifisch entwickelt wurden. Basierend auf der KI-API-Abstraktion können auch KI-Technologien von Drittanbietern integriert werden.

In den nächsten Abschnitten werden die genannten Technologien der Künstlichen Intelligenz anhand der fünf Phasen des Data-Science-Prozesses erläutert.

4.2 Datenvorbereitung

4.2.1 SAP HANA

Um Modelle mit Künstlicher Intelligenz basierend auf relationalen Daten zu erstellen, bietet SAP HANA eine Suite von Werkzeugen. Vier Hauptwerkzeuge sind für die Datenvorbereitung von Bedeutung:

1. Erstellung von SQLScript und SAP-HANA-Datenmodellen
2. Nutzung der internen Funktionen der Predictive Analysis Library (PAL)
3. Verwendung der Funktionen der Automated Predictive Library (APL)
4. Einsatz des Python- und R-Clients für maschinelles Lernen von SAP HANA

Die In-Memory-Datenbank von SAP HANA ermöglicht es, KI-Anwendungen umzusetzen. Calculation View und Smart Data Integration Flowgraphs spielen hierbei eine wichtige Rolle bei der Datenmodellierung und bieten Flexibilität durch SQL- und SQLScript-Datenbearbeitung. Calculation Views ermöglichen analytische Modelloperationen für relationale Tabellen, wie Joins, Unions, Selektionen und komplexe Berechnungen mit SQLScript-Tabellenfunktionen. Diese Sichten agieren als transparente Datenstrukturen und erlauben eine Echtzeitzugriff auf Daten, ohne Daten redundant speichern zu müssen. Im Gegensatz dazu unterstützen Datenintegrations-Flowgraphs die Datenflussmodellierung auf Basis von SQL-Operationen und erlauben die Implementierung benutzerdefinierter Logik über SQLScript-Prozeduren. Sowohl Calculation Views als auch Flowgraphs können für die allgemeine Datenvorbereitung genutzt werden, obwohl sie nicht speziell für Normalisierung, Anrechnung, Dimensionalitätsreduzierung oder die Behandlung von Ungleichgewichten entwickelt wurden. Die Bibliotheken für Künstliche Intelligenz in SAP HANA erfüllen diese speziellen Aufgaben. Die Predictive Analysis Library (PAL) unterstützt Data-Science-Experten mit optimaler Performance und dedizierter Parametrisierung von Algorithmen, während die Automated Predictive Library (APL) Business-Analysten und Entwicklern mit begrenztem Data-Science-Knowhow zur Verfügung steht. Mit der Automatisierung ermöglicht es APL, übliche Datenprobleme wie Skewness, fehlende Werte oder Unterschiede auf Werteebene selbstständig zu lösen. Im Gegensatz dazu bietet PAL zahlreiche Algorithmen für die Datenvorverarbeitung. Die bisher besprochenen Methoden erfordern eine direkte Interaktion mit der SAP HANA Datenbank und entsprechendes Fachwissen. Angesichts der weiten Verbreitung von R und Python in der Data-Science-Community stellt SAP HANA native Client-Bibliotheken für maschinelles Lernen in diesen Sprachen bereit. Die R- und Python-Clientpakete ermöglichen es Data-Science-Experten, in ihrer bevorzugten Umgebung zu arbeiten, ähnlich wie bei der Nutzung von Open-Source-Bibliotheken. Dabei werden alle Operationen an einer remoten SAP-HANA-Instanz delegiert, ohne dass Datenreplikationen oder Data-Science-Workstations notwendig sind. Dies hat zwei wichtige Auswirkungen auf die Datenaufbereitung: Erstens sind alle Funktionen der SAP-HANA-

4.2 Datenvorbereitung

AI-Bibliothek über die Python- und R-Clients zugänglich. Zweitens bieten die Bibliotheken allgemeine Datenvorbereitungsalgorithmen, die den DataFrame-Funktionen der jeweiligen Sprachen entsprechen. Während die Anwender mit DataFrame in R oder Python arbeiten, werden im Hintergrund alle Operationen in SQL-Anweisungen übersetzt und in der Datenbank ausgeführt, ohne dass die Daten an den Client übertragen werden. Nach Bedarf können die generierten SQL-Anweisungen in SQLScript- oder Datenmodellartefakte integriert werden.

Zusammenfassend lässt sich sagen, dass SAP HANA für KI-Anwendungen leistungsstarke In-Memory-Technologien bietet. SAP HANA verfügt über eine Vielzahl von Werkzeugen für die Datenvorbereitung. Die spezialisierten KI-Bibliotheken bieten zusätzliche Funktionen für KI-Aufgaben. Für strukturierte, tabellarische Anwendungen, die einen Echtzeitzugriff auf Daten benötigen, sollte der Einsatz von SAP HANA in Betracht gezogen werden.

4.2.2 SAP Data Intelligence

SAP Data Intelligence, ist eine Datenmanagementlösung für Unternehmen, welche Funktionalität für Datenkatalogisierung, Datenqualität und Orchestrierungsszenarien bereitstellt. KI-Projekte stehen in der Datenaufbereitungsphase vor zahlreichen Herausforderungen, wie zum Beispiel:

- Identifikation der relevanten Informationen
- Bewertung der Qualität der Daten
- Transformation und Formatierung von Daten für die Modellierung
- Anpassung von Daten für die Merkmalsextraktion während des Trainings

Wenn alle Daten strukturiert sind und bereits in einer SAP-Lösung wie SAP HANA oder SAP Data Warehouse Cloud abgelegt sind, können die integrierten Funktionen von SAP HANA herangezogen werden, um die KI-Anwendung zu realisieren. Die KI-Projekte benötigen jedoch oft Informationen, die über das gesamte Unternehmen verteilt sind. Hinzu kommt, dass unterschiedliche Datentypen vorliegen können, wie unstrukturierte Daten (z. B. Bilder, Dokumente), Streamingdaten (z. B. IoT-Daten, Weblogs), Anwendungsdaten und herkömmliche relationale Daten. In diesen Fällen sollte SAP Data Intelligence herangezogen werden, da die Lösung verschiedene Datentypen integrieren kann und Pipelines für die Prozessierung bereitstellt. SAP Data Intelligence kann die Daten in die Zielformate transformieren. Jede Pipeline ist wiederverwendbar, skalierbar und bietet eine grafische Modellierungsoberfläche mit zahlreichen Operatoren. Zusätzliche Funktionen zur Unterstützung der Datenvorbereitung umfassen die Definition von Datenqualitätsregeln, das Generieren eines Qualitätsprofils für jeden Datensatz und das Indizieren aller verbundenen Datenquellen, sodass Endbenutzer mithilfe einer Freitextsuche nach Daten suchen können.

SAP Data Intelligence wird für das Replizieren, Bereinigen und Transformieren von Daten empfohlen, wenn die Daten für eine KI-Anwendung nicht zentral in SAP HANA abgelegt oder unstrukturiert sind.

4.2.3 SAP AI Core

SAP AI Core bildet die Funktionalität von Argo Workflows ab. Argo Workflows ist eine Open-Source-Container-Engine zur Orchestrierung paralleler Aufgaben auf Kubernetes. Vereinfacht kann Argo als eine Engine betrachtet werden, die einen Kubernetes-Cluster versorgt. Mit SAP AI Core können komplexe Workflows und Anwendungen auf Kubernetes spezifiziert, implementiert und betrieben werden. SAP AI Core deckt in diesem Kontext zahlreiche Anwendungsfälle, wie z. B.:

- Verarbeitung von komplexen Aufgaben mit sequenziellen und parallelen Schritten und Abhängigkeiten
- Orchestrierung von komplexen, verteilten Anwendungen in einem Kubernetes-Cluster
- Umsetzung von Richtlinien zur zeitbasierten Ausführung von Workflows

SAP AI Core prozessiert jede Aufgabe in einem Pod, sodass mehrere Aufgaben gleichzeitig ausgeführt werden können. Die Flexibilität als generische Workflow-Engine bietet ein breites Spektrum an Möglichkeiten, um die Datenvorbereitungs- und Integrationspipelines umzusetzen. Verschiedene Argo-SDKs sind verfügbar, die es ermöglichen, SAP-AI-Core-kompatible Workflows programmatisch zu definieren. SAP AI Core richtet sich an AI-Engineers, die über Programmierkenntnisse verfügen und hohe Flexibilität benötigen, jedoch gleichzeitig Sicherheit und Konformität gewährleisten müssen. SAP AI Core kann auf unterschiedlicher Hyperscaler-Infrastruktur (z. B. AWS, Alibaba Cloud; Azure, GCP) bereitgestellt werden. Die Lösung kann bei SAP HANA Data Lake und jedem Hyperscaler-Object-Storage registriert werden. Bei hohen Sicherheitsstandards kann gewährleistet werden, dass die Daten die definierten geografischen Regionen oder sogar spezifische Hyperscaler nicht verlassen.

SAP HANA und SAP Data Intelligence bieten Funktionalität für die Datenvorbereitung an, sodass die Daten für KI-Anwendungen in relationale und objektorientierte Speicher abgelegt und von SAP AI Core weiterverarbeitet werden können. Wenn der Fokus auf KI-Anwendungen mit komplexen Aufgaben, Abhängigkeiten und GPU-Unterstützung in skalierbarer Form liegt, sind die Datenvorbereitungsfähigkeiten von SAP AI Core eine hilfreiche Option.

4.2.4 SAP Analytics Cloud

In SAP Analytics Cloud werden Prognoseszenarien für zwei Typen von Modellen unterstützt: Datenmodelle und Planungsmodelle. Datenmodelle können Informationen aus unterschiedlichen Quellen enthalten. In diesem Fall werden die Quelldaten in SAP Analytics Cloud repliziert. SAP HANA vereinfacht das Anlegen von Datenmodellen, da SQL-Views und Tabellen herangezogen werden. Hier werden die Quelldaten nicht in SAP Analytics Cloud repliziert, sondern verbleiben vollständig in SAP HANA. Klassifikations-, Regressions- und Zeitreihenprognosemodelle können sowohl für replizierte Daten als auch für remote Daten erstellt werden. Der Kontrollfluss bei Datenmodellen umfasst das Sammeln aus Quellsystemen, das Erstellen von Prognoseszenarien und das Bereitstellen von Storys. SAP Analytics Cloud unterstützt zwei Kategorien von Modellen: Planungsmodelle für Planungsszenarien und Analysemodelle für Berichtszwecke. Sowohl buchhalterische als auch kennzahlbasierte Strukturen können zur Erstellung von Modellen herangezogen werden. Zeitreihenprognosemodelle können aus Planungsmodellen abgeleitet werden, die Daten aus verschiedenen Quellen beinhalten können. Der Kontrollfluss bei Planungsmodellen deckt die Integration von Daten über unterschiedliche Systeme, die Bereitstellung von Prognosen, die Erstellung von Prognoseszenarien, die Verwendung von Vorhersagen in Storys und bei Bedarf das Zurückschreiben von Prognosen in Quellsysteme. Mit Storys bietet SAP Analytics Cloud eine einfache Datenvorbereitung und -zusammenführung. Storys unterstützen einfache Zeitreihenprognosemodelle, sind jedoch nicht flexibel genug, um die Datenvorbereitung für Klassifizierungs- und Regressionsmodelle zu erfüllen. In solchen Fällen muss SAP Analytics Cloud mit SAP Data Intelligence verwendet werden, um Korrelationen zwischen Eingabe- und Zielvariablen zu realisieren. Der Fokus von SAP Analytics Cloud liegt auf Geschäftsbenutzern. Daher werden Hyperparameter von Algorithmen und Datenvorbereitungen automatisch in Prognoseszenarios ermittelt. Mit diesem Ansatz können sich die Endbenutzer auf die Durchführung von Datenexperimenten zur Verbesserung von Prognosemodellen konzentrieren.

Zusammengefasst sind die Datenvorbereitungsfunktionen von SAP Analytics Cloud speziell für die Generierung von Datenmodellen und Planungsmodellen für Prognoseszenarien konzipiert. Das kennzahlbasierte Planungsmodell dient als Referenzdatenmodell für SAP Analytics Cloud.

4.3 Modellierung

4.3.1 SAP HANA

Die APL- und PAL-Bibliotheken in SAP HANA sind darauf ausgelegt, mit Trainingsdaten im relationalen Speicher zu arbeiten. Diese Bibliotheken unterstützen verschiedene Datenstrukturen wie Calculation Views, SQL-Views, Tabellenfunktionen, persistierte Tabellen, föderierte remote Daten oder Datenquellen von Drittanbietern. SQLScript dient als native Schnittstelle für die Datenvorbereitung. Um die Verwendung der Bibliotheken für Data Scientist zu erleichtern, sind alle Algorithmen über Python und R zugreifbar. Dadurch können die Methoden direkt aus jeder Python- oder R-Umgebung aufgerufen und remote auf der SAP-HANA-Instanz ausgeführt werden, ohne die Notwendigkeit einer Datenreplikation. Die PAL- und APL-Bibliotheken unterstützen zahlreiche KI-Szenarien, darunter Link-Prognosen, Empfehlungen, Cluster-Analysen, Regressionen, Zeitreihenprognosen und Assoziationsanalysen. Zusätzlich bietet PAL spezifische Algorithmen für die Ausreißererkennung. PAL enthält eine einheitliche Schnittstelle für Klassifizierungs- und Regressionsszenarien, was eine einfache Implementierung ermöglicht, ohne dass Änderungen auf Anwendungsebene erforderlich sind. Die Algorithmen unterstützen auch die automatisierte Hyperparameterfindung und Modellauswertung während des Trainings sowie eine dedizierte Vergleichsfunktion zur Evaluation verschiedener Algorithmen. Die Orchestrierung von Algorithmen via Pipelines und die Unterstützung von AutoML für Klassifikations-, Regressions- und Zeitreihenprognoseszenarien wird ebenfalls bereitgestellt. Diese Funktionen helfen Data Scientist bei der Entwicklung optimaler Modelle für maschinelles Lernen. APL konzentriert sich stärker auf die Automatisierung von Data-Science-Workflows. Oft müssen KI-Modelle nach bestimmten Datenuntergruppen (z. B. Regionen oder Produkttypen) segmentiert werden, um bessere Prognoseergebnisse zu erzielen. PAL nutzt hierzu die Parallelisierung von SAP HANA, um gleichzeitig mehrere Modelle zu trainieren. SAP Integrated Business Planning ist ein Beispiel für diesen Ansatz. Der Python-Client unterstützt Pipelines, sodass mehrere Inferenzanfragen integriert und verarbeitet werden können. Mit dem Workload-Management ermöglicht SAP HANA die Regulierung von Systemressourcen für Trainingsläufe. Zusätzlich unterstützen die Algorithmen Multi-Threading, sodass Trainingsläufe beschleunigt werden können. SAP HANA Cloud bietet neue Skalierbarkeits- und Elastizitätstechniken, um Systemressourcen für KI-Workloads sowohl in reinen Cloud- als auch hybriden Szenarien effizient zu unterstützen.

KI-Projekte, die auf strukturierten, tabellarischen Daten basieren, können die integrierten Funktionen von SAP HANA für maschinelles Lernen verwenden. Die beiden Bibliotheken APL und PAL bieten verschiedenen Zielgruppen einen einfachen und effektiven Einstieg in die Künstliche Intelligenz. Python- oder R-Schnittstellen sind hierbei die bevorzugten Umgebungen, was die Akzeptanz erhöht.

4.3.2 SAP Data Intelligence

Die APL- und PAL-Bibliotheken von SAP HANA werden von SAP Data Intelligence genutzt. Dies erfolgt im Rahmen der grafischen Modellierung, bei der Skripte in R und Python integriert und ausgeführt werden. Um Python-Benutzern eine Entwicklungsumgebung (IDE) für die Modellentwicklung und -training zu bieten, enthält SAP Data Intelligence ein Jupyter-Notebook. Der *KI Szenario Manager* verwaltet alle Artefakte, die für die Realisierung einer KI-Anwendung notwendig sind, einschließlich Pipelines, Datensätze, Notebooks und Trainingsläufe. Weiterhin enthält die Benutzeroberfläche für die Pipeline-Modellierung native Operatoren für SAP HANA KI-Bibliotheken, R und Python. Benutzer von SAP HANA können ein Low-Code-Werkzeug nutzen, um Funktionen der APL und PAL zu verwenden, ohne SQLScript beherrschen zu müssen. Es ist auch möglich, Open-Source-Programmiersprachen wie R, Python, ABAP, Node.js und C# in SAP HANA in einer Pipeline zu integrieren. Dies ermöglicht die Erstellung von holistischen Pipelines, die Daten von ihrer Entstehung bis hin zur Bereitstellung der Ergebnisse verarbeiten können. Es ist wichtig zu beachten, dass das Training von Modellen auf dem Standard-Node ohne GPU-Unterstützung erfolgt. Für zeitkritische Szenarien, die GPU-Unterstützung erfordern (z. B. Deep Learning), wird SAP AI Core empfohlen. SAP Data Intelligence kann dennoch für die Datenaufbereitung und -weiterleitung an eine externe Trainings- oder Inferenz-Umgebung wie SAP AI Core genutzt werden, vorausgesetzt, diese Umgebung verfügt über die erforderlichen API-Endpunkte.

Grundsätzlich lässt sich sagen, dass SAP Data Intelligence eine benutzerfreundliche Oberfläche bietet, um PAL und APL von SAP HANA mit anderen Datenquellen und Technologien wie R und Python zu kombinieren und so eine einheitliche Plattform für Datenintegration, -transformation und Künstliche Intelligenz zu schaffen.

4.3.3 SAP AI Core

SAP AI Core ist eine leistungsstarke Plattform für die Ausführung von KI-Trainingsworkflows, die zahlreiche Vorteile bietet. Durch die Nutzung von Argo Workflows ermöglicht SAP AI Core die Ausführung containerisierbarer Arbeitslast und erleichtert die Orchestrierung hochparalleler Jobs auf Kubernetes. Weiterhin bietet die Lösung flexible Ressourcenzuweisung, einschließlich GPU-Unterstützung, über Ressourcenpläne. Die Plattform eignet sich für Modellierung von Trainingsworkflows sowie Vor- und Nachbearbeitungsworkflows, die im Batch-Modus ausgeführt werden. Trainingsworkflows können über GitOps-Mechanismen bereitgestellt werden, was eine deklarative Inhaltsbereitstellung ermöglicht. Zur Erstellung von Argo-Workflow-Vorlagen können beliebige Code-Editoren oder Argo-SDKs verwendet werden. Für eine bessere Unterstützung spezifischer KI-Prozesse können Frameworks wie Netflix' Metaflow oder Kubeflow eingesetzt werden, um KI-Szenarien schneller von der Experimentierphase in die Produktion zu bringen. SAP AI Core bietet auch Inhaltspakete für häufig benötigte Anwendungsfälle wie Computer Vision und strebt an, den Ansatz der Inhaltspakete auf weitere gängige Anwendungsfälle auszuweiten, damit sich Nutzer auf die Überführung ihrer Experimente in die Produktion konzentrieren können. Darüber hinaus unterstützt SAP AI Core GPUs vollständig, die während des Trainings einzelner oder mehrerer Modelle genutzt werden können. Ein weiterer Aspekt ist die Unterstützung von Multi-Tenancy. Nutzer können nicht nur ein globales KI-Modell bereitstellen, indem sie ihre Stakeholder in Tenants isolieren, sondern auch kundenspezifische trainierbare KI-Modelle pro Tenant anbieten. Partner können ihre Kunden aus Sicherheits- und Compliance-Gründen separieren, während Kunden ihre Fachbereiche trennen können, um erhöhte Governance zu gewährleisten. SAP AI Core bietet Integration in Hyperscaler-Objektspeicher und ermöglicht die Ablage von Daten in SAP HANA Data Lake. Zur Unterstützung der Produktivsetzung kann SAP AI Core selbstdefinierte Metriken, Parameter und Statistiken von Trainingsläufen im Rahmen seines Lebenszyklusmanagements sammeln und speichern, die dann über die KI-APIs im SAP AI Launchpad zur Überwachung bereitgestellt werden. In intelligenten Szenarien mit hohem Bedarf an Daten, CPU und GPU dient SAP AI Core als KI-Laufzeitumgebung und ist über die KI-API nativ in die ERP-Plattform integriert. SAP AI Business Services nutzen SAP AI Core als KI-Laufzeitumgebung, um häufig benötigte Funktionen bereitzustellen. Sie bieten anpassbare Modelle über Trainingsläufe mit kundeneigenen Daten, was die Flexibilität von SAP AI Core unterstreicht.

Zusammenfassend lässt sich sagen, dass SAP AI Core eine Lösung ist, um Trainings- und Inferenzworkflows in einer skalierbaren KI-Laufzeitumgebung zu verwalten und zu betreiben, wenn Hardware-Ressourcen wie GPUs oder eine komplexe Orchestrierung von Workflow-Schritten erforderlich sind.

4.3.4 SAP Analytics Cloud

SAP Analytics Cloud ermöglicht es Endnutzern, mithilfe von automatisierten Techniken und einer benutzerfreundlichen Oberfläche Zeitreihenvorhersage-, Klassifikations- und Regressionsmodelle zu erstellen. Die zugrunde liegende Prognosemaschine nutzt APL von SAP HANA. SAP Analytics Cloud bietet bewusst nicht die Option, die zugrunde liegenden Algorithmen auszuwählen und zu parametrisieren, um sicherzustellen, dass die Funktionen für Endnutzer einfach und unkompliziert nutzbar sind. Sobald Klassifikations- und Regressionsmodelle trainiert wurden, können sie auf neue Beobachtungen angewendet werden. Es können neue Datensätze mit Vorhersagen erstellt und schließlich in SAP Analytics Cloud Stories integriert werden. Zeitreihenvorhersagemodelle können auf unterschiedliche Weise verwendet werden, entweder basierend auf einer einzelnen Zeitreihe oder auf Entitäten (Dimensionskombinationen), wobei bis zu tausend Kombinationen auf einmal generiert werden können. Zeitreihenvorhersagemodelle können auf Basis von SAP-Analytics-Cloud-Datenmodellen oder planungsaktivierter Modelle erstellt werden. Prognosen können in Datenmodellen oder direkt in Planungsmodellversionen zurückgeschrieben werden (prädiktive Planung).

SAP Analytics Cloud bietet vorgefertigte Prognosefunktionen unter Verwendung von automatisiertem maschinellem Lernen und einfachen, benutzeroberflächenbasierten Arbeitsabläufen für analytische Endnutzer. Der Schwerpunkt liegt auf automatisierten Zeitreihenprognosen, um Anforderungen für Planungsprognosen zu erfüllen.

4.4 Evaluierung

Da die integrierte Künstliche Intelligenz von SAP HANA auf Branchenstandards basiert, liefern die angewendeten Algorithmen alle konventionellen Kennzahlen, die erforderlich sind, um die Leistung des KI-Modells zu bewerten. Diese Metriken werden in der Regel standardmäßig während Trainings-, Validierungs- oder Scoring-Läufen generiert und in der Ausgabe berücksichtigt. Sie können direkt angezeigt oder zur späteren Verwendung oder zum Vergleich gespeichert werden. Wie bereits erwähnt, verfügen die meisten Algorithmen über integrierte Funktionen für die automatische Auswertung von Modellen und die Bestimmung von Parametern sowie über das Vergleichen verschiedener Modelle. Die APL-Bibliothek enthält zudem zwei exklusive Metriken für die Modellperformance, prognostische Trennschärfe und Prognosekonfidenz, die den Benutzern ein intuitiveres Verständnis der Modellleistung bieten sollen. Über die Clients für Python und R können auf alle generierten Metriken zugegriffen werden. Die Auswertung der Modellperformance kann bei SAP Data Intelligence basierend auf den Metriken erfolgen, die im R- oder Python-Modell während der Entwicklung angegeben wurden. Eine Vielzahl von Kennzahlen kann eingerichtet und gesammelt werden, da SAP AI Core den gesamten Lebenszyklus von Modellen unterstützt. Die KI-Entwickler haben die Freiheit, die am besten geeigneten Metriken für jeden Anwendungsfall auszuwählen, einschließlich Fehlerrate, oder Konfusionsmatrix. Die Überwachung der Metriken ist Bestandteil der KI-API, mit der die Metriken über GET-, PATCH- oder DELETE-Anfragen verarbeitet werden können. Diese Metriken und Parameter können dann entweder über eine Drittanbieter-Benutzungsoberfläche oder über das SAP AI Launchpad ausgewertet werden. SAP AI Core konzentriert sich auf die Produktisierung von KI-Anwendungen, sodass die Data Science Experimentierphase nicht das Hauptanliegen ist. SAP Analytics Cloud stellt einfache Auswertungsmetriken in Prognoseszenarios bereit, um die Effektivität von Prognosemodellen (z. B. prognostische Trennschärfe, Prognosekonfidenz, RMSE, erwarteter MAPE) zu bewerten, die speziell für Anwendungsbenutzer entwickelt wurden. Weiterhin erleichtern Storys die dynamische Auswertung von Modellen. Die Analyse- und Visualisierungsfunktionen von SAP Analytics Cloud vereinfachen den Vergleich von Prognosen und Ergebnissen.

Grundsätzlich lässt sich sagen, dass SAP HANA zwar ein Standard-Toolkit für die Modellauswertung und einige automatisierte Funktionen zur Unterstützung bereitstellt, die Erstellung komplexer Modelle aber dennoch ein tiefes Data-Science-Wissen erfordert. SAP AI Core mit seinem starken Fokus auf das Lebenszyklusmanagement kann verschiedene Kennzahlen sammeln, insbesondere wenn es in die KI-API integriert ist. APIs ermöglichen eine programmatische Interaktion, um Kennzahlen abzurufen, die von SAP AI Core überwacht werden. Für Szenarien, die eine Benutzungsoberfläche für die Überwachung der Kennzahlen benötigen, ist das SAP AI Launchpad eine geeignete Lösung. SAP Analytics Cloud bietet sowohl eine benutzerorientierte Modellauswertung als auch eine Ad-hoc-Modellauswertung mithilfe von Storys.

4.5 Implementierung

4.5.1 SAP HANA

Die Implementierung von KI-Szenarien in SAP HANA konzentriert sich primär auf Objekte, die SQL-Code enthalten. Dies liegt daran, dass SQL und SQLScript als native Schnittstellen zur eingebetteten Künstlichen Intelligenz in SAP HANA fungieren. Ein einfacher Ansatz besteht darin, SQLScript Coding für manuelle Ausführungen vorzubereiten. Idealerweise sollten diese Skripte jedoch in zentralen Objekten gespeichert werden, die automatisiert für den produktiven Einsatz bereitstehen, wie zum Beispiel SAP HANA Stored Procedures, die je nach Bedarf automatisch ausgeführt werden. Tabellenfunktionen können auch Aufrufe zu KI-Algorithmen enthalten und in Calculation Views integriert werden, um virtuelle Datenmodelle wie Echtzeitvorhersagen bei jeder Abfrage einer Calculation View zu erstellen. Anwendungen des Cloud Application Programming (CAP) unterstützen die Einbettung ihrer SQLScript-Objekte in native SAP-HANA-Artefakte. Folglich können alle Prozesse oder Workflows, die auf diesen Anwendungen basieren, die Bereitstellungstechniken nutzen und Funktionen der Künstlichen Intelligenz einbinden. Bei der Verwendung von Clients für Python und R gibt es zahlreiche Optionen. Die auf diese Weise erstellten Skripte werden in entsprechende SQL-Anweisungen konvertiert und jedes Mal ausgeführt, wenn ein Python- oder R-Skript läuft. Dies ermöglicht die Integration von Python- oder R-Code. Der Python-Client unterstützt diese Funktion und ermöglicht die einfache Integration von Trainings- und Inferenz-Artefakten in Anwendungsprojekte. Ein kritischer Aspekt der Implementierung ist die Integration der KI-Modelle in die betriebswirtschaftlichen Anwendungen. Datenbasierte Erkenntnisse sind am wertvollsten, wenn sie eng mit relevanten Geschäftsprozessen und Anwendungen integriert sind. ABAP Managed Database Procedures (AMDPs) spielen hierbei eine zentrale Rolle, da es sich um ABAP-Klassen handelt, die SQLScript-Code in ABAP-Standardobjekten und Syntax kapseln. Sie stehen allen ABAP-basierten Anwendungen zur Verfügung und stellen eine Verbindung zwischen der Applikation und SAP HANA her. Die Entwicklungsobjekte können für den Transport und die Bereitstellung von SAP HANA und der KI-Anwendung verwendet werden. Es ist wichtig, die entsprechenden KI-Modelle zusammen mit den SQL-basierten Laufzeitobjekten zu implementieren. Diese Modelle werden in gemeinsamen Tabellen für eingebettete Künstliche Intelligenz in SAP HANA gespeichert. Auf diese Modelltabellen kann mit beliebigen Datenmanagement-Tools zugegriffen werden. Sie können auch mithilfe der Remote-Zugriffsfunktionen von SAP HANA aus anderen Systemen abgefragt werden. Die APL-Bibliothek bietet mit dem Export von trainierten Modellen in JavaScript eine Option für die Bereitstellung an. Damit werden Systemlandschaften und Architekturen unterstützt, die überall implementiert werden können, wo eine JavaScript-Engine vorhanden ist. In SAP HANA können alle standardmäßigen operativen Werkzeuge wie Monitoring, Auditing, Integration mit Git-Repositories von der KI-Anwendung verwendet werden. Die zugewiesenen Ressourcen können nach Bedarf begrenzt werden. Für eine optimale Performance kann SAP HANA so konfiguriert werden, dass bestimmte KI-Modelle im Hauptspeicher gehalten werden, um eine hohe Verfügbarkeit zu gewährleisten. Ein spezielles Modellspeicher- und -verwaltungssystem, das für die Python-API eingeführt wurde, unterstützt die Versionierung von Modellen.

Zusammenfassend lässt sich sagen, dass SAP HANA Flexibilität bei der Implementierung bietet und verschiedene Anwendungsfälle und Architekturen berücksichtigt. Es wird empfohlen, vorhandene Kenntnisse zum IT-Betrieb in der relevanten Umgebung, z. B. Python- oder ABAP-Anwendungskenntnisse, über native SAP HANA Entwicklungsmethoden zu nutzen. SAP HANA legt keinen großen Wert auf die Operationalisierung von Modellen, sodass mehr kundenspezifische Implementierungen erforderlich sind.

4.5.2 SAP Data Intelligence

Die Bereitstellung von KI-Modellen kann in SAP Data Intelligence durch die Erstellung eines benutzerdefinierten Operators vereinfacht und wiederverwendbar gemacht werden. Dieser Operator kapselt den R- oder Python-Code in einem wiederverwendbaren Teil, der als Bestandteil jeder Pipeline eingesetzt werden kann. Alle Operatoren und Pipelines sind wiederverwendbar und können von Benutzern mit den entsprechenden Zugriffsrechten kopiert und bearbeitet werden. Die Architektur von SAP Data Intelligence basiert auf Containern, wobei jeder Operator in seinem eigenen Docker-Container läuft. Dies ermöglicht eine bedarfsgerechte Skalierung der Ressourcen für jeden Operator. Tatsächlich kann die gesamte Lösung automatisch hoch- oder herunterskaliert werden, basierend auf der Ressourcenauslastung, die jede Pipeline benötigt, und der vom Administrator festgelegten Definition der minimal und maximal verfügbaren Ressourcen. Die KI-Modelle werden als Teil einer Pipeline eingesetzt, und SAP Data Intelligence verfügt über die Fähigkeit, eine Verbindung zu mehreren Datenquellen und Datenzielen herzustellen. Dadurch kann die Bereitstellung von Daten für das Modell zum Scoring und dann die Weiterleitung der Scoring-Ergebnisse gehandhabt werden. SAP Data Intelligence wird für Szenarien empfohlen, bei denen die Operationalisierung von KI-Anwendungen mehrere unterschiedliche Datenquellen erfordert, die konsolidiert und orchestriert werden müssen, um sie an SAP HANA, einen R-Server oder direkt in eine Python-Umgebung (die im SAP-Data-Intelligence-Cluster läuft) zu übertragen. Auch die Orchestrierung von Daten zu externen KI-Umgebungen ist möglich.

Grundsätzlich lässt sich sagen, dass SAP Data Intelligence geeignet ist, um Modelle effizient zu deployen und zu verwalten. Durch die Verwendung von benutzerdefinierten Operatoren und Pipelines können Modelle wiederverwendbar und skalierbar gemacht werden. Die Plattform ermöglicht die Verbindung mit verschiedenen Datenquellen und -zielen und bietet somit eine ganzheitliche Lösung für die Bereitstellung und Orchestrierung von Daten in KI-Umgebungen.

4.5.3 SAP AI Core

Grundsätzlich ist es für jede produktiv laufende KI-Anwendung empfehlenswert, den Quellcode in einem zentral verwalteten Git-Repository zu pflegen. Dieses Repository ermöglicht den Zugriff, die automatische Synchronisierung, um den neuesten Code abzurufen, und erlaubt den gesamten Bereitstellungsprozess zu automatisieren. SAP AI Core ist hierbei flexibel, da es Optionen für die Konfigurations- und Inhaltsverwaltung nach GitOps-Prinzipien bereitstellt. Das Git-Repository dient als *Single Source of Truth* für alle Systemkonfigurationen und KI-Anwendungen. Dadurch profitieren die Benutzer von den Vorteilen eines Git-Workflows, wie der Verwaltung von Inhalten, der Nachverfolgung von Konfigurationsänderungen, der Überprüfung und Genehmigung von Änderungen und schließlich der Verfügbarkeit einer Git-Historie als überprüfbares Änderungsprotokoll. Durch die Integration in eine Docker-Registry wird die Zuverlässigkeit der produktiv laufenden KI-Anwendungen sichergestellt, indem nur bewährte Docker-Images verwendet werden. Die Multi-Tenancy-Fähigkeit ermöglicht es, frei zu wählen, ob die Anwendungen, Kunden oder Fachbereiche isoliert werden, damit die Daten, KI-Modelle und Bereitstellungen sich nicht gegenseitig beeinflussen und eine höhere Sicherheit auf Unternehmensebene bieten. Mit Auto-Skalierung, Scale-to-Zero, Multi-Modell-Serving und GPU-Unterstützung wird nicht nur die Skalierbarkeit der KI-Anwendung sichergestellt, sondern auch eine bessere Kontrolle über die damit verbundenen Kosten erzielt. Ein wichtiger Aspekt der Bereitstellung ist die zentral definierte KI-API, die für Entwickler einfach zu handhaben ist. Der Entwickler muss keine Details kennen und kann sich darauf verlassen, dass der KI-Ingenieur die neuesten Aktualisierungen über die KI-API bereitstellt. Dies vereinfacht und beschleunigt den gesamten Bereitstellungsprozess mit geringerem Wartungsaufwand. Anwendungsfälle können über das SAP AI Launchpad verwaltet und betrieben werden, was die Anpassung von Workflows und Artefakten, die Versionsverfolgung und andere Überwachungsaspekte ermöglicht. Es gibt verschiedene Möglichkeiten, Anwendungsfälle auszuführen. Dazu gehören programmatische Trainingsläufe, bei denen die Modelle mit Daten trainiert werden, die Bereitstellung von Modellen, sowie das Abrufen von Protokollen, um die Leistung und mögliche Fehler zu überwachen. Obwohl diese Aufgaben programmatisch durchgeführt werden können, empfiehlt es sich, hierfür eine Benutzungsoberfläche wie das SAP AI Launchpad zu verwenden. Dieses erleichtert die Durchführung operativer und administrativer Aufgaben erheblich. Ein zentraler Aspekt beim Betrieb von KI-Anwendungsfällen ist die Gewährleistung der Modellkonsistenz bei gleichzeitiger Aktualisierung des Anwendungsfalls. Ziel ist es, im Laufe der Zeit präzise Ergebnisse zu liefern und dabei Ausfallzeiten zu minimieren. Um dies zu erreichen, wird beim Aktualisieren einer laufenden Bereitstellung (Deployment) mit einer neuen Konfiguration die Deployment-URL beibehalten. Dadurch können Geschäftsanwendungen kontinuierlich auf die Anwendungsfälle zugreifen, ohne dass URLs ständig ausgetauscht werden müssen. Dieser Ansatz stellt sicher, dass die aufrufende Geschäftsanwendung jederzeit betriebsbereit bleibt. Ein weiterer Vorteil dieses Vorgehens ist die Möglichkeit, schnell auf Fehler zu reagieren. Sollte ein Deployment aufgrund einer fehlerhaften Konfiguration scheitern, wird die letzte bekannte funktionierende Konfiguration gespeichert. Dadurch kann der Anwendungsfall im Falle eines Fehlers schnell wiederhergestellt werden, ohne dass es zu längeren Ausfallzeiten kommt.

Resümierend lässt sich sagen, dass SAP AI Core eine skalierbare Umgebung für die Produktion und den Einsatz von KI-Anwendung bietet. Entwickler können sich auf die Implementierung von KI-Anwendungen und müssen sich nicht auf den Betrieb von

Kubernetes-Clustern konzentrieren. Es wird empfohlen, SAP AI Core zu verwenden, um verschiedene Anwendungsfälle der Künstlichen Intelligenz zu verwalten und sie über das SAP AI Launchpad zu überwachen.

4.5.4 SAP Analytics Cloud

In SAP Analytics Cloud werden Prognosemodelle und -szenarios entwickelt und gespeichert. Endbenutzer greifen üblicherweise über Storys auf diese Prognosen zu, nachdem sie in Daten- oder Planungsmodellen angelegt wurden. Darüber hinaus ermöglichen die Tabellenexportfunktionen von SAP Analytics Cloud die Verteilung von Prognosen und Vorhersagen als flache Dateien. Die Datenexportfunktionen von SAP Analytics Cloud erlauben auch das Zurückschreiben von Prognosen in Quellsystemen, die mithilfe von Zeitreihenprognosen in Planungsmodellen erstellt wurden. Alle Prognosemodelle werden in SAP Analytics Cloud entworfen, implementiert und betrieben, sodass das gesamte Lebenszyklusmanagement des Modells abgedeckt wird. Modelle für Klassifikations- und Regressionsprognosen müssen manuell aktualisiert werden, nachdem sie mit neuen Daten trainiert wurden. Das erneute Training von Zeitreihen-Prognosemodellen, die auf Planungsmodellen basieren, wird jedoch unterstützt, sodass die Bereitstellung von Prognosen automatisiert werden kann.

Resümierend lässt sich sagen, dass von den Prognosefunktionen von SAP Analytics Cloud generierte Prognosen hauptsächlich über SAP Analytics Cloud Storys verwendet werden. Prognosen können mithilfe von Datenexportfunktionen an Quellsysteme zurückgeschrieben werden. Während die Aktualisierung von Zeitreihenprognosemodellen in SAP Analytics Cloud automatisiert werden kann, erfordern Modelle für Regression und Klassifikation manuelle Aktualisierungen.

4.6 Fazit

In diesem Kapitel haben wir uns mit den KI-Technologien beschäftigt, die typischerweise in ERP-Systemen zu finden sind. Wir haben uns dabei auf SAP S/4HANA als konkretes Beispiel konzentriert. Wir haben die KI-Lösungen von SAP näher betrachtet, wie beispielsweise SAP HANA, SAP Data Intelligence, SAP AI Core und SAP Analytics Cloud. Diese Lösungen haben wir entlang der fünf Phasen des Data Science Prozesses analysiert: Datenvorbereitung, Modellierung, Evaluierung und Implementierung.

Nun wollen wir uns genauer mit SAP AI Business Services und SAP AI Launchpad befassen, die wir zuvor nur kurz angesprochen haben. Mit Hilfe von Algorithmen für Empfehlungen, Zuordnung, Klassifizierung und Dokumentenverarbeitung können eine Vielzahl von KI-Szenarien abgedeckt werden. Die SAP AI Business Services stellen wiederverwendbare KI-Funktionen bereit, die Geschäftsprozesse automatisieren und optimieren. Diese Services ermöglichen es, Künstliche Intelligenz einfach im gesamten Unternehmen zu nutzen, da sie generische Services und Anwendungen für die zuvor genannten KI-Szenarien anbieten. Durch die Bereitstellung generischer KI-Fähigkeiten, die mithilfe REST-APIs oder der KI-API auf verschiedene Geschäftsprozesse angewendet werden können, können Kunden diese Services nutzen, ohne selbst Data-Science-Experten sein zu müssen. Die modulare, API-basierte Architektur ermöglicht eine einfache Integration in verschiedene Prozesse und Lösungen. Es stehen APIs für Training und Inferenz zur Verfügung, und SAP bietet Bereitstellung, Überwachung, laufenden Betrieb und Support für diese Services an. Einige Services ermöglichen auch die Erstellung benutzerdefinierter Modelle unter Verwendung von proprietären Daten, zusätzlich zu vorgefertigten Modellen, die für bestimmte Anwendungsfälle optimiert sind (z. B. das Extrahieren strukturierter Daten aus Rechnungen). SAP AI Launchpad ist eine Multi-Tenant Anwendung, mit der KI-Szenarien über verschiedene KI-Laufzeitinstanzen hinweg verwaltet und ausgeführt werden können. Diese Anwendung dient als zentraler Zugriffspunkt auf alle KI-Inhalte in der SAP-Landschaft. SAP AI Launchpad erhöht die Transparenz und ermöglicht die Wiederverwendung von Inhalten über verschiedene Landschaften und KI-Laufzeiten hinweg. Die Lösung organisiert, erforscht und entdeckt KI-Inhalte, indem alle relevanten Informationen an einem zentralen Ort gespeichert werden. SAP AI Launchpad hilft den Benutzern, die von den unterstützten KI-Laufzeiten generierten Metadaten anzuzeigen und zu untersuchen. Die standardisierte KI-API erleichtert die Integration zwischen SAP AI Launchpad und den unterstützten KI-Laufzeiten. Die Anwendung bietet einen umfassenden Überblick über alle Kennzahlen und Artefakte, die über die integrierten KI-Laufzeiten verfügbar sind, und unterstützt so das Lebenszyklusmanagement und den Betrieb von KI-Prozessen. Das Hauptaugenmerk liegt dabei auf der Unterstützung des Lebenszyklusmanagements und des Betriebs von KI-Prozessen. Mit dieser Funktion können wichtige Produktions-Kennzahlen analysiert und bewertet werden, um die Leistung und Effizienz der KI-Systeme zu überwachen und zu optimieren. Kunden haben zudem die Möglichkeit, Modelle direkt über das SAP AI Launchpad einzusetzen. Dies geschieht, indem sie entweder bereits trainierte Modelle der unterstützten KI-Laufzeitumgebungen in Produkten verwenden oder neue Trainingsläufe anstoßen, um zusätzliche Modelle zu trainieren. Dabei spielen auch die Updates der aktuellen Produktionslandschaft eine entscheidende Rolle, um sicherzustellen, dass die KI-Systeme stets auf dem neuesten Stand sind und optimal funktionieren. Ein weiterer wichtiger Aspekt ist die Verwaltung administrativer Aufgaben für die SAP AI Core durch den Systemadministrator. Dazu gehört beispielsweise die Verwaltung der erforderlichen Authentifizierungen in den KI-Workflows, um die Sicherheit und den Schutz sensibler Daten zu gewährleisten.

Geschäftsanforderungen und Anwendungsmuster

5

In diesem Kapitel werden die Herausforderungen bei der Anwendung von Künstlicher Intelligenz im Kontext von ERP-Systemen beleuchtet. Die Identifizierung und Lösung dieser Herausforderungen stellt einen wichtigen Mehrwert dieses Buchs dar. Künstliche Intelligenz muss tief in Geschäftsprozesse und Benutzeroberflächen der zugrunde liegenden ERP-Systeme integriert werden, um den Anwendern Vorteile zu bieten. Typische ERP-Benutzer sind Geschäftsexperten mit fast keinen Kenntnissen über Data Science oder statistische Techniken. ERP-Software muss auf Unternehmensebene einsatzbereit sein, das heißt, sie muss zum Beispiel gesetzeskonform, erweiterbar oder konfigurierbar sein. Diese Anforderung ist jedoch für Künstliche Intelligenz noch nicht vollständig gelöst und wird in diesem Buch thematisiert. Im Rahmen unserer Untersuchungen zu Implementierungsprojekten haben wir verschiedene Muster der Künstlichen Intelligenz im Kontext von ERP-Software identifiziert. Die Ermittlung der relevanten ERP-Anwendungsmuster für Künstliche Intelligenz ist ebenfalls eine neue Erkenntnis und essenziell, um die entsprechende Lösungsarchitektur voranzutreiben.

5.1 KI-Anforderungen von ERP

Fortgeschrittene Hardwarearchitekturen, moderne Algorithmen und der Zugang zu großen Datenmengen fördern den Einsatz von maschinellem Lernen, um Intelligenz in Backoffice-Abläufe zu integrieren und intelligente ERP-Systeme bereitzustellen. ERP-Systeme, die auf In-Memory-Datenbanken basieren, beschleunigen die Verarbeitung, kombinieren Analyse- und Transaktionsdaten und fördern Innovationen durch die Integration von Funktionen der Künstliche Intelligenz. Dadurch lässt sich Künstliche Intelligenz nahtlos in ERP-Systeme einbinden, sodass Unternehmen ihre Geschäftsabläufe optimieren, die Mitarbeiterzufriedenheit erhöhen und den Kundenservice verbessern können.

Dialogorientierte Künstliche Intelligenz (Conversational AI) bietet eine benutzerfreundliche Oberfläche in natürlicher Sprache für ERP-Lösungen, die die Interaktionen der Benutzer mit dem System revolutioniert, indem Anwendungen auf Sprachbasis ermöglicht werden. Die Integration von Künstlicher Intelligenz in ERP-Lösungen ist jedoch aufgrund der Komplexität dieser Systeme ein anspruchsvolles Unterfangen. SAP S/4HANA beispielsweise besteht aus 143.000 Tabellen und über 250 Mio. Codezeilen, die Tausende von Geschäftsprozessen in 25 Branchen und 64 Lokalisierungen unterstützen. Zu Beginn unserer Forschung gingen wir davon aus, dass die Identifizierung des optimalen Algorithmus für Künstliche Intelligenz die größte Herausforderung darstellt. Mit der Zeit haben wir jedoch erkannt, dass dies im Zusammenhang mit ERP-Software nicht die einzige Schwierigkeit ist. Zwei Hauptprobleme müssen gelöst werden:

1. Wie können wir Künstliche Intelligenz systematisch in Geschäftsprozesse integrieren, damit sie einfach zu nutzen ist?
2. Wie können wir sicherstellen, dass Künstliche Intelligenz die Qualitäten sicherstellt, die für den Unternehmenseinsatz notwendig sind?

Um von den Kunden erfolgreich genutzt zu werden, müssen ERP-Systeme zahlreiche Produktqualitäten garantieren. Die Sicherstellung dieser Produktqualitäten wird als Unternehmenstauglichkeit (Enterprise-Readiness) bezeichnet. Diese Produktqualitäten müssen auch für die Funktionalität der Künstlichen Intelligenz gewährleistet werden. Abb. 5.1 skizziert die wichtigsten Produktqualitäten, die sich auf die Lösungsarchitektur für die Integration von Künstlicher Intelligenz in ERP-Systeme auswirken. Während sich herkömmliche Anwendungen der Künstlichen Intelligenz hauptsächlich auf die Auswahl des besten

Abb. 5.1 Zu sichernde ERP-Qualitäten für Künstliche Intelligenz

Algorithmus und Modells konzentrieren, müssen im Kontext von Geschäftsapplikationen zusätzlich auch diese Produktqualitäten berücksichtigt werden. Unsere Erfahrung mit zahlreichen ERP-Anwendungen für Künstliche Intelligenz hat gezeigt, dass etwa 20 % des Aufwands dem Bereich Data Science zuzuordnen sind, während 80 % der Arbeit mit der Implementierung der ERP-Produktqualitäten verbunden ist. Das Erkennen dieses signifikanten Unterschieds, die daraus resultierenden Anforderungen abzuleiten, sie konzeptionell zu lösen und eine technische Umsetzung vorzuschlagen, ist der Mehrwert, den dieses Buch bietet.

5.1.1 Sicherheit

Die Einhaltung gesetzlicher Vorschriften, wie Governance, Sicherheitsstandards, Verstöße gegen Vorschriften, Datensicherheit und Datenschutz, ist für ERP-Software unerlässlich. Kunden sollten Zugriff auf geprüfte Berichte, Zertifizierungen und Bescheinigungen haben. Globale Standards von Organisationen wie ISO oder der Cloud Security Alliance gelten für fast alle ERP-Kunden. Darüber hinaus existieren regional- oder nationalspezifische Vorschriften und Standards sowie branchenspezifische Regeln. Die Kostenvorteile für Cloud-Dienstleister entstehen durch ihre Fähigkeit, mehrere Kunden über gemeinsam genutzte Ressourcen hinweg zu skalieren. Allerdings kann die Einhaltung von Vorschriften schwierig sein, da diese oft Verschlüsselung, Auditing und Datentrennung erfordern, was die Hardwareanforderungen erhöht und die gemeinsame Nutzung von Ressourcen einschränkt. Cloud-Compliance erfordert eine enge Zusammenarbeit zwischen dem Kunden, der die Daten besitzt und die rechtlichen Verantwortlichkeiten für die Datenverarbeitung trägt, und dem Cloud-Anbieter, der die Daten verarbeitet und ebenfalls die Vorschriften einhalten muss. Ein Beispiel für die Implikation der Gesetzeskonformität auf die Implementierung von Künstliche Intelligenz ist, dass Trainings- und Inferenzprozesse die Datenschutz-Grundverordnung (DSGVO) berücksichtigen und Anwendungsdaten ohne verfügbare Zustimmung ausschließen müssen. Ein weiteres Beispiel ist, dass die Inferenzergebnisse Endbenutzern erklärt und für rechtliche Prüfungen aufgezeichnet werden müssen. Webserver stellen eine Verbindung zwischen dem Netzwerk und der Außenwelt her. Das Niveau der Websicherheit hängt von der Serverwartung, den Aktualisierungen von Webanwendungen und der Website-Kodierung ab. Daher müssen modernste Web-Sicherheitsstandards für ERP-Anwendungen implementiert werden, zum Beispiel Schutz vor XSS, CSRF, SQL-Injection, URL-Manipulation, gefälschte Anfragen und Formulare, Cookie-Sichtbarkeit und -Diebstahl, Session-Hijacking, Remote-Systemausführung, Datei-Upload-Missbrauch, Denial-of-Service, Phishing und Malware. Außerdem ist ein regelmäßiges Sicherheitspatching erforderlich. Im Kontext der Künstlichen Intelligenz müssen hochgeladene Dateien, die Trainingsdaten enthalten, vor der Verarbeitung auf Schwachstellen überprüft werden. Jede Komponente muss die Möglichkeit garantieren, Online-Sicherungen für alle Geschäftsanwendungsdaten durchzuführen, das heißt, Sicherungen können durchgeführt werden, ohne die Komponente herunterzufahren. Um die

Wahrscheinlichkeit von Datenverlusten zu verringern, ist es für Kunden unerlässlich, ihre Geschäftsdaten regelmäßig zu sichern. Im Rahmen der Künstlichen Intelligenz sollen beispielsweise trainierte Modelle, die in der ERP-Datenbank abgelegt sind, häufig gesichert werden. Disaster Recovery bezieht sich auf die Fähigkeit, Daten nach einem Verlust abzurufen. Die Wiederherstellung aus Sicherungen sollte über verteilte Landschaften und Rechenzentren hinweg möglich sein, was eine spezielle Behandlung replizierter Daten auf Anwendungsseite umfasst, zum Beispiel die Aufrechterhaltung der Datenkonsistenz. Der Sicherungs- und Wiederherstellungsprozess sollte Verfügbarkeit während der Datenwiederherstellung nicht beeinträchtigen. Wenn eine Komponente innerhalb eines Szenarios abstürzt, sollte es möglich sein, das gesamte Szenario wieder in einen konsistenten Zustand zu versetzen. Dies erfordert, dass das Backupkonzept Informationen über Datenabhängigkeiten zwischen Komponenten und die Schritte enthält, die erforderlich sind, um einen konsistenten Zustand für das gesamte Szenario zu erreichen. Während der Wiederherstellungsprozeduren müssen trainierte Modelle beispielsweise in Echtzeit in die Service-Laufzeit zurückgeladen werden. Sowohl der Konsument als auch der Anbieter sollten Sicherheits- und Datenschutzrisiken für alle Services identifizieren und transparent verwalten, um so einen sicheren Service-Lebenszyklus zu gewährleisten, der Kunden schützt und Haftungsrisiken vermeidet. Sie sollten zudem eine gemeinsame organisatorische Schnittstelle, einschließlich Service Level Agreements (SLAs), vereinbaren und implementieren, um potenzielle oder tatsächliche Informationssicherheitsvorfälle zu besprechen und zu lösen. Die Haftung des Anbieters bleibt ein kritischer Aspekt bei der kontinuierlichen Integration von Künstlicher Intelligenz in alle Geschäftsbereiche. Wenn ein Unternehmen erwägt, seine Daten und die Verarbeitung für Zwecke der Künstlichen Intelligenz in die Cloud zu verlagern, sind zwei Faktoren von entscheidender Bedeutung: die damit verbundenen Risiken und die zu erzielenden Vorteile. Es ist notwendig, das richtige Gleichgewicht zwischen der Vergabe von Rechten und Verbindlichkeiten zwischen den Parteien und der Diversifizierung der Risiken durch Versicherungen zu finden. Außerdem müssen neue Strategien zum Schutz der Rechte des geistigen Eigentums im digitalen Bereich sowie die entsprechenden Verpflichtungen der Anbieter entwickelt werden.

5.1.2 Datenisolierung

Das Konzept des Dateneigentums bezieht sich auf die Kundendaten, die ausschließlich dem Kunden gehören. Diese Daten müssen klar von den Daten anderer Kunden abgegrenzt sein, ein Konzept, das als Datenisolierung bekannt ist. Es sollten Techniken implementiert werden, um sicherzustellen, dass für jeden Tenant-Service eine Daten- und Netzwerkisolierung gewährleistet ist. Um die Gesamtbetriebskosten (Total Cost of Ownership (TCO)) zu senken, insbesondere im Bereich des Cloud Computing, sollten Netzwerkressourcen und gemeinsame Daten in Bezug auf Systembereitstellung und Datenbanken minimiert werden. Diese Konsolidierung von Daten und Ressourcen birgt jedoch neue Risiken, wie die gemeinsame Nutzung von Infrastruktur mit potenziell nicht vertrauenswürdigen Tenants. Um diesen Risiken zu begegnen, müssen Anbieter von Cloud-Infrastrukturen oder SaaS (Software-as-a-Service) zuverlässige Garantien für die Datenisolierung bieten. Unabhängig von der gewählten Lösung sollten Kunden immer das alleinige Eigentum an ihren Daten behalten. Diese Anforderungen gelten auch für die Künstliche Intelligenz, bei der die Trainingsdaten verschiedener Kunden klar voneinander getrennt werden müssen. Der Datenspeicherort bezieht sich auf den physischen oder geografischen Standort der Daten oder Informationen einer Organisation. Dies steht in engem Zusammenhang mit der Datenhoheit, welche die gesetzlichen oder behördlichen Anforderungen an Daten umfasst, die in einem bestimmten Land oder einer bestimmten Region gespeichert sind. Beispielsweise schreibt das Energy Technology Development and Demonstration Program (EUDP) vor, dass Cloud-Systeme und -Services für europäische Kunden von einem Team mit Sitz in der EU verwaltet werden. Weiterhin muss auf Anfrage vollständige Transparenz in Bezug auf Rechenzentren und Speicherorte bereitgestellt werden. Cloud Computing ermöglicht es Unternehmen, Künstliche Intelligenz über das Internet anzubieten, was Bedenken hinsichtlich des Speicherorts von Daten aufwerfen kann. Cloud-Benutzer sind oft nicht über den physischen Standort ihrer Daten informiert, da Anbieter Daten in mehreren globalen Rechenzentren speichern. Folglich müssen Benutzer des Service für Künstliche Intelligenz die Standorte ihres Cloud-Anbieters kennen und sich der verschiedenen Datenspeicherortrichtlinien bewusst sein. Tenant-Flexibilität bezieht sich auf Reorganisationen, die zu einer Konsolidierung oder Aufteilung von IT-Systemen führen und zu einer Verlagerung, Aufteilung oder Zusammenführung von Anwendungsdaten von Services der Künstliche Intelligenz führen können. Unterstützung beim Verschieben eines Tenants von einem Rechenzentrum in ein anderes ist ebenfalls erforderlich. Tochtergesellschaften oder Unterunternehmen sind oft die ersten, die Cloud Computing in einem zweistufigen Modell einführen. Wenn ein Unternehmen expandiert, sind Veränderungen wie Reorganisationen, Übernahmen oder Fusionen unausweichlich. Die Verlagerung rechtlicher Geschäftseinheiten in verschiedene geografische Bereiche erfordert Flexibilität bei der Übertragung von Daten und Services für Künstliche Intelligenz, einschließlich implementierter KI-Modelle, zwischen Rechenzentren. Die Funktionstrennung ist eine interne Kontrolle, die sicherstellt, dass mindestens zwei Personen für einzelne Teile einer Aufgabe verantwortlich sind, um Fehler und Betrug zu verhindern. Sensible Daten müssen gemäß den Benutzerrollen und Verantwortlichkeiten verwaltet werden, welche unterschiedliche Berechtigungen erfordern. Anwendungen mit übermäßigen Berechtigungen können von Angreifern ausgenutzt werden, um unberechtigten Zugriff auf Daten und Systemressourcen zu erhalten. Die Einhaltung minimaler Berechtigungsregeln bietet nicht nur einen tiefgreifenden Schutz, sondern hilft auch bei der Datenklassifizierung und Zugriffsdefinition. Kein einzelner Benutzer sollte die Befugnis haben, zwei entgegengesetzte Aufgaben auszuführen. Diese Anforderung wird noch kritischer, wenn bestimmte administrative Aufgaben an Dritte delegiert werden, sei es durch Outsourcing oder durch den Einsatz externer Ressourcen. Im Kontext von Anwendungen der Künstlichen Intelligenz müssen Aufgaben wie das Anpassen von Modell-Hyperparametern und das Verwenden von Inferenzergebnissen von separaten Benutzern mit unterschiedlichen Berechtigungen ausgeführt werden. Die Stilllegung bezieht sich auf den automatisierten formalen Prozess der Entfernung oder Deaktivierung eines aktiven Services. Ein Konzept zur Datenrückgabe und ein Self-Service-Szenario sollten verfügbar sein. Nach Vertragsende oder Tenant-Wechsel muss die Möglichkeit bestehen, die Daten zurückzugeben und zu vernichten, was in der Regel eine gesetzliche Anforderung ist. Kunden müssen den Export ihrer Daten in einem geeigneten Format anfordern können, z. B. csv oder einem anderen Standardformat. Anwendungsdaten für Modelltraining und Batch-Inferenz unterliegen dieser Verpflichtung und müssen für Anwendungen der Künstlichen Intelligenz adressiert werden.

5.1.3 Flexibilität

Die Festlegung des Lösungsumfangs umfasst die sorgfältige Auswahl der erforderlichen Szenarien, Geschäftsprozesse und Funktionen durch Kunden in einer kontrollierten Umgebung. ERP-Systeme verfügen über einen großen Funktionsumfangs, was neue Herausforderungen bei der Identifikation und Implementierung mit sich bringt. Um diese Herausforderungen zu bewältigen, werden ausgeklügelte Techniken eingesetzt, um Kunden bei der Auswahl der richtigen Services zu unterstützen. In einem verbrauchsbasierten Geschäftsmodell ist es wichtig, nur die angeforderten Services zu aktivieren. Die Konfiguration umfasst Anpassungsoptionen, Branding-Tools und Designwerkzeuge. Viele Unternehmen haben ähnliche Geschäftsprozesse, aber trotz dieser Gemeinsamkeiten müssen lokale Variationen berücksichtigt und an die Kundenanforderungen angepasst werden. Es müssen Lösungen bereitgestellt werden, die die individuelle Konfiguration intelligenter Anwendungen unter Beibehaltung gemeinsamer Funktionen ermöglichen. Zum Beispiel sollte eine Finanzgeschäftsanwendung, die Künstliche Intelligenz für automatisierte Abstimmungen nutzt, das Training mehrerer Modelle unterstützen, die auf verschiedenen regionalen Konfigurationen basieren. Personalisierung bezieht sich auf die Möglichkeit, lokale Einstellungen und Benutzereinstellungen zu verwalten. Da die Benutzer einer Vielzahl von Anwendungen ausgesetzt sind, können ihre Erwartungen steigen. Personalisierung ist in Geschäftsanwendungen ebenso wichtig wie in Web- oder mobilen Anwendungen. Der Grad der Erklärbarkeit für auf Künstliche Intelligenz basierende Lieferantenranglisten könnte beispielsweise vom Benutzer personalisiert werden, wobei seine bevorzugten Einstellungen beim nächsten Zugriff als Standardwert verwendet werden. Die Einführung der Benutzeroberfläche und das Branding umfassen die Anpassung von Benutzeroberflächen oder anderen vom ERP-Anbieter bereitgestellten Ressourcen. Branding verbindet Anwendungen mit bestimmten Farben oder Layouts, um die Benutzerinteraktion zu erleichtern. Die Funktionen für die Anpassung der Benutzeroberfläche und das Branding müssen auch für intelligente Geschäftsanwendungen verfügbar sein, mit zusätzlichen Anforderungen, wie z. B. spezifische Farbgebung für Schwellenwerte der Prognosegenauigkeit. Auf Best-Practice-Funktionen sollte zugegriffen werden können, um die Kundenanforderungen von Anfang bis Ende zu erfüllen. Vordefinierte Inhalte, Geschäftsprozesse und Standardcodelisten sollten zusammen mit branchen- und länderspezifischen Best Practices und vorkonfigurierter gesetzlicher Compliance bereitgestellt werden. Intelligente Geschäftsanwendungen sollten Standards und gesetzliche Anforderungen einhalten. Best Practices sind wertvoll, da Kunden den Aufwand für Standardprozesse der Geschäftsbereiche minimieren und sich auf Kernkompetenzen und differenzierende Aufgaben konzentrieren möchten. Generische Services für Künstliche Intelligenz, wie die Rechnungsextraktion aus PDF-Dokumenten, sind ein Beispiel für Best-Practice-Inhalte. Konfigurationsdaten müssen von Anwendungs- und Systemdaten getrennt bleiben, aber Code und Inhalt sollten ähnliche Prozesse und Infrastrukturen verwenden. Der Übergang von der initialen Aktivierungsunterstützung zu einem umfassenden Produktlebenszyklus, einschließlich Einführung, Wartung, Erweiterung, Upgrade und potenzieller Stilllegung, erfordert eine Neubewertung der grundlegenden Prinzipien der Konfigurationsbereitstellung. Eine nahtlose und reibungslose betriebswirtschaftliche Konfiguration für Entwicklung, Partnerentwicklung, Cloud-Betrieb und Kunden ist unerlässlich. Eine schnelle und unkomplizierte Einrichtung des Kundensystems ist nur durch hochwertige Inhalte und umfangreiche Automatisierung möglich.

5.1.4 Erweiterbarkeit

Die durchgängige Erweiterbarkeit hebt die Fähigkeit hervor, Standardservices und -prozesse über alle Schichten hinweg zu erweitern, von Tabellenerweiterungen bis hin zu UI-Felderweiterungen, sowie die Erweiterbarkeit zugehöriger APIs. Dies ermöglicht vertikale Erweiterungen von Prozessen oder Services. Partner, die Services erweitern, benötigen möglicherweise eine zusätzliche Erweiterungsschicht für ihre Kunden. Jede Erweiterung sollte autonom und vor Upgrades und Updates geschützt sein. In einem bereitgestellten Szenario mit Künstlicher Intelligenz erwarten Kunden beispielsweise eine Erweiterung der Datenquelle für Training und der entsprechenden Datentransformationen. Die Branchenvertikalisierung umfasst die Erweiterung der Kernfunktionen durch industriespezifische Lösungen, um den individuellen Anforderungen verschiedener Branchen gerecht zu werden, vom Gesundheitswesen bis hin zum Einzelhandel. Die Nachfrage nach maßgeschneiderten Lösungen, die auf bestimmte Branchen zugeschnitten sind, ist gestiegen und ersetzt Einheitssoftware durch modularere, vertikalisierte Ansätze. Unternehmen investieren nun in mehrere Branchenunternehmen und benötigen Unterstützung für die Branchenvertikalisierung in der Künstliche Intelligenz. Es wird ein Konzept der schichtbasierten Erweiterbarkeit benötigt, das die Erweiterung einer Anwendung für Künstliche Intelligenz zuerst durch Branchenlösungen, dann durch Partner und schließlich durch Kunden ohne gegenseitige Seiteneffekte ermöglicht. Die Integrationsqualität umfasst Ankerpunkte, Integrationsplattformen, sofort einsatzbereite Integration und Kommunikationsstrukturen. In der Vergangenheit lag die Daten- und Prozessintegration in der Verantwortung von IT-Experten, die verschiedene Systeme verbanden. Die Werkzeuge, die bei der Entwicklung von Integrationslösungen genutzt werden, sind typischerweise komplex und erfordern Kenntnisse in der Programmierung. Zudem haben diese Tools eine steile Lernkurve und können teuer in der Wartung sein. Moderne Geschäftsanwender verlangen jedoch eine sofort einsatzbereite Integration oder versuchen, ähnliche Aufgaben mithilfe von einfachen Integrationstools zu erledigen. Darüber hinaus müssen öffentliche APIs Robustheit in Bezug auf inkompatible Änderungen aufweisen. Da Anwendungen, die APIs nutzen, für Änderungen anfällig sind, müssen APIs einen Kontrakt erfüllen. Dieser Kontrakt gibt ein gewisses Maß an Sicherheit, dass sich die API im Laufe der Zeit kompatibel weiterentwickeln wird, um zu gewährleisten, dass die Anwendung, die auf sie aufbauen, weiterhin noch funktionieren. Solche Anforderungen gelten für APIs, die sich auf Künstliche Intelligenz beziehen, z. B. Inferenz-APIs oder Datenreplikations-APIs. Die Offenheit gegenüber Standards umfasst die Bereitstellung öffentlicher APIs, API-Verwaltung, offener Cloud-Entwicklungsumgebungen und Erweiterungsplattformen sowie die Unterstützung von gängigen Programmiersprachen wie Java und JavaScript. Kunden und Partner wünschen sich eine Erweiterungsinfrastruktur, die Integration, Portabilität, Interoperabilität und Innovation ermöglicht, sowie die Möglichkeit, Künstliche Intelligenz von verschiedenen Anbietern zu kombinieren. Um die Integration mit anderen Lösungen zu erleichtern, sollten intelligente Anwendungen öffentliche APIs über Standard-Webschnittstellen wie REST anbieten und eine umfassende Dokumentation bereitstellen. Eine separate Plattform ist erforderlich, um Services und Geschäftsprozesse der Künstlichen Intelligenz zu erweitern und gleichzeitig die Stabilität aufrechtzuerhalten und so Flexibilität und Innovationen zu ermöglichen. Eine Erweiterungsplattform ist für die Implementierung großer neuer Module unerlässlich, während die In-App-Erweiterbarkeit verwendet werden kann, um die Kernfunktionen zu erweitern. Die In-App-Erweiterbarkeit umfasst die Implementierung von Erweiterungen innerhalb der Kernanwendung über vordefinierte Erweiterungspunkte, wobei sowohl die Kernfunktionalität als auch die Erweiterung auf dem gleichen Server laufen und dieselbe Datenbankinstanz verwenden. Für Szenarien mit Künstlicher Intelligenz ist aufgrund der Skalierbarkeit von Trainings- und Inferenz-Lasten vom ERP-System zur Erweiterungsplattform notwendig.

5.1.5 Innovation

Kontinuierliche Innovationen erfordern die regelmäßige Einführung neuer Funktionen für Künstliche Intelligenz, kürzere Release-Zyklen, schnelle Umsetzung von Neuerungen und kürzere Vorlaufzeiten. Da technologische Fortschritte täglich voranschreiten, haben traditionelle IT-Prozesse Schwierigkeiten, mit dem Tempo mitzuhalten. Der Erfolg von Software-as-a-Service(SaaS)-Modellen zeigt, dass Benutzer schnelle Innovationen erwarten. Heutzutage wird die moderne Datenverarbeitung durch Geschäftsanforderungen bestimmt, die oft durch häufige Softwareanpassungen, teilweise sogar innerhalb eines Tages, erfüllt werden können. Das heutige Geschäftsumfeld verlangt jedoch nicht nur Geschwindigkeit; ebenso wichtig ist die Fähigkeit zur Innovation. Hierbei geht es darum, neue

Angebote für Künstliche Intelligenz zu entwickeln, deren potenzielle Marktakzeptanz zu bewerten und erfolgreiche Lösungen umzusetzen. Cloud Computing ist besser geeignet als traditionelle On-Premise-Ansätze, da Cloud-Services sofort verfügbar sind und neue Lösungen leicht getestet werden können. ERP-Anbieter können somit schneller Benutzerfeedback zu Anwendungen der Künstliche Intelligenz sammeln, anstatt Monate auf Markttests zu warten. Die Neuerfindung von Prozessen legt den Schwerpunkt auf die Verbesserung von Geschäftsprozessen durch neue Technologien oder durch eine komplette Neugestaltung der Prozessabläufe. Künstliche Intelligenz hat ein enormes Potenzial zur Neugestaltung von Geschäftsprozessen, da kognitive Aufgaben vom Menschen auf Maschinen übertragen werden können, was Automatisierung und Optimierung fördert. Modelle für Künstliche Intelligenz wurden seit Jahren von Data-Scientisten entwickelt, blieben aber häufig in spezialisierten Werkzeugen und wurden nur von Experten genutzt, was wenig Nutzen brachte. Um diese Lücke zu schließen, müssen Funktionen der Künstliche Intelligenz systematisch in Geschäftsprozesse integriert werden. Dadurch wird sichergestellt, dass die Intelligenz zur richtigen Zeit und am richtigen Ort den richtigen Personen zur Verfügung steht. Die Kundenbeteiligung setzt auf frühzeitige Zusammenarbeit, Interaktion mit Kunden und Stakeholdern, Online-Feedback, aktive Teilnahme am Ideenfindungsprozess, Design Thinking, agile Entwicklung und Innovationsplattformen. Ziel ist es, nützliche Anwendungen für Künstliche Intelligenz zu entwickeln, die den Anforderungen der Endbenutzer entsprechen. Cloud Computing bietet hierbei mehr Möglichkeiten, Entscheidungen zur Softwareentwicklung zu beeinflussen und Innovationen frühzeitig einzubringen. Das Hosten von Anwendungen für Künstliche Intelligenz, Überwachen von Aktivitäten und Teilen von Ressourcen erlauben sofortiges Feedback. Da Cloud-Services von vielen Kunden genutzt werden, beeinflussen Systeminkonsistenzen oder Fehlverhalten alle Benutzer gleichermaßen. Die IT-Branche muss Einfachheit als Kernprinzip nutzen. IT-Abteilungen wollen von der täglichen Verwaltung der Technologie zur Förderung damit verbundener Innovationen übergehen. Unternehmen möchten ihre bestehende Netzwerk- und Rechenzentrumsinfrastruktur optimieren und gleichzeitig die Anpassungsfähigkeit und Effektivität von Anwendungen der Künstlichen Intelligenz sicherstellen. Für ERP-Anbieter ist eine Vereinfachung unerlässlich, um eine effiziente Cloud-Umgebung aufrechtzuerhalten. Dazu gehören die Minimierung der Komplexität von Datenmodellen, die Nutzung von Standardwerkzeugen, Harmonisierung, Bereitstellung einer intuitiven Benutzererfahrung und Erhaltung eines geringen Datenspeicherbedarfs. Diese Attribute müssen auch in Anwendungen der Künstlichen Intelligenz vorhanden sein, um ein konsistentes Programmiermodell zu unterstützen. In der Vergangenheit haben Unternehmen umfangreiche benutzerdefinierte Codes entwickelt, um ERP-Software zu ergänzen, anzupassen oder sogar zu ersetzen. Dies führte zu einer fragmentierten IT-Landschaft und einem ERP-System, das schwer zu aktualisieren war. Solche umfangreichen Modifikationen an Standardsoftware haben Unternehmen limitiert und ihren Fortschritt bei der digitalen Transformation behindert. Im digitalen Zeitalter ist Standardisierung entscheidend. Während Unternehmen versuchen, Anpassungen zu minimieren, benötigen sie dennoch eine beträchtliche Flexibilität. Dazu gehört die Verringerung der Komplexität durch Standardisierung und Vereinfachung von Geschäftsprozessen, die auf Künstlicher Intelligenz basieren. Kunden erwarten, dass Anwendungen für Künstliche Intelligenz eine harmonisierte Benutzererfahrung, Geschäftsprozesse, Datenintegration und Domänenmodell über alle Services hinweg ermöglichen, ohne die technischen Details zu verstehen. Deshalb muss vermieden werden, dass mehrere Frameworks zur Lösung des gleichen Problems herangezogen werden. Die Implementierung, Nutzung und Verwaltung von Anwendungen der Künstlichen Intelligenz müssen daher standardisiert werden. Die Unterstützung des Partnernetzwerks erfordert eine systematische Zusammenarbeit mit Partnern, um Produkte für Künstliche Intelligenz anzubieten, die ein ERP-Anbieter allein nicht bereitstellen könnte. Der ERP-Kern muss hoch standardisiert und stabil sein, aber gleichzeitig Lücken schließen und Innovationen durch Partnerzusammenarbeit beschleunigen. Moderne Produkt- und Technologieakteure agieren in einer stark kooperativen und aufwendig orchestrierten Community. Dies führt zu einer Win-Win-Situation für alle Parteien und einer zentralen Anlaufstelle für Kunden, unterstützt durch eine einzige Service-Level-Vereinbarung (SLA) und zentralen Support. Der Trend der Partnernetzwerke im Bereich der Künstlichen Intelligenz hat das alte Konzept der vollständigen vertikalen Integration innerhalb einer Organisation obsolet gemacht. Es ist nun notwendig, Partnern die Möglichkeit zu geben, KI-Services und -Lösungen zu erweitern und zu betreiben. Um dies zu erreichen, müssen Lebenszyklusmanagement-Abhängigkeiten, Partnerprogrammierungsmodelle, Organisationsstrukturen, Partnerzugriffe und Berechtigungskonzepte eingerichtet werden. Beispielsweise bieten Hyperscaler wie Google, Microsoft oder Amazon leistungsstarke Services für Künstliche Intelligenz auf ihren Plattformen an, die von ERP-Anbietern im Rahmen von Partnerprogrammen zur Entwicklung neuer intelligenter Anwendungen genutzt werden.

5.1.6 Performance

Bei Transaktionen der Künstlichen Intelligenz, die häufig durch Backend-Aufrufe charakterisiert sind, ist es wichtig, zufriedenstellende Antwortzeiten auch unter erheblicher Last zu gewährleisten. Um Performance-Engpässe zu erkennen, sollte ein geeigneter Testmechanismus für Performance implementiert und die Reaktionszeiten in der Produktion dokumentiert werden. Dies ist nützlich, da es unmöglich ist, jedes Szenario in einer simulierten Umgebung vorherzusagen und zu testen. Kurze Antwortzeiten sind besonders wichtig für interaktive Benutzererlebnisse, beispielsweise wenn Künstliche Intelligenz generierte Ergebnisse auf einer Benutzeroberfläche anzeigt. Darüber hinaus erfordern Services der Künstliche Intelligenz optimierte End-to-End-Verarbeitungszeiten, die die Dauer von der Anmeldung bis zum Abschluss einer Aufgabe oder eines Jobs einschließlich der Netzwerklatenz umfassen. Die primären Performance-Indikatoren sind Antwortzeit und Durchsatz. Zweckmäßige Antwortzeiten sind besonders wichtig für Benutzerinteraktionen mit intelligenten Geschäftsanwendungen. Beschaffungsportale könnten beispielsweise Geschäfte verlieren, wenn sie von den Benutzern als langsam empfunden werden. Die

Netzwerklatenz ist oft der entscheidende Faktor für schlechte Antwortzeiten bei der Nutzung von Wide Area Networks (WAN), da sie die End-to-End-Antwortzeiten erheblich erhöht. Die wahrgenommene Performance bezieht sich auf die scheinbare Geschwindigkeit, mit der eine Softwarefunktion ihre Aufgabe ausführt, unter Berücksichtigung der Systemreaktionszeit und der Qualität des Ergebnisses. Menschen sind generell ungeduldig, daher ist es wichtig, sowohl den aktiven als auch den passiven Modus einer Person, die einen Service oder eine Anwendung der Künstlichen Intelligenz nutzt, zu berücksichtigen. Im aktiven Modus nehmen die Benutzer keine Wartezeit wahr, während im passiven Modus ihre Gehirnaktivität abnimmt und sie sich langweilen. Wenn die tatsächliche Performance aufgrund physischer Einschränkungen nicht verbessert werden kann, müssen Techniken eingesetzt werden, um die Benutzererfahrung zu optimieren und die wahrgenommene Performance zu steigern. Dies bezieht sich im Wesentlichen auf die Geschwindigkeit, von der ein Benutzer glaubt, dass sie die Anwendung der Künstlichen Intelligenz bietet. Anwendungen für Künstliche Intelligenz müssen skalierbar sein, sowohl horizontal durch Hinzufügen weiterer Serviceinstanzen (Scale-Out) als auch vertikal durch Erweiterung von virtuellen CPUs oder Speicher in bestehenden Instanzen (Scale-Up). Traditionelle Unternehmen waren durch physische Beschränkungen wie Festplattenspeicher und Arbeitsspeicher begrenzt, was die Skalierbarkeit einschränkte. Klassische IT-Systeme wurden für spezifische Situationen und Kundenbedürfnisse optimiert. Cloud Computing beseitigt diese Beschränkungen durch eine Infrastruktur, die skalieren und sich an die Bedürfnisse eines Unternehmens anpassen kann. Ein skalierbares System kann die Last bewältigen, proportional zu den bereitgestellten Ressourcen. Weitere Aspekte dieser Qualität sind die automatische Skalierung, Skalenreduzierung und On-Demand-Kapazität ohne signifikante Leistungsverschlechterung. Beispielsweise erfordert das Training von Modellen der Künstlichen Intelligenz häufig Skalierbarkeit, z. B. durch den Einsatz von CPUs für Regressionsalgorithmen und GPUs für Deep Learning. Elastizität bezieht sich auf die Fähigkeit, konsistente Service-Level unabhängig von der aktuellen Last zu liefern. Dazu muss sich das System dynamisch an Änderungen der Arbeitslast anpassen und dabei hohe Frequenzen, Spitzenzeiten, geringe Aktivität und Inaktivität berücksichtigen. Die Plattform für Künstliche Intelligenz selbst muss einen bedarfsorientierten und elastischen Ansatz unterstützen, der mit der tatsächlichen Nachfrage wächst, die Gesamtauslastung erhöht und die Kosten senkt. Elastizität ist auch in Umgebungen mit Künstlicher Intelligenz von entscheidender Bedeutung, wo Ressourcen nutzungsbasiert abgerechnet werden. Ein elastisches System erfordert in der Regel Skalierbarkeit; andernfalls haben zusätzliche Ressourcen nur minimale Wirkung. Elastizität umfasst die dynamische Anpassung von Ressourcen, um Belastungen zu bewältigen, Ressourcen zu erweitern, wenn die Last zunimmt und Ressourcen zu reduzieren, wenn die Nachfrage sinkt. Wenn die Auslastung steigt, müssen mehr Ressourcen hinzugefügt werden, um ungenutzte Kapazitäten zu minimieren. Wenn der Bedarf sinkt, müssen Ressourcen eingeschränkt werden, um verschwendete Kapazitäten zu reduzieren. Um die Auswirkungen unerwarteter Spitzen zu minimieren, sollte die Skalierung eng mit der tatsächlichen Nachfrage übereinstimmen und unnötige Kapazitäten auf ein Minimum beschränken. Beispielsweise kann das Training neuronaler Netze zur Verarbeitung natürlicher Sprache im Rahmen des ERP-Servicemanagements ressourcenintensiv sein. Da diese Trainingsläufe jedoch nur einmal pro Monat für einen Tag ausgeführt werden, müssen die Systemressourcen elastisch erhöht und entsprechend verringert werden.

5.1.7 Betrieb

Zero Downtime bedeutet, dass Endbenutzer keine spürbaren Serviceunterbrechungen bemerken. Insbesondere werden Updates oder Patches nahtlos eingespielt, ohne dass die Anwendung in den Wartungsmodus wechseln muss. Dies ermöglicht den Benutzern, jederzeit auf die Anwendung zuzugreifen. Ungeplante Ausfälle können Benutzer frustrieren, und bei geschäftskritischen Anwendungen können sie zu finanziellen Einbußen oder Umsatzverlusten führen. Anwendungen für Künstliche Intelligenz müssen nach Aktualisierungen und Patches weiterhin wie gewohnt funktionieren, um sicherzustellen, dass Modelltrainingsjobs die Inferenzverarbeitung nicht beeinträchtigen. In traditionellen On-Premise-Umgebungen haben Kunden die Kontrolle über das Lebenszyklusmanagement und können Aktualisierungen nach ihrem eigenen Zeitplan vornehmen. Cloud Computing ermöglicht jedoch schnellere Innovationszyklen durch häufige Veröffentlichungen von Patches oder neuen Funktionen, manchmal sogar mehrmals am Tag. Dies ist möglich, da der Anbieter die Software verwaltet und jederzeit aktualisieren kann. Ein hoher Automatisierungsgrad für den Aktualisierungsprozess ist unerlässlich, insbesondere um sicherzustellen, dass der neue Code vor der Implementierung die erforderlichen Qualitätsstandards erfüllt. Diese Frequenz kann nur durch umfangreiche Automatisierung beibehalten werden. Für Anwendungen mit Künstlicher Intelligenz müssen die Prozesse für das Lebenszyklusmanagement nahtlos und kostengünstig sein. Die kontinuierliche Bereitstellung von Services der Künstlichen Intelligenz muss ohne manuelles Eingreifen erfolgen. Die Automatisierung des Lebenszyklus ist entscheidend, um einen hohen Automatisierungsgrad im gesamten Unternehmen zu gewährleisten, zum Beispiel eine Build-Pipeline, die Upgrades, Patches und Migrationen unabhängig von den zugrunde liegenden Produkten unterstützt. Die gemeinsame Nutzung von Ressourcen führt zu erheblichen wirtschaftlichen Effizienzsteigerungen. Entwicklungsteams können Code einmal schreiben, Funktionen in einer einzigen Codebasis implementieren und mehrere Kunden bedienen. Durch die gemeinsame Nutzung einer einzigen Codebasis können Anwendungen und Daten der Künstlichen Intelligenz schneller aktualisiert und gepatcht werden. ERP-Anbieter können zwischen verschiedenen Ebenen der Ressourcenteilung wählen, vom Teilen von Hardware über virtuelle Maschinen bis zum Teilen von Prozessen durch intelligente Programmierung. Es ist eine Rechenarchitektur erforderlich, die es Anbietern ermöglicht, Ressourcen in einer öffentlichen oder privaten Cloud gemeinsam zu nutzen. Das Training von Modellen der Künstliche Intelligenz, die auf neuronalen Netzen basieren, erfordert in der Regel GPUs und große Mengen an RAM. Diese sind teuer und sollten aus wirtschaftlichen Gründen von den Tenants geteilt werden, besonders da

Trainingsjobs sporadisch ausgeführt werden. Künstliche Intelligenz muss stets auf jedem Gerät verfügbar und zugänglich sein. Wenn ein Dienst ausfällt, sollten die verbleibenden Services weiterlaufen. Fällt eine Verfügbarkeitszone aus, sollte der Datenverkehr zu einer anderen umgeleitet werden. Kundenservice-Zentren sollten jederzeit sofortige Antworten bereitstellen können. Die Hochverfügbarkeit der Computing-Infrastruktur ist für die Geschäftskontinuität entscheidend, einschließlich der Antwortzeiten auf Benutzeranfragen. Kunden erwarten rund um die Uhr Zugriff auf Geschäftsdaten und Anwendungen für Künstliche Intelligenz, unabhängig vom Gerät oder Standort. Die zunehmende Nutzung mobiler Endgeräte für Geschäftsanwendungen unterstreicht diese Anforderung. Anwendungen für Künstliche Intelligenz sollten so gestaltet sein, dass sie Latenz, schlechte Antwortzeiten und die Nichtverfügbarkeit nachgelagerter Systeme problemlos handhaben. Sie sollten fehlertolerant und widerstandsfähig gegen temporäre Probleme wie Latenz, Spitzen, Ausfälle und asynchronen Unterbrechungen von Schnittstellenaufrufen sein. Die Nichtverfügbarkeit von Anwendungen für Künstliche Intelligenz kann unzufriedene Benutzer und potenzielle finanzielle Verluste oder Umsatzverluste für geschäftskritische Anwendungen verursachen. Die verteilte Implementierung von Anwendungen der Künstlichen Intelligenz kann mehrere Risiken mit sich bringen, wie Probleme bei der Netzwerkkommunikation, verlorene Nachrichten, langlaufende Anfragen oder Ausfälle abhängiger Systeme. Resilienz ist unabdingbar, um diese kritischen Situationen zu bewältigen und ein zuverlässiges System zu erreichen, das aus unzuverlässigen Komponenten besteht. Die Serviceüberwachung umfasst die Beobachtbarkeit, um einen Überblick über aktive Dienste der Künstlichen Intelligenz zu erhalten und schnell auf Fehler oder Unstimmigkeiten zu reagieren. Das Debuggen von Mehrmandantenlösungen in der Produktion ist eine Herausforderung, und der reale Zustand der Anwendung ändert sich ständig. Daher müssen Anwendungen umfassende Protokollinformationen generieren, um die Analyse nach einem Ausfall zu erleichtern und Produktstandards wie Audit-Protokolle zu erfüllen. Die Rückverfolgbarkeit zwischen Services der Künstlichen Intelligenz und Endbenutzern, zum Beispiel mithilfe von Korrelations-IDs, ist für die Überwachung auf der Geschäftsprozessebene entscheidend. Anwendungen der Künstliche Intelligenz sollten auch zur Laufzeit leicht überwacht werden können, um Fehler wie langsame Netzwerke oder nicht reaktionsfähige nachgelagerte Systeme zu erkennen. Jeder Dienst für Künstliche Intelligenz sollte überwacht werden, um seine Leistung zu bewerten und Korrekturmaßnahmen im Falle eines Ausfalls zu ermöglichen, einschließlich der Überwachung der Modelldegradation im Hinblick auf eine reduzierte prognostische Genauigkeit. Service-Level-Vereinbarungen (SLAs) werden normalerweise als Verträge zwischen zwei Parteien genutzt, um Anforderungen, Servicequalität, Zuständigkeiten und Verpflichtungen zu definieren. SLAs können eine Reihe von Service-Performance-Metriken umfassen, die jeweils mit den entsprechenden Service-Level-Zielen (SLOs) verknüpft sind. Daher ist es wichtig, die Werte dieser Metriken, wie in der SLA definiert, während der Nutzungsphase zu messen, um festzustellen, ob die angegebenen Service-Level-Ziele erreicht wurden. Auch muss die Service- und Ressourcenauslastung bei Bedarf überwacht werden, um dynamische Skalierungsfunktionen zu ermöglichen. ERP-

Anbieter müssen prüfen, ob die von ihnen bereitgestellten Innovationen spürbare Auswirkungen auf Kundenseite haben und ob ihr Investitionsaufwand gerechtfertigt ist. Die Analyse und Auswertung dieser Nutzungsdaten ermöglicht es Entscheidungsträgern von Produkten und Portfolios, ihre Marktpräsenz effektiver zu etablieren und die Produktfunktionen kontinuierlich auszubauen. Durch die Konzentration auf die relevantesten Anwendungsfälle und Produkte kann die Entwicklungskapazität auf Bereiche ausgerichtet werden, die für Kunden einen größeren Nutzen bieten. Es ist wichtig, Produkt-Scorecards um allgemeine Nutzungsmetriken zu erweitern. Feature Toggles werden genutzt, um Funktionen mit ausgewählten Kunden zu testen und zu verifizieren, bevor Funktionen breiter eingeführt werden.

5.1.8 Kommerzialisierung

Im Rahmen eines Abonnementmodells zahlen Benutzer eine Gebühr pro Nutzer, entweder monatlich oder jährlich, und erhalten Zugriff auf die Software für die Dauer des Abonnements. Anstatt die Software zu kaufen, mieten Kunden sie. Die Abonnementsgebühr deckt Softwarelizenzen, Supportservices und den Zugriff auf neue Softwareversionen ab, sobald diese verfügbar sind. Dieses Preismodell ist für alle Servicemodelle relevant, einschließlich Infrastructure-as-a-Service (IaaS), Platform-as-a-Service (PaaS) und Software-as-a-Service (SaaS). Traditionelle Preismodelle wie unbefristete Lizenzen und Anwendungspakete eignen sich nicht für cloudbasierte Softwareprodukte. Stattdessen nutzen Kunden Künstliche Intelligenz, ohne die Software zu besitzen. Kunden oder Organisationen benötigen ein transparentes und systematisches Preisgestaltungs-Framework, um die Services eines ERP-Anbieters für einen bestimmten Zeitraum zu einem festgelegten Preis zu erwerben oder zu abonnieren. Abonnements beinhalten in der Regel eine monatliche oder jährliche Verpflichtung. Das Pay-per-Service Modell beginnt mit einem Nullsaldo, stellt Cloud-Ressourcen nach Bedarf bereit und berechnet Kunden basierend auf dem tatsächlichen Verbrauch (Pay-As-You-Go). Um die digitale Transformation zu erleichtern und mehr Flexibilität sowie schnellen Zugriff auf neue Funktionen der Künstlichen Intelligenz zu ermöglichen, bieten ERP-Anbieter ein nutzungsbasiertes Geschäftsmodell (Pay-Per-Use) für KI-Services an. Das Modell *No IT Costs* umfasst die Zahlung nur für Services und nicht für Hardware, Software, Leistung und Support. Dies stellt sicher, dass diese Elemente sicher, stabil und funktionsfähig bleiben. Für die Einrichtung, Wartung oder das Upgrade von Services (SaaS), zugrunde liegenden Plattformen (PaaS) oder Infrastruktur (IaaS) fallen keine zusätzlichen Kosten an. Upgrades sind in den monatlichen Gebühren enthalten, sodass keine Verwaltungsarbeit und kein IT-Know-how erforderlich sind. Cloud Computing macht lokale Server überflüssig, sodass Kunden große Vorabinvestitionen in Hardware und Software vermeiden können, die für den Betrieb ihrer Netzwerke notwendig wären. In ERP-Umgebungen mit Künstlicher Intelligenz sind diese Kosten zusammen mit den Kosten für die Netzwerkwartung monatlich pauschal enthalten. Wenn Server, Netzwerk-Backbones und Services für Künstliche Intelligenz aktualisiert werden müssen, ist der ERP-Anbieter dafür ohne zusätzliche Kosten für den Kunden verantwortlich. In vielen Unternehmen diskutieren Fachabteilungen über die schnelle Wertschöpfung durch Services für Künstliche Intelligenz in der Cloud. Herkömmliche IT-Abteilungen können schnell von Cloud-Services überholt werden, da Wartung, Patching und Upgrades alle vom ERP-Anbieter verwaltet werden. Unternehmen wollen mit sofort einsatzbereiten Services schnell ihre Vereinbarungen über Künstliche Intelligenz etablieren. Dies erfordert eine schnelle Verfügbarkeit, zeitnahe Bereitstellung von Produktivsystemen, schnellen Produktivstart, bereits vorab bereitgestellte Inhalte, Best-Practice-Prozesse, geführte Konfiguration, nahtlose Datenintegration, benutzerfreundliche Schnittstellen, minimalen Schulungsaufwand, Altsystemkonvertierung/-migration und Online-Tutorials. Partnermodelle erfordern neue Lizenzvereinbarungen des Originalteileherstellers (OEM) oder Systemhauses (VAR) für KI-Services, einschließlich Partnernutzungsrechte, Compliance-Verpflichtungen und Service-Level-Vereinbarungen (SLAs). In der Regel stellen OEMs Komponenten von anderen Anbietern zusammen, um ein neues Produkt zu schaffen, das unter ihrer eigenen Marke verkauft wird. VARs kaufen Produkte von Herstellern, schaffen durch das Hinzufügen einer neuen Dienstleistung oder Funktionalität einen Mehrwert und verkaufen das Produkt unter ihrer eigenen Marke weiter. Eine VAR-Vereinbarung beschreibt den rechtlichen Vertrag für diesen Prozess. ERP-Anbieter erhalten aus erster Hand Informationen zu Kundeneinkäufen, aktiver Anwendungsnutzung, Benutzertypen und Nutzungsdauer. Der Zugriff auf Kundendaten hilft, Up-Sells und Cross-Sells durch Treueprogramme zu maximieren. Mit diesen Programmen können ERP-Anbieter die gewünschten Funktionen für Künstliche Intelligenz entdecken und die Kundenbindung fördern. Neben Programmen für die Kundenbindung sollten auch interne Programme für die Nutzerbindung angeboten werden.

5.2 KI-Anwendungsmuster von ERP

Zu Beginn sollten wir die Problemstellung darlegen: Um eine Lösungsarchitektur zu entwickeln, müssen wir die technischen Fähigkeiten verstehen, die erforderlich sind, um verschiedene Szenarien mit Künstlicher Intelligenz zu realisieren. Dabei ist es entscheidend, separate Architekturansätze für jeden Anwendungsfall der Künstlichen Intelligenz zu vermeiden, da dies den Entwicklungs- und operativen Aufwand im Kontext von ERP-Systemen erheblich steigern würde. Um dieses Problem zu lösen, haben wir eine Vielzahl von Anwendungen für Künstliche Intelligenz analysiert und anhand ihrer Ähnlichkeiten gruppiert. Das Ergebnis dieser Analyse sind mehrere Anwendungsmuster für Künstliche Intelligenz, die in diesem Abschnitt beschrieben werden. Unser Ziel besteht darin, ein konsistentes Konzept und einen einheitlichen Rahmen für die Implementierung jedes dieser Muster bereitzustellen. Diese Anwendungsmuster für Künstliche Intelligenz dienen als wiederverwendbare Komponenten für Entwicklungsteams. Dadurch wird die Umsetzung von Anwendungsfällen für Künstliche Intelligenz beschleunigt und gleichzeitig operative Aspekte standardisiert und optimiert. Die später vorgeschlagene Lösungsarchitektur wird all diese Anwendungsmuster unterstützen. Die Abstraktion von zahlreichen analysierten Anwendungen hin zu Anwendungsmustern der Künstlichen Intelligenz in ERP-Systemen stellt einen hilfreichen Mehrwert dieses Buches dar.

5.2.1 Abgleich

Der Abgleich bezieht sich auf das Erkennen von Beziehungen und das Identifizieren von Ähnlichkeiten innerhalb eines Datensatzes. Als Stammdatenexperten könnte unser Ziel darin bestehen, doppelte Einträge während der Konsolidierung zu minimieren. Ein manueller Abgleich kann äußerst zeitaufwendig sein, aber intelligente Anwendungen, die Techniken der Künstlichen Intelligenz nutzen, können diesen Prozess erheblich beschleunigen. Diese Anwendungen können mehrere Strategien zum Verknüpfen von ähnlichen Entitäten anbieten. Benutzer müssen diese Empfehlungen lediglich akzeptieren, ablehnen oder gegebenenfalls anpassen. Ein Abgleich ist notwendig, wenn mindestens zwei Artefakte eine bestimmte Ähnlichkeit aufweisen. Der Abgleichsprozess folgt einem Regelsatz, der von der Anwendung dynamisch angepasst oder erlernt werden kann. Diese erlernten Regeln können sich im Laufe der Zeit aufgrund von Benutzereingaben oder anderen Faktoren weiterentwickeln. Der Abgleich kann auf verschiedene Inhaltstypen angewendet werden, wie zum Beispiel:

- Text (z. B. Suchen und Ersetzen) oder Bilder (z. B. Identifizieren aller Hunde in einer Fotosammlung)
- Audio (z. B. Verarbeitung natürlicher Sprache, bei der ein Audio-Stream einer Abfrage entspricht)
- Video (z. B. Feststellen, welche Firmenlogos während eines Fußballspiels angezeigt werden und wie oft)
- Komplexe Geschäftsobjekte (z. B. Abgleich von Rechnungen mit Wareneingängen oder Erkennen von Kundendubletten)

Der Inhalt, der abgeglichen wird, beeinflusst wesentlich die Art der Ausgabe und deren Darstellung. Ein Aspekt des Abgleichs ist die Qualität einer Übereinstimmung, d. h. Objekte können vollständig oder teilweise übereinstimmen. Eine vollständige Übereinstimmung trifft zu, wenn alle angegebenen Parameter erfüllt sind, während eine teilweise Übereinstimmung nur einige der erforderlichen Parameter erfüllt. Je mehr Parameter übereinstimmen, desto höher ist die Übereinstimmungsqualität. Die folgenden Abgleichsarten wurden bisher identifiziert:

- **Beziehungsabgleich:** Stellt logische Verbindungen zwischen Objekten verschiedener Typen her, z. B. das Verknüpfen mehrerer Rechnungen mit einer einzigen Zahlung.
- **Kompatibilitätsabgleich:** Paarung von Objekten verschiedener Typen mit gemeinsamen Eigenschaften, um ein kohärentes System zu erstellen, z. B. Zusammen-

stellen eines High-/Medium-/Low-End Computers (ein Computer besteht aus verschiedenen Komponenten wie Motherboard, CPU, Speicher und Display, die kompatibel sein müssen, und die CPU passt beispielsweise nur in Motherboards mit einem bestimmten Sockel).
- **Ähnlichkeitsabgleich:** Kombiniert ähnliche Objekte desselben Typs in einem Objekt, z. B. das Zusammenführen mehrerer ähnlicher Geschäftspartner, da es sich um denselben Objekttyp handelt.

Zur Entwicklung von Abgleichsmustern werden häufig verwendete Algorithmen wie Multiklassen-Klassifizierungsalgorithmen (z. B. XGBoost, Multilayer Perceptron), Clustering-Algorithmen (z. B. K-Means) und nicht-parametrische Methoden (z. B. der Algorithmus der k-nächsten Nachbarn) eingesetzt.

5.2.2 Empfehlung

Empfehlungen umfassen das Vorschlagen von Datensätzen oder Aktionen basierend auf der aktuellen Situation. Wenn wir zum Beispiel als Materialbedarfsplaner tätig sind, müssen wir möglicherweise Lösungen zur Behebung eines Materialunterdeckungsproblems finden. Intelligente Anwendungen können hierbei Benutzer unterstützen, indem relevante Inhalte vorgeschlagen oder Aktionen oder Eingaben empfohlen werden, die der Benutzer bevorzugen könnte. In diesem Zusammenhang sprechen wir von einem Empfehlungsmuster und dessen Einfluss auf die Benutzeroberfläche. Es gibt drei Arten von Empfehlungen:

1. **Inhaltsempfehlung:** Die Anwendung schränkt Inhalte ein, die für den Benutzer auf Grundlage seines Verhaltens oder der Inhaltsattribute interessant sein könnten. Zu den gängigen Inhalts-Empfehlungssystemen gehören Amazon und Netflix.
2. **Eingabehilfe:** Die Anwendung unterstützt den Benutzer, indem es Daten eingibt oder filtert. Typische Beispiele sind Vorschläge für Suchphrasen, geeignete Formularvorlagen oder eine Sammlung von Vorschlagswerten für bestimmte Felder, basierend auf der Eingabe des Benutzers und der Kontakthistorie.
3. **Lösungsvorschlag:** Die Anwendung hilft dem Benutzer bei der Lösung komplexer Probleme, indem es bestimmte Aktionen oder Lösungsvorschläge empfiehlt. In einigen Fällen kann dies mit einer Simulation des potenziellen Ergebnisses kombiniert werden. Lösungsvorschläge umfassen üblicherweise verschiedene Systeme zur Entscheidungsunterstützung. Beispielanwendungen sind der Zahlungs- und Rechnungsabgleich sowie Materialunterdeckungssituationen.

Für die Implementierung von Empfehlungsmustern benötigen wir historische Daten über die während der Geschäftsprozesse ausgeführten Aktionen und Eingaben. Für die Empfehlungsart *Lösungsvorschlag* ist die Protokollierung der Geschäftsprozesse unerlässlich. Bei *Inhaltsempfehlungen* können die erforderlichen historischen Daten aus Anwendungsdaten abgerufen werden. Für die *Eingabehilfe* können zusätzliche Texte oder Beschreibungen notwendig sein. Häufig verwendete Algorithmen für Empfehlungsmuster umfassen soziale Analysen, Multiklassen-Klassifizierungsalgorithmen (z. B. XGBoost, mehrschichtiges Perzeptron), Textanalyse oder Mining und rekurrente neuronale Netzwerke (RNNs).

5.2.3 Rangfolge

Die Rangfolge dient dazu, innerhalb eines bestimmten Kontexts relevante von weniger relevanten Datensätzen derselben Art zu unterscheiden. Beim Einkauf möchten wir zum Beispiel die wichtigsten Lieferanten für ein spezifisches Produkt in Bezug auf eine bestimmte Bestellanforderung identifizieren. Durch die Präsentation der besten Auswahlmöglichkeiten vereinfacht die Rangfolge die komplizierten Entscheidungen für Geschäftsbenutzer. Positionen innerhalb einer Gruppe werden nach Kriterien wie Menge, Priorität oder Punktzahl sortiert, die für den Geschäftskontext des Benutzers relevant sind. In einer Rangtabelle oder -liste werden die Ergebnisse so sortiert, dass die Positionen mit dem höchsten Rang oben angezeigt werden. Es gibt zwei Arten von Rangfolgen:

1. **Rangfolge nach inhärentem Wert:** Diese Rangfolge basiert auf einem bereits im Datensatz vorhandenen Wert, wie etwa dem Preis. Benutzer verstehen diesen Wert in der Regel, sodass keine weitere Erklärung nötig ist.
2. **Rangfolge nach Punktzahl:** Diese Methode beruht auf einer berechneten Einstufung, Markierung oder Bewertung. Benutzer müssen eventuell die Berechnung hinter der Punktzahl nachvollziehen, besonders wenn Techniken der Künstlichen Intelligenz eingesetzt werden.

Wichtig ist, dass Rangfolge und Bewertung unterschiedliche Konzepte sind. Eine Bewertung ordnet ein einzelnes Element auf einer vorgegebenen Skala ein, etwa eine Bewertung eines Serviceanbieters auf einer Skala von 1 (sehr schlecht) bis 5 (sehr gut). Bei der Rangfolge hingegen wird ein gemeinsamer Wert über eine Gruppe von Positionen hinweg verglichen. Rangfolgen werden auf der Benutzeroberfläche normalerweise für eine Liste oder Gruppe angezeigt. Beliebte Algorithmen zur Entwicklung von Relevanz- und Ranking-Mustern umfassen Klassifikationsalgorithmen wie XGBoost, Clustering-Algorithmen wie K-Means oder das Gauß-Mischmodell sowie nicht-parametrische Methoden wie den k-nächsten-Nachbarn-Algorithmus.

5.2.4 Vorhersage

Prognosemodelle nutzen historische Daten zur Antizipation zukünftiger Trends und Ergebnisse, indem sie Muster identifizieren und alle relevanten Informationen berücksichtigen. Als Stammdatenmanager möchten wir etwa vorhersagen, wie viele Änderungsanträge ein Team im kommenden Quartal bearbeiten muss, um die Arbeitslast optimal zu verteilen. Intelligente Anwendungen mit Prognosemodellen verringern die Kosten für Vorhersagen zu Geschäftsergebnissen, Umwelteinflüssen, Wettbewerbseinblicken und Marktbedingungen erheblich. Es gibt zwei primäre Kategorien von Prognosemodellen: parametrisch und nicht-parametrisch. Eine dritte Kategorie, semiparametrische Modelle, kombiniert Merkmale beider Kategorien. Parametrische Modelle beinhalten in der Regel spezifische Annahmen über Populationsparameter, die die zugrunde liegende Verteilung definieren. Im Gegensatz dazu treffen nicht-parametrische Modelle weniger Annahmen über Struktur und Verteilung, aber oft starke Annahmen über Unabhängigkeiten. Algorithmen für Vorhersagemodelle umfassen normale kleinste Quadrate, verallgemeinerte lineare Modelle (GLM), logistische Regression, zufällige Wälder, Entscheidungsbäume, neuronale Netzwerke und multivariate adaptive Regressions-Splines (MARS). Jeder Algorithmus dient einem bestimmten Zweck, beantwortet eine spezielle Frage oder ist für einen bestimmten Datensatztyp geeignet.

5.2.5 Kategorisierung

Kategorisierung beinhaltet die Zuordnung von Datensätzen zu vordefinierten Gruppen oder Klassen. Als Kundenbetreuer möchten wir zum Beispiel eingehende Anfragen nach Priorität (hoch, mittel oder niedrig) basierend auf ihrem Inhalt sortieren, um den Kundensupport zu verbessern. Kategorisierung kann zudem neue Gruppierungen (Cluster) innerhalb von Datensätzen identifizieren, etwa die Organisation von Kunden in Segmente für maßgeschneiderte Produktangebote, gezielte Werbung oder Betrugserkennung. Die Kategorisierung ist eine komplexe Aufgabe, bei der intelligente Anwendungen das Automatisierungsniveau durch Techniken der Künstlichen Intelligenz für Klassifikation und Clustering steigern können. Diese Methoden dienen dazu, Objekte nach ihren Merkmalen in eine oder mehrere Klassen und Cluster einzuordnen. Klassifikation und Clustering teilen Gemeinsamkeiten, weisen jedoch eine subtile Unterscheidung auf. Bei der Klassifikation werden Eingabeinstanzen vordefinierten Bezeichnern basierend auf ihren Attributen zugeordnet. Beim Clustering hingegen fehlen diese Bezeichner. Da die Klassifikation Bezeichner verwendet, sind Trainings- und Testdatensätze zur Modellvalidierung erforderlich, was beim Clustering nicht der Fall ist. Die Klassifikation ist in der Regel komplexer als das Clustering, da sie mehrere Ebenen aufweist, während beim Clustering nur eine Gruppierung erforderlich ist. Um Kategorisierungsmuster zu erstellen, werden häufig verwendete Algorithmen wie Klassifikationstechniken (z. B. XGBoost), neuronale Netzwerke (wie CNN/RNN/GAN), Dimensionalitätsreduktionsalgorithmen (z. B. Hauptkomponentenanalyse) und Clustering-Algorithmen (z. B. K-Means, Gauß-Mischmodell) eingesetzt.

5.2.6 Dialogorientierte Künstliche Intelligenz

Dialogorientierte Künstliche Intelligenz erleichtert die Interaktion mit Anwendungen durch natürliche Sprachdialoge und fördert einen freihändigen Ansatz. Beispielsweise können Kunden ihre Bestellung durch Kommunikation mit einem digitalen Assistenten generieren. Diese Möglichkeit, mit einem virtuellen Hilfsmittel Geschäftsabläufe zu besprechen, ist ein entscheidender Aspekt der Benutzererfahrung in intelligenten Anwendungen. Dialogorientierte Künstliche Intelligenz kann gängige Muster natürlicher Sprache verstehen, sodass sie anhand verschiedener Parameter nach Geschäftsentitäten suchen, bestimmte Entitäten anhand des Namens oder der ID lokalisieren, den Wert eines Attributs für eine bestimmte Entität abrufen und grundlegende neue Entitäten inklusive Positionen einrichten kann. Diese Technologie bietet benutzerfreundlichere Anwendungen, die es ermöglichen, Aufgaben im Kontext von Geschäftsdaten abzuschließen. Dadurch wird die Interaktion in natürlicher Sprache mit Anwendungen unterstützt, und das Anlegen von Business-Objekten, basierend auf dialogorientierten Kontexten, wird gewährleistet. Dialogorientierte Künstliche Intelligenz ermöglicht auch das Teilen von Notizen, Screenshots und Business-Objekten mit anderen Benutzern während einer Unterhaltung. Diese Technologie ermöglicht die Zusammenführung von Geschäftsvorgängen aus mehreren Anwendungen an einem einzigen Interaktionspunkt. Darüber hinaus können maßgeschneiderte Fähigkeiten für die Nutzung eines digitalen Assistenten über verschiedene Anwendungen und Kanäle hinweg entwickelt und implementiert werden.

5.3 Fazit

In diesem Kapitel haben wir die Komplexität der Einbettung von Künstlicher Intelligenz in ERP-Systeme besprochen. Die Auswahl des idealen Algorithmus und Modells ist oft das Hauptziel in Projekten der Künstlichen Intelligenz. Im Rahmen von ERP-Systemen ist es jedoch entscheidend, verschiedene Produktqualitäten für Anwendungen der Künstlichen Intelligenz sicherzustellen. Wir haben die ERP-Produktqualitäten wie Sicherheit, Datenisolierung, Flexibilität, Erweiterbarkeit, Innovation, Performance, Betrieb und Kommerzialisierung beschrieben und deren Auswirkungen auf Anwendungen der Künstlichen Intelligenz erläutert. In der Regel entfallen 20 % des Entwicklungsaufwands in ERP-Projekten auf Data Science, während die restlichen 80 % auf die Implementierung der oben genannten Qualitäten entfallen. Ein Mehrwert Wert dieses Buches besteht darin, die signifikanten Unterschiede zwischen herkömmlichen und ERP-basierten Anwendungen der Künstlichen Intelligenz zu erkennen, die zugehörigen Anforderungen zu

5.3 Fazit

bestimmen, diese konzeptionell zu lösen und technische Implementierungen vorzuschlagen. Im Kontext von ERP ist es unerlässlich, eine konsistente Lösungsarchitektur und ein konsistentes Programmiermodell für Anwendungen der Künstlichen Intelligenz zu etablieren. So werden die Entwicklung und der Betrieb aller Anwendungen der Künstlichen Intelligenz harmonisiert, was zu geringeren Gesamtentwicklungskosten (TCD) und Gesamtbetriebskosten (TCO) führt. Um dieses Ziel zu erreichen und heterogene Lösungen für jeden Anwendungsfall zu vermeiden, haben wir Anwendungsmuster für Künstliche Intelligenz abgeleitet, indem wir aus zahlreichen vorhandenen Szenarien abstrahieren. Diese Anwendungsmuster für Künstliche Intelligenz dienen als Grundlage für die Lösungsarchitektur, die im folgenden Kapitel behandelt wird. Die Identifizierung dieser Anwendungsmuster für ERP-Systeme und die Ableitung entsprechender Anforderungen ist ebenfalls ein Mehrwert dieses Buches.

Teil II
Konzepte zur Einbettung Künstlicher Intelligenz

In diesem Abschnitt beschäftigen wir uns mit dem Konzept zur Integration von Künstlicher Intelligenz in ERP-Software. Wir beginnen mit einer Diskussion über die technischen und geschäftlichen Herausforderungen bei der Implementierung von Künstlicher Intelligenz im Kontext von ERP-Systemen. Diese Herausforderungen stellen die Problemstellung dar und beschreiben die zu lösenden Geschäftsanforderungen. Wir betonen, dass diese Herausforderungen nicht als selbstverständlich betrachtet werden dürfen, sondern kontinuierliche Untersuchungen erfordern, da Künstliche Intelligenz im Zusammenhang mit ERP ein neues Forschungsfeld darstellt. Bei der Implementierung von Künstlicher Intelligenz für ERP-Software muss die *Enterprise-Readiness* sichergestellt werden. Dazu gehören Aspekte wie Compliance, Lebenszyklusmanagement, Daten- und Prozessintegration, Erweiterbarkeit und Performance. Für diese Bereiche geben wir die Geschäftsanforderungen an und schlagen entsprechende Lösungskonzepte vor. Für den Erfolg von Künstlicher Intelligenz im Hinblick auf die Nutzung durch Anwender halten wir es für entscheidend, dass die Funktionen der Künstlichen Intelligenz tief in Geschäftsprozesse und Benutzeroberflächen von ERP-Software integriert sind. Damit kann die Funktionalität der Künstlichen Intelligenz den richtigen Personen, am richtigen Ort und zur richtigen Zeit zur Verfügung gestellt werden. Die von uns vorgeschlagene Lösungsarchitektur berücksichtigt diesen Aspekt. Wir geben zunächst einen Überblick über diese Lösungsarchitektur, bevor wir die technischen Dimensionen für den sogenannten Embedded-AI- und Side-by-Side-AI-Ansatz genauer betrachten. Es gibt keine universelle Lösung, da die Anforderungen der Anwendungsfälle für Künstliche Intelligenz variieren. Daher empfehlen wir eine skalierbare Architektur, die einfache Szenarien mit Embedded AI ebenso abdeckt wie komplexe Anwendungsfälle mit Side-by-Side-AI-Implementierung. Die bisher erläuterten ERP-Referenzprozesse, die ERP-Referenzarchitektur und die im nächsten Kapitel identifizierten ERP-Anwendungsmuster bilden die Grundlage für die vorgeschlagene Lösungsarchitektur zur Integration von Künstlicher Intelligenz in ERP-Software. Dieser Teil basiert auf unseren Untersuchungen in Sarferaz (2021a) und unseren Patenten (https://patents.justia.com/inventor/siar-sarferaz). Es gibt zahlreiche

Veröffentlichungen zur angewandten Künstlichen Intelligenz. Sie bieten jedoch keine Ansätze für die systematische Einbettung von Künstlicher Intelligenz in ERP-Software. Wie exemplarisch aufgelistet, konzentrieren sich die Veröffentlichungen typischerweise auf Data Science für spezifische Anwendungsfälle, schlagen Enterprise-AI-Strategien für das Management vor oder skizzieren den Wert von Künstlicher Intelligenz für Unternehmen: (Gordon & Upadhyay, 2021; Hilpisch, 2020; Jarvinen, 2020; Katsov, 2022; Kleppmann, 2017; Krishnan, 2020; Lakshmanan, 2020; Natarajan & Rogers, 2021).

Literatur

Gordon, C., & Upadhyay, M. A. (2021). *The AI dilemma: A leadership guide to assess enterprise AI maturity & explore AI's impact in your industry (English Edition)*. BPB Publications.

Hilpisch, Y. (2020). *Artificial intelligence in finance*. O'Reilly Media.

Jarvinen, Z. (2020). *Enterprise AI for dummies*. John Wiley & Sons.

Katsov, I. (2022). *The theory and practice of Enterprise AI*. Grid Dynamics.

Kleppmann, M. (2017). *Designing data-intensive applications: The big ideas behind reliable, scalable, and maintainable systems*. O'Reilly Media, Inc.

Krishnan, N. (2020). *Enterprise Artificial Intelligence and machine learning for managers: A practical guide to AI and ML for business and government*. C3.ai.

Lakshmanan, V., Robinson, S., & Munn, M. (2020). *Machine learning design patterns*. O'Reilly Media.

Natarajan, P., & Rogers, B. (2021). Learning algorithms, machine/deep learning, and applied AI: A conceptual framework. In *Demystifying AI for the enterprise* (S. 29–56). Productivity Press.

Sarferaz, S. (2021a). *U.S. patent application no. 16/725,734*. U.S. Patent and Trademark Office.

Lösungsarchitektur 6

In diesem Kapitel definieren wir die Lösungsarchitektur für die Einbettung von Künstlicher Intelligenz in ERP-Software. Die zuvor diskutierten ERP-Produktqualitäten, ERP-Referenzprozesse, ERP-Referenzarchitektur, ERP-Referenztechnologie und ERP-Anwendungsmuster für Künstliche Intelligenz bilden die Grundlage für die Lösungsarchitektur, die wir in diesem Kapitel vorschlagen. Es gibt einfache Anwendungsfälle wie Trends und Prognosen, die mit klassischen Algorithmen wie Regression und Clustering bedient werden können. In der Regel benötigen diese Algorithmen auch nicht viel Daten, Speicher oder Rechenleistung. Daher schlagen wir vor, diese Art von Anwendungsfällen innerhalb der ERP-Plattform zu implementieren und sie als Embedded AI zu bezeichnen. Es gibt jedoch komplexere Anwendungsfälle wie Bilderkennung oder Verarbeitung natürlicher Sprache, die neuronale Netzwerke und Deep Learning benötigen. Diese Algorithmen erfordern ein hohes Datenvolumen und Systemressourcen. Um zu vermeiden, dass die kritischen Geschäftsprozesse in ERP-Systemen von einem übermäßigen Hardwareverbrauch beeinträchtigt werden, empfehlen wir, diese Kategorie von Anwendungsfällen auf der entsprechende KI-Technologieplattform zu realisieren und als Side-by-Side AI zu bezeichnen. Während wir uns in diesem Kapitel auf die Gesamtarchitektur konzentrieren, werden wir in den nächsten Kapiteln zusätzliche Aspekte (wie Datenschutz und Erweiterbarkeit) erörtern.

6.1 Leitprinzipien

Wir definieren die Lösungsarchitektur für Künstliche Intelligenz basierend auf den Leitprinzipien moderner ERP-Systeme, die in diesem Abschnitt erläutert und in Abb. 6.1 dargestellt werden. Gehen wir diese Prinzipien durch:

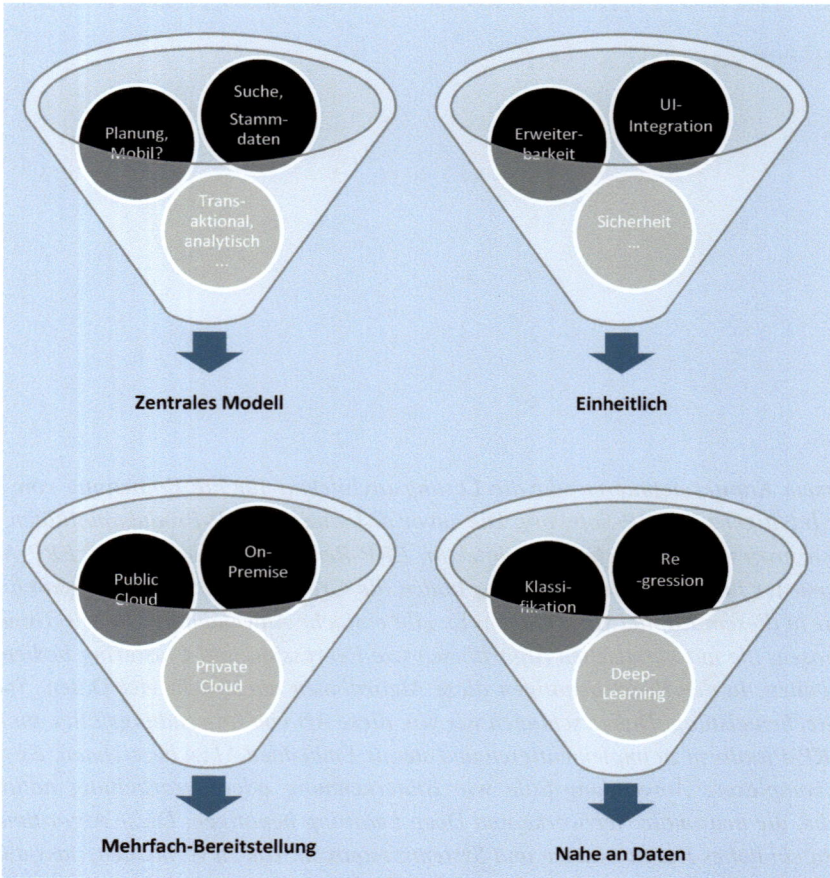

Abb. 6.1 Leitprinzipien für die Lösungsarchitektur

In herkömmlichen ERP-Systemen wird das grundlegende Datenmodell für Geschäftsentitäten wie Kunden, Produkte und Kundenaufträge häufig für unterschiedliche Ziele modelliert, da domänenspezifische Metadaten berücksichtigt werden müssen. Daher erfordern Technologielösungen für Integration, Benutzeroberflächen, Analysen und Transaktionen jeweils eigene Business-Objekt-Modelle. Dies führt zu erhöhten Gesamtentwicklungskosten (TCD), weil dieselben Informationen mehrfach bereitgestellt werden müssen. Zusätzlich bedeutet das Vorhandensein inkompatibler Metamodelle, dass funktionsübergreifende Probleme wie UI-Integration, Erweiterbarkeit und Berechtigung mehrfach gelöst werden müssen, was zu hohen Gesamtbetriebskosten (TCO) führt und die Akzeptanz von Lösungen durch Kunden erschwert. Im Gegensatz dazu basieren moderne ERP-Systeme auf einem einzigen Kerndatenmodell, das durch domänenspezifische Erweiterungen für verschiedene Kontexte wiederverwendet wird. Für die vorgeschlagene Architektur der Künstlichen Intelligenz gehen wir davon aus, dass es ein modernes ERP-System mit einem einheitlichen Kerndatenmodell gibt, das wir erweitern werden, um den Bereich der Künstlichen Intelligenz abzudecken.

Das Datenmodell moderner ERP-Systeme basiert auf Views, die auf Datenbanktabellen beruhen, die Geschäftsdaten enthalten. Im Allgemeinen bestehen ERP-Datenmodelle aus Tausenden von kryptischen Datenbanktabellen mit komplizierten Beziehungen. Um dieses Datenmodell für Geschäftsanwendungen zugänglich zu machen, werden auf diesen Tabellen Views angelegt. Diese Views wandeln die zugrunde liegenden Strukturen und Beziehungen in ein Kerndatenmodell um, das für den Menschen leichter verständlich ist. Kundenaufträge werden beispielsweise in mehreren zusammengehörigen Tabellen gespeichert, die dann von einer einzigen Sicht gekapselt werden, die das Business-Objekt Kundenauftrag darstellt. Wie in der Datenbankdomäne üblich, werden diese Views mithilfe von SQL-Anweisungen definiert, die verschiedene Tabellen kombinieren (z. B. JOIN, UNION) und Spalten nach Bedarf umbenennen. Im Kontext moderner ERP-Systeme wird diese View-Technologie durch Geschäftssemantik in Form von Annotationen erweitert. Dadurch können domänenspezifische Semantiken zur gesamten View oder zu einzelnen Feldern innerhalb der View hinzugefügt werden. Beispielsweise könnte das Kundenauftragsfeld Umsatz mit einer Währungsannotation angereichert werden, sodass ERP-Engines automatisch Währungsumrechnungen anwenden. Ebenso könnte das Feld für den geschätzten Umsatz um eine Prognoseannotation erweitert werden, mit der die zugrunde liegende Engine für Künstliche Intelligenz den Wert vorhersagen kann. Dieser Ansatz vermeidet redundante Datenmodellierung, senkt die Entwicklungskosten und erhöht die Verständlichkeit. Darüber hinaus werden übergreifende Themen für Künstliche Intelligenz wie Erweiterbarkeit und Sicherheit einheitlich behandelt, da sie alle auf demselben Kerndatenmodell basieren.

Moderne ERP-Produkte erfüllen die Marktanforderungen an hybride Betriebsmodelle, indem sie konsistente Datenmodelle und kompatible Geschäftsprozesse anbieten. In der Regel werden mehrere Bereitstellungsoptionen unterstützt, darunter On-Premise, Public Cloud und Private Cloud. Private Cloud bezeichnet eine Cloud-Umgebung, die vollständig für eine Organisation gehostet wird und alle relevanten Cloud-Komponenten enthält, die vom ERP-Anbieter verwaltet werden. Aus Sicht des Kunden ist Private Cloud ein Bereitstellungsmodell, bei dem die Cloud-Infrastruktur ausschließlich von einer einzigen Organisation genutzt und über ein Virtual Private Network (VPN) aufgerufen wird. Sie ist Eigentum des Kunden und wird vom Kunden verwaltet. Im Gegensatz dazu ist die Public Cloud ein Bereitstellungsmodell, bei dem die Cloud-Infrastruktur von mehreren Kunden gemeinsam genutzt und über das Internet aufgerufen wird. Der ERP-Anbieter besitzt und verwaltet in der Regel die Infrastruktur und Unternehmenssoftware für die Public Cloud. On-Premise-ERP-Software wird auf Computern am Standort des Kunden und nicht in einer Remote-Einrichtung wie einer Serverfarm oder Cloud im Internet installiert und ausgeführt. Die vorgeschlagene Lösungsarchitektur für Künstliche Intelligenz ist über verschiedene Bereitstellungsoptionen hinweg invariant und funktioniert in On-Premise-, Private-Cloud- und Public-Cloud-Umgebungen.

Im Kontext der Künstlichen Intelligenz ist es ein entscheidendes Prinzip, die Algorithmen zu den ERP-Daten zu bringen und nicht umgekehrt. Algorithmen bestehen in der Regel aus wenigen Codezeilen, sind in sich abgeschlossen sind und können flexibel implementiert werden. Im Gegensatz dazu sind die Anwendungsdaten umfangreich und enthalten zahlreiche Abhängigkeiten. Daher ist das Replizieren oder Extrahieren von Anwendungsdaten häufig eine komplexe und TCO-intensive Aufgabe (z. B. Handhabung von Deltas, Erfüllung von Performance-Anforderungen, semantische Interpretation von Daten) und sollte vermieden werden. Dieser Sachverhalt spiegelt sich in der vorgeschlagenen Lösungsarchitektur für Künstliche Intelligenz wider, die den Datentransfer so weit wie möglich minimiert. Konkret wird das Architekturmuster der Embedded AI definiert, das die oben genannte goldene Regel als ihr Kernparadigma umsetzt.

6.2 Lösungsarchitektur

In diesem Kapitel konzentrieren wir uns auf die Lösungsarchitektur und die konzeptionellen Grundlagen für die Integration von Künstlicher Intelligenz in ERP-Software. Der vorgeschlagene Ansatz löst im Wesentlichen die notwendigen ERP-Eigenschaften für Künstliche Intelligenz und die beschriebenen Anwendungsmuster der Künstlichen Intelligenz auf, die beide in Kap. 5 erläutert wurden. Um eine allgemein gültige Lösung zu entwickeln, basiert die Architektur auf den ERP-Referenzprozessen aus Kap. 2, der ERP-Referenzarchitektur aus Kap. 3 und der ERP-Referenztechnologie für Künstliche Intelligenz aus Kap. 4. Viele der ERP-Eigenschaften (z. B. Kommerzialisierung, Sicherheit, Wiederherstellung) werden durch die vorhandenen Konzepte und die Infrastruktur von ERP-Systemen gelöst. Diese Ausarbeitung konzentriert sich ausschließlich auf die Konzepte und Techniken, die wir für Künstliche Intelligenz neu entwickelt haben. Der Schwerpunkt liegt also auf den Herausforderungen, die spezifisch für Künstliche Intelligenz sind und neue Konzepte und ein neues Implementierungs-Framework erfordern. Herausforderungen, die mit bestehenden Konzepten und Technologien gelöst werden können, betrachten wir als selbstverständlich und werden sie nicht weiter ausführen.

Erweiterte Rechenfunktionen, fortschrittliche Algorithmen und der Zugriff auf riesige Datenmengen ermöglichen die Integration von Funktionen der Künstlichen Intelligenz in ERP-Software. Darüber hinaus beschleunigen die In-Memory-Datenbanksysteme, die moderne ERP-Produkte unterstützen, die Verarbeitung, kombinieren Analyse- und Transaktionsdaten und fördern Innovationen durch integrierte Bibliotheken für Künstliche Intelligenz. KI-Technologieplattformen ermöglichen die Erweiterung von ERP-Lösungen um neue Funktionen, die das gesamte Spektrum von der einfachen Nutzung intelligenter Services bis hin zum Training und der Implementierung benutzerdefinierter Modelle für Künstliche Intelligenz umfassen.

Grundlegende Aufgaben wie Ranking, Kategorisierung und Prognose können mithilfe herkömmlicher Algorithmen wie Klassifikation, Clustering, Regression oder Zeitreihenanalyse ausgeführt werden. Diese Algorithmen verbrauchen in der Regel minimale Speicher- und CPU-Ressourcen, sodass sie direkt in der ERP-Plattform implementiert werden können, auf der sich sowohl die Anwendungsdaten für das Modelltraining als auch die von Künstlicher Intelligenz gesteuerten Geschäftsprozesse befinden. Dieser Architekturansatz, den wir als eingebettete Künstliche Intelligenz bezeichnen, bietet niedrige Gesamtbetriebskosten (TCO) und niedrige Gesamtentwicklungskosten (TCD), da da-

6.2 Lösungsarchitektur

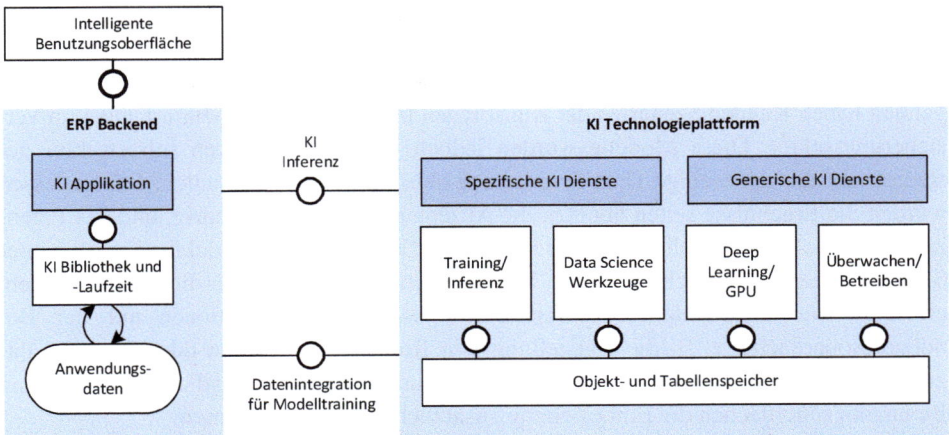

Abb. 6.2 Lösungsarchitektur für Künstliche Intelligenz

durch Datentransfers und zusätzliche Software entfallen. Wie in Abb. 6.2 dargestellt, stützt sich die Architektur der eingebetteten Künstlichen Intelligenz auf Bibliotheken der Künstlichen Intelligenz, die vom Datenbanksystem bereitgestellt werden. Datenwissenschaftler ermitteln folglich die geeigneten Algorithmen und erforderlichen Anwendungsdaten für das Modelltraining, um ein spezifisches Problem der Künstlichen Intelligenz während der Explorationsphase zu lösen. Entwickler erstellen dann die erforderlichen Pipelines, um die Algorithmen mit den relevanten Anwendungsdaten zu trainieren und die daraus resultierenden Ergebnisse in Geschäftsprozesse oder Benutzungsoberflächen zu integrieren.

Komplexere Aufgaben wie Bilderkennung, Stimmungsanalyse und Verarbeitung natürlicher Sprache erfordern Deep-Learning-Algorithmen, die auf neuronalen Netzwerken basieren. Diese Algorithmen benötigen in der Regel große Datenmengen und eine umfangreiche GPU-Verarbeitung für das Modelltraining. Um die Auswirkungen auf das transaktionale ERP-System zu minimieren und eine Verschlechterung der Performance für Geschäftsprozesse zu vermeiden, empfehlen wir, solche Szenarien auf KI-Technologieplattformen auszulagern. Dieses architektonische Muster bezeichnen wir als Side-by-Side AI. In den meisten Fällen werden die für diese Szenarien benötigten Daten, wie Bilder, Audio, Textdokumente, historische Daten und Anwendungsprotokolle, nicht in ERP-Systemen, sondern in Business Data Lakes gespeichert. In der Regel basiert die Verwendung eines trainierten Modells auf Remote-Schnittstellen, die in Geschäftsprozesse und Benutzungsoberflächen integriert sind. Für eine umfangreiche Verarbeitung müssen diese Schnittstellen jedoch entweder Massenoperationen unterstützen oder ein lokales Deployment von Inferenzmodellen ermöglichen.

Unser Ziel ist es, der richtigen Person, am richtigen Ort und zur richtigen Zeit Inferenzergebnisse zu liefern (integrierte Künstliche Intelligenz). Im Idealfall sollten sich Nutzer nicht einmal dessen bewusst sein müssen, ob ein Feature auf Künstliche Intelligenz angewiesen ist. ERP-Benutzer sind in der Regel Geschäftsexperten mit begrenztem Verständnis für Data Science und statistische Techniken. Daher ist es entscheidend, diese mathematischen Elemente zu verbergen und die Inferenzergebnisse in die Geschäftssprache des ERP-Benutzers zu übersetzen, um die effektive Nutzung und Einführung von auf Künstlicher Intelligenz basierenden Geschäftsanwendungen zu gewährleisten. In der Vergangenheit haben Kunden Szenarien der Künstlichen Intelligenz implementiert, etwa im Versicherungssektor. Diese Modelle wurden jedoch von einer unklaren Infrastruktur gesteuert, auf die nur wenige Data-Science-Spezialisten zugreifen konnten. Infolgedessen wurden die Ergebnisse selten genutzt, die Akzeptanzraten waren niedrig, und das Potenzial der Künstlichen Intelligenz blieb ungenutzt. Daher ist die Entwicklung intelligenter Systeme unter Berücksichtigung der Benutzerfreundlichkeit unerlässlich. Insbesondere erfordert Künstliche Intelligenz zusätzliche Visualisierungsfunktionen auf der Benutzungsoberfläche, z. B. die Darstellung von Konfidenzintervallen oder Prognosediagrammen. Daher erfordert die Integration von Funktionen für Künstliche Intelligenz in Benutzungsoberflächen die Einbeziehung zusätzlicher UI-Komponenten.

In den folgenden Abschnitten werden wir tiefer in die eingebettete und parallele Architektur der Künstlichen Intelligenz eintauchen. Der Schwerpunkt liegt hier auf der Entwicklungsarchitektur, da die Data-Science-Aufgaben bereits in früheren Abschnitten besprochen wurden.

6.3 Embedded AI

Wir empfehlen die Verwendung von Embedded AI für Anwendungen wie Ranking, Kategorisierung und Vorhersage, bei denen herkömmliche Techniken wie Klassifizierung, Clustering und Regression geeignet sind. Normalerweise enthalten ERP-Systeme Bibliotheken und Laufzeiten für Künstliche Intelligenz, die eingebettete Szenarien von Künstlicher Intelligenz ermöglichen, ohne Anwendungsdaten zu übertragen. Data Scientisten führen Experimente und Analysen durch, um die erforderlichen Algorithmen und Datenattribute für das Modelltraining zu ermitteln, um spezifische Probleme mit Künstlicher Intelligenz zu lösen. Diese Informationen bilden die Grundlage für die Entwicklung eines Anwendungsfalls für Künstliche Intelligenz, der hier im Mittelpunkt steht. Wie in Abb. 6.3 gezeigt, basiert die Lösung auf zwei Architekturentscheidungen:

1. Nutzung der Laufzeit und Bibliotheken der Künstlichen Intelligenz, die vom Datenbanksystem bereitgestellt werden.
2. Verwendung von Views als Bestandteil des Datenmodells zum Zugriff auf Trainingsdaten und zur Nutzung von Inferenzergebnissen.

In der Vergangenheit wurden Datenbankmanagementsysteme entwickelt, um die Performance auf Hardware mit begrenztem Hauptspeicher zu optimieren, wobei der Fokus auf der Verbesserung des Festplattenzugriffs lag, z. B. die Minimierung der Anzahl der während der Abfrageverarbeitung in den Hauptspeicher gelesenen Festplattenseiten. Heutzutage haben sich Rechnerarchitekturen weiterentwickelt und bieten Mehrkernprozessoren, die parallele Verarbeitung und schnellere Kommunikation zwischen

6.3 Embedded AI

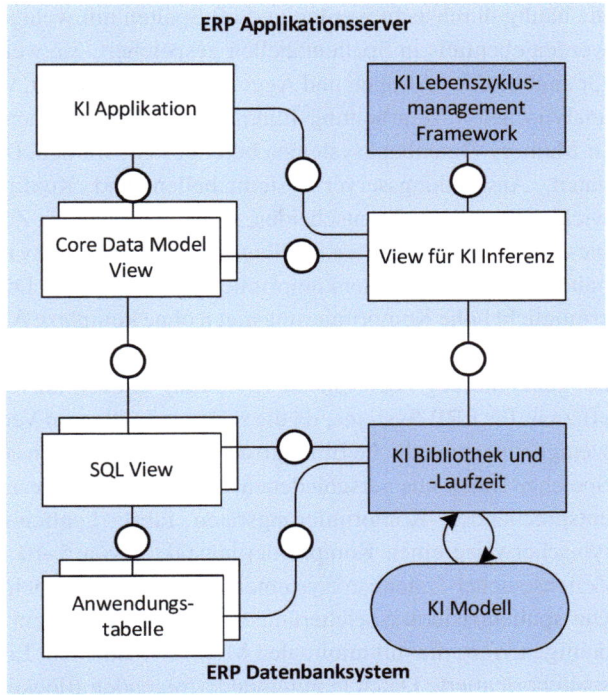

Abb. 6.3 Embedded-AI-Architektur

Prozessorkernen ermöglichen. Große Hauptspeicher sind zunehmend zugänglich und erschwinglich, und Server-Setups umfassen nun Hunderte von Kernen und mehrere Terabyte Hauptspeicher. Diese modernen Rechnerarchitekturen eröffnen neue Chancen und Herausforderungen. Da nun alle relevanten Daten im Speicher abgelegt werden können, stellt der Festplattenzugriff keinen Performance-Engpass mehr dar. Mit zunehmender Kernanzahl können CPUs innerhalb eines bestimmten Zeitrahmens erheblich mehr Daten verarbeiten, wodurch der Performance-Engpass auf die I/O-Vorgänge zwischen CPU-Cache und Hauptspeicher verschoben wird. Moderne ERP-Produkte nutzen In-Memory-Datenbankmanagementsysteme, die alle relevanten Daten im Hauptspeicher halten, um die Vorteile moderner Hardware zu nutzen. In-Memory-Datenbanksysteme sind darauf ausgelegt, die parallele Verarbeitung durch Mehrkernprozessoren zu unterstützen. Diese Systeme umfassen ein relationales Datenbankmanagementsystem, bei dem Tabellen entweder zeilenbasiert oder spaltenbasiert im Speicher abgelegt werden können. Konzeptionell ist eine Datenbanktabelle eine zweidimensionale Datenstruktur, die aus Zellen besteht, die in Zeilen und Spalten organisiert sind; der Speicher ist jedoch linear strukturiert. Zum Speichern einer Tabelle im linearen Speicher gibt es zwei Möglichkeiten: den Zeilenspeicher, der eine Folge von Datensätzen mit den Feldern einer Zeile enthält, und den Spaltenspeicher, bei dem die Daten einer Spalte an aufeinanderfolgenden Speicherorten abgelegt werden. Bewegungsdaten werden in modernen ERP-Systemen in der Regel in Spaltentabellen gespeichert, da diese eine schnelle Suche, Ad-hoc-Reporting und dynamische Aggregationen ermöglichen und von der Komprimierung profitieren. Stammdaten, die häufig durchsucht werden und oft Spalten mit wenigen eindeutigen Werten enthalten, werden ebenfalls in Spaltentabellen gespeichert. Sie werden häufig mit Bewegungsdaten für analytische Abfragen und Aggregationen verknüpft, was am effizientesten mithilfe der analytischen Verarbeitungsfunktionen des Spaltenspeichers erfolgt, die von In-Memory-Datenbanksystemen bereitgestellt werden. Der Zeilenspeicher wird für Metadaten, Anwendungsserver-Systemtabellen und Konfigurationsdaten verwendet. Entwickler können auch entscheiden, Geschäftsdaten im Zeilenspeicher zu speichern, wenn diese bestimmte Kriterien erfüllen. Das Ziel, alle relevanten Daten im Hauptspeicher zu halten, wird durch Datenkomprimierung unterstützt. Die spaltenorientierte Speicherung ermöglicht hohe Komprimierungsraten ohne komplexe Algorithmen, da jede Spalte Datensätze mit identischen Datentypen enthält, was Standardkomprimierungsverfahren wie Längenkodierung oder Cluster-Kodierung einfach anwendbar macht. Dies ist besonders effizient für ERP-Systeme, da die meisten Spalten im Vergleich zur Anzahl der Zeilen nur wenige unterschiedliche Einträge aufweisen. Im Gegensatz dazu enthält der zeilenbasierte Speicher Daten aus verschiedenen Spalten, was zu geringerer Datenfragmentierung und entsprechenden Komprimierungsraten führt. Spaltenorientierte Speicherung erreicht typischerweise einen Komprimierungsfaktor von 5–10 im Vergleich zu herkömmlichen Zeilenspeicher-Datenbanksystemen, obwohl dies je nach Datenvariabilität variieren kann. Die spaltenbasierte Speicherung ist besonders effizient bei Spalten mit nur einem eindeutigen Wert, die mit minimalen Metadaten und dem Einzelwert gespeichert werden. Da spaltenorientierte Daten in aufeinanderfolgenden Blöcken gespeichert werden, sind keine komplexen Algorithmen erforderlich, um die Daten zu lokalisieren, zu identifizieren und zu komprimieren, was zu einer erheblichen Reduzierung der Datengröße führt. Darüber hinaus ermöglicht der Spaltenspeicher die parallele Verarbeitung über mehrere Prozessorkerne hinweg, da Daten in einem Spaltenspeicher vertikal partitioniert sind. In-Memory-Datenbanksysteme bieten eine hohe Performance für Lese- und Schreibvorgänge und unterstützen transaktionale und analytische Anwendungsfälle. Diese Systeme bieten zudem Funktionen für Textanalyse und Suche, georäumliche Verarbeitung, Zeitreihenanalyse, Streaming und räumliche Verarbeitung. In-Memory-Datenbankmanagementsysteme bieten auch Bibliotheken und Laufzeiten für Künstliche Intelligenz, die im Kontext der Embedded-AI-Architektur eingesetzt werden, wie in Abb. 6.3 gezeigt. Das grundlegende Datenmodell wird durch die Verwendung von Views realisiert, wodurch Entwickler beim Aufbau semantisch reicher Datenmodelle unterstützt werden. Views erweitern SQL und ermöglichen die Definition und Nutzung dieser Datenmodelle in Anwendungen, was zu höherer Produktivität, Benutzerfreundlichkeit, Performance und Interoperabilität führt. Views basieren auf einer Sammlung domänenspezifischer Sprachen und Services, um semantisch angereicherte Datenmodelle zu definieren und zu nutzen:

- Data Definition Language (DDL) wird verwendet, um semantisch reichhaltige Domänendatenmodelle zu definieren und diese abzurufen, und erweitert Native SQL für höhere Produktivität.
- Query Language (QL) wird zum Konsumieren von View-Entitäten über SQL zum Lesen von Daten verwendet.

- Data Control Language (DCL) legt Berechtigungen für Views fest und verwaltet den Datenzugriff, integriert in Berechtigungskonzepte.
- Data Manipulation Language (DML) wird zum Schreiben von Daten eingesetzt.

Das Datenmodell wird auf Datenbankebene und nicht auf Anwendungsebene definiert und konsumiert, und bietet Funktionen, die herkömmliche Datenmodellierungstools übertreffen. Dieser Ansatz unterstützt SQL-konforme View-Definitionen, sodass Entwickler SQL-Funktionen wie JOIN-, UNION- und WHERE-Klauseln verwenden können. Assoziationen können verwendet werden, um Beziehungen zwischen Views zu modellieren, während Aliase Tabellen mit verständlicheren Namen umbenennen können. Views unterstützen auch Annotationen zum Definieren von Metadaten, z. B. das Festlegen von Datums- und Zeitfeldern zur Angabe der Erstellungs- oder Aktualisierungszeit. Weitere Datenmodellfunktionen umfassen Parameter, View-Erweiterungen, Bereitstellung als OData-Services und Anker für Verhaltensdefinitionen. Annotationen ermöglichen die Klassifizierung von Entitäten basierend auf ihrer Wiederverwendung und den bereitgestellten Inhalten.

Der Top-Down-Ansatz verwendet die Code-Pushdown-Technik, wodurch Berechnungen auf dem Datenbanksystem und nicht auf dem Anwendungsserver durchgeführt werden. Diese Technik verlagert Berechnungen nur, wenn es sinnvoll ist. Beispielsweise kann zur Berechnung des Gesamtbetrags aller Rechnungspositionen eine Aggregationsfunktion (z. B. SUM()) in der Datenbank verwendet werden, anstatt die Summe in einer Schleife auf dem ERP-Anwendungsserver zu berechnen. Dies führt zu einem schnelleren Datenabruf und einer verbesserten Anwendungsperformance und Reaktionszeit. Herkömmliche ERP-Systeme unterstützten verschiedene Datenbanksysteme, was eine entsprechende Datenzugriffsabstraktion erforderte und mehr Daten zwischen Datenbank und Applikationsserver austauschte als nötig. Datenintensive Operationen wurden auf dem Anwendungsserver und nicht auf der Datenbank durchgeführt, um die Performance zu verbessern. Moderne ERP-Produkte mit In-Memory-Datenbanksystemen bieten jedoch eine deutliche Optimierung. Wie in Abb. 6.3 dargestellt, wird für jede auf Anwendungsserverebene definierte View eine SQL-View auf dem Datenbanksystem generiert. Alle SQL-Anweisungen, die auf die Views angewendet werden, werden an die SQL-View übergeben und auf Datenbankebene ausgeführt, um optimale Performance zu erzielen. Beispielsweise werden Berechtigungsprüfungen, die zuvor auf dem ERP-Anwendungsserver durchgeführt wurden, nun an das Datenbanksystem übergeben, indem SQL-Anweisungen automatisch um WHERE-Klauseln erweitert werden. Das Datenmodell besteht aus Tausenden von Views, da es von allen Geschäftsprozessen für den Zugriff auf Anwendungsdaten verwendet werden. Dadurch kann die Performance all dieser Geschäftsprozesse systematisch verbessert werden, da alle Datenzugriffe auf das Datenbanksystem verlagert werden. Views können mit SQL-Anweisungen definiert oder mit SQLScript codiert werden, typischerweise mit den Klassen der zugrunde liegenden Programmiersprache des Applikationsservers. Während der Laufzeit wird der SQLScript-Code für optimale Performance an die Datenbank übergeben. Wenn die View-Logik zu komplex ist, um durch SQL-Anweisungen ausgedrückt zu werden, wird der skriptbasierte

Ansatz verwendet. Aus der Sicht der Nutzung gibt es keinen Unterschied zwischen Views, die auf SQL-Deklarationen oder SQLScript-Coding basieren.

Die Prozessierung von Algorithmen für Embedded AI kann ressourcenintensiv sein, da große Mengen von Anwendungsdaten verarbeitet werden müssen. Um die Performance zu optimieren, empfehlen wir, diese Algorithmen in der Nähe der Anwendungsdaten zu verarbeiten. In-Memory-Datenbanken bieten Bibliotheken für statistische und Data-Mining-Algorithmen, die bei Bedarf um zusätzliche Methoden erweitert werden können. Diese Algorithmen werden vom KI-Lebenszyklusmanagement-Framework aufgerufen und koordiniert, wie in Abb. 6.3 dargestellt. Die Algorithmen benötigen Anwendungsdaten als Eingabe für das Modelltraining, wobei die Datenmodellsicht mit ihren SQL-Views und Anwendungstabellen zu diesem Zweck wiederverwendet werden können. Der Data Scientist definiert eine Datenmodellsicht oder verwendet eine vorhandene, die alle Anwendungsdaten umfasst, die zum Trainieren des Algorithmus der Künstlichen Intelligenz erforderlich sind. Die entsprechende SQL-View arbeitet auf Datenbankebene und dient als Dateneingabe für das Training des Algorithmus. Nach dem Training wird das resultierende Modell in der Datenbank gespeichert und als Datenmodellsicht zur Verfügung gestellt. Diese Sicht basiert oft auf SQLScript-Coding und enthält Spalten, die vom zugrunde liegenden Algorithmus für Künstliche Intelligenz berechnet wurden. Diese Sicht wird in Geschäftsprozesse und Benutzeroberflächen integriert, die in Abb. 6.3 als Anwendung für Künstliche Intelligenz bezeichnet sind. Trainierte Modelle werden so durch View-Wrapping für Geschäftsprozesse zugänglich gemacht. Diese Sichten können mit anderen Sichten des Datenmodells kombiniert und zur Nutzung bereitgestellt werden, was zu einer einfachen und leistungsstarken Lösungsarchitektur führt. Das KI-Lebenszyklusmanagement-Framework, wie in Abb. 6.4 dargestellt, überwacht die gesamte Orchestrierung der beschriebenen Schritte. Das Framework bietet eine einheitliche Schnittstelle für Implementierung, Betrieb und Nutzung von Modellen der Künstlichen Intelligenz, unabhängig von den zugrunde liegenden Technologie-Engines. Ziel ist es, den Umgang mit Modellen der Künstlichen Intelligenz zu standardisieren und eine einfache, gemeinsame Schnittstelle bereitzustellen, die es Anwendungen ermöglicht, mit verschiedenen Bibliotheken der Künstlichen Intelligenz zu interagieren, ohne technologiespezifische Codeentwicklung.

Konsumierende Anwendungen interagieren nur mit APIs und vermeiden die direkte Interaktion mit niedrigstufigen KI-Bibliotheken, was auch den Wechsel der zugrunde liegenden Technologie erleichtert. Das Framework bietet ein Repository für Modelle der Künstlichen Intelligenz, das Modelltypen (z. B. Regression, Klassifizierung, Zeitreihen und Deep Learning), Modelldatenquellen, Modelltrainingsdaten und Modellqualitätskennzahlen umfasst, um die Validierung und den Modellvergleich zu erleichtern. Zudem unterstützt das Framework das Lebenszyklusmanagement zugehöriger Artefakte, wie Transport innerhalb der Systemlandschaft, Auslieferungstechniken und Upgrade-Mechanismen. Es bietet auch Konfigurationsfunktionen für das Modelltraining basierend auf Kundendaten in ihrer Entwicklungslandschaft. Diese Lösungsarchitektur integriert sich nahtlos in das ERP-Programmiermodell, was den Schulungsbedarf für Entwickler

6.3 Embedded AI

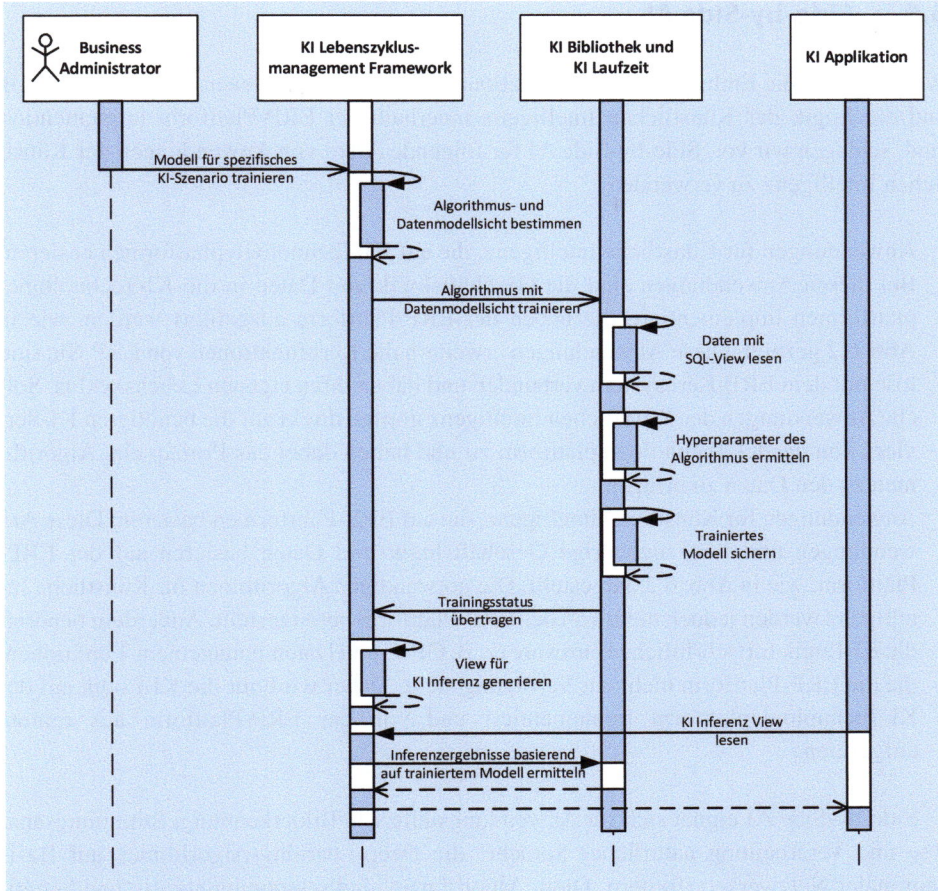

Abb. 6.4 Eingebetteter Ablauf der Künstlichen Intelligenz

verringert und die Nutzung vorhandener ERP-Konzepte sowie Kernkomponenten des Datenmodells und Werkzeuge fördert. Die Architektur deckt den komplexen Bedarf an Erweiterbarkeit ab, indem sie das ERP-Programmiermodell mit Erweiterungspunkten nutzt. Die Orchestrierung mehrerer Algorithmen oder Datentransformationen wird ebenfalls unterstützt. Generelles Lebenszyklusmanagement und Betrieb werden von grundlegenden ERP-Tools und -Konzepten übernommen. Gesetzeskonformität wird erreicht, da keine Anwendungsdaten außerhalb des ERP-Systems übertragen werden und die konformen Datenzugriffsmechanismen des ERP genutzt werden. Die Algorithmen im In-Memory-Datenbanksystem können sofort verwendet werden. Die Lösung ist unabhängig vom Betriebsmodell und kompatibel mit Public-Cloud-, On-Premise- und Private-Cloud-verwalteten Installationen.

6.4 Side-by-Side AI

Während sich die Embedded AI auf Situationen konzentriert, in denen die Geschäftslogik und die Logik der Künstlichen Intelligenz innerhalb der ERP-Plattform implementiert sind, schlagen wir vor, Side-by-Side AI für folgende Arten von Anwendungen der Künstlichen Intelligenz zu verwenden:

- Anwendungen für Künstliche Intelligenz, die auf KI-Technologieplattformen basieren: Bei diesen Anwendungen sind die Geschäftslogik und Daten in die KI-Technologieplattformen implementiert, die neben der ERP-Plattform ausgeführt werden, wie in Abb. 6.2 gezeigt. Diese Anwendungen erweitern die Kernfunktionen von ERP. Sie sind lose mit dem ERP-Kernsystem verbunden und haben ihren eigenen Lebenszyklus. Solche Anwendungen der Künstlichen Intelligenz greifen direkt auf die benötigten KI-Services von der KI-Technologieplattform zu und halten dabei das Prinzip ein, Algorithmen zu den Daten zu bringen.
- Anwendungen für Künstliche Intelligenz, die auf ERP-Plattformen basieren: Diese Anwendungen und ihre zugehörige Geschäftslogik und Daten basieren auf der ERP-Plattform, wie in Abb. 6.2 dargestellt. Die notwendigen Algorithmen für Künstliche Intelligenz werden jedoch nicht von der ERP-Plattform bereitgestellt. Außerdem benötigt die KI-Logik fortschrittliche Hardware (z. B. GPU) und Datenmanagement-Funktionen, die die ERP-Plattform nicht zur Verfügung stellt. Daher wird nur die KI-Logik auf der KI-Technologieplattform implementiert und von der ERP-Plattform aus remote aufgerufen.

Side-by-Side AI eignet sich für Anwendungsfälle wie Bilderkennung, Stimmungsanalyse und Verarbeitung natürlicher Sprache, die Deep-Learning-Algorithmen auf Basis neuronaler Netzwerke erfordern. Diese Algorithmen sind ressourcenintensiv und benötigen oft große Datenmengen und GPU für das Modelltraining. Um die Belastung des transaktionalen ERP-Systems zu minimieren und akzeptable Antwortzeiten für Geschäftsprozesse aufrechtzuerhalten, werden Side-by-Side-AI-Szenarien auf die KI-Technologieplattform skaliert, wie in Abb. 6.2 gezeigt. KI-Technologieplattformen werden von Firmen wie Amazon, Google, Microsoft, SAP und Start-ups bereitgestellt. Diese Infrastruktur ergänzt die Gesamtlösung, wenn bestimmte Algorithmen nicht auf der ERP-Plattform verfügbar sind, herkömmliche Methoden (z. B. Regression, Klassifizierung) zu viele Ressourcen des ERP-Systems verbrauchen oder große Mengen externer Daten (z. B. Facebook, Twitter) für das Modelltraining benötigt werden. Insbesondere ERP-Erweiterungsanwendungen sollten die Funktionen der KI-Technologieplattform nutzen, da die Anwendungsdaten und Geschäftsprozesse in der Regel auf der KI-Technologieplattform basieren. Dieser Ansatz befolgt die goldene Regel, Algorithmen zu den Daten zu bringen. Da Side-by-Side-AI-Szenarien auf KI-Technologieplattformen beruhen, stellt sich die Frage: Wie integrieren wir diese Technologie in ERP für Modelltraining und Inferenz? Diese Frage werden wir in den nachfolgenden Abschnitten behandeln.

6.4 Side-by-Side AI

Die KI-Technologieplattform ist ein entscheidendes Element in der Side-by-Side-AI-Architektur. Sie ist in der Regel für Cloud-Umgebungen konzipiert und kann jedoch in eine Hybrid- oder On-Premise-Umgebung implementiert werden, die den gesamten durchgängigen Lebenszyklus abdeckt, um Mehrwert aus Daten zu ziehen. Durch die Kombination von Künstlicher Intelligenz und Informationsmanagement ermöglichen die Plattformen Unternehmen, Künstliche Intelligenz und Data Science in komplexen, realen Unternehmensszenarien effektiv zu implementieren. Die KI-Technologieplattform unterstützt Kunden dabei, Erkenntnisse aus ihren Datenbeständen zu gewinnen, zu verfeinern, zu steuern, zu koordinieren und zu skalieren. Dies umfasst alle Anwendungsfälle für das Datenmanagement, die sich mit verschiedenen Arten von Daten (strukturiert, unstrukturiert, Streaming), Integrationsansätzen (Batch, Echtzeit, nahezu Echtzeit) und Verarbeitungsmustern (offline, online, lambda) befassen. Zu den wichtigsten Funktionen der KI-Technologieplattform gehören:

- Datenkonnektivität und -orchestrierung: Das zentrale Verbindungsmanagement kann verwendet werden, um Daten überall dort zu verbinden, wo sie sich befinden – On-Premise oder in der Cloud – und unabhängig vom Datentyp – strukturiert, unstrukturiert, Streaming – und sie mit flexiblen Datenpipelines zu integrieren. Die Datenverarbeitung kann in verteilten und heterogenen Landschaften koordiniert werden, indem alle ERP- oder Nicht-ERP Verarbeitungs-Engines in der Nähe der Datenquellen ausgeführt werden, um die zu replizierende Datenmenge zu minimieren.
- Daten-Governance und -Katalogisierung: Das Metadatenmanagement ermöglicht Funktionen, wie z. B. Datenherkunft, Datenqualität, Profiling, Datenermittlung und Suche von Datasets, um die Auditierbarkeit und Governance sicherzustellen. So erhalten die IT-Teammitglieder die Flexibilität und Kontrolle, die sie benötigen, um zu gewährleisten, dass vertrauenswürdige und genaue Daten leicht von den Teams gefunden werden können, die sie benötigen. Alle Daten sind in einer einzigen Lösung integriert.
- Durchgängiges Lebenszyklusmanagement für Modelle der Künstlichen Intelligenz: Data-Science- und KI-Projekte können von der Modellierung und Entwicklung bis zum Betrieb für alle Unternehmensdatenbestände verwaltet werden. Das zentrale Repository ermöglicht die Versionierung und einen maßgeschneiderten Prozess für das Lebenszyklusmanagement für Projekte der Künstlichen Intelligenz. Datenermittlung, -zugriff, -vorbereitung und -experimente in Jupyter Notebook werden unterstützt. Eine Bibliothek vortrainierter Modelle für die gängigsten funktionalen Services können genutzt werden und unterstützen die Implementierung, das Training und die Überwachung aller Modelle. Zugriff auf einsatzbereiten, anpassbaren Business Content in Bezug auf Operatoren und Vorlagen werden ermöglicht. Schließlich bietet die KI-Technologieplattform eine Umgebung für die Bereitstellung und den Betrieb von Modellen, die Rückintegration von Ergebnissen in eine Anwendung oder für die verzögerte Nutzung sowie kontinuierliche Tests und Wartung aller Modelle in der Produktion.
- Eine integrierte Lösung: Die KI-Technologieplattform umfasst Datenpipelining, Orchestrierung, Künstliche Intelligenz und Metadatenkatalogisierung in einer einzigen

Lösung. Dies ist hilfreich, da Hyperscaler unterschiedliche Dienste für diese Funktionalitäten haben, die integriert werden müssen, während sich die wichtigsten Spieler und Nischenanbieter nur auf eine Teilmenge dieser Bereiche konzentrieren.
- Hybrid- und Multicloud-Implementierung: Die KI-Technologieplattform ist sowohl als Service in der Cloud als auch als Bring-Your-Own-Lizenz-Produkt verfügbar. Sie basiert in der Regel auf Kubernetes und ermöglicht so die Implementierung derselben Lösung in jedem Private-Cloud- oder On-Premise-Rechenzentrum.
- Native Integrationsfunktionen: Neben der Wiederverwendung aller relevanten Open-Source-Technologien und offenen Standards kann die KI-Technologieplattform auch ERP-Datenquellen und Engines integrieren und wiederverwenden. Die Pipelines der KI-Technologieplattform können nativ in ERP-Anwendungen integriert, Prozessketten und Jobs koordiniert und Streaming-Analyseszenarien ausgeführt werden.

Viele dieser Funktionen können heute in der Informationsmanagementlandschaft eines Kunden vorhanden sein, aber sie werden in der Regel auf vielfältige Weise über verschiedene Werkzeuge hinweg angeboten, die unterschiedliche Fähigkeiten und Frameworks erfordern. Die KI-Technologieplattform bietet hingegen eine umfassende Möglichkeit, alle Datentypen kohärent und intelligent zu verwalten. Die KI-Technologieplattform ist in der Regel so konzipiert, dass sie unternehmensweit von unterschiedlichen Benutzerprofilen genutzt wird. Vom Fachanwender mit technischer Affinität bis hin zu Entwicklern und Data Scientisten gibt es Module, Services und Werkzeuge für alle Ebenen. Der typische Lebenszyklus, den die KI-Technologieplattform unterstützt, umfasst die folgenden Phasen:

1. Datenmanagement: Eine umfassende Suite intelligenter Funktionen für Informationsmanagement ermöglicht den Umgang mit Daten, die den gesamten Prozess der Künstliche-Intelligenz-Implementierung beinhalten. Dadurch können IT-Unternehmensarchitekten, Dateningenieure und Datenmanagement-Experten Datensilos beseitigen und sicherstellen, dass Data-Science-Teams auf einfache Weise auf die erforderlichen Daten zugreifen können. Durch die Verwendung von Tools für Profiling, Vorbereitung und Zusammenführung von Daten können Data-Science-Teams schnell die Datensätze abrufen, die sie benötigen, um zur nächsten Phase überzugehen.
2. Experimentieren: Die KI-Technologieplattform stattet Data Scientisten mit vertrauten Tools wie Jupyter Notebook und grundlegenden Frameworks wie R, Python oder TensorFlow aus. Nach der Einrichtung können Data-Science-Teams eine Jupyter-Notebook-Umgebung nutzen, um Modelle zu entwickeln, die Open-Source-Frameworks, vortrainierte Services und visuelle Pipelines für die Orchestrierung der Datenaufnahme, Trainingsschritte oder mehrerer Modelle verwenden. Experimente zur Lösung bestimmter Geschäftsprobleme sind versionsgesteuert, sodass Teams verschiedene potenzielle Lösungen und Modelle erkunden und mühelos testen und iterieren können, bis sie sich auf ein für die Produktion geeignetes Modell einigen.
3. Produktisierung: Modelle können schnell in die Produktion übernommen werden, indem die erforderlichen Ressourcen wie Pipelines und Modellressourcen in einem KI-Szenario gebündelt werden. In der Produktion kann ein Team den Betrieb über-

6.4 Side-by-Side AI

nehmen, Produktionsdaten mit dem neuen Szenario verbinden, Trainingsläufe durchführen, Modelle auf Modellservern bereitstellen, in Geschäftsanwendungen integrieren und Erkenntnisse generieren. Modelle können zentral über ein Cockpit verwaltet werden, in dem Tests, erneutes Training und Qualitätsüberwachung durchgeführt werden können.

Modelle und Pipelines können während des gesamten Prozesses wiederverwendet, neu kombiniert und verfolgt und auf neue Szenarios angewendet werden, einschließlich der Wiederverwendung von Datensets. Data Scientisten nutzen die Funktionen der Künstlichen Intelligenz direkt über eine Reihe von Tools, die als Webanwendungen ausgeführt werden, entweder innerhalb der KI-Technologieplattform oder indirekt über Anwendungen, die REST-APIs aufrufen. Sowohl Werkzeuge als auch Backends, die REST-APIs bereitstellen, basieren auf dem Anwendungsserver, der bei der Benutzerauthentifizierung und Berechtigung an die Plattform unterstützt. Wie in Abb. 6.5 dargestellt, bietet die KI-Technologieplattform einen Data Lake für Geschäftsdaten, mit dem Anwendungsdaten aus dem ERP-System für das Training von Modellen der Künstlichen Intelligenz extrahiert werden können.

Die Pipeline-Engine erleichtert die Vor- und Nachverarbeitung von Anwendungsdaten, indem sie ein grafisches Programmiermodell für die Definition von Pipelines bereitstellt. Diese Pipelines verwalten Datenaufnahme-, Trainings- und Inferenzaufgaben und bestehen aus Operatoren und Datenflüssen, die sie verbinden. Operatoren können vorkonfigurierte Konnektoren für die Integration mit Datenquellen mithilfe von ERP-Plattformen, anpassbaren Python-Operatoren oder Service-Operatoren sein, die einen REST-Endpunkt exponieren. Für den Aufruf von generischen Funktionen wie Bildklassifizierung oder Services für Modelltraining stehen spezialisierte KI-Operatoren zur Verfügung. Das Operatorkonzept ist mit Frameworks von Drittanbietern kompatibel, die Data Scientisten bevorzugen. Die Pipeline-Engine basiert auf einer skalierbaren Kubernetes-Infrastruktur und koordiniert komplexe Datenfluss-Pipelines, unterstützt verschiedene Ausführungslaufzeiten (z. B. R, Python, Spark AI) und ermöglicht die Verbindung zu ERP-Systemen. Data Scientisten führen mithilfe gängiger Data-Science-Tools wie Jupyter Notebook und Python die Analyse und Funktionsentwicklung von Anwendungsdaten durch, um KI-Modelle zu definieren. In der Regel wird ein Framework für Deep-Learning-Szenarien bereitgestellt, welches Trainingsläufe mit GPU-Infrastruktur ermöglicht. Um Anwendungsfälle für Künstliche Intelligenz zu implementieren, müssen Anwendungsteams Szenarien für Künstliche Intelligenz einrichten und Pipelines modellieren. Die KI-Technologieplattform organisiert jeden Anwendungsfall für Künstliche Intelligenz über das Artefakt des Szenarios für Künstliche Intelligenz, welches alle Designzeitentitäten bündelt, die für die Implementierung einer KI-Applikation erforderlich sind. Dieses Artefakt verfolgt auch konsumierte und produzierte Artefakte wie Datensätze und Modelle für Künstliche Intelligenz sowie die von ihnen gemeldeten Metriken, die als Grundlage für das Lebenszyklusmanagement von Szenarien mit Künstlicher Intelligenz dienen.

Inferenz- und Trainingsprozesse werden als Pipelines entwickelt, die aus sequenziellen und parallelen Aufgaben bestehen. Für jedes Szenario mit Künstlicher Intelligenz wird

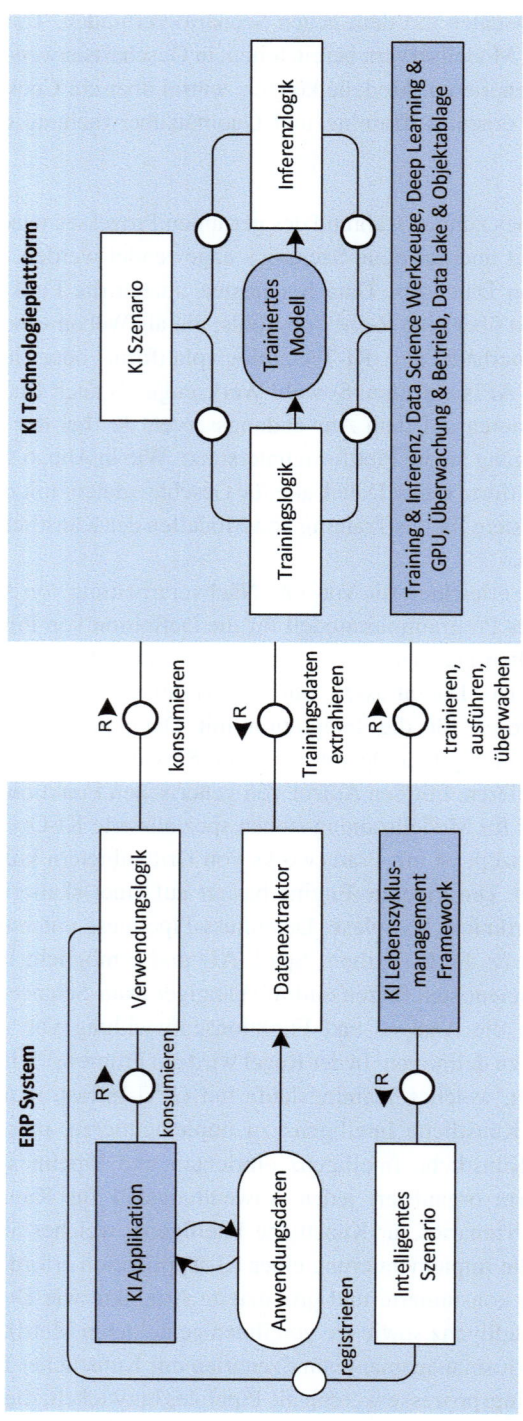

Abb. 6.5 Side-by-Side-AI-Architektur

6.4 Side-by-Side AI

eine Trainingspipeline bereitgestellt, die Trainingsdaten aus dem ERP-System verarbeitet, um Algorithmen für bestimmte Anwendungsfälle zu trainieren. Strukturierte Daten werden von einem tabellarischen Operator verwaltet und in einem Data Lake gespeichert, während unstrukturierte Daten von einem Objektspeicher und einem Big-Data-Speicher verarbeitet werden. Anwendungsdaten werden häufig nach einem Trainingslauf gelöscht, aber in Fällen mit häufigem, regelmäßigem Training müssen Deltas periodisch empfangen und für nachfolgende Trainingsläufe gespeichert werden. Anwendungsdaten können basierend auf der fortlaufenden Datenübertragung ohne Persistenz verarbeitet oder gestreamt werden. Trainings- und Inferenz-Pipelines werden über REST-Services bereitgestellt, die remote von Anwendungen der Künstlichen Intelligenz aufgerufen und in Geschäftsprozesse und Benutzeroberflächen integriert werden. Dadurch wird sichergestellt, dass Künstliche Intelligenz als integrierte Funktionen für die richtige Person, den richtigen Ort und die richtige Zeit bereitgestellt werden. Der Betrieb und die Überwachung von Modellen der Künstlichen Intelligenz werden über verschiedene Administrationsanwendungen verwaltet:

- Ein Operations-Cockpit für Künstliche Intelligenz zeigt bereitgestellte Modelle, ihre Laufzeit-KPIs und produzierte Artefakte an. Es ermöglicht die manuelle Aktivierung von Szenarien für Künstliche Intelligenz und Pipeline-Aufrufe sowie die Landschaftsverwaltung, die Modellkonfiguration und die Bereitstellung von Szenarien für Künstliche Intelligenz für andere Tenants.
- Die Szenarioeinplanung ermöglicht automatisierte Aufrufe der Pipeline-API.
- Ein Auswertungs-Cockpit stellt Data Scientisten KPIs für die im Einsatz befindlichen Inferenz-Pipelines/-Modelle während der Explorations- und erneuten Trainingsphasen zur Verfügung.

Wie in Abb. 6.5 dargestellt, entspricht innerhalb des ERP-Systems ein intelligentes Szenario dem Szenario der Künstliche Intelligenz auf der KI-Technologieplattform. Ein intelligentes Szenario ist ein Designobjekt, das einen Anwendungsfall für Künstliche Intelligenz darstellt und Metadaten wie den Namen und die Beschreibung des Anwendungsfalls enthält. Es enthält auch die kodierte Klasse, die für die Implementierung der Inferenzlogik des Modells für Künstliche Intelligenz verantwortlich ist. Auf der KI-Technologieplattform wird für jeden Anwendungsfall der Künstlichen Intelligenz eine Modelltrainings- und Inferenz-Pipeline bereitgestellt. Die Trainingspipeline nutzt die erforderlichen Anwendungsdaten basierend auf dem Datenextraktor, in der Regel eine Datenmodellsicht, die von der ERP-Anwendung realisiert wird. Diese Pipelines sind über REST-Services zugänglich und können vom ERP-System aus aufgerufen werden. Das KI-Lebenszyklusmanagement-Framework ruft generisch den Trainings-REST-Service auf, der über eine standardisierte Signatur verfügt. Diese Komponente verwaltet den Lebenszyklus der Künstlichen Intelligenz und bietet Funktionen wie die Planung von Trainingsjobs und deren Überwachung. Die Signatur der REST-Services für die Modellverwendung ist szenariospezifisch (z. B. Prognose des Kundenauftragserlöses oder Vorhersage des Forderungsausfallrisikos) und wird von der Klasse der Inferenzlogik verwaltet, wie in Abb. 6.5 dargestellt. Diese Klasse integriert den REST-Service in ein ERP-API, sodass Anwendungen der Künstlichen Intelligenz Inferenzergebnisse in Geschäftsprozesse und Benutzeroberflächen integrieren können. Optional können Inferenzergebnisse für Szenarien zwischengespeichert werden, die eine Performanceoptimierung erfordern. Die Klasse der Inferenzlogik wird für ein intelligentes Szenario im ERP-System registriert. Um ein konsistentes Programmiermodell über alle Anwendungsfälle der Künstlichen Intelligenz hinweg aufrechtzuerhalten, wird die Klasse durch die Implementierung von Schnittstellen standardisiert. Side-by-Side-AI-Szenarien müssen die Klasse für die Inferenzlogik im KI-Lebenszyklusmanagement-Framework über ein intelligentes Szenario registrieren. Während der Entwicklung werden Änderungen am intelligenten Szenario erwartet, sodass das Artefakt zunächst als Entwurf gesichert wird. Der Entwurfsstatus steuert den Transport des Szenario-Registrierungsinhalts innerhalb des KI-Lebenszyklusmanagement-Frameworks. ERP-Kunden haben oft Schwierigkeiten, die technischen und geschäftlichen Voraussetzungen zu verstehen, die für das Training und die Nutzung von Szenarien mit Künstlicher Intelligenz erforderlich sind. Beispielsweise ist ein angemessenes Datenvolumen für das Training von Algorithmen der Künstlichen Intelligenz notwendig, und die zugrunde liegenden Geschäftsprozesse müssen aktiviert und konfiguriert werden, um eine aussagekräftige Grundlage für den Trainingsprozess zu schaffen. Da die Anzahl der Szenarien für Künstliche Intelligenz zunimmt, ist eine manuelle Bewertung durch ERP-Kunden aufgrund hoher Gesamtbetriebskosten (TCO) und erheblicher Komplexität nicht mehr realisierbar. Folglich ist eine automatische Überprüfungsfunktion erforderlich, um zu examinieren, ob die erforderlichen Voraussetzungen für Training und Nutzung für jedes Szenario mit Künstlicher Intelligenz erfüllt sind. Intelligente Szenarien ermöglichen diese Überprüfungen durch die Implementierung einer konsistenten Schnittstelle. Dies ermöglicht die Bewertung der Bereitschaft und Konsistenz des Anwendungsfalls für Künstliche Intelligenz, beispielsweise die Ermittlung, ob ausreichende Daten für das Modelltraining verfügbar sind. Das KI-Lebenszyklusmanagement-Framework führt diese Prüfungen durch, um zu beurteilen, ob die Voraussetzungen für das Modelltraining erfüllt sind. Um die Erweiterbarkeit der kodierten Klassen durch Kunden zu ermöglichen, sollten Erweiterungspunkte integriert werden, mit denen Kunden beispielsweise die Inferenzlogik erweitern oder bestimmte Transformationen hinzufügen können.

Wie bereits erwähnt, müssen auf der KI-Technologieplattform das Szenario für Künstliche Intelligenz und die Pipeline-Artefakte definiert werden. Die Trainings- und Inferenz-Pipelines umfassen die erforderliche Logik für Künstliche Intelligenz und werden grafisch basierend auf Operatoren für Transformation, Validierung oder Algorithmus modelliert. Das Szenario für Künstliche Intelligenz dient als Verknüpfung zwischen allen Entwicklungsartefakten in der KI-Technologieplattform, um das Lebenszyklusmanagement zu adressieren. Die Trainings- und Inferenz-Pipelines werden über REST-Services für die ERP-Plattform bereitgestellt. Die Verbrauchslogikklasse wird benötigt, um diese REST-Services zu verpacken und über ERP-Methoden zugänglich zu machen. Abb. 6.6 veranschaulicht die grundlegenden Schritte für die Trainings- und Inferenz-Pipelines, die je nach Anwendungsfall variieren können.

6.4 Side-by-Side AI

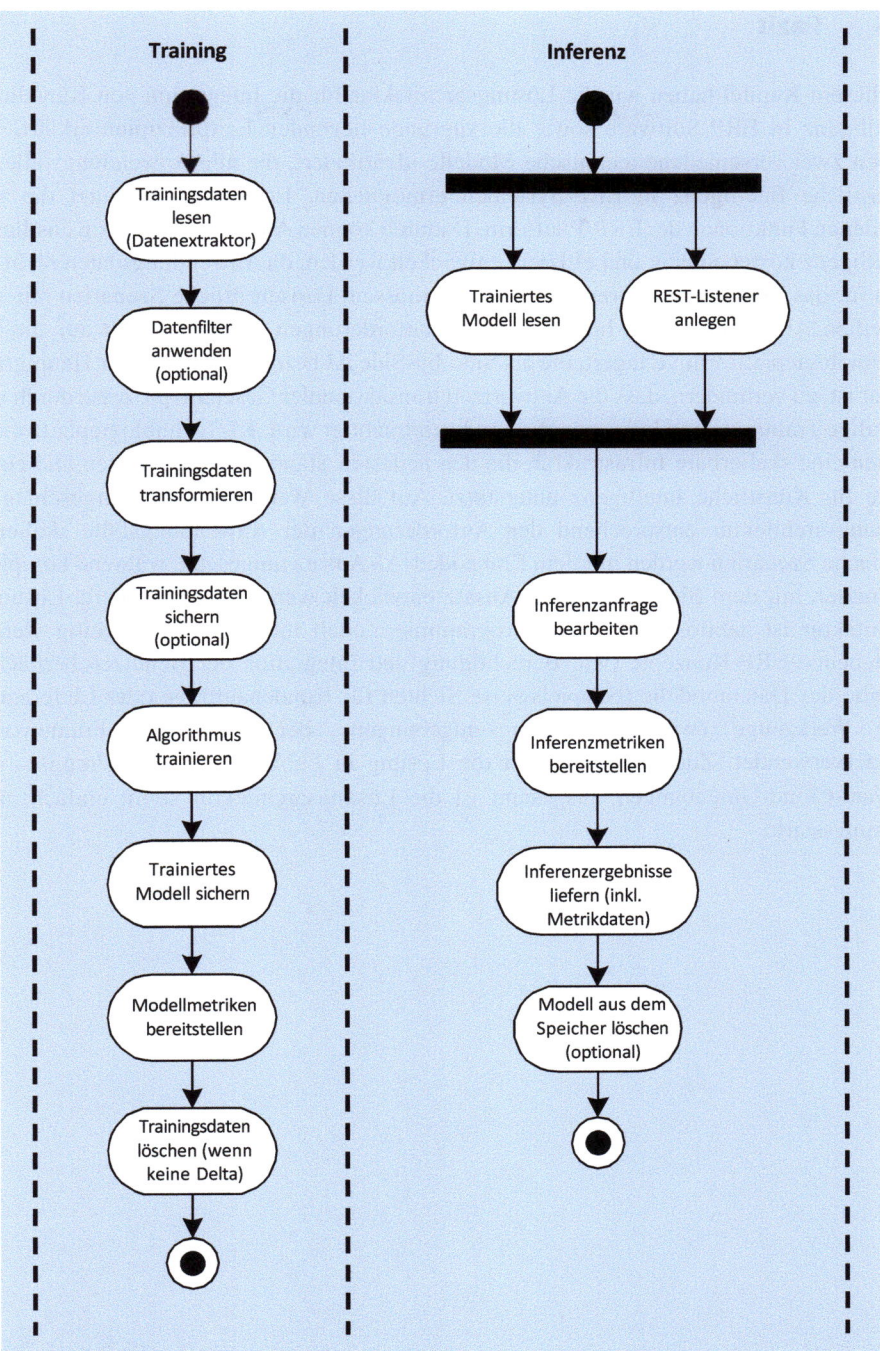

Abb. 6.6 Design von Trainings- und Inferenz-Pipelines

6.5 Fazit

In diesem Kapitel haben wir die Lösungsarchitektur für die Integration von Künstlicher Intelligenz in ERP-Software sowie die zugrunde liegenden Leitprinzipien erklärt. Wir haben zwei verschiedene technische Modelle identifiziert, die alle Anwendungsfälle für Künstliche Intelligenz in ERP-Systemen ermöglichen. Embedded AI nutzt die vorhandenen Funktionen der ERP-Plattform. Dadurch können Anwendungen der Künstlichen Intelligenz kostengünstig und effizient entwickelt werden, da Anwendungsdaten nicht extern für das Modelltraining repliziert werden müssen. Fortschrittliche Szenarien mit ausgefeilten Algorithmen und hohen Hardwareanforderungen werden jedoch auf die KI-Technologieplattform verlagert, die als Side-by-Side AI bezeichnet wird. Der Hauptgrund dafür ist, zu verhindern, dass die Antwortzeit transaktionaler Geschäftsprozesse durch aufwendige Trainings- und Inferenzaufgaben beeinträchtigt wird. KI-Technologieplattformen bieten eine skalierbare Infrastruktur, die den neuesten Stand der Bibliotheken und Hardware für Künstliche Intelligenz unterstützt. Auf diese Weise kann die vorgeschlagene Lösungsarchitektur entsprechend den Anforderungen der Anwendungsfälle skalieren: Einfache Szenarien werden mit dem Embedded-AI-Ansatz umgesetzt, während komplexe Szenarien mit dem Side-by-Side-AI-Ansatz entwickelt werden. Die definierte Lösungsarchitektur ist nahtlos in das ERP-Programmiermodell integriert. Gleichzeitig werden bestehende ERP-Konzepte (wie Berechtigung und Integration der Benutzeroberfläche), Inhalte des Datenmodells (beispielsweise Sichten für Kundenaufträge oder Lieferanten) und Werkzeuge (wie Entwicklungsumgebungen oder Customizing-Frameworks) wiederverwendet. Zudem funktioniert die Lösung in Public-Cloud-, On-Premise- und Private-Cloud-Umgebungen. Insgesamt ist die Lösungsarchitektur somit einfach, aber leistungsstark.

Lebenszyklusmanagement 7

In diesem Kapitel beschreiben wir die Geschäftsanforderungen und schlagen ein Lösungskonzept für das Lebenszyklusmanagement vor. Im Zusammenhang mit der Künstlichen Intelligenz werden neue Artefakte und Prozesse eingeführt, die aus der Perspektive des Lebenszyklusmanagements berücksichtigt werden müssen. Zum Beispiel müssen Modelle der Künstlichen Intelligenz trainiert, implementiert, aktiviert und überwacht werden. Diese Aspekte werden von herkömmlichen Lebenszyklusmanagement-Werkzeugen und -Konzepten nicht abgedeckt. ERP-Systeme haben einen sehr komplexen Lebenszyklus, da sie langlebig und umfangreich sind und in verschiedenen Bereitstellungsformen (z. B. On-Premise und in der Cloud) verfügbar sind. Artefakte der Künstliche Intelligenz müssen nahtlos in das gesamte ERP-Lebenszyklusmanagement integriert werden.

7.1 Geschäftsanforderung

Im Bereich der Künstlichen Intelligenz müssen neuartige Elemente im Lebenszyklusmanagement berücksichtigt werden, um die operativen Qualitäten zu liefern, die Kunden von einem intelligenten ERP-System erwarten. Dieser Abschnitt konzentriert sich auf die Phase, in der ein Kunde ein Szenario mit Künstlicher Intelligenz innerhalb des ERP-Systems untersucht, um dessen Wert, Voraussetzungen und die erforderliche Infrastruktur für seine Nutzung zu verstehen. Wir beschreiben die Anforderungen in Bezug auf die Schritte, die Kunden ergreifen müssen, um Szenarien mit Künstlicher Intelligenz zu verwenden und zu verwalten: Prüfen, Einrichten, Trainieren, Implementieren und Überwachen. Der Schwerpunkt liegt auf den spezifischen Aspekten der Künstlichen Intelligenz, während bestehende Lösungsansätze für das Lebenszyklusmanagement wie Bereitstellungs- oder Supportprozesse als gegeben vorausgesetzt werden. Betrachten wir diese Schritte und die Rolle der Künstlichen Intelligenz in jedem dieser Schritte:

- **Prüfen**
 Kunden finden es oft schwierig, die technischen und geschäftlichen Voraussetzungen zu ermitteln, die für das Training und die Nutzung von Szenarien mit Künstliche Intelligenz erforderlich sind. Beispielsweise ist ein angemessenes Datenvolumen für das Training von Algorithmen der Künstlichen Intelligenz unerlässlich, und die zugrunde liegenden Geschäftsprozesse müssen aktiviert und konfiguriert sein, um eine aussagekräftige Grundlage für den Trainingsprozess zu schaffen. Da die Zahl der Szenarien für Künstliche Intelligenz zunimmt, werden manuelle Auswertungen aufgrund hoher Gesamtbetriebskosten (TCO) und immenser Komplexität unpraktisch. Daher ist eine automatische Vorbedingungsprüfung erforderlich, um zu prüfen, ob die erforderlichen Voraussetzungen für Training und Nutzung für jedes Szenario der Künstlichen Intelligenz erfüllt sind.
- **Einrichten**
 Bevor Kunden mit Side-by-Side AI-Szenarien nutzen können, muss eine Verbindung zur KI-Technologieplattform hergestellt werden. Während dieses Onboarding-Prozesses wird ein Kundenkonto mit Serviceberechtigung und einem Serviceschlüssel generiert. Der Inhalt des Serviceschlüssels stellt die Informationen für die initiale Kommunikationskonfiguration auf der ERP-Plattform bereit, um auf die Services für Künstliche Intelligenz in der KI-Technologieplattform zuzugreifen. Dieses Vorgehen ist manuell, arbeitsintensiv und schwierig für Kunden zu bewältigen. Daher sollte der Einrichtungsprozess mithilfe eines Assistenten automatisiert werden, der Kunden durch die Schritte der Bereitstellung und Anbindung der KI-Technologieplattform führt.
- **Trainieren**
 Kunden müssen Modelle für Künstliche Intelligenz für die Nutzung trainieren. Der Trainingsprozess ist jedoch in der Regel manuell, zeitaufwendig und für Kunden weniger transparent. Außerdem sind die berechneten Modell-KPIs für die Entscheidung über die Verwendung des Modells nicht ausreichend. Daher sollte der Trainingsprozess als Self-Service für den Kunden für alle Szenarien der Künstlichen Intelligenz angeboten werden. Die Kunden müssen in die Lage versetzt werden, Parameter anzupassen, um ein erfolgreiches Training zu ermöglichen. Fehler und Warnungen sollten in einer Sprache kommuniziert werden, die Nicht-KI-Experten verstehen können. Vollständig automatisierte Trainingsläufe, die auf eingeplanten Jobs basieren, sollten unterstützt werden, und das ereignisgesteuerte Auslösen von Trainingsjobs sollte möglich sein.
- **Bereitstellen**
 Kunden benötigen Kontrolle über den Zeitpunkt der Implementierung und Aktivierung trainierter Modelle. Modelle werden jedoch in der Regel im DevOps-Modus implementiert, was aufgrund manueller Schritte kostspielig und zeitaufwendig ist. Die Automatisierung dieses Prozesses ist von Vorteil, sodass Kunden das Modell als Self-Service implementieren können. Die gleichzeitige Bereitstellung mehrerer Modelle sollte für Zwecke wie A/B-Tests vor der Modellaktivierung unterstützt werden. Die Deaktivie-

rung von Modellen sollte ebenfalls möglich sein, z. B. im Gegensatz zur Bereitstellung von Modellen mit unzureichender Genauigkeit. Die Historie der Modellaktivierung/-deaktivierung sollte zu Überwachungs- und Revisionszwecken dokumentiert werden.
- **Überwachen**
  Kunden möchten die Qualität produktiv verwendeter Modelle zur Laufzeit bewerten. Die Infrastruktur der Künstlichen Intelligenz bietet jedoch häufig nur eine technische Überwachung ohne Geschäftsprozessaspekte. Die Überwachung soll den Kunden eine umfassende Sicht auf die eingesetzten Modelle der Künstlichen Intelligenz bieten, basierend auf einem zentralen Cockpit für alle Szenarien der Künstlichen Intelligenz. Dazu sollten z. B. Modellstatus, Modell-KPIs, der Status von Inferenzaufrufen und das Volumen der verarbeiteten Daten gehören. Bei Problemen sollten Alerts ausgegeben werden, um Administratoren zu informieren, Maßnahmen zu ergreifen. Vorschläge sollten Administratoren zur Lösung von Problemen empfohlen werden. Es sollten Statistiken bereitgestellt werden, z. B. über die Anzahl der Fehler, die Menge des Ressourcenverbrauchs oder die angefallenen Kosten.

In diesem Zusammenhang ist es wichtig, zwischen verschiedenen Rollen zu unterscheiden:

- **Anwendungsbenutzer**
  Diese Benutzer konzentrieren sich auf die Verarbeitung von Geschäftsvorgängen und nutzen in diesem Kontext Funktionen der Künstlichen Intelligenz, z. B. auf Benutzeroberflächen. Sie können beispielsweise Diagrammlayouts und Datumsformate ändern oder Tabellenspalten verbergen. Diese Änderungen sind lokal und wirken sich nicht auf andere aus. Solche Änderungen sind nicht ausschließlich auf Künstliche Intelligenz beschränkt und können als gegeben betrachtet werden.
- **Fachexperten**
  Diese spezialisierten Key-User verfügen über umfassendes betriebswirtschaftliches und technisches Know-how. Sie übernehmen den Großteil der Konfigurations- und Erweiterbarkeitsaufgaben, einschließlich der Erweiterung von Datenquellen für das Modelltraining, des Ersetzens von Algorithmen und der Erweiterung von Pipelines für die Trainings- und Inferenzlogik. Sie benötigen jedoch in der Regel Unterstützung von Data Scientisten. Die Änderungen, die sie vornehmen, wirken sich auf Einzelpersonen in bestimmten Geschäftsbereichen und das gesamte Unternehmen aus.
- **Business-Administratoren**
  Diese technischen Benutzer überwachen Anwendungen für Künstliche Intelligenz, einschließlich Training, Bereitstellung und Überwachung von Modellen für Künstliche Intelligenz. Sie konfigurieren speziell Modelle und planen Trainingsjobs für Szenarien mit Künstlicher Intelligenz ein. Sie arbeiten mit Data Scientisten zusammen und setzen deren Empfehlungen um. Die Änderungen, die sie vornehmen, wirken sich auf Einzelpersonen in bestimmten Geschäftsbereichen und das gesamte Unternehmen aus.

- **Entwickler**
  Diese technischen Spezialisten führen komplexe Änderungen durch, indem sie Code schreiben. Sie verwalten Breakout-Szenarien, in denen KI-Logik (z. B. Transformationen, Vorverarbeitung) nicht grafisch modelliert werden kann und aufgrund hoher Komplexität codiert werden muss. Entwickler sind für die Erweiterung der codierten Logik der Künstlichen Intelligenz verantwortlich, wobei Data Scientists Empfehlungen auf der Grundlage ihrer Explorationen der Künstlichen Intelligenz bereitstellen. Sie integrieren auch Funktionen der Künstlichen Intelligenz in Benutzeroberflächen und Geschäftsprozesse. Die Änderungen, die sie vornehmen, wirken sich auf Einzelpersonen in bestimmten Geschäftsbereichen und das gesamte Unternehmen aus.

7.2 Lösungskonzept

In diesem Abschnitt werden wir die technische Umsetzung der im vorherigen Abschnitt beschriebenen Geschäftsanforderungen erläutern. Um einen angemessenen Hintergrund zu schaffen, behandeln wir zunächst die folgenden Fragestellungen:

- Welche speziellen Artefakte, die für Künstliche Intelligenz charakteristisch sind, bedürfen besonderer Aufmerksamkeit hinsichtlich des Lebenszyklusmanagements?
- Welche Prozesse sind mit der Verwaltung des Lebenszyklus dieser Artefakte verbunden?
- Wer initiiert diese Prozesse und wie werden sie aktiviert?

7.2.1 Artefakte, Prozesse und Rollen

Wir haben die in Abb. 7.1 dargestellten Komponenten der Künstlichen Intelligenz aufgezeigt. Das zentrale Element der Designzeit ist ein *Intelligentes Szenario*, das alle

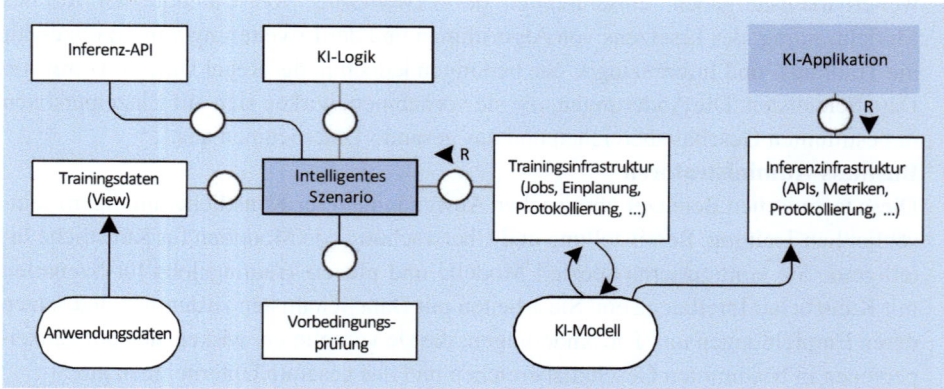

Abb. 7.1 Artefakte des Lebenszyklusmanagements

7.2 Lösungskonzept

erforderlichen Artefakte für die Implementierung einer auf Künstliche Intelligenz basierenden Lösung umfasst. Dieses Szenario adressiert die primären Probleme, die mit Künstlicher Intelligenz gelöst werden müssen. Data Scientisten identifizieren die erforderlichen Algorithmen und Datenmerkmale. Zum Trainieren des Algorithmus werden geeignete Anwendungsdaten benötigt. Dies bietet eine Datenmodellsicht, die mehrere Anwendungstabellen umfasst und initiale Datentransformationen durchführen kann. Das Intelligente Szenario umfasst auch die Definition der Signatur des Inferenz-APIs während der Designzeit, was die Integration des Inferenz-APIs in Anwendungen und Geschäftsprozesse ermöglicht. Die Inferenz-API liefert jedoch erst dann korrekte Ergebnisse, nachdem das zugrunde liegende Modell für Künstliche Intelligenz trainiert wurde. Vor dem Training der Modelle werden spezifische Vorbedingungsprüfungen für das Szenario durchgeführt, um sicherzustellen, dass alle erforderlichen Voraussetzungen für das Training erfüllt sind, wie beispielsweise die Verfügbarkeit geeigneter Anwendungsdaten oder die Vervollständigung der erforderlichen Prozesskonfigurationen.

Sobald die Vorbedingungsprüfungen erfolgreich abgeschlossen sind, beginnt der Trainingsprozess. Dazu wird die Trainingsinfrastruktur genutzt, die die wesentlichen Metadaten aus dem relevanten Intelligenten Szenario extrahiert, das Training durchführt und das trainierte Modell sichert. Die Inferenzinfrastruktur stellt das Inferenz-API bereit, das auf das jeweilige Szenario und Modell zugeschnitten ist, sodass die Funktionen der Künstlichen Intelligenz in Anwendungen und Geschäftsprozesse integriert werden können.

In Abb. 7.2 werden die verschiedenen Prozesse, Auslöser und Rollen im Zusammenhang mit den genannten Artefakten skizziert, die Überlegungen zum Lebenszyklusmanagement erfordern. Anwendungsbenutzer verwenden normalerweise Funktionen der Künstlichen Intelligenz, um ihre täglichen Aufgaben zu erledigen und ihre Geschäftsanforderungen zu erfüllen. Business-Administratoren führen die Vorbedingungsprüfungen durch. Diese Erkenntnisse dienen als Grundlage, um zu prüfen, ob das Szenario ausgeführt werden kann. Wenn die Entscheidung positiv ausfällt, nehmen Technische Administratoren die Einrichtung vor, während der Business-Administrator die Trainings- und Implementierungsphasen überwacht. Szenarien mit Künstlicher Intelligenz werden kontinuierlich

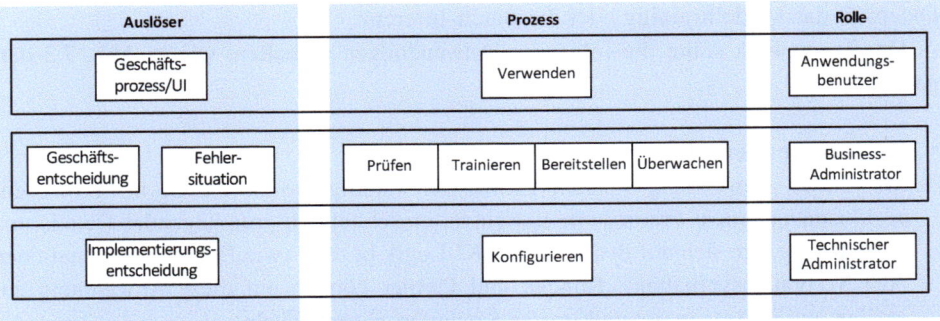

Abb. 7.2 Auslöser, Prozesse und Rollen des Lebenszyklusmanagements

überwacht. Business-Administratoren beachten die Monitoring-Daten jedoch in der Regel nur, wenn Alerts zu betriebswirtschaftlichen oder technischen Problemen vorliegen, wie etwa falsche Ergebnisse aus dem Inferenz-API oder eine übermäßige Systemressourcennutzung durch den Trainingsjob.

Für das Lebenszyklusmanagement einer Anwendung für Künstliche Intelligenz schlagen wir das KI-Lebenszyklusmanagement-Framework vor. Dieses Framework zielt darauf ab, die Implementierung und den Betrieb Intelligenter Szenarien in ERP-Software zu vereinfachen und zu standardisieren, wobei der Schwerpunkt in diesem Kapitel auf den operativen Aspekten liegt. Das Framework optimiert Lebenszyklusaufgaben wie Vorbedingungsprüfung, Training, Bereitstellung, Aktivierung, Deaktivierung, Überwachung und Inferenz über eine Vielzahl von domänenspezifischen Intelligenten Szenarien hinweg. Das KI-Lebenszyklusmanagement-Framework bietet einfachere Funktionen, die es Personen ohne Fachwissen in Künstlicher Intelligenz ermöglichen, Lebenszyklusmanagementvorgänge für ein Intelligentes Szenario durchzuführen. Die Komplexität der Verwaltung Intelligenter Szenarien über verschiedene Schichten hinweg, wie die ERP-Plattform und die KI-Technologieplattform, wird durch dieses Framework leichter zugänglich gemacht. Es ermöglicht Business-Administratoren, Vorgänge für das Lebenszyklusmanagement von Intelligenten Szenarien als Self-Service aus einem zentralen Control Center durchzuführen. Die Architektur des Frameworks ist in Abb. 7.3 dargestellt. Darüber hinaus bietet das Framework ein kohärentes Betriebsergebnis sowohl für Embedded AI als auch für den Side-by-Side-AI-Ansatz, die auf Intelligenten Szenarien basieren. In Side-by-Side-AI-Szenarien umfasst das Framework ein REST-API des Inferenz-Clients für die KI-Technologieplattform. Diese enthält die Logik, die erforderlich ist, um die plattformspezifischen REST-APIs nativ aufzurufen. Die KI-Technologieplattform bietet eine Reihe von REST-APIs für verschiedene Aspekte, wie für Training, Bereitstellung und Metriken. Das KI-Lebenszyklusmanagement-Framework nutzt und koordiniert diese APIs, um Nicht-Experten eine einfachere Sicht auf Künstliche Intelligenz beim Betrieb von Side-by-Side-AI-Szenarien zu bieten. Das Framework setzt voraus, dass die Verbindung zwischen der KI-Technologieplattform und dem ERP-System zuvor eingerichtet wird, einschließlich der erforderlichen Berechtigungen und gültigen Authentifizierungen für den Austausch von Daten für das Modelltraining oder die Batch-Inferenz.

Das Framework sollte die folgenden Anwendungen enthalten, wie in Abb. 7.3 dargestellt:

- **Intelligente Szenarios**
  Mit dieser Anwendung können Entwickler Intelligente Szenarien im KI-Lebenszyklusmanagement-Framework einrichten, einschließlich grundlegender Details und einer Klasse, die sich auf den Code für KI-Logik bezieht (wie Datentransformationen oder Verbrauchsverhalten). Kunden und Partner können auf diese Anwendung zugreifen, um ihre eigenen Intelligenten Szenarien zu entwickeln.

7.2 Lösungskonzept

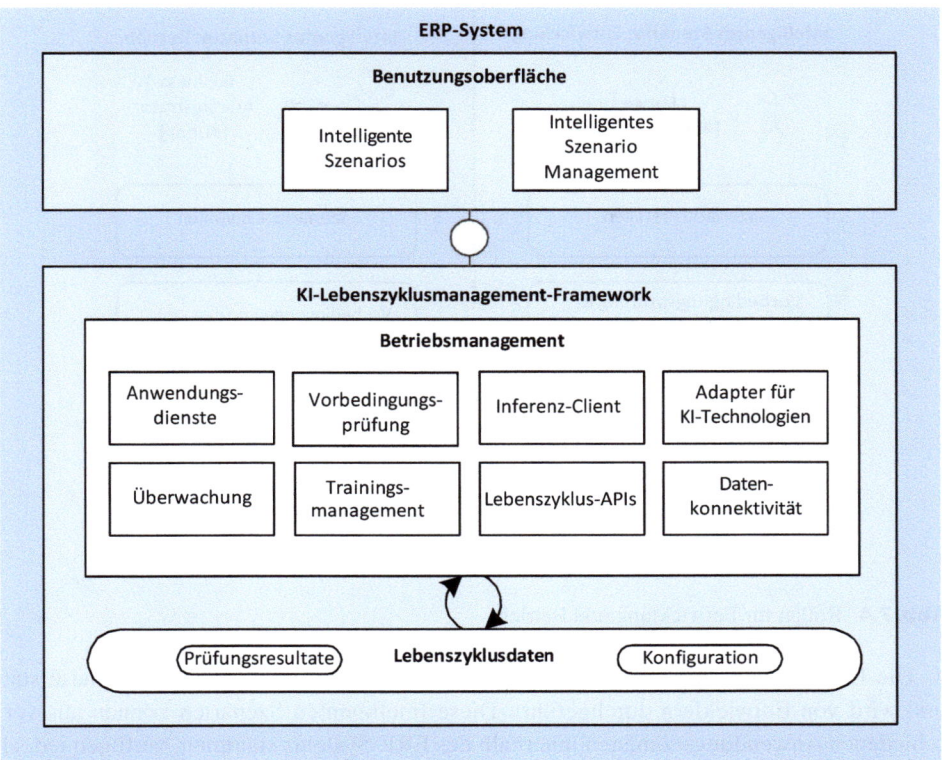

Abb. 7.3 Architektur des KI-Lebenszyklusmanagement-Frameworks

- **Intelligentes-Szenario-Management**
  Mit dieser Anwendung können Business-Administratoren und Domänenexperten Vorgänge wie Voraussetzungsprüfungen, Training, Bereitstellung, Aktivierung und Überwachung des Intelligenten Szenarios für einen bestimmten Geschäftsbereich ausführen. Diese Anwendung konzentriert sich auf Nicht-Experten für Künstliche Intelligenz, und ermöglicht es ihnen, Intelligente Szenarien zu verwalten.

Das KI-Lebenszyklusmanagement-Framework umfasst die Sicht des Business-Administrators auf den Betrieb eines Intelligenten Szenarios. Um einen vereinfachten operativen Ansatz sicherzustellen, benötigt das Framework die entwicklungsbezogenen Artefakte und Prozesse. Abb. 7.4 zeigt die vom Entwickler während der Designzeit auszuführenden Phasen und die vom Business-Administrator auf Kundenseite auszuführenden Phasen. Die technischen Besonderheiten dieser Phasen variieren je nach dem Ansatz der Künstlichen Intelligenz (Embedded AI oder Side-by-Side AI).

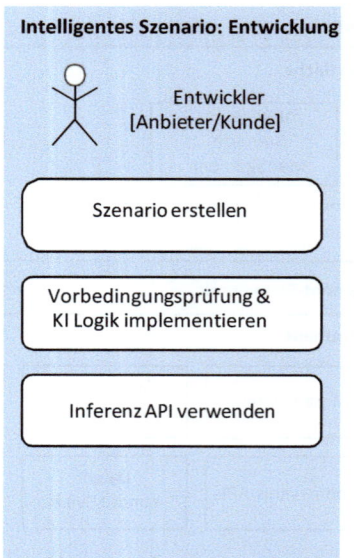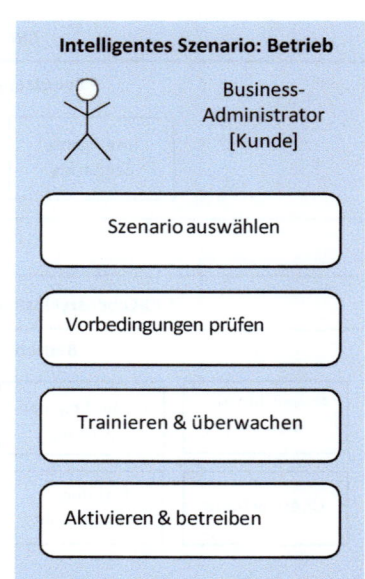

Abb. 7.4 Rollen für Entwicklung und Betrieb

Die Entwicklung eines Intelligenten Szenarios findet während der Designphase statt und wird von Entwicklern durchgeführt. Diese Intelligenten Szenarien können aus verschiedenen Anwendungsdomänen innerhalb des ERP-Systems stammen, verfügen jedoch über eine vom Framework vordefinierte Schnittstelle. Über diese Schnittstelle kann man das Framework, die Eigenschaften und das Verhalten eines Intelligenten Szenarios während seiner Ausführung verwalten. Um ein Intelligentes Szenario zu erstellen, müssen Entwickler eine Klasse implementieren, die der vordefinierten Schnittstelle folgt. Diese Klasse repräsentiert das Intelligente Szenario im ERP-System. Das Framework verwendet die vordefinierte Schnittstelle als Marker, um die Intelligenten Szenarien zu erkennen und sie mithilfe eines Global Unique Identifiers (GUID) mit den Inhalten zu verknüpfen, die zur Laufzeit in der KI-Technologieplattform gefunden wurden. Die vordefinierte Schnittstelle erfordert die Implementierung der Methode GET_SCENARIO_GUID, welche die Szenario-GUID zurückgibt, um mit dem Inhalt in der verbundenen KI-Technologieplattform abzugleichen. Dieser Szenario-GUID ist ein Global Unique Identifier, der von der KI-Technologieplattform generiert wird.

Das Framework führt jedoch nicht die Inhalt-Bereitstellung der KI-Technologieplattform durch. Abb. 7.5 zeigt die Abhängigkeiten zwischen dem Framework, einem Intelligenten Szenario aus den Anwendungsdomänen und der Szenario-GUID der KI-Technologieplattform. Standardmäßig befinden sich die registrierten Szenarien im Entwurfsstatus und werden veröffentlicht, sobald die Entwicklung des Szenarios und dessen Integration mit den operativen Aspekten des Frameworks abgeschlossen sind. Die Intelligenten Szenarien werden im Framework registriert, transportiert und für Kunden zur Verwendung in verschiedenen Releases zugänglich gemacht.

7.2 Lösungskonzept

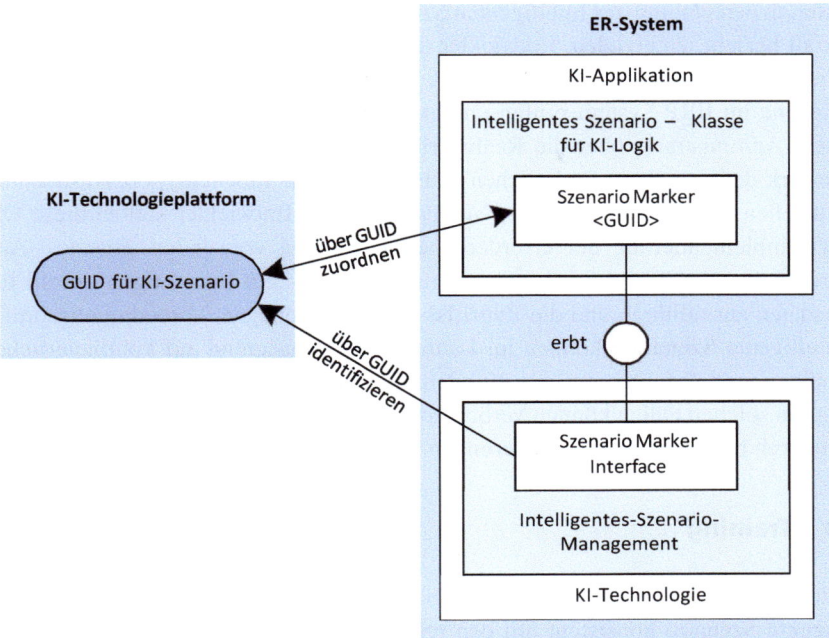

Abb. 7.5 Identifikation und Mapping von Szenarien

7.2.2 Vorbedingungsprüfung

Das KI-Lebenszyklusmanagement-Framework führt Prüfungen für Intelligente Szenarien durch, bevor diese in das System aktiviert werden. Diese Szenarien benötigen qualitativ hochwertige Trainingsdaten in ausreichender Menge, um optimale Ergebnisse zu erzielen. In einigen Fällen kann neben den Datenvoraussetzungen auch die Konfiguration eines Geschäftsprozesses im ERP-System notwendig sein. Das Framework erlaubt Vorbedingungsprüfungen für ein Intelligentes Szenario auszuführen und die Ergebnisse zur Festlegung der Implementierungsstrategie zu bewerten. Business-Administratoren können ein Intelligentes Szenario aus dem Framework auswählen und die erforderlichen Prüfungen mit den nötigen Parametern starten. Die daraus resultierenden Informationen liefern wichtige Einblicke in die Datenqualität, das Datenvolumen und die Konfigurationsprüfungen, sodass Business-Administratoren entweder das Intelligente Szenario verwenden oder zusätzliche Anpassungen im ERP-System vornehmen können. Das Framework zeichnet auch historische Auswertungen der Vorbedingungsprüfungen eines Intelligenten Szenarios auf, um die Rückverfolgbarkeit und Supportfähigkeit sicherzustellen. Für diese Auswertungen werden in der Regel Geschäftsdaten verwendet, die innerhalb des ERP-Anwendungsbereichs liegen. Vorbedingungsprüfungen sind spezifisch für eine Domain und müssen daher vom Entwickler des Intelligenten Szenarios implementiert und mit dem Szenario im Framework in der KI-Logikklasse verknüpft werden. Ein finanzbezogenes Beispiel könnte sein, dass eine Tabelle mindestens 10.000 Datensätze benötigt, um genaue Ergebnisse in der Inferenzberechnung des Intelligenten Szenarios, welches sich auf einen Finanzanwendungsfall bezieht, zu erzielen. Entwickler dieser Prüfungen sollten die Designrichtlinien des Frameworks beachten. Ein Szenario kann verschiedene Bedingungen auf einzelner Detailebene im ERP-System prüfen und ein kombiniertes Ergebnis generieren, um den Business-Administrator über die Realisierbarkeit dieses Szenarios zu informieren. Das Framework definiert die erforderlichen Datenstrukturen, Tabellentypen, Ausnahmen und Schnittstellen für die Prüfungen der Voraussetzungen. Entwickler sollten diese Objekte bei der Implementierung der erforderlichen Prüfungen verwenden. Business-Administratoren haben die Berechtigung, diese Prüfungen aus dem Berechtigungsprofil für Geschäftsdaten auszuführen und die Zugriffskontrolle zu pflegen. Vorbedingungsprüfungen für Intelligente Szenarien können im Laufe der Zeit basierend auf kontinuierlichen Erkenntnissen und Erfahrungen aus Kundenimplementierungen erweitert oder verändert werden. In solchen Fällen können Verbesserungen der Prüflogik aus den Intelligenten Szenarien durch regelmäßige Aktualisierungen bereitgestellt werden.

7.2.3 Training

Um die Inferenz, die auf ein Geschäftsproblem abzielet, effizient zu berechnen, muss das Intelligente Szenario konsistent mit den relevanten historischen Daten trainiert werden. Der Business-Administrator startet das Training eines Intelligenten Szenarios im KI-Lebenszyklusmanagement-Framework. Abb. 7.6 zeigt die Abfolge des Trainingsprozesses mit dem Side-by-Side-AI-Ansatz.

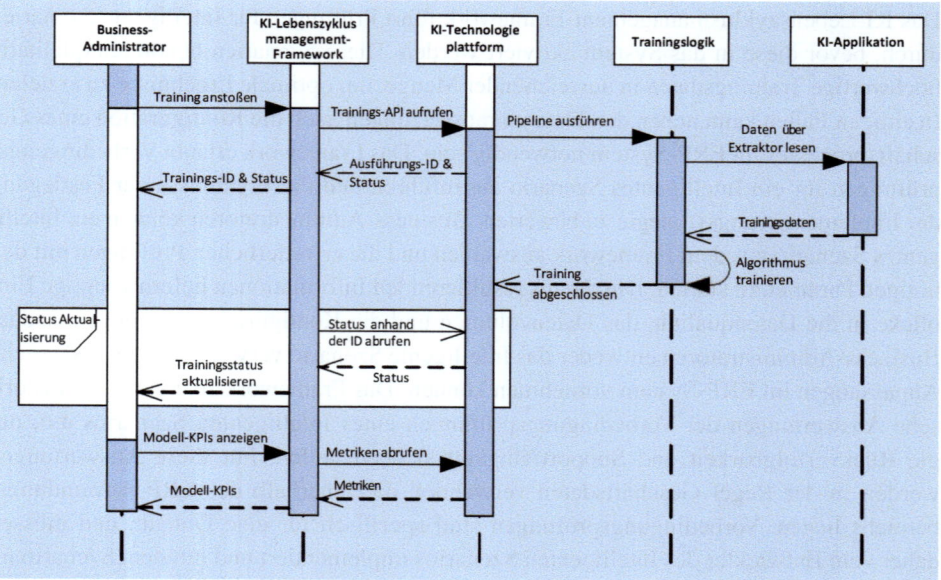

Abb. 7.6 Trainingsprozess

7.2 Lösungskonzept

Nach Abschluss des Trainings in der KI-Technologieplattform erhält der Business-Administrator die relevanten Kennzahlen, wichtigsten Einflussfaktoren und die Gesamtqualität des Trainingsprozesses zur Prüfung und Entscheidungsfindung. Der Business-Administrator kann verschiedene Parameter für die Trainingsaktivitäten eingeben, wie im Intelligenten Szenario beschrieben, und die Ergebnisse der trainierten Modelle bewerten. Das Framework bietet dem Business-Administrator eine Vergleichsfunktionalität, die es ihm ermöglicht, verschiedene Trainingsdurchläufe zu bewerten und zu entscheiden, welches trainierte Modell im Einsatzprozess verwendet werden soll. Das Framework erfasst die Parameter, die während einer Trainingsaktivität verwendet werden, um Vorlagen für den Trainingsprozess zu erstellen. Weiterhin unterstützt das Framework die regelmäßige Planung von Trainingsjobs, Benachrichtigungen und asynchrone Trainingsprozesse.

7.2.4 Bereitstellung

Geschäftsanwendungen sollten in der Lage sein, trainierte Modelle zu nutzen. Es ist wichtig, dass Anwendungsbenutzer nicht mit komplizierten Prozessen belastet werden. Dennoch benötigen sie eine Methode, um die Verwendung trainierter Modelle in ihren Anwendungen zu verwalten. Die Verantwortung für die Auswahl eines trainierten Modells liegt beim Business-Administrator und nicht beim Anwendungsbenutzer. Das KI-Lebenszyklusmanagement-Framework hilft, den Bereitstellungs- und Aktivierungsprozess aus Sicht des Business-Administrators zu optimieren, wie in Abb. 7.7 dargestellt.

Bereitstellung (Deployment) bezieht sich hierbei auf das Anlegen einer operativen Serverinstanz der trainierten Modelle, die aus Trainingsläufen erstellt wurden und für die produktive Inferenz vorgesehen sind. Der Business-Administrator kann jederzeit eine Bereitstellung eines trainierten Modells im Framework anlegen, ohne dass dies die Geschäftsanwendungen beeinflusst. In diesem Szenario profitiert die Anwendung von der Möglichkeit, Bereitstellungen während der Laufzeit basierend auf der Analyse des Business-Administrators zu ändern.

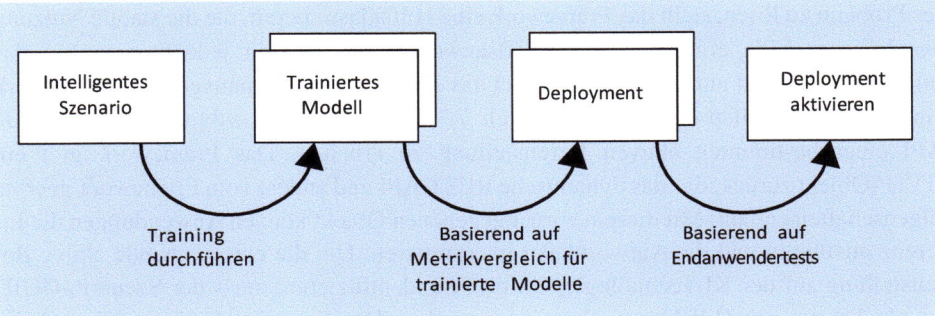

Abb. 7.7 Status des Modells für Künstliche Intelligenz

In einem Intelligenten Szenario können zahlreiche trainierte Modelle und mehrere Bereitstellungen parallel existieren, dennoch wird standardmäßig nur eine aktive Bereitstellung unterstützt. Der Business-Administrator wählt ein trainiertes Modell für die Bereitstellung basierend auf Metriken, wichtigen Einflussfaktoren und der Qualität der Trainingsmodelle aus. Das Framework bietet die Möglichkeit, eine Bereitstellung aus der Perspektive der Geschäftsanwendung zu testen und festzustellen, ob es für den produktiven Einsatz aktiviert werden soll. Die Aktivierung einer Bereitstellung ist eine Funktion im Framework, mit der Business-Administratoren die Bereitstellung und die entsprechende Inferenz im Geschäftskontext erfolgreich testen können. Wenn die Ergebnisse korrekt sind, kann der Business-Administrator die Bereitstellung für den Verbrauch durch alle Anwendungsbenutzer aktivieren. Diese Funktion im Framework ermöglicht die Integration von Intelligenz in die ERP-Geschäftsanwendung und gibt Business-Administratoren mehr Kontrolle. Das aktive Modell eines Intelligenten Szenarios wird von ERP-Geschäftsanwendungen verwendet, um die Inferenz zu nutzen, da das Framework die Komplexität der aktiven Bereitstellung von den Anwendungen verbirgt. Business-Administratoren haben ebenfalls die Möglichkeit, eine aktive Bereitstellung unter bestimmten Umständen und Bedingungen zurückzusetzen. Außerdem empfiehlt das Framework die Rücknahme der Bereitstellung eines trainierten Modells in Fällen, in denen ein trainiertes Modell nicht aktiv ist und über einen längeren Zeitraum nicht ausgeführt wird.

7.2.5 Inferenz

Die Anwendung von Künstlicher Intelligenz nutzt Inferenzwerte, indem sie diese in Geschäftsprozesse und Benutzeroberflächen integriert. Bei der Side-by-Side AI nutzen die Anwendungen die Inferenzergebnisse, indem sie das Inferenz REST-API aufrufen, welches mit der aktiven Bereitstellung verbunden ist.

Jede neue Implementierung eines trainierten Modells erstellt eine neue REST-API innerhalb der KI-Technologieplattform, was Probleme bei der stabilen Verwendung einer Inferenz-API durch Anwendungen der Künstlichen Intelligenz verursachen kann. Um dieses Problem zu lösen, stellt das Framework eine Hilfsklasse bereit, die die stabile Nutzung des Inferenz-APIs ermöglicht. Geschäftsanwendungen müssen jedoch weiterhin das Inferenz-API direkt aufrufen. Daher bietet das KI-Lebenszyklusmanagement-Framework ein generisches Hilfsprogramm, wie in Abb. 7.3 dargestellt, um das dynamische Inferenz-API einer bestimmten aktiven Bereitstellung zu erhalten. Das Framework gibt ein HTTP-Objekt zurück, das das dynamische REST-API und andere vom Framework geerbte Eigenschaften enthält. Mit diesem zurückgegebenen Objekt können Anwendungen die Inferenz ausführen und die Antwortdaten interpretieren. Um die entsprechende aktive Bereitstellung auf der KI-Technologieplattform zu identifizieren, muss der Szenario-GUID an die Framework-Hilfsklasse übergeben werden. Das Framework kann während des

7.2 Lösungskonzept

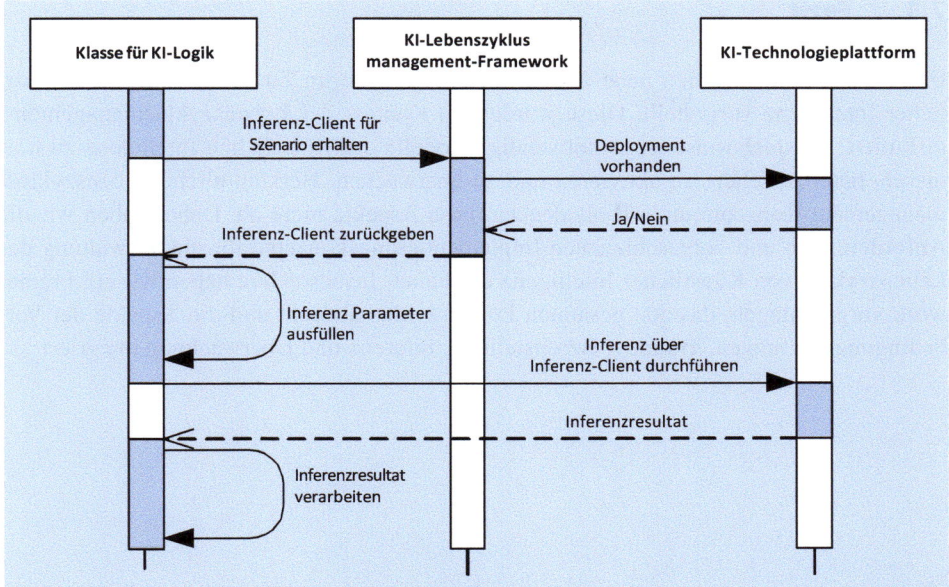

Abb. 7.8 Inferenzprozess

Laufzeitaufrufs auch zusätzliche Parameter wie den Benutzernamen einführen. Bei Embedded AI generiert das Framework bei der Registrierung eine Klasse für die KI-Logik. Diese Klasse wird direkt verwendet und nicht die generische Hilfsklasse. Die Inferenzprozess ist in Abb. 7.8 dargestellt.

7.2.6 Überwachung

Mit dem KI-Lebenszyklusmanagement-Framework können Business-Administratoren die Implementierung trainierter Modelle und den Fortschritt asynchroner Trainingsprozesse kontinuierlich überwachen. Dieses Framework enthält eine Funktion, die das Vorhandensein eines implementierten, trainierten Modells dauerhaft verifiziert und den Business-Administrator warnt, wenn Probleme auftreten. Wie im Trainingsabschnitt besprochen, kann der Prozess der Datenintegration und die Ausführung eines Algorithmus der Künstlichen Intelligenz zeitaufwändig sein und asynchron ablaufen. Folglich berücksichtigt das Framework die Trainingsausführung konsistent und informiert den Business-Administrator in regelmäßigen Intervallen. Darüber hinaus bietet das Framework eine ausgeklügelte Überwachung der Leistungsverschlechterung implementierter, trainierter Modelle und der Verwendung von Inferenzen.

7.3 Fazit

In diesem Kapitel wurden neue Artefakte und Prozesse im Zusammenhang mit Künstlicher Intelligenz vorgestellt. Diese wurden im Kontext des Lebenszyklusmanagements diskutiert. Beispielsweise ist es notwendig, Modelle der Künstlichen Intelligenz zu trainieren, bereitzustellen, zu aktivieren und zu überwachen. Herkömmliche Lebenszyklusmanagement-Konzepte und -Tools decken diese Aspekte nicht ab. Daher haben wir die Anforderungen und vorgeschlagenen Implementierungskonzepte für die Verwaltung des Lebenszyklus von Künstlicher Intelligenz erarbeitet. Insbesondere haben wir ein Framework vorgeschlagen, das den gesamten Lebenszyklus abdeckt und die Aspekte der Vorbedingungsprüfungen, Training, Bereitstellung, Inferenz und Überwachung integriert.

Datenintegration 8

In diesem Kapitel beschreiben wir die Geschäftsanforderungen und schlagen ein entsprechendes Lösungskonzept für die Datenintegration vor. Für den Side-by-Side-AI-Ansatz ist eine Datenintegration notwendig, da Anwendungsdaten aus dem ERP-System extrahiert werden müssen, sowohl für das Modelltraining als auch für Batch-Inferenz. Während die Datenintegration für das Modelltraining unidirektional verläuft, müssen die Ergebnisse der Batch-Inferenz zurück in das ERP-System übertragen werden. Die Erstdatenübernahme sowie die Deltabehandlung und die Packetierung müssen für die Datenreplikation geklärt werden, da ERP-Systeme immer Massendaten verarbeiten.

8.1 Geschäftsanforderung

Die Datenintegration umfasst die Kombination von Informationen aus verschiedenen, unterschiedlichen Quellen, die mannigfache Technologien nutzen, um eine kohärente Sicht auf die Daten zu erhalten. Im Bereich der Künstlichen Intelligenz ist die Datenintegration während der Trainingsphase unerlässlich. Während die Datenintegration bei der Online-Inferenz über APIs, bei der KI-Modelle verwendet werden, nicht relevant ist, spielt sie bei der Batch-Inferenz eine Rolle, bei der Vorhersagen für mehrere Anforderungen gleichzeitig berechnet werden. Der Trainingsprozess ist sowohl für Embedded AI als auch für Side-by-Side AI von entscheidender Bedeutung. Bei Embedded AI wird lokal auf die Trainingsdaten zugegriffen, sodass keine Datenintegration erforderlich ist. Wie in Abb. 8.1 dargestellt, ist die Datenintegration in der Regel für Side-by-Side AI erforderlich. Dabei müssen Anwendungsdaten zum Zweck des Modelltrainings und der Batch-Inferenz vom ERP-System auf die KI-Technologieplattform übertragen werden. Anwendungsdaten können in einem definierten relationalen Schema organisiert sein, das als strukturierte Daten bezeichnet wird, oder sie können unstrukturiert sein, wie Dateien oder E-Mails.

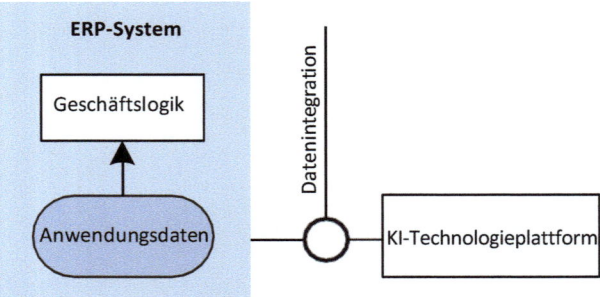

Abb. 8.1 Datenintegrationsanforderung

Beide Arten von Daten werden für die Datenintegration berücksichtigt, wobei der Schwerpunkt auf der Extraktion strukturierter Daten liegt. Dies ist der Hauptfall für ERP-Daten. Die Datenintegrationslösung sollte eine Erstdatenübernahme ermöglichen. Dies ist der erste Schritt bei der Übertragung aller Datensätze aus dem ERP-System in das Zielsystem. Delta-Übertragungen müssen ebenfalls unterstützt werden.

Wenn die Gesamtgröße einer Datenquelle, also die Anzahl der Zeilen multipliziert mit der Breite einer Zeile, klein ist, kann der Datenkonsument Änderungen an der Datenquelle durch ein erneuertes und vollständiges Laden der Quelle umsetzen. Dies wird jedoch nur für Datenquellen wie Codelisten empfohlen, die sich selten ändern. Für andere Quellen, die sich häufig ändern, wie Bewegungsdaten, ist dieser Ansatz in der Regel nicht praktikabel. Um solche Datenquellen zu replizieren, ist eine Delta-Behandlung erforderlich, die die Erstdatenübernahme durchführt, indem Änderungen repliziert werden, die seit der letzten Datenreplikation vorgenommen wurden. Langlaufende Datenextraktionen werden tendenziell nicht synchronisiert, das heißt, die Datenquelle enthält andere Daten als die replizierte Version, aber der Synchronisationsprozess zeigt keinen Fehler an. Mögliche Gründe hierfür sind:

- Verlorene Aktualisierungen während des Synchronisationsprozesses
- Löschungen auf der Empfängerseite
- Quellobjekte, die nicht im Umfang enthalten sind, wenn Quellobjektfilter verwendet werden

Daher muss eine Neusynchronisation der replizierten Daten unterstützt werden, entweder durch ein vollständiges Neuladen der Daten oder durch Vergleichen und Auflösen der Differenzen zwischen Quelle und Empfänger. Der zweite Ansatz ist komplexer, aber ein vollständiges Neuladen ist für große Datenmengen oft nicht möglich. Die Datenreplikation erhöht in der Regel die Gesamtbetriebskosten (TCO) aufgrund von Faktoren wie beispielsweise dem zusätzlichen Speicherplatzbedarf. Für KI-Szenarien, in denen Datenreplikation vermieden werden kann, sollte eine Live-Konnektivitäts- oder Daten-Streaming-Funktion angeboten werden.

8.1 Geschäftsanforderung

ERP-Systeme liefern Daten anbietergesteuert zur Extraktion. Das bedeutet, dass Datenquellen so konzipiert sind, dass sie eine umfassende Abdeckung von ERP-Daten mit minimaler Redundanz gewährleisten. Bestimmte Szenarien können Daten in einer bestimmten Struktur oder mit bereits ausgeführten Transformationen, wie Aggregationen, erfordern. Einige dieser Transformationen können durch das Anlegen kunden- oder verbraucherspezifischer Datenquellen erreicht werden. Anwendungsexperten sollten Werkzeuge zur Verfügung stehen, um eigene Datenquellen anzulegen oder vorhandene Datenquellen zu erweitern, einschließlich der Möglichkeit, einfache Transformationen hinzuzufügen. In einigen Fällen erfordern diese Transformationen möglicherweise auch Zugriff auf zusätzliche Daten im Quellsystem, die nicht repliziert werden. Benutzerdefinierte Datenquellen sind dann die einzige Option. Bestimmte Transformationen erfordern möglicherweise den Zugriff auf externe Daten oder sind so verbraucherspezifisch, dass sie nicht im Quellsystem implementiert werden. In diesen Fällen muss die Datenintegrationstechnologie die Möglichkeit bieten, Transformationen hinzuzufügen, bevor die Daten an den Verbraucher repliziert werden. ERP-Software speichert Daten in einem internen Format, beispielsweise interne Codelisten oder währungsbezogene Beträge mit zwei Dezimalstellen. Einige Verbraucher können möglicherweise Daten im internen Format nutzen, vorausgesetzt, alle relevanten Customizing-Einstellungen sind zwischen dem Quell- und dem Zielsystem synchronisiert. Die meisten Verwender kennen das interne Format jedoch nicht oder können die notwendigen Konvertierungen nicht durchführen, da sie nicht die gleichen Konvertierungsroutinen unterstützen. Folglich muss ein Verbraucher in der Lage sein, Daten in einem von außen verständlichem Format zu empfangen. Darüber hinaus muss es möglich sein, den Schlüssel der Objektinstanz während des Extraktionsprozesses zuzuordnen, damit Sender- und Empfängerinstanzen mit unterschiedlichen Schlüsselwerten oder Strukturen aufeinander abgebildet werden können.

Moderne ERP-Systeme bieten Frameworks für Datenintegrationsszenarien. Sie stützen sich auf Datenmodellsichten als interne Schicht für den Zugriff auf Daten, und das Datenintegrationsmodell sollte darauf aufbauen. Tools können dieses Modell nutzen und vielfältige Integrationsmöglichkeiten und -qualitäten darauf basierend anbieten. Für Anwendungen mit Künstlicher Intelligenz muss eine Datenextraktionslösung bestimmte Funktionen aufweisen, darunter:

- **Konsistenz:** Die Konsistenz der Datenintegration auf Sichtebene ist unerlässlich. In der Regel besteht eine Datenmodellsicht aus mehreren Datenbanktabellen. Um Konsistenz zu gewährleisten, muss die Datenextraktion die Assoziationen der Sichten (Datenbank-Views) mit den zugrunde liegenden Datenbanktabellen kennen und alle Änderungen aus einer einzigen Datenbanktransaktion, an der diese Tabellen beteiligt sind, genau replizieren (Deltadatenübernahme). Eine konsistente Methode für die Erstdatenübernahme von Datenmodellsichten sollte ebenfalls verfügbar sein.
- **Lesezugriff:** In bestimmten Kontexten und für definierte Datenquellen kann eine Lesezugriffsprotokollierung erforderlich sein, um das Auditing jedes Datenzugriffs im

Quellsystem zu gewährleisten. Daher muss die Datenextraktionslösung die Lesezugriffsprotokollierung für bestimmte Datenquellen zulassen.
- **Datenschutz:** Daten im ERP-Quellsystem müssen den gesetzlichen und Produktstandards für den Datenschutz entsprechen (Datensperre, Löschungen am Ende des Verwendungszwecks, Handhabung des Aufbewahrungszeitraums). Auch wenn die Daten in eine andere Speicherquelle extrahiert werden, müssen diese Anforderungen erfüllt bleiben. Das Quellsystem muss es dem Verwender ermöglichen, über Datenlebenszyklusereignisse informiert zu werden, und der Verbraucher muss diese Ereignisse berücksichtigen und die Daten entsprechend verwalten. ERP-Software bietet Schnittstellen, um Informationen über Datenlebenszyklusereignisse zu erhalten. Die Datenextraktionstechnologie muss diese Informationen den relevanten Konsumenten zur Verfügung stellen. Wenn ein ERP-System einen Konsumenten mit Daten bedient, muss es eine ordnungsgemäße Datenverarbeitung sicherstellen, oder der Verwender muss befähigt werden, die gewünschte Verarbeitung selbst hinzuzufügen.
- **Implizite Selektion:** Da die kleinste auswählbare Entität für die Extraktion durch einen Konsumenten eine Datenmodellsicht ist, erfordert diese Funktion eine Option zum Definieren einer Gruppe von Sichten (1..N) für die Extraktion. Um diese Auswahl zu vereinfachen, sollte eine Option zur impliziten Auswahl aller Datenmodellsichten verfügbar sein, die sich auf ein einzelnes Business-Objekt beziehen.
- **Verwender-definierte Sichten:** ERP-Datenquellen sind in der Regel nicht für bestimmte konsumierende Anwendungen konzipiert. Sie werden als anbietergesteuerte Datenmodellsichten definiert und sind möglicherweise nicht auf einen bestimmten Kundenanwendungsfall zugeschnitten. Daher müssen Kunden in der Lage sein, eigene Datenquellen für die Replikation anzulegen (Verwender-definierte Sichten). Diese Datenquellen sollten dieselben Merkmale und Funktionen wie definierte ERP-Datenquellen haben. Ein Kunde sollte alle verfügbaren Artefakte auf der Whitelist verwenden können, um seine Datenquelle zu erstellen, vorzugsweise basierend auf stabilen Datenmodellsichten. Kunden- oder verbraucherspezifische Datenquellen können erforderlich sein, um kundenspezifische Daten, wie benutzerdefinierte Business-Objekte oder Felder, zu replizieren oder Daten zu transformieren, um die Anforderungen eines bestimmten Benutzers zu erfüllen.
- **Überwachungs- und Analysewerkzeuge:** Die Datenintegrationslösung muss lokale Werkzeuge für die Überwachung und Fehleranalyse bereitstellen, um Datenintegrationsprobleme zu identifizieren und zu beheben. Darüber hinaus muss sie die Integration in die zentralen Werkzeuge von ERP für Monitoring und Fehleranalyse unterstützen, wie systemübergreifende Überwachung und Fehlerkorrektur.
- **Stabilitätsverträge und unabhängige Upgrades:** Kommunikationspartner in einem Datenintegrationsszenario müssen in der Lage sein, unabhängige Upgrades durchzuführen, ohne dass während des Upgrades der anderen Seite Ausfallzeiten erforderlich sind. Daher müssen Datenintegrationsschnittstellen bestimmte Stabilitätsverträge einhalten. Zudem muss die Integrationstechnologie sicherstellen, dass Kommunikationspartner unabhängig Upgrades durchführen können, einschließlich unregelmäßiger

Feldlängenerweiterungen im ERP-System. Die Technologie muss die Möglichkeit bieten, die Datenintegration an der Stelle der Unterbrechung (z.B. durch Netzwerkfehler oder Upgrades) wiederaufzunehmen, ohne dass ein komplettes Neuladen der Daten erforderlich ist, um sicherzustellen, dass sich gelegentliche Unterbrechungen nicht auf die Gesamtqualität der Datenintegration auswirken.

- **Unterstützung für großes Datenvolumen und Datenänderungen:** Die Datenintegrationstechnologie sollte sich nicht negativ auf das ERP-System auswirken, sodass normale, operative Aufgaben nicht behindert werden. Insbesondere sollte die Datenintegration keine geplante Ausfallzeit für die Erstdatenübernahme erfordern, um Konsistenz zu erzielen. Die eingesetzten Technologien und Protokolle müssen hohe Datenmengen und/oder häufige Datenänderungen unterstützen. Der Verwender sollte in der Lage sein, Daten in definierten Paketgrößen zu empfangen, um eine Überlastung zu vermeiden. Die Technologie und Protokolle müssen auch Szenarien mit geringer Bandbreite zwischen Kommunikationspartnern unterstützen. Entsprechend den spezifischen Anforderungen ist es essenziell, dass die Einstellungen angepasst werden können, damit Datenänderungen im Quellsystem nahezu sofort oder innerhalb eines bestimmten Zeitraums an das Zielsystem repliziert werden können.
- **Unterstützung für On-Premise und Cloud:** Die Datenintegrationslösung sollte in der Lage sein, die Datenintegration zwischen On-Premise- und cloudbasierten ERP-Systemen zu erleichtern und alle möglichen Kombinationen und Interaktionen mit externen Systemen zu unterstützen.

8.2 Lösungskonzept

Datenintegration bezieht sich auf den Prozess der Übertragung von Informationen aus ERP-Systemen mittels eines universellen Mechanismus für verschiedene Zwecke, wie zum Beispiel Analysen, Künstliche Intelligenz oder die Entwicklung transaktionaler Anwendungen. Dabei ist wichtig zu beachten, dass die Datenintegration keine Schritte von Geschäftsprozessen initiiert. In diesem Abschnitt werden die verschiedenen Orchestrierungsmuster und Technologien beschrieben, die im Zusammenhang mit ERP-Lösungen für die Datenintegration relevant sind. Bei einer verbrauchergesteuerten Datenreplikation wählt der Datenkonsument die Datenquellen eines Datenanbieters aus, die seine Anforderungen erfüllen. Die zugrunde liegende Technologie repliziert die ausgewählten Datenquellen an den Datenkonsumenten und hält dabei die festgelegten Qualitätsstandards ein. Aus betriebswirtschaftlicher Sicht bleibt dem Datenanbieter unbekannt, wer die Daten zu welchem Zweck anfordert. Im Gegensatz dazu weiß der Datenanbieter bei der anbietergesteuerten Datenreplikation über den Zweck der Replikation Bescheid, definiert die Qualitätsstandards und stellt sicher, dass diese eingehalten werden. Ein gängiges Beispiel für diese Replikation ist die Übertragung von Stammdaten aus ERP-Systemen in andere Anwendungen. Technisch kann die Datenintegration mittels verschiedener Muster umgesetzt werden, wobei die primären Muster im Kontext von ERP in Abb. 8.2 dargestellt sind.

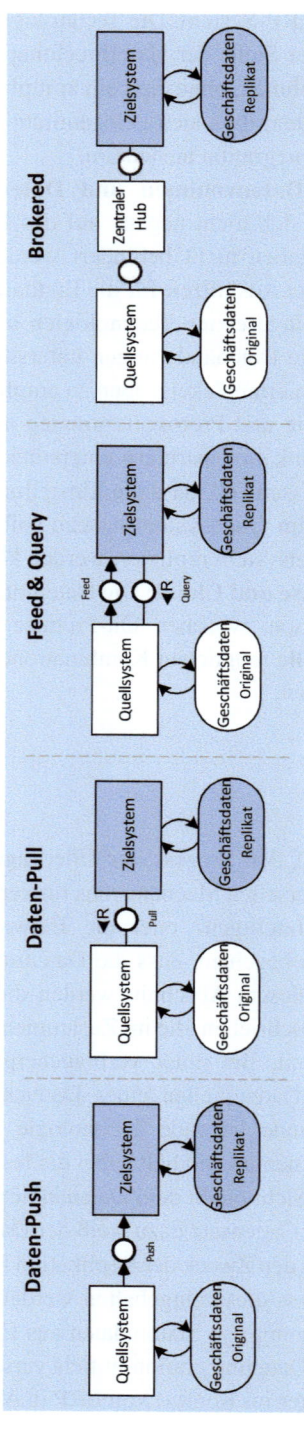

Abb. 8.2 Datenintegrationsmuster

8.2 Lösungskonzept

Es gibt zwei Hauptmethoden, um Daten vom Quellsystem zum Zielsystem zu übertragen. Bei der Push-Methode überträgt das Quellsystem alle relevanten Daten oder Änderungen über APIs an das Zielsystem. Hierbei überwacht das Quellsystem als Datenanbieter die Daten und sendet alle Änderungen an das Zielsystem, das als passiver Datenempfänger agiert und auf neue Daten wartet. Im Gegensatz dazu arbeitet die Pull-Methode in regelmäßigen Abständen und extrahiert relevante Informationen aus dem Quellsystem. Eine definierte Logik erkennt Änderungen im Quellsystem, extrahiert die Daten und überträgt sie an das Zielsystem. Die Pull-Methode wird gewöhnlich mit einem bestimmten Protokoll ausgeführt, zum Beispiel für initiales Handshaking und paketweise Datenübertragung. Aus diesem Grund muss das Zielsystem ebenso dieses Protokoll unterstützen, was zu einer stärkeren Kopplung und erhöhtem Entwicklungsaufwand führt. Zusätzlich muss sein Quellsystem einen Port öffnen, damit das Zielsystem periodisch Daten abrufen kann, was ein Sicherheitsrisiko darstellt und zusätzliche Schutzmaßnahmen erfordert. Wenn viele Zielsysteme und eine große Anzahl von Datenquellen beteiligt sind, kann die Leistung transaktionaler Prozesse in ERP-Systemen beeinträchtigt werden. Die Push-Methode entkoppelt die Quell- und Zielsysteme effektiv, verlagert jedoch hauptsächlich die Verantwortung für die Datenübertragung auf das Quellsystem. Push- und Pull-Methoden können auch kombiniert werden, wie im Feed- und Query-Modell. In diesem Ansatz werden anfängliche Änderungen (zum Beispiel Mitarbeiter-ID, Name und E-Mail-Adresse) als Benachrichtigungen vom Quell- an das Zielsystem übertragen. Bei Bedarf kann es auch einen optionalen Änderungs-Feed geben, der eine vollständige Objektdarstellung bietet. Diese minimalen Attribute werden im genannten Diagramm als Feed bezeichnet. Die Zielanwendung erhält zusätzliche Daten, um ihr lokales Abbild der Anwendungsdaten basierend auf der Benachrichtigung zu aktualisieren. Falls erforderlich, kann auch eine Query verwendet werden, um den Geschäftsbetrieb fortzusetzen oder dem Endbenutzer Informationen auf der Benutzeroberfläche anzuzeigen. Die bevorzugte Methode besteht darin, zusätzliche Daten aus der Anwendungsschicht mithilfe von APIs zu beziehen, doch können auch Datenintegrationswerkzeuge eingesetzt werden, um die Übertragung von Anwendungsdaten von einer API in ein lokales Schema zu integrieren. Sobald die Datenreplikation erfolgt, kann die Erstdatenübernahme durch das Abrufen von Daten aus dem Quellsystem geschehen. Um die Datenmenge nach der Erstdatenübernahme zu verringern, sollten nur geänderte Daten übertragen werden, was durch geeignete Protokolle (zum Beispiel ein OData-Delta-Token) möglich ist. Das Brokered Pattern wird für Anwendungen verwendet, die erweiterte Datentransformationsoptionen benötigen, welche nicht als integrale Funktionen in der ERP-Datenbereitstellung vorhanden sind. Datenkonsolidierung, Governance und Qualität sind ebenfalls wichtige Gründe für die Umsetzung des Brokered-Musters auf Basis eines zentralen Hubs. Der zentrale Hub unterstützt in der Regel sowohl Push- als auch Pull-Funktionen. Datenintegrationstechnologien im Kontext von ERP-Systemen können nach Organisationsebene und Persistenzverhalten kategorisiert werden. Die Organisationsebene unterscheidet, ob Technologien daten- oder anwendungszentriert sind. Je mehr Anwendungslogik und -code in eine bestimmte Technologie integriert werden können oder müssen, um eine Lösung zu erstellen, desto anwendungszentrierter ist sie. Im umgekehrten Fall, wenn Datenstrukturen und Datenspeicheraspekte die Datenintegration dominieren, wird die Technologie als datenorientiert betrachtet. Es gibt die folgenden Ebenen der Datenintegration:

- Manuelle Integration/Gemeinsame Benutzungsoberfläche: Benutzer interagieren mit allen relevanten Informationen, indem sie direkt auf Quellsysteme oder Webschnittstellen zugreifen; eine einheitliche Sicht auf die Daten ist nicht vorhanden.
- Anwendungszentrierte/-koordinierte Integration: Die Integrationslogik geht von Anwendungen zu einer Middleware oder einem zentralen Hub über. Obwohl die Integrationslogik außerhalb der Anwendungen entwickelt wird, müssen diese dennoch teilweise zur Datenintegration beitragen.
- Datenzentrierte Integration: Dieses Maß an Integration wird mithilfe datenorientierter Technologien, wie etwa Message Brokers (z.B. KAFKA, RabbitMQ, Solace) und Replikationslösungen, erreicht.
- Virtuelle Integration/Einheitlicher Datenzugriff: Diese Methode erfordert keine Datenreplikation aus den Quellsystemen. Stattdessen wird eine Reihe von Sichten bereitgestellt, um eine einheitliche Sicht auf die Daten für den Kunden per Fernzugriff zu ermöglichen. Der Zugriff auf Daten erfolgt zur Laufzeit remote oder virtuell, ohne dass diese verschoben werden.
- Physische Datenintegration/gemeinsamer Datenspeicher: Ein separates System speichert eine Kopie der Daten aus den Quellsystemen und verwaltet sie unabhängig vom Originalsystem. Technologien, die dem ETL-Paradigma (Extract-Transform-Load) folgen, gehören zu dieser Ebene.

Die Datenintegrationspersistenz kann in folgende Paradigmen unterteilt werden: Kopier-Paradigmen (Bewegung, Replikation) und Nicht-Kopier-Paradigmen (Föderation):

- Nicht-Kopieren: Es wird keine Datenkopie erstellt. Abfragen werden anhand von Live-Daten ausgewertet, und nur das Ergebnis wird an den Anfragenden zurückgegeben.
- Temporäre Kopieren: Message-Broker speichern Daten in der Regel temporär im Payload-Teil einer Nachricht, um die gewünschte Servicequalität sicherzustellen. Replikationstechnologien pflegen geänderte Daten in Schattenkopien.
- Kopieren: Daten werden dupliziert und in einer anderen logischen Struktur gespeichert, beispielsweise innerhalb derselben Datenbank in Data Marts.
- Verschieben: Im Gegensatz zum Kopieren bedeutet das Verschieben, dass die Originaldaten im Quellsystem gelöscht werden, nachdem der Kopiervorgang erfolgreich abgeschlossen ist.

Die folgenden Gruppen von Datenintegrationstechnologien sind bekannt: Anwendung zu Anwendung, Orchestrierung, Stream-Verarbeitung, Message Broker, Replikation, Offline und gelegentlich verbunden, Virtualisierung, Extrakt-Transform-Load, Migrationen und Konvertierungen. Die Lösungsarchitektur für die Datenintegration, die wir im Rahmen

8.2 Lösungskonzept

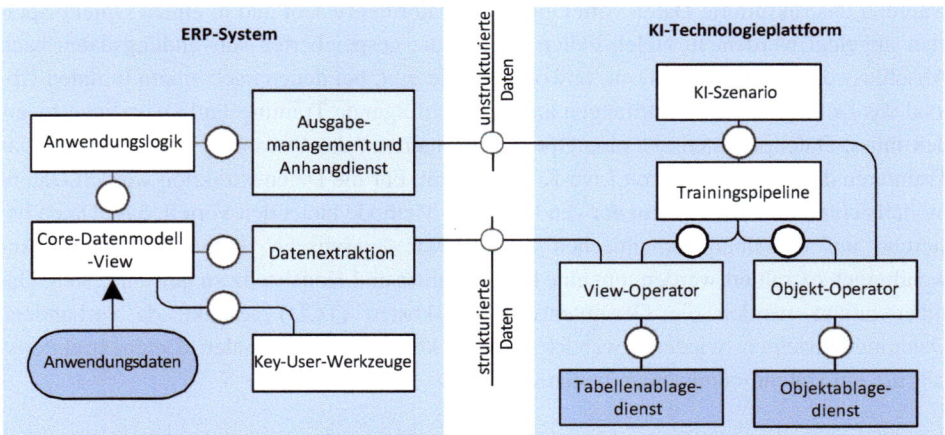

Abb. 8.3 Architektur der Datenintegration

der Side-by-Side AI vorschlagen, ist in Abb. 8.3 illustriert. Datenmodellsichten werden auf Basis von Anwendungstabellen definiert, die das semantische Datenmodell des ERP-Systems darstellen. Diese Sichten verbergen die komplexen Datenbankmodelle und wandeln sie in verständliche Entitäten um. Zusätzlich zur SQL-View-Definition enthalten Datenmodellsichten domänenspezifische Metadaten, sogenannte Annotationen, die für Analysen, Datenextraktion oder Suche verwendet werden können. Die Geschäftslogik greift auf die strukturierten Daten durch die Datenmodellsichten zu. Ein auf Sichten basierendes Datenextraktions-Framework wird verwendet, um strukturierte Daten aus ERP-Systemen für Training von Künstlicher Intelligenz zu extrahieren. Ausgabemanagement und Anhangdienste werden verwendet, um unstrukturierte Daten aus dem ERP-System zu extrahieren. Kunden können Werkzeuge nutzen, um strukturierte und unstrukturierte Quellen für die Datenextraktion zu definieren.

Lassen Sie uns die technischen Verfahren zur Integration von Daten im Kontext von Künstlicher Intelligenz näher anschauen.

8.2.1 Datenextraktion mit Views

Innerhalb der KI-Technologieplattform ist jeder KI-Anwendungsfall gemäß dem KI-Szenario strukturiert, wie in Abb. 8.3 dargestellt. Dieses Artefakt umfasst alle Entwicklungskomponenten, die für die Implementierung eines bestimmten KI-Anwendungsfalls erforderlich sind. Sowohl Inferenz- als auch Trainingsprozeduren sind als Pipelines konzipiert, die aus sequenziellen und parallelen Aufgaben bestehen. Insbesondere wird eine Trainingspipeline aufgebaut, die Trainingsdaten aus dem ERP-System bezieht und diese verarbeitet, um auf das spezifische Szenario zugeschnittene Algorithmen zu trainieren. Strukturierte Daten werden von einem View-Operator verwaltet und in einer relationalen Datenbank gespeichert, während unstrukturierte Daten vom Objekt-Operator überwacht und in einem Objekt-Speicher abgelegt werden. In vielen Fällen werden die gespeicherten Anwendungsdaten nach Abschluss des Trainings entfernt, obwohl es Fälle gibt, bei denen nach einem initialen Upload das Delta periodisch empfangen und für nachfolgende Trainingsläufe gespeichert werden muss. Datenpersistenz ist eine Option; alternativ ist das Streaming der Daten und das Trainieren des Algorithmus mit Live-Konnektivität. Für die Datenextraktion werden Datenmodellsichten im ERP-System verwendet. Diese Methode bietet den Vorteil, dass Daten basierend auf derselben semantischen Schicht wie analytische und transaktionale Anwendungen extrahiert werden, um eine hohe Qualität und Konsistenz zu gewährleisten. Darüber hinaus werden die Gesamtentwicklungskosten (TCD) gesenkt, da vorhandene Datenmodellsichten wiederverwendet werden können. Die initialen Datenextraktionsschritte mit Datenmodellsichten lauten wie folgt:

1. Während der Designphase werden Sichten als Ausgangsdatenschnittstellen über die Extraktionsannotation für die vollständige Delta-Extraktion aktiviert.
2. Die Metadaten dieser Sichten werden als Strukturen für die Datenpersistenz im Zielsystem bereitgestellt und verwendet.
3. Wie in Abb. 8.4 dargestellt, ist ein Operational Data Provider aus technischer Sicht für Sichten aktiviert. Dieser Provider unterstützt Extraktions- und Replikationsszenarien für Zielanwendungen und aktiviert in diesen Situationen Delta-Mechanismen.

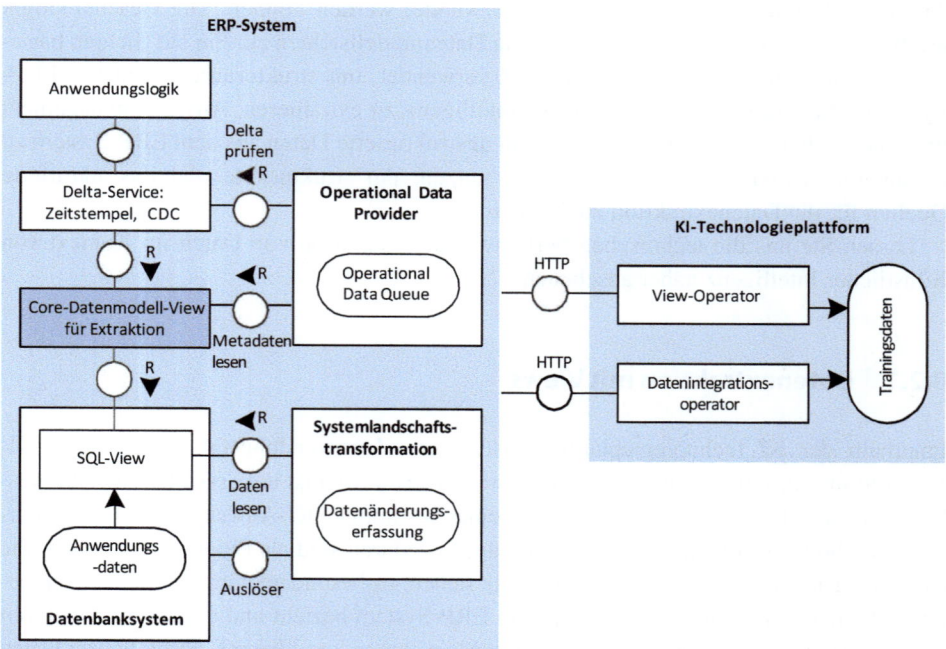

Abb. 8.4 Integration strukturierter Daten für Modelltraining

4. Bei einem Deltaverfahren werden Daten aus einer Quelle als Operational Data Provider automatisch über einen Aktualisierungsprozess in eine Delta-Queue geschrieben oder über eine Extraktorschnittstelle in die Delta-Queue übertragen.
5. Die Zielanwendungen beziehen die Daten aus der Delta-Queue und fahren mit der Datenverarbeitung fort.
6. Basierend auf den erforderlichen Funktionen wird der View-Operator für Daten-Pull-Szenarios verwendet, während der Datenintegrationsoperator für Daten-Push-Szenarios angewendet wird.

Es gibt zwei Methoden zur Verwaltung von Delta-Änderungen: eine, die auf Zeitstempeln basiert, und eine andere, die die Änderungsdatenerfassung (Change Data Capture (CDC)) verwendet. Bei Datenmodellsichten, die zeitbezogene Attribute enthalten, kann die zeitstempelbasierte Technik verwendet werden, mit der die Engine Deltas anhand dieser Informationen berechnen kann. Für Datenmodellsichten ohne Zeitstempelattribute ist jedoch die Änderungsdatenerfassung die geeignetste Option. Diese Methode hängt von Triggern ab, die mit den an einer Sicht beteiligten Datenbanktabellen verknüpft sind. Durch die Analyse der an der Tabelle vorgenommenen Änderungen können die nachfolgenden Änderungen in den relevanten Datenextraktionssichten ermittelt und in der Operational Data Queue für jeden Extraktionskonsumenten gesichert werden. Obwohl dieser Ansatz kein bestimmtes Feld wie einen Zeitstempel zur Berechnung des Deltas erfordert, gibt es bestimmte Einschränkungen in Bezug auf die Struktur der Sicht. Um die geänderten Zeilen der Sicht aus den geänderten Tabelleneinträgen zu ermitteln, muss die Sicht die Schlüsselfelder der zugrunde liegenden Tabellen enthalten. Darüber hinaus kann jede Komponente, die Funktionen basierend auf Datenbanktriggern benötigt, die Änderungsdatenerfassung verwenden.

8.2.2 Pipelines und Operatoren

Die KI-Technologieplattform verwendet Pipelines für das Training der Algorithmen, wie in Abb. 8.3 gezeigt. Diese Pipelines repräsentieren Prozesslogik, die in einem grafischen Programmierparadigma verwurzelt ist und den Datenfluss mit Transformationen und Persistenz unterstützt. Eine gleichwertige Laufzeitkomponente ermöglicht die Ausführung der Pipeline in einer containerisierten Umgebung, die üblicherweise auf Kubernetes basiert. Pipelines setzen sich aus Prozessschritten zusammen, die als Operatoren bekannt sind und als Knoten in einem Diagramm fungieren. Operatoren wirken als reaktive Komponenten und reagieren ausschließlich auf Umweltereignisse in Form von Nachrichten, die über ihre Eingangsports empfangen werden. Sie können auch über ihre Ausgangsports mit der Umgebung interagieren. Es ist wichtig zu betonen, dass die Operatoren den Graphen, zu dem sie gehören, sowie die Herkunft und die Ziele ihrer Verbindungen nicht kennen. Um zu funktionieren, benötigen Operatoren bestimmte Laufzeitumgebungen. Ein Operator, der JavaScript-Code ausführt, benötigt beispielsweise eine Umgebung, die mit einer JavaScript-Engine ausgestattet ist. Die KI-Technologieplattform stellt den Operatoren vordefinierte Umgebungen zur Verfügung, auf die Benutzer über eine Bibliothek zugreifen können. Beim Ausführen eines Graphen konvertiert das Werkzeug jeden Operator in Prozesse und sucht in der Bibliothek nach einer geeigneten Umgebung, die zur Ausführung des Operators instanziiert werden kann. Es gibt häufig bereits etablierte Operatoren, um ERP-Systeme zu verbinden und strukturierte oder unstrukturierte Anwendungsdaten innerhalb der KI-Technologieplattform zu konvertieren.

8.2.3 Ausgabeverwaltung

Normalerweise ist die zentrale Anlaufstelle für Funktionen wie Drucken, E-Mails senden oder Verwalten von Formularvorlagen in einem ERP-System die Ausgabesteuerung, wie in Abb. 8.5 dargestellt. Diese Komponente unterstützt das ERP-Ausgabenmanagement und deckt alle Funktionen und Prozesse ab, die mit der Belegaus-

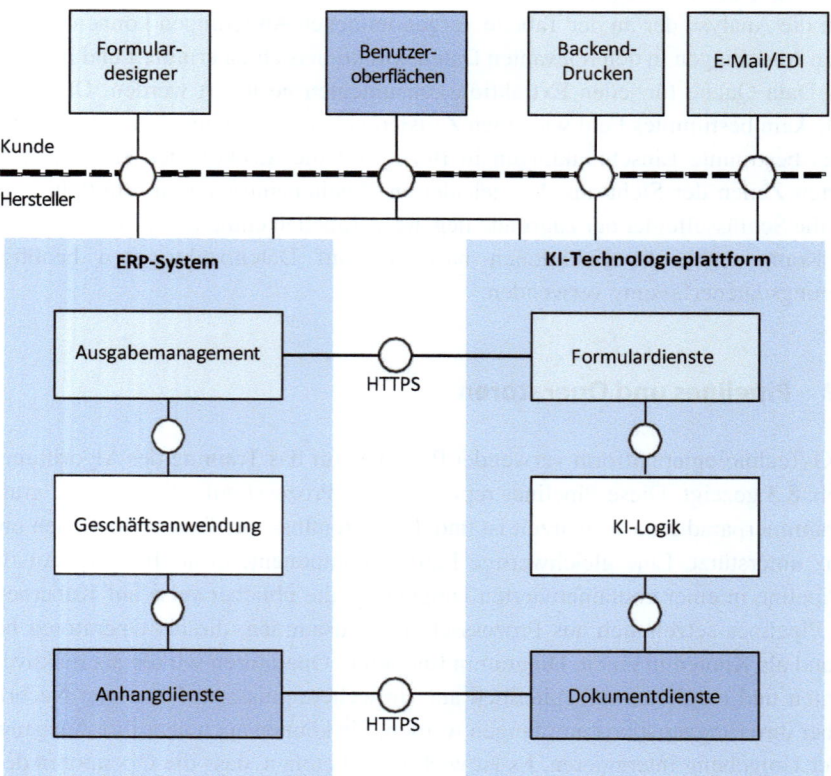

Abb. 8.5 Integration unstrukturierter Daten für Modelltraining

gabe verbunden sind. Durch die Strukturierung der Ausgabeverwaltungsfunktionen ermöglicht die Ausgabesteuerung deren Wiederverwendbarkeit in allen Geschäftsfunktionen, die sie implementiert haben. Das Ausgabenmanagement erstellt Dokumente mithilfe von Vorlagen und Anwendungsdaten, die in einem Vorlagen-Repository gespeichert sind. Sowohl ERP-Entwickler als auch Anwendungsexperten erstellen diese Vorlagen. Druckformulare, die speziell für eine präzise Druckausgabe entworfen sind, stellen einen speziellen Dokumenttyp dar und werden mithilfe der Formulartechnologie erstellt. Die Dokumentausgabekomponente ist dafür zuständig, die Dokumentausgabe über die Benutzerschnittstelle (Frontend-Ausgabe), den Backend-Druck und die Backend-E-Mail zu verwalten. Der Anhangdienst, eine wiederverwendbare Benutzeroberflächenkomponente, kann von ERP-Anwendungen genutzt werden, um Dokumente anzuhängen, die dann auf Content-Management-Servern gespeichert werden.

Dieses wiederverwendbare Element basiert auf der Steuerung der Benutzerschnittstelle und ermöglicht die Verbindung von Anlagen mit Geschäftsobjekten über die Dokumentenverwaltung oder generische Objektdienste. Der Anlagendienst bietet grundlegende Funktionen wie Hochladen, Herunterladen, Umbenennen und Entfernen einer Anlage in der Hauptanwendung. Er umfasst auch Entwürfe, um eine neue Anlage hinzuzufügen, den Namen der Anlage zu ändern und eine Anlage zu entfernen, wobei Änderungen nur gesichert werden, wenn der Benutzer bewusst eine Sicherungsaktion durchführt. Das Anlegen von Anlagen erfordert stets ein konsumierendes Anwendungsobjekt. Im Bereich der Künstlichen Intelligenz erleichtert diese vielseitige Komponente den Zugang der Trainingspipeline auf unstrukturierte Daten, die von Ausgabenmanagement und Anlagendienst generiert werden.

8.3 Fazit

Für den Side-by-Side-AI-Ansatz ist eine Integration der Daten erforderlich. Dies liegt daran, dass Anwendungsdaten aus dem ERP-System und in die KI-Technologieplattform für Modelltraining und Batch-Inferenz übertragen werden müssen. In diesem Kapitel haben wir die betriebswirtschaftlichen Anforderungen und die vorgeschlagenen Implementierungskonzepte für die Datenintegration im Zusammenhang mit Künstlicher Intelligenz beschrieben. Die von uns vorgeschlagene Lösungsarchitektur für die Datenintegration basiert auf Datenmodellsichten, die das semantische Datenmodell des ERP-Systems darstellen und zusätzlich zu den Anwendungstabellen definiert werden. Diese Datenmodellsichten enthalten auch domänenspezifische Metadaten, die für die Datenextraktion verwendet werden können. Ein großer Vorteil dieser Methode ist es, dass hochwertige und konsistente Daten bereitgestellt werden, da die extrahierten Daten auf derselben semantischen Schicht basieren wie analytische und transaktionale Anwendungen. Wir haben zwei Lösungsansätze für den Umgang mit Datenänderungen vorgeschlagen: einen Ansatz auf

Basis von Zeitstempeln und einen auf der Änderungsdatenerfassung. Für die Extraktion unstrukturierter Daten aus dem ERP-System haben wir die Verwendung von Ausgabenmanagement und Anlagendienst empfohlen. Kunden können mithilfe von Key-User-Tools sowohl strukturierte als auch unstrukturierte Datenquellen für die Datenextraktion definieren.

Datenschutz 9

In diesem Kapitel beschreiben wir die Geschäftsanforderungen und schlagen ein entsprechendes Lösungskonzept für den Datenschutz vor. ERP-Systeme müssen gesetzliche Anforderungen erfüllen. Daher muss die Verarbeitung durch Künstliche Intelligenz datenschutzkonform erfolgen. Beispielsweise dürfen Trainingsjobs nur personenbezogene Daten berücksichtigen, für die eine Einwilligung erteilt wurde. Die Einhaltung aller Aspekte der Datenschutz-Grundverordnung (DSGVO) muss gewährleistet werden. Das Berechtigungskonzept muss sicherstellen, dass nur autorisierte Benutzer Inferenzaufrufe durchführen und die Ergebnisse der KI-Modelle nutzen können.

9.1 Geschäftsanforderung

Im Laufe der Jahre haben sich die Themen Datenaustauschstandards und der Schutz personenbezogener Daten weiterentwickelt, getrieben durch das Wachstum der Informationstechnologie. Die ersten Rechtsvorschriften, die sich mit diesen Fragen befassten, wurden 1970 im Bundesland Hessen eingeführt. Dieses Gesetz zielte darauf ab, die gemeinsame Datennutzung innerhalb Deutschlands zu regeln. Es umfasste jedoch keine internationalen Datenübertragungen. Folglich wurden Daten in anderen Standorten und Rechtsräumen mit weniger strengen Vorschriften verarbeitet und gespeichert. Die Regulierungsbehörden mussten sich diesem Problem stellen und Beschränkungen für internationale Datenübermittlungen umsetzen. Das Ziel bestand darin, den Datenschutz länderübergreifend zu harmonisieren und die Aufhebung von Übertragungsbeschränkungen über nationale Grenzen hinweg zu ermöglichen. Die ersten beiden Datenschutzrahmen waren 1980 die Datenschutzleitlinien der Organisation für wirtschaftliche Zusammenarbeit und Entwicklung (Organization for Economic Co-operation and Development (OECD)) und 1981 das Übereinkommen des Europarats zum Schutz natürlicher Personen bei der automatischen Verarbeitung personenbezogener Daten, auch „Übereinkommen 108" genannt. Diese Regelungen erlaubten Datenübertragungen in andere teilnehmende Staaten und untersagten einige Übertragungsbeschränkungen aus Datenschutzgründen zwischen diesen Staaten. Ein neuerer Ansatz zur Regulierung des Datenaustauschs und des Datenschutzes wurde 1995 mit der Datenschutzrichtlinie der Europäischen Union eingeführt. Diese führte 2016 zur Einführung ihres Nachfolgers: Die Datenschutz-Grundverordnung, die am 25. Mai 2018 in Kraft getreten ist. Datenschutz und Privatsphäre sind seit Jahrzehnten ein großes Anliegen und haben in den letzten Jahren an Bedeutung gewonnen. Vorschriften wie die Datenschutz-Grundverordnung (DSGVO) und die Datenschutzrichtlinien der Organisation für wirtschaftliche Zusammenarbeit und Entwicklung (OECD) wirken sich erheblich auf die Verwaltung und Speicherung personenbezogener Daten aus. ERP-Anbieter müssen ihren Kunden helfen, alle Anforderungen mit ihren Produkten zu erfüllen. Bei der Arbeit mit personenbezogenen Daten müssen zwei Aspekte berücksichtigt werden: Datensicherheit und Datenschutz. Die Datensicherheit umfasst den Schutz von Informationen vor unberechtigtem Zugriff innerhalb von Computerumgebungen. Beispielsweise muss sichergestellt werden, dass nicht autorisierte Benutzer keine Daten lesen oder bearbeiten können. Im schlimmsten Fall könnten Daten verloren gehen, gelöscht oder missbraucht werden, was zu weiteren Konsequenzen führt. Der Informationssicherheitsbeauftragte ist dafür verantwortlich, dass alle Anforderungen in diesem Bereich erfüllt sind. Der Datenschutz konzentriert sich auf den Schutz von Personen bei der Verarbeitung personenbezogener Daten. Das Ignorieren dieser Frage könnte zu einer Verletzung der Persönlichkeitsrechte führen, wodurch erhebliche Geldstrafen verhängt werden könnten. Der Datenschutzbeauftragte ist dafür verantwortlich, dass alle Anforderungen in diesem Bereich erfüllt sind. Um Datenschutzanforderungen zu erfüllen, müssen technische und organisatorische Maßnahmen (TOMs) implementiert werden. Diese Maßnahmen gewährleisten ein Sicherheitsniveau, das den beschriebenen Risiken angemessen ist.

9.1.1 Datenschutz-Grundverordnung (DSGVO)

Wie bereits erwähnt, hat die Europäische Union im Jahr 2016 die Datenschutz-Grundverordnung als Weiterentwicklung der ersten Datenschutzrichtlinie der Europäischen Union von 1995 eingeführt. Die DSGVO ist am 25. Mai 2018 in Kraft getreten. Obwohl es im Vergleich zur Datenschutzrichtlinie von 1995 keine wesentlichen technischen Änderungen gab, wurden die Strafen durch die DSGVO auf bis zu 4 % des Jahresumsatzes eines Unternehmens angehoben. Dies führte dazu, dass viele Unternehmen der Einhaltung der Vorschriften mehr Aufmerksamkeit schenkten. Die höchste verhängte Geldbuße betrug im April 2020 fast 205 Mio. Euro. Die DSGVO schreibt vor, dass jede Übertragung von personenbezogenen Daten in ein Land außerhalb der Europäischen Union gemäß einer Transferbegründung erfolgen muss, die zuvor von der Europäischen Kommission genehmigt werden muss.

9.1 Geschäftsanforderung

Die DSGVO legt verschiedene Definitionen und Grundsätze fest. Personenbezogene Daten sind Informationen, die sich auf eine identifizierte oder identifizierbare natürliche Person (die betroffene Person) beziehen, welche entweder direkt oder indirekt identifiziert werden kann. Dies geschieht insbesondere durch Bezugnahme auf eine Kennung oder einen oder mehrere spezifische Faktoren, die für die physische, physiologische, genetische, psychische, wirtschaftliche, kulturelle oder soziale Identität der Person spezifisch sind. Folglich umfassen personenbezogene Daten alle Informationen, die eine Person direkt identifizieren oder zu ihrer indirekten Identifizierung führen können. Direkte Identifikatoren umfassen Namen, Postadressen, Telefonnummern und E-Mail-Adressen. Indirekte Identifikatoren hingegen umfassen Bankkontonummern, IP-Adressen, MAC-Adressen, Mitgliedsnummern und Kfz-Kennzeichen. Um die Datenschutzstandards zu verbessern, legt die DSGVO mehrere Grundsätze für die Datenverarbeitung fest, darunter Rechtmäßigkeit, Fairness, Transparenz, Zweckbeschränkung, Datenminimierung, Genauigkeit, Speicherbeschränkung, Integrität und Vertraulichkeit. Somit ist die Verarbeitung personenbezogener Daten untersagt, es sei denn, es liegt ein gültiger und vertretbarer Grund vor. Der Zweck der Datenverarbeitung muss in jeder Phase dokumentiert werden, und zwar sowohl für gesamte personenbezogene Daten und Geschäftspartnerdatensätze als auch für einzelne Datenbestandteile. Gerechtfertigte Gründe für die Verarbeitung personenbezogener Daten können folgende sein:

- Einwilligung der betroffenen Person,
- die Notwendigkeit zur Vertragsabwicklung,
- die Erfüllung gesetzlicher Verpflichtungen,
- die Anforderungen im öffentlichen Interesse,
- die Notwendigkeit zum Schutz eines lebenswichtigen Interesses,
- oder die Wahrnehmung berechtigter Interessen

Die Einwilligung der betroffenen Person wird als frei gegebene, spezifische, informierte und eindeutige Angabe ihrer Wünsche verstanden. Dies bedeutet, dass sie der Verarbeitung ihrer personenbezogenen Daten durch eine Erklärung oder eine eindeutige, bestätigende Handlung zustimmt. Die Datenverarbeitung ist erforderlich, wenn sie wesentlich oder beabsichtigt für den Abschluss eines Vertrags ist. Beispiele für gesetzliche Verpflichtungen sind das Steuerberichtswesen, das Einkommensteuerberichtswesen oder das Sozialversicherungsberichtswesen in ERP-Software. Öffentliches Interesse besteht, wenn die Verarbeitung zur Wahrnehmung einer Aufgabe im öffentlichen Interesse oder zur Ausübung öffentlicher Befugnisse erforderlich ist. Diese Aufgaben sollten auf dem Unionsrecht oder dem Recht der Mitgliedstaaten basieren. Vitales Interesse bezieht sich auf Situationen, in denen die Datenverarbeitung entscheidend für das Leben der betroffenen Person oder einer anderen natürlichen Person ist. Rechtmäßige Interessen beziehen sich auf die Grundrechte und Grundfreiheiten der betroffenen Person.

9.1.2 California Consumer Privacy Act (CCPA)

Der California Consumer Privacy Act (CCPA, 2023) ist eine Gesetzgebung, die der Datenschutzgrundverordnung (DSGVO) der Europäischen Union entspricht und 2018 vom kalifornischen Justizministerium erlassen wurde. Dieses Gesetz ermächtigt Einzelpersonen, ihre von Unternehmen erfassten personenbezogenen Daten stärker zu kontrollieren. Es bietet Datenschutzmaßnahmen für Verbraucher in Kalifornien, die unter anderem folgende Rechte umfassen:

- Verständnis über die Art der von Unternehmen gesammelten personenbezogenen Daten sowie deren Verwendung und Verteilung
- Möglichkeit, die Löschung der gesammelten personenbezogenen Daten zu beantragen, vorbehaltlich bestimmter Einschränkungen
- Option, den Verkauf ihrer personenbezogenen Daten zu untersagen
- Gewährleistung einer fairen Behandlung (Nichtdiskriminierung) bei der Ausübung ihrer CCPA-Rechte

9.1.3 Anforderungen an künstliche Intelligenz

Die Datenschutz-Grundverordnung (DSGVO) und der California Consumer Privacy Act (CCPA) umfassen eine Vielzahl von gesetzlichen Verpflichtungen und Datenschutzaspekten. Neben der Einhaltung allgemeiner Datenschutzgesetze ist auch die Beachtung branchenspezifischer Vorschriften in verschiedenen Ländern von entscheidender Bedeutung. Doch wie beeinflussen diese Gesetze die Verwendung von Künstlicher Intelligenz? Selbstverständlich muss die Künstliche Intelligenz im Rahmen von ERP-Systemen diese rechtlichen und datenschutzrechtlichen Richtlinien einhalten. Welche spezifischen Aspekte sind jedoch bei der Künstlichen Intelligenz zu berücksichtigen? In diesem Abschnitt werden wir die wichtigsten technischen Anforderungen für die Integration von Künstlicher Intelligenz in ERP-Software aus den oben genannten Gesetzen extrahieren. Das Konzept der personenbezogenen Daten ist in zahlreichen Vorschriften, Standards und Richtlinien beschrieben, wobei die meisten Definitionen so umfassend wie möglich sind, um einen maximalen Schutz für den Einzelnen zu gewährleisten. Der gemeinsame Nenner dieser Definitionen ist, dass personenbezogene Daten alle Informationen umfassen, die mit einer identifizierten oder identifizierbaren natürlichen Person in Verbindung stehen. Eine primäre gesetzliche Anforderung besteht darin, dass die Verarbeitung personenbezogener Daten verboten ist, es sei denn, es wird ein gültiger Grund angegeben, zum Beispiel ein Vertrag, andere Rechtsgründe, die die Verarbeitung erlauben, oder die ausdrückliche Einwilligung der betroffenen Person. Grundlegende Datenschutzanforderungen werden häufig als technische und organisatorische Maßnahmen kategorisiert, darunter Authentifizierung, Autorisierung, Kommunikationssicherheit, sichere Systemlandschaft und Betrieb, Lesezugriffsprotokollierung, Informationsabruf, Verschlüsselung und Entschlüsselung sensibler Daten, Protokollierung von Änderungen der Eingabesteuerung, Zwecktrennung sowie Maskierung oder Anonymisierung. Die Umsetzung dieser Anforderungen ist bereits etabliert und nicht spezifisch für Künstliche Intelligenz, daher werden sie in diesem Abschnitt nicht weiter behandelt.

Im Rahmen der Künstlichen Intelligenz lassen sich aus den gesetzlichen Vorgaben die folgenden operationalisierten Anforderungen ableiten:

- **Löschung**:
  In einigen Ländern müssen personenbezogene Daten gelöscht werden, sobald der angegebene, explizite und legitime Zweck der Verarbeitung abgeschlossen ist, vorausgesetzt, dass keine anderen Aufbewahrungsfristen in der Gesetzgebung festgelegt sind, zum Beispiel für Finanzdokumente. In bestimmten Fällen können personenbezogene Daten auch referenzierte Daten umfassen. Die Herausforderung bei der Löschung besteht daher darin, zuerst referenzierte Daten zu verarbeiten, gefolgt von Daten wie Geschäftspartnerinformationen. Training und Inferenz von Künstlicher Intelligenz müssen in der Lage sein, die Löschung personenbezogener Daten zu handhaben.
- **Sperrung**:
  Gesetzliche Anforderungen in bestimmten Szenarien oder Ländern können auch eine Sperrung von Daten notwendig machen und die weitere Verarbeitung oder Nutzung einschränken, wenn die angegebenen, expliziten und legitimen Zwecke der Verarbeitung abgeschlossen wurden, die Daten jedoch aufgrund anderer gesetzlich definierter Aufbewahrungsfristen in der Datenbank verbleiben. Training und Inferenz von Künstlicher Intelligenz dürfen gesperrte Daten nicht verarbeiten.
- **Einwilligung**:
  Für die Verarbeitung personenbezogener Daten ist eine Rechtsgrundlage erforderlich. Die DSGVO identifiziert sechs rechtliche Optionen für die Verarbeitung personenbezogener Daten, von denen eine die Einwilligung ist. Weitere Rechtsgründe sind Verträge, rechtliche Verpflichtungen, Schutz lebenswichtiger Interessen, öffentliches Interesse und berechtigtes Interesse. Wenn keiner der anderen Rechtsgründe zutrifft, ist die Einwilligung der Person zur beabsichtigten Verarbeitung personenbezogener Daten erforderlich. Das Training der Künstlichen Intelligenz darf Daten nicht ohne die erforderliche Einwilligung verarbeiten. Dies ist nur für Szenarien mit Künstlicher Intelligenz relevant, die eine Einwilligung erfordern.
- **Automatisierte Entscheidungsfindung**:
  Der Verantwortliche muss die betroffene Person über das Bestehen einer automatisierten Entscheidungsfindung informieren und aussagekräftige Informationen über die involvierte Logik sowie die Bedeutung und die voraussichtlichen Folgen einer solchen Verarbeitung für die betroffene Person bereitstellen. Eine Erklärung der Künstlichen Intelligenz für die automatisierte Entscheidungsfindung und ihre Folgen ist erforderlich.

Darüber hinaus ist es wichtig, Vorurteile und Diskriminierung von Einzelpersonen in Anwendungen der Künstlichen Intelligenz zu vermeiden. Die Leistung dieser Modelle sollte für alle Nutzer, unabhängig von ihrer Gruppenzugehörigkeit, auf möglichst vielen Faktoren konsistent sein. Entwickler von Künstlicher Intelligenz müssen Fairness auf individueller Ebene garantieren und sicherstellen, dass ähnliche Menschen ähnliche Ergebnisse erhalten. Um verzerrte Ergebnisse zu vermeiden, ist es wichtig, etwaige Diskrepanzen bei der Genauigkeit über verschiedene Gruppen hinweg zu bewerten. Die Verwendung sensibler personenbezogener Daten sollte sorgfältig geprüft und nur dann verwendet werden, wenn dies für den beabsichtigten Zweck unbedingt erforderlich ist. Diese Verarbeitung darf nicht zu einer direkten oder indirekten Diskriminierung einer bestimmten Personengruppe führen. Für die Themen Vorurteile und Diskriminierung sind verschiedene Frameworks auf dem Markt verfügbar, die daher nicht weiter behandelt werden.

9.2 Lösungskonzept

In diesem Abschnitt wird erläutert, wie die zuvor beschriebenen gesetzlichen Anforderungen erfüllt werden können. Die Umsetzung dieser Anforderungen, die Löschung, Sperrung und Einwilligung umfassen, sind spezifisch für Embedded AI und Side-by-Side AI. Eine automatisierte Entscheidungsfindung kann jedoch bei beiden Varianten gleichermaßen angewendet werden und wird deshalb in einem gemeinsamen Abschnitt erläutert. Wir werden die Lösungen betrachten, die zur Erfüllung rechtlicher Anforderungen beitragen, sowie die Umsetzung dieser Anforderungen in Embedded AI und Side-by-Side AI.

9.2.1 Sperren, Löschen und Einwilligen

Das vereinfachte Sperren und Löschen bezieht sich auf systematische und integrierte Methoden zum Sperren und Löschen personenbezogener Daten. Diese Techniken erweitern die Funktionen zur Datenlöschung über Archivierungsprozesse hinweg. Daten werden durch berechtigungsbasierte Gruppierung gesperrt, indem Sperr- und Löschregeln in ERP-Systemen angewendet und modelliert werden. Diese Methoden beruhen auf der Informationslebenszyklusmanagement-Lösung in ERP-Systemen. Die technischen Aspekte des Informationslebenszyklusmanagements sind in Abb. 9.1 dargestellt und werden in den nächsten Abschnitten erläutert. Um das Sperren effektiv zu gestalten, werden Verweil- und Aufbewahrungszeiträume für bestimmte Ziele im Informationslebenszyklusmanagement festgelegt. Verschiedene Zwecke erfordern unterschiedliche Verweil- und Aufbewahrungszeiträume. Beispielsweise hat der Handel mit Lebensmitteln andere Anforderungen als der Handel mit Medikamenten. Das System identifiziert die Zwecke der Datenverarbeitung anhand folgender technischer Attribute:

- Linienorganisationsattribute stehen für die verantwortliche Stelle, z. B. den Buchungskreis.

9.2 Lösungskonzept

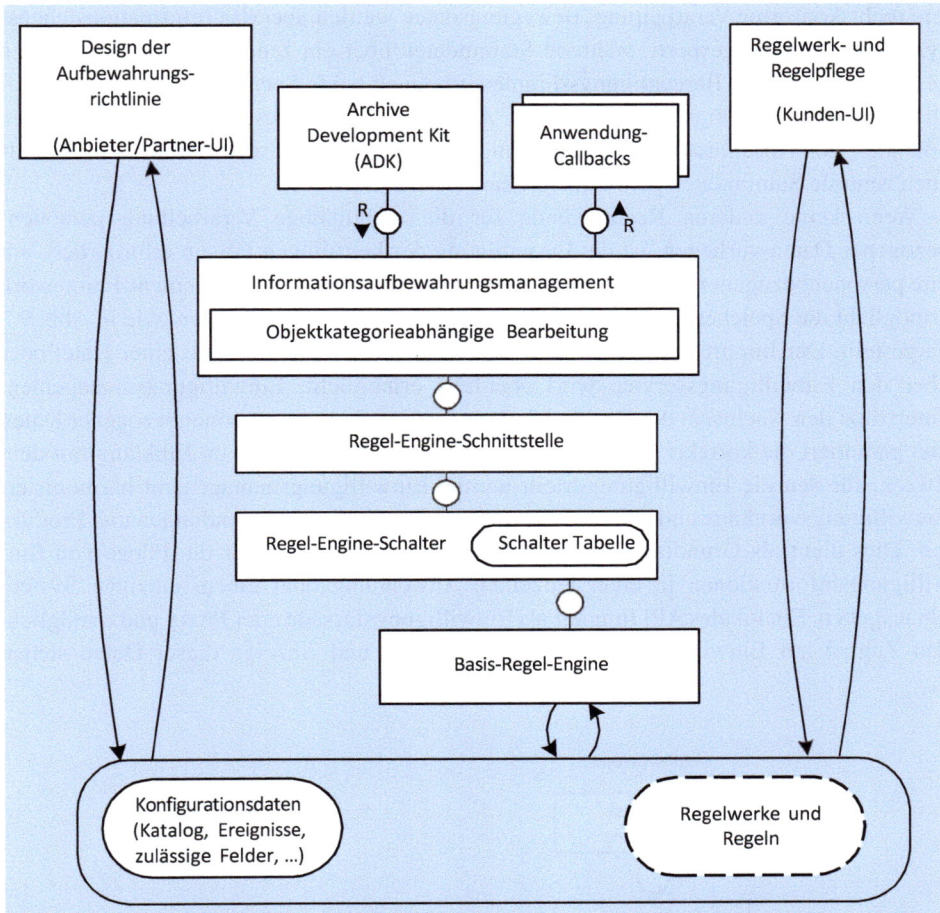

Abb. 9.1 Architektur des Informationslebenszyklusmanagement

- Prozessorganisatorische Attribute helfen bei der Unterscheidung zwischen Geschäftsprozessen. Durch die Zuordnung bestimmter Auftragsarten können beispielsweise Prozesse wie der Handel mit Lebensmittel und der Handel mit Medikamenten unterschieden werden.

Wenn ein Beleg seinen Verwendungszweck erfüllt hat, wird das Informationslebenszyklusmanagement-Framework verwendet, um den Beleg im System zu archivieren und zu sperren. Um zentrale Stammdaten wie Geschäftspartner, Kunden oder Lieferanten zu sperren, prüft das System zunächst, ob Anwendungen wie Vertrieb oder Finanzwesen weiterhin die entsprechenden Stammdaten für ihren ursprünglichen Zweck nutzen. Ist dies nicht der Fall, kennzeichnet das System die Daten als gesperrt und verhindert so eine weitere rechtskonforme Verarbeitung. Bewegungsdaten werden über das Informationslebenszyklusmanagement gesperrt, während Stammdaten über ein zentrales Sperrkennzeichen gesperrt werden. Ein Berechtigungs-Framework regelt beide Sperrmethoden und stellt sicher, dass nur berechtigte Personen, z. B. Auditoren, auf die gesperrten Daten zugreifen können. Nach Abschluss des Aufbewahrungszeitraums müssen sowohl transaktionale als auch zentrale Stammdaten gelöscht werden.

Wenn keine anderen Rechtsgründe für die rechtmäßige Verarbeitung personenbezogener Daten vorliegen, ist die Einwilligung der betroffenen Person erforderlich, um ihre personenbezogenen Daten zu verwenden. Das Einwilligungsmanagement-Framework ermöglicht die Speicherung, Suche und Anzeige von Einwilligungsdaten, wie in Abb. 9.2 dargestellt. Der Import von Einwilligungsdatensätzen als Dubletten aus einer Datei oder über den Einwilligungsservice wird ebenfalls ermöglicht. Einwilligungsmanagement unterstützt den Nachweis der Rechtmäßigkeit der Verarbeitung personenbezogener Daten und garantiert die korrekte Verarbeitung personenbezogener Daten im Einklang mit dem Zweck, für den die Einwilligung erteilt wurde. Einwilligungsmanagement harmonisiert Einwilligungsvorgänge und Datenstrukturen in verschiedenen Anwendungen und Produkten. Dies dient als Grundlage für Einwilligungsszenarios, die über die Pflege von Einwilligungsinformationen in einer einzelnen Anwendung oder einem einzigen System hinausgehen. Ein lokales API fungiert als Einwilligungsfassade oder Proxy und ermöglicht den Zugriff auf Einwilligungsdaten. Für die Suche und Anzeige dieser Daten stehen

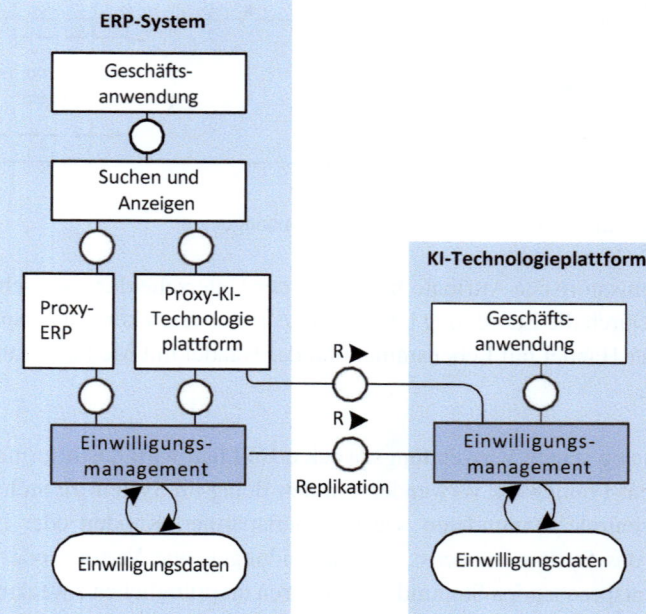

Abb. 9.2 Architektur des Einwilligungsmanagement

9.2 Lösungskonzept

generische Benutzeroberflächen zur Verfügung. Außerdem bildet diese Anwendung die Grundlage für die Zentralisierung von Einwilligungsdaten auf einer KI-Technologieplattform, auf der Front-Office-Anwendungen Einwilligungsdokumente sammeln und Back-office-Anwendungen sie für die weitere Verarbeitung verwenden. Dadurch entsteht ein Rahmen für die Zusammenarbeit mit Dritten, um nicht nur personenbezogene Daten, sondern auch zugehörige Einwilligungsdetails auszutauschen. Darüber hinaus bietet es Transparenz und Nachweise für die spezifischen personenbezogenen Daten und Prozesse oder Zwecke, für die eine Einwilligung erteilt wurde.

9.2.2 Embedded AI

In Abb. 9.3 wird gezeigt, wie Lösch-, Sperr- und Einwilligungsanforderungen für Embedded AI gelöst werden. Die Anwendungsdaten, die in Datenbanktabellen gespeichert sind, werden durch Datenmodellsichten gekapselt und anschließend von KI-Algorithmen verarbeitet, um das Modelltraining zu erleichtern. Diese trainierten Modelle werden dann über APIs zugänglich gemacht, was eine nahtlose Integration mit KI-Applikationen und verschiedenen Geschäftsabläufen ermöglicht.

Wie in Abschnitt ❶ der Abb. 9.3 Abbildung dargestellt, werden Trainingsdaten über Datenmodellsichten gelesen. In der Trainingsphase wird typischerweise ohne Berechtigungsprüfungen auf Daten zugegriffen. Wie bereits erwähnt, erfolgt das Löschen und Sperren nach den Prinzipien des Informationslebenszyklusmanagement. Dadurch werden personenbezogene Informationen, die gelöscht oder gesperrt werden müssen, vom Informationslebenszyklusmanagement aus der Online-Datenbank in die Archivablage übertragen, sodass sie über Datenmodellsichten nicht mehr zugänglich sind. Dadurch wird sichergestellt, dass solche Datensätze nicht in den Trainingsprozess einbezogen werden, der inhärent den DSGVO-Lösch- und Sperranforderungen entspricht. Es gibt jedoch

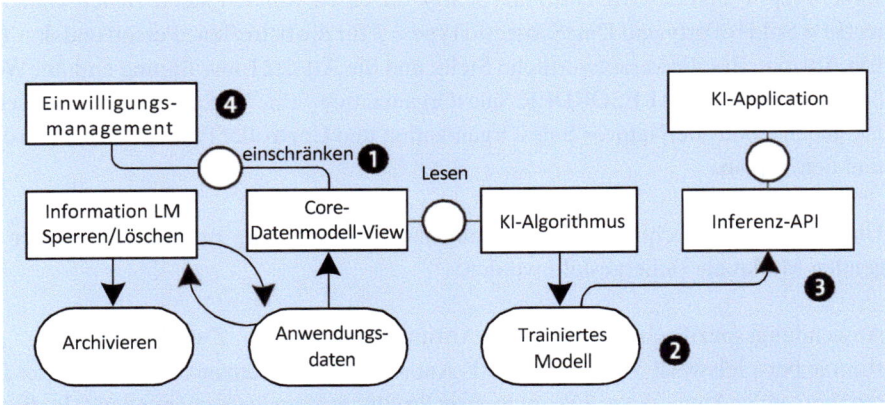

Abb. 9.3 Rechtliche Erfüllung für Embedded AI

bestimmte Ausnahmen, z. B. Geschäftspartner oder Lieferanten, bei denen das Sperren durch Setzen eines Sperrkennzeichens erreicht werden kann. In diesen Fällen muss die Datenmodellsicht für das Training das Sperrkennzeichen als Filterbedingung in der SQL-WHERE-Klausel berücksichtigen.

Wie in Abschnitt ❷ in Abb. 9.3 dargestellt, werden die trainierten Modelle in der Datenbank gespeichert. Normalerweise werden diese Modelle in einer sicheren, verschlüsselten Form aufbewahrt, wodurch sie direkt nicht zugänglich und nur über regulierte APIs verfügbar sind, die Berechtigungsprüfungen enthalten. Daher wird allgemein angenommen, dass trainierte Modelle keine besondere Behandlung hinsichtlich der DSGVO-Konformität erfordern. Wenn das Modell jedoch personenbezogene Daten aufbewahrt, ist ein regelmäßiges erneutes Training erforderlich, um gesperrte oder gelöschte Datensätze aus dem Modell zu entfernen. Dieser erneute Trainingsprozess kann auch automatisch als Reaktion auf Sperr- und Löschereignisse initiiert werden, die vom Informationslebenszyklusmanagement generiert werden.

Wie in Abschnitt ❸ von Abb. 9.3 beschrieben, werden die trainierten Modelle über APIs für die Nutzung durch KI-Applikationen bereitgestellt. Es gibt keinen Aspekt der Künstlichen Intelligenz, der spezifisch für die Nutzung von APIs ist, was bedeutet, dass etablierte Techniken zur Sicherstellung der DSGVO verwendet werden können. Anwendungen für Künstliche Intelligenz, die die gesetzliche Einwilligungspflicht sicherstellen müssen, müssen den Zugriff auf Anwendungsdaten einschränken, wie in Abschnitt ❹ in Abb. 9.3 dargestellt. Die Verarbeitung von Daten für das Modelltraining der Künstlichen Intelligenz ist nur zulässig, wenn eine Einwilligung vorliegt. Dazu ist es erforderlich, Datenmodellsichten für den Zugriff auf Anwendungsdaten mit Einwilligungsdaten zusammenzuführen und dabei die erforderlichen Einschränkungen zu implementieren. Es muss eine Verbindung zwischen Einwilligungsdatensätzen und Anwendungsdaten hergestellt werden, die die Definition der folgenden Attribute erfordert:

- Ein Attribut, das die betroffene Person und die Art der Einwilligung enthält. Wenn beispielsweise I_SALESORDER.SoldToParty für einen Kunden steht, stehen DataSubjectId = SoldToParty und DataSubjectIdType = 3 für die betroffene Person und den Typ.
- Ein Attribut, das die verantwortliche Stelle und die Art der Einwilligung enthält. Wenn beispielsweise I_SALESORDER.SalesOrganization ein Verkaufsorganisationscode ist, geben ControllerName = SalesOrganization und ControllerType = 2 den Controller und den Typ an.

Um mit dem beabsichtigten Einwilligungszweck in Einklang zu kommen, müssen die folgenden Merkmale sichergestellt werden:

- Anwendungsspezifische funktionale Attribute sollten den Zweck darstellen. „Ich stimme beispielsweise zu, dass der ERP-Anbieter Bestelldaten aus den letzten vier Jahren verwenden kann, um ein Profil meiner Produktpräferenzen zu erstellen." In diesem

9.2 Lösungskonzept

Fall entspricht der Begriff Auftragsdaten nur Aufträgen, daher wird der Zweck X durch I_SALESORDER.SalesOrderType = 'OR' (OR = ORDER) definiert.
- Einwilligungsspezifische funktionale Attribute sollten den Zweck darstellen. Beispiel: „Ich stimme zu, dass der ERP-Anbieter Zahlungsdaten aus dem vergangenen Quartal verwenden kann, um ein Risikoprofil meines Zahlungsverhaltens zu berechnen." Die Begriffe Profil und Produktpräferenzen müssen durch Attribute des Zwecks dargestellt werden: Purpose.Action = 'Profiling' und Purpose.Aspect = 'Payment'.

Einwilligungsmanagementdaten werden in Datenbanktabellen gespeichert. Abb. 9.4 veranschaulicht die statische SQL-Anweisung, die zum Verknüpfen von Anwendungs- und Einwilligungsdaten verwendet wird, um sicherzustellen, dass nur Datensätze mit erteilter Einwilligung für das Modelltraining für künstliche Intelligenz berücksichtigt werden.

Aufgrund der Notwendigkeit, dass Einwilligungsdaten anpassbar sein müssen, ist eine statische SQL-Anweisung jedoch unzureichend. Es ist eine dynamischere Methode erforderlich, wie in Abb. 9.5 dargestellt. Die primäre Unterscheidung besteht darin, dass diese Technik universell ist und in verschiedenen Anwendungsfällen verwendet werden kann. Diese dynamische Funktion erfordert jedoch auch die Verwendung generischer Datenbanktabellen zum Speichern von Einwilligungsdaten. Die Organisation dieser Datenbanktabellen ist in Abb. 9.5 dargestellt. Mit diesen Tabellendefinitionen kann die SQL-Anweisung zum Zusammenführen von Anwendungsdaten mit Einwilligungsdetails dynamisch festgelegt werden, wie im Quelltext in Abb. 9.5 dargestellt. Dadurch berücksichtigt die Datenmodellsicht für das Modelltraining nur Datensätze mit Einwilligung. Es sei zu beachten, dass es in der Regel kein Framework für die Integration von Anwendungs- und

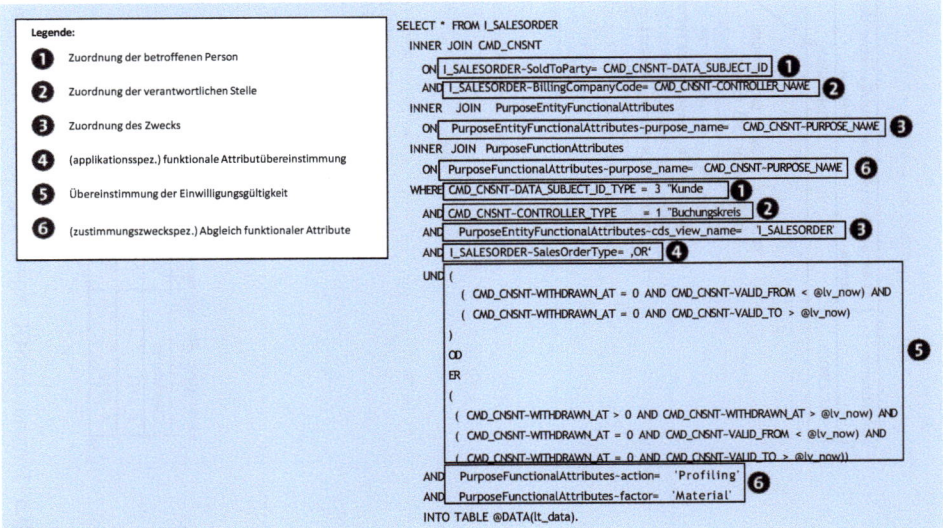

Abb. 9.4 Statische SQL-Anweisung zur Berücksichtigung von Einwilligungsdaten

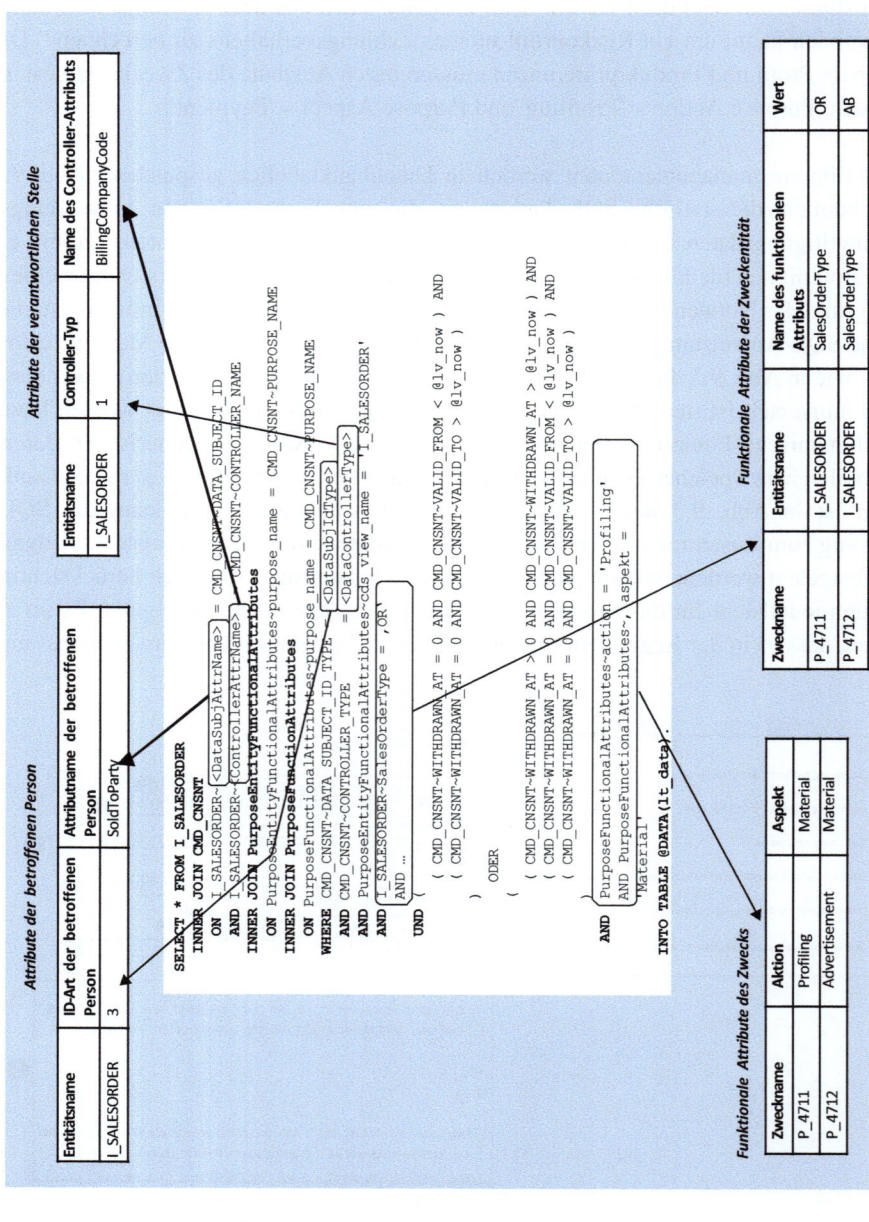

Abb. 9.5 Dynamische SQL-Anweisung zur Berücksichtigung von Einwilligungsdaten

9.2 Lösungskonzept

Einwilligungsdaten gibt. Daher müssen die SQL-Anweisungen vom Entwickler bereitgestellt werden, der für das KI-Szenario verantwortlich ist.

9.2.3 Side-by-Side AI

Abb. 9.6 zeigt die Lösung von Lösch-, Sperr- und Einwilligungsanforderungen für Side-by-Side AI. Daten aus dem ERP-System werden mithilfe von Datenmodellsichten abgerufen und anschließend auf der KI-Technologieplattform gespeichert. Die KI-Algorithmen werden dann mit diesen extrahierten Daten trainiert, und die resultierenden Modelle abgespeichert. Um die Verwendung dieser trainierten Modelle zu erleichtern, wird ein REST-API zur Verfügung gestellt. Dies ermöglicht eine nahtlose Integration von Funktionen für Künstliche Intelligenz in ERP-Anwendungen. Wie in Abschnitt ❶ von Abb. 9.6 dargestellt, werden Trainingsdaten basierend auf View-Operatoren, die den initialen Upload und die Deltabehandlung abdecken, aus ERP in die KI-Technologieplattform repliziert. Um die gesetzlichen Vorschriften für duplizierte Daten vollständig einzuhalten, ist die Sicherstellung ordnungsgemäßer Lösch- und Sperrverfahren unerlässlich. Die Entfernung und Einschränkung von Anwendungsdaten hängt dabei von den Geschäftsvorfällen innerhalb des ERP-Systems ab. Wie bereits erwähnt, ist das Informationslebenszyklusmanagement verantwortlich für die Verwaltung dieser Lösch- und Sperrprozesse im ERP-System. Daher verfügt das Informationslebenszyklusmanagement über alle relevanten Informationen zu gelöschten oder gesperrten Datensätzen und stellt diese Informationen über ein Extraktions-API der KI-Technologieplattform zur Verfügung. Eine DSGVO-Workbench, die diesen Anforderungen gerecht wird, ruft die Lösch- und Sperrdaten aus dem Extraktions-API ab und löscht oder sperrt anschließend die betroffenen Datensätze auf der KI-Technologieplattform.

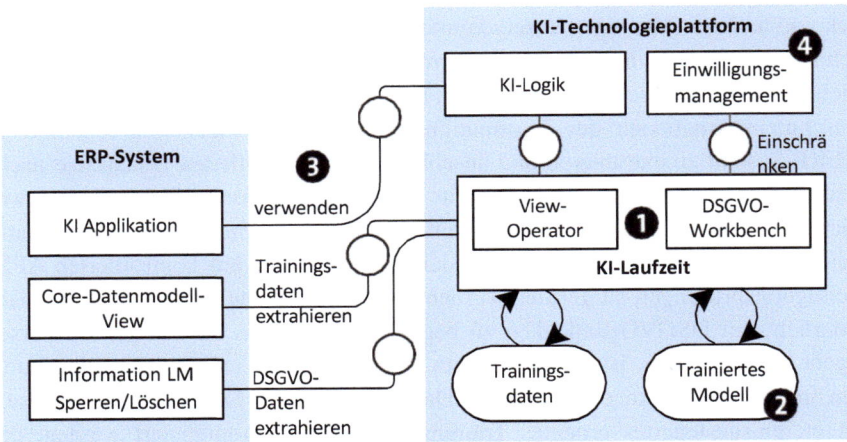

Abb. 9.6 Rechtliche Erfüllung für Side-by-Side AI

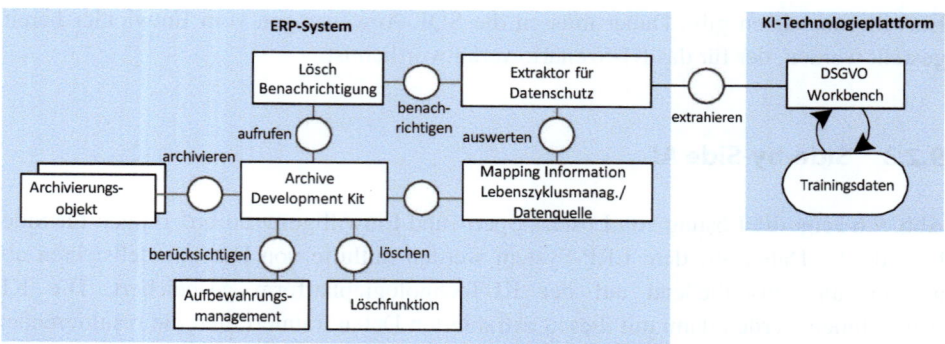

Abb. 9.7 Integration des Informationslebenszyklusmanagement für Side-by-Side AI

Abb. 9.7 zeigt, wie gesetzliche Anforderungen an die Löschung und Sperrung im Rahmen Side-by-Side AI prozessiert werden. Ein Benachrichtigungs-API wird für Anwendungen zur Verfügung gestellt, damit diese ihre Löschprogramme aufrufen können, die dann die Benutzer über die Entfernung ihrer personenbezogenen Daten informieren. Dieser API-Aufruf ist in das Archive-Development-Kit-Framework des Informationslebenszyklusmanagement integriert und gewährleistet somit die automatische Aktivierung bei jedem Archivierungslauf. Benachrichtigungen werden an Empfänger gesendet, die zuvor die personenbezogenen Daten über die gleichen oder unterschiedlichen Kanäle erhalten haben, die in den Standardintegrationskanälen konfiguriert sind. Ein Filtermechanismus stellt sicher, dass die Informationen die richtigen Empfänger erreichen. Die Benachrichtigungen enthalten Business-Objekte, was eine Zuordnung zu Objekten von Informationslebenszyklusmanagement ermöglicht. Es muss geprüft werden, ob ein Empfänger zusätzliche Kontextinformationen benötigt. Das Schlüssel-Mapping ist erforderlich und kann nur durchgeführt werden, solange die relevanten Daten in der Datenbank vorhanden sind. Damit die verantwortliche Stelle Benachrichtigungen basierend auf dem Zweck und anderen Attributen anzeigen und senden kann, sind entsprechende Benutzerberechtigungen notwendig. Außerdem werden Löschmeldungen und deren Status aufgezeichnet. In der KI-Technologieplattform ist eine DSGVO-Workbench erforderlich, um Datenschutzinformationen des Informationslebenszyklusmanagements regelmäßig aus dem ERP-System zu extrahieren und anschließend die betroffenen Datensätze nach Bedarf zu löschen oder zu sperren. Wie bereits in Abschnitt ❷ von Abb. 9.6 gezeigt, werden trainierte Modelle in einem verschlüsselten Format ohne identifizierbare Informationen gespeichert und können nicht direkt, sondern nur basierend auf kontrollierten APIs mit Berechtigungsprüfungen aufgerufen werden. Daher sind keine gesonderten Maßnahmen erforderlich, um DSGVO-Bedenken zu begegnen. Wenn das Modell jedoch personenbezogene Daten enthält, ist es wichtig, ein kontinuierliches erneutes Training durchzuführen, um eingeschränkte oder gelöschte Daten zu entfernen. Diese Vorgehensweise kann durch ereignisgesteuertes erneutes Training vollständig automatisiert werden, da das Informationslebenszyklusmanagement die erforderlichen Sperr- und Löschereignisse generieren kann. Wie bereits in Abschnitt ❸ von Abb. 9.6 dargestellt, werden die trainierten Modelle über APIs für die Nutzung durch KI-Applikationen bereitgestellt. Es gibt keinen spezifischen Aspekt im Zusammenhang mit Künstlicher Intelligenz, wenn es darum geht, APIs für den Verbrauch zu verwenden. Daher können herkömmliche Ansätze zur Sicherstellung der Einhaltung gesetzlicher Vorschriften verwendet werden. Die Notwendigkeit, eine Einwilligung im rechtlichen Kontext einzuholen, bezieht sich nicht auf jede Anwendung der Künstlichen Intelligenz; z. B. in Fällen, in denen die Trainingsdaten keine personenbezogenen Daten enthalten, ist diese Anforderung nicht erforderlich. Wenn jedoch eine Einwilligungsbearbeitung angefordert wird, zeigt Abschnitt ❹ in Abb. 9.6, dass der Trainingsdatensatz nur auf die Datensätze beschränkt werden darf, für die eine Einwilligung erteilt wurde. In diesem Zusammenhang ergeben sich mehrere Fragen: Mit welchen Methoden können wir eine Verknüpfung zwischen Einwilligungsdatensätzen und den in Anwendungen verwendeten Daten herstellen? Wie können wir den beabsichtigten Einwilligungszweck genau abstimmen? Um diese Probleme anzugehen, können die zuvor in den Abb. 9.4 und 9.5 vorgestellte Konzepte für Embedded AI auf Side-by-Side AI übertragen werden (Abb. 9.7).

9.2.4 Zusätzliche Frameworks

Die DSGVO beschreibt eine Reihe von Rechten, die von der betroffenen Person ausgeübt werden können. Diese Rechte umfassen Folgendes:

Vor Beginn der Verarbeitung muss die betroffene Person über die Art der verarbeiteten und gespeicherten Daten, den Zweck der Verarbeitung und die Dauer der Speicherung informiert werden. Der Datenschutz ist seit langem ein entscheidender Aspekt des ERP-Produktdesigns. Wie bereits erwähnt, gibt es verschiedene Funktionen in ERP-Systemen, die Kunden bei der Einhaltung gesetzlicher Vorschriften unterstützen. Diese Funktionen bieten eine zentrale Lösung für Datenschutzprobleme und reduzieren den Aufwand für alle ERP-Anwendungen. Das Recht auf vorherige Informationen wird durch das Informationsrecherche-Framework in ERP-Systemen geregelt. Darüber hinaus schreibt die DSGVO vor, dass betroffene Personen das Recht haben, Informationen über die verarbeiteten Daten anzufordern, was ebenfalls vom Informationsrecherche-Framework abgedeckt ist. Zudem haben betroffene Personen das Recht, die Löschung personenbezogener Daten zu verlangen. Daten müssen gelöscht werden, sobald alle Aufbewahrungszeiträume abgelaufen sind oder gesperrt werden, wenn der primäre Zweck abgelaufen ist und die Residenzzeit beendet ist. Der Lebenszyklus personenbezogener Daten in ERP-Systemen muss dieses Problem beheben. Personenbezogene Daten müssen außerdem korrekt, aktuell und berichtigt sein (spätestens auf Anfrage). Dies muss innerhalb der Anwendungen sichergestellt werden. Betroffene Personen haben das Recht, die Verarbeitung in bestimmten Fällen einzuschränken, und automatisierte Entscheidungen können manuellen Eingriffen unterliegen, was ebenfalls innerhalb der Anwendungen sichergestellt werden muss. Schließlich haben betroffene Personen das Recht, ihre gespeicherten personenbezogenen Daten in einem strukturierten, gängigen und maschinenlesbaren Format zu verlangen. Dieser Prozess wird ebenfalls vom Informationsrecherche-Framework unterstützt.

Die Lesezugriffsprotokollierung ist ein Framework, das alle Lesevorgänge protokolliert, wenn auf personenbezogene Daten zugegriffen wird. Sie hilft bei der Klärung von Situationen im Falle von Missbrauch und stellt sicher, dass Akteure, die möglicherweise Zugriff auf Daten im System haben, aber nicht auf diese zugreifen sollten, für mögliche Konsequenzen verantwortlich gemacht werden können. Die Lesezugriffsprotokollierung ist häufig erforderlich, um gesetzliche Vorschriften oder öffentliche Standards wie Datenschutz in Branchen wie dem Bankwesen oder dem Gesundheitswesen zu erfüllen. Datenschutz beinhaltet den Schutz und die Einschränkung des Zugriffs auf personenbezogene Daten. Die Datenschutzgesetze einiger Länder verlangen sogar Reporting-Zugriff auf bestimmte personenbezogene Daten. Unternehmen und Behörden möchten möglicherweise auch den Zugriff auf klassifizierte oder sensible Daten aus eigenen Gründen überwachen. Ohne Protokolle des Datenzugriffs ist es schwierig, die Person zu identifizieren, die für Datenlecks verantwortlich ist. Die Lesezugriffsprotokollierung stellt diese Informationen bereit. Das Framework basiert auf einer Zweckbestimmung, die gemäß den Anforderungen einer Organisation (z. B. Datenschutz) definiert und jedem Protokolleintrag als Attribut zugeordnet wird, sodass Protokolldaten basierend auf dem Zweck der Protokollierung klassifiziert und organisiert werden können. Archivierungsregeln oder Berichte können basierend auf Protokollierungszwecken angelegt werden. So kann das Framework der Lesezugriffsprotokollierung verwendet werden, um gesetzliche oder andere Vorschriften einzuhalten, Betrug oder Datendiebstahl aufzudecken, Audits durchzuführen oder für andere interne Zwecke.

Änderungsbelege werden verwendet, um alle Attributänderungen an Objekten zu verfolgen, für die diese Funktion aktiviert ist. Parameter wie Datum, Uhrzeit, alter Wert, neuer Wert und Initiator werden protokolliert. Das Framework bietet verschiedene Anwendungen, mit denen Änderungen an verschiedenen Objekten angezeigt werden können. Viele Business-Objekte werden häufig geändert, und es ist oft sinnvoll oder notwendig, diese Änderungen nachzuvollziehen. Wenn Änderungen protokolliert werden, kann der Kunde immer feststellen, was geändert wurde, wann und wie es geändert wurde, was bei der Fehleranalyse hilfreich sein kann. Änderungsbelege werden beispielsweise zur Unterstützung der Wirtschaftsprüfung in der Finanzbuchhaltung verwendet. Ein Änderungsbeleg zeichnet Änderungen an einem Business-Objekt auf, die unabhängig von Änderungen an der Datenbank angelegt werden.

9.3 Fazit

Die Verarbeitung von Künstlicher Intelligenz muss den Datenschutzgesetzen entsprechen. Beispielsweise sollte der Trainingsjob nur personenbezogene Daten berücksichtigen, für die eine Einwilligung vorliegt. In diesem Kapitel haben wir die betriebswirtschaftlichen Anforderungen und die notwendige technische Umsetzung für die Datenschutzverordnung

9.3 Fazit

im Kontext der Künstlichen Intelligenz dargelegt. Wir haben die gesetzlichen Vorschriften in technische Anforderungen wie Sperrung, Löschung, Einwilligung und automatisierte Entscheidungsfindung überführt. Somit haben wir die Grundlage geschaffen, um diese gesetzlichen Anforderungen in ERP-Software zur Einbettung von Künstlicher Intelligenz umzusetzen. Wir haben spezifische Lösungen für Embedded AI und Side-by-Side AI vorgeschlagen. Das Kapitel wurde mit zusätzlichen Frameworks abgeschlossen, die in der Regel in ERP-Systemen verfügbar sind, um gesetzliche Anforderungen zu erfüllen und auch im Kontext der Künstlichen Intelligenz wiederverwendet werden.

Konfiguration   10

In diesem Kapitel beschreiben wir die Geschäftsanforderungen und schlagen ein entsprechendes Lösungskonzept für die Konfiguration vor. ERP-Software beinhaltet vordefinierte Szenarien für Künstliche Intelligenz. Das bedeutet, dass für jede geschäftliche Fragestellung, die durch Künstliche Intelligenz gelöst werden soll, alle notwendigen Entwicklungen bereits bereitgestellt werden. Dazu zählt die Integration in Geschäftsprozesse und Benutzeroberflächen, die Definition der Datenquelle für das Training, die Implementierung von Daten-Transformationen sowie die Bereitstellung vordefinierter Modelle. ERP-Kunden oder Partner müssen diesen vorgefertigten Inhalt jedoch auf Basis der Konfiguration an ihre spezifischen Anforderungen anpassen. Der Schwerpunkt liegt hierbei auf der spezifischen Anpassung der Künstlichen Intelligenz, während allgemeine Konzepte wie die Konfiguration von Benutzeroberflächen, Formularen oder Analysen als bekannt vorausgesetzt werden.

10.1 Geschäftsanforderung

Die Konfiguration ist der Prozess der Einrichtung oder Anpassung von Systemen, um die bereitgestellten ERP-Funktionen an die Geschäftsanforderungen des Kunden anzupassen. Dieser Prozess, auch als Customizing bezeichnet, wird unter Verwendung der vordefinierten Variabilität der zugrunde liegenden Modelle durchgeführt. ERP-Produkte bieten seit jeher ein hohes Maß an Flexibilität und eine breite Palette an Anpassungsmöglichkeiten. So kann die Standardfunktionalität der ERP-Software angepasst und erweitert werden, um den Anforderungen jedes einzelnen Benutzers gerecht zu werden. Derzeit bieten ERP-Systeme Tausende von Einstellungen für die Anpassung einer Installation an die spezifischen Unternehmensanforderungen. Entscheidend ist jedoch, welche Konfigurationskombinationen semantisch korrekt sind, welche zu einem zuverlässigen Geschäftsprozess führen und welche das ideale Gleichgewicht zwischen Diversifizierung und Effizienz finden.

Seit über einem Jahrzehnt liefern ERP-Produkte Referenzinhalte, mit denen Kunden ihre Lösungen mit einer konsistenten Vorkonfiguration aller relevanten Geschäftsprozesse und unterstützenden Funktionen ausstatten können. Diese Vorkonfiguration erfüllt drei Schlüsselkriterien:

- **Schnelle Implementierung**: Die Vorkonfiguration ermöglicht die Initiierung der ERP-Systemimplementierung mit einem grundlegenden, konsistenten Satz von Konfigurationen. In vielen Geschäftsbereichen können Kunden zunächst Standardeinstellungen akzeptieren und dann benutzerdefinierte Einstellungen in Schwerpunktbereichen definieren. Mit diesem Ansatz können Kunden schnell eine voll funktionsfähige Lösung aufsetzen und die Anwendungen später weiter anpassen, wodurch die anfänglichen Gesamtkosten der Implementierung (TCI) gesenkt und die Implementierung und der Produktivstart beschleunigt werden.
- **Auf Best Practices basierender Ansatz**: ERP-Anbieter nutzen ihre umfassende Erfahrung, um eine Best-of-Breed Lösung für die Kerngeschäftsprozesse eines Unternehmens anzubieten. Best-Practice-Inhalte sorgen für ein Gleichgewicht zwischen hoher Performance, notwendiger Flexibilität und länderspezifischen Nuancen. Dieser Referenzinhalt ist nicht unflexibel, sondern kann an verschiedenen Stellen angepasst und erweitert werden. Andererseits dient der Referenzinhalt als De-facto-Standard, der eine zuverlässige und schnelle Umsetzung ermöglicht.
- **Lebenszykluskompatibilität**: Die Geschäftswelt und die Referenzinhalte entwickeln sich ständig weiter. Die Geschwindigkeit, mit der Innovationen in ERP-Software eingeführt werden, ist ein entscheidendes Unterscheidungsmerkmal. Neue Innovationen müssen leicht zugänglich, einfach zu bedienen und in Bezug auf Qualität und Leistung sehr zuverlässig sein. Folglich integrieren ERP-Anbieter diese Änderungen in den Referenzinhalten und aktualisieren regelmäßig die betroffenen Installationen. Diese Aktualisierungen dürfen jedoch die Stabilität der Betriebsumgebungen der Kunden nicht beeinträchtigen. Daher wird der Referenzinhalt mit lebenszyklusrelevanten Metadaten angereichert, um zu verwalten, wie Änderungen in vorhandenen Implementierungen während des Upgrades behandelt werden sollen. Dies ermöglicht einen sicheren, automatisierten Upgrade-Prozess, der eine wesentliche Qualität darstellt. Inkompatible Änderungen mit der Software und dem Lebenszyklus ihrer Inhalte werden vermieden.

Ein wesentlicher Teil der erforderlichen Geschäftsfunktionen eines Unternehmens wird durch die Funktion seiner Organisationseinheit bestimmt. Es muss berücksichtigt werden, ob es sich um ein Verkaufsbüro, einen Rechtsträger oder nur um einen Unternehmensbereich handelt. Die Konfiguration muss mehrere Organisationseinheiten innerhalb eines einzelnen Tenants berücksichtigen und diese mithilfe dedizierter Buchungskreise trennen. Folglich müssen die Konfiguration und der zugehörige Inhalt den entsprechenden

10.1 Geschäftsanforderung

Buchungskreis für die Customizing-Einstellungen enthalten, um zwischen den Einheiten zu unterscheiden. Darüber hinaus variiert der Umfang je nach Zweck der Organisationseinheit. Eine Organisationseinheit ist in der Regel mit einer physischen Installation verknüpft und somit einem Rechtsraum zugeordnet. Der Rechtsraum beeinflusst auch die Auswahl korrekter Konfigurationseinstellungen, da länderspezifische Einstellungen, die entweder die Einhaltung gesetzlicher Vorschriften unterstützen oder regionale Best Practices darstellen, gegenüber globalen oder allgemeinen Einstellungen ausgewählt werden müssen.

Im Zusammenhang mit Künstliche Intelligenz ist es wichtig, die folgenden Anwendungsfälle für die Konfiguration zu berücksichtigen:

- **Unterstützung für mehrere Modelle**: Für dasselbe Szenario ist es unerlässlich, für jedes Datensegment aktive Modelle für Künstliche Intelligenz zu haben. Dieser Ansatz kann im Gegensatz zur Verwendung eines einzelnen Modells die Prognosegenauigkeit verbessern. Beispielsweise ist ein Umsatzvorhersagemodell für alle Länder möglicherweise nicht so genau wie einzelne Modelle für jedes Land, die bestimmte Ländermerkmale berücksichtigen. Die Anwendung für Künstliche Intelligenz, die diese Modelle nutzt, sollte sie nicht einzeln verwalten, sondern über ein einziges, stabiles API. Die Infrastruktur der Künstlichen Intelligenz sollte automatisch das geeignete Modell für eine bestimmte Inferenzanforderung ermitteln.
- **Modell-Hyperparameter**: Wenn ein Algorithmus für Künstliche Intelligenz auf eine bestimmte Datenumgebung trainiert wird, werden die Hyperparameter des Modells konfiguriert. Diese Hyperparameter werden ohne Verwendung tatsächlicher Beobachtungsdaten ermittelt. Beispiele sind die Anzahl der Cluster im K-Means-Clustering, die Anzahl der Blätter in einem Baum oder die Anzahl der ausgeblendeten Ebenen in einem tiefen neuronalen Netzwerk. Es sind Mechanismen und Werkzeuge erforderlich, um diese Hyperparameter zu pflegen, bereitzustellen und anzuwenden.
- **Lebenszyklusmanagement der Konfiguration**: Für Kunden sind Benutzeroberflächen erforderlich, um Konfigurationsdaten zu pflegen. Diese Daten sollen in einem Testsystem validiert und sicher in ein Produktivsystem übertragen werden können. Konfigurationsdaten müssen getrennt von System- und Anwendungsdaten gespeichert werden. Mechanismen und Werkzeuge werden benötigt, um Konfigurationen bereitzustellen und anzuwenden. Es sollten nur Konfigurationsaktionen vorgeschlagen werden, die mit den aktivierten ERP-Geschäftsprozessen der Kunden übereinstimmen. Alle Konfigurationen, die Kunden zur Verfügung gestellt werden, müssen nach Patches und Upgrades ohne manuellen Eingriff weiterhin funktionieren. Änderungen an ERP-Software dürfen Kundenkonfigurationen nicht beeinträchtigen, und Erweiterungsmechanismen dürfen die Integrität des ERP-Systems nicht gefährden. Darüber hinaus sollten zeitaufwendige Aktivitäten vor und nach Upgrades minimiert werden.
- **Modelltraining und -validierung**: Für das Modelltraining für Künstliche Intelligenz müssen Jobs entweder als regelmäßige Läufe oder als Ereignisse eingeplant werden. Kunden müssen trainierte Modelle explizit für die Verwendung aktivieren. Zuvor soll-

ten sie in der Lage sein, die Modelle zu validieren. Wenn die Modellgenauigkeit abnimmt, sollte das automatische erneute Training erleichtert werden, um eine Modelldegradation zu vermeiden. Für diese Aktivitäten sind geeignete Mechanismen und Instrumente erforderlich.

Lebenszyklusmanagement der Konfiguration, und Modelltraining und -validierung sind zwar spezifisch für Künstliche Intelligenz, erfordern jedoch keine weitere Darstellung, da sie vom Lebenszyklusmanagement und den Tools von Künstlicher Intelligenz abgedeckt werden, die im vorherigen Kapitel zum Lebenszyklusmanagement behandelt wurden. Es werden jedoch Lösungen für die Unterstützung mehrerer Modelle und Modell-Hyperparameter benötigt, die in diesem Abschnitt erläutert werden.

10.2 Lösungskonzept

In diesem Abschnitt erläutern wir unsere vorgeschlagene Lösung zur Konfiguration der Anwendungsfälle von Künstlicher Intelligenz. Abb. 10.1 veranschaulicht die Aspekte der Künstlichen Intelligenz, die bei der Konfiguration und Erweiterbarkeit besondere Beachtung finden müssen. Die Einzelheiten bezüglich der Erweiterbarkeit werden wir im nächsten Kapitel diskutieren. Das zentrale Designzeitartefakt, das alle Elemente für die Implementierung eines Szenarios mit Künstlicher Intelligenz umfasst, wird als Intelligentes Szenario bezeichnet. Im Wesentlichen repräsentiert es das primäre Problem, das mithilfe von Künstliche Intelligenz gelöst werden soll. Um dies zu erreichen, identifizieren Data Scientisten die nötigen Algorithmen und Anwendungsdaten.

Anwendungsdaten werden für das Training des Algorithmus benötigt. Hierbei wird eine Sicht bereitgestellt, der mehrere Anwendungstabellen umfassen und initiale Datentransformationen durchführen kann. Aus der Erweiterbarkeitsperspektive können sowohl die Trainingsdaten-Sicht als auch die zugrunde liegende Datenpersistenz erweitert werden. Zusätzlich kann der Algorithmus ausgetauscht und die Hyperparameter neu konfiguriert werden. Die KI-Logik in Bezug auf Datentransformationen und Feature-Engineering kann an spezifische Kundensituationen angepasst werden. Die Signatur des Inferenz-APIs wird während der Designzeit als Teil des Intelligenten Szenarios eingerichtet. Dadurch können konsumierende Anwendungen und Geschäftsprozesse das Inferenz-API während der Designzeit integrieren. Das Inferenz-API liefert jedoch erst dann sinnvolle Ergebnisse, wenn das zugrunde liegende KI-Modell trainiert wurde. Die Signatur des API für die Verwendung der Ergebnisse kann um optionale Felder erweitert werden. Bevor KI-Modelle trainiert werden, müssen bestimmte Vorbedingungsprüfungen durchgeführt werden. Diese Prüfungen sind auf das spezifische Szenario der Künstliche Intelligenz zugeschnitten und stellen sicher, dass alle notwendigen Voraussetzungen erfüllt sind, z. B. die Verfügbarkeit angemessener Anwendungsdaten oder das Vorliegen der erforderlichen Prozesskonfigurationen. Nach erfolgreicher Durchführung der Vorbedingungsprüfungen kann der Trainingsprozess beginnen. Zur Initiierung des Trainings kommt die Trainingsinfra-

10.2 Lösungskonzept

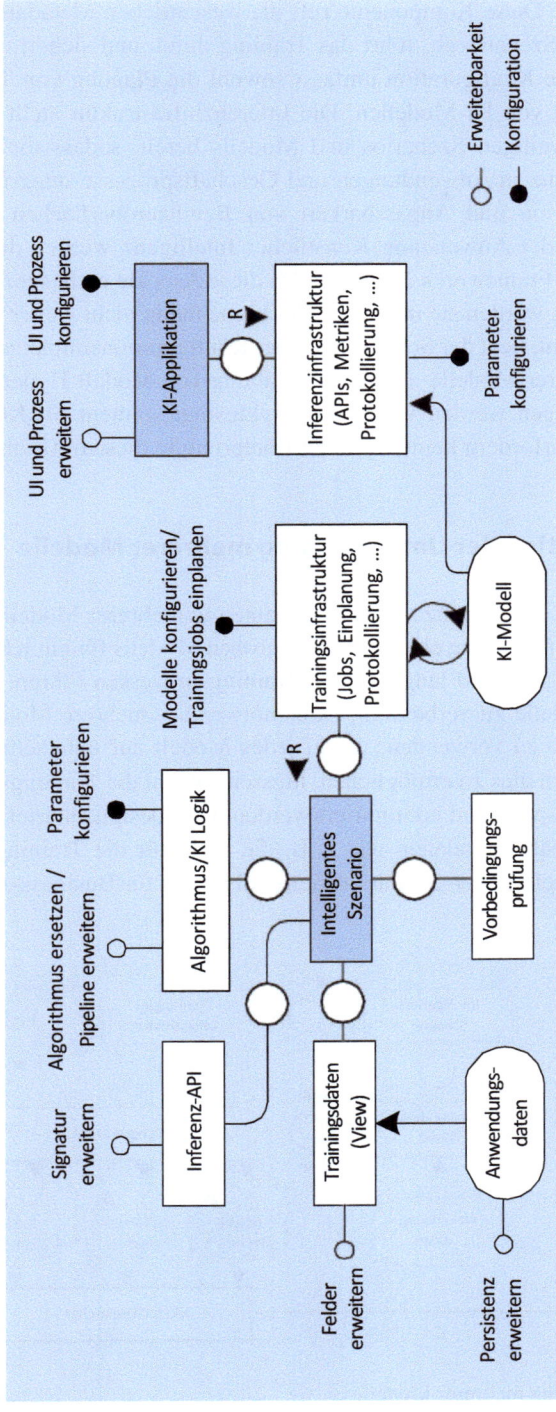

Abb. 10.1 Artefakte der Künstlichen Intelligenz für Konfiguration und Erweiterbarkeit

struktur zum Einsatz. Diese Komponente ruft die wesentlichen Metadaten aus dem relevanten Intelligenten Szenario ab, führt das Training durch und sichert das resultierende trainierte Modell. Die Konfiguration umfasst sowohl die Planung von Trainingsjobs als auch die Aktivierung von KI-Modellen. Die Inferenzinfrastruktur stellt das API für die Verwendung des jeweiligen Szenarios und Modells bereit, sodass die Funktionen der Künstlichen Intelligenz in Anwendungen und Geschäftsprozesse integriert werden können. Die Konfiguration und Anpassbarkeit von Benutzeroberflächen und Geschäftsprozessen innerhalb der Anwendung Künstlicher Intelligenz werden durch bereits etablierte Konzepte und Frameworks adressiert. Da diese Aspekte nicht spezifisch für Künstliche Intelligenz sind, werden sie in diesem Zusammenhang nicht weiter diskutiert.

Wie bereits erwähnt, liegt der Schwerpunkt der Konfigurationsimplementierung auf der Unterstützung mehrerer Modelle und der Verwaltung von Modell-Hyperparametern. Zusätzliche Anforderungen werden vom Lebenszyklusmanagement für Künstliche Intelligenz abgedeckt und erfordern keine weitere Erläuterung in diesem Abschnitt.

10.2.1 Konfiguration der Unterstützung mehrerer Modelle

Abb. 10.2 zeigt das Lösungskonzept zur Unterstützung mehrerer Modelle. In einigen Situationen kann die Verwendung eines einzigen, groben Modells für ein KI-Szenario zu unzureichender Genauigkeit und langwierigen Trainingsprozessen führen. Um die Vorhersagekraft dieser Modelle zu verbessern, ist es notwendig, mehrere Modelle gleichzeitig für dasselbe Szenario zu verwenden, wobei jedes Modell auf unterschiedlichen Datensegmenten basiert. Um dies zu ermöglichen, müssen sowohl die Trainingsinfrastruktur als auch die Laufzeit entsprechend konfiguriert werden. Das Designzeitartefakt für das Intelligente Szenario enthält Metadaten, wie z. B. die Sicht für die Trainingsdaten und das Inferenz-API. Die Intelligenten Szenarios dienen als Basis für Business-Administratoren,

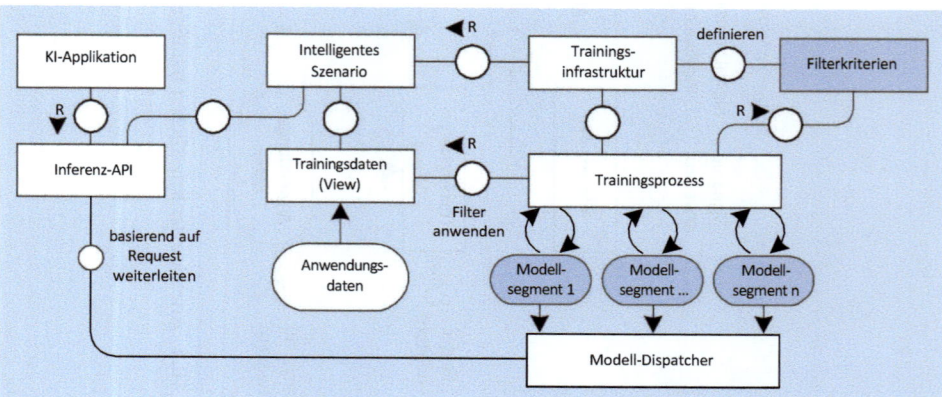

Abb. 10.2 Unterstützung mehrerer Modelle

um Trainingsjobs zu planen. In diesem Kontext werden Filter eingerichtet, um die Trainingsdaten in verschiedene Segmente aufzuteilen. Während der Laufzeit nutzt der Trainingsprozess diese Filterkriterien, um Modelle für jedes Segment zu trainieren. Eine Einschränkung besteht darin, dass die Filterkriterien ausschließlich auf den Attributen der Signatur des Inferenz-API basieren müssen. Sobald die Modelle für die einzelnen Datensegmente trainiert sind, besteht die nächste Aufgabe darin, das relevante Modell für die Nutzung zu identifizieren. Hier kommt der Modell-Dispatcher ins Spiel. Wenn die KI-Applikation das Inferenz-API aufruft, wird die zugrunde liegende Anfrage an den Modell-Dispatcher weitergeleitet. Durch Abgleich der Anfrage mit den festgelegten Filterkriterien leitet der Dispatcher die Anfrage an das entsprechende Segmentmodell weiter. Dies ist möglich, weil sowohl die Anfrage als auch der Filter auf den gleichen Attributen basieren. Wenn beispielsweise eine Verkaufsorganisation in der Signatur der API-Inferenzanfrage enthalten ist, kann diese verwendet werden, um die Trainingsdaten zu segmentieren und für verschiedene Verkaufsorganisationen angepasste KI-Modelle zu erstellen.

In Abb. 10.3 ist das Zusammenspiel dieser Komponenten zu sehen. Wie schon erwähnt, werden die Trainingsjobs vom Business-Administrator eingeplant. Für jedes Segment muss der Business-Administrator die Filterparameter festlegen und den entsprechenden Trainingslauf ausführen, was zu segmentierten Modellen führt. Diese präzisen Modelle ermöglichen eine effizientere Nutzung der Systemressourcen wie Speicher- und CPU-Zeit, im Vergleich zur Verwendung eines einzigen Modells für alle Segmente. Wenn es darum geht, welches Modell verwendet werden soll, muss das richtige Modell identifiziert werden. Diese Aufgabe übernimmt der Modell-Dispatcher, der die Inferenzanfrage aus der KI-Applikation an das passende Modell weiterleitet. Die notwendige Zuordnung erfolgt basierend auf den Attributen der Inferenz-API-Struktur, die auch für die Modellsegmentierung Verwendung finden.

10.2.2 Konfiguration der Modell-Hyperparameter

Betrachten wir nun die Lösung für die Anforderungen an die Konfiguration von Modell-Hyperparametern, wie in Abb. 10.4 dargestellt. In der Regel gibt es mehrere Parameter, die bei der Konfiguration berücksichtigt werden müssen, wie beispielsweise Ländercodes, Kundenauftragsarten, Limits für CPU-Zeit oder Konnektivitätsvariablen. Da jedoch die meisten dieser Parameter universell technischer und prozessbezogener Natur sind, werden sie in diesem Zusammenhang nicht behandelt. Stattdessen konzentrieren wir uns auf Konfigurationsparameter, die spezifisch für Künstliche Intelligenz sind. In diesem Rahmen betrachten wir insbesondere die Hyperparameter von Algorithmen der Künstlichen Intelligenz während der Trainingsphase. Das Konzept ist jedoch breiter definiert und umfasst alle KI-spezifischen Konfigurationsparameter. Dies schließt insbesondere Konfigurationsparameter ein, die für den Inferenzprozess erforderlich sind.

Die KI-Logik umfasst die Transformation von Daten, das Engineering von Funktionen, das Initiieren von Algorithmen und das Ausführen von Nachbearbeitungsschritten. Um

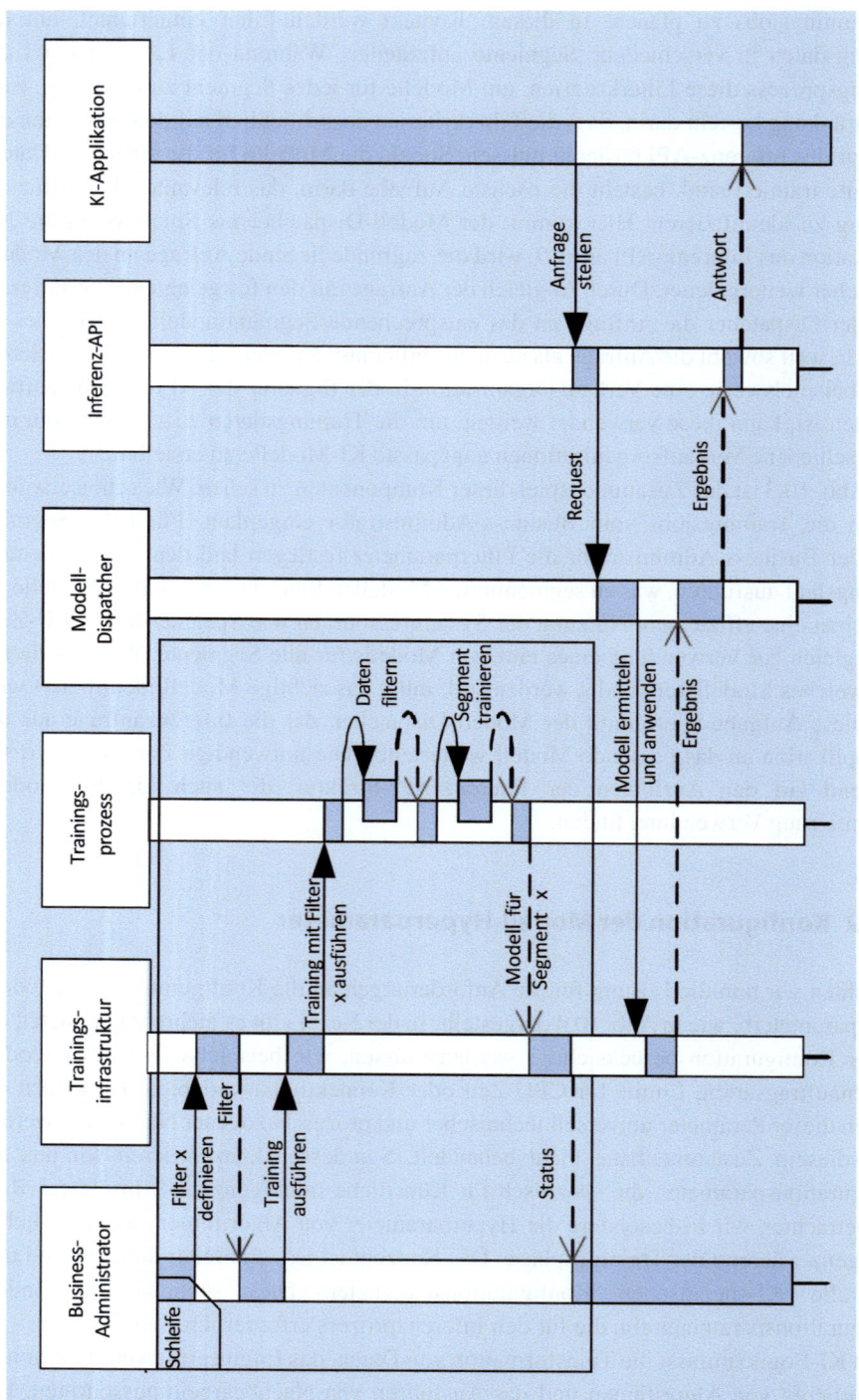

Abb. 10.3 Prozessierung mehrerer Modelle

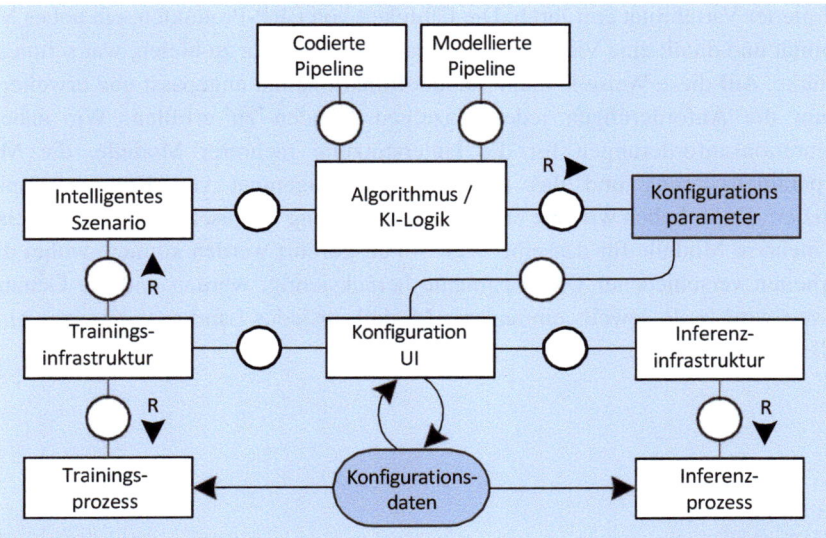

Abb. 10.4 Konfigurationsparameter

Anpassungsfähigkeit zu gewährleisten, werden Parameter in die KI-Logik integriert, anstatt Festwerte zu verwenden. Dadurch können diesen Parametern während des Konfigurationsprozesses verschiedene Werte zugewiesen werden. Dies gilt insbesondere für Hyperparameter der KI-Algorithmen, die an Kundenszenarien angepasst werden und somit die Modellgenauigkeit erhöhen. Abhängig von den Anforderungen des jeweiligen Anwendungsfalls kann die KI-Logik entweder programmiert oder visuell dargestellt werden. Während das Coding mehr Ausdrucksstärke bietet, bieten grafische Modelle eine umfassendere Sicht. In Fällen, in denen die KI-Logik anpassbare Konfigurationen erfordert, werden relevante Parameter implementiert. Die Werte für diese Parameter können über eine generische Konfigurationsoberfläche verwaltet werden, die aus Schlüssel-Wert-Paaren besteht.

10.3 Fazit

ERP-Systeme bieten vordefinierte Szenarien für Künstliche Intelligenz. Dies bedeutet, dass für eine Geschäftsfrage, die mittels Künstlicher Intelligenz gelöst werden soll, alle notwendigen Entwicklungen bereitgestellt werden: Integration in Geschäftsprozesse und Benutzeroberflächen, Definition der Datenquelle für das Training sowie Bereitstellung vordefinierter Modelle. Kunden oder Partner müssen diese Inhalte der Künstlichen Intelligenz jedoch mit Konfiguration und Erweiterbarkeit an ihre spezifischen Anforderungen anpassen. In diesem Abschnitt konzentrierten wir uns auf die spezifische Konfiguration für Künstliche Intelligenz, bei der Kunden und Partner ERP-Funktionen auf der Grundlage vordefinierter Variabilität einführen. Die Fähigkeit von ERP-Produkten, ein hohes Maß an Flexibilität und damit eine Vielzahl von Anpassungsoptionen zu bieten, war schon immer ihre Stärke. Auf diese Weise können Standardfunktionalität angepasst und erweitert werden, um die Anforderungen jedes einzelnen Kunden zu erfüllen. Wir haben die Konfigurationsanforderungen für die Unterstützung mehrerer Modelle, die Modell-Hyperparametrisierung und das Lebenszyklusmanagement von Konfigurationsdaten identifiziert. Dafür haben wir eine entsprechende Lösung vorgeschlagen, sodass beispielsweise mehrere Modelle für dasselbe Szenario ausgeführt werden können, wobei die Besonderheiten verschiedener Datensegmente berücksichtigt werden und die Genauigkeit verbessert wird (z. B. jeweils ein anderes Modell für jedes Land anstelle eines globalen Modells für alle Länder).

11 Erweiterbarkeit

In diesem Kapitel beschreiben wir die Geschäftsanforderungen und schlagen ein Lösungskonzept für die Erweiterbarkeit vor. ERP-Software bietet vordefinierte Szenarien für Künstliche Intelligenz. Kunden oder Partner können jedoch verlangen, dass diese Inhalte an ihre spezifischen Anforderungen basierend auf der Erweiterbarkeit angepasst werden. Dies kann auch für Anwendungsfälle notwendig sein, in denen ERP-Kunden oder Partner selbst Entwicklungen vornehmen. Daher ist eine technische Lösung erforderlich, die Erweiterungen bestehender KI-Anwendungen ermöglicht und diese Erweiterungen gleichzeitig vor Upgrades schützt, um zu vermeiden, dass sie überschrieben werden.

11.1 Geschäftsanforderung

Die folgende Definition der Erweiterbarkeit bildet die Grundlage für alle Anwendungsfälle der Erweiterbarkeit: Erweiterbarkeit bezieht sich auf die Anpassung von Standardsoftware durch Partner und Kunden sowie deren Integration in bestehende Systemlandschaften. Ziel ist es, zusätzliche Funktionen für individuelle oder branchenspezifische Anforderungen bereitzustellen, die von der Standardsoftware nicht abgedeckt werden können oder sollen. Hauptaufgabe der Erweiterbarkeit ist es, Geschäftsexperten zu befähigen, einfache Erweiterungen eigenständig zu entwickeln. Jeder Kunde verfügt über zusätzliche Anwendungsfälle, um die Funktionen der implementierten ERP zu erweitern. Mit der Erweiterbarkeit können Experten oder sogar Personen ohne technisches Fachwissen die Funktionalität des ERP-Systems ergänzen. Diese Erweiterungen müssen sowohl für Cloud- als auch für On-Premise-ERP-Installationen geeignet sein.

ERP-Systeme erhalten regelmäßig Patches und Upgrades, um Sicherheitslücken zu schließen, Fehler zu beheben und die Benutzerfreundlichkeit durch neue Funktionen zu verbessern. Innovationen werden auch durch diese Patches und Upgrades bereitgestellt.

Die Bereitstellung von Upgrades kann jedoch zeitaufwendig sein und möglicherweise nicht alle Kundenanforderungen erfüllen. Daher ist sind Mechanismen für die Erweiterbarkeit notwendig. Kunden erweitern of KI-Anwendungen, um die Genauigkeit ihrer KI-Modelle zu erhöhen. Im Kontext der Erweiterbarkeit gibt es die folgenden Methoden, um bessere Modelle zu erzielen:

- **Erweiterung der Trainingsdatenquelle**: Die Genauigkeit von Modellen mit Künstlicher Intelligenz kann durch die Einbeziehung weiterer Attribute verbessert werden. Kunden sollten in der Lage sein, die vom ERP-Anbieter bereitgestellte Datenmodellsicht für das Modelltraining um zusätzliche Felder zu erweitern. Es müssen verschiedene Optionen unterstützt werden, wie das Hinzufügen von Feldern aus erweiterten Anwendungen, untergeordneten Datenmodellsichten, neuen Datenmodellsichten und externen Datensätzen.
- **Austausch des Algorithmus**: Die Vorhersagekraft von Modellen der Künstlichen Intelligenz kann durch Änderung des Algorithmus verbessert werden. Kunden sollten den vordefinierten Algorithmus durch einen neuen vom gleichen Typ ersetzen können, beispielsweise den Wechsel von linearer Regression zu exponentieller Regression. Um dies zu erreichen, müssen die Data Scientisten eines Kunden entsprechende Explorationen und Experimente durchführen, um den besten Algorithmus für ihre spezifische Situation und Datenumgebung zu ermitteln.
- **Erweiterung der KI-Logik**: Die Logik der Künstlichen Intelligenz umfasst Aspekte wie Datenaufbereitung, Feature-Engineering und Transformationen. Durch die Erweiterung der vordefinierten Pipelines der KI-Logik kann die Modellgenauigkeit verbessert werden. Kunden müssen in der Lage sein, die vordefinierte KI-Logik zu erweitern, wobei Data Scientisten Explorationen und Experimente durchführen müssen, um den besten Ansatz für ihre spezielle Situation und Datenumgebung zu ermitteln.
- **Erweiterung des Inferenz-API**: Das Inferenz-API kapselt das Modell für Künstliche Intelligenz und stellt es für die Integration in Anwendungen und Geschäftsprozesse zur Verfügung. Die Signatur dieses API enthält die erforderlichen Anfrage- und Antwortstrukturen für die Interaktion mit dem trainierten Modell. Um Unterbrechungen der konsumierenden Anwendungen und Geschäftsprozesse zu vermeiden, muss das API stabil bleiben und kompatibel erweitert werden. Kunden sollten das Inferenz-API um optionale Felder erweitern können, zum Beispiel um statistische KPIs zur Erläuterung der Vorhersageergebnisse.
- **Neue KI-Applikation**: Kunden und Partner sollten in der Lage sein, eine neue Anwendung für Künstliche Intelligenz von Grund auf zu entwickeln. Dazu gehört die Modellierung von Datenmodellsichten für das Training, das Anlegen Intelligenter Szenarios, das Definieren von Inferenz-APIs und deren Integration in die Geschäftslogik. Da nachfolgende Entwicklungsaktivitäten (z. B. UI-Programmierung oder Persistenzdefinition) nicht spezifisch für Künstliche Intelligenz sind, können ERP-Konzepte und Tools wiederverwendet werden.

- **Lebenszyklusmanagement von Erweiterungen**: Alle den Kunden und Partnern zur Verfügung gestellten Erweiterbarkeitsfunktionen müssen nach Patches und Upgrades ohne manuelle Eingriffe weiterhin funktionieren. Die Erweiterbarkeit sollte dem Whitelisting-Ansatz entsprechen und nur Objekte für die Erweiterbarkeit bieten, die speziell für diesen Zweck entwickelt wurden. Änderungen an der ERP-Software durch den Anbieter dürfen Kundenerweiterungen nicht beeinträchtigen. Es sollte eine klare Unterscheidung zwischen Standardfunktionalität und Erweiterungen geben, beispielsweise durch ein Namensraumkonzept. Erweiterungsmechanismen dürfen die Integrität des Systems nicht beeinträchtigen, und zeitaufwendige Aktivitäten vor und nach Upgrades sollten vermieden werden. Alle Erweiterungen werden mithilfe von Standardmechanismen von ERP in der gesamten Systemlandschaft angelegt und transportiert, wodurch sichergestellt wird, dass ein Transport eine vollständige Erweiterung enthält, ohne dass zusätzliche Aktivitäten und Werkzeuge erforderlich sind.

11.2 Lösungskonzept

In diesem Kapitel werden wir die im vorherigen Abschnitt genannten Anforderungen an die Erweiterbarkeit lösen.

11.2.1 Erweiterung der Trainingsdatenquelle

Um die Quelle der Trainingsdaten zu erweitern, ist es notwendig, zusätzliche Felder zu integrieren, damit die Prognosefunktionen des Modells für Künstliche Intelligenz verbessert werden können. Die Wahl der zusätzlichen Datenfelder bestimmt die geeignete Methode zur Erweiterung, wobei verschiedene Methoden auch kombiniert werden können, falls erforderlich:

- Benutzerdefinierte Felderweiterungen bedeuten das Hinzufügen von Feldern aus erweiterten Anwendungen.
- Datenquellenerweiterungen beziehen Felder aus grundlegenden Datenmodellsichten ein.
- Benutzerdefinierte Datenmodellsichten verbinden andere ERP-Datenmodellsichten oder enthalten Felder aus von Kunden angelegten Datenmodellsichten.
- Benutzerdefinierte Datenmodellsichten verknüpfen benutzerdefinierte Business-Objekte und binden Felder aus externen Datensätzen ein.

Benutzerdefinierte Felderweiterungen ermöglichen es, kundenspezifische Felder in den Geschäftskontext einer Anwendung in einer Eins-zu-eins-Beziehung zu integrieren oder ERP-Felder in den Tabellen und Strukturen der Anwendung aufzunehmen. Dies basiert auf Erweiterungs-Includes, die leere Includes mit einem Platzhalterfeld im Data Dictionary des ERP-Systems sind. Diese Erweiterungs-Includes dienen als Ankerpunkte für Erweiterungen und sind Teil aller notwendigen Strukturen wie Datenbanken, API-Strukturen oder Service-Implementierungen. Erweiterungsfelder sind Teil von Data-Dictionary-Appends, einem modifikationsfreien Erweiterbarkeitsansatz. Benutzerdefinierte Felderweiterungen basieren auf Erweiterungs-Includes, die explizit von der Anwendung vorbereitet werden müssen. Dafür müssen Datenbanktabellen und Data-Dictionary-Strukturen als Erweiterungs-Includes integriert werden, um einen stabilen Ankerpunkt für Data-Dictionary-Appends zu schaffen. Benutzerdefinierte Felder werden dann über Data-Dictionary-Appends hinzugefügt, und der Quelltext der Anwendung muss Erweiterungsfelder mithilfe von MOVE-CORRESPONDING generisch zwischen Strukturen oder internen Tabellen übertragen. Für Trainingsdaten müssen erweiterbare Datenmodellsichten eine Erweiterungs-Include-Assoziation zu einer Erweiterungs-Include-Sicht bieten. Diese Erweiterungs-Include-Sicht basiert auf der Datenbanktabelle, die nur Schlüsselfelder und später benutzerdefinierte Felder aus dem Erweiterungs-Include enthält. Sie dient als stabiler Ankerpunkt für Datenmodellsicht-Erweiterungen und macht Erweiterungsfelder in erweiterten Datenmodellsichten über die Erweiterungs-Include-Assoziation zugänglich. Benutzerdefinierte Felder werden der Erweiterungs-Include-Sicht hinzugefügt, sobald sie in die Persistenz integriert werden. Erweiterbare Datenmodellsichten werden angepasst, wenn sie im UI-Dialog für benutzerdefinierte Felder ausgewählt werden, da nicht alle Konsumenten die Erweiterungs-Include-Assoziation durchlaufen können, um auf benutzerdefinierte Felder zuzugreifen (siehe Abb. 11.1).

Die strukturelle Definition lokaler und Remote-APIs muss ebenfalls die Erweiterung einbeziehen. Je nach spezifischer Implementierung müssen Abschnitte in der Implementierung des API bewusst auf Erweiterbarkeit ausgelegt werden, indem Erweiterbarkeitsfunktionsbausteine genutzt werden, zum Beispiel solche, die Metadaten verbessern oder Erweiterungsdaten zwischen internen und externen Strukturen übertragen. Ein

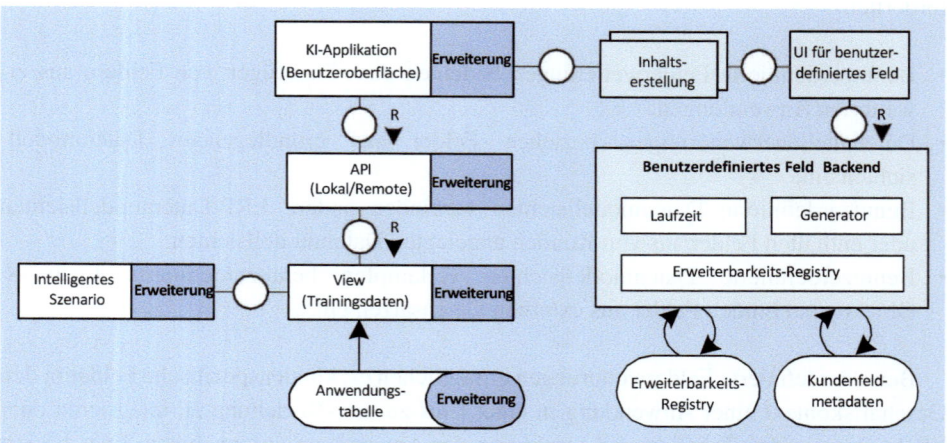

Abb. 11.1 Erweiterbarkeit der Kundenfelder

11.2 Lösungskonzept

Anwendungsexperte initiiert die Benutzungsoberfläche für benutzerdefinierte Felder, wodurch der Benutzer die technischen Aspekte eines benutzerdefinierten Felds (etwa Bezeichner, Typ, Länge) festlegen und eine Liste einsehen kann, wo das Feld verwendet wird. Dieses Werkzeug kann eigenständig oder idealerweise in das Authoring der Benutzungsoberfläche integriert sein. Die Liste, die die Verwendung des Feldes anzeigt, basiert auf der Erweiterbarkeits-Registry, die alle APIs und Datenmodellsichten erkennt und die erweiterte Persistenz anzeigt. Wählt der Benutzer einen Eintrag in der Liste aus, wo das Feld verwendet wird, werden das zugrunde liegende API und die Datenmodellsicht erweitert. So haben die relevanten Konsumenten Zugriff auf das kundenspezifische Feld in ihrem Feldkatalog und können es wie jedes Standardfeld nutzen, das von der ERP-Lösung bereitgestellt wird. Im Anschluss können Kunden mithilfe der Datenquellenerweiterung neue ERP-Standardfelder aus den zugrunde liegenden Datenmodellsichten integrieren. Die Datenmodellsicht für das Modelltraining basiert in der Regel auf grundlegenden Datenmodellsichten. Diese Basissichten können Felder enthalten, die in den Trainingsprozess integriert werden können, um die Prognosefähigkeiten des Modells für Künstliche Intelligenz zu verbessern.

Abb. 11.2 illustriert das grundlegende Konzept der Datenquellenerweiterung. Die Datenmodellsicht, die als Sicht 1 (View) bezeichnet wird und erweitert werden soll, muss in der Erweiterbarkeits-Registry verfügbar gemacht werden. Zusätzliche Felder können aus der Untersicht Sicht 2.1 (Feld1) oder aus den Sichten Sicht 2.2 (Feld2) und Sicht 2.3 (Feld3) ausgewählt werden, welche über 0..1-Assoziationen zugänglich sind. Aus Perspektive eines Anwendungsexperten muss die Datenquelle in der Anwendung für benutzerdefinierte Felder ausgewählt und erweitert werden. Durch das Hinzufügen zusätz-

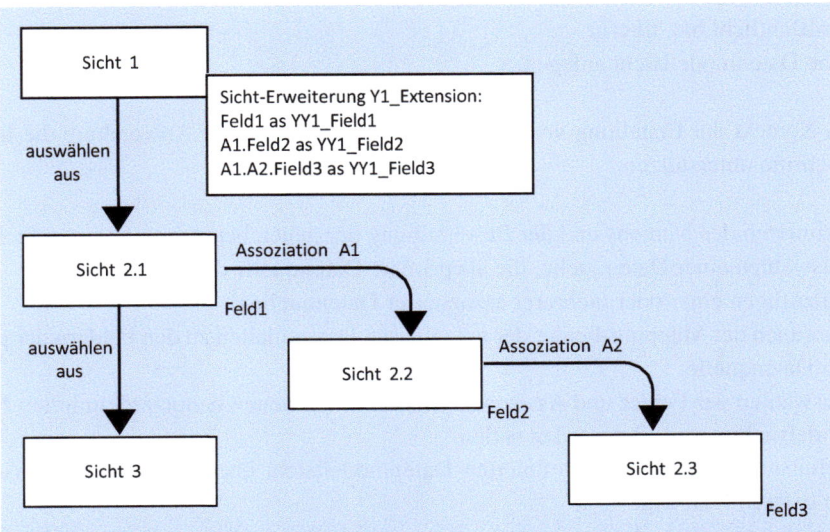

Abb. 11.2 Erweiterbarkeit der Datenquelle

licher Standardfelder können Endbenutzer ohne die erforderliche Berechtigung Zugriff auf eingeschränkte Daten in der erweiterten Datenquelle erhalten. Außerdem kann der Datenabruf nach einer Datenquellenerweiterung je nach Feldpfad und Art der ausgewählten Felder langsamer werden. Wenn die oben genannten Methoden zur Erweiterung von Kundenfeldern und Datenquellen unzureichend oder nicht anwendbar sind, ist die Erstellung einer neuen Datenmodellsicht erforderlich. Situationen, in denen dies nötig wäre, umfassen Felder aus Datenmodellsichten anderer Sichthierarchien oder wenn die Datenmodellsicht für das Training nicht für die Datenquellenerweiterung registriert ist. Eine neue Datenmodellsicht für das Training kann eingerichtet werden, um Felder aus anderen Datenmodellsicht-Hierarchien zu kombinieren, auf verschiedene Datentabellen zuzugreifen oder die Felder existierender Datenmodellsichten für das Training mithilfe der SQL-Projektion zu reduzieren. Wir empfehlen, eine Anwendung für benutzerdefinierte Datenmodellsichten zu entwickeln, damit Anwendungsexperten den kundenspezifischen Datenzugriff auf Basis öffentlicher Datenmodellsichten modellieren können. Außerdem sollten zuvor erstellte benutzerdefinierte Datenmodellsichten als Grundlage für neue benutzerdefinierte Datenmodellsichten dienen. Die Anwendung für benutzerdefinierte Datenmodellsichten sollte folgende Funktionen unterstützen:

- Eine Liste aller mit ERP ausgelieferten Datenquellen sowie vorhandener benutzerdefinierter Datenquellen anzeigen, einschließlich der Sichten des persönlichen benutzerdefinierten Datenmodells.
- Details zu verfügbaren Datenquellen und benutzerdefinierten Datenmodellansichten anzeigen.
- Nach einer bestimmten Datenquelle oder benutzerdefinierten Datenmodellsicht suchen.
- Nach Datenquellenname, Bezeichnung, Typ und dem Benutzer, der die Ansicht zuletzt veröffentlicht hat, filtern.
- Eine Datenmodellsicht anlegen.

Im Kontext der Erstellung von Datenmodellsichten sollte die Anwendung die folgenden Schritte unterstützen:

1. Definieren des Namens und der Beschreibung der neuen benutzerdefinierten Sicht.
2. Auswählen einer Datenquelle, die als primäre Datenquelle dienen soll.
3. Hinzufügen einer oder mehrerer assoziierter Datenquellen.
4. Zuordnen der Mapping-Felder der assoziierten Datenquellen zu den Feldern der primären Datenquelle.
5. Auswählen der Felder und Assoziationen, die in der neuen benutzerdefinierten Datenmodellsicht verwendet werden sollen.
6. Bereitstellen der benutzerdefinierten Datenmodellsicht über einen REST-Service für die externe Nutzung.
7. Vornehmen von Änderungen an der Semantik der ausgewählten Datenquellen für die Nutzung in der neuen benutzerdefinierten Datenmodellsicht.

11.2 Lösungskonzept

8. Anzeigen der Parameter der ausgewählten Datenquellen, wenn sie einen Filter für die Ergebnismenge enthalten.

Um die Präzision von KI-Modellen zu erhöhen, kann es ebenso wichtig sein, die Trainingsdatenquelle durch die Einbindung kundenspezifischer Tabellen zu erweitern. Dieses Konzept der Tabellenerweiterbarkeit bezieht sich auf die Möglichkeit, kundenspezifische Felder im Geschäftskontext einer Anwendung hinzuzufügen, sei es in einer Eins-zu-eins- oder Eins-zu-n-Beziehung. Neue, auf den Kunden zugeschnittene Tabellen werden in der Datenbank erstellt und mit Datenmodellsichten integriert. Diese können dann mit der bereitgestellten Datenmodellsicht für das Modelltraining zusammengeführt werden, was zu einer neuen Datenquelle führt.

Im Kontext kundenspezifischer Tabellen gibt es zwei Erweiterungsarten:

- Neue, unabhängige benutzerdefinierte Tabellen, die keine Untertabellen von ERP-Tabellen sind, werden über eine Benutzungsoberfläche oder Datenimporte aus anderen Kundensystemen befüllt. Diese unabhängigen Tabellen können als Codelisten, Prozesssteuerungstools oder als Fakten oder Dimensionen für transaktionale und analytische Zwecke dienen. Eine zusätzliche Erweiterung könnte das Gruppieren mehrerer unabhängiger benutzerdefinierter Tabellen in einer Hierarchie beinhalten, wodurch eine neue Anwendung mit Geschäftslogik entsteht. Auf diese Funktion kann als benutzerdefiniertes Business-Objekt zugegriffen werden.
- Benutzerdefinierte Tabellen werden verwendet, um Felder in ERP-Geschäftskontexten in einer Eins-zu-n-Beziehung einzuführen (beispielsweise die Hobbys eines Kunden) oder um die technischen Einschränkungen der Felderweiterbarkeit bei Eins-zu-eins-Beziehungserweiterungen zu beheben. In diesem Szenario verhalten sich die benutzerspezifischen Daten ähnlich wie Standarddaten des ERP-Systems (zum Beispiel Vererbung der Berechtigung vom übergeordneten ERP-System), und benutzerdefinierte Daten werden entfernt, wenn das übergeordnete Element gelöscht wird. Dieser Anwendungsfall erfordert, dass ERP-Anwendungen für diese Art der Erweiterbarkeit gestaltet werden, was in der Regel nicht der Fall ist.

Wir schlagen vor, eine benutzerdefinierte Business-Objekt-Anwendung zu entwickeln, mit der Kunden Business-Objekte erstellen und verwalten können. Ein benutzerdefiniertes Business-Objekt besteht aus einer hierarchischen Sammlung von Datenbanktabellen mit einem API zum Anlegen, Abrufen, Aktualisieren und Löschen von Daten. Geschäftslogik kann in einem Web-Editor mithilfe von Code bereitgestellt werden. Die Anwendung sollte folgende Funktionen unterstützen:

- Erstellen von Business-Objekten und den zugehörigen Datenbanktabellen.
- Hinzufügen von Feldern zu Business-Objekten.
- Entfernen von Feldern und Business-Objekten, die noch nicht in das Produktivsystem übertragen wurden.

- Erstellen von Datenmodellsichten, REST-Services und einer Benutzungsoberfläche für die Dateneingabe oder den Import von Daten aus anderen Kundensystemen.
- Definieren von mehreren Unterknoten für ein einziges Business-Objekt.
- Definieren von Verknüpfungsarten zu anderen benutzerdefinierten Business-Objekten und Business-Objekten des ERP-Systems.
- Implementieren von benutzerdefinierter Logik auf Knotenebene.
- Schreiben aus der benutzerdefinierten Logik in benutzerdefinierte Business-Objekte.
- Veröffentlichen von Business-Objekten.
- Ändern von veröffentlichten Business-Objekten.
- Zurücksetzen von Business-Objekten auf ihre neueste veröffentlichte Version.
- Kopieren oder löschen von vorhandenen benutzerdefinierten Business-Objekten.

Das Intelligente Szenario passt sich automatisch an die Datenquellenerweiterung an, abhängig davon, wie es erweitert wird, da es nur einen Verweis auf die Datenmodellsicht beibehält. Es ist besonders wichtig, dass die Datenquellenerweiterung nicht zu einer inkompatiblen Änderung am konsumierenden API führt.

11.2.2 Erweiterung der KI-Logik

Lassen Sie uns nun den Austausch von Algorithmen und die Erweiterung der KI-Logik besprechen. Der Begriff KI-Logik bezieht sich auf die Implementierung der notwendigen Schritte für die Verarbeitung von Training und Inferenz. Diese Schritte umfassen beispielsweise Datenvalidierung, statistische Berechnungen, Transformationen, Funktionsreduzierung und die Berechnung von Modellmetriken. Die KI-Logik für Training und Inferenz ist auf einzelne Szenarien zugeschnitten. Die Erweiterung der KI-Logik umfasst die Anpassung der standardmäßig ausgelieferten ERP-Inhalte mit Kundenerweiterungen, die Upgrades standhalten müssen. Im Kontext der Trainingslogik können Algorithmen ausgetauscht werden, um die prognostische Trennschärfe des Modells zu verbessern. In der Regel ist es jedoch sinnvoll, einen Algorithmus durch einen anderen aus derselben Kategorie zu ersetzen, zum Beispiel die Ersetzung der linearen Regression durch eine robuste lineare Regression. Um die KI-Logik zu erweitern, sind verschiedene Ansätze erforderlich, die auf der zugrunde liegenden Technologie basieren:

- **Automatisierte Bibliothek**
  Die Logik der Künstlichen Intelligenz für Training und Inferenz ist in die Bibliotheksimplementierung selbst integriert. Folglich wird die erforderliche KI-Logik automatisch von der Bibliothek bereitgestellt. Erweiterungen werden durch Metadaten gesteuert und auch ohne explizite Entwicklungsaktivitäten bereitgestellt. Zahlreiche AutoML-Bibliotheken arbeiten auf diese Weise.

11.2 Lösungskonzept

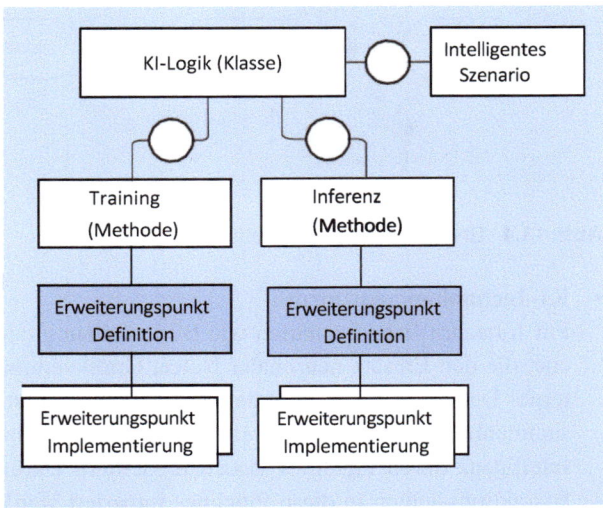

Abb. 11.3 Erweiterbarkeit der Servicebibliothek

- **Servicebibliothek**

Diese Bibliothek wird für komplexere Breakout-Szenarien verwendet, im Vergleich zu automatischer Bibliothek. Die KI-Logik für Training und Inferenz ist als codierte Klasse mit Interfaces implementiert, wie in Abb. 11.3 dargestellt. Die Erweiterbarkeit dieser codierten Klasse beruht auf Definitionen von Erweiterungspunkten, die als Plug-Ins betrachtet werden können, welche Funktionen im Coding modifikationsfrei erweitern. Erweiterungspunkte erleichtern das Anlegen von Erweiterungsoptionen in Form von Schnittstellen, die später im selben System oder in einem externen System von Kunden entsprechend implementiert werden können. Upgrades der ursprünglichen Funktionalität können ohne Verlust kundenspezifischer Erweiterungen und ohne Zusammenführung von Änderungen angewendet werden. Das ursprüngliche und das kundenspezifische Coding bleiben streng getrennt und dennoch integriert.

Erweiterungspunkte sollten zwischen der Definition und einzelnen Implementierungen unterscheiden. Der ERP-Anbieter legt in der Regel die Definition eines Erweiterungspunkts an und stellt zusammen mit seinen Aufrufstellen im Quelltext eine explizite Erweiterungsoption in solchen Programmen dar. Die Definition einer Erweiterungsoption umfasst eine Schnittstelle, einen Satz von Selektionsfiltern und einige Einstellungen, die das Laufzeitverhalten später beeinflussen. Eine Erweiterungspunkt stellt die Schnittstelle eines Plug-Ins dar. Der Begriff Erweiterungspunktimplementierung bezieht sich auf die Entwicklung von Erweiterungspunkten, die aus einer Implementierungsklasse, die das Erweiterungspunkt-Interface implementiert, und einer Bedingung besteht, die auf die in der Erweiterungspunktdefinition angegebenen Filter angewendet wird. Diese können zur Auswahl der Implementierungen des Erweiterungspunkts verwendet werden. Die Aufrufstellen einer Erweiterung werden über entsprechende Methoden ermittelt, die die Erweiterungsaufrufe bilden.

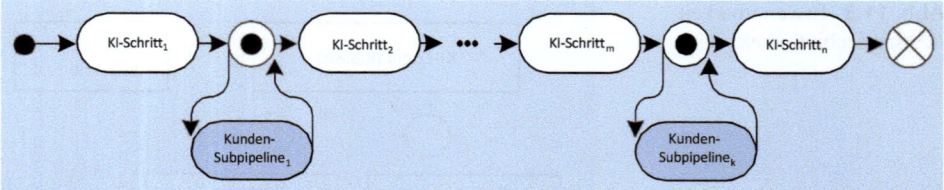

Abb. 11.4 Erweiterbarkeit der Pipeline

- **KI-Technologieplattform**
Für fortschrittliche Szenarien wie Bilderkennung oder Verarbeitung natürlicher Sprache, die den Einsatz neuronaler Netze, Grafikverarbeitungseinheiten (GPUs) und externer Daten erfordern, kommen KI-Technologieplattformen ins Spiel. In diesem Zusammenhang wird typischerweise die Logik für Training und Inferenz der Künstlichen Intelligenz durch Pipelines visuell modelliert. Darüber hinaus können Datenmodell-Extraktionssichten in diese Pipelines integriert werden, um auf Trainingsdaten zuzugreifen. Wie in Abb. 11.4 dargestellt, müssen Erweiterungsoptionen von der ERP-Entwicklung in die Pipelines integriert werden, um kundenspezifische Anpassungen zu ermöglichen. Natürlich sollten die Erweiterungen dort positioniert werden, wo sie semantisch sinnvoll sind, zum Beispiel nach den bereitgestellten Datenvalidierungsschritten, damit zusätzliche Validierungen aufgenommen werden können. Kunden implementieren diese Erweiterungen als Subpipelines, die nach dem Upgrade der vom ERP bereitgestellten Teile der Pipelines stabil bleiben sollten. Die Pipelines werden dem ERP-System zur Verwendung über REST-APIs zur Verfügung gestellt. Daher ist es wichtig, dass die Pipeline-Erweiterbarkeit zu stabilen und kompatiblen REST-APIs führt.

11.2.3 Erweiterung der Inferenz-APIs

In diesem Abschnitt beschäftigen wir uns mit der Erweiterbarkeit von Inferenz-APIs. Bei der Anwendung von Künstlicher Intelligenz werden zahlreiche APIs eingerichtet und genutzt, wie in Abb. 11.5 dargestellt. Die Entscheidung zwischen Remote- oder lokalen APIs hängt davon ab, wie das Szenario der Künstlichen Intelligenz ausgeführt wird. Lokale APIs werden innerhalb des ERP-Systems aufgerufen, während Remote-APIs über die Systemgrenzen hinaus und auf die KI-Technologieplattform zugreifen.

Die KI-Applikation nutzt ein Inferenz-API für die Integration in Geschäftsabläufe und Benutzeroberflächen. Diese Verwendung kann lokal oder remote erfolgen, abhängig davon, ob der Anwendungsfall als Embedded AI oder Side-by-Side AI implementiert ist. Zum Trainieren der KI-Modelle steht eine Trainings-API zur Verfügung, die je nach Implementierungsansatz ebenfalls lokal oder remote sein kann. Das KI-Lebenszyklusmanagement-Framework überwacht die Orchestrierung dieser Trainings-APIs und verwaltet den Lebenszyklus der

11.2 Lösungskonzept

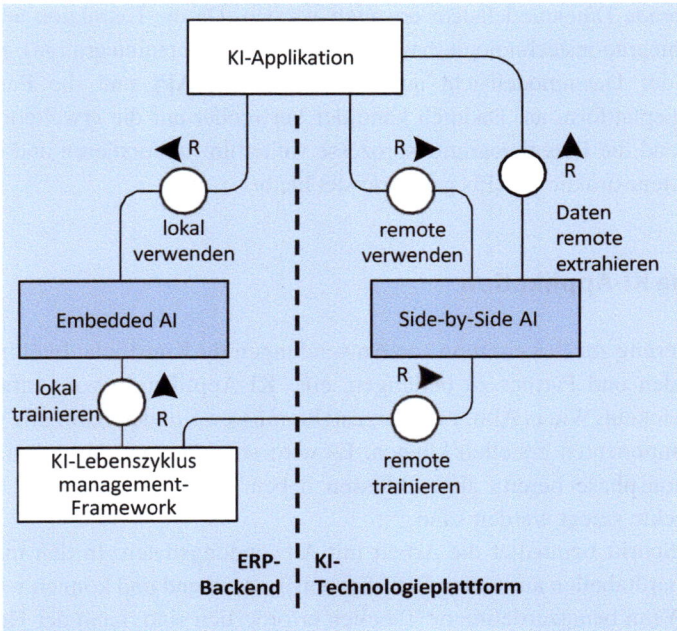

Abb. 11.5 Erweiterbarkeit der Inferenz-APIs

KI-Modelle (siehe Kap. 7 Lebenszyklusmanagement). Für Embedded AI können die Trainingsdaten lokal über die ERP-Plattform abgerufen werden. Bei der Side-by-Side AI ist dies jedoch nicht möglich. Daher muss ein API zur Übertragung von Anwendungsdaten aus dem ERP-System zur KI-Technologieplattform bereitgestellt werden. Für die Implementierung dieser APIs stehen je nach zugrunde liegender Technologie verschiedene Werkzeuge zur Verfügung. Aus Sicht der Erweiterbarkeit ist es entscheidend, dass alle genannten APIs erweitert werden können, ohne Kompatibilitätsprobleme zu verursachen. Dies ist besonders wichtig für Inferenz-APIs, die in Anwendungen und Geschäftsprozesse der Künstlichen Intelligenz integriert sind. Demnach sollten sowohl lokale als auch Remote-Inferenz-APIs nur um optionale Felder erweitert werden. Vorhandene Felder in der Signatur dürfen nicht gelöscht, umbenannt oder durch andere Datentypen ersetzt werden. Um Stabilität und Kompatibilität sicherzustellen, sind Governance-Maßnahmen und automatische Prüfungen unverzichtbar. Da das KI-Lebenszyklusmanagement-Framework die Trainings-APIs koordiniert, gibt es mehr Flexibilität in Bezug auf die Erweiterbarkeit. Um eine generische Handhabung zu ermöglichen, sind die Signaturen der Trainings-APIs jedoch einheitlich und enthalten keine geschäftsprozessbezogenen Parameter. Daher gibt es keinen Anwendungsfall für die Erweiterbarkeit bei den Trainings-APIs, da diese generisch sind. Bei Datenextraktions-APIs ist die Situation anders: Diese können erweitert werden, da zusätzliche Felder für das Modelltraining berücksichtigt werden können. Datenextraktions-APIs basieren auf Datenmodellsichten für die Datenreplikation. Um ein solches API zu erweitern, muss zuerst die zugrunde liegende Datenmodellsicht erweitert werden. Da die Extraktion auf der generischen Datenintegrationstechnologie basiert (siehe Kap. 8 Datenintegration), passt sich die Erweiterung der Datenmodellsicht automatisch an das API und die Funktionen der KI-Technologieplattform an. Dadurch kann der Verwender auf die erweiterten Felder zugreifen, während die Datenintegrationsprozesse weiterhin funktionieren und die Erweiterbarkeit der Datenextraktions-APIs gewährleistet bleibt.

11.2.4 Neue KI-Applikation

Diese Anforderung zur Erweiterung von Anwendungen für Künstliche Intelligenz zielt darauf ab, Kunden und Partner zu befähigen, eine KI-Applikation von Anfang bis Ende selbst zu entwickeln. Wie in Abb. 11.6 dargestellt, müssen Kunden dafür alle wesentlichen Designzeitkomponenten erstellen können. Es wird angenommen, dass Data Scientisten die Explorationsphase bereits abgeschlossen haben, weshalb der Fokus auf die Entwicklungsobjekte gelegt werden kann.

Der erste Schritt beinhaltet die Arbeit mit Anwendungsdaten. In den meisten Fällen sind die Standardtabellen aus einem ERP-System ausreichend und können wiederverwendet werden. Wenn benutzerdefinierte Tabellen erforderlich sind, kann der Kunden eigene Business-Objekte anlegen, wie zuvor erwähnt. Neue Datenmodellsichten können mithilfe der Anwendung für benutzerdefinierte Datenmodellsichten auf Grundlage der Anwendungstabellen erstellt werden. Vorhandene Datenmodellsichten können in diesem

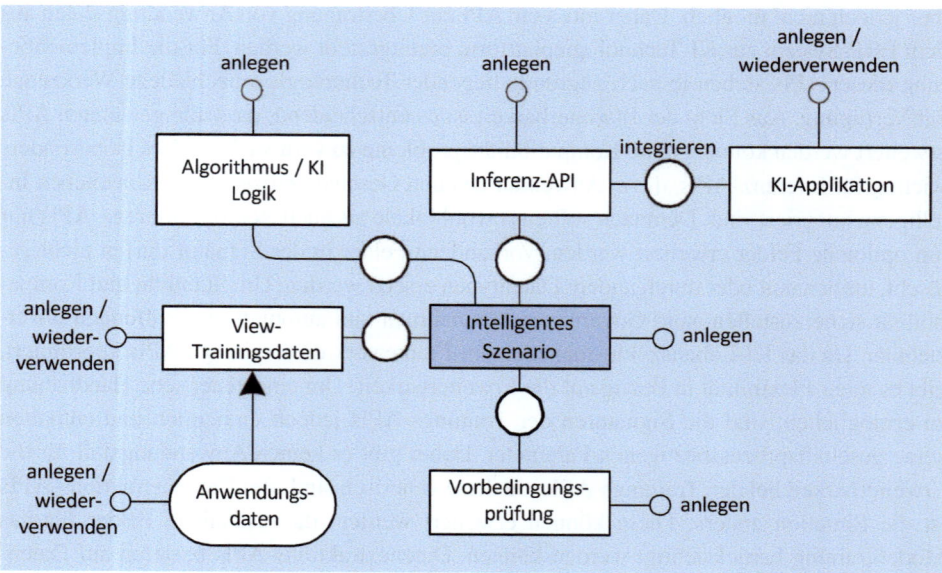

Abb. 11.6 Neue KI-Applikation

11.2 Lösungskonzept

Kontext ebenfalls wiederverwendet werden. Intelligente Szenarios sind das zentrale Element für die Verwaltung des Lebenszyklus aller Entwicklungsobjekte. Das KI-Lebenszyklusmanagement-Framework kann verwendet werden, um dieses Artefakt anzulegen. Da ein Intelligentes Szenario stets einen einzelnen Anwendungsfall für Künstliche Intelligenz repräsentiert, können vorhandene Intelligente Szenarios nicht wiederverwendet werden. Die Art und Weise, wie die KI-Logik (z. B. Datentransformationen) und das Inferenz-API bereitgestellt werden, hängt von der zugrunde liegenden KI-Technologie ab:

- **Automatisierte Bibliothek**:
  Im Rahmen des Intelligenten Szenarios wird das Inferenz-API während des Aktivierungsschritts definiert und generiert. Das KI-Lebenszyklusmanagement-Framework stellt die Datenmodellsicht und eine entsprechende Quelltextklasse als Ergebnis der Generierung bereit. Daher ist kein benutzerdefinierter Quelltext erforderlich. Dies gilt ebenso für die KI-Logik, da automatisierte Bibliotheken (z. B. AutoML) diese Data-Science-Schritte in die Bibliotheksimplementierung selbst integrieren.
- **Servicebibliothek**:
  Diese Bibliothek wird für komplexere Breakout-Szenarien verwendet als solche, die auf automatisierten Bibliotheken basieren. Die KI-Logik und das Inferenz-API werden als codierte Klasse mit einer festgelegten Schnittstelle implementiert. So können Entwickler Datentransformationen oder die Nachbearbeitung nach den Vorgaben des Data Scientisten erweitern oder ersetzen. Die vordefinierten Schnittstellen gewährleisten, dass die Implementierung standardisiert ist und systematisch vom KI-Lebenszyklusmanagement-Framework verwaltet werden kann.
- **KI-Technologieplattform**:
  Für fortschrittliche Szenarien wie Bilderkennung oder Sprachverarbeitung, die neuronale Netzwerke, GPUs und externe Daten erfordern, wird die KI-Technologieplattform verwendet. Die KI-Logik und die Inferenz-APIs werden grafisch basierend auf Pipelines modelliert. Datenmodellsichten für die Extraktion können ebenfalls in diese Pipelines integriert werden, um auf Trainingsdaten zuzugreifen. Dasselbe Prinzip gilt, wenn die Pipelines nicht grafisch modelliert, sondern codiert werden. Vor dem Start von Trainingsjobs werden Prüfungen durchgeführt, um sicherzustellen, dass alle erforderlichen Bedingungen erfüllt sind, wie zum Beispiel ausreichende Anwendungsdaten für das Modelltraining. Diese Prüfungen werden als codierte Klassen entwickelt. Der zuvor erwähnte Erweiterungspunktansatz sollte für die Implementierung der Prüfklasse verwendet werden. Wenn die vorhandenen Anwendungen die benötigten Erweiterungspunkte bieten, kann das Inferenz-API direkt in die Geschäftsprozesse integriert werden. Dadurch können alle Designzeitartefakte implementiert werden, um eine neue KI-Applikation für Kunden und Partner zu realisieren.

11.2.5 Lebenszyklusmanagement von Erweiterungen

Das Management des Lebenszyklus für die Erweiterbarkeit fällt unter die Kategorie von Lösungen und Werkzeugen, die für das allgemeine Lebenszyklusmanagement entworfen wurden. Im Kontext der Künstlichen Intelligenz ist keine zusätzliche Funktionalität notwendig. Wir werden daher hier nur einige allgemeine Anmerkungen machen. Alle wichtigen Komponenten der Erweiterbarkeit sollten sich nach den Prinzipien der entkoppelten Erweiterungen richten:

- Kunden müssen in der Lage sein, alle Erweiterungen ohne manuelle Eingriffe nach einem ERP-Software-Update zu verwenden. Das bedeutet, dass ERP-Software-Updates nicht von Kundenanpassungen abhängig sein dürfen.
- Erweiterbarkeitsobjekte sollten niemals ein Update der ERP-Software blockieren.

Um diese grundlegenden Prinzipien einzuhalten, müssen kundendefinierte Artefakte den folgenden Richtlinien entsprechen:

- Kundendefinierte Artefakte sollten technisch modifikationsfrei sein; sie werden als eigene Objekte angelegt, die das Basisobjekt referenzieren.
- Kundendefinierte Artefakte sollten technisch konfliktfrei sein. Erweiterungen dürfen weder mit Teilen der später hinzugefügten ERP-Objekte noch mit Erweiterungen verschiedener erweiternder Parteien in Konflikt stehen. Diese Anforderung wird durch die Verwendung eines eindeutigen Namensraums erfüllt, der auf jeder Ebene der Architektur berücksichtigt wird.
- Kundendefinierte Artefakte sollten nur freigegebene, stabile ERP-Erweiterungspunkte und APIs verwenden. Dies kann durch Objekt- und Quelltextprüfungen sichergestellt werden. Auf ERP-Seite verhindern Prüfungen inkompatible Änderungen an Objekten, die als freigegeben oder erweiterbar und zuvor ausgeliefert gekennzeichnet sind. Ein Abkündigungsmechanismus ist erforderlich, da im Laufe der Zeit inkompatible Änderungen für die APIs erforderlich sein können, beispielsweise durch Änderungen in zugrunde liegenden Geschäftsprozessen oder Datenbanktabellen. Da solche inkompatiblen Änderungen bestehende Anwendungen stören können, muss eine Vorabbenachrichtigung erfolgen, dass die aktuelle API abgekündigt und durch eine neue ersetzt wird. Dies gibt den Verwendern ausreichend Zeit, um auf die inkompatiblen Änderungen zu reagieren.

Für geschäftskritische Anwendungen werden Erweiterungen in der Regel entwickelt und getestet, bevor sie für alle Benutzer in der Produktivumgebung aktiviert werden. Bei Cloud-Installationen transportiert der Anwendungsexperte Erweiterbarkeitsobjekte aus dem Testsystem in das Produktivsystem, ohne mit dem ERP-Anbieter zu interagieren und außerhalb des Wartungsfensters des Anbieters. In einer On-Premise-Umgebung haben Kunden deutlich mehr Flexibilität bei der Einrichtung der Entwicklungs- und

Systemlandschaft sowie bei den Qualitätssicherungsprozessen. Dadurch können Kunden ERP-Updates und Transporte der Erweiterbarkeit für Anwendungsexperten mithilfe herkömmlicher Transportwerkzeuge verwalten. Erweiterungen, die mit Werkzeugen angelegt wurden, können mit Transporten kombiniert werden, bei denen kundenspezifische Entwicklungen mit klassischen Entwicklungswerkzeugen durchgeführt werden.

11.3 Fazit

Die Erweiterbarkeit von Geschäftsanwendungen ist von großer Bedeutung. Die Software muss flexibel genug sein, um sich sowohl an aktuelle als auch an zukünftige Geschäftsanforderungen anzupassen. Ein weiterer Vorteil der Erweiterbarkeit besteht darin, dass die Software zusätzliche Funktionen bieten kann, die spezifische Probleme lösen, ohne die ERP-Software zu beeinträchtigen. Innerhalb des Erweiterungsprozesses ist es wichtig, mindestens zwei Rollen zu unterscheiden: den Geschäftsbereichsexperten und den Entwickler oder entsprechend qualifizierten IT-Experten. Erweiterungsprojekte werden von Geschäftsbereichsexperten initiiert und geleitet. Daher ist es essenziell, ihnen geeignete, nicht-technische Werkzeuge für die Erweiterbarkeit zur Verfügung zu stellen. Dennoch erfordern bestimmte Aufgaben die Einbeziehung eines IT-Experten oder Entwicklers. Zu den wichtigen Anforderungen an die Erweiterbarkeit gehören:

- Sicherstellung der Stabilität nach Upgrades: Erweiterungen von Kunden und Partnern müssen nach Patches und Upgrades ohne manuelle oder automatisierte Aktivitäten funktionieren.
- Aktivierung von Mehrschicht-Erweiterbarkeit: Unterstützt werden sollten mehrschichtige Erweiterungen, die Kundenerweiterungen zusätzlich zu Branchenerweiterungen ermöglichen.
- Vermeidung von Änderungen an von ERP gelieferten Artefakten: Änderungen an Standardobjekten von ERP können nach Upgrades überschrieben werden. Außerdem begrenzen modifizierte Funktionen die Nutzung neuer Innovationen, die durch Updates und Upgrades eingeführt werden.

ERP-Software enthält vordefinierte Szenarien für Künstliche Intelligenz. Kunden oder Partner können jedoch verlangen, dass diese Inhalte je nach Erweiterbarkeit an ihre spezifischen Anforderungen angepasst werden. Dies kann auch für Anwendungsfälle gelten, die Kunden und Partner selbst entwickeln. Deshalb haben wir in diesem Abschnitt die Geschäftsanforderungen und die erforderliche technische Implementierung für die Erweiterbarkeit im Kontext von Künstlicher Intelligenz erläutert.

Modelldegradation 12

In diesem Kapitel beschreiben wir die Geschäftsanforderungen und schlagen ein Lösungskonzept für die Modelldegradation vor. Im Laufe der Zeit nimmt die Vorhersagekraft von Modellen der Künstlichen Intelligenz aufgrund von Änderungen im Datenumfeld ab. Das Ziel der Modelldegradation ist es, diesen Zeitpunkt zu bestimmen und ein erneutes Training auszulösen. Dies stellt jedoch eine anspruchsvolle Aufgabe dar, da neben statistischen Techniken auch Rückmeldungen der Benutzer erforderlich sind und die Möglichkeit besteht, Modelle parallel in ERP-Systemen auszuführen. Unser Fokus liegt weniger auf den Data-Science-Methoden zur Modelldegradation, sondern auf den Integrationsaspekten in Bezug auf ERP-Software.

12.1 Geschäftsanforderung

Bei der Entwicklung eines intelligenten ERP-Systems, das auf Algorithmen der Künstlichen Intelligenz basiert, ist der Lebenszyklus in der Regel dynamisch. Das Modell benötigt nach dem initialen Training mit einem definierten Datensatz ein kontinuierliches erneutes Training, da es während des Betriebs auf neue Daten trifft, wie in Abb. 12.1 dargestellt. Diese neuen Daten umfassen auch das Feedback und die Eingaben der Endbenutzer des Systems.

Ein wichtiges Unterscheidungsmerkmal zwischen Systemen der Künstlichen Intelligenz und herkömmlichen Lösungen ist das erneuerte Trainieren des Modells. Dieser fortlaufende Prozess stellt spezifische Anforderungen an die Benutzeroberfläche und erfordert aufgrund der Struktur der Feedback-Schleife die Einbindung neuer Rollen wie Data Scientisten sowie spezialisierte Werkzeuge zur Nachverfolgung und Datenanalyse. Besonders wenn sich die Datenumgebung im Laufe der Zeit verändert, neigt die Vorhersagegenauigkeit von Modellen der Künstlichen Intelligenz dazu, sich zu verschlechtern, was ein perio-

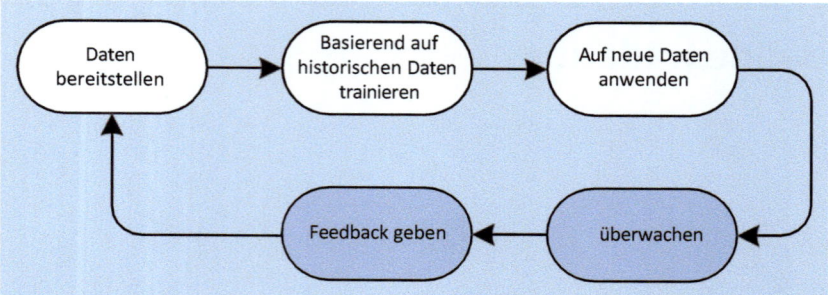

Abb. 12.1 Modelllebenszyklus für Künstliche Intelligenz

disches erneutes Training oder sogar eine vollständige Remodellierung notwendig macht. Dieses Phänomen wird als Modelldegradation bezeichnet. Modelldegradation ist der allmähliche Rückgang der Leistung eines Modells über die Zeit. Dieser Rückgang kann auf mehrere Faktoren zurückzuführen sein, darunter Datendrift, Überanpassung und suboptimales Hyperparameter-Tuning. Datendrift tritt auf, wenn sich die Datenverteilung im Laufe der Zeit ändert, was die Genauigkeit des Modells verringert. Überanpassung geschieht, wenn das Modell zu komplex ist und die Trainingsdaten zu gut lernt, was die Genauigkeit bei der Anwendung auf neue Daten mindert. Suboptimales Hyperparameter-Tuning tritt auf, wenn das Modell nicht vollständig optimiert ist, was zu einer Verschlechterung der Performance führt. Die entscheidende Frage, die beantwortet werden muss, lautet: Wie lässt sich die Modelldegradation erkennen und beheben?

12.2 Lösungskonzept

Um das Problem der Modelldegradation effektiv anzugehen, ist es von entscheidender Bedeutung, die Präzision des Modells der Künstlichen Intelligenz konsequent zu überwachen. Es ist notwendig, Feedback-Mechanismen einzubinden, und die Modelle der Künstlichen Intelligenz sollten mithilfe von Datensätzen validiert werden, die Umfeldveränderungen widerspiegeln. Wenn sich die Performance des Modells verschlechtert, insbesondere in seiner Prognosegenauigkeit, wird es erforderlich, ein erneutes Training oder sogar eine vollständige Überarbeitung des Modells zu initiieren. In den folgenden Abschnitten werden ausgewählte Strategien zur Identifizierung der Modelldegradation beschrieben. Insbesondere gibt es eine Vielzahl statistischer Techniken, mit denen die Modelldegradation mathematisch angegangen werden kann. Diese Methoden der Data Science werden jedoch als gegeben vorausgesetzt und stehen nicht im Mittelpunkt dieser Diskussion. Unsere Überlegungen konzentrieren sich auf die Integrationsaspekte der Modelldegradation, die sich auf ERP beziehen.

12.2 Lösungskonzept

12.2.1 Genauigkeits-KPIs

Das Bestimmen der Präzision eines Modells der Künstlichen Intelligenz ist für die Beurteilung der Modelldegradation von entscheidender Bedeutung. Ein Modell der Künstlichen Intelligenz ist im Wesentlichen eine Funktion, die Eingabewerte mit den entsprechenden Ausgabewerten verknüpft. Der Prozess, bei dem eine solche Funktion für einen bestimmten Datensatz identifiziert wird, nennt sich Modelltraining. Erfolgreiche Modelle minimieren nicht nur Fehler bei bekannten Daten, sondern können auch Vorhersagen für ähnliche, aber nicht exakt gleiche Situationen machen, die in den vorhandenen Daten bisher nicht erfasst wurden. Es ist für alle Techniken der Künstlichen Intelligenz zentral, die Leistungsfähigkeit des Modells zu verstehen, sei es ein Entscheidungsbaum oder ein Deep-Learning-Modell. Wie bestimmen wir also die Präzision eines Modells der Künstlichen Intelligenz? Das Grundprinzip besteht darin, ein Modell der Künstlichen Intelligenz mit einem bestimmten Datensatz zu trainieren und die daraus bestimmten Funktionen auf Datenpunkte anzuwenden, bei denen der Ausgabewert bereits bekannt ist. Dabei resultieren zwei Ausgabewerte: der tatsächliche Wert und die Vorhersage des Modells der Künstlichen Intelligenz. Anschließend kann man relativ einfach berechnen, wie oft die Vorhersagen falsch sind, indem man sie mit den tatsächlichen Werten vergleicht. Dies bildet die Basis für verschiedene statistische Methoden zur Berechnung von Genauigkeitskennzahlen (KPIs). Zum Beispiel können für Klassifikations-, Regressions- oder Clustering-Modelle die prognostische Trennschärfe und die Prognosekonfidenz bewertet werden. Die prognostische Trennschärfe misst die Fähigkeit des Modells der Künstlichen Intelligenz, die Zielvariablenwerte mithilfe der Eingabevariablen vorherzusagen. Der Indikator für die prognostische Trennschärfe rangiert zwischen 0 und 100 %. Idealerweise sollte dieser Wert so nahe wie möglich bei 100 % liegen, ohne exakt 100 % zu erreichen. Eine prognostische Trennschärfe von 1 stellt ein theoretisch perfektes Modell dar, bei dem die Eingabevariablen 100 % der Informationen in der Zielvariablen abbilden. In der Praxis deutet dies jedoch meist darauf hin, dass eine Eingabevariable, die vollständig mit der Zielvariablen korreliert, nicht aus dem Datensatz entfernt wurde. Eine prognostische Trennschärfe von 0 bedeutet ein vollständig zufälliges Modell ohne Vorhersagekraft. Um die prognostische Trennschärfe eines Modells zu erhöhen, sollten dem Trainingsdatensatz neue Variablen hinzugefügt und bestehende Eingabevariablen kombiniert werden. Ein Modell mit einer prognostischen Trennschärfe von 79 % erklärt 79 % der Variation in der Zielvariablen durch die Eingabevariablen im Datensatz. Es gibt keinen festen Schwellenwert, um ein gutes Modell von einem schlechten zu unterscheiden; dies hängt vom jeweiligen Geschäftskontext ab. Die Prognosekonfidenz reflektiert die Zuverlässigkeit des Modells, die gleiche Performance zu erzielen, wenn es auf einen neuen Datensatz angewendet wird, der dieselben Merkmale wie der Trainingsdatensatz verwendet. Der Indikator für die Prognosekonfidenz liegt ebenfalls zwischen 0 % und 100 %. Ein Modell mit einer Prognosekonfidenz von 95 % oder höher gilt als robust und hat eine starke Generalisierungsfähigkeit. Eine Prognosekonfidenz unter 95 % sollte mit Vorsicht behandelt werden, da dann das Risiko besteht, unzuverlässige Ergebnisse bei der Anwendung auf neue

Datensätze zu erzielen. Zur Verbesserung der Prognosekonfidenz werden in der Regel mehr Beobachtungszeilen dem Trainingsdatensatz hinzugefügt. Die Genauigkeits-KPIs müssen ständig überwacht werden. Wenn zum Beispiel die prognostische Trennschärfe und/oder die Prognosekonfidenz des Modells im Kontrolldatensatz signifikant niedrig sind, bedeutet dies, dass sich die Beziehung zwischen den Eingabevariablen und der Zielvariablen geändert hat. In einem solchen Fall empfiehlt es sich, das Modell der Künstlichen Intelligenz mit neuen Daten erneut zu trainieren. Wie gesagt, es gibt zahlreiche andere KPIs, der grundlegende Ansatz beleibt jedoch gleich.

12.2.2 Drift- und Skew-Erkennung

Die zuvor erläuterte Strategie zur Genauigkeit von Key Performance Indicators (KPIs) soll die Beziehung zwischen den Eingabevariablen und der prognostizierten Zielvariablen nachvollziehen. Im Gegensatz dazu befasst sich die Erkennung von Drift und Skew mit der Verwaltung der Verteilung der Eingabe- und Vorhersagevariablen. Dabei handelt es sich um eine Methode, die Verschiebungen in der Datenverteilung eines Datensatzes im Zeitverlauf identifiziert. Diese Methode kommt dann zum Einsatz, wenn ein Datenbestand von seiner anfänglichen Verteilung abzuweichen scheint oder wenn die Daten in eine bestimmte Richtung unverhältnismäßig verfälscht erscheinen. Mit dieser Methode können Auffälligkeiten in den Daten erkannt werden, wie zum Beispiel Ausreißer oder Änderungen in der Datenverteilung. Es ist auch möglich, damit Veränderungen im zugrunde liegenden Datengenerierungsprozess festzustellen, beispielsweise Änderungen in den zugrunde liegenden Parametern oder Annahmen. Bei Live-Daten werden die Vorhersagen des Modells der Künstlichen Intelligenz überwacht. Falls sich die Verteilung dieser Vorhersagen zu ändern beginnt, könnte dies ein Hinweis auf eine Verschlechterung des Modells sein oder zumindest darauf, dass es näher untersucht werden sollte. Nehmen wir an, ein Modell klassifiziert Bilder entweder als städtisch oder als Natur. Wenn es im ersten Monat 50 % der Bilder als städtisch und den Rest als Natur eingestuft hat und sich im Folgemonat die Verteilung plötzlich zu 90 % städtisch verschiebt, könnte dies auf eine Modelldegradation hinweisen. Ebenso kann auch die Verteilung der Eingabedaten überwacht werden. Wenn wir beispielsweise ein Modell haben, das Texte klassifiziert, und es plötzlich Textdokumente mit neuen Wörtern erhält oder die Häufigkeit bestimmter Wörter zu steigen beginnt, deutet dies auf eine Verschiebung in der Datenverteilung hin. Wahrscheinlich wird sich das Modell dann verschlechtern.

12.2.3 Feedback-Schleifen

Der Input eines Endbenutzers ist ein wesentlicher Faktor zur Verbesserung des KI-Modells. Wenn das Feedback negativ ist, weist dies darauf hin, dass die Leistung des Modells nachlässt. Dies könnte ein erneutes Training oder sogar eine vollständige Neukonzeption des

12.2 Lösungskonzept

Modells erforderlich machen. In Abb. 12.2 wird veranschaulicht, dass wir verschiedene Arten von Feedback identifiziert haben.

Implizites Feedback (als ❶ in Abb. 12.2 dargestellt) wird durch die Überwachung der Aktionen des Benutzers eingeholt. Dazu gehören die Verfolgung der Navigationswege und Suchanfragen des Benutzers sowie Interaktionen im Zusammenhang mit Geschäftsprozessen, wie z. B. übersteuern der Vorhersagen, wie in Abb. 12.2 dargestellt. Der Benutzer hat die Möglichkeit, das Klassifizierungsergebnis zu ändern, indem er das SUBJECT mithilfe von implizitem Feedback in eine andere Kategorie ändert. Das Sammeln von implizitem Feedback erzeugt eine Fülle von Daten, die in der Regel für Benutzergruppen konsolidiert werden. Implizites Feedback ist eher indikativ für das Benutzerverhalten als explizites Feedback, da es die Aktionen widerspiegelt, die Benutzer tatsächlich ausführen. Diese Art von Feedback kann unauffällig gesammelt werden, ohne die Benutzererfahrung zu unterbrechen. Dies impliziert jedoch auch, dass der Benutzer den Prozess nicht kennt. Einer der Nachteile des impliziten Feedbacks ist sein schwacher Zusammenhang mit dem langfristigen Verhalten des Benutzers. Wir empfehlen, Methoden des impliziten Feedbacks unter folgenden Bedingungen zu verwenden:

- Wenn die Sammlung von geeignetem Feedback für ein regelmäßiges erneutes Training des Modells erforderlich ist und explizite Feedback-Methoden nicht ausreichen.
- Wenn es nicht wahrscheinlich ist, dass Benutzer ihr Feedback mit expliziten Feedback-Methoden angeben oder ungenau hinterlegen.
- Wenn die primäre Aufgabe des Benutzers darin besteht, die zu überwachenden Entscheidungen zu treffen.

Explizites Feedback (als ❷ in Abb. 12.2 dargestellt) kommt aus der direkten Interaktion mit dem Benutzer, z. B. durch Ranking-Systeme, Abstimmungen, Kennzeichnungen, Umfragen oder Kommentare. Diese Art von Feedback kann jedoch anfälliger für Vorurteile sein, insbesondere wenn sie nicht auf Benutzer mit Fachwissen beschränkt ist. Die Art des expliziten Feedbacks ist subjektiv, da es von den persönlichen Ansichten des Benutzers abhängt, die möglicherweise nicht immer mit seinem tatsächlichen Verhalten übereinstimmen. Obwohl explizites Feedback für den Benutzer klar ist, kann es auch störend und negativ auf die Benutzererfahrung wirken, was eine erhebliche Designherausforderung darstellt. Trotzdem ist sie eine wichtige Informationsquelle für die Verfeinerung langfristiger Strategien. In bestimmten Situationen kann explizites Feedback auch den Aufwand für das erneute Trainieren von Modellen verringern. Wir empfehlen, Methoden des expliziten Feedbacks zu verwenden, wenn

- der Benutzer die Möglichkeit hat, Feedback zu geben, dies jedoch nicht erzwungen wird,
- der Prozess der Abgabe von Feedback keinen erheblichen mentalen Aufwand erfordert,
- der Vorgang, Feedback zu geben, den Benutzer nicht von seinen Hauptaufgaben ablenkt.

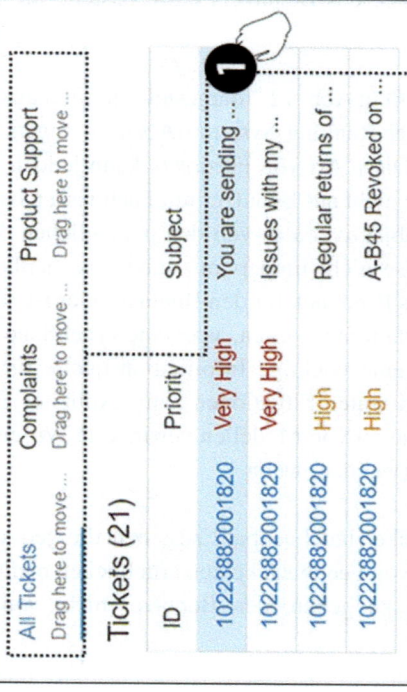

Abb. 12.2 Arten von Feedback: implizit und explizit

12.2 Lösungskonzept

Verzögertes Feedback ist eine Methode, um explizites Feedback von Benutzern zu sammeln, ohne ihren Arbeitsverlauf zu unterbrechen. Wenn das System Feedback vom Benutzer benötigt, z. B. um zu verstehen, warum ein genehmigter Betrag die Empfehlung des Systems überschreitet, stört es den Benutzer nicht mit einem Formular für explizites Feedback. Stattdessen wird der Benutzer einfach darüber informiert, dass Feedback erforderlich ist, und kann entscheiden, ob er sofort reagieren oder seine Arbeit fortsetzen und später Feedback geben möchte. Der Benutzer kann auf eine Liste aller ausstehenden Feedback-Fragen zugreifen, für die Antworten erforderlich sind, und sie nach Belieben beantworten. Die primäre Design-Herausforderung mit dem verzögerten Feedback besteht darin, den Kontext der Benutzerentscheidung neu zu erstellen, wenn der Benutzer zu einem späteren Zeitpunkt Feedback an das System gibt. Um häufig auftretende Feedbackprobleme zu lösen, müssen Feedbackdaten möglicherweise extra verarbeitet werden, bevor sie für die Modelldegradation verwendet werden können. Beispielsweise könnte implizites Feedback durch ereignisbezogene Voreingenommenheit beeinflusst werden, oder explizites Feedback kann nur die Sichten einer bestimmten Benutzergruppe darstellen. In diesen Situationen muss das Feedback möglicherweise zuerst von einem Benutzer in einer anderen Rolle, z. B. einem Data Scientisten, über eine separate Benutzungsoberfläche ausgewertet werden.

Die Auswahl des passenden Eingabesteuerelements erfordert, verschiedene Aspekte zu berücksichtigen, um Feedback einzuholen und die Effektivität der gewonnenen Erkenntnisse zu bewerten. Die Methode und das Format der Feedbacksammlung beeinflussen die Qualität des Feedbacks erheblich. Wir unterscheiden dabei zwischen strukturierten und unstrukturierten Benutzereingaben. Strukturierte Benutzereingaben ermöglichen es uns, sehr spezifisches Feedback zu sammeln, indem wir geschlossene Fragen mit einer Reihe festgelegter Optionen stellen. Der Benutzer kann nur im vordefinierten Format antworten und hat keine Freiheit, freies Feedback zu geben. Strukturierte Feedbacks beinhalten meist fokussierte Fragen, die einfach mit Ja oder Nein beantwortet werden können, und das Feedback bezieht sich gewöhnlich auf die Qualität der Empfehlungen. Unstrukturierte Benutzereingaben hingegen erlauben es uns, uneingeschränktes Feedback zu sammeln, indem wir offene Fragen stellen. Auf diese Weise kann der Benutzer komplexe Antworten geben und Feedback zu Aspekten liefern, die wir möglicherweise nicht berücksichtigt haben. Mit dieser Methode können wir Erkenntnisse zu externen realen Faktoren sammeln, die nicht Teil des ERP-Systems sind. Unstrukturiertes Feedback beinhaltet in der Regel offene Fragen, die unbegrenzte Antworten ermöglichen. Das gesammelte Feedback wird verwendet, um Informationen über die Qualität und Leistung von Diensten zu erhalten. Zusätzliche Merkmale umfassen das Sammeln von Feedback, um das Benutzerverhalten auf der Benutzeroberfläche während der Ausführung einer Aufgabe zu verstehen. Zudem erfordern die Verarbeitung des Feedbacks Zeit und detaillierte Untersuchungen für eine genaue Interpretation.

12.2.4 Lösungsarchitektur

Die Strategien zur Steuerung der Verschlechterung der Modellgenauigkeit wie Key Performance Indicators, Erkennung von Drift und Skew und Feedback-Schleifen können mithilfe der in Abb. 12.3 vorgeschlagenen Lösung umgesetzt werden.

Das Artefakt des Intelligenten Szenarios repräsentiert eine KI-Applikation. Mit Intelligenten Szenarien wird ein konsistentes Management aller Objekte der KI-Applikation über den gesamten Lebenszyklus hinweg gewährleistet und damit die Überwachung auf Ebene der Geschäftsprozesse erleichtert. Auf den Anwendungstabellen definieren wir Sichten, die das semantische Datenmodell der ERP-Systeme verkörpern. Diese Datenmodellansichten verbergen die kryptischen Datenbankmodelle und kapseln sie in Entitäten, die für Menschen verständlich sind. Zusätzlich zur SQL-View-Definition enthalten diese Datenmodellansichten domänenspezifische Metadaten, die als Annotationen bezeichnet werden. Für Anwendungen der Künstlichen Intelligenz wird eine spezifische Sicht auf das Datenmodell für das Modelltraining bereitgestellt. Während des Trainingsprozesses greifen Algorithmen der Künstlichen Intelligenz auf die Anwendungsdaten zu. Das Modell der Künstlichen Intelligenz wird nach dem Training im Datenbanksystem gespeichert. Um es nutzbar zu machen, wird das vollständig trainierte Modell der Künstlichen Intelligenz in einem Inferenz-API gekapselt. Dadurch können die Funktionen der Künstlichen Intelligenz nahtlos in die Geschäftsabläufe und die entsprechenden Benutzungsoberflächen integriert werden. Die für Metriken zuständige Komponente berechnet die Genauigkeitskennzahlen (KPIs) während der Trainingsphase, indem sie die

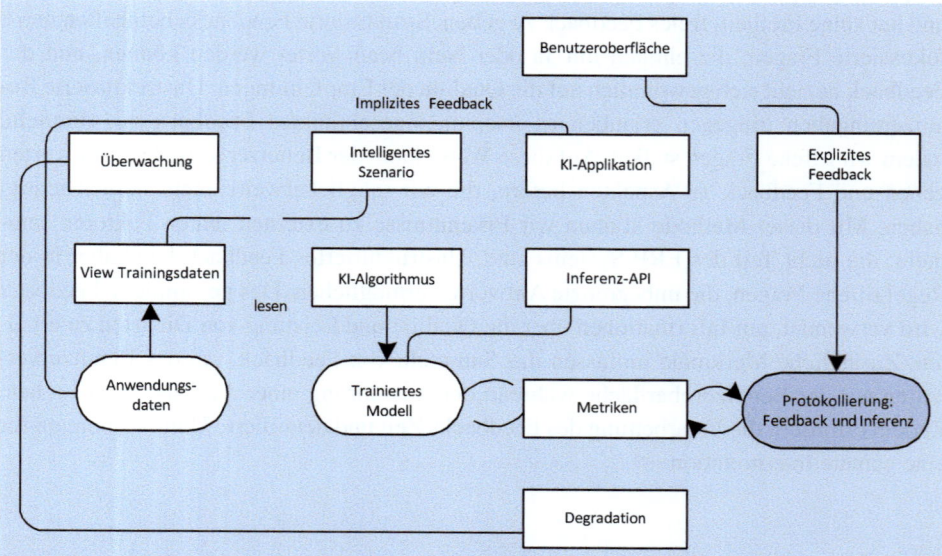

Abb. 12.3 Architektur der Modelldegradation

Daten aus der Anwendung in Trainings- und Validierungssätze partitioniert. Die Validierungssätze dienen als Grundlage für die Messung der Performance des trainierten Modells. Die Komponente, die die Degradation behandelt, interpretiert die Genauigkeits-KPIs und informiert das Überwachungsmodul, beispielsweise ob ein erneutes Training notwendig ist oder die Modelldefinition angepasst werden muss. Die Metrikkomponente kann auch eine Drift- und Skew-Erkennung bereitstellen, da sie die Inferenzaufrufe kontinuierlich in Bezug auf Eingabe und Vorhersage analysieren kann. Abhängig von der Methode, die für die Drift- und Skew-Erkennung verwendet wird, können die Daten aus der Inferenz entweder temporär gespeichert oder in Echtzeit verarbeitet werden, wodurch die Notwendigkeit der Datenpersistenz entfällt. Implizites Feedback wird in der Regel als Teil der Anwendungsdaten gespeichert und im Trainingsprozess gemäß der Metrikkomponente widergespiegelt, wie in Abb. 12.3 dargestellt. Die Verwaltung expliziter Rückmeldungen ist in der Regel aufwendiger und nicht automatisch im Design der Anwendungstabelle enthalten. Daher empfehlen wir eine universelle Persistenz für das explizite Feedback, um die Gesamtentwicklungskosten (TCD) für die Anwendungsentwicklung zu minimieren. Mit dem expliziten Feedback und den zugehörigen Inferenzdaten in Bezug auf Eingabe und Vorhersagen kann die Degradationskomponente leicht Nachweise für die Performance des Modells der Künstlichen Intelligenz generieren. Da die Bereitstellung von explizitem Feedback nach der Ausführung des zugehörigen Inferenzaufrufs erfolgt, ist das Herstellen einer Korrelation zwischen beiden in der Regel eine schwierige Aufgabe. In der Abb. 12.4 schlagen wir eine Methode vor, um die Degradation eines Modells auf der Grundlage von implizitem Feedback zu identifizieren, sodass keine zusätzliche Exploration der betroffenen Anwendung der Künstlichen Intelligenz erforderlich ist. Dies ist möglich, da das implizite Feedback in den Daten der Anwendung erhalten bleibt und über Datenmodellansichten für das Modelltraining zugänglich gemacht wird.

Das Ticketing-Szenario, das zuvor in Abb. 12.2 dargestellt wurde, veranschaulicht dies: Der Benutzer hat die Möglichkeit, die vom Modell der Künstlichen Intelligenz vorgeschlagene Ticketpriorität zu übersteuern. Diese Prioritätsanpassung wird aufgezeichnet und kann als implizites Feedback interpretiert werden. Wenn die Empfehlung der Künstlichen Intelligenz häufig übersteuert wird, könnte dies einen Rückgang der Präzision des Modells signalisieren. Die Ticketpriorität verkörpert die Zielvariable und ist somit in der Datenmodellsicht für das Modelltraining enthalten. Diese Datenmodellsichten sind in der Regel zeitabhängig und enthalten Felder zur Auswahl von Datensätzen für einen bestimmten Zeitraum. Um die Performance des Modells der Künstlichen Intelligenz zu bewerten, verwendet die Degradationskomponente die Sicht für das Modelltraining, um auf neue Daten zuzugreifen, die seit der letzten Trainingseinheit verfügbar geworden sind. Da implizite Rückmeldungen in die Anwendungsdaten einfließen, enthält dieser Kontrolldatenbestand die tatsächlichen Werte für die Zielvariablen und den Wert der Eingabeparameter. Die aktuelle Version des trainierten Modells wird verwendet, um die Prognosen basierend auf den Eingabewerten zu berechnen. Dies liegt in der Verantwortung der Metrikkomponente, die auch die Ist- und Prognosewerte vergleicht, um statische Key Performance

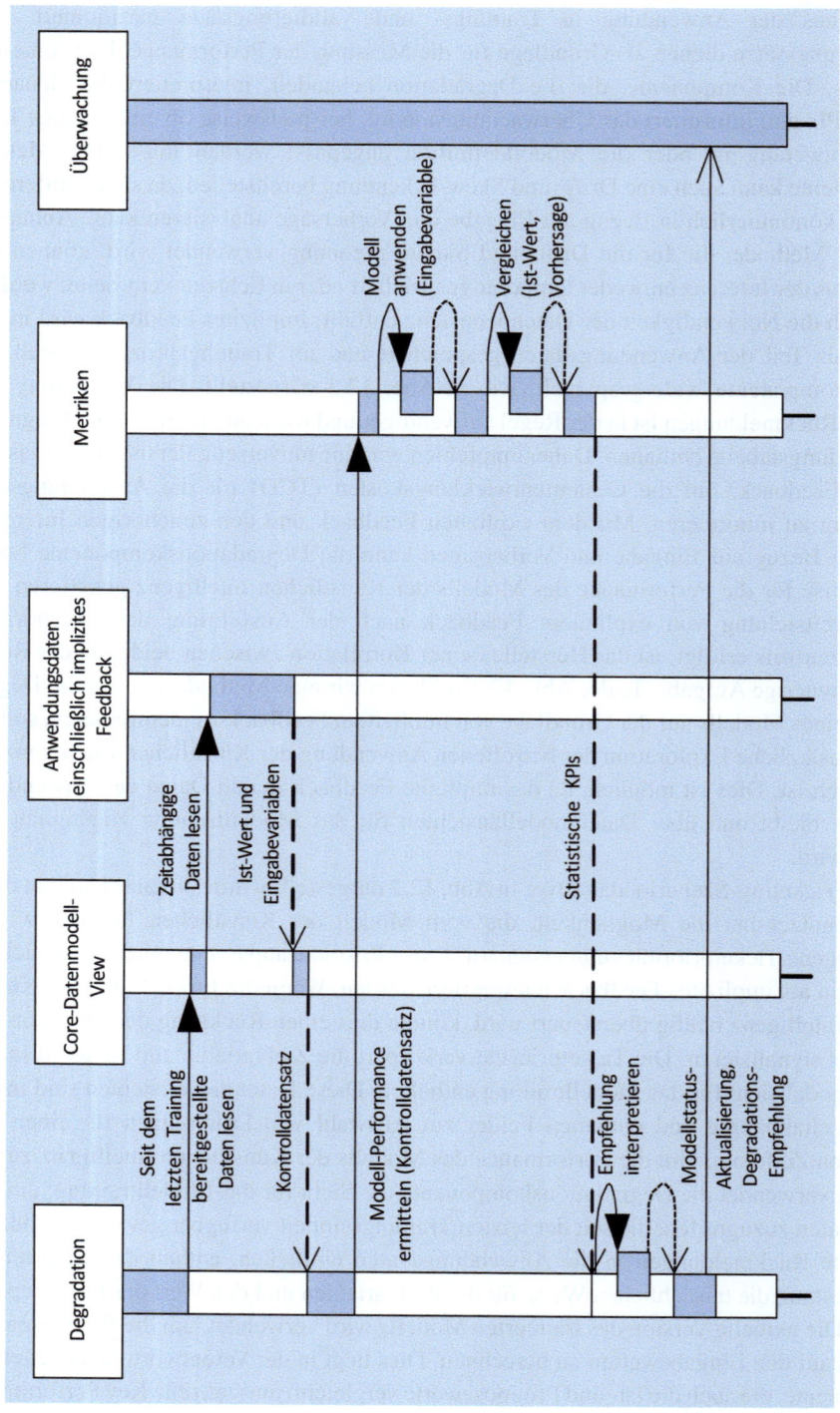

Abb. 12.4 Prozessierung der Modelldegradation

Indicators (KPIs) zu berechnen. Die Degradationskomponente interpretiert diese KPIs und schlägt entsprechende Aktionen vor, zum Beispiel ein erneutes Training oder Remodellierung, die in der Überwachungs-UI angezeigt werden.

12.3 Fazit

Mit der Zeit nimmt die Vorhersagekraft von Modellen der Künstliche Intelligenz ab, weil sich das Datenumfeld ändert. Der Punkt, an dem dies geschieht, sowie die Auslösung eines erneuten Trainings, wird als Modelldegradation bezeichnet. Es ist wichtig, die zukünftige Entwicklung der Daten in jedem Projekt der Künstlichen Intelligenz zu antizipieren. Ein Modell zeigt seine höchste Genauigkeit, bevor es tatsächlich verwendet wird. Die Modelldegradation ist ein Phänomen, das in den letzten 20 Jahren von Akademikern intensiv untersucht wurde, obwohl branchenübliche Best Practices dieses Problem oft noch übersehen. Daher ist es entscheidend, die Modellleistung regelmäßig mit neuen Datensätzen zu bewerten. Um festzustellen, wann Handlungsbedarf besteht, sollten diese Performancedaten regelmäßig verglichen und angezeigt werden. Es gibt eine Vielzahl von KPIs zur Bewertung der Modellleistung. Ohne eine Strategie für die routinemäßige Bewertung der Leistungskennzahlen und die anschließende Einleitung von Modelltrainings oder -erneuerungen können wir zwar Leistungsminderungen feststellen, jedoch fehlt die Maßnahme, um diese anzugehen. Auch Rückmeldungen, sowohl explizit als auch implizit, müssen berücksichtigt werden, insbesondere im Zusammenhang mit komplex zu lösenden ERP-Systemen. In diesem Abschnitt wurden die Geschäftsanforderungen und die notwendige technische Implementierung zur Lösung der Modelldegradation im Kontext von ERP-Software erläutert. Beispielsweise haben wir Feedback-Schleifen als wesentliche Technik zur Behebung der Modelldegradation vorgeschlagen. Dabei wurden implizite, explizite und verzögerte Feedback-Schleifen dargestellt.

Erklärbarkeit der Ergebnisse 13

In diesem Kapitel beschreiben wir die Geschäftsanforderungen und schlagen ein Lösungskonzept für Erklärbarkeit der Ergebnisse vor. Um Vertrauen zwischen Mensch und Maschine aufzubauen, ist es wichtig, die Ergebnisse von Modellen der Künstlichen Intelligenz zu erklären. Transparenz und Rückverfolgbarkeit von Modellen der Künstlichen Intelligenz sind zudem aus gesetzlichen Gründen notwendig. Je nach den zugrunde liegenden Techniken der Künstliche Intelligenz kann dies jedoch sehr schwierig sein. Beispielsweise sind neuronale Netzwerke schwer verständlich. Im Kontext von ERP-Systemen muss die Erklärung zusätzlich in die Geschäftssprache übersetzt werden. Daher müssen Designer von Benutzungsoberflächen viel Zeit investieren, um für jeden Anwendungsfall die statischen Zahlen in der Domäne des Endbenutzers zu übertragen.

13.1 Geschäftsanforderung

Wenn das zugrunde liegende Modell eines Algorithmus detailliert erklärt wird und die Gründe für seine Ergebnisse klar dargelegt werden, entsteht eine Vertrauensbasis zwischen Mensch und Maschine. Vertrauen zu haben ist ein wesentlicher Faktor für Menschen, um auf der Grundlage einer Vorhersage zu handeln. Dieser Aspekt gewinnt noch mehr an Bedeutung im Kontext von ERP-Systemen, bei denen die Benutzer für jede getroffene Entscheidung rechtlich verantwortlich sind. Das Konzept der erklärbaren Künstlichen Intelligenz bedeutet, dass die Logik hinter den Vorschlägen eines intelligenten Systems zeitnah und im jeweiligen Kontext erläutert werden kann. Dieser Ansatz unterstützt den Vertrauensaufbau und hilft dabei, gesetzliche Anforderungen im Zusammenhang mit automatisierten Entscheidungen zu berücksichtigen. Die Notwendigkeit von Erklärungen durch Künstliche Intelligenz sollte unter einem oder mehreren der folgenden Umstände in Betracht gezogen werden:

- **Kritikalität**:
  Wenn ein erhebliches Risiko besteht, eine falsche Entscheidung zu treffen, bei der die durchgeführten Aktionen schwer rückgängig gemacht werden können, ist eine Erklärung für den Vorschlag der KI-Applikation notwendig. Ist das Risiko hingegen gering und lassen sich Maßnahmen leicht rückgängig machen, benötigen Benutzer möglicherweise keine Erklärung.
- **Komplexität**:
  Wenn es für die Benutzer schwierig ist, die Auswirkungen und die Qualität ihrer Entscheidungen sofort zu bewerten, benötigen sie möglicherweise zusätzliche Informationen. Können Benutzer hingegen ohne Schulung leicht feststellen, ob ein Vorschlag korrekt ist, benötigen sie möglicherweise keine weiteren Informationen.
- **Transparenz**:
  Wenn ein Geschäftsprozess strengen Prüfungsanforderungen unterliegt, müssen Auditoren in der Lage sein, Transaktionen nachzuvollziehen und die Gründe für jeden Ausführungsschritt zu verstehen. Bestehen jedoch keine Prüfungsanforderungen, sind möglicherweise keine Erklärungen erforderlich, es sei denn, sie werden von den Endbenutzern benötigt.
- **Volatilität**:
  Wenn die Anwendung für Künstliche Intelligenz sich an veränderte Bedingungen oder Anforderungen anpassen muss, ist sie auf kontinuierliches Feedback angewiesen. Hat das Feedback hingegen wenig oder keinen Einfluss auf die Ausgabe des Algorithmus oder die Benutzerfreundlichkeit, kann die Bereitstellung einer zusätzlichen Erklärung eher eine Ablenkung als eine Hilfe darstellen.

13.2 Lösungskonzept

Wenn wir ERP-Software untersuchen, stellen sich zwei Fragen im Zusammenhang mit der Erklärbarkeit der Ergebnisse von Künstlicher Intelligenz:

- Welche Designprinzipien sollten angewendet werden, um Künstliche Intelligenz in Benutzeroberflächen zu integrieren und verständlich zu machen?
- Welche Elemente müssen in das Backend der ERP-Systeme integriert werden, um erklärbare Künstliche Intelligenz zu ermöglichen?

Dieses Kapitel behandelt nicht die Techniken, die zur Erklärung spezifischer Algorithmen der Künstlichen Intelligenz genutzt werden. Diese Methoden sind in der Data-Science-Community bekannt und werden als gegeben betrachtet. Aus diesem Grund wird sich die Diskussion ausschließlich auf spezifische Aspekte der ERP-Systeme konzentrieren, die durch die oben genannten Fragen geleitet werden.

13.2.1 Benutzungsoberfläche

Der Umfang der Informationen, die Einzelpersonen benötigen, um einen Systemvorschlag zu verstehen, kann variieren. Diese Variation wird durch die spezifische Technik der verwendeten Künstlichen Intelligenz, den Kontext, in dem sie verwendet wird, die Aufgabe, die der Benutzer ausführt, und die Rolle des Benutzers beeinflusst. Wir können zwischen drei Ebenen der Erklärung unterscheiden:

1. **Kennzeichen (Was?)**
   Dies stellt die grundlegendste Erklärungsebene dar. Ein Indikator wird immer dann erforderlich, wenn eine Ausgabe aus der Applikation der Künstlichen Intelligenz erfolgt. Dieses Kennzeichen dient auch als Einstiegspunkt in die nachfolgende Erklärungsebene.
2. **Abstract (Warum?)**
   Dies bietet eine zusammengefasste Perspektive der relevanten Merkmale, Mengen und kontextbezogenen Daten. Eine Zusammenfassung hilft Benutzern, die Vorschläge der Applikation der Künstlichen Intelligenz besser zu verstehen. Sie kann auch Links zur endgültigen und umfassendsten Erläuterung enthalten.
3. **Detail (Wie?)**
   Dies ist ein umfassender Bericht, der speziell für Benutzer mit fortgeschrittenem Wissen entwickelt wird. Es umfasst alle Aspekte, die von der intelligenten Applikation verarbeitet werden, die Leistung der Künstlichen Intelligenz und alle zusätzlichen Kontexte und Bedingungen, die den Benutzern bei der Überwachung des Betriebs der Künstlichen Intelligenz helfen.

Für diese Erklärungen können verschiedene Benutzeroberflächentechniken verwendet werden, die von einfachen textbasierten Informationen über die Interaktion mit Benutzern in natürlicher Sprache bis hin zu einem digitalen Assistenten reichen. Abb. 13.1 zeigt anhand eines Beispiels, wie eine Anwendung das Ranking von Lieferanten für ein bestimmtes Material anhand von Künstlicher Intelligenz erklären kann. Auf der Ebene der einzelnen Positionen kann der Benutzer nachvollziehen, wie die Applikation den Punktwert für ein bestimmtes Objekt ermittelt hat. Die Erläuterungen können mehrere Komponenten umfassen:

- Eine kurze Erklärung in natürlicher Sprache als Auslöser für die Navigation zu Erklärungsdetails
- Die Fähigkeit, im Rahmen dieser Erklärung mit dem digitalen Assistenten zu interagieren
- Möglicherweise eine Zusammenstellung der wichtigsten Parameter, die die erläuterten Ergebnisse beeinflusst haben
- Potenziell ein Vergleich der Ergebnisse mit den durchschnittlichen Ergebnissen für andere Objekte

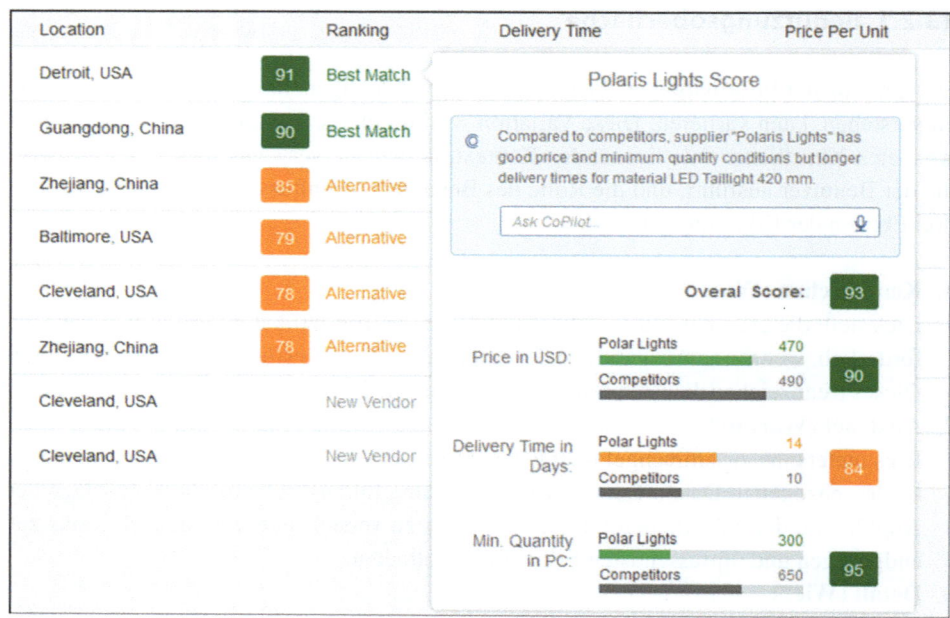

Abb. 13.1 Beispiel zur Erklärbarkeit

Wir empfehlen die Verwendung der Methode der progressiven Offenlegung, um zu verhindern, dass der Benutzer mit zu vielen Informationen auf einmal überfordert wird. Die am häufigsten aufgerufenen Informationen werden knapp auf dem Einstiegsbild angezeigt, wie in Abb. 13.2 dargestellt, mit der Möglichkeit, durch Drilldown zu weiterführenden Informationen auf Sekundärinformationen zu gelangen. Der Vorteil dieser Strategie liegt darin, dass sie Benutzern eine optimierte und übersichtliche Benutzeroberfläche bietet, sodass sie nur dann in die Details eintauchen müssen, wenn es tatsächlich notwendig ist.

Betrachten wir die verschiedenen Ebenen der Benutzeroberfläche, wie in Abb. 13.2 dargestellt:

- Die erste Ebene bietet eine kurze Erklärung, ohne die Möglichkeit, tiefere Details abzurufen. Dies ist in einfachen Szenarien ausreichend, in denen eine kurze Erläuterung genügt, um das Anliegen zu klären. Der Benutzer benötigt kein fundiertes Verständnis und folgt dem Qualitätsindikator, der angibt, wie die gegebenen Informationen zu verarbeiten sind.
- Die zweite Ebene bietet umfassendere Informationen, einschließlich Tabellen, Diagrammen und anderen Benutzeroberflächenkomponenten, um ein besseres Verständnis des Problems zu vermitteln. Auf dieser Ebene wird die aktuelle Situation kontextualisiert dargestellt. Der Benutzer sieht die Kriterien, die der Vorhersage zugrunde liegen,

Ebene 1 –
Erklärungskennzeichen
Ebene 2 –
Erklärungs-Popover
Ebene 3 –
Erklärungsseite
Text
Text

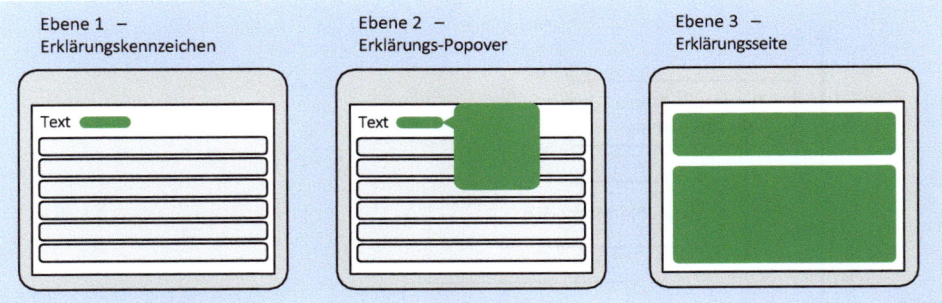

Abb. 13.2 Illustration der Benutzeroberfläche

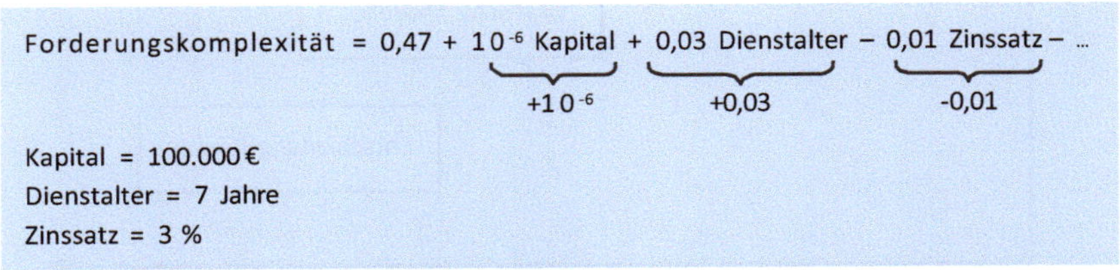

Forderungskomplexität = 0,47 + 10⁻⁶ Kapital + 0,03 Dienstalter – 0,01 Zinssatz – ...
+10⁻⁶
+0,03
-0,01
Kapital = 100.000 €
Dienstalter = 7 Jahre
Zinssatz = 3 %

Abb. 13.3 Beispiel zur Erklärbarkeit eines Regressionsalgorithmus

und ihren Einfluss. Um diese Informationen korrekt zu interpretieren, benötigt der Benutzer ein fundiertes Verständnis der Domäne und des Geschäfts, jedoch keine zusätzlichen Fähigkeiten.

- Die dritte Ebene ist nicht direkt Teil der Erklärung, ermöglicht es dem Benutzer jedoch, mit einem digitalen Assistenten (über ein Sprach- oder Chat-Feld) weitere Informationen zu erhalten. Diese Ebene erfordert ein tiefgreifendes technisches Verständnis zur Interpretation der bereitgestellten Informationen. Der Benutzer muss geschult sein, um fundierte Entscheidungen zu treffen und Maßnahmen zu ergreifen.

Abb. 13.3 zeigt anhand eines linearen Regressionsmodells, wie eine Erklärung für die von Künstlicher Intelligenz generierten Ergebnisse berechnet werden kann.

Die Prognose ist im Wesentlichen eine Kombination der Merkmale, die jeweils mit den Koeffizienten des Modells gewichtet sind. Diese Koeffizienten geben das Ausmaß ihres Beitrags zur Vorhersage an und helfen zu verstehen, wie die Vorhersage entstanden ist. Wie in Abb. 13.4 dargestellt, werden die genauesten Ergebnisse jedoch häufig aus komplexen Modellen auf Basis von Künstlicher Intelligenz gewonnen. Diese Modelle sind so komplex, dass selbst Spezialisten Schwierigkeiten haben können, sie zu interpretieren.

Erklärende Komponenten sollten nur dann angezeigt werden, wenn der KI-basierte Service Vorhersagen mit einem zufriedenstellenden Maß an Zuversicht und Präzision bieten kann. Das akzeptable Qualitätsniveau für Vorhersagen sollte individuell festgelegt werden, abhängig vom konkreten Anwendungsfall und den Fähigkeiten der Künstlichen

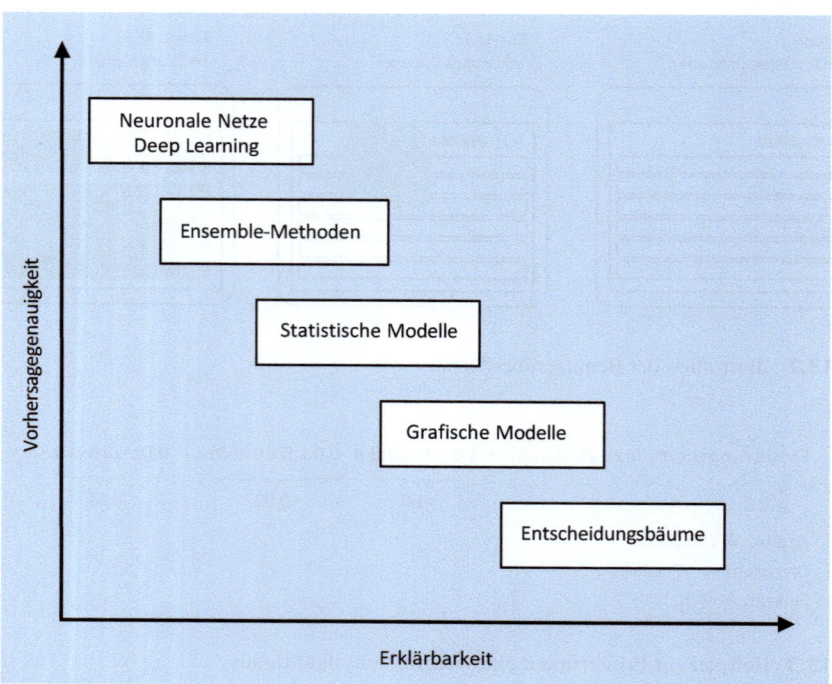

Abb. 13.4 Erklärungsgrad von KI-Algorithmen

Intelligenz. Wir raten jedoch ab, Vorhersagen mit geringer Zuverlässigkeit auszugeben. Unzuverlässige Ergebnisse können das Vertrauen der Benutzer untergraben und die Akzeptanz von Künstlicher Intelligenz behindern. Die Glaubwürdigkeit einer Erklärung hängt von ihrem Lebenszyklus ab. Wir unterscheiden zwei Szenarien basierend auf der Lebensdauer der Erklärung:

- Statische Erklärungen sind für Offline-Trainings geeignet, bei denen die Applikation die Zielfunktion nach der initialen Trainingsphase nicht mehr ändert. Wir gehen davon aus, dass die Notwendigkeit wiederholter Erklärungen des Modells mit zunehmender Vertrautheit des Benutzers mit der Anwendung abnehmen oder verschwinden kann. Sobald der Benutzer die zugrunde liegenden Prinzipien versteht, sollten Erklärungen auf Modellebene ausgeschlossen werden, es sei denn, das Modell der Künstlichen Intelligenz wird geändert oder aktualisiert.
- Dynamische Erklärungen sind für Online-Trainings erforderlich, die auf Künstlicher Intelligenz basieren und bei denen Daten kontinuierlich zur Modellaktualisierung bereitgestellt werden. Diese Erklärungen werden jedes Mal erzeugt, wenn das Modell der Künstlichen Intelligenz angepasst wird. Obwohl es meist nicht nötig ist, das Erscheinungsbild und den Inhalt der Erklärungen grundlegend zu ändern, muss bei neuen Regeln für die Datenverarbeitung dieses Wissen in den Erklärungen reflektiert

werden. Die primäre Erklärung der Künstlichen Intelligenz sollte neuen Verarbeitungsprinzipien angepasst und die Entscheidungskriterien aktualisiert werden, wenn die Ziele sich ändern.

Bevor wir mit dem Design der Anwendung für Künstliche Intelligenz beginnen, sollten wir Untersuchungen durchführen, um die Antworten auf folgende Fragen zu finden:

- Erwartet der Benutzer eine Erklärung? Wenn die potenziellen Risiken einer Aufgabe gering sind und die Ergebnisse leicht rückgängig gemacht werden können, suchen Benutzer in der Regel keine Erklärung für den Systemvorschlag.
- Welchen Automatisierungsgrad streben wir an? Der Automatisierungsgrad kann den Anwendungsfall, die Rollen der Zielbenutzer und die Funktionen der Anwendung erheblich beeinflussen.
- Welche anderen Rollen sind neben dem vorgesehenen Anwendungsbenutzer an der Erfahrung beteiligt? Die Interaktion mit Künstlicher Intelligenz umfasst auch technische Rollen, die nicht geschäftsbezogen sind. Wir sollten auch Rollen berücksichtigen, die an der Entwicklung, dem Support oder der Wartung beteiligt sind.
- Wie transparent oder nachvollziehbar muss die Applikation der Künstlichen Intelligenz sein? Einige Anwendungsfälle sind sensibler als andere. Unternehmensanwendungen unterliegen oft strengeren Auditanforderungen aufgrund gesetzlicher und regulatorischer Auflagen im Vergleich zu Verbrauchersoftware.
- Können Benutzer die angezeigten Informationen und Daten nachvollziehen und daraus die nachfolgenden Aktionen und ihre Auswirkungen ableiten? Während Künstliche Intelligenz selbst einfache Aufgaben verbessern kann, kann sie für Benutzer überarbeitet werden, die die Ergebnisse und ihre Auswirkungen bereits verstehen.
- Wie hoch ist der potenzielle Schaden für das Geschäft des Kunden bei falscher Datenverarbeitung? Einige Aufgaben in Prozessen sind von Natur aus kritisch und können schwerwiegende Folgen haben. Erklärungen zur Künstlichen Intelligenz müssen solche Szenarien verhindern und helfen, Schäden oder Störungen zu vermeiden.
- Wie einfach oder komplex ist es, Änderungen am System oder Prozess rückgängig zu machen? In Situationen, in denen der Benutzer gegen Termine, Periodenabschlüsse oder andere kritische Aufgaben verstößt, ist die Bereitstellung unterstützender Informationen von entscheidender Bedeutung. Erklärungen sind jedoch möglicherweise nicht erforderlich, wenn alles im Falle eines Ausfalls sofort rückgängig gemacht werden kann.
- Muss der Business Case ständig angepasst werden? Wir gehen davon aus, dass die Notwendigkeit wiederholter statischer Erklärungen des Modells abnehmen oder verschwinden kann, wenn der Benutzer erfahrener wird. Wenn der auf Künstliche Intelligenz basierende Algorithmus jedoch dynamisch lernt, müssen Benutzer über sich ändernde Bedingungen informiert bleiben, was dynamische Erklärungen erfordert.

13.2.2 Backend-Prozesse

Das Konzept der Erklärbarkeit kann durch zwei Ansätze realisiert werden: Zum einen kann die Komplexität des Modells der Künstlichen Intelligenz reduziert werden, was als intrinsischer Ansatz bezeichnet wird, oder es können Techniken verwendet werden, die das Modell nach der Trainingsphase analysieren, was als Post-Hoc-Methode bekannt ist. Intrinsische Interpretierbarkeit bezieht sich auf Modelle der Künstlichen Intelligenz, die aufgrund ihrer simplen Struktur als erklärbar gelten, zum Beispiel Entscheidungsbäume oder lineare Regressionsmodelle. Es sollte erwähnt werden, dass es etablierte Erklärungsmethoden für Algorithmen der Künstlichen Intelligenz gibt, die in der Data-Science-Community weitgehend anerkannt sind, jedoch sind diese nicht der primäre Fokus dieses Abschnitts. Im Kontext von Geschäftsanwendungen ist es wichtig, Methoden auszuwählen, die sowohl die individuelle Vorhersage als auch das Gesamtverhalten des Modells erklären. Die vorgeschlagene Lösung für Künstliche Intelligenz ist in Abb. 13.5 dargestellt. Während der Trainingsphase der Künstlichen Intelligenz werden grundlegende Erklärungsdaten berechnet und zusätzlich zum trainierten Modell gespeichert. Diese Daten umfassen statistische Werte für die Gesamtgenauigkeit des Modells der Künstlichen Intelligenz, die als globale Erklärung bezeichnet werden. Für eingehende Inferenzanfragen werden individuelle Erklärungswerte berechnet, die als lokale Erklärung bezeichnet werden. Die Erklärungskomponente liefert die globalen und lokalen Erklärungen und ergänzt die Inferenzergebnisse um diese Werte, die dann der Geschäftslogik zur Verfügung gestellt werden. Um Erklärungsdaten anzuzeigen, sind Steuerelemente der Benutzeroberfläche erforderlich, wie zuvor erwähnt.

Die Erklärungen, die sowohl globaler als auch lokaler Art sind, werden häufig in Form statistischer Metriken angegeben. Diese Metriken müssen in die spezifische Sprache der

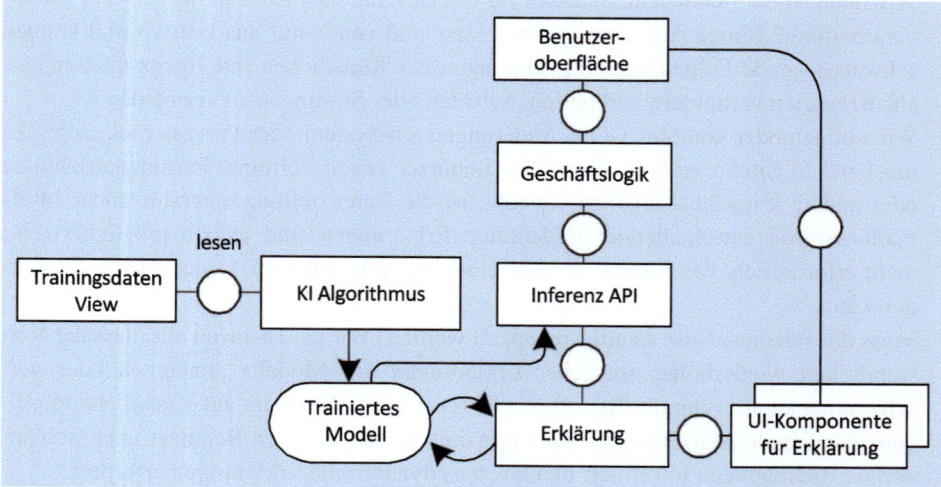

Abb. 13.5 Erklärbarkeitslösung

13.2 Lösungskonzept

Domäne des Endbenutzers übersetzt werden. Die Erklärungskomponente unterstützt technisch in diesem Prozess durch ihre Fähigkeit, diese Metriken entsprechend abzubilden. Die Überführung der statistischen Werte in die Domänensprache ist eine Herausforderung für diejenigen, die die Benutzeroberfläche gestalten. Eine Ebene tiefer in die Lösung integriert, wie in Abb. 13.6 gezeigt, werden nach Abschluss der Explorationsphase der entsprechende Algorithmus für Künstliche Intelligenz und die notwendigen Trainingsdaten von Data Scientisten identifiziert. Der Trainingsjob nutzt dann diese Anwendungsdaten, um den gewählten Algorithmus der Künstlichen Intelligenz zu trainieren und das trainierte Modell für die zukünftige Verwendung zu sichern. Während des Trainingsjobs werden auch globale Erklärungen generiert, indem Genauigkeitsmessungen basierend auf einer bestimmten Erklärungsmethode bereitgestellt werden. Der Prozess der Bestimmung der Genauigkeit eines Modells der Künstliche Intelligenz trägt zur Erklärung des Modells bei.

Wie wird die Präzision eines Modells bestimmt, das durch Künstliche Intelligenz entwickelt wurde? Zusammengefasst besteht das grundlegende Konzept darin, ein Modell der Künstlichen Intelligenz mit einem bestimmten Datensatz zu trainieren und dann die resultierende Funktion auf Datenpunkte anzuwenden, bei denen der y-Wert bereits festge-

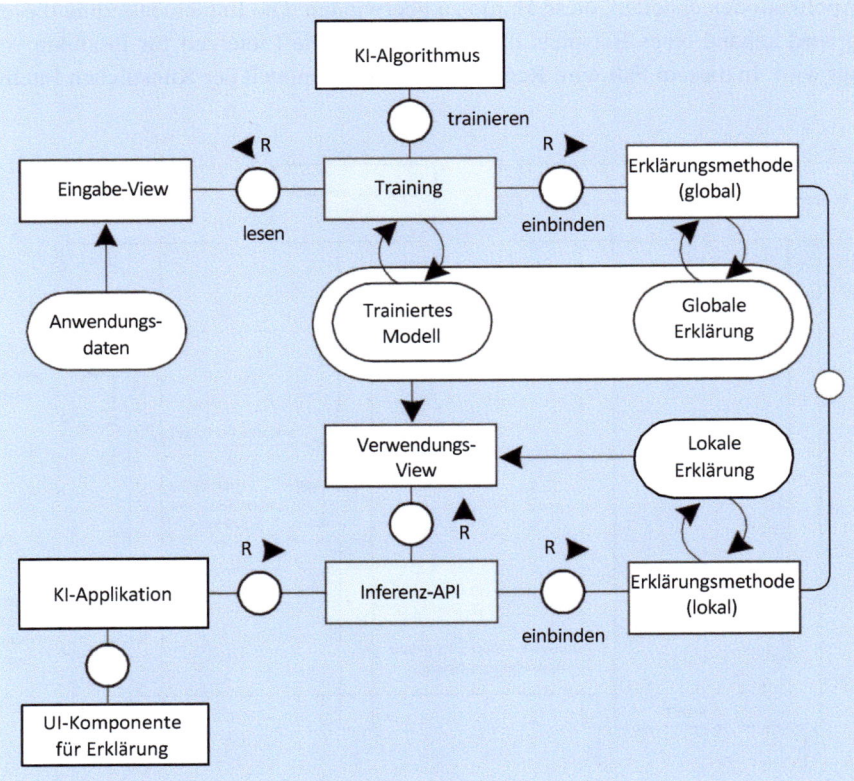

Abb. 13.6 Erklärbarkeitslösung im Detail

legt ist. Aus diesem Prozess resultieren zwei y-Werte: der tatsächliche und die Vorhersage durch das Modell der Künstlichen Intelligenz. Es ist dann relativ einfach, die Häufigkeit fehlerhafter Vorhersagen zu ermitteln, indem diese Vorhersagen mit den Ist-Werten verglichen werden. Dieser Vergleich bildet die Grundlage für zahlreiche statistische Methoden zur Berechnung von Genauigkeitskennzahlen (KPIs) für globale Erklärungen. Das trainierte Modell wird über Inferenz-APIs zugänglich gemacht. Die Inferenzanfrage wird verwendet, um eine lokale Erklärung basierend auf einer ausgewählten Erklärungsmethode zu generieren. Für rechtliche Prüfungszwecke ist es notwendig, die lokale Erklärung in der Datenbank zu speichern, ebenso wie die globale Erklärung. Die Verwendungs-View bildet die Grundlage für das Inferenz-API. Sie identifiziert die Inferenzergebnisse und ergänzt sie mit lokalen und globalen Erklärungen. Diese Erklärungen sind in der Antwortstruktur enthalten, die der Künstliche-Intelligenz-Anwendung zur Verfügung gestellt wird, und können wie im vorherigen Abschnitt empfohlen, auf der Benutzeroberfläche angezeigt werden. Diese Interaktion ist in Abb. 13.7 gezeigt.

Die Erklärung von Modellen der Künstliche Intelligenz ist in der Regel auf den spezifischen Anwendungsfall zugeschnitten, was es schwierig macht, ein generisches Framework anzubieten. Dennoch unterstützt die vorgeschlagene Methode Entwickler, die KI-Applikationen erstellen, diese Hürde zu überwinden. Die Implementierung dieser Lösung wird anhand eines Beispiels illustriert, in dem die Lieferzeit für Produkte vorhergesagt wird. In diesem Fall wird Regression als Grundmodell der Künstlichen Intelligenz

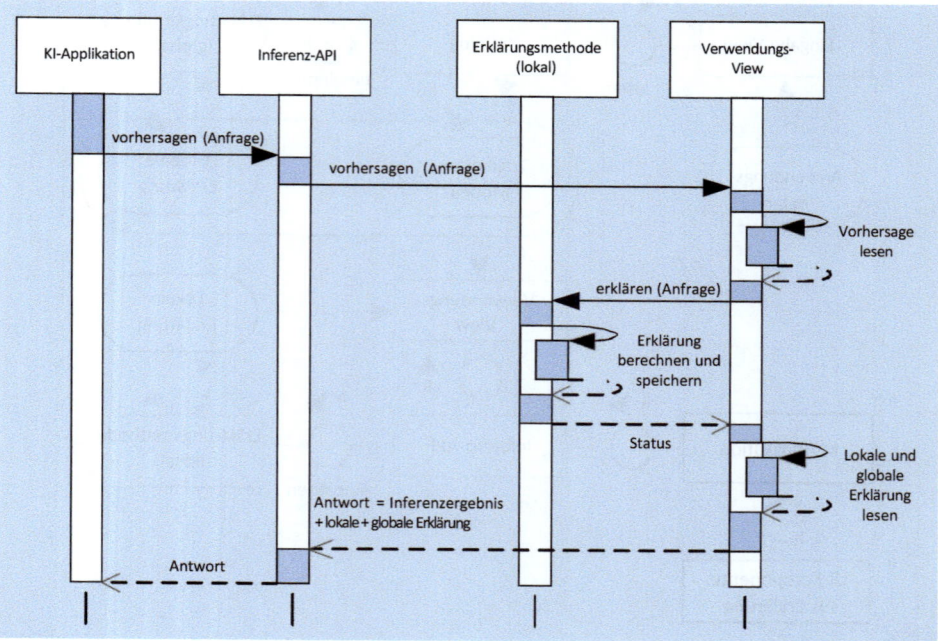

Abb. 13.7 Prozessierung der Erklärbarkeit

Abb. 13.8 Beispielimplementierung für lokale und globale Erklärungen

verwendet. Wie in Abb. 13.8 dargestellt, umfasst die globale Erklärung die Berechnung der prognostischen Trennschärfe und der Prognosekonfidenz, während die lokale Erklärung die Beitragswerte der Variablen zu den Inferenzaufrufen berechnet. Für die lokale Erklärung wird eine Methode verwendet, um die Beiträge der Variablen zu ermitteln, die die relative Bedeutung jeder im Modell enthaltenen Variablen oder den Einfluss einer Kategorie offenbart. Der Einfluss einer Kategorie untersucht, wie sich verschiedene Kategorien einer Variablen auf das Ziel auswirken, basierend auf grundlegenden Informationen. Je größer der absolute Wert des Einflusses, desto signifikanter ist der Einfluss der Kategorie. Kategorien mit Werten gleich oder nahe Null haben keine Auswirkungen auf das Ziel. Der Einfluss einer Kategorie kann entweder positiv oder negativ sein: Kategorien mit positiven Werten sind solche, bei denen Beobachtungen eher in die positive Kategorie des Ziels fallen. Der Anteil positiver Ziele innerhalb einer solchen Kategorie übersteigt den Anteil positiver Ziele im gesamten Datensatz.

13.3 Fazit

Um das Vertrauen zwischen Mensch und Maschine zu stärken, ist es entscheidend, die Ergebnisse von Modellen der Künstliche Intelligenz verständlich zu machen. Transparenz und Nachvollziehbarkeit von Modellen der Künstlichen Intelligenz sind von großer Bedeutung, wenn Künstliche Intelligenz in Geschäftsanwendungen integriert werden soll. Systeme, die ursprünglich darauf ausgelegt sind, unterstützend zu wirken, können zu aktiven Akteuren werden, die Elemente in der Benutzeroberfläche vorschlagen, ändern oder erstellen. Diese Elemente, Aktionen oder Attribute werden nicht nur von Menschen, sondern auch von den Algorithmen der Künstlichen Intelligenz beeinflusst. Um Verwirrung und einen möglichen Kontrollverlust zu verhindern, müssen die Nutzer stets über die Arbeitsweise, Handlungen und Konsequenzen der Künstlichen Intelligenz informiert sein. Aus rechtlichen Gründen sind auch bei der Gestaltung von Künstlicher Intelligenz unterstützende Dienste notwendig. Daher haben wir in diesem Abschnitt die betriebswirtschaftlichen Anforderungen abgeleitet und die erforderliche technische Umsetzung zur Erklärung der durch Künstliche Intelligenz berechneten Ergebnisse vorgeschlagen. Zusätzlich haben wir Techniken für das Design der Benutzeroberfläche vorgeschlagen, um die Erklärbarkeit zu gewährleisten. Weiterhin haben wir eine Lösungsarchitektur für die Implementierung und Vorbereitung der Erklärbarkeit im ERP-Backend vorgestellt.

Workload-Management und Performance 14

In diesem Kapitel beschreiben wir die Geschäftsanforderungen und schlagen ein Lösungskonzept für Workload-Management und Performance vor. Das Training von Modellen der Künstlichen Intelligenz kann, abhängig von den zugrunde liegenden Algorithmen, hohe Hardwareanforderungen haben. Inferenzaufrufe müssen kurze Antwortzeiten aufweisen. Daher sind Maßnahmen notwendig, um diese Herausforderung zu bewältigen. Insbesondere darf der Verbrauch von Rechenressourcen für Künstliche Intelligenz die Transaktionsprozesse in ERP-Systemen nicht verlangsamen, da diese für den Betrieb des Unternehmens entscheidend sind. Daher schlagen wir neben der bereits vorgeschlagenen Lösungsarchitektur, die sich vom Embedded-AI-zum Side-by-Side-AI-Ansatz skaliert, zusätzliche Techniken zur Performance-Optimierung vor.

14.1 Geschäftsanforderung

Die Zuverlässigkeit der Prozesse, die auf Basis von Künstlicher Intelligenz im ERP-System eines Unternehmens betrieben werden, ist von größter Bedeutung. Mit dem fortschreitenden Eintritt in das digitale Zeitalter werden immer mehr Prozesse automatisiert und in ERP-Systeme integriert. Um eine konsistente Servicequalität sicherzustellen, müssen sich Unternehmen auf die Verfügbarkeit und Leistung dieser KI-basierten Prozesse verlassen können. Dies betrifft auch die IT-Systeme, die diese Prozesse ausführen und verwalten. ERP-Systeme müssen sicherstellen, dass die digitalisierten Aufgaben innerhalb eines angemessenen Zeitrahmens erledigt werden. Unabhängig davon, ob ein Unternehmen von einem älteren ERP-System ausgeht oder sein erstes ERP-System von Grund auf neu aufbaut, ist es wichtig, die Hardware optimal zu planen. Diese Planung umfasst alles von Speicher- und Rechenleistung bis hin zu Überlegungen zu Hosting- und Mietarifen. Der Begriff *Sizing* wird verwendet, um die Antworten auf diese Fragen zusammenzufassen.

Unzureichende Ressourcen führen in der Regel zu schlechter Systemleistung. Umgekehrt kann ein zu großes System ein finanzieller Nachteil sein und durch erhöhten Stromverbrauch zur Umweltverschmutzung beitragen, ohne dem Unternehmen oder der Gesellschaft zusätzlichen Nutzen zu bringen. Der Begriff *Clean-up* bezieht sich auf verschiedene Aktivitäten im Zusammenhang mit dem Lebenszyklus von Daten und Speichermedien. Dazu gehören Routineaufgaben wie das Defragmentieren von Dateisystemen und das Löschen temporärer Daten, die auf die Aufrechterhaltung der IT-Systemleistung abzielen. Ebenso wichtig ist die Archivierung unnötiger Daten. Clean-up Maßnahmen sind für das Workload-Management und die Performance unerlässlich. Eine weitere wesentliche Überlegung betrifft das Netzwerk. Die Nutzung von Cloud-Systemen oder anderen verteilten Systemen, die außerhalb eines Intranets betrieben werden, erhöht die Menge der Daten, die über öffentliche Local-Area-Network(LAN)- oder Wide-Area-Network(WAN)-Leitungen vom Server zum Benutzer transportiert werden müssen. Da öffentliche Internetleitungen nicht unter der Kontrolle der ERP-Software-Dienstleister stehen, sind in diesem Bereich keine Optimierungen möglich. Es gibt jedoch Methoden, um den Netzwerkverkehr eines Systems zu reduzieren, z. B. durch Vermeidung der Übertragung unerwünschter Daten oder durch Trennung von historischen und aktuellen Daten, die typischerweise häufiger benötigt werden. Schließlich spielt die verwendete Hardware eine wichtige Rolle. Es ist zu erwarten, dass sich die Leistungsanforderungen eines Systems im Laufe der Zeit ändern. Angesichts der hohen Kosten für Rechenleistung liegt es im Interesse eines Unternehmens, die Hardwarekosten so gering wie möglich zu halten und den Ressourcenverbrauch zu minimieren. Daher ist es wichtig, ein ERP-System zu entwerfen, das sich ändernde Lasten dynamisch verwalten und Skalierungsmaßnahmen ermöglichen kann, einschließlich des Hinzufügens und Entfernens von Hardwarekomponenten wie CPUs oder RAM.

Im Kontext der Künstlichen Intelligenz erfordert der Prozess des Trainings eines Modells, dass der Algorithmus mit Trainingsdaten versorgt wird, aus denen es Wissen gewinnen kann. Diese Trainingsdaten müssen die richtige Antwort enthalten, die oft als Ziel- oder Zielattribut bezeichnet wird. Der Lernalgorithmus identifiziert Muster innerhalb der Trainingsdaten, die die Eingabedatenattribute mit dem Ziel verknüpfen, und erzeugt anschließend ein Modell für Künstliche Intelligenz, das diese Muster zusammenfasst. Das Training der Künstlichen Intelligenz ist ein asynchroner Prozess, der in der Regel monatlich, wöchentlich oder täglich ausgeführt wird. Daher ist die Performance hierbei kein Problem, sondern die Zuweisung von Speicher, CPU-Zeit und Festplattenspeicher. Die Performance wird dabei als Gesamteffizienz eines Systems definiert, die Durchsatz, individuelle Reaktionszeit und Verfügbarkeit umfasst. Inferenz hingegen ist das Verfahren, mit dem das Modell der Künstlichen Intelligenz genutzt wird, um Vorhersagen für neue Daten zu generieren, bei denen das Ziel unbekannt ist. Stellen Sie sich beispielsweise ein Modell der Künstlichen Intelligenz vor, das trainiert wurde, um zu ermitteln, ob eine E-Mail als Spam kategorisiert wird oder nicht. In diesem Fall wird die KI-Technologieplattform mit Trainingsdaten versorgt, die E-Mails enthalten, für die das Ziel bekannt ist (d. h. ein Label, das angibt, ob es sich bei einer E-Mail um Spam handelt oder nicht). Die KI-Technologie-

14.1 Geschäftsanforderung

plattform würde dann ein Modell der Künstlichen Intelligenz anhand dieser Daten trainieren, was zu einem Modell führt, das vorhersagen kann, ob eingehende E-Mails Spam sind oder nicht. Für Inferenzaufrufe, zusätzlich zum trainierten Modell, ist in der Regel eine schnelle Antwortzeit bzw. eine hohe Performance erforderlich. In der Regel basiert die Inferenz auf synchronen Aufrufen durch Endbenutzer, die unmittelbare Ergebnisse erwarten. Daher können das Training und die Inferenz von Künstlicher Intelligenz potenziell negative Auswirkungen auf die transaktionalen Prozesse des ERP-Systems haben. Dies liegt daran, dass die Inferenz in der Regel im Kontext von Performance betrachtet wird, während Aspekte wie Speicher, CPU-Zeit und Festplattenspeicher häufig vernachlässigt werden. Es ist entscheidend, solche negativen Auswirkungen zu verhindern. Wie in Abb. 14.1 dargestellt, hängen diese Auswirkungen jedoch von der verwendeten Infrastruktur der Künstlichen Intelligenz, den genutzten Algorithmen für Künstliche Intelligenz und dem zugrunde liegenden Programmiermodell ab.

Wie bereits erwähnt, werden Szenarien, die Algorithmen mit minimaler Speicher- und CPU-Zeit erfordern, direkt in die ERP-Plattform implementiert (Embedded AI), während anspruchsvollere Algorithmen wie Deep Learning an die KI-Technologieplattform delegiert werden (Side-by-Side AI). Es ist jedoch wichtig zu beachten, dass auch Embedded AI möglicherweise zu einer Verlangsamung der ERP-Geschäftsprozesse führen kann. Daher sollten folgende Überlegungen beachtet werden:

- Die Gesamtantwortzeit für die Verwendung eines Modells der Künstlichen Intelligenz sollte eine Sekunde nicht überschreiten. Denn Funktionen der Künstliche Intelligenz werden in große Transaktionsprozesse und Benutzeroberflächen integriert.
- Der Prozess des Trainings der Künstlichen Intelligenz sollte sich nicht negativ auf die Performance von transaktionalen Vorgängen auswirken, weil Speicher, CPU-Zeit und Festplattenspeicher nicht ordnungsgemäß zugewiesen wurden.

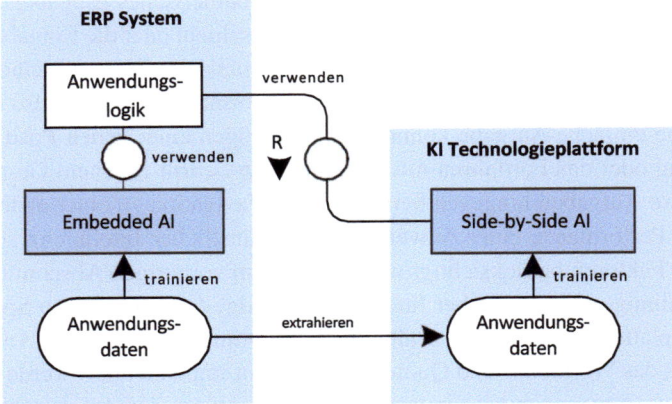

Abb. 14.1 Benötigte Workload für Training und erforderliche Performance für Inferenz

Bei der Side-by-Side AI findet das Training des Modells auf der KI-Technologieplattform statt. Diese Plattform ist skalierbar, daher wird angenommen, dass sie keine negativen Auswirkungen hat. Bei der Nutzung des Modells muss jedoch die Performance berücksichtigt werden, zumal es sich um große transaktionale Prozesse auf der ERP-Seite handelt.

14.2 Lösungskonzept

Die Leistung eines Systems kann aus zwei Perspektiven betrachtet werden: vom technischen Aspekt her und vom Standpunkt des Benutzers aus. Der Begriff *Antwortzeit* bezeichnet die Zeitspanne von dem Moment, in dem ein Benutzer eine Interaktion beginnt, bis zu dem Punkt, an dem die Anwendung für die nächste Interaktion bereit ist. In der Informationstechnologie beträgt die Antwortzeit oft weniger als eine Sekunde, was durch Studien zur Leistungswahrnehmung, wie sie beispielsweise von den Usability-Teams von ERP-Anbietern durchgeführt wurden, bestätigt wird. Es ist interessant zu beobachten, dass die erwartete Antwortzeit je nach wahrgenommener Schwierigkeit einer Aufgabe variiert. Ebenso ändert sich das Benutzerverhalten, wenn die erwarteten Antwortzeiten nicht erreicht werden. Dieses Konzept ist kniffliger, als es auf den ersten Blick scheint, und es lohnt sich, es genauer zu betrachten. Zunächst entwickeln Benutzer Erwartungen an die Komplexität ihrer Anfragen. Je nach diesen Erwartungen weisen Benutzer dem Computersystem eine bestimmte Zeit zur Bearbeitung ihrer Anfrage zu. Die Zeit, die Benutzer für das ERP-System aufwenden, wird stark von ihrer Wahrnehmung der Komplexität der Aufgabe beeinflusst. Wie können wir die Komplexität von Aufgaben definieren? Die Aufgaben, die ERP-Systeme am häufigsten bewältigen, lassen sich grob in drei Kategorien einteilen: Benutzereingaben bestätigen, die Ergebnisse einer einfachen Aufgabe anzeigen und die Ergebnisse einer komplexen Aufgabe anzeigen. Eine Bestätigung der Benutzereingabe gibt dem Benutzer eine visuelle oder auditive Rückmeldung, dass seine Eingabe empfangen wurde. Betrachten wir zum Beispiel ein numerisches Eingabefeld: Wenn der Benutzer nach der Eingabe eines Werts den Fokus verschiebt oder die Eingabetaste drückt, überprüft das System die Syntax des Eingabewerts und gibt entweder einen Fehler aus oder formatiert den Eingabewert ins Standardzahlenformat um. Was ist also eine einfache Aufgabe? Eine einfache Aufgabe könnte das Hinzufügen einer neuen Position zu einem Kundenauftrag oder das Fortfahren mit dem nächsten Schritt in einem Geschäftsprozess sein. Komplexe Aufgaben hingegen beinhalten die Navigation zu einer anderen Applikation. Um die Performance einer Anwendung mit Künstlicher Intelligenz zu verbessern, müssen diese Faktoren berücksichtigt werden. Wie im vorherigen Abschnitt erläutert, ist es für das Training von Künstlicher Intelligenz wichtig, den Einsatz von Speicher, CPU-Zeit und Festplattenspeicher zu verwalten und zu optimieren. Um diese Anforderung zu erfüllen, muss das Workload- und Quotenmanagement implementiert werden. Das Workload- und Quotenmanagement umfasst die Optimierung der Infrastrukturressourcen (Arbeitsspeicher, CPU-Zeit, Festplattenspeicher), um die Performance oder den Durchsatz aufrechtzuerhalten oder zu verbessern. Diese Maßnahmen können die Neuterminierung, das Verschieben, die technische Virtualisierung oder die Begrenzung eines bestimmten Services oder einer bestimmten Arbeitslast umfassen. Zum Beispiel kann ein Administrator Limits für Jobs in Bezug auf CPU-Zeit und Speicherauslastung festlegen. Unserer Ansicht nach erfordert ein erfolgreiches Workload- und Quotenmanagement eine kontinuierliche und sorgfältige Überwachung. Im Kontext der Künstlichen Intelligenz ist die Quotenverwaltung aus den folgenden Gründen meist nicht relevant:

- Während des Trainings für Embedded AI erfolgt der Zugriff auf die Anwendungsdaten in Echtzeit aus der ERP-Datenbank.
- Für die Side-by-Side AI werden die Anwendungsdaten für Training aus dem ERP-System auf die KI-Technologieplattform repliziert, aber in der Regel nach dem Trainingslauf gelöscht.

Wir sind jedoch der Ansicht, dass der Lesezugriff auf Trainingsdaten mithilfe von Paketierungs- und Delta-Mechanismen optimiert werden sollte. Das bedeutet, dass die Trainingsdaten nicht alle auf einmal gelesen werden, was zu Speicherüberlastungsproblemen führen kann, sondern in Batches vom Trainingsprozess verarbeitet werden. Wie im vorherigen Abschnitt betont wurde, ist für die Inferenz eine optimale Leistung hinsichtlich der Antwortzeit notwendig. Zusätzlich zu den bekannten Methoden zur Verbesserung der API-Leistung empfehlen wir das Caching und Bündeln von Inferenzergebnissen, um diese Anforderung zu erfüllen. Lassen Sie uns besprechen, wie sich die Implementierungstechniken für Workload- und Performance-Management je nach KI-Ansatz unterscheiden.

14.2.1 Embedded AI

Die Art und Weise, wie wir Embedded AI definiert haben, gewährleistet, dass Inferenzanforderungen lokal in Echtzeit verarbeitet werden. Das bedeutet, dass diese Lösung aus Performance-Sicht bereits die bestmögliche ist und keine weiteren Untersuchungen notwendig sind. Da das Training ein sporadischer Hintergrundprozess ist, spielt die Performance im Sinne von Antwortzeit eine untergeordnete Rolle. Unsere Trainingsmessungen für zahlreiche Embedded- AI-Algorithmen haben gezeigt, dass die Antwortzeit stets weniger als fünf Minuten beträgt, sodass sie vernachlässigbar ist. Betrachten wir einige repräsentative Ergebnisse aus Messungen für SAP-ERP. Tab. 14.1 zeigt Performance-Messungen für die logistische Regression. Dazu wurden Tabellen mit unterschiedlich vielen Spalten und Zeilen als Eingabe für das Training verwendet. Die Dauer der Trainingsläufe in Sekunden ist in der Tabelle aufgeführt. Ein Datensatz mit 700 Spalten und 300.000 Zeilen führte zu einer Trainingszeit von 25.740 s.

Die Tab. 14.2 zeigt die Performance-Messung für K-Mean-Algorithmen. Diese Messung berücksichtigt ebenfalls eine Vielzahl von Datensätzen.

Tab. 14.1 Logistische Regression

	50 Spalten	100 Spalten	200 Spalten	500 Spalten	700 Spalten
10.000 Zeilen	0,159	0,259	0,308	0,968	1278
50.000 Zeilen	0,367	0,840	1673	4085	5475
150.000 Zeilen	0,925	1669	3953	9819	13.494
300.000 Zeilen	1155	3380	7317	17.868	25.740

Tab. 14.2 K-Means

	50 Spalten	100 Spalten	200 Spalten	500 Spalten	700 Spalten
10.000 Zeilen	0,2476	0,327	0,4814	0,9158	1,2896
50.000 Zeilen	0,407	0,6458	1,9714	3,1444	3,6752
150.000 Zeilen	0,7828	1,9548	3,4436	9,8342	9201
300.000 Zeilen	1453	4083	7,0614	19.748	28,9356

Während die Antwortzeit bei Trainingsläufen irrelevant ist, muss die Nutzung von Systemressourcen berücksichtigt werden, da sie potenziell negative Auswirkungen auf die Geschäftsprozesse des ERP-Systems haben können. Um dieses Problem zu lösen, empfehlen wir, Strategien für die Verwaltung der Arbeitslast zu implementieren, wie in Abb. 14.2 dargestellt. Die Terminierung ist ein Prozess, der das automatische Ausführen von Trainingsläufen zu vorher festgelegten Zeiten ermöglicht. Um einen Zeitplan für die Trainingsläufe einzurichten, müssen Wiederholungsmuster angegeben werden, wie beispielsweise jeden Montag wöchentlich oder am ersten Tag jedes Monats. Auf diese Weise kann genau gesteuert werden, wann und wie oft das Training ausgeführt werden soll. Wenn ein Trainingszeitplan erstellt wird, generiert das System eine zeitgesteuerte Instanz, die nur Objekt- und Zeitplandetails, aber keine Daten enthält. Wenn das ERP-System das Training ausführt, erzeugt es als Ergebnis Modelle der Künstlichen Intelligenz. Zusätzlich bietet die ereignisbasierte Einplanung eine Möglichkeit, Trainingsläufe zu initiieren. Beispielsweise kann ein erneutes Training ausgelöst werden, wenn die Genauigkeit eines Modells unter 60 % sinkt. Um eine übermäßige Ressourcennutzung zu vermeiden, empfehlen wir, geplante Trainingsläufe als Hintergrundaufgaben zu verarbeiten und die Anzahl paralleler Hintergrundaufgaben zu begrenzen. Beispielsweise sollte die Gesamtzahl der Aufgaben fünf nicht überschreiten. Der Einplanungsprozess sollte in das zuvor vorgeschlagene KI-Lebenszyklusmanagement-Framework integriert werden, das eine Trainingsanwendung bietet.

Eine weitere Möglichkeit, übermäßige Ressourcennutzung zu verhindern, besteht darin, die von den Algorithmen der Künstlichen Intelligenz verwendete Speicher- und CPU-Zeit einzuschränken, wie in Abb. 14.3 dargestellt. Wir schlagen vor, dies mithilfe der Workload-Klasse und der Mapping-Technologie zu implementieren. Ziel der Workload-Klasse und des Mappings ist es, die Überlastung von Systemressourcen wie CPU-Zeit und

14.2 Lösungskonzept

Abb. 14.2 Workload-Management-Maßnahmen für Embedded AI

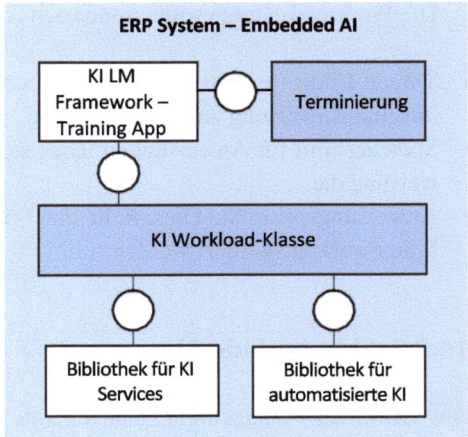

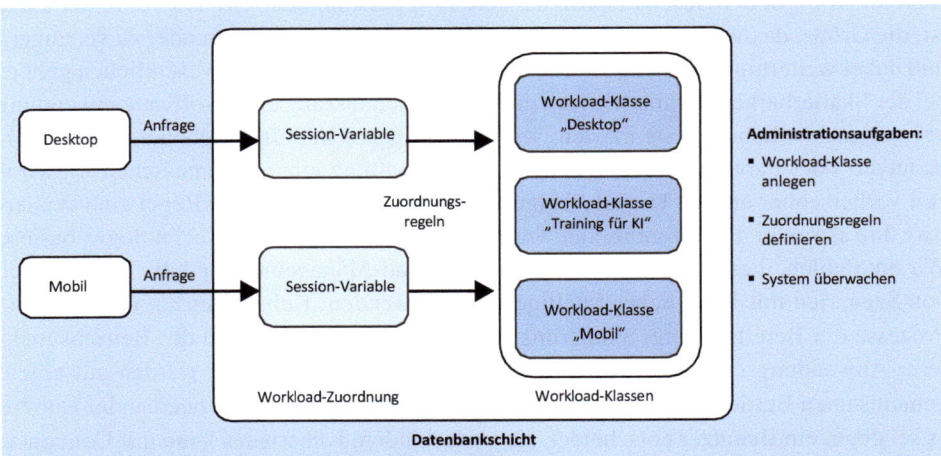

Abb. 14.3 Workload-Klassen für Embedded AI

Speicher durch die Anwendung vordefinierter Zuordnungsregeln zu verhindern. Dieser Prozess umfasst die folgenden Schritte:

1. Der Administrator richtet eine Workload-Klasse ein, die die Systemressourcen spezifiziert, die eine Gruppe von Anwendungen verwenden kann, und eine Workload-Zuordnung, die beschreibt, wie eine Anwendungs-Workload mit einer Workload-Klasse abgestimmt werden kann.
2. Wenn eine Anwendung eine Anfrage an das ERP-Datenbanksystems sendet, wird die relevante Workload-Klasse anhand der Session-Informationen identifiziert, z. B. Anwendungsname, Anwendungsbenutzername und Datenbankbenutzername.
3. Sobald die relevante Workload-Klasse identifiziert wurde, können die Ressourcen der Anwendungsanfrage gemäß der Definition der Workload-Klasse verarbeitet werden.

Die Workload-Klasse sollte mindestens drei Ressourceneigenschaften unterstützen:

- Thread-Limit für Anweisungen: Dies stellt die höchste Anzahl paralleler Threads dar, die eine Anweisung ausführen können.
- Speicherlimit für Anweisungen: Dies stellt die maximale Speicherzuweisung pro Anweisung dar.
- Anweisungspriorität: Dies stellt die Prioritätsstufe für eine Anweisung dar, die im Framework ausgeführt werden soll.

14.2.2 Side-by-Side AI

Das Workload-Management sieht für Side-by-Side AI mit KI-Technologieplattform anders aus, da es erweiterte Skalierbarkeitsfunktionen bietet. Die Skalierbarkeit beschreibt, wie gut ein Geschäftsprozess, eine Komponente oder ein System in der Lage ist, die Größe, das Volumen oder die Anzahl der Benutzer zu erhöhen oder zu verringern und dabei weiterhin korrekt und vorhersehbar zu funktionieren. Im Wesentlichen geht es bei der Skalierbarkeit darum, wie sich die Ressourcennutzung einer Softwareanwendung bei unterschiedlichen Systemlasten, wie zum Beispiel bei einer Erhöhung der Mehrbenutzer- oder Parallelauslastung, bei Aufrechterhaltung einer angemessenen Antwortzeit vorhersehbar ändert. Die KI-Technologieplattform bietet in der Regel eine skalierbare Infrastruktur für Inferenz und Training, die auf Kubernetes-Technologie basiert. Wir empfehlen, diese Technologie für das Workload-Management und die Performance von Szenarien mit Künstlicher Intelligenz zu verwenden. Kubernetes automatisiert die Prozesse der Bereitstellung, Skalierung, Wartung, Terminierung und des Betriebs mehrerer Anwendungscontainer über Knotencluster hinweg. Container werden auf einem gemeinsamen Betriebssystem auf Hostrechnern betrieben und sind voneinander isoliert, es sei denn, ein Benutzer entscheidet, sie zu verbinden. Kubernetes kann mit Containerlaufzeiten und dem Containerlaufzeit-Interface verwendet werden. Zu den Funktionen von Kubernetes gehören Tools für Orchestrierung, Sicherheit, Service-Discovery, Skalierung und Lastausgleich. Die Kubernetes-Technologie umfasst auch das automatische Verpacken von Bin-Packing, um Ressourcen für Container optimal zuzuordnen, und wendet Konfigurationen über Konfigurationsfunktionen an. Sie schützt die Containerlast durch die Implementierung oder Rücknahme von Änderungen und bietet Verfügbarkeits- und Qualitätsprüfungen für Container. In Kubernetes arbeiten Container in Pods, die die grundlegende Terminierungseinheit für Kubernetes darstellen und eine Abstraktionsschicht für Container hinzufügen. Pods bestehen aus einem oder mehreren Containern, die sich auf einem Hostrechner befinden und Ressourcen gemeinsam nutzen können. Kubernetes identifiziert eine Maschine mit ausreichender freier Rechenkapazität für einen bestimmten Pod und startet die zugehörigen Container. Um Konflikte zu vermeiden, wird jedem Pod eine eindeutige IP-Adresse zugeordnet, die es Anwendungen ermöglicht, Ports zu verwenden. Ein Knotenagent, der als Kubelet be-

14.2 Lösungskonzept

zeichnet wird, verwaltet die Pods, ihre Container und deren Bilder. Ein Knoten, auch Minion genannt, ist eine Arbeitermaschine in Kubernetes. Es kann sich um eine physische Maschine oder eine virtuelle Maschine handeln. Knoten enthalten die erforderlichen Services, um Pods auszuführen und Managementanweisungen von Hauptkomponenten zu erhalten. Zu den auf den Knoten gefundenen Services gehören Docker, Kube-Proxy und Kubelet. Tenant-Namensräume und -Inhalte werden jeweils als Helm-Releases deployt und gelöscht. Ein Release ist eine Instanz eines Charts, das in einem Kubernetes-Cluster ausgeführt wird. Ein Chart kann oft mehrmals im selben Cluster installiert werden. Das Helm-Tool installiert Charts in Kubernetes und erstellt für jede Installation ein neues Release. Die Tenant-ID und die zugehörige Konfiguration werden ebenfalls einfach von Helm injiziert. Mit der richtigen Vorlagenlogik, zum Beispiel Funktionskennzeichen oder einem Cloud-Anbieter, werden Unterschiede verwaltet. Das Upgrade von Tenants mit neuen Releases wird ebenfalls unterstützt. Templating wird auch für die Erstellung von Kubernetes-Jobspezifikationen bereitgestellt. Darüber hinaus sind die Bereitstellung von Tenant-Daten und der Zugriff auf GPUs aktiviert. Die Performance von Remote- Inferenzaufrufen muss hoch sein, da auf ERP-Seite enorm viele Transaktionsprozesse beteiligt sind. Daher müssen, abhängig von den spezifischen Anforderungen eines bestimmten Anwendungsfalls für Künstliche Intelligenz, Maßnahmen unternommen werden, wie in Abb. 14.4 dargestellt. Wir empfehlen, Inferenzergebnisse serverseitig im Cache abzulegen, um die Antwortzeit zu verbessern. Dies kann jedoch für eine kleine Anzahl von Szenarien gelten. Daher empfehlen wir die Bündelung von Inferenzaufrufen, bei denen mehrere Anforderungen in einem Inferenzaufruf kombiniert werden.

Außerdem empfehlen wir, dass die Ergebnisse von Inferenzaufrufen innerhalb des ERP-Systems durch Batch-Verarbeitung gespeichert werden, sodass diese Ergebnisse für den lokalen Gebrauch leicht zugänglich sind. Weiterhin schlagen wir vor, dass für möglichst viele Side-by-Side-AI-Applikationen die trainierten Modelle in das ERP-System

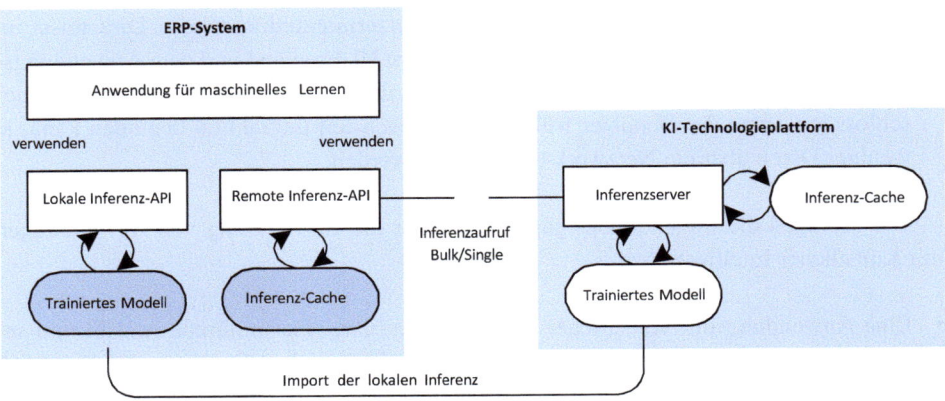

Abb. 14.4 Performanceverbesserung für Inferenzaufrufe

importiert und lokal verwendet werden sollten. Dieser Ansatz würde die Antwortzeit von Inferenzaufrufen erheblich verbessern, da lokale APIs in der Regel 10- bis 100-mal schneller sind als ihre Remote-Entsprechungen. Eine Technologie, die beim Export und Import von Modellen hilft, ist der Open Neural Network Exchange (ONNX). Sowohl für Deep-Learning-Modelle als auch für herkömmliche KI-Modelle bietet ONNX ein Open-Source-Format. Außerdem werden integrierte Operatoren und gemeinsame Datentypen sowie ein erweiterbares Berechnungsgraphenmodell angeboten. Es gibt eine Vielzahl von Hardware, Software und Frameworks, die ONNX unterstützen. Der Übergang von der Forschung zur Produktion kann über verschiedene Frameworks hinweg effizienter und kompatibler gestaltet werden, wodurch Innovationen im Bereich der Künstlichen Intelligenz gefördert werden.

14.2.3 Performanceoptimierte Programmierung

Aus unserer Sicht liegt der Schlüssel zur Optimierung der Performance eines ERP-Systems im Programmiermodell. Performance-optimierte Programmierung umfasst verschiedene Implementierungsmethoden. Im Hinblick auf Netzwerk und Daten können die folgenden KPIs definiert werden:

- Anzahl der Netzwerk-Roundtrips für jeden Benutzerinteraktionsschritt: Die Dauer eines Roundtrips hängt von der Anzahl der Netzwerk-Hops ab. Dies bezieht sich im Wesentlichen auf die Anzahl der zwischengeschalteten Geräte, die Daten von der Quelle zum Ziel weiterleiten, sowie auf die Latenz, also die Zeit, die benötigt wird, bis ein Paket von der Quelle gesendet und am Ziel empfangen wird. Wenn Daten über Wide Area Networks (WAN) oder Global Area Networks (GAN) übertragen werden, macht die Latenz den Großteil der Roundtrip-Zeit aus. Unsere Schlussfolgerung ist daher einfach: Je mehr Roundtrips erforderlich sind, desto schlechter ist die Antwortzeit der Anwendung.
- Menge der übertragenen Daten für jeden Benutzerinteraktionsschritt: Dies misst im Wesentlichen die Datenmenge, die zwischen dem UI-Frontend und dem Anwendungsserver ausgetauscht wird. Wir gehen davon aus, dass die Übertragung schneller abgeschlossen ist und der Benutzer früher mit der nächsten Interaktion beginnen kann, je weniger Daten über ein Netzwerk transportiert werden.

Wir schlagen die folgende Designprinzipien für die Entwicklung von Anwendungen mit Künstlicher Intelligenz vor:

- Eine Anwendung mit Künstlicher Intelligenz initiiert eine minimale Anzahl von sequenziellen Roundtrips und überträgt nur die erforderlichen Daten an das Frontend. Die Schlussfolgerung ist klar: Je mehr Roundtrips, desto größer ist die Auswirkung auf die Netzwerkleistung und desto schlechter ist die Gesamtantwortzeit der Anwendung.

14.2 Lösungskonzept

- Eine Anwendung mit Künstlicher Intelligenz überträgt nicht mehr als 10 KB bis 20 KB Daten für jeden Benutzerinteraktionsschritt.
- Zu den wichtigsten Strategien zur Verbesserung der Netzwerkleistung gehören Komprimierung und Frontend-Caching, die beide in Anwendungen mit Künstlicher Intelligenz integriert werden sollten.

Ein weiterer kritischer Aspekt der performanceoptimierten Programmierung ist aus unserer Sicht die Datenbank. Häufig liegt die schlechte Performance von Anwendungen mit Künstlicher Intelligenz an Datenbanken, die den Engpass darstellen. Um dieses Problem zu lösen, sind neben der Wahl der Datenbanktechnologie zusätzliche Faktoren zu berücksichtigen. Ein erster Schritt ist zum Beispiel das Anlegen von Replikaten. Ein Replikat ist ein Duplikat einer Datenbank oder eines Dokuments, das regelmäßig aktualisiert und somit synchronisiert wird. Es gibt eine Datenbank für alle Schreiboperationen, auch als Primärdatenbank bezeichnet. Alle diese Aktionen werden dann an die Replikate übertragen. Dies verbessert die Verfügbarkeit, denn wenn ein Primärknoten ausfällt, wird ein Replikat einfach zum neuen Primärknoten. Darüber hinaus können Leseanfragen, die die Mehrheit in einem ERP-System ausmachen, auf allen Knoten ausgeführt werden, unabhängig davon, ob es sich um Primär- oder Replikatknoten handelt. Diese Lastverteilung führt zu erheblichen Performanceverbesserungen. Ein weiterer Schritt ist die Multi-Temperature-Lagerung. Dabei werden je nach Art der Daten unterschiedliche Speichertechnologien verwendet. Beispielsweise werden häufig verwendete Daten auf besonders schnellen Cache-Speichern gespeichert, sodass sie innerhalb kürzester Zeit verarbeitet und gesendet werden können. Da diese Art von Speicher sehr kostspielig ist, können nicht alle Informationen darauf gespeichert werden. Aus diesem Grund werden andere Arten der Speicherung verwendet, und Entscheidungen getroffen, basierend auf der Kritikalität und Zugriffshäufigkeit der Daten, wo sie gespeichert werden. Ein wichtiger Aspekt bei der performanceoptimierten Programmierung ist der Systemplatzbedarf, insbesondere der Speicherplatzbedarf. Eine Möglichkeit, diesen zu minimieren, besteht darin, Anwendungsdaten aus dem Cache in kostengünstigere, weniger leistungsfähige Speicherlösungen zu übertragen. Auch die effiziente Verteilung von Daten auf Datenbanken und Tabellen kann dazu beitragen, den Speicherbedarf von Anwendungen zu verringern, die Künstliche Intelligenz nutzen. Die Verwaltung alter Daten ist von entscheidender Bedeutung. In einem ERP-System akkumulieren sich die Daten im Laufe der Zeit erheblich. Idealerweise sollte ein System skalierbar sein, ohne dass zusätzliche Eingriffe erforderlich sind. Dies kann jedoch zu erheblichen Kosten führen, die durch den resultierenden Mehrwert möglicherweise nicht gerechtfertigt sind. Es ist wichtig, zwischen verschiedenen Arten und Status von Daten zu unterscheiden. Daten können im Alter variieren und durchlaufen einen Lebenszyklus. Jede Phase dieses Lebenszyklus wirkt sich unterschiedlich auf die Relevanz und Verfügbarkeit der Daten aus. Beispielsweise wird auf Daten der Kategorie *Rechtsfallbedingte Sperre* in der Regel seltener zugegriffen. Daher müssen sie nicht im performanten Cache-Speicher abgelegt werden. Stattdessen können sie in einem komprimierten Format auf erschwinglichen und etwas langsameren Speichern archiviert werden, da die Zugriffsgeschwindigkeit für diese Daten kein entscheidender Performance-Indikator ist. Weitere Performance-Maßnahmen können für andere Lebenszyklusphasen entwickelt werden, um die Speichereffizienz zu verbessern, indirekt Kosten zu senken und die Leistung zu verbessern, und so den Speicherplatzbedarf eines Systems zu minimieren. Schließlich empfehlen wir die Verwendung von Code-Pushdown für die performanceoptimierte Programmierung. Die Datenverarbeitung erfordert die Übertragung zwischen dem Anwendungsserver und der Datenbank des ERP-Systems über ein Netzwerk. Diese Übertragung ist wesentlich langsamer als die interne Serverübertragung zwischen Hauptspeicher und verschiedenen Caches. Noch extremer ist der Unterschied, wenn es sich um Festplattenzugriffe oder andere mechanische Schritte handelt. Um den Engpasseffekt der Netzwerkverbindung zu mindern, kann das Programmiermodell des Code-Pushdowns verwendet werden. Traditionell wird auf die Datenbank zugegriffen, um Daten für die Verarbeitung und Berechnung abzurufen. Diese Daten werden dann zur Weiterverarbeitung an den Anwendungsserver gesendet, ein Prinzip, das als *Daten-zum-Code* bezeichnet wird. Dies erfordert jedoch, dass zuerst die Datenanforderung an die Datenbank gesendet wird und dann der gesamte Datensatz über ein Netzwerk von der Datenbank an den Anwendungsserver übertragen wird. Um die Bandbreite zu schonen und die Leistung zu verbessern, wurde dieses Prinzip umgekehrt. Gemäß dem *Code-zu-Daten*-Motto werden Berechnungen lokal innerhalb des Datenbankmanagementsystems durchgeführt. Dadurch wird ein Teil der Arbeitslast auf den Datenbankserver verlagert. Folglich kann performanceintensive Logik, wie das Training von Algorithmen der Künstlichen Intelligenz, fast vollständig auf der Datenbank und nicht auf dem Anwendungsserver ausgeführt werden.

14.3 Fazit

Je nach zugrunde liegenden Algorithmen kann das Training von Modellen der Künstlichen Intelligenz hohe Hardwareanforderungen haben. Inferenzaufrufe müssen sehr kurze Antwortzeiten haben. Daher ist es notwendig, Maßnahmen zu ergreifen, um diese Herausforderungen zu bewältigen. In diesem Kapitel haben wir die Anforderungen berücksichtigt und die nötigen technischen Maßnahmen für Workload-Management und Performance im Zusammenhang mit der Künstlichen Intelligenz vorgeschlagen. Für Inferenzaufrufe ist eine hohe Performance erforderlich, da Endbenutzer in der Regel die Ergebnisse direkt auf der Benutzeroberfläche betrachten und eine schnelle Reaktionszeit erwarten. Trainingsjobs hingegen sind meist asynchron und können ohne Probleme viel Zeit in Anspruch nehmen. Dennoch muss das Workload-Management auch für Trainingsjobs eingerichtet werden, da sie sonst zu viele Hardwareressourcen beanspruchen könnten, wodurch die ERP-Geschäftsprozesse beeinträchtigt würden. Wir haben Lösungen für Embedded AI und Side-by-Side AI sowie Techniken für die performanceoptimierte Programmierung erläutert.

Auditierbarkeit 15

In diesem Kapitel beschreiben wir die Geschäftsanforderungen und schlagen ein Lösungskonzept für die rechtliche Revision vor. Die Trainings- und Inferenzprozesse der Künstlichen Intelligenz müssen nachvollziehbar sein. Dazu ist es erforderlich, eine ordnungsgemäße Protokollierung sicherzustellen. Diese Protokolle dienen auch als Grundlage für die Auditierbarkeit der Künstlichen Intelligenz, da eine rechtliche Verpflichtung besteht. Anwendungen der Künstlichen Intelligenz müssen daher in die Auditing-Infrastruktur von ERP-Systemen integriert werden, um Auditoren bei der Ausführung all ihrer Aufgaben zu unterstützen, einschließlich der Erstellung von Auditberichten. Insbesondere identifizieren wir die Artefakte, die im Rahmen der rechtlichen Prüfung enthalten sein sollten. Zusätzlich definieren wir die erforderlichen Aufgaben und Prozesse für die rechtliche Prüfung im Kontext von ERP-Software mit Künstlicher Intelligenz.

15.1 Geschäftsanforderung

Die Protokollierung im Kontext von ERP-Systemen bezieht sich auf den Prozess der Erfassung von Aktivitäten, Ereignissen oder Operationen, die innerhalb des Systems auftreten. Dies umfasst Benutzeraktionen, Systemfehler, Datenänderungen, Zugriffszeiten und andere wichtige Ereignisse. Im Folgenden sind einige wichtige Aspekte zur Protokollierung in ERP-Systemen aufgeführt:

1. Audit-Trail: Die Protokollierung bietet einen Audit-Trail, der es ermöglicht, Aktionen nachzuverfolgen und zu überprüfen. Dies ist besonders wichtig in ERP-Systemen, die häufig sensible Geschäftsdaten verarbeiten. Wenn etwas schiefgeht, können Protokolle helfen, zu erkennen, was passiert ist und wer beteiligt war.

2. Sicherheit: Protokolle können genutzt werden, um unberechtigten Zugriff oder andere Sicherheitsvorfälle zu erkennen. Ein Beispiel dafür wäre, wenn sich ein Konto zu ungewöhnlichen Zeiten anmeldet oder unerwartete Aktionen ausführt, was auf einen Sicherheitsverstoß hinweisen könnte.
3. Performance-Monitoring: Protokolle können ebenfalls zur Überwachung der Performance des ERP-Systems verwendet werden. Wenn bestimmte Vorgänge länger als erwartet dauern, könnte dies auf ein Performanceproblem hinweisen, das behoben werden muss.
4. Compliance: In vielen Branchen sind Unternehmen verpflichtet, detaillierte Protokolle zu führen, um die Einhaltung verschiedener Vorschriften nachzuweisen. Beispielsweise können Vorschriften verlangen, dass Unternehmen nachweisen müssen, wer wann auf bestimmte Daten zugegriffen hat.
5. Debugging und Fehlerbehebung: Protokolle sind entscheidend für das Debugging und die Fehlerbehebung. Wenn ein Benutzer ein Problem meldet, können Protokolle genutzt werden, um zu verstehen, was der Benutzer zum Zeitpunkt des Auftretens des Problems getan hat.
6. Systemoptimierung: Durch die Analyse von Protokollen können Muster und Trends erkannt werden, die zur Systemoptimierung beitragen können. Zum Beispiel können Spitzenlastzeiten identifiziert werden, um die Systemwartung außerhalb dieser Zeiten zu planen.

Somit ist die Protokollierung ein kritischer Aspekt bei der Verwaltung und Wartung von ERP-Systemen. Sie bietet die Möglichkeit, die Systemaktivität zu überwachen, die Sicherheit zu gewährleisten, die Einhaltung von Vorschriften zu demonstrieren, Probleme zu beheben und die Systemleistung zu optimieren. Anwendungsprotokolle werden verwendet, um die Schritte von Geschäftsvorgängen zu dokumentieren und nachzuverfolgen. Beispiel: Ein Kundenauftrag mit der Nummer 4711, der von Herrn Smith am 3. Juli in einem genehmigten Status abgeschlossen wurde, wird in einem Anwendungsprotokoll nachverfolgt. Auditierbarkeit im Kontext von ERP-Systemen bezieht sich auf den Prozess der Überprüfung und Bestätigung der rechtlichen Konformität des ERP-Systems. Dies kann eine Vielzahl gesetzlicher Anforderungen umfassen, z. B. Datenschutzgesetze, Finanzberichtsvorschriften und branchenspezifische Vorschriften. Im Folgenden nennen wir einige wichtige Aspekte der rechtlichen Prüfung in ERP-Systemen:

1. Datenschutz und Sicherheit: ERP-Systeme verarbeiten häufig sensible Daten, einschließlich personenbezogener Daten von Mitarbeitern und Kunden, Finanzdaten und geschützte Geschäftsinformationen. Die rechtliche Prüfung stellt sicher, dass das ERP-System die relevanten Datenschutz- und Sicherheitsgesetze einhält, wie die DSGVO in Europa oder den CCPA in Kalifornien.
2. Rechnungslegung: ERP-Systeme werden oft zur Verwaltung von Finanzdaten und zur Erstellung von Finanzberichten genutzt. Gesetzliche Prüfungen können sicherstellen,

dass diese Prozesse den Rechnungslegungsvorschriften wie dem Sarbanes-Oxley Act in den USA entsprechen.
3. Branchenspezifische Vorschriften: Je nach Branche können spezifische Vorschriften gelten, die für die vom ERP-System verwalteten Daten und Prozesse relevant sind. Im Gesundheitswesen muss beispielsweise ein ERP-System die HIPAA-Vorschriften einhalten.
4. Vertragliche Verpflichtungen: Das ERP-System muss auch die vertraglichen Verpflichtungen des Unternehmens gegenüber Kunden, Lieferanten oder anderen Dritten erfüllen. Dazu können Service-Level-Vereinbarungen und Vereinbarungen zur Datenverarbeitung gehören.
5. Audit-Trails: ERP-Systeme sollten robuste Audit-Trails enthalten, die festhalten, wer auf das System zugegriffen hat und welche Änderungen wann vorgenommen wurden. Dies ist nicht nur ein bewährtes Verfahren für Sicherheit und Rechenschaftspflicht, sondern oft auch eine gesetzliche Anforderung.
6. Zugriffskontrollen: Rechtliche Prüfungen können auch die Zugriffskontrollen des ERP-Systems überprüfen, um sicherzustellen, dass nur berechtigte Personen Zugriff auf sensible Daten und kritische Systemfunktionen haben.

Das Ziel der Auditierbarkeit besteht darin, Bereiche zu identifizieren, in denen das ERP-System möglicherweise nicht den gesetzlichen Anforderungen entspricht, und Änderungen oder Verbesserungen zu empfehlen, um die Compliance sicherzustellen. Dies kann dazu beitragen, rechtliche Risiken zu mindern und potenzielle Bußgelder oder Strafen zu vermeiden. Dieser Prozess wird in der Regel von einem Anwalt oder einem Team von Anwälten unter Verwendung von Protokollen und Auditing-Tools des ERP-Systems durchgeführt. Künstliche Intelligenz verändert die Art und Weise, wie zusätzliche Automatisierung und Optimierung in Geschäftsanwendungen integriert werden. Diese Veränderung umfasst die Erstellung zusätzlicher Komponenten wie Modelle für Künstliche Intelligenz oder Genauigkeitsmetriken. Im Kontext von Auditing und Protokollierung müssen mehrere Faktoren bedacht werden: Was muss protokolliert werden? Wer ist die Zielgruppe für diese Protokolle? Wo sollen diese Protokolle gespeichert werden? Wie soll der Audit-Prozess durchgeführt werden? Diese Fragen werden im folgenden Abschnitt behandelt. Der Schwerpunkt liegt jedoch auf den Besonderheiten der Künstlichen Intelligenz, wobei davon ausgegangen wird, dass bestehende Lösungen für Auditing und Protokollierung als gegeben hingenommen werden.

15.2 Lösungskonzept

Die zugrunde liegende ERP-Infrastruktur verarbeitet normalerweise System- und Sicherheitsprotokolle, weshalb wir in dieser Diskussion nicht auf diese Details eingehen werden. Stattdessen konzentrieren wir uns auf die spezifischen Aspekte der Protokollierung und Prüfung für Künstliche Intelligenz. Der erste Schritt in diesem Prozess besteht darin, festzustellen, was protokolliert werden muss. Wie in Abb. 15.1 dargestellt, kategorisieren wir diese Protokollierungs- und Prüfungsentitäten in zwei Hauptgruppen: Daten und Aktionen.

Der Prozess des Inferenzaufrufs besteht aus zwei Teilen: der Anfrage und der Antwort. In der Anfrage wird ein Anliegen an das System für Künstliche Intelligenz gestellt, etwa eine Anfrage nach einer Absatzprognose für ein bestimmtes Produkt in einem bestimmten Monat. Die Antwort wird vom Künstlichen Intelligenzsystems bereitgestellt, wie eine Vorhersage von 5 Mio. € Umsatz für Fahrradverkäufe im Juni. Aus Gründen der Transparenz ist es entscheidend, dass der Endanwender versteht, wie das Modell der Künstlichen Intelligenz zu seiner Schlussfolgerung gelangt ist und wie sicher diese Vorhersage ist. Der Benutzer entscheidet dann, ob er die Vorhersage oder den Vorschlag annimmt oder ignoriert und ergreift entsprechende Maßnahmen. Beispielsweise könnten sie eine Marketingkampagne initiieren, um den Fahrradverkauf im Juni zu steigern. Modelle für Künstliche Intelligenz werden erstellt, indem ein Algorithmus mit Daten trainiert und bestimmte Parameter festgelegt werden. Im Trainingsprozess der Künstlichen Intelligenz werden grundlegende Erklärungen berechnet und neben dem trainierten Modell gespeichert. Diese Erklärungen sind statistische Kennzahlen der Gesamtgenauigkeit des Modells der Künstlichen Intelligenz und werden als globale Erklärung bezeichnet. Es ist auch wichtig, zu erfassen, warum eine bestimmte Aktion ergriffen wurde. Feedback von Endbenutzern ist eine wertvolle Ressource zur Verbesserung des zugrunde liegenden Datenmodells. Negatives Feedback kann auf eine Leistungsverschlechterung des Modells hinweisen, was ein erneutes Training oder sogar eine vollständige Überarbeitung des Modells erforderlich machen könnte. Nachdem die zu protokollierenden Inhalte für Szenarien mit Künstlicher Intelligenz definiert wurden, müssen im nächsten Schritt die Beteiligten besprochen werden, die die Protokolle verwenden werden. Tab. 15.1 enthält eine Zusammenfassung der relevanten Parteien und der von ihnen benötigten Protokollinformationen. Die Protokolle der Künstlichen Intelligenz werden hauptsächlich verwendet, um die Einhaltung der gesetzlichen Vorschriften durch Auditoren sicherzustellen, die Transparenz für End-

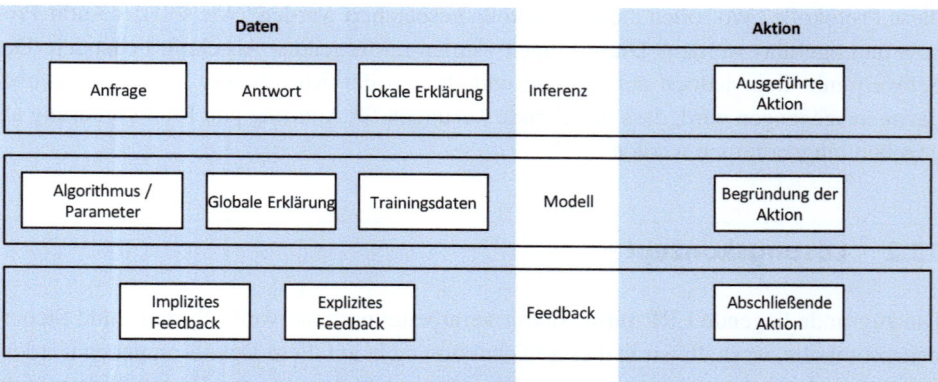

Abb. 15.1 Entitäten für Protokollierung und Auditing

15.2 Lösungskonzept

Tab. 15.1 Von Akteuren benötigte Informationen

	Auditor	Support	Endbenutzer	Entwickler	Anwendungsexperte
Anfrage	X	X	X	X	
Antwort	X	X	X	X	
Lokale Erklärung	X	X	X	X	
Algorithmus	X	X		X	X
Parameter	X	X		X	X
Globale Erklärung	X	X	X	X	X
Trainingsdaten	o	o		o	
Ausgeführte Aktion	X	X	X	X	
Begründung der Aktion	X	X	X	X	
Abschließende Aktion	X	X	X	X	
Implizites Feedback	X	X		X	
Explizites Feedback	X	X		X	

X = Zugriff eingeschränkt mit Berechtigung; o = Zugriff abhängig von Verfügbarkeit

benutzer aufrechtzuerhalten und auftretende Probleme zu beheben. Ein Auditor ist eine Person, die eine Prüfung durchführt. Um als Wirtschaftsprüfer für ein Unternehmen zu fungieren, wird in der Regel ein Praxiszertifikat einer Aufsichtsbehörde benötigt. Dieser Prüfer erhält Zugriff auf alle Protokollierungsentitäten, die spezifisch für Künstliche Intelligenz sind, wie bereits erwähnt. Dieser Zugriff wird jedoch durch Berechtigungsprüfungen gesteuert; beispielsweise können nur die für den Meldezeitraum relevanten Daten im Lesemodus angezeigt werden. Ein Snapshot der für das Training verwendeten Daten kann zu Protokollierungszwecken mit zusätzlichen Metadaten wie einem Zeitstempel oder dem Szenario für Künstliche Intelligenz gesichert werden. Da das Datenvolumen dieser Snapshots schnell zunehmen kann, ist es wichtig, ein Gleichgewicht zwischen Festplattenspeicher und den Gesamtbetriebskosten (TCO) zu finden und dabei die Protokollierungsanforderungen zu berücksichtigen.

Es wird empfohlen, die Protokollierung von Trainingsdaten konfigurierbar zu machen, sodass Kunden basierend auf ihren Anforderungen auswählen können, ob kein Snapshot, nur der neueste Snapshot oder Snapshots für eine bestimmte Dauer erfasst werden. Die Protokollierung sollte für Modelle, die sensible Daten enthalten, standardmäßig aktiviert sein. Sensible personenbezogene Daten sollten nur dann verwendet werden, wenn sie unbedingt erforderlich sind, um das Verarbeitungsziel zu erreichen. Eine solche Verarbeitung darf weder direkt noch indirekt zu einer Diskriminierung einer Personengruppe führen. Ein Endbenutzer ist eine Person, die die Anwendung der Künstlichen Intelligenz verwendet, um eine Geschäftsaufgabe auszuführen, nicht für administrative Aufgaben oder Entwickleraufgaben. Endbenutzer können Einkäufer, Vertriebsmitarbeiter oder Produktplaner sein. Endbenutzer benötigen nur Zugriff auf die Protokollierungsdaten, die für das Verständnis, die Nachverfolgung und die Reproduktion der Geschäftsprozesse erforderlich sind. Ein Entwickler ist eine Person, die die Anwendung für Künstliche Intelligenz codiert, um geschäftliche Probleme zu lösen. Wie Supportmitarbeiter sind auch Entwickler in Fehlersituationen involviert. Diese Personen benötigen Zugriff auf alle Protokolle, da sie in der Regel für die Problemlösung relevant sind. Der Zugriff auf die Protokolldaten sollte jedoch mit Berechtigungen gesichert werden. Da Anwendungsexperten Trainingsjobs einplanen und ausführen, sollte der Zugriff auf die Protokollierungsdaten zu diesem Zweck gewährt werden. Der Zugriff muss wiederum auf der Grundlage von Berechtigungen eingeschränkt werden.

In Abb. 15.2 schlagen wir eine Methode zur Bereitstellung und Nutzung von Protokollen im Zusammenhang mit Künstlicher Intelligenz vor. Vor der Ausführung von Inferenzaufrufen durch die Anwendung für Künstliche Intelligenz muss ein Trainingsjob das zugrunde liegende Modell für Künstliche Intelligenz bereitstellen. Während des Trainingsprozesses kann die Trainingsinfrastruktur, wie wir sehen, automatisch die folgenden Protokollentitäten erfassen:

- Algorithmen und Parameter des Modells
- Globale Erklärung
- Trainingsdaten

Zu beachten ist, dass die Speicherung von Trainingsdaten-Snapshots von den von den Kunden festgelegten Konfigurationen abhängt. Die Infrastruktur für die Inferenz kann im Allgemeinen die folgenden Protokollinformationen sammeln:

- Anfrage
- Antwort

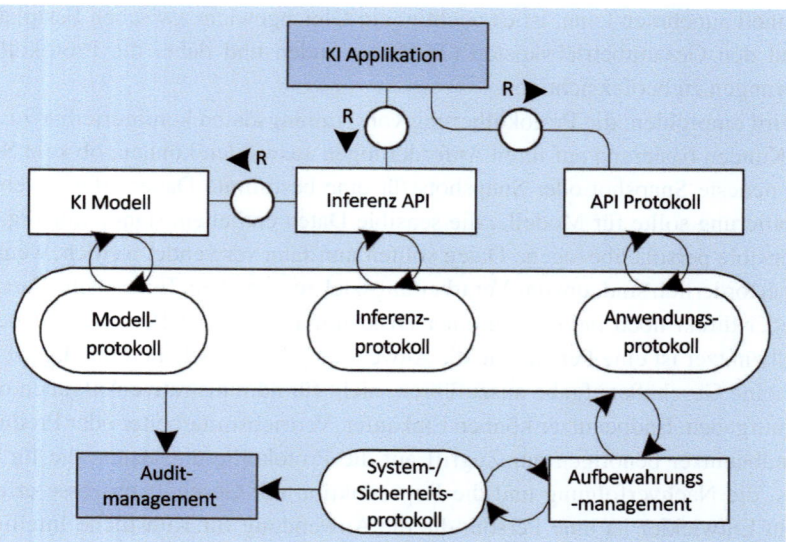

Abb. 15.2 Bereitstellung und Nutzung von Protokollen für Künstliche Intelligenz

15.2 Lösungskonzept

- Lokale Erklärung
- Grund für die Aktion

Es ist nicht erforderlich, die Antwort zu speichern, da sie mithilfe des Modells für Künstliche Intelligenz und der bereits protokollierten Anfragedaten neu berechnet werden kann. Die Protokollierung durch die KI-Applikation ist für die Aufzeichnung des Geschäftsprozesses entscheidend. Dies ist für jedes Szenario spezifisch und muss von allen KI-Applikationen berücksichtigt werden. In diesem Kontext sollte die abschließende Aktion protokolliert werden, und es sollten zumindest Referenzen auf die Inferenzprotokolle (zum Beispiel lokale Erklärung) und Modellprotokolle (zum Beispiel globale Erklärung) bereitgestellt werden. Sowohl implizites als auch explizites Feedback wird mit der bereits im Kap. 12 erläuterten Lösung behandelt. Für System- und Sicherheitsprotokolle der Künstlichen Intelligenz ist eine Integration mit dem Aufbewahrungsmanagement des ERP-Systems erforderlich. Dies ermöglicht das periodische Löschen oder Archivieren von Protokollen aus dem System, wodurch der Speicherplatzbedarf reduziert und die Einhaltung gesetzlicher Vorschriften sichergestellt wird.

In der Regel nutzt das Auditmanagement des ERP-Systems die Protokolle der Künstlichen Intelligenz. Hierbei handelt es sich um eine Lösung für das Auditmanagement. Die Prüfungsabteilung kann damit Prüfungspläne erstellen, sich auf Prüfungen vorbereiten, relevante Informationen analysieren, Ergebnisse dokumentieren, ein Prüfungsurteil bilden, Ergebnisse kommunizieren und den Fortschritt überwachen. Aus unserer Sicht sollten die wichtigsten Funktionen eines solchen Auditmanagements Folgendes umfassen:

- Vollständige Abdeckung des Auditprozesses
- Zentrale Quelle für Audits
- Integration in Drittanbietersysteme wie Betrugs- oder Risikomanagement
- Integration der Dokumentenverwaltung
- Unterstützung für globales Monitoring
- Unterstützung für unterschiedliche Geräte (z. B. Laptops, Smartphones)
- Suchfunktion und intuitive Benutzeroberfläche

In Abb. 15.3 wird die Lösung eine Ebene tiefer dargestellt. Das Diagramm bietet eine detaillierte Illustration der Bereitstellung von KI-spezifischen Entitäten für die Protokollierung.

Der Trainingsprozess umfasst die Verwendung von Anwendungsdaten, um den gewählten Algorithmus für Künstliche Intelligenz zu trainieren und das trainierte Modell für die Verwendung zu sichern. Während dieses Trainingsprozesses werden globale Erklärungen berechnet, indem Genauigkeitskennzahlen basierend auf einer bestimmten Erklärungsmethode bereitgestellt werden. Dies bildet die Grundlage für die Protokollierung des Modellalgorithmus, der globalen Erklärung und der Trainingsdatenentitäten. Das trainierte Modell wird den Anwendungen der Künstlichen Intelligenz über ein Inferenz-API zugänglich gemacht. Die Inferenzanfrage wird verwendet, um eine lokale Erklärung

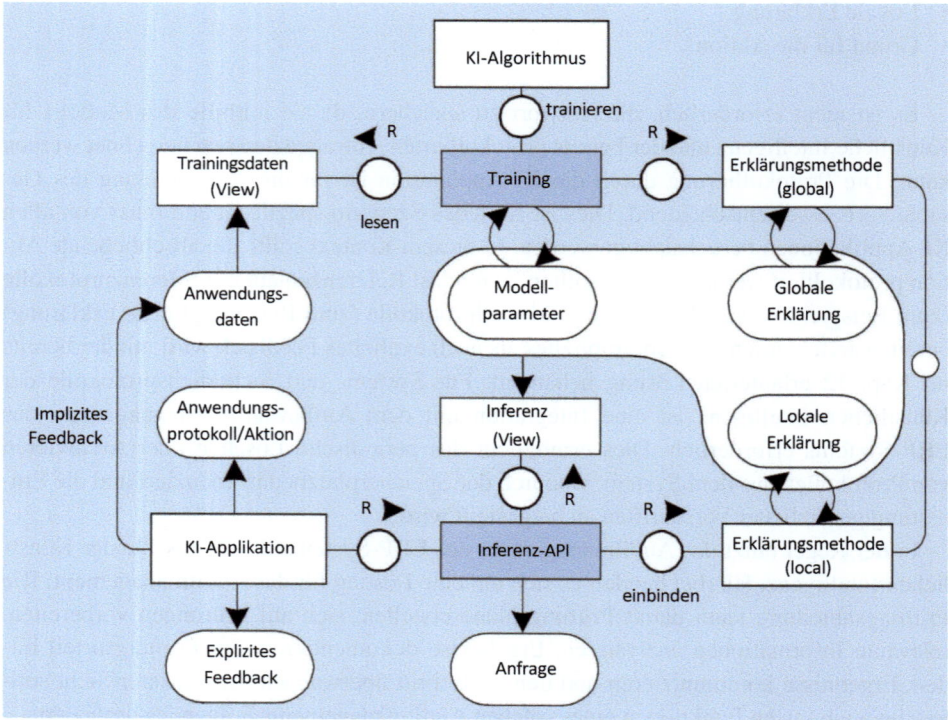

Abb. 15.3 Lösungsdetails für Künstliche Intelligenz

basierend auf einer ausgewählten Erklärungsmethode zu berechnen. Sowohl lokale als auch globale Erklärungen werden der KI-Applikation als Teil der Antwortstruktur zur Verfügung gestellt und können in der Benutzeroberfläche angezeigt werden. Dies bildet die Grundlage für die Erfassung der Entitäten Anforderung, Antwort, lokale Erklärung und Grund der Maßnahme. Innerhalb des Anwendungsprotokolls müssen die abgeschlossenen und abschließenden Aktionsentitäten berücksichtigt werden, was eine anwendungsspezifische Entwicklung erfordert und nicht generisch verwaltet werden kann. In Abb. 15.4 wird das Zusammenspiel der Komponenten im Rahmen des Auditing-Prozesses demonstriert. Während die Auditmanagement-Lösung betriebsbereit ist, muss die für KI-spezifische Protokollierung vom Entwickler des Anwendungsfalls für Künstliche Intelligenz basierend auf dem beschriebenen Ansatz bereitgestellt werden. Der Auditor beginnt den Prozess mit dem Auditmanagementsystem, das unserer Ansicht nach folgende Schritte unterstützen sollte:

1. **Planung**
   Die Planungsphase der Prüfung ist der erste Schritt im Prüfungsprozess. In dieser Phase werden die Gesamtstrategien und Schwerpunktbereiche für die Organisation festgelegt, der Prüfungsplan für den bevorstehenden Prüfungszeitraum angelegt und

15.2 Lösungskonzept

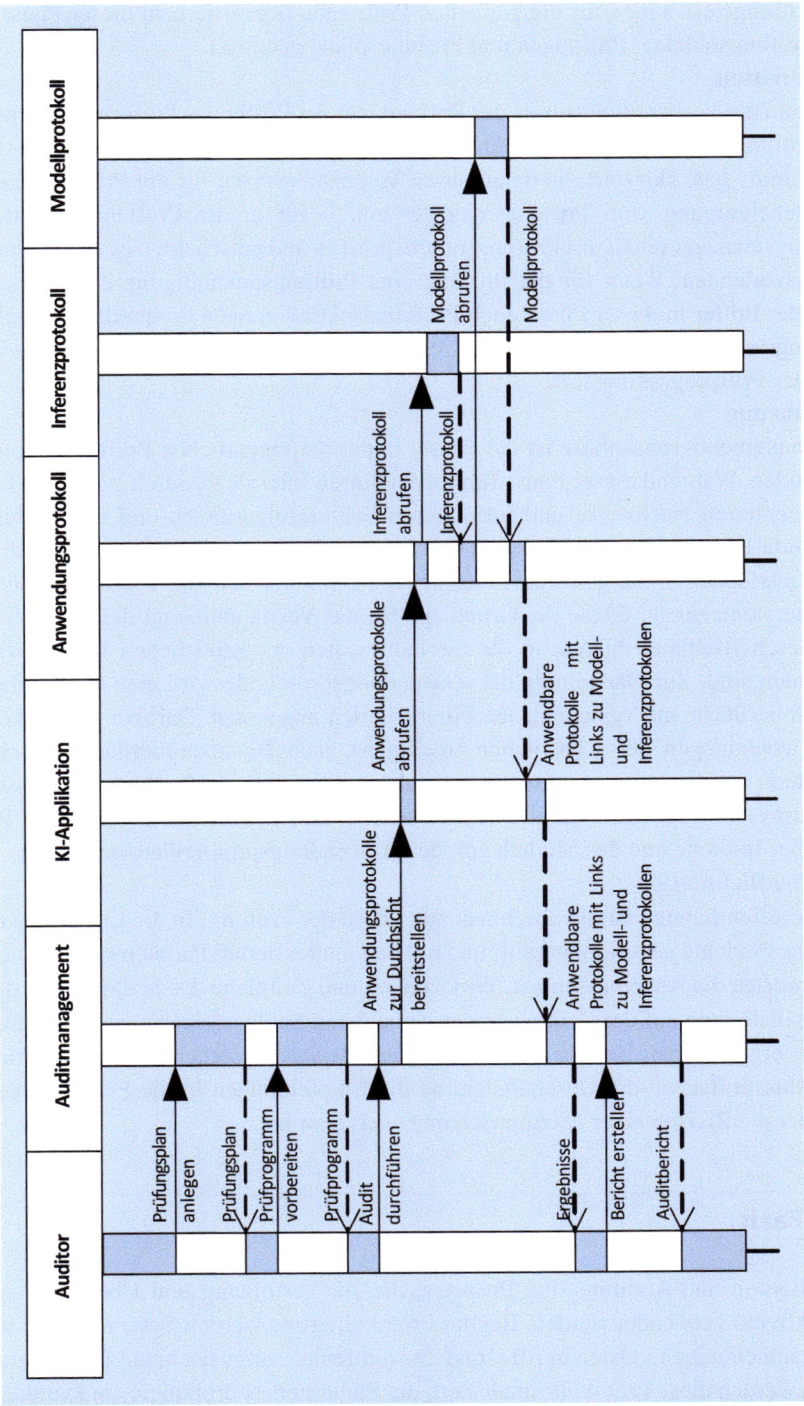

Abb. 15.4 Integration von KI-Protokollen in den Auditing-Prozess

die Prüfungsressourcen für die geplanten Prüfungen organisiert. In dieser Phase werden Prüfungsobjekte, Prüfungen und Prüfungspläne generiert.

2. **Vorbereitung**

Während der Vorbereitungsphase der Prüfung legt der Prüfer das Prüfprogramm an, das die Prüfungsziele erfüllt, und dokumentiert es. Der Prüfer legt die Struktur des Prüfprogramms fest, skizziert die detaillierten Vorgehensweisen für die Prüfung und holt die Genehmigung vom Prüfungsmanager ein, bevor er die Prüfung initiiert. Der Prüfungsmanager erhält das Prüfprogramm, prüft es und entscheidet, es zu genehmigen oder abzulehnen. Wenn für die Prüfung eine Prüfungsankündigung erforderlich ist, kann der Prüfer in dieser Phase auch Prüfungsankündigungen vorbereiten. Sobald die Prüfungsankündigung genehmigt und verteilt wurde, fährt der Prüfer mit der Vorbereitung des Prüfprogramms fort.

3. **Ausführung**

Die Implementierungsphase ist die Phase, in der die eigentlichen Prüfungsaktivitäten stattfinden. Während dieser Phase führen Auditoren Interviews durch, sammeln Daten, dokumentieren Nachweise und formulieren Schlussfolgerungen und Empfehlungen. Im Laufe der Ausführungsphase hat der Auditor die Möglichkeit, die Anwendungen der Künstlichen Intelligenz zu untersuchen. Dazu werden die Protokolle der Anwendung untersucht, da sie die Grundlage für das Verständnis und die Neuerstellung der Geschäftsabläufe bilden, in die die Fähigkeiten der Künstlichen Intelligenz eingebunden sind. Zur Darstellung der Anwendungsprotokolle wird eine generische Benutzeroberfläche mit verschiedenen Filterkriterien angeboten. Darüber hinaus können die Anwendungen der Künstlichen Intelligenz auch Benutzeroberflächenabschnitte enthalten, um die Anwendungsprotokolle anzuzeigen. Um die Drilldown-Analyse von den Anwendungsprotokollen zu den Besonderheiten zu erleichtern, werden die Protokolle der Inferenz und des Modells mit den Anwendungsprotokollen verbunden.

4. **Veröffentlichung**

Die Veröffentlichung ist die abschließende Phase der Prüfung. In dieser Phase werden Prüfungsberichte generiert, geprüft und mit den interessierten Parteien geteilt. Die Prüfer bewerten die Angemessenheit, Wirksamkeit und Zeitpläne der Maßnahmen, die die Geschäftsleitung auf der Grundlage der gemeldeten Schlussfolgerungen und Empfehlungen ergriffen hat. Bei der Überprüfung der Bewertungsergebnisse entscheidet der Abschlussprüfer, ob die Geschäftsleitung die Empfehlungen in die Praxis umgesetzt hat oder die Risiken einer Nichtumsetzung anerkannt hat.

15.3 Fazit

Protokollierung und Auditing sind Prozesse, die zur Verfolgung und Überwachung der Systemaktivität verwendet werden. Bei der Protokollierung werden Systemereignisse wie Benutzeranmeldungen, Dateizugriffe und Systemfehler aufgezeichnet. Beim Auditing hingegen werden diese Protokolle analysiert, um Sicherheitsbedrohungen und verdächtige

15.3 Fazit

Aktivitäten zu identifizieren. Protokollierung und Auditing helfen Unternehmen, Sicherheitsvorfälle zu erkennen und darauf zu reagieren sowie die Einhaltung von Sicherheitsrichtlinien sicherzustellen. Die Trainings- und Inferenzprozesse der Künstlichen Intelligenz müssen nachvollziehbar sein, was eine ordnungsgemäße Protokollierung erfordert. Diese Protokolle bilden auch die Grundlage für die rechtliche Prüfung der Künstlichen Intelligenz, die eine gesetzliche Verpflichtung darstellt. In diesem Abschnitt haben wir die betriebswirtschaftlichen Anforderungen identifiziert und die notwendige technische Umsetzung für die Protokollierung und rechtliche Prüfung im Kontext der Künstlichen Intelligenz skizziert. Dazu haben wir die Protokollierungsentitäten, die auslösenden Aktionen und die beteiligten Rollen bestimmt. Zusätzlich haben wir ein Integrationskonzept für die Trainings- und Inferenzprozesse der Künstlichen Intelligenz sowie für das Auditmanagement von ERP-Systemen vorgeschlagen. Hierbei handelt es sich um eine Softwarelösung, die es Unternehmen ermöglicht, ihre internen und externen Auditprozesse zu verwalten. Diese Lösung sollte über Werkzeuge verfügen, mit denen Unternehmen ihre Prüfungsprozesse optimieren, Kosten senken und die Compliance verbessern können. Sie muss Funktionen wie Prüfungsplanung, Risikobewertung, Prüfungsdurchführung, Audit-Reporting und Auditverfolgung enthalten. Ein zentrales Repository für Auditdokumente und Nachweise sowie ein integrierter Workflow sollen sicherstellen, dass alle Prüfungsaufgaben zeitnah abgeschlossen werden.

Modellvalidierung 16

In diesem Kapitel beschreiben wir Geschäftsanforderungen und schlagen ein Lösungskonzept für die Modellvalidierung vor. Es gibt statistische Methoden, um Modelle der Künstlichen Intelligenz hinsichtlich ihrer Vorhersagegenauigkeit zu validieren. Für ERP-Geschäftsanwendungen allein reicht dieser mathematische Ansatz jedoch nicht aus. Eine zusätzliche Validierung aus fachlicher und geschäftsprozessbezogener Sicht ist erforderlich. Vorhandene ERP-Techniken wie A/B-Tests, Feature Toggle, Business Feature oder Switch Framework müssen in diesem Zusammenhang analysiert werden. Wir schlagen einen Validierungsprozess vor, der für ERP-Software geeignet ist und die Zustandsübergänge von Modellen der Künstlichen Intelligenz berücksichtigt. Abschließend schlagen wir ein Modellvalidierungs-Cockpit als zentrale Administrationsumgebung vor.

16.1 Geschäftsanforderung

Künstliche Intelligenz hat das Potenzial, verborgene Muster und Beziehungen zu erkennen, indem sie aus den von Anwendungen bereitgestellten Daten lernt, anstatt sich auf vorprogrammierte Regeln zu verlassen. Durch die Integration von Funktionen für Künstliche Intelligenz in ERP-Geschäftsprozesse wird es möglich, übersehene Chancen zu identifizieren, verborgene Risiken aufzudecken und monotone Aufgaben oder Arbeiten zu automatisieren, die Fachwissen erfordern. Bei der Entwicklung intelligenter Anwendungen, die auf Algorithmen der Künstlichen Intelligenz basieren, wird das Modell der Künstlichen Intelligenz normalerweise im Laufe der Zeit weiterentwickelt. Nachdem das Modell mit einem anfänglichen Datensatz trainiert wurde, muss es kontinuierlich mit neuen Daten aktualisiert werden, die während seiner Nutzung anfallen. Diese neuen Daten spiegeln Veränderungen in der Umgebung wider, zum Beispiel Abweichungen im Kundenverhalten, die das Modell der Künstlichen Intelligenz durch sein kontinuierliches Training erfasst. Der Prozess des erneuten Trainings unterscheidet Künstliche Intelligenz von klassischen Systemen, wie wir zuvor besprochen haben. Es handelt sich um einen wiederholten Prozess, der zur Entwicklung neuer Versionen des Modells für Künstliche Intelligenz führt. Diese neuen Versionen müssen auf ihre prognostische Genauigkeit und Robustheit geprüft werden, bevor sie eingesetzt werden können. Im Kontext von ERP-Systemen ist dies jedoch eine schwierige Aufgabe. Traditionelle Validierungsmethoden sind für Künstliche Intelligenz nicht ausreichend. In der Regel testen Kunden Geschäftsanwendungen in Qualitätssystemen und übertragen sie nach erfolgreicher Validierung in die Produktivsysteme. Qualitätssysteme enthalten normalerweise nur Testdaten, was für das Testen der funktionalen Korrektheit ausreichend ist. Für die Validierung von Modellen der Künstlichen Intelligenz reichen die synthetischen Daten in Qualitätssystemen jedoch nicht aus. Das Training von KI-Modellen mit diesen synthetischen Daten würde zu ungenauen Modellen führen. Daher müssen KI-Modelle immer in Produktivsystemen trainiert werden, wo Live-Daten verfügbar sind. Nur auf diese Weise kann gewährleistet werden, dass die Algorithmen der Künstlichen Intelligenz aus den richtigen Daten lernen und die relevanten Muster identifizieren. Live-Daten können aufgrund der DSGVO-Compliance normalerweise nicht aus dem Produktivsystem in Qualitätssysteme kopiert werden. Entwickler und Berater, die im Qualitätssystem arbeiten, hätten sonst Zugriff auf Live-Daten, was gesetzlich verboten ist. Daher kann im Qualitätssystem nur die funktionale Korrektheit von Anwendungen der Künstlichen Intelligenz getestet werden; die Qualität des KI-Modells kann nicht validiert werden. Diese Validierung muss im Produktivsystem erfolgen, was einen erheblichen Unterschied zu herkömmlichen Anwendungen darstellt und spezifische Anforderungen an das Validierungsverfahren stellt, zum Beispiel den Bedarf an neuen Rollen wie dem Data Scientisten. Das Testen in produktiven ERP-Systemen ist jedoch problematisch, da jede Aktion Auswirkungen auf Geschäftsprozesse, Änderungsdokumente und Prüfprotokolle hat. Dieser Fußabdruck kann aus rechtlichen Gründen nicht gelöscht werden. Daher ist die zentrale Frage, wie Modelle der Künstlichen Intelligenz aus Sicht der Geschäftsprozesse in produktiven ERP-Systemen validiert werden können. Die von uns vorgeschlagene Lösung ist der Hauptfokus dieses Kapitels. Traditionelle Validierungskonzepte und -werkzeuge werden als selbstverständlich angesehen, wie das Testen der funktionalen Korrektheit von Anwendungen der Künstlichen Intelligenz in Qualitätssystemen oder die Verwendung statistischer Techniken zur Bestimmung der Qualität von KI-Modellen.

16.2 Lösungskonzept

In ERP-Systemen gibt es Technologien, die zunächst geeignet erscheinen, ein neu trainiertes Modell der Künstlichen Intelligenz zu validieren, wenn bereits ein anderes Modell verwendet wird. Bei genauerer Betrachtung erweisen sich diese Technologien jedoch als unzureichend:

16.2 Lösungskonzept

- **A/B-Tests**
  A/B-Tests sind eine Technik, mit der zwei Versionen einer Anwendung verglichen werden, um zu ermitteln, welche Version besser ist. Im Wesentlichen handelt es sich um ein Experiment, bei dem zwei oder mehr Variationen einer Webseite den Benutzern zufällig präsentiert werden. Statistische Analysen werden verwendet, um zu ermitteln, welche Version bessere Ergebnisse für eine bestimmte Konvertierung erzielt. In einem A/B-Test kann ein Anwendungsoberfläche geändert werden, um eine zweite Version derselben Seite anzulegen. Diese Änderung kann so geringfügig sein wie das Ändern einer einzelnen Überschrift oder Drucktaste, oder so groß wie eine komplette Seitenumgestaltung. Die Hälfte des Datenverkehrs wird als Originalversion der Seite (das Steuerelement) und die andere Hälfte als modifizierte Version (die Variation) angezeigt. Wenn Besucher entweder mit der Originalversion oder der Variation interagieren, wird ihre Interaktion gemessen, in einem Analyse-Dashboard gesammelt und über eine statistische Engine analysiert. Auf diese Weise kann ermittelt werden, ob sich die Änderungen positiv, negativ oder neutral auf das Besucherverhalten ausgewirkt haben.
  A/B-Tests konzentrieren sich jedoch in erster Linie auf die Validierung von Benutzungsoberflächen und können daher nicht direkt auf Modelle der Künstlichen Intelligenz angewendet werden. Modelle für Künstliche Intelligenz sind tief in Geschäftsprozesse integriert und beeinflussen den Prozessablauf und die Entscheidungsfindung. Diese Auswirkungen können in ERP-Lösungen aus Gründen der Einhaltung gesetzlicher Vorschriften nicht ohne Weiteres rückgängig gemacht werden. Beispielsweise können Überweisungen, die von einem Modell der Künstlichen Intelligenz durchgeführt werden, nicht einfach gelöscht werden. Daher ist es aus unserer Sicht nicht akzeptabel, zwei Anwendungen mit dem gleichen Zweck, aber unterschiedlichen Verhaltensweisen aufgrund unterschiedlicher Modelle der Künstlichen Intelligenz für ERP-Lösungen zu verwenden. Daher können herkömmliche A/B-Tests nicht direkt für die Validierung von Modellen der Künstlichen Intelligenz angewendet werden.
- **Feature Toggle**
  Feature Toggle ist eine Methode zum selektiven Aktivieren oder Deaktivieren einer Funktion. Feature Toggles werden verwendet, um die Freigabe unvollständiger oder nicht standardmäßiger Funktionen für Kunden zu verhindern. Diese Funktionen werden inaktiv ausgeliefert und durch einen Laufzeitschalter (Feature Toggle) vor dem Kundenzugriff verborgen. Der Standardstatus der Funktion ist *Aus*. In Entwicklungs- und Testsystemen kann sie pro Benutzer und Mandant aktiviert werden. In Kundensystemen kann die Funktion nicht eingeschaltet werden. Die Funktion ist ein temporärer Schalter, der verwendet wird, um das technische Upgrade des Systems von der funktionalen Aktualisierung zu trennen. Sobald das Feature freigegeben ist, werden die Feature Toggles entfernt.
  Der Schwerpunkt von Feature Toggles liegt jedoch auf der kontinuierlichen Lieferung, der Beta-Auslieferung an ausgewählte Kunden und der stufenweisen Einführung

von Funktionen. Aus unserer Sicht stimmt sie daher nicht mit der Validierung von Modellen für Künstliche Intelligenz überein. Außerdem sind Feature Toggles temporär. Nach der endgültigen Freigabe einer Funktion für alle Kunden wird das Feature Toggle entfernt und der entsprechende Quelltext bereinigt.

- **Business Feature**
Ein Business Feature erweitert eine ERP-Geschäftsfunktionalität um eine zusätzliche Opt-in-Funktion. Wenn ein Kunde seinen Funktionsumfang auswählt, der eine oder mehrere Geschäftsfunktionen referenziert, wird der entsprechende Customizing-Eintrag in der Customizing-Tabelle für zentrale Business Features festgelegt. Business Features werden vom ERP-Anbieter definiert und als Tabelleninhalt an Kunden ausgeliefert. Eine zentrale Customizing-Tabelle für alle Business Features anstelle mehrerer heterogener Implementierungen erhöht die Transparenz der verfügbaren Business Features. Aus Entwicklungsperspektive bieten Business Features eine schnelle und einfache Möglichkeit, zu prüfen, ob ein Kunde über eine bestimmte Funktion verfügt. In der Regel entspricht ein Business Feature eins zu eins einem Konfigurationsobjekt, das die entsprechende Backend-Aktivierung darstellt. Wie bei allen Inhalten von Konfigurationsobjekten gilt das Prinzip des inkrementellen Designs, und alle Abhängigkeiten zwischen Business Features werden auf der Ebene von Konfigurationsinhalten verwaltet.

Der Schwerpunkt der Business Features liegt jedoch auf der Prüfung, ob ein Kunde spezifische Customizing-Einstellungen für die angegebene Funktion vorgenommen hat. Daher hilft diese ERP-Technologie nicht bei der Validierung von Modellen für Künstliche Intelligenz, da es darum geht, die Qualität zu belegen und nicht um die Prüfung auf Customizing-Einstellungen.

- **Switch Framework**
Ein Switch Framework ist ein Werkzeug, das die Landschaft eines ERP-Systems optimiert, indem eine oder mehrere branchenspezifische Lösungen in ein Standardsystem integriert werden. Dieses Framework bietet die Möglichkeit, die Sichtbarkeit von Repository-Objekten oder deren Komponenten aus einer externen Quelle mithilfe von Schaltern zu verwalten. Wenn ein Switch Framework verwendet wird, werden alle branchenspezifischen Lösungen und eine begrenzte Menge von Repository-Objekten in einem deaktivierten Zustand innerhalb des Systems ausgeliefert. In der Regel ist es nicht erforderlich, eine branchenspezifische Lösung zu installieren, aber sie muss bei Bedarf aktiviert werden. Das Switch Framework ist in der Regel in die Entwicklungsumgebung eingebunden und arbeitet eng mit Erweiterungstools zusammen. Das Hauptziel dieser Erweiterungstools besteht darin, eine Technologie anzubieten, die das Anlegen von Erweiterungen ohne Modifikationen ermöglicht und alle möglichen Methoden zum Ändern oder Erweitern von Repository-Objekten zu konsolidieren. Der Kern des Switch Frameworks ist eine einfache Struktur, die eine Erweiterungsoption und ein Implementierungselement enthält, die an sie angehängt werden können. Das Switch Framework steuert, welche Erweiterungsimplementierungen ausgeführt werden sollen.

16.2 Lösungskonzept

Das Switch Framework konzentriert sich in erster Linie auf Branchenvertikalisierung und Designzeit-Artefakte. Daher erfüllt diese Technologie nicht die Anforderungen für die Validierung von Modellen der Künstlichen Intelligenz, da es sich bei diesen Modellen nicht nur um Designzeitentitäten handelt.

Da keine dieser Technologien verwendet werden kann, um die Modelle der Künstlichen Intelligenz aus Sicht der Geschäftsprozesse zu verifizieren, werden wir eine neue Strategie diskutieren. Der Prozess der Validierung von Systemen der Künstlichen Intelligenz lässt sich grob in zwei Kategorien unterteilen: offline und online. Der Offline-Validierungsprozess findet in der ersten Entwicklungsphase statt, in der Data Scientisten mit verschiedenen Funktionen, Modellen und Hyperparametern experimentieren. Dies umfasst einen wiederkehrenden Zyklus der Validierung anhand einer vorgegebenen Baseline unter Verwendung ausgewählter Bewertungsmetriken. Sobald ein Modell entwickelt wurde, das eine zufriedenstellende Performance aufweist, besteht die nächste Phase darin, das Modell in einer produktiven Umgebung zu nutzen und seine Leistung mithilfe von Echtzeitdaten zu validieren. Dies wird als Online-Validierung bezeichnet. Dazu gehören Methoden, die nach der Offline-Validierung implementiert werden, um die Performance von Modellen kontinuierlich zu validieren und zu verbessern, wenn neue Daten eingehen. In dieser Diskussion werden wir uns ausschließlich auf die Online-Validierung konzentrieren, da sie konzeptionell ungeklärt ist. In Abb. 16.1 sind die Zustandsübergänge von Modellen der Künstlichen Intelligenz einschließlich der notwendigen Validierungsschritte dargestellt. Sehen wir uns die folgenden Schritte an:

1. **Im Training**
   Während der Trainingsphase wird die Initiierung des Trainings des Modells für Künstliche Intelligenz vom Business Administrator mithilfe des bereits besprochenen KI-Lebenszyklusmanagement-Frameworks überwacht. Die Dauer des Trainings kann stark variieren, von nur Minuten bis zu mehreren Tagen, je nach verwendetem Algorithmus der Künstlichen Intelligenz und der Art der Anwendungsdaten. Es gibt auch Fälle, in denen der Trainingsprozess fehlschlagen kann, z. B. wenn eine bestimmte Konfiguration fehlt oder unzureichende Trainingsdaten vorhanden sind.
2. **Trainiert**
   Nachdem das Modell trainiert wurde, werden statistische Key Performance Indicators (KPIs) berechnet, um seine prognostische Trennschärfe zu ermitteln. Das grundlegende Konzept hierbei ist, ein KI-System mit einem bestimmten Datensatz zu trainieren und die Inferenzfunktion dann auf Datenpunkte anzuwenden, an denen der Wert der Zielvariablen bereits bekannt ist. Wenn die KPIs des Modells die festgelegten Erwartungen nicht erfüllen, gilt das Modell als ineffektiv und wird als fehlgeschlagen gekennzeichnet.
3. **In betriebswirtschaftlicher Validierung**
   KPIs liefern jedoch nur eine statische Kennzahl der prognostischen Trennschärfe des Modells und sind für die produktive Anwendung des Modells der Künstlichen Intelli-

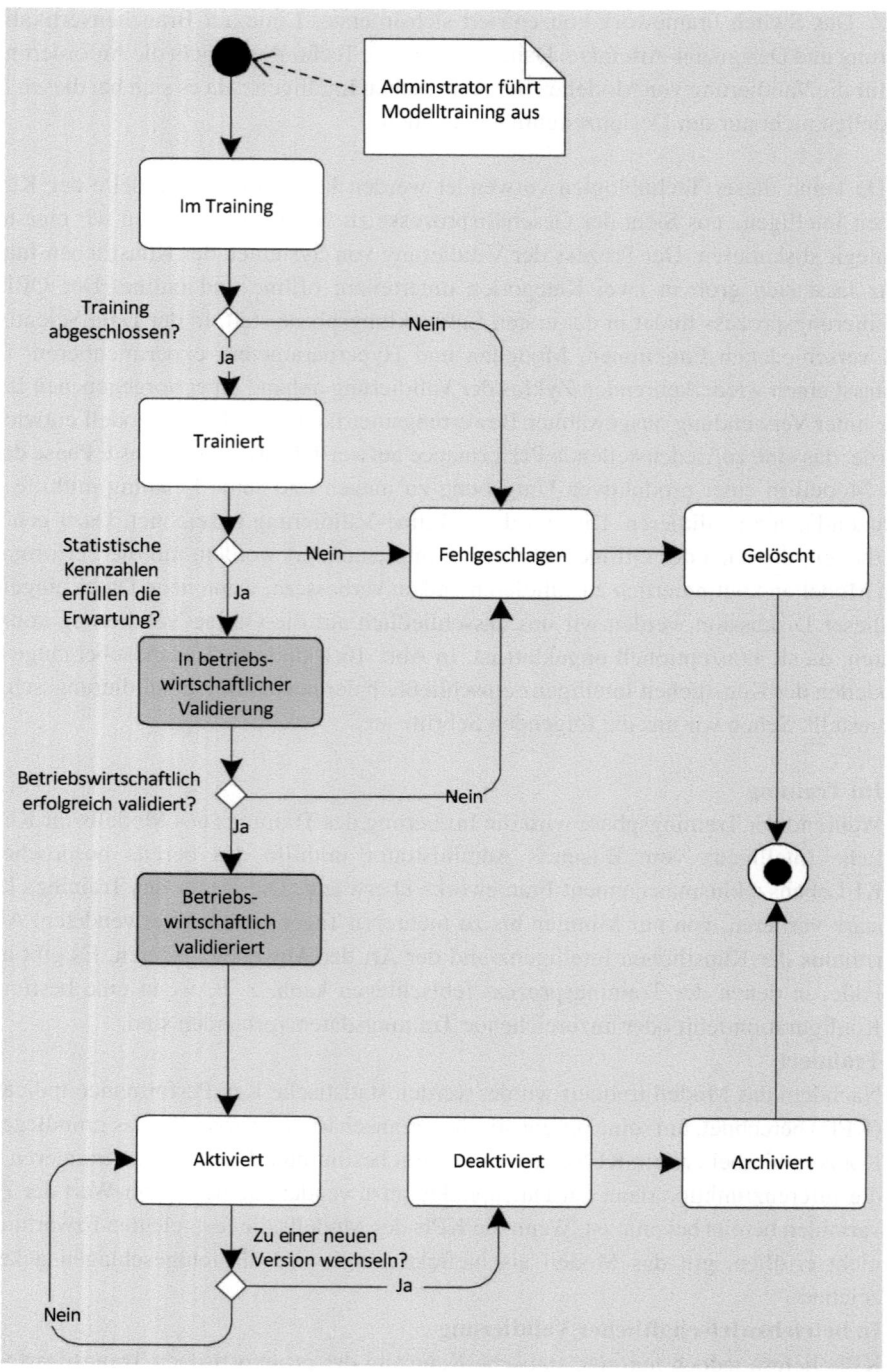

Abb. 16.1 Zustandsübergang von Modellen der Künstlichen Intelligenz

16.2 Lösungskonzept

genz nicht ausreichend. Daher ist ein betriebswirtschaftlicher Validierungsprozess erforderlich. Dieser Prozess wertet das Modell der Künstlichen Intelligenz im Kontext der relevanten Geschäftsprozesse und der zugehörigen Geschäftsbenutzer aus. Wenn der betriebswirtschaftliche Validierungsprozess nicht erfolgreich ist, wird das Modell für Künstliche Intelligenz als fehlgeschlagen gekennzeichnet. In der Regel werden fehlgeschlagene Modelle für Künstliche Intelligenz aus dem System entfernt.

4. **Betriebswirtschaftlich validiert**
   Wenn der betriebswirtschaftliche Validierungsprozess erfolgreich ist, wird das Modell der Künstlichen Intelligenz als aktiv für den produktiven Einsatz gekennzeichnet. Ab diesem Zeitpunkt verarbeitet dieses Modell alle Inferenzanfragen. Bevor ein neues Modell aktiviert werden kann, muss das vorhandene Modell deaktiviert werden, da jeweils nur ein Modell im System aktiv sein kann. Deaktivierte Modelle können aufgrund gesetzlicher Compliance-Anforderungen nicht gelöscht werden. Diese Modelle können entweder in der Online-Datenbank gespeichert oder in externen Systemen archiviert werden, um Speicherplatz zu sparen.

Wie bereits erwähnt, reichen traditionelle Konzepte und Technologien für die betriebswirtschaftliche Validierung von Modellen der Künstlichen Intelligenz nicht aus. Daher wird eine spezifische Lösung vorgeschlagen, wie in Abb. 16.2 dargestellt. Die Grundidee besteht darin, parallel zum produktiv aktivierten KI-Modell ein oder mehrere Validierungsmodelle im Hintergrund auszuführen. Wie in Abb. 16.2 illustriert, verwendet der Endbenutzer die KI-Applikation, um Prognosen zu nutzen. Diese Anfragen werden von der Klasse für die KI-Logik verwaltet, die die Inferenz-APIs des trainierten Modells in Ge-

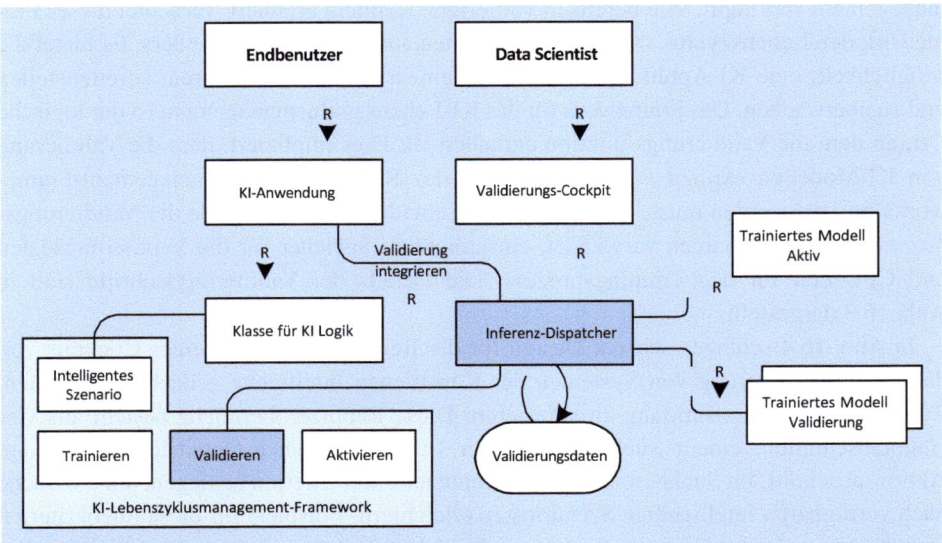

Abb. 16.2 Modellvalidierungslösung für Künstliche Intelligenz

schäftsprozesse integriert. Um Validierungsmodelle gleichzeitig mit dem aktiven Modell auszuführen, ist ein Inferenz-Dispatcher erforderlich. Diese Komponente leitet die Inferenzanfragen sowohl an die Validierung als auch an das produktiv verwendete KI-Modell weiter und empfängt die Inferenzantworten. Während die Antworten aus dem aktiven Modell der KI-Applikation zur Verfügung gestellt werden, werden die Antworten aus den Validierungsmodellen lokal zusammen mit den Ergebnissen des aktiven Modells gespeichert. Daher werden für jeden Inferenzaufruf Validierungsdaten gesammelt, die dann dem Data Scientisten über das Validierungscockpit zur Verfügung gestellt werden (Abb. 16.4). Dadurch können Data Scientisten die Prognosegenauigkeit der Validierungsmodelle mit dem produktiven Modell vergleichen.

Der Data Scientist kann zusätzliche statistische Methoden verwenden, um zu ermitteln, welche Validierungsmodelle produktiv verwendet werden sollten. Die Ergebnisse dieser Validierungsmodelle könnten für den Endbenutzer möglicherweise über die KI-Applikation sichtbar gemacht werden. Dadurch kann der Endbenutzer die Ergebnisse aus den aktiven Modellen und Validierungsmodellen vergleichen und Feedback geben. Obwohl diese Art von explizitem Feedback für den Benutzer klar und verständlich ist, könnte es sich auf die Benutzerfreundlichkeit auswirken und eine Herausforderung im Hinblick auf das Design der Benutzeroberfläche darstellen. Sie liefert aber auch wertvolle Informationen für die Validierung des KI-Modells. Wenn die KI-Applikation einen Mechanismus für explizites Feedback für die Modellvalidierung enthält, werden die Feedbackdaten auch als Validierungsdaten gespeichert und im Validierungs-Cockpit angezeigt. Das bedeutet, dass der Data Scientist das explizite Feedback als Grundlage für Entscheidungen verwenden kann. Die Klasse, die die Logik für die Künstliche Intelligenz enthält, ist für das Intelligente Szenario registriert und daher mit dem Framework für das KI-Lebenszyklusmanagement verknüpft. Wie bereits in vorherigen Kapiteln erläutert, verwaltet dieses Framework den Lebenszyklus von KI-Applikationen aus Sicht des Verwenders. Es bietet die Möglichkeit, eine KI-Applikation zu prüfen, einzurichten, zu trainieren, bereitzustellen und zu überwachen. Das Framework für das KI-Lebenszyklusmanagement ist der logische Ort, an dem die Validierungsfunktion enthalten ist. Dies impliziert, dass die Validierung von KI-Modellen explizit vom Endbenutzer des KI-Lebenszyklusmanagement-Frameworks initiiert werden muss. Diese aktive Entscheidung ist wichtig, da der Validierungsprozess Systemressourcen verwendet, einschließlich Speicher für die Validierungsdaten und CPU-Zeit für den Trainingsprozess. Die Details der Validierungsschritte sind in Abb. 16.3 dargestellt.

In Abb. 16.4 schlagen wir ein Design für die Benutzeroberfläche eines Cockpits vor, das für die Validierung von Systemen der Künstlichen Intelligenz gedacht ist, mit dem Ziel, seinen Funktionsumfang zu skizzieren. Diese Benutzeroberfläche besteht aus vier Hauptabschnitten: einem Suchbereich, einer Listenseite, einer Detailsicht und einem Aktionsabschnitt. Im Suchbereich können Benutzer Filterkriterien festlegen, um die Suche nach verfügbaren Intelligenten Szenarios zu erleichtern. Beispiele für diese Suchkriterien sind der Name des Intelligenten Szenarios, das Paket, zu dem es gehört, oder sein aktueller Status. Intelligente Szenarios, die die festgelegten Suchkriterien erfüllen, werden auf der

16.2 Lösungskonzept

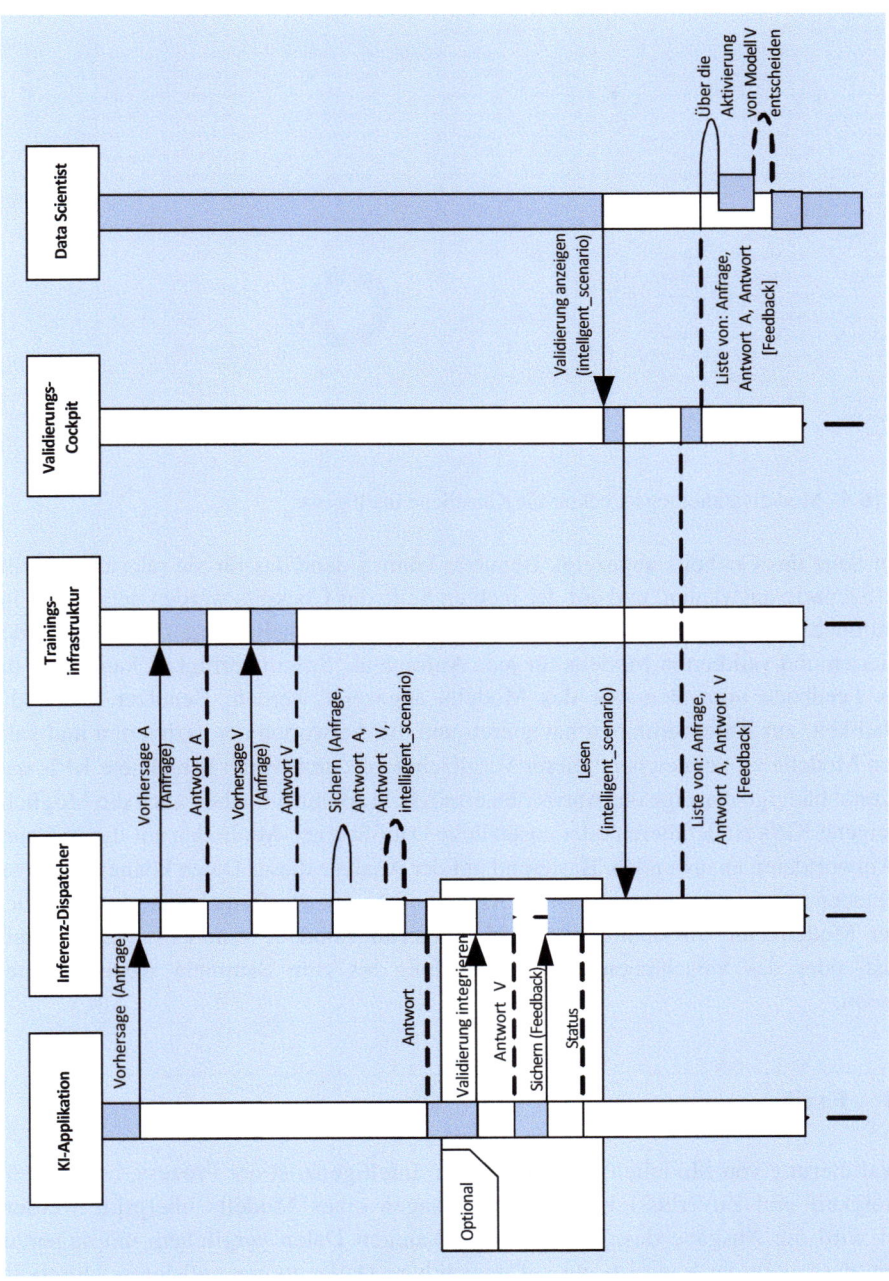

Abb. 16.3 Validierungsprozess für Künstliche Intelligenz

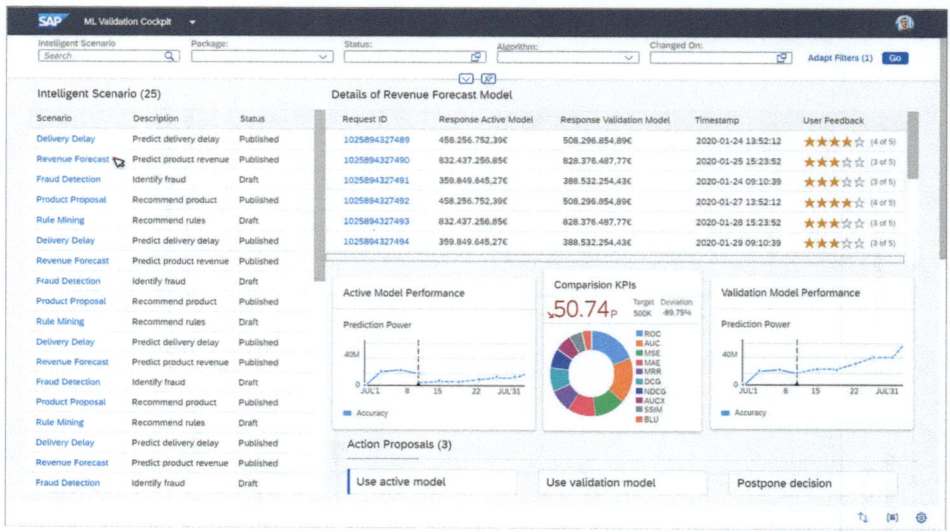

Abb. 16.4 Modellvalidierungs-Cockpit für Künstliche Intelligenz

linken Seite des Cockpits angezeigt. Benutzer können dann das für sie relevante Intelligente Szenario auswählen, und auf der rechten Seite des Cockpits werden detaillierte Informationen dazu angezeigt. Die Tabelle in diesem Abschnitt zeigt die Antwort des aktivierten und validierten Modells für jede Anfrage an. Sofern verfügbar, kann auch direktes Feedback vom Benutzer des Modells angezeigt werden. Benutzer haben die Möglichkeit, zur Anforderung zu navigieren und die Antworten der aktivierten und validierten Modelle zu vergleichen. Dieser Vergleich wird durch vorab berechnete KPIs und eine zeitabhängige Anzeige der Antworten ermöglicht. Benutzer haben auch die Möglichkeit, eigene KPIs zu definieren oder zusätzliche Data-Science-Methoden auf die Anfrage- und Antwortdaten anzuwenden. Basierend auf der Analyse dieser Daten können Benutzer verschiedene Aktionen initiieren. Diese Aktionen können das Beibehalten des aktuellen aktiven Modells, die Umschaltung auf das Validierungsmodell, wenn es sich als genauer erweist, oder das Verschieben der Entscheidung bis zum Sammeln weiterer Daten umfassen.

16.3 Fazit

Die Validierung von Modellen der Künstlichen Intelligenz ist der Prozess, bei dem die Genauigkeit und Zuverlässigkeit der Vorhersagen eines Modells überprüft werden. Dabei wird die Ausgabe des Modells mit bekannten Daten verglichen, um sicherzustellen, dass es in der Lage ist, gut auf unsichtbare Daten zu generalisieren. Durch die Validierung wird gewährleistet, dass das Modell die Daten weder über- noch unterschätzt und die Ergebnisse genau vorhersagen kann. Es gibt verschiedene statistische Methoden, um Modelle der Künstlichen Intelligenz hinsichtlich der Genauigkeit ihrer Vorhersagen zu validieren. Für betriebswirtschaftliche Anwendungen ist dieser mathematische Ansatz jedoch nicht ausreichend. Eine zusätzliche Validierung aus fachlicher und geschäftsprozessbezogener Sicht ist notwendig. In diesem Abschnitt haben wir deshalb die betriebswirtschaftlichen Anforderungen hervorgehoben und die notwendige technische Lösung für die Validierung von Modellen der Künstlichen Intelligenz vorgeschlagen. Die Validierung von Modellen durch die Bereitstellung an definierte Verwender-Gruppen ist im Kontext von ERP-Systemen nicht ausreichend. Dies liegt daran, dass die Aktionen, die auf den Vorhersagen dieser Modelle basieren, im ERP-System verarbeitet werden und aufgrund gesetzlicher Konformität nicht rückgängig gemacht werden können. Um diese Einschränkung zu umgehen, haben wir ein Konzept eingeführt, das eine Hintergrundinferenz zum Sammeln von Validierungsdaten verwendet, die anschließend mit einem vorgeschlagenen Modellvalidierungs-Cockpit analysiert werden.

Design der Benutzeroberfläche 17

In diesem Kapitel beschreiben wir die Geschäftsanforderungen und schlagen ein Lösungskonzept für das Design der Benutzeroberfläche vor. Die Integration von Funktionen für Künstliche Intelligenz in Benutzeroberflächen erfordert ein spezielles Design sowie die Bereitstellung neuer Benutzeroberflächentechnologien. Nur mit der richtigen Einbindung in die Benutzeroberflächen kann der sofortige Nutzen von Künstlicher Intelligenz effektiv ausgeschöpft werden. Daher schlagen wir Muster wie Abgleich, Empfehlung oder Ranking für die Benutzeroberfläche vor, um das Design für intelligente Anwendungen zu erleichtern. Hierfür sind teilweise völlig neue Benutzeroberflächenkomponenten erforderlich, um die Szenarien der Künstlichen Intelligenz zu unterstützen.

17.1 Geschäftsanforderung

Viele Menschen betrachten das Benutzererlebnis eher als emotionales Konzept denn als etwas Logisches. Dies kann es schwierig machen, die geschäftlichen Vorteile einer Investition in eine gute Benutzererfahrung zu rechtfertigen. In Wirklichkeit hat eine gute Benutzererfahrung jedoch einen spürbaren finanziellen Wert, zusätzlich zu dem offensichtlichen menschlichen Wert, die Zufriedenheit der Menschen zu steigern. Eine gut gestaltete Benutzererfahrung kann beispielsweise die Produktivität erhöhen, da sie es Einzelpersonen ermöglicht, mit einem ERP-System mehr zu erreichen. Dies liegt nicht nur daran, dass sie effizienter werden, sondern auch, weil sie effektiver arbeiten können. Ein intelligentes ERP-System leitet sie nämlich zu den Aufgaben, die ihre Aufmerksamkeit am meisten erfordern. Ein weiterer entscheidender Faktor ist die Qualität der Daten: Fehler bei der Dateneingabe können später zu erheblichen Kosten im Prozess führen. Eine gute Benutzererfahrung kann hochwertige Daten von Anfang an sicherstellen und verhindern, dass spätere Datenkorrekturen notwendig werden. Software, die einfach zu verwenden ist, benötigt minimale Schulungen, was zu erheblichen Einsparungen bei der Schulung und nachfolgenden Support-Kosten führt. Wenn Endbenutzer am Implementierungsprozess beteiligt sind und die Benutzererfahrung von Anfang an auf ihre Anforderungen zugeschnitten ist, kann die Anzahl der Änderungsanträge für neue oder andere Funktionen reduziert werden. Änderungen an einer bereitgestellten Benutzeroberfläche sind kostspieliger als solche, die im Voraus vorgenommen wurden. Dadurch sinkt auch die Anzahl der Benutzerfehler, was die Kosten für schlechte Datenqualität und Support reduziert. Neben diesen messbaren Vorteilen bietet eine hochwertige Benutzererfahrung klare Vorteile für den Menschen. Diese sind besonders wichtig in der heutigen Zeit, in der Unternehmen um Spitzenkräfte konkurrieren, die lieber mit modernen als mit veralteten Tools arbeiten. Eine gute Benutzererfahrung führt zu höherer Benutzerzufriedenheit, fördert die Einbeziehung aller Mitarbeiter, auch derjenigen mit Behinderungen, indem sie die Barrierefreiheit unterstützt, und ermutigt Mitarbeiter, die Software tatsächlich zu verwenden, anstatt Daten so lange wie möglich separat auf ihren Desktops zu speichern. Wenn die Anwendungen kundenorientiert sind, kann eine gute Benutzererfahrung dazu beitragen, die Kundentreue zu stärken und zu verbessern. Aus Sicht einer IT-Abteilung kann die Bereitstellung von Software mit einer herausragenden Benutzererfahrung die Beziehung zu anderen Bereichen stärken, da die IT-Abteilung Software bereitstellt, die ihre Teams gern nutzen. Ein intelligentes ERP-System kann die kognitiven Fähigkeiten eines menschlichen Benutzers verbessern. Ähnlich wie bei früheren Generationen von Werkzeugen sollte das Ziel darin bestehen, die Nutzer zu unterstützen und die Ergebnisse ihrer Arbeit zu verbessern. Um dieses Ziel zu erreichen, werden folgende Prinzipien für die Schaffung intelligenter Systeme vorgeschlagen:

- **Menschen sollten die Kontrolle haben**
  In einem Unternehmen können Maßnahmen, die in einem ERP-System initiiert werden, in der realen Welt konkrete Auswirkungen haben und die Ziele und Ergebnisse des Unternehmens beeinflussen. Da der menschliche Benutzer weiterhin die Verantwortung und Verantwortlichkeit für diese Aktionen trägt, muss er immer die Kontrolle über das Ergebnis haben.
- **Verbesserung der menschlichen Fähigkeiten**
  Ein intelligentes System sollte darauf abzielen, die Fähigkeiten menschlicher Experten zu verbessern, um ihr Vertrauen zu gewinnen und eine erfolgreiche Umsetzung zu fördern, anstatt sie zu ersetzen. Maßnahmen wie verbesserte Transparenz, effektive Werkzeuge für Entscheidungsprozesse, die Einbindung von Nutzerfeedback und eine verständlichere Darstellung von Informationen können den Einfluss des Einzelnen verstärken. Das Verbergen von Informationen, das Übervereinfachen von Sachverhalten oder das Einschränken der Optionen ohne ausreichende Transparenz kann hingegen den Benutzer drangsalieren. Der Benutzer sollte in der Lage sein, das intelligente System zu verstehen und zu verwalten.

- **Auf Ethik abgestimmtes Design**
  Maschinen führen die Aufgaben aus, für die sie programmiert sind. In einem Algorithmus gibt es kein ethisches Urteil. Die Designer und Schöpfer anspruchsvoller Systeme der Künstlichen Intelligenz sind für die ethischen Folgen ihrer Nutzung, ihres Missbrauchs und ihrer Handlungen verantwortlich. Sie haben die Verantwortung und die Möglichkeit, diese Konsequenzen zu beeinflussen. Es ist notwendig, konkrete und durchsetzbare ethische Leitlinien festzulegen, an die sich intelligente Systeme halten müssen.
- **Effektive Automatisierung**
  Intelligente ERP-Systeme sollten den Aufwand minimieren, den ein Benutzer zur Erfüllung einer Aufgabe benötigt. Dabei wird für jeden Anwendungsfall der entsprechende Automatisierungsgrad festgelegt. Wenn eine vollständige Automatisierung nicht möglich ist, sollte eine höhere Effizienz angestrebt werden. Intelligente Systeme können Benutzer dabei unterstützen, dieselben Ergebnisse mit weniger Schritten zu erzielen, indem sie Automatisierung mit verbesserter Nutzung vorhandener Informationen, Transparenz und Lerneffekten integrieren.

17.2 Lösungskonzept

Das Ziel bei der Gestaltung einer Benutzeroberfläche ist es, ein konsistentes und hochwertiges Benutzererlebnis über alle Module eines ERP-Systems hinweg zu bieten. Diese Konsistenz kann erreicht werden, indem ein Designsystem entwickelt wird, das auf den Unternehmenszielen und dem zugrunde liegenden Code basiert. Best Practices sichern die Qualität der Entwicklungsprozesse. Dazu gehören Benutzerrecherchen, die Definition von Personas und die Einhaltung von Richtlinien. Das Design der Benutzeroberfläche zielt darauf ab, die Software zu vereinfachen. Dies wird durch fünf Designprinzipien erreicht:

- **Rollenbasiert**: Das Design oder die Systementwicklung ist auf bestimmte Rollen innerhalb des Unternehmens zugeschnitten, zum Beispiel Personalmitarbeiter oder Buchhalter. Dieses Prinzip erweitert die menschenzentrierte Qualität, da das Design speziell für die Workflows einer klar definierten Zielgruppe erstellt wird. Diese Zielgruppe wird durch ihre Rolle und Zuständigkeiten identifiziert. Daher berücksichtigt das rollenbasierte Design die Rollen der Anwendungsbenutzer, wie Debitorenbuchhalter oder Vertriebsmitarbeiter im Innendienst, und die Anwendungen werden gezielt für diese Rollen entworfen.
- **Adaptiv**: Nach diesem Prinzip sollten die ERP-Anwendungen auf verschiedenen Geräten wie Notebooks, Tablets oder Smartphones betrieben werden können und so in verschiedenen Szenarien und Anwendungsfällen dieselbe Benutzererfahrung bieten. Dies erfordert, dass die Anwendungen nicht nur reaktionsschnell sind, sondern auch die Möglichkeit bieten, für mobile Endgeräte vereinfacht zu werden. Adaptives Design

bedeutet daher, dass Anwendungen auf verschiedenen Formfaktoren, wie Desktop, Tablet oder Mobiltelefon, verwendet werden können. Das adaptive Design geht jedoch über die rein technische Reaktionsfähigkeit hinaus, indem Teams auch dedizierte Versionen von Desktop-Apps für mobile Anwendungsfälle erstellen können.

- **Einfach**: Dieses Prinzip lässt sich am besten durch die 2/20/200-Regel verstehen: Ein Benutzer soll in der Lage sein, den Status innerhalb von zwei Sekunden zu erkennen, die Ursachen für dieses Ergebnis in etwa 20 s zu identifizieren und die genauen Gründe dafür in Form von Detailinformationen in 200 s zu verstehen. Das Bild sollte immer minimalistisch und organisiert sein und nur die wichtigsten Informationen enthalten, aber auch als schneller Zugriffspunkt für detaillierte Informationen dienen. Einfachheit bedeutet, Unübersichtlichkeit auf dem Bildschirm zu vermeiden, die wichtigen Informationen im Fokus zu halten und eine progressive Offenlegung zu haben, um Benutzern den Zugriff auf Details nach Bedarf zu ermöglichen.
- **Kohärent**: Menschen neigen dazu, sich schnell an Produkte und Verhaltensweisen anzupassen. Daher sollten sich Benutzer immer mit dem System vertraut fühlen, wenn sie es nutzen. Dies kann erreicht werden, indem Wiederholungen vermieden und Lücken oder unlogische Sprünge bei der Verwendung verschiedener Apps beseitigt werden. Kohärenz bedeutet, dass die Nutzer vieler Anwendungen das Gefühl haben, dass alle zur selben Familie gehören, sich konsequent verhalten und kohärent sind.
- **Erfreulich**: Die Software sollte für den Benutzer angenehm sein, um eine positive emotionale Beziehung zur Software aufzubauen. Nicht funktionale Aspekte wie nette Animationen können dazu beitragen und als Beispiel für reine Aspekte der Benutzeroberfläche dienen, die nicht mit Funktionen zusammenhängen, die das Unternehmen unterstützen. Erfreulich bedeutet, dass Benutzer die Benutzeroberflächen gerne nutzen und eine positive emotionale Verbindung zur Software haben.

Je nach Anwendungsfall und gewünschter Ausgabe können Aufgaben mit Künstlicher Intelligenz in mehrere Kategorien unterteilt werden, zum Beispiel Klassifizierungs-, Regressions- oder Clustering-Aufgaben. Darüber hinaus kann der spezifische Implementierungsansatz die Benutzeroberfläche stark beeinflussen. Bei der Entwicklung intelligenter Systeme, die Modelle mit Künstlicher Intelligenz verwenden, sind zwei wichtige Aspekte zu berücksichtigen:

1. **Erklärbare Künstliche Intelligenz**: Die Konzeption intelligenter Systeme sollte sich am Prinzip der Befähigung des Endbenutzers orientieren. Dies kann erreicht werden, indem Informationen über das zugrunde liegende Modell bereitgestellt und die Logik hinter den Ergebnissen eines Algorithmus erläutert wird. Empowerment fördert ein Vertrauensgefühl zwischen Mensch und Maschine. Wir haben dieses Thema im Kap. 13 *Erklärbarkeit der Ergebnisse* behandelt.
2. **Feedback-Schleife**: Verschiedene Algorithmen erfordern möglicherweise Feedback vom Endbenutzer, um das zugrunde liegende Datenmodell zu verbessern. Das Anlegen einer effektiven Feedback-Schleife ist eine komplexe Designaufgabe, die neue Be-

17.2 Lösungskonzept

nutzerrollen wie Data Scientisten und spezialisierte Benutzeroberflächen einführen kann, zum Beispiel für die Überwachung und Analyse von Feedback. Wir haben dieses Thema im Kap. 12 *Modelldegradation* besprochen.

Wie wir im zweiten Teil skizzierten, haben wir im Kontext von ERP-Software mehrere Anwendungsmuster für Künstliche Intelligenz entdeckt. In diesem Abschnitt untersuchen wir das Design der Benutzeroberfläche für diese Muster der Künstlichen Intelligenz, insbesondere für den Abgleich, die Empfehlung und das Ranking. Wir konzentrieren uns auf die entscheidenden Aspekte, um die Gestaltungsvorschläge zu erläutern.

17.2.1 Abgleich

Der Prozess des intelligenten Abgleichs nutzt Methoden aus dem Bereich der Künstlichen Intelligenz, um verwandte Gegenstände zu identifizieren und anschließend Gruppen von Übereinstimmungen zu erstellen. Dieses System kann eine oder mehrere Abgleichstrategien vorschlagen, die zur Verknüpfung der Positionen verwendet werden können. Die Benutzerrolle in diesem Prozess besteht darin, diese Vorschläge entweder zu genehmigen, abzulehnen oder an ihre spezifischen Anforderungen anzupassen. In Abb. 17.1 wird der unterschiedliche Automatisierungsgrad des Abgleichprozesses veranschaulicht.

1. **Wählen, validieren und bewerten**
   Dies markiert die erste Automatisierungsphase für ein ERP-System. Der Prozess des Abgleichs bleibt eine manuelle Aufgabe, die vom Benutzer gesteuert wird. Das ERP-System prüft und bewertet jedoch die Qualität des Abgleichs auf Anforderung. Anschließend hat der Benutzer die Möglichkeit, die Übereinstimmung entweder anzuwenden oder weiter zu verfeinern.
2. **Erkunden und anpassen**
   Das ERP-System präsentiert potenzielle Übereinstimmungen nach verschiedenen Methoden. In diesem Szenario wählen die Benutzer eine einzelne Methode aus, müssen jedoch häufig Anpassungen vornehmen.

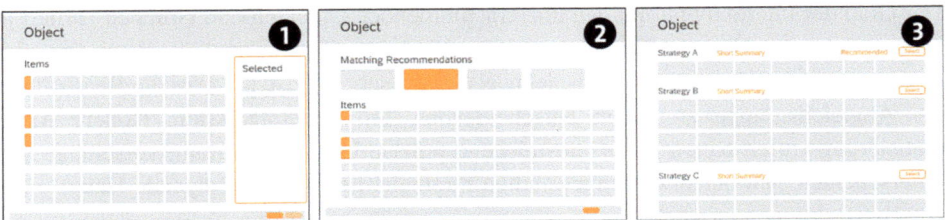

Abb. 17.1 Abgleichebenen

3. **Prüfen und entscheiden**
Das ERP-System legt die bestmöglichen Übereinstimmungen an und bietet diese als priorisierte Empfehlungen an. Der Benutzer verwendet die Systemvorschläge und wählt eine Option aus, ohne dass eine zusätzliche Anpassung erforderlich ist.

Der Prozess des Abgleichs umfasst das Gruppieren von Positionen basierend auf bestimmten Kriterien, z.B. deren Ähnlichkeiten oder der Art ihrer Beziehung. Diese Gruppe von Positionen wird als Abgleichsgruppe bezeichnet. Wir haben einige gemeinsame Merkmale von Abgleichsgruppen in den Szenarios festgestellt, die wir beobachtet haben:

- **Gruppenname**
  Dies ist ein aussagekräftiger Bezeichner für die Abgleichsgruppe. Dies kann z. B. der Titel des Stammsatzes in einem Zusammenführungsszenario oder der Name des Abgleichkriteriums sein.
- **Gruppenzusammenfassung**
  Dies ist eine optionale Erläuterung dessen, was die Gruppe enthält. Die Zusammenfassung kann in Textform oder über Schlüssel-/Wertparameter ausgedrückt werden.
- **Gruppengröße**
  Dies bezieht sich auf die Gesamtzahl der Positionen innerhalb der Gruppe.
- **Qualitätsindikator**
  Dies ist ein Maß für das Konfidenzniveau in einer vorgeschlagenen Übereinstimmung in Bezug auf das gesteckte Ziel. Es kann beispielsweise die Ähnlichkeit von Geschäftspartnerdatensätzen beim Zusammenführen von Dubletten oder der Prozentsatz sein, der beim Abgleich von Rechnungen abgedeckt wird.
- **Finale Aktion**
  Dies ist eine Aktion, die auf die gesamte Gruppe angewendet werden kann, z. B. das Genehmigen einer vorgeschlagenen Übereinstimmung.

Benutzern können die Abgleichsgruppen in verschiedenen Formaten angezeigt werden, wie zum Beispiel als Liste, Raster oder sogar als Diagramm. Benutzer haben dann die Möglichkeit, einen Drilldown in eine bestimmte Gruppe durchzuführen und deren Inhalt sowie die Übereinstimmungsqualität im Detail zu analysieren. Die Darstellung einer Abgleichsgruppe hängt vom jeweiligen Anwendungsfall ab und kann von einer einfachen Liste bis hin zu einem komplexen Diagramm wie einem Netzwerkdiagramm variieren. Der Grad der Interaktivität mit den übereinstimmenden Objekten und Gruppen variiert je nach Niveau der Übereinstimmung und der Übereinstimmungsqualität. Wenn die vorgeschlagene Übereinstimmung beispielsweise nicht sehr präzise ist, wird die Bearbeitung der Abgleichsgruppe zu einem entscheidenden Teil der Interaktion. Höhere Automatisierungsstufen bieten bereits ausreichend präzise Übereinstimmungsvorschläge und unterscheiden sich nur in der angewandten Strategie. Es sind hier folgende Haupt- oder Abschlussaktionen möglich:

- **Genehmigen**
  Der Vorschlag wird unverändert angenommen.
- **Ablehnen**
  Der Vorschlag wird ganz oder teilweise abgelehnt. Die teilweise Zurückweisung umfasst die manuelle Bearbeitung der Abgleichsgruppe und deren Annahme. Die Ablehnung kann einen nachfolgenden Feedback-Mechanismus auslösen (entweder implizit oder explizit).
- **Zusammenführen**
  Dabei werden zwei oder mehr Gruppen zu einer übergeordneten Gruppe zusammengefasst.
- **Split**
  Dabei werden zwei oder mehr Gruppen aus einer einzigen gebildet. Dies kann durch die Auswahl einzelner Positionen erfolgen, die dann zur Bildung neuer Gruppen verwendet werden.

Das Konzept selbst schränkt Reaktionsfähigkeit und Adaptivität nicht ein. In der Regel werden Standardsteuerelemente und Grundrisse der Benutzungsoberfläche verwendet und ihre Reaktionsfähigkeitsmerkmale und -richtlinien übernommen.

17.2.2 Empfehlung

Intelligente ERP-Systeme können den Benutzer unterstützen, indem sie hilfreiche Inhalte empfehlen oder Aktionen und Eingaben vorschlagen, die der Benutzer möglicherweise bevorzugt. In diesem Zusammenhang sprechen wir über Empfehlungen und deren Auswirkungen auf die Benutzeroberfläche. Wie bereits erwähnt, existieren verschiedene Arten von Empfehlungsmodellen, wie zum Beispiel Unterstützung bei der Eingabe oder Vorschläge für Lösungen. Die Eingabeunterstützung bietet Empfehlungen für Benutzereingaben, um entweder ein ganzes Formular oder nur ein einzelnes Element davon auszufüllen. In beiden Szenarien müssen die folgenden Mikrointeraktionen entworfen werden:

- **Ermitteln**
  Aus Sicht des Benutzers müssen wir die Werte identifizieren, die die KI-Applikation vorgeschlagen hat.
- **Erläutern**
  Aus der Perspektive eines Benutzers möchten wir die Argumentation hinter der Systemempfehlung verstehen.
- **Vergleichen**
  Aus Sicht des Benutzers müssen wir in der Lage sein, die vorhandenen Benutzereingaben mit den Empfehlungen der AI-Applikation zu vergleichen.
- **Ausführen**
  Aus Benutzersicht möchten wir die Empfehlungen des Systems entweder akzeptieren oder ablehnen.

Abb. 17.2 Eingabehilfe

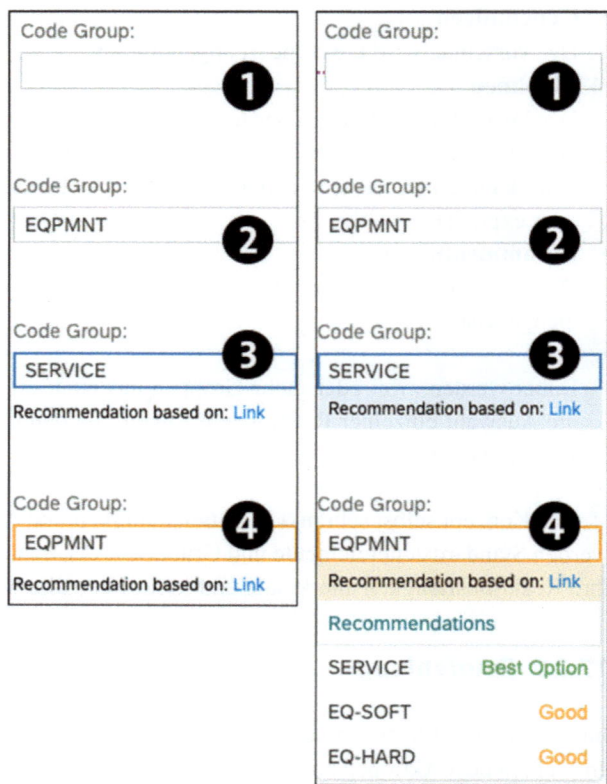

Das Leitprinzip ist, dass menschliche Eingaben immer Maschineneingaben übersteuern sollten. Wie in Abb. 17.2 dargestellt, kann das ERP-System leere Felder automatisch mit Vorschlägen füllen. Die Eingaben eines Benutzers sollten niemals ohne die Zustimmung des Benutzers durch eine Systemempfehlung ersetzt werden. Die aktive Annahme des Vorschlags des ERP-Systems durch den Benutzer wandelt ihn in Benutzereingaben um. Sehen wir uns nun die verschiedenen Optionen für die Eingabehilfe an:

1. Ohne menschliche Eingabe und ohne Systemempfehlung
2. Mit menschlicher Eingabe, aber ohne Systemempfehlung
3. Ohne menschliche Eingabe, aber mit Systemempfehlung
4. Mit menschlicher Eingabe und mit Systemempfehlung

Benutzer haben die Möglichkeit, entweder implizit der Empfehlung des Systems zuzustimmen, indem sie das gesamte Formular einreichen, oder sie können explizit eine Alternative auswählen, wenn sie zu einer anderen Einschätzung kommen. Wenn Benutzer die Empfehlung eines Systems vollständig ablehnen möchten, können sie dies tun, indem sie mit der Anpassung im Eingabefeld beginnen. In den meisten Fällen, in denen

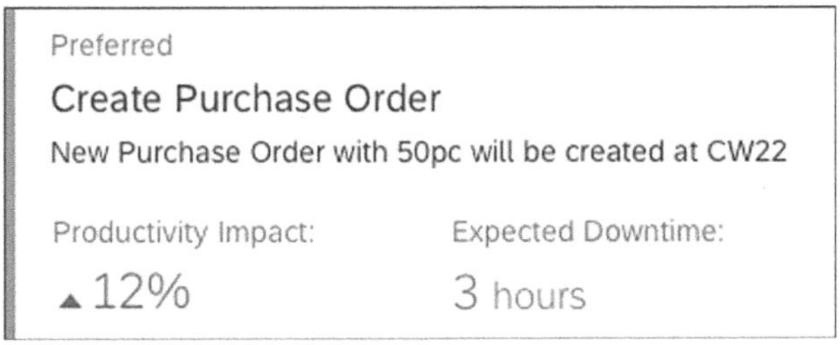

Abb. 17.3 Empfehlungsposition

> Preferred
> **Create Purchase Order**
> New Purchase Order with 50pc will be created at CW22
>
> Productivity Impact: Expected Downtime:
> ▲ 12%   3 hours

Lösungsempfehlungen verwendet werden, werden diese Lösungen als eine Sammlung empfohlener Positionen angezeigt, die alle in einem Empfehlungsblock organisiert sind. Mindestens sollte jede empfohlene Position einen wichtigen Titel besitzen, der mit einer Aktion verknüpft ist. Die Art und Weise, wie diese Positionen angezeigt werden, kann basierend auf dem spezifischen Anwendungsfall mithilfe einer Variante des Listen-Item-Controls weiter angepasst werden. Abb. 17.3 zeigt ein Beispiel, das die Struktur des komplexesten Falls mit allen optionalen Elementen veranschaulicht:

- **Titel und Beschreibung**
  Die Empfehlung sollte einen prägnanten, aber aussagekräftigen Titel erhalten, der die empfohlene Aktion enthält. Weitere Details können in einer ergänzenden Beschreibung angegeben werden. Während längere Texte nach der zweiten Zeile abgeschnitten werden können, ist es ratsam, ein solches Abschneiden zu vermeiden.
- **Aktion**
  Um eine Empfehlung anzuwenden, muss der Benutzer eine entsprechende Aktion ausführen. Die Aktion kann durch Klicken auf die gesamte Listenposition oder eine bestimmte Drucktaste initiiert werden, je nach Design der Empfehlungsposition.
- **Selektion**
  In bestimmten Szenarios müssen Benutzer möglicherweise eine Vorschau der Ergebnisse angezeigt bekommen, bevor sie eine Auswahl treffen. In solchen Fällen sollten die Trigger für die Vorschau und die letzte Aktion eindeutig sein.
- **Bevorzugter Vorschlag**
  Basierend auf dem spezifischen Anwendungsfall kann eine Empfehlungsposition als bevorzugter Vorschlag hervorgehoben werden. Weitere Details werden im folgenden Abschnitt zu Empfehlungen mit Rangfolge angegeben.

Eine Gruppe von Empfehlungspositionen stellt einen Empfehlungsblock dar. Abb. 17.4 zeigt beispielhaft den Aufbau eines horizontalen Empfehlungsblocks auf Basis einer Rasterliste:

- **Empfehlungsblockkopf**
  Die Blocksymbolleiste enthält einen aussagekräftigen und kurzen Blocktitel ❶, der die Menge der vorgeschlagenen Lösungen beschreibt ❷. Es kann auch zusätzliche Funk-

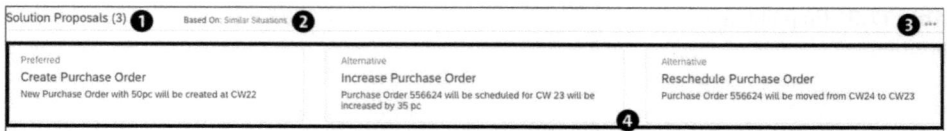

Abb. 17.4 Empfehlungsblock

tionen ❸ bieten, die für den gesamten Empfehlungsblock gelten, z.B. eine zusätzliche Erklärung des Modells hinter den Empfehlungen oder eine Option, explizites Benutzerfeedback bereitzustellen, um das zugrunde liegende Modell zu verstärken.

- **Empfehlungsblockpositionen**
  Empfehlungspositionen ❹ sind der Hauptinhalt des Empfehlungsblocks. Je nach Anwendungsfall und Platzbeschränkungen können sie horizontal, vertikal oder als Raster organisiert werden.
- **Empfehlungen mit Rangfolge**
  Der erste Vorschlag innerhalb des Empfehlungsblocks kann hervorgehoben werden, um den am meisten favorisierten Vorschlag anzuzeigen. Es empfiehlt sich, in der Aufzählung nur einen einzigen Eintrag, den Favoriten, zu unterstreichen und ihn an der Spitze zu positionieren. Wenn die Situation es erfordert, können wir die Verwendung semantischer Farben anwenden, um die Betonung zu erhöhen.

17.2.3 Rangfolge

Das Ranking ist eine Methode, die dazu dient, komplexe Entscheidungsprozesse für Benutzer zu vereinfachen, indem sie die bestmögliche Auswahl in den Vordergrund stellt. Der Prozess beinhaltet die Anordnung von Positionen innerhalb einer Gruppe, basierend auf bestimmten Kriterien, die dem Geschäftskontext des Benutzers entsprechen. Diese Kriterien können zum Beispiel ein bestimmter Betrag, eine Prioritätsstufe oder eine bestimmte Punktzahl sein. Wenn Positionen in einer Tabelle oder Liste eingestuft werden, ist die Anordnung stets so, dass die Positionen mit dem höchsten Rang oben erscheinen. Der Rankingprozess kann die Nutzung ausgefeilter Algorithmen einschließen, jedoch ist dies nicht zwingend erforderlich. Die Rangfolge kann auch durch die Anwendung einfacher Regeln, das Festlegen von Schwellenwerten oder durch Heuristiken erreicht werden. Das Konzept der Rangfolge in Listen und Tabellen besteht aus drei grundlegenden Elementen, die in einer allgemein wiederverwendbaren Komponente zusammengefasst sind. Dieses Konzept wird in Abb. 17.5 visuell dargestellt.

1. **Rangfolgewert**
   Die Rangfolge wird in der Regel durch einen gemeinsamen Wert bestimmt, bei dem es sich in der Regel um eine numerische Zahl handelt, die die Position eines Objekts festlegt. Dieser Wert kann ein indirekter Wert sein, z. B. Kosten oder Lieferdauer, oder er

Abb. 17.5 Rangfolgeelemente

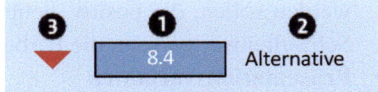

kann eine Punktzahl sein. Je nach Anwendung kann der Punktwert als Prozentsatz oder ohne Maßeinheit angezeigt werden. Alternativ könnte eine kompakte visuelle Darstellung wie ein radiales Mikrodiagramm verwendet werden. Obwohl es ungewöhnlich ist, können Rankings auch auf nicht-numerischen Werten basieren, wie z. B. auf Buchstaben basierenden Benotungssystemen, die in der Wissenschaft verwendet werden (A+, A, A−; B+, B, B−; C+, C, C−; D+, D, D−). Wenn der Benutzer mit dem Rankingwert interagiert, indem die Person darauf klickt oder tippt, wird ein Dialogfenster geöffnet, das detaillierte Informationen zur Rangfolge des betreffenden Elements enthält. Wenn in einer Liste Positionen vorhanden sind, die aus irgendeinem Grund keinen Rankingwert haben, sollten sie am Ende der Liste platziert werden. Eine Instanz davon könnte ein neu hinzugefügter Lieferant sein, der nicht genügend Daten gesammelt hat, um vom System eingestuft zu werden.

2. **Rankingbeschreibung**
Die mit einem Ranking verknüpfte Beschreibung erklärt den Wert des Rankings. Die Verwendung von Wörtern wie *Best* oder *Alternative* kann eine genauere Richtung liefern, ohne unnötige Komplexität hinzuzufügen. Es ist wichtig zu erkennen, dass diese Rankingbeschreibungen stark von ihrem Kontext beeinflusst werden. Die Auswahl der Sprache und ihre Korrelation mit dem Ranking-Score wird durch den Inhalt, mit dem sie verknüpft ist, die spezifische Anwendung und den Gesamtprozess bestimmt.

3. **Änderungsindikator**
Die Modifikationsmarkierung vereinfacht den Prozess der Überwachung des Rankingwerts für schnell schwankende Datensätze, wie Live-Feeds, die in Szenarien verwendet werden, die das vernetzte Netzwerk physischer Geräte, Fahrzeuge und anderer Elemente umfassen, die mit Software, Sensoren und Netzwerkkonnektivität eingebettet sind, die es diesen Objekten ermöglichen, Daten zu sammeln und auszutauschen.

Um die Verständlichkeit zu erhöhen und dem Benutzer bei Entscheidungen zu helfen, ist es ratsam, wann immer es möglich ist, detailliertere Informationen über das Rankingsystem bereitzustellen.

Der Wert, der für die Rangfolge verwendet wird, ist das kleinste Element, das erforderlich ist, um eine Rangfolge für eine Liste oder Tabelle anzuzeigen. Die Beschreibung der Rangfolge und das Änderungskennzeichen erweitern den Grundwert der Rangfolge, sind aber möglicherweise nicht immer erforderlich. Neben diesen drei primären Elementen der Rankingkomponente gibt es noch zwei weitere Faktoren zu beachten:

- **Semantische Farben**
Diese können verwendet werden, um die Meldung der Rangfolge hervorzuheben. Verwenden Sie semantische Farben basierend auf Werten, wenn Datenpunkte hervorgehoben

werden sollen, die positiv, neutral oder negativ sind. Abhängig von den festgelegten Schwellenwerten kann die Farbe jedes Datenpunkts rot, grün oder orange sein.
- **Präsentationsvarianten**
  Diese Variationen ermöglichen es dem Rankingkonzept, verschiedene Darstellungen desselben Datenpunkts zu unterstützen. Die entsprechende Darstellung hängt von der Rolle und dem Anwendungsfall sowie von der relativen Bedeutung der Rangfolge in der Anwendung ab. Wenn die Rangfolge beispielsweise Teil des Datensatzes ist, aber für die Rolle oder Aufgabe nicht relevant ist, sollte die Verwendung einer semantischen Farbe vermieden und die Rangfolge wie alle anderen Werte in der Tabelle dargestellt werden.

Um zusätzliche Einblicke in die Rangfolge für ein bestimmtes Objekt zu erhalten, kann der Benutzer die Rankingdetails anzeigen, wie in Abb. 17.6 dargestellt. Der Detaildialog wird durch Klicken oder Tippen auf das *Ranking-Kennzeichen* ❶ ausgelöst. In den Rankingdetails werden die Position des Objekts im Gesamtranking ❷ und die einzelnen Rankingkomponenten ❸ erläutert. Ein Vergleich ❹ zwischen dem aktuellen Objekt und dem durchschnittlichen Punktwert für alle anderen Objekte sollte ebenfalls berücksichtigt werden. Durch den Vergleich einzelner Werte mit einem Gesamtergebnis können Benutzer ihre Wichtigkeit beurteilen.

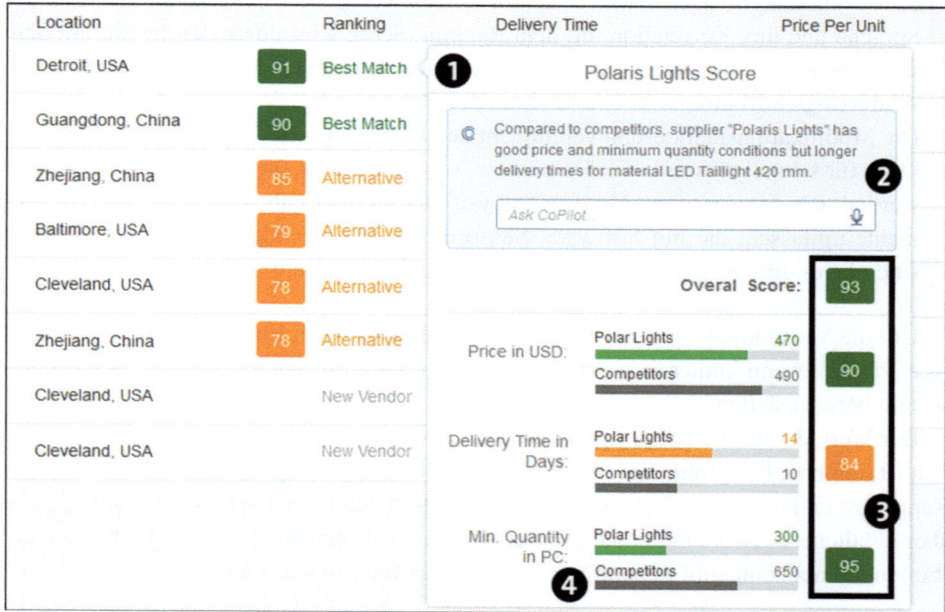

Abb. 17.6 Ranglistendetails

17.3 Fazit

In den letzten Jahren hat die Benutzererfahrung deutlich an Bedeutung gewonnen, da Unternehmen sie zunehmend nicht nur als reine Designfunktion, sondern auch als wirtschaftlichen Nutzen betrachten. Diese Betrachtungsweise verspricht langfristige Wettbewerbsvorteile und eine hohe Zufriedenheit bei Mitarbeitern und Kunden. Daher ist die kontinuierliche Weiterentwicklung und Verbesserung der Benutzererfahrung unerlässlich. Die Integration von Funktionen der Künstlichen Intelligenz in Benutzeroberflächen erfordert spezielle Gestaltungsmethoden und die Bereitstellung neuer Technologien für die Benutzeroberflächen. Nur durch die richtige Integration in die Benutzungsoberflächen kann der unmittelbare Nutzen der Künstlichen Intelligenz effektiv ausgeschöpft werden. In diesem Abschnitt haben wir die betriebswirtschaftlichen Anforderungen erläutert und die notwendige technische Implementierung für die Gestaltung von Benutzungsoberflächen für intelligente Systeme vorgeschlagen. Ziel war es, den Anwender optimal zu führen und die Aufmerksamkeit durch Benachrichtigungen auf die Aufgaben mit der höchsten Priorität zu lenken. Darüber hinaus erleichtern zahlreiche weitere Gestaltungsmuster der Künstlichen Intelligenz die Arbeit des Benutzers, beispielsweise durch Erklärungen, Abgleich, Rankings, Empfehlungen sowie Prognosen.

Einbettung generativer KI 18

In diesem Kapitel beschreiben wir die Geschäftsanforderungen und schlagen ein Lösungskonzept für die Einbettung generativer Künstlicher Intelligenz in ERP-Software vor. Generative Künstliche Intelligenz hat das Potenzial, die Art und Weise, wie wir Künstliche Intelligenz in verschiedenen Branchen und Bereichen anwenden, radikal zu verändern. Durch die Nutzung der Stärke dieser Modelle können Benutzer ohne technischen Hintergrund ihre geschäftlichen Ausforderungen bewältigen, indem sie diese in natürlicher Sprache formulieren. Dies eröffnet Unternehmen und Einzelpersonen eine breite Palette an Möglichkeiten. Im Kontext von ERP-Systemen stellen sich die zentralen Fragen, welchen Mehrwert generative Künstliche Intelligenz bietet, welche technischen Anforderungen zu erfüllen sind und wie sich diese Technologie in Geschäftsanwendungen integrieren lässt. Die Beantwortung dieser Fragen ist das Ziel dieses Kapitels.

18.1 Geschäftsanforderung

Die Konzepte *Grundlagenmodelle*, große *Sprachmodelle* und *generative Künstliche Intelligenz* sind miteinander verbundene Bereiche innerhalb der Künstlichen Intelligenz, speziell im Bereich der Verarbeitung natürlicher Sprache und des maschinellen Lernens. Im Folgenden erklären wir kurz die einzelnen Begriffe und wie sie zueinander in Beziehung stehen:

1. **Grundlagenmodelle (Foundation Models)**: Dies sind vortrainierte Modelle für maschinelles Lernen, die als Ausgangspunkt oder Basis für spezifischere Modelle oder Anwendungen verwendet werden. Diese Modelle werden üblicherweise mit großen Datenmengen trainiert und können allgemeine Funktionen und Darstellungen der Daten erfassen. Durch Feinabstimmung dieser Modelle mit kleineren, aufgabenspezi-

fischen Datensätzen können Modelle erstellt werden, die bei unterschiedlichen Aufgaben effektiv sind. Beispiele für Grundlagenmodelle sind die GPT-3-, BERT- und CLIP-Modelle von OpenAI.
2. **Große Sprachmodelle (Large Language Models (LLMs))**: Dies ist eine spezielle Art von Grundlagenmodell, das speziell für die Verarbeitung natürlicher Sprache entwickelt wurde. Große Sprachmodelle werden mit umfangreichen Textdaten trainiert und können kohärente und kontextrelevante Antworten generieren, Übersetzungen durchführen, Fragen beantworten und mehr. Der Begriff *groß* bezieht sich auf die Größe des Modells, die meist anhand der Anzahl der Parameter gemessen wird. Größere Modelle haben eine höhere Kapazität, komplexe Muster zu erlernen, was zu einer besseren Leistung bei vielseitigen Aufgaben führt. Ein Beispiel für ein großes Sprachmodell ist GPT-3, das über 175 Mrd. Parameter verfügt.
3. **Generative Künstliche Intelligenz**: Dieser Begriff bezieht sich auf eine breite Klasse von KI-Modellen, die in der Lage sind, basierend auf den während des Trainings erlernten Mustern und Strukturen neue Datenbeispiele zu generieren. Diese Modelle können Text, Bilder, Musik oder jede andere Art von Daten erstellen, indem sie aus einer Wahrscheinlichkeitsverteilung Sampling betreiben. Große Sprachmodelle sind eine Form der generativen Künstlichen Intelligenz, da sie Text generieren können, basierend auf einem bestimmten Kontext oder einer Eingabeaufforderung.

Grundlagenmodelle sind daher ein allgemeines Konzept im maschinellen Lernen, und große Sprachmodelle sind eine spezialisierte Form von Grundlagenmodellen, die für Aufgaben der Verarbeitung natürlicher Sprache entwickelt wurden. Beide Modelltypen können als Formen der generativen Künstlichen Intelligenz betrachtet werden, da sie in der Lage sind, basierend auf erlernten Mustern neue Daten zu erzeugen. Die Entwicklung fortschrittlicherer Grundlagenmodelle und großer Sprachmodelle trägt zu den Fortschritten in der generativen Künstlichen Intelligenz und deren potenziellen Anwendungen bei. Generative Künstliche Intelligenz bezeichnet eine Art von Künstlicher Intelligenz, die neue Inhalte, Daten oder Muster auf Basis vorhandener Beispiele erstellt. Diese Modelle wurden entwickelt, um Ausgaben zu generieren, die menschlich erstellten Inhalten ähneln, wie z. B. Text, Bilder, Musik oder sogar Videos. Sie lernen aus existierenden Daten und sind in der Lage, neue Inhalte zu erzeugen, indem sie die zugrunde liegenden Strukturen und Muster verstehen und nachahmen. Eine der beliebtesten Techniken in der generativen Künstliche Intelligenz sind Generative Adversarial Networks (GANs), die aus zwei neuronalen Netzwerken bestehen: einem Generator und einem Diskriminator, die gegeneinander antreten. Der Generator erzeugt gefälschte Daten, während der Diskriminator versucht, echte von gefälschten Daten zu unterscheiden. Dieser Prozess verbessert die Leistung des Generators zunehmend, bis der Unterschied kaum noch zu erkennen ist. Ein weiterer populärer Ansatz sind Variational Autoencoders (VAEs), unüberwachte Modelle, die lernen, Daten zu komprimieren und wiederherzustellen. VAEs können neue Daten durch Sampling aus der gelernten komprimierten Darstellung erzeugen. Generative Künstliche Intelligenz findet zahlreiche Anwendungen, wie zum Beispiel die Erstellung realistischer

Bilder, das Generieren von Texten, das Komponieren von Musik und das Entwerfen neuer Moleküle für die Medikamentenforschung. Im Bereich der ERP-Software fokussieren sich die primären Anfragen auf die zusätzlichen Vorteile der generativen Künstlichen Intelligenz, die erforderlichen technischen Spezifikationen und die Methoden zur Einbindung dieser Technologie in Geschäftsanwendungen. Diese Aspekte werden in diesem Abschnitt behandelt. Da generative Künstliche Intelligenz jedoch ein relativ neues Forschungsthema ist, gibt es noch keine endgültigen Antworten auf alle Fragen. Generative Künstliche Intelligenz hat das Potenzial, die Art und Weise, wie wir Künstliche Intelligenz in verschiedenen Branchen und Bereichen anwenden, radikal zu verändern. Durch die Nutzung der Funktionen dieser fortschrittlichen Modelle können auch technisch nichtversierte Benutzer ihre Geschäftsaufgaben nun einfach lösen, indem sie sie in natürlicher Sprache beschreiben. Dies eröffnet Unternehmen und Einzelpersonen die Möglichkeit, die Funktionen von Künstlicher Intelligenz zu nutzen, ohne dass sie umfassendes technisches Fachwissen benötigen. Grundlagenmodelle, wie die GPT-Serie von OpenAI, sind so konzipiert, dass sie für eine Vielzahl von Aufgaben ohne erneutes Training weitgehend anwendbar sind. Mit diesen Modellen können Unternehmen ihre Prozesse optimieren, die Entscheidungsfindung verbessern und repetitive Aufgaben automatisieren, was letztlich zu Wachstum und Innovation führt. Ein weiterer Vorteil ist die Anpassungsfähigkeit generativer Künstliche-Intelligenz-Modelle. Diese Modelle können so angepasst werden, dass sie spezifische Aufgaben relativ schnell ausführen, wodurch Unternehmen maßgeschneiderte Lösungen für ihre Bedürfnisse implementieren können. Zur Veranschaulichung, wie generative Künstliche Intelligenz angewendet werden kann, hier einige beispielhafte Anwendungsfälle:

1. **Inhaltsgenerierung**: Erstellen von Artikeln, Blog-Beiträgen, Social-Media Inhalten, E-Mail-Entwürfen, Produktbeschreibungen oder sogar Gedichten und Geschichten basierend auf einem bestimmten Thema oder Schlüsselwörtern.
2. **Beantwortung von Fragen**: Entwickeln von Systemen, die Fragen basierend auf einem spezifischen Kontext oder einer Wissensdatenbank beantworten und Erkenntnisse aus großen Datenmengen oder Textsammlungen extrahieren.
3. **Konversationsagenten**: Entwickeln von Chatbots oder virtuellen Assistenten, die Benutzeranfragen beantworten, Kundensupport leisten oder allgemeine Gespräche führen können.
4. **Textzusammenfassung**: Erstellen kurzer Zusammenfassungen von langen Artikeln, Nachrichten oder Forschungspapieren, um den Benutzern zu helfen, die Hauptideen schnell zu verstehen.
5. **Übersetzung**: Übersetzen von Text zwischen verschiedenen Sprachen unter Beibehaltung des ursprünglichen Kontextes und der Bedeutung.
6. **Stimmungsanalyse**: Analysieren des Tons und der Stimmung eines Textes, wie z. B. Bewertungen, Tweets oder Kommentare, und Einordnung in positiv, negativ oder neutral.

7. **Textklassifizierung**: Fine-Tuning von Grundlagenmodellen, um Text in bestimmte Gruppen zu kategorisieren, wie Spam-Erkennung, Themenklassifizierung oder Absichtserkennung.
8. **Codegenerierung**: Generieren von Code in verschiedenen Programmiersprachen basierend auf einer Beschreibung in natürlicher Sprache oder automatische Vervollständigung von Code für Entwickler.
9. **Datengenerierung**: Generieren neuer Datenbeispiele für das Training von Modellen für maschinelles Lernen, um ihre Leistung und Generalisierungsfähigkeit zu verbessern, sowie Modultests für die Codebewertung.
10. **Informationsextraktion**: Extrahieren strukturierter Informationen aus unstrukturiertem Text, wie z. B. Namen, Datumsangaben, Adressen oder andere relevante Daten.
11. **Personalisierung**: Generieren personalisierter Inhalte, Empfehlungen oder Erfahrungen für Benutzer basierend auf deren Präferenzen, Interessen oder vergangenem Verhalten.
12. **Kreative Anwendungen**: Unterstützung beim Brainstorming von Ideen, Generieren von Namen für Produkte oder Unternehmen, Erstellen von Werbeslogans, Schreiben von Liedtexten, Generieren von Bildern/Videos/Stimmen.

Generative Künstliche Intelligenz für ERP-Systeme bietet zahlreiche Vorteile und kann die Benutzerfreundlichkeit erheblich verbessern, die Inhaltserstellung optimieren und die Produktivität von Entwicklern steigern. Einer der wichtigsten Vorteile ist die Verbesserung der Software- und Serviceerfahrung für Kunden. Durch die Interaktion mit der Software in natürlicher Sprache können Benutzer einfacher durch das System navigieren und auf die Funktionen zugreifen, die sie benötigen. Die Automatisierung im Kundensupport kann zu einer schnelleren Problemlösung und höherer Zufriedenheit führen. Durch den dialogorientierten Abruf von Informationen können Benutzer die benötigten Daten effizienter verwenden, was die gesamte Benutzererfahrung angenehmer und produktiver macht. Darüber hinaus kann generative Künstliche Intelligenz bei der Erstellung von Inhalten und beim Wissensmanagement unterstützen. Sie kann verschiedene Arten von Inhalten erzeugen oder verbessern, wie z. B. Marketing- und Verkaufskopien, was es Unternehmen erleichtert, ihren Kunden ihren Mehrwert zu kommunizieren. Außerdem können die Modelle bei der Zusammenfassung von ERP-Dokumenten und Daten helfen, sodass Benutzer schnell die wichtigsten Punkte erfassen und fundierte Entscheidungen treffen können. Schließlich kann generative Künstliche Intelligenz die Geschwindigkeit und Effektivität von Entwicklern, die mit ERP-Systemen arbeiten, erhöhen. Funktionen wie die Codegenerierung aus natürlicher Sprache und die automatische Codevervollständigung ermöglichen es Entwicklern, effizienter zu arbeiten und die Zeit zu verkürzen, die erforderlich ist, um neue Funktionen oder Verbesserungen auf den Markt zu bringen. Die automatische Dokumentationserstellung sorgt zudem dafür, dass Entwickler Zugriff auf genaue und aktuelle Informationen haben, was den Entwicklungsprozess weiter optimiert. Für die Integration generativer Künstlicher Intelligenz in ERP-Software müssen folgende Anwendungsanforderungen berücksichtigt werden:

1. **Anbietervielfalt**: Es muss Offenheit für verschiedene Anbieter generativer Künstlicher Intelligenz geben, damit ERP-Entwicklungsteams eine Wahlmöglichkeit haben.
2. **Integrierte generative Künstliche Intelligenz**: Die generativen Künstliche-Intelligenz-Funktionen sollten systematisch in Geschäftsprozesse eingebettet werden, um die richtigen Funktionen der richtigen Person zur richtigen Zeit zur Verfügung zu stellen.
3. **Standardisierte Implementierung**: Für Entwickler muss das Programmiermodell auf ERP-Seite unabhängig von der verwendeten generativen Künstliche-Intelligenz-Technologie einheitlich sein.
4. **Standardisierte Abläufe**: Für Kunden müssen die Konfiguration und der Betrieb auf ERP-Seite unabhängig von der verwendeten generativen Künstliche-Intelligenz-Technologie einheitlich gestaltet sein.
5. **Modellanpassung**: Es sind Mechanismen und Werkzeuge für die Anpassung generativer Künstliche-Intelligenz-Modelle erforderlich, z. B. Integration von *Embeddings* und erneutes Training von Modellen, die vom ERP-Anbieter gehostet werden.
6. **Gesetzeskonformität**: Die ERP-Anwendung, die die generative Künstliche-Intelligenz-Technologie unterstützt, muss mit der Datenschutz-Grundverordnung (DSGVO), dem California Consumer Privacy Act (CCPA), dem Einwilligungsmanagement, der automatisierten Entscheidungsfindung, der Lesezugriffsprotokollierung und der rechtlichen Prüfung konform sein.
7. **Optimierte Suche**: Zur Sicherstellung von schneller Abfrage für generative Künstliche-Intelligenz-Embeddings soll die entsprechende Vektorsuchmaschine unterstützt werden.
8. **Validierung**: Es ist erforderlich, einen Validierungsmechanismus für Eingaben und Ausgaben der generativen Künstlichen Intelligenz bereitzustellen, z. B. Syntaxprüfung von generiertem Code oder Vermeidung von diskriminierenden Inhalten.
9. **Kundenseitiger Lebenszyklus**: Unterstützt das Lebenszyklusmanagement für Kundenaspekte wie die Einrichtung generativer Künstliche-Intelligenz-Technologie, das Fine-Tuning und die Überwachung von Modellen.
10. **Anbieterseitiger Lebenszyklus**: Unterstützt das Lebenszyklusmanagement für Anbieteraspekte wie Bereitstellung generativer Künstliche-Intelligenz-Modelle, Aktualisierung von Modellen, Supportabwicklung und Zero Downtime.
11. **Fehlerbehandlung**: Mechanismen und Werkzeuge für Fehlerbehandlung und -behebung, Business-Monitoring und Bereitstellung von Fallback-Modellen sind erforderlich.
12. **Performance**: Es wird gefordert, dass die vordefinierte Antwortzeit für synchrone generative Künstliche-Intelligenz-Inferenzaufrufe sichergestellt ist. Im Kontext von ERP-Systemen sind die typischen Erwartungen 150 ms für sofortige Reaktion, 1000 ms für einfache und 3000 ms für komplexe Interaktionen.
13. **Massenverarbeitung**: Für die Massenverarbeitung müssen asynchrone Inferenzaufrufe (Batch-Inferenz) unterstützt werden, obwohl die zugrunde liegenden generativen Künstliche-Intelligenz-Modelle in der Regel synchrone Verarbeitung unterstützen.

14. **Skalierbarkeit**: Die generative Künstliche-Intelligenz-Technologie muss mit der Anzahl der Aufrufe und der Anzahl der Kunden skalierbar sein.
15. **Datenintegration**: Die Datenextraktion für generative Künstliche-Intelligenz-Embeddings und das Fine-Tuning sollen die Erstdatenübernahme und das Delta-Management unterstützen und müssen auf ERP-Standardtechnologien basieren.
16. **Konfiguration**: Mechanismen und Werkzeuge für die Konfiguration der generativen Künstliche-Intelligenz-Technologie sind erforderlich, z. B. maximale Token-, Temperatur-, Anbieter- oder Hardwaregrenzen. Kundenkonfigurationen dürfen nach Updates und Upgrades nicht überschrieben werden.
17. **Erweiterbarkeit**: Es sind ein Mechanismus und Werkzeuge zur Erweiterung generativer Künstliche-Intelligenz-Anwendungen erforderlich. Kundenerweiterungen dürfen nach Updates und Upgrades nicht überschrieben werden.
18. **Lokalisierung**: Es ist erforderlich, funktionale Lokalisierungen für die generative Künstliche Intelligenz zu implementieren, wie die Unterstützung mehrerer Sprachen.
19. **Nutzungsmessung**: Die Unterstützung der Nutzungsmessung für die Verwendung generativer Künstlicher Intelligenz wird erwartet.
20. **KI-Ethik**: Generative Künstliche-Intelligenz-Anwendungen müssen den Prinzipien der KI-Ethik folgen (siehe Epilog).

Im nächsten Abschnitt wird der Lösungsvorschlag für die oben aufgeführten Anforderungen besprochen.

18.2 Lösungskonzept

In diesem Abschnitt wird erklärt, wie die Anforderungen aus dem vorherigen Kapitel gelöst werden können. Das Hauptprinzip besteht darin, den Entwicklern von ERP-Anwendungen zu ermöglichen, sich auf die Geschäftslogik zu konzentrieren, während die meisten Anforderungen durch die zugrunde liegenden Technologien und Frameworks abgedeckt werden. Diese technologie- und framework-bezogenen Anforderungen, wie Performance, Skalierbarkeit und optimierte Suche, nehmen wir als gegeben hin. In diesem Abschnitt konzentrieren wir uns nur auf spezifische Aspekte der generativen Künstlichen Intelligenz, die für die Entwicklung von ERP-Anwendungen relevant sind. Erkenntnisse aus aktuellen Anwendungsfällen zeigen, dass generative Künstliche-Intelligenz-Modelle, wie zum Beispiel groß Sprachmodelle, leistungsstark für viele Anwendungen sind. Diese Modelle müssen jedoch möglicherweise angepasst werden, um bestimmte Aufgaben oder Domänen optimal zu erfüllen. Um dies zu erreichen, können verschiedene Modellanpassungstechniken angewendet werden, zum Beispiel:

1. **Prompt Engineering**: Diese Technik besteht darin, Aufgaben oder Fragen in natürlicher Sprache zu erstellen, die das Modell anleiten, genauere und relevantere Antworten zu generieren. Durch sorgfältiges Entwerfen von Eingabeaufforderungen kann das

Modell effektiv dazu gebracht werden, sich auf die gewünschten Aspekte der Aufgabe zu konzentrieren und so die Gesamtleistung zu verbessern.
2. **Embeddings**: Das Einfügen von externem Wissen durch Einbettungen kann die Fähigkeit eines Modells, sich an domänenspezifisches Wissen anzupassen, erheblich verbessern. Embeddings stellen Informationen in einem numerischen Format dar, das das Modell einfach verarbeiten und aus dem es lernen kann. Durch die Integration domänenspezifischer Embeddings (z. B. für guten Code oder Produktdokumentation) oder vordefinierter Embeddings aus verschiedenen Quellen kann das Modell besser verstehen und kontextbezogene Ausgaben liefern.
3. **Fine-Tuning**: Eine weitere Möglichkeit, Grundlagenmodelle anzupassen, besteht darin, die Parameter für einen kleinen Satz Daten zu modifizieren, die für die Zielaufgabe spezifisch sind. Dieser Prozess umfasst die Aktualisierung der Modellgewichte durch Gradientenabstieg und Rückwärtspropagation, damit das Modell die Nuancen der Aufgabe besser versteht und seine Leistung verbessert. Fine-Tuning ist besonders effektiv, wenn nur begrenzte Daten für das Training zur Verfügung stehen.

Durch die Kombination dieser Techniken können wir Modelle erfolgreich an eine Vielzahl von Aufgaben und Domänen anpassen, ihr volles Potenzial ausschöpfen und ihre Leistung verbessern, um unsere spezifischen Anforderungen zu erfüllen. Diese Methoden zur Anpassung von Modellen sind ein neuer Aspekt in der Anwendungsentwicklung und werden in der in Abb. 18.1 dargestellten Lösungsarchitektur berücksichtigt. Für die Implementierung generativer Künstliche-Intelligenz-Anwendungen haben wir folgende Realisierungsmuster identifiziert:

1. **Digitaler Assistent**: Für Anwendungsfälle mit Fragen und Antworten sollten Lösungen für digitale Assistenten (Chat-Bots) verwendet werden. Generative Künstliche-Intelligenz-Funktionen werden derzeit in die zugrunde liegenden Technologien für digitale Assistenten integriert. Anwendungen können dem etablierten Programmiermodell für digitale Assistenten folgen und indirekt generative Künstliche Intelligenz nutzen.
2. **Basic Prompting**: Geschäftsanwendungen mit einfachen Anforderungen an das Prompt Engineering sollten die Funktionen zur Erstellung von Prompts der ERP-Plattform nutzen. Vordefinierte *Prompt-Vorlagen*, bei denen nur Parameter durch konkrete Werte ersetzt werden, sind ein Beispiel für diese Kategorie. Diese einfachen Prompts werden auf generativen Künstliche-Intelligenz-Modellen ausgeführt, die extern gehostet oder auf der KI-Technologieplattform implementiert werden.
3. **Advanced Prompting**: Geschäftsanwendungen mit anspruchsvolleren Anforderungen an das Prompt Engineering sollten die Funktionen zur Erstellung von Prompts der KI-Technologieplattform nutzen. Prompts, einschließlich Embeddings, erfordern Vektorsuchmaschinen und sind ein Beispiel für diese Kategorie. Die Ausführung von Prompts basiert ebenfalls auf generativen Künstliche-Intelligenz-Modellen, die extern gehostet oder auf der KI-Technologieplattform implementiert werden.

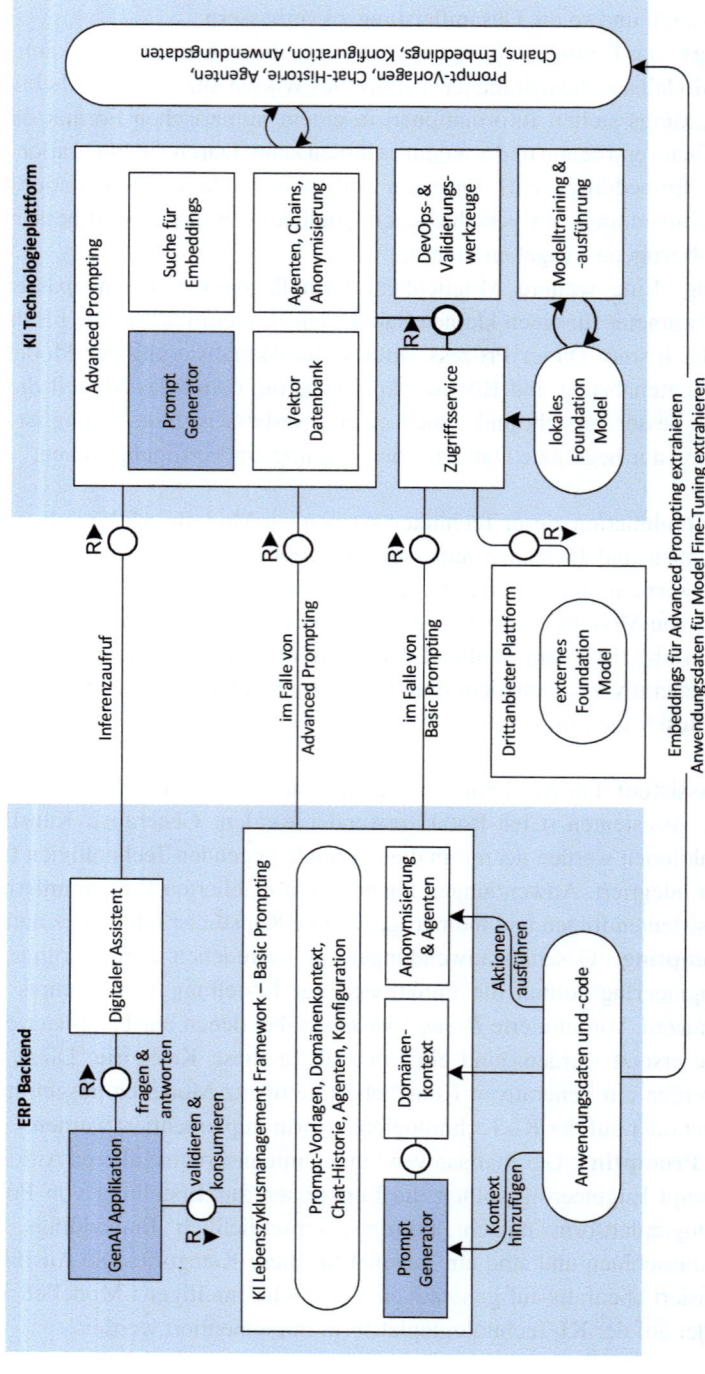

Abb. 18.1 Architektur zur Einbettung generativer Künstlicher Intelligenz

18.2 Lösungskonzept

4. **Modell-Neutraining**: Für Anwendungen, bei denen vortrainierte generative Künstliche-Intelligenz-Modelle nicht ausreichen und ein Fine-Tuning erforderlich ist, sollten die Funktionen zur Bereitstellung und zum Neutraining der KI-Technologieplattform für generative Künstliche-Intelligenz-Modelle genutzt werden. Die Idee besteht darin, die oberen Schichten der zugrunde liegenden Modelle mit anwendungsspezifischen Daten zu trainieren. Die vorherigen drei Realisierungsmuster können dann auf diese lokalen generativen Künstliche-Intelligenz-Modelle angewendet werden.

Die in Abb. 18.1 vorgeschlagene Lösungsarchitektur realisiert die zuvor erläuterten Realisierungsmuster für die Einbettung generativer Künstlicher Intelligenz in ERP. Für Frage-Antwort-Anwendungsfälle ist die digitale Assistententechnologie vorgesehen. Unabhängig vom Realisierungsmuster integriert die generative Künstliche-Intelligenz-Anwendung die Funktionen tief in die Geschäftsprozesse und Benutzeroberflächen mithilfe von Inferenz-APIs. Für die harmonisierte Implementierung und den Betrieb generativer Künstlicher Intelligenz wird das bereits vorgeschlagene Framework für das KI-Lebenszyklusmanagement verwendet. Für die Modellanpassung wird das Framework für KI-Lebenszyklusmanagement das Basic Prompting und die KI-Technologieplattform das erweiterte Prompting bereitstellen.

Der Prompt-Generator erstellt Prompt-Vorlagen für einen bestimmten Anwendungsfall während der Designphase und füllt die Parameter zur Laufzeit mit konkreten Werten. Erklären wir dies anhand des folgenden Beispiels:

Prompt-Vorlage für den Anwendungsfall Interne Stellenausschreibung

- Sie sind ein Assistent und können ansprechende Stellenbeschreibungen für ein internationales Unternehmen mit dem Namen **[company_name]** generieren.
- Benutzer geben strukturierte Daten für eine Planstelle ein. Sie sollten eine HTML-formatierte Jobbeschreibung generieren.
- Vermeiden Sie Vorurteile, die auf körperlichem Erscheinungsbild, ethnischer Zugehörigkeit oder Rasse basieren. Ersetzen Sie unangemessene Sprache durch inkludierende Sprache. Sollte das nicht möglich sein, dann lehnen Sie ab.
- Geben Sie die Antwort in **[Sprache]**.
- Generieren Sie eine interne Stellenbeschreibung für **[Stellenbezeichnung]**. Der Kandidat muss über **[Skill-01]**, **[Skill-02]** und **[Skill-03]** verfügen.
- Einstellende Führungskraft ist **[Manager]** und Personalbeschaffer ist **[HR Employee]**.
- Lokation ist **[Location]** und Arbeitsbeginn ist **[Startdatum]**.

Die oben erwähnte Prompt-Vorlage enthält Parameter, die in eckigen Klammern dargestellt sind. Während der Designphase werden solche Vorlagen definiert und gespeichert. Die entsprechende generative Künstliche-Intelligenz-Anwendung stellt die Werte für die Parameter zur Laufzeit bereit, wenn die generative Künstliche-Intelligenz-Funktion genutzt wird. Der Prompt Generator verwendet nur die Textfunktion und ersetzt die Parameter durch konkrete Werte. Die Ablage der Prompt-Vorlagen auf der ERP-Plattform für Basic Prompting vereinfacht das Lebenszyklusmanagement erheblich (z. B. Versionenabhängigkeit von Vorlagen und ERP-System). Je nach Anwendungsfall muss dem Prompt zusätzlicher Kontext hinzugefügt werden. Dies können existierende Beispiele sein (z. B. für gute Stellenbeschreibungen), die von der Komponente *Domänenkontext* behandelt werden. Für Advanced Prompting (z. B. PDF-Dokumente mit Stellenbeschreibungen für verschiedene Stellenkategorien) kann ein komplexerer Kontext erforderlich sein, bei dem Embeddings von Vektorsuchmaschinen bei der Verarbeitung dieser Anforderungen hilfreich sind. Eine Vektorsuchmaschine ist eine Art Suchmaschine, die Vektordarstellungen verwendet, um nach relevanten Informationen zu suchen. Im Gegensatz zu herkömmlichen, auf Schlüsselwörtern basierenden Suchmaschinen nutzen Vektorsuchmaschinen mathematische Techniken, um die Bedeutung von Wörtern, Phrasen, Sätzen oder Dokumenten in einem hochdimensionalen Vektorraum zu repräsentieren und zu verarbeiten. Die Grundidee besteht darin, dass semantisch ähnliche Elemente ähnliche Vektordarstellungen haben. Vektorsuchmaschinen sind besonders nützlich für Aufgaben der Informationsbeschaffung wie Dokumentenabfragen, Frage-Antwort-Lösungen und Empfehlungssysteme, bei denen das Verständnis der Bedeutung und des Kontexts der Abfrage für das Auffinden relevanter Ergebnisse entscheidend ist. Prompts können datenschutzbezogene Informationen enthalten (z. B. einstellende Führungskraft und Personalbeschaffer im obigen Stellenbeschreibungsbeispiel), die nicht an externe generative Künstliche-Intelligenz-Modelle gesendet werden sollen. Um diese Anforderung zu erfüllen, werden die betroffenen Daten anonymisiert, bevor sie für das externe generative Künstliche-Intelligenz-Modell bereitgestellt werden. Diese Anonymisierungsfunktionalität wird in der Lösungsarchitektur beschrieben und kann beispielsweise mit dem entsprechenden ERP-Datenbanksystem implementiert werden. Weitere gesetzliche Anforderungen wie Auditing, Protokollierung, Einwilligungsmanagement und automatisierte Entscheidungsfindung werden mit vorhandenen und bereits eingeführten Methoden und Werkzeugen sichergestellt (siehe Kapitel Datenschutz). Prompts werden als Anfrage an den *Zugriffsservice* übergeben, der sie dann an das extern gehostete oder lokal betriebene generative Künstliche-Intelligenz-Modell weiterleitet. Die bereitgestellte Antwort wird deanonymisiert (anonymisierte Parameter werden durch ursprüngliche Werte ersetzt) und an die generative-Künstliche-Intelligenz-Anwendung gesendet, die sie validiert und verwendet. Eine Validierung kann notwendig sein, um Sicherheitslücken wie Injections zu vermeiden oder lediglich die Syntaxkorrektheit des generierten Quelltexts zu prüfen. Für die Orchestrierung von Prompts über mehrere generative Künstliche-Intelligenz-Modelle hinweg oder zum Auslösen von Aktionen aus generativen Künstliche-Intelligenz-Antworten sind entsprechende *Chains* und *Agenten* vorgesehen. Zum Extrahieren von Embeddings oder Anwendungen für das Modell-Fine-Tuning kann der etablierte Datenintegrationsmechanismus von ERP-Systemen verwendet werden (siehe Kapitel Datenintegration). In einfachen Szenarien kann die Lokalisierung innerhalb des Prompts aufgelöst werden (z. B. die Antwort in [Sprache] bereitstellen), erfordert möglicherweise jedoch

18.2 Lösungskonzept

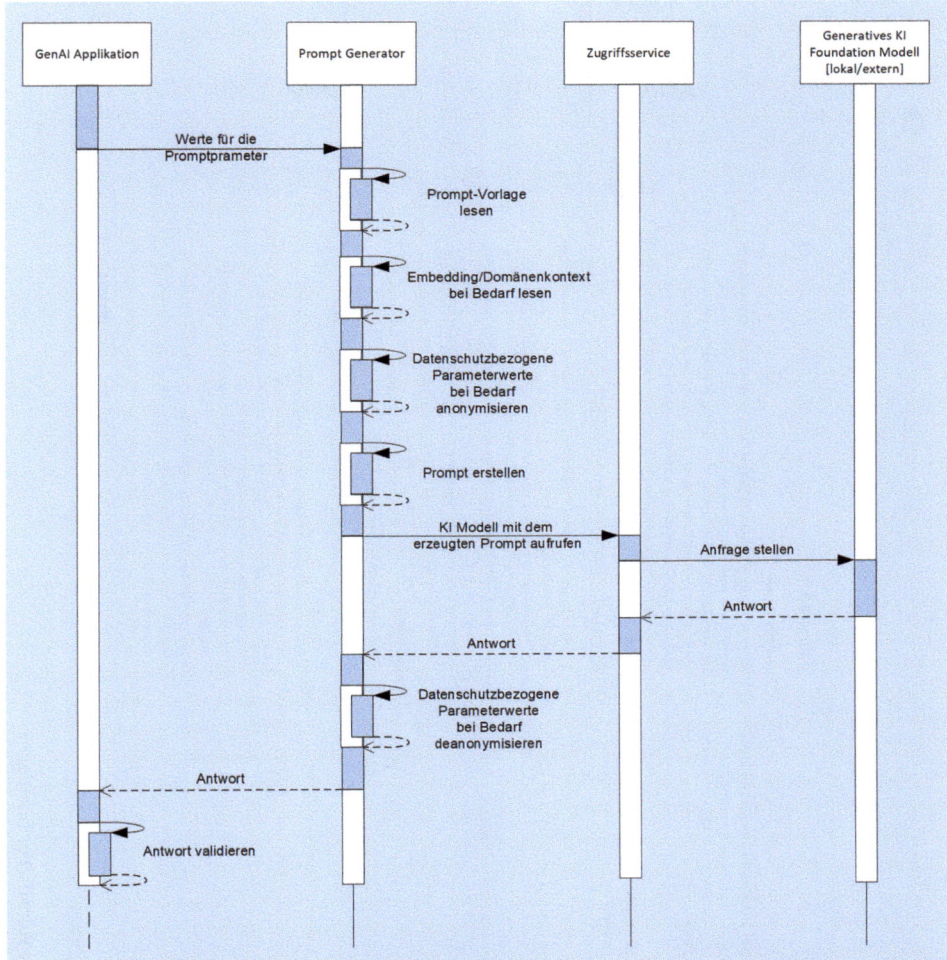

Abb. 18.2 Prozessierung von Prompts der generativen Künstlichen Intelligenz

auch die Übersetzungsinfrastruktur für das gesamte Prompt. Das oben erläuterte Laufzeitverhalten ist in Abb. 18.2 zusammengefasst.

Die praktische Umsetzbarkeit des Konzepts wird in Abb. 18.3 anhand des oben erwähnten Beispiels der Jobbeschreibung veranschaulicht, das wir nun näher erläutern. In der schnelllebigen Welt der Personalbeschaffung stehen HR-Experten oft vor der Herausforderung, in kurzer Zeit überzeugende Stellenbeschreibungen zu erstellen. Die Qualität dieser Beschreibungen beeinflusst erheblich ihre Relevanz für potenzielle Bewerber, was sie zu einem entscheidenden Aspekt des Einstellungsprozesses macht. Außerdem ist die Einhaltung der Konsistenz zwischen den Stellenbeschreibungen für ein effektives Branding unerlässlich. Der Zeitdruck, sich auf Bewerbergespräche vorzubereiten, führt jedoch

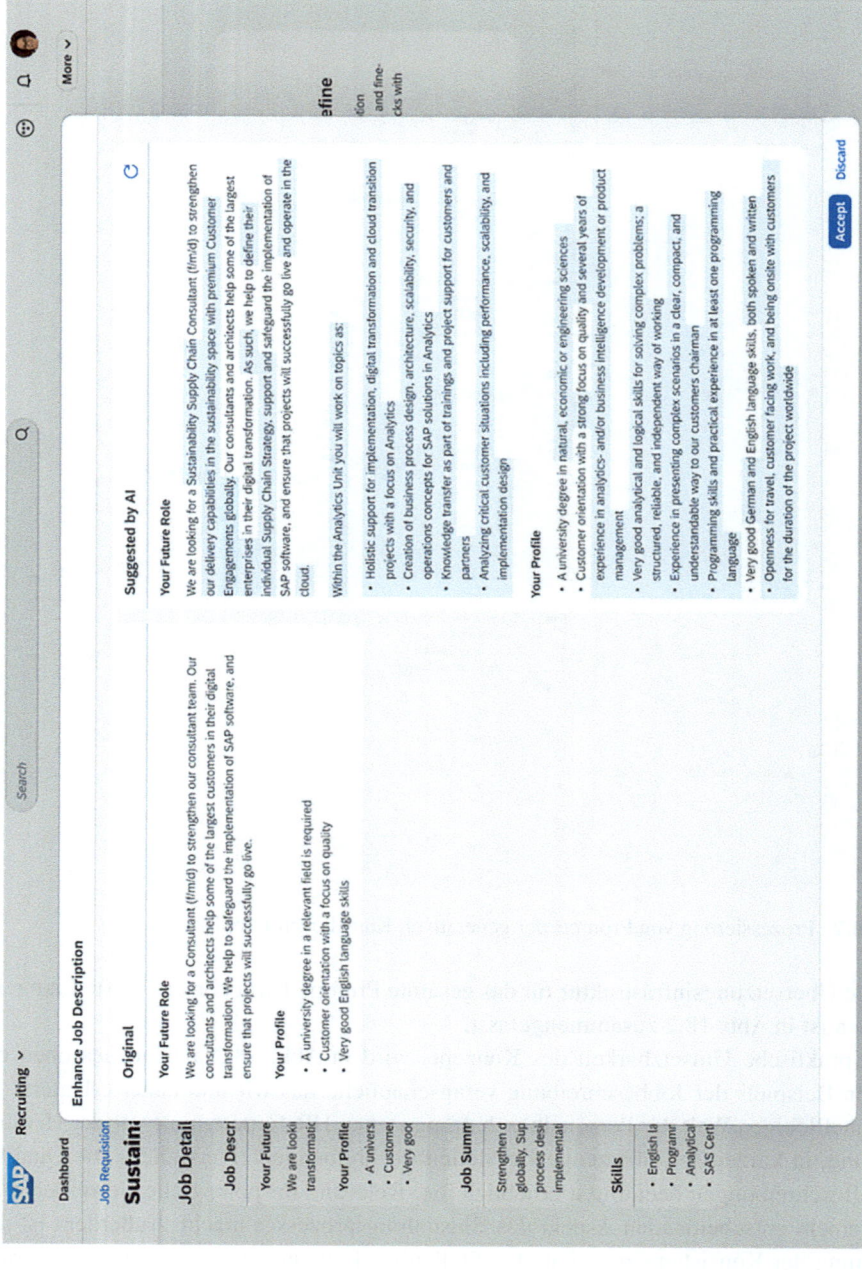

Abb. 18.3 Stellenbeschreibung mit generativer Künstlicher Intelligenz

oft zu Kompromissen bei der Qualität von Stellenbeschreibungen. Dies betrifft nicht nur die Qualität der Bewerber, sondern behindert auch die gesamten Bemühungen um das Branding. Die Lösung für diese Herausforderungen besteht darin, generative Künstliche Intelligenz zu nutzen, um schnell Stellenbeschreibungen zu entwerfen, die gut strukturiert sind und Vorurteile verringern. Für die Implementierung muss die für die Jobbeschreibung spezifische Prompt-Vorlage während der Designphase definiert und mithilfe des KI-Lebenszyklusmanagement-Frameworks in der ERP-Datenbank gespeichert werden. Dieses Framework behandelt auch die Konnektivität des generativen Künstliche-Intelligenz-Modells, das auf der KI-Technologieplattform gehostet wird. Zur Laufzeit gibt der HR-Mitarbeiter die konkreten Parameter für die Prompt-Vorlage an. Das Framework für das KI-Lebenszyklusmanagement erstellt basierend auf diesen Werten den Prompt, sendet ihn an das generative Künstliche-Intelligenz-Modell und stellt das Ergebnis an die Anwendung zurück. Dieser Ansatz stellt sicher, dass die Stellenbeschreibungen nicht nur überzeugend, sondern auch einheitlich sind und so das Markenimage des Arbeitgebers verbessern. Weiterhin können Personalbeschaffer auf der Grundlage der Stellenbeschreibung und des Lebenslaufs des Kandidaten maßgeschneiderte Fragen zu Bewerbungsgesprächen erhalten. Diese Funktion ermöglicht einen personalisierten und effektiveren Interviewprozess, der sicherstellt, dass die richtigen Fragen gestellt werden, um die Eignung des Kandidaten für die Rolle zu bewerten. Die Ergebnisse dieser Lösung sind vielfältig. Erstens reduziert sie den Zeit- und Kostenaufwand für die Erstellung von Stellenbeschreibungen erheblich. Diese Effizienz ermöglicht es HR-Profis, sich auf andere kritische Aspekte des Personalbeschaffungsprozesses zu konzentrieren. Zweitens verbessert sie die Qualität der Interviews und die Vorbereitung. Mit maßgeschneiderten Interviewfragen können Personalbeschaffer die Eignung eines Kandidaten für die Rolle besser bewerten, was zu erfolgreicheren Einstellungen führt. Schließlich steigert dieser gestraffte Ansatz für Stellenbeschreibungen und die Vorbereitung von Vorstellungsgesprächen die Attraktivität des Unternehmens als Arbeitgeber. Eine gut strukturierte Stellenbeschreibung lockt nicht nur die richtigen Talente an, sondern sendet auch eine positive Botschaft über das Engagement des Unternehmens für Fairness und Transparenz im Einstellungsprozess. Daher lässt sich sagen, dass die Zukunft der Personalbeschaffung darin besteht, die Kraft generativer Künstlicher Intelligenz zu nutzen, um Stellenbeschreibungen und die Vorbereitung von Vorstellungsgesprächen zu optimieren. Dieser Ansatz steigert nicht nur die Effizienz, sondern verbessert auch die Qualität der Einstellungen und trägt letztlich zum Unternehmenserfolg bei.

18.3 Fazit

Generative Künstliche Intelligenz kann ERP-Systeme wesentlich verbessern, indem sie die Benutzerfreundlichkeit erhöht, die Inhalte automatisiert erstellt und die Produktivität der Entwickler steigert. Sie kann Interaktionen in natürlicher Sprache erleichtern, den Kundensupport automatisieren, bei der Erstellung von Inhalten unterstützen, Dokumente zusammenfassen und sogar Code generieren. Diese Funktionen tragen zu einer effizienteren, angenehmeren und produktiveren Benutzererfahrung sowie zu einem produktiven Entwicklungsprozess bei. Generative Künstliche-Intelligenz-Modelle, wie große Sprachmodelle, haben in verschiedenen Anwendungen enormes Potenzial gezeigt. Allerdings erfordern sie häufig Anpassungen, um in spezifischen Aufgaben oder Domänen optimal zu funktionieren. Techniken wie das Prompt-Engineering, die Integration domänenspezifischer Embeddings und das Fine-Tuning der Modellparameter für aufgabenspezifische Daten können die Leistung des Modells erheblich verbessern. Diese Anpassungsmethoden sind ein entscheidender Aspekt der Anwendungsentwicklung und Lösungsarchitektur. Die vorgeschlagene Lösungsarchitektur integriert generative Künstliche Intelligenz in ERP-ysteme mithilfe des KI-Lebenszyklusmanagement-Frameworks für Implementierung und Betrieb und eines Prompt-Generators für spezifische Anwendungsfälle. Sie umfasst auch Datenschutzmaßnahmen wie die Anonymisierung vor dem Senden von Daten an externe generative Künstliche-Intelligenz-Modelle und die Deanonymisierung von Antworten mit Validierung, um Sicherheitsschwachstellen zu vermeiden. Zudem werden Vektorsuchmaschinen für Advanced Prompting und Kontextverständnis verwendet.

Teil III

Implementierungsframework und Fallstudien

In diesem Abschnitt erörtern wir die Anwendung der eingeführten Konzepte auf SAP S/4HANA als marktführende ERP-Lösung und demonstrieren, wie intelligente Geschäftsanwendungen implementiert werden können. Dabei handelt es sich um ERP-Anwendungen mit integrierten Funktionen für Künstliche Intelligenz. Wir schlagen ein Framework vor, das die beschriebenen Konzepte umsetzt und die Entwicklung und den Betrieb intelligenter Geschäftsanwendungen erleichtert. Die im vorherigen Abschnitt vorgeschlagenen Konzepte sind so weit wie möglich in das Framework integriert, sodass Entwickler die Implementierung für jedes KI-Szenario wiederverwenden können. Dies steigert die Entwicklungseffizienz, reduziert Fehlerquoten, harmonisiert das Programmiermodell und beschleunigt die Einführung neuer Konzepte. Das Framework abstrahiert von den zugrunde liegenden KI-Technologien, indem es den Geschäftsanwendungen stabile Programmierschnittstellen (APIs) zur Verfügung stellt. So müssen sich die Entwickler nicht um die volatilen KI-Technologien kümmern. ERP-Anwender erwarten eine einheitliche Konfigurations- und Betriebserfahrung für KI-Applikationen. Diese Aspekte werden ebenfalls durch das Framework abgedeckt, das das gesamte Lebenszyklusmanagement von KI-Szenarien optimiert. Folglich werden dem Business-Administrator, der die KI-Anwendungen betreibt, entsprechende Funktionen zur Verfügung gestellt. Ein zentrales Werkzeug für das Lebenszyklusmanagement reduziert die Betriebskosten und vereinfacht die Administrationsaufgaben. Das beschriebene Framework ist eine patentierte Erfindung des Autors und wird für die Implementierung aller Szenarien der Künstlichen Intelligenz in SAP S/4HANA verwendet. Das unterstreicht die Praktikabilität der theoretischen Konzepte, die im vorherigen Abschnitt erläutert wurden. Um die Funktionsfähigkeit der Konzepte und des Frameworks zu demonstrieren, werden reale Geschäftsanwendungen von SAP S/4HANA vorgestellt, die Funktionen für Künstliche Intelligenz einbetten. Als Fallbeispiele erläutern wir Szenarien in den Bereichen Finanzwesen, Bezugsquellenfindung und Beschaffung, Vertrieb, Bestand und Lieferkette. In einigen Anwendungsfällen wurden Ausweichlösungen implementiert, die kontinuierlich in die Zielarchitektur integriert werden. Dieser Teil basiert auf unseren Untersuchungen in Sarferaz (2021a) und unseren Patenten (https://patents.justia.com/inventor/siar-sarferaz).

Literatur

Sarferaz, S. (2021a). U.S. Patent Application No. 16/725,734. U.S. Patent and Trademark Office.

Implementierungs-Framework 19

In diesem Kapitel stellen wir ein Implementierungs-Framework vor, das die eingeführten Konzepte zur Einbettung von Künstlicher Intelligenz in ERP-Software umsetzt. Der Mehrwert des Frameworks liegt in der Standardisierung der Entwicklung der Embedded-AI- und Side-by-Side-AI-Architekturen, um die Effizienz zu erhöhen. Darüber hinaus übernimmt das Framework die technische Umsetzung der zuvor eingeführten Konzepte und macht diese so weit wie möglich unsichtbar für den Entwickler. Aktionen des Lebenszyklusmanagements wie das Trainieren von Modellen, das Analysieren von Modell-KPIs und das Implementieren von Modellen werden vom Framework ausgeführt. Das Framework besteht aus zwei Anwendungen: Eine Anwendung dient der Implementierung intelligenter Geschäftsanwendungen durch Entwickler, und die andere Applikation ist für den Betrieb durch Administratoren vorgesehen. In den nächsten Kapiteln wird das Framework für die Entwicklung von Fallstudien der SAP-ERP-Lösung verwendet und basiert daher auf SAP-Technologie. Wir erläutern das Framework aus der Perspektive von Entwicklern und Administratoren Schritt für Schritt.

19.1 Vergleich der Ansätze

In diesem Kapitel werden die Schritte zur Implementierung von Embedded AI und Side-by-Side AI erörtert. Zunächst geben wir einen kurzen Überblick über die für jede dieser Methoden erforderlichen Entwicklungsartefakte. Weiterhin werden wir Entscheidungskriterien für die Wahl der geeigneten Technik vorstellen. Das bereits zuvor eingeführte Kapitel zum Lebenszyklusmanagement bildet die zentrale konzeptionelle Grundlage für die Implementierung des KI-Lebenszyklusmanagement-Frameworks in diesem Kapitel. Für die konkrete Umsetzung des Frameworks nutzen wir SAP-Technologie. Das Framework umfasst die Implementierung und den Betrieb von Anwendungen der Künstlichen

Intelligenz und wird auch für die Entwicklung der Fallstudien in den nächsten Kapiteln verwendet. Abb. 19.1 zeigt eine visuelle Darstellung der Objekte, die Embedded AI und Side-by-Side AI gemeinsam haben. Außerdem werden die spezifischen Artefakte hervorgehoben, die Entwickler implementieren müssen. Unabhängig von der Art des verwendeten Ansatzes der Künstlichen Intelligenz gibt es zentrale Elemente. Dazu gehören insbesondere die KI-Applikation, das Intelligente Szenario und die CDS(Core Data Service)-View, die im Zentrum von Abb. 19.1 dargestellt sind. Die KI-Applikation dient als Integrationspunkt für die Funktionen der Künstlichen Intelligenz in Geschäftsprozesse und zugehörige Benutzeroberflächen. Das Intelligente Szenario fungiert als Konnektor für alle Entwicklungskomponenten, die für die KI-Applikation erforderlich sind, und ist besonders nützlich bei der Verwaltung von Lebenszyklusaspekten. Die CDS-View (Datenmodellsicht) ist für den Zugriff auf Anwendungsdaten für das Modelltraining vorgesehen. Bei dieser ABAP-Komponente wird während der Aktivierungsphase eine SQL-View auf den Anwendungstabellen erstellt. Alle SQL-Anfragen werden dann vom ABAP-Applikationsserver an die SQL-View geleitet, um eine optimale Performance zu gewährleisten.

Für Anwendungsfälle des Embedded-AI-Ansatzes, die auf der Automated Predictive Library (APL) basieren, ist keine Entwicklung erforderlich. Dies liegt daran, dass das Framework für das KI-Lebenszyklusmanagement automatisch die erforderlichen Komponenten generiert. Dies ist möglich, da die Automated Predictive Library die erforderliche KI-Logik für das Training als auch für die Erstellung von Prognosen in der Bibliothek beinhaltet. Wenn also die von der Automated Predictive Library unterstützten Algorithmen für einen bestimmten Anwendungsfall geeignet sind, ist diese Methode aus Entwicklungsperspektive die bevorzugte Wahl, hauptsächlich weil sie die Gesamtentwicklungskosten niedrig hält.

Für Embedded-AI-Anwendungsfälle, die mit der Predictive Analytics Library (PAL) umgesetzt werden, muss eine Klasse für die ABAP Managed Database Procedure (AMDP) bereitgestellt werden. Diese Klasse enthält Methoden zum Trainieren und Erstellen von Prognosen, die in SQLScript implementiert werden, um die erforderliche KI-Logik zu realisieren. Die Predictive Analytics Library wird für Szenarios verwendet, die spezielle Datenvalidierungen, Transformationen oder Funktionsreduzierungen erfordern, die von Automated Predictive Library nicht unterstützt werden. Die AMDP-Klasse muss ein vordefiniertes Interface implementieren und steht unter der Kontrolle des Entwicklers und ermöglicht die Entwicklung komplexer Logik. Für Side-by-Side AI-Anwendungsfälle, die auf der SAP Business Technology Platform (SAP BTP) basieren, müssen Pipelines für Training und Inferenz bereitgestellt werden, um die erforderliche KI-Logik umzusetzen. Diese Pipelines werden entweder grafisch modelliert oder basierend auf kodierten Operatoren für die Transformation, Validierung oder die Einbeziehung von Algorithmen. Das Entwicklungsobjekt KI-Szenario dient als Verbindung zwischen allen Komponenten, um den Lebenszyklus zu verwalten. Die Trainings- und Inferenz-Pipelines werden als REST-Services für die SAP-S/4HANA-Plattform zur Verfügung gestellt. Eine ABAP-Klasse ist notwendig, um diese REST-Services zu kapseln und für ABAP-Methoden nutzbar zu machen.

19.1 Vergleich der Ansätze

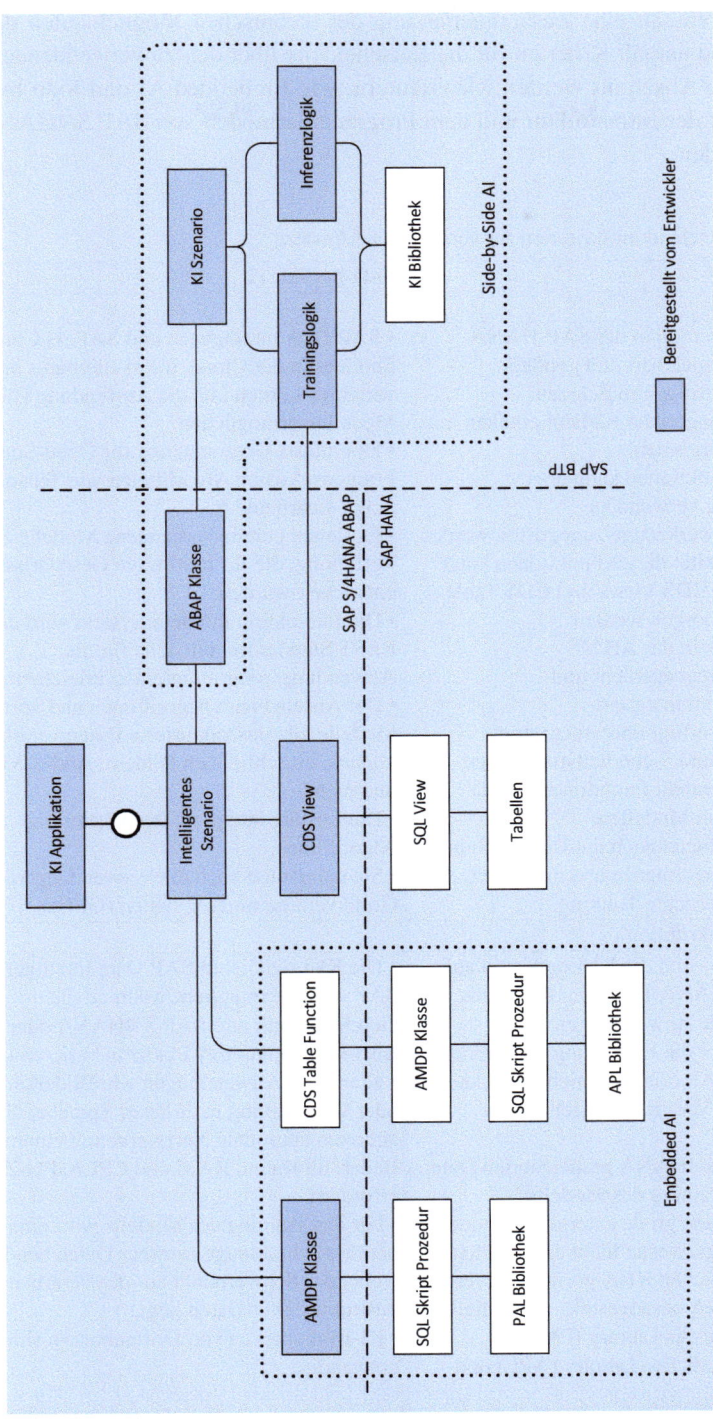

Abb. 19.1 Entwicklungsartefakte

Tab. 19.1 enthält eine Zusammenfassung der technischen Möglichkeiten der beiden Methoden und enthält Kriterien für die Entscheidung über den zu verwendenden Ansatz. Im folgenden Abschnitt werden wir erläutern, wie Embedded AI und Side-by-Side AI basierend auf der Infrastruktur und dem Programmiermodell von SAP S/4HANA implementiert werden.

Tab. 19.1 Entscheidungskriterien für verschiedene Ansätze

Embedded AI	Side-by-Side AI
Funktionalität	
• Die Daten werden in der SAP-HANA-Datenbank gespeichert und gepflegt. • Inferenzen erfolgen in Echtzeit. • Es gibt umfangreiche KI-Bibliotheken mit über 100 Algorithmen. • Auf diese Funktionen kann über standardmäßig verwendete Entwicklungswerkzeuge zugegriffen werden. • Die Komplexität dieser Funktionen kann innerhalb von CDS Views und CDS Table Functions verborgen werden. • Es ist nahtlos in das ABAP-Lebenszyklusmanagement und Transportsystem integriert. • Der Ansatz verfügt über integrierte Datenschutz- und Sicherheitsfunktionen. • Der Ansatz enthält Funktionen für die Verwaltung von Modellen. • Die Lösung bietet auch die Überwachung der Modell-Performance und unterstützt das automatische erneute Training.	• SAP Data Intelligence und SAP AI Core bieten Services in der Cloud, die skalierbares und verteiltes Lernen und die Anwendung von Modellen ermöglichen. • Es umfasst Unterstützung für Open-Source-Frameworks und Algorithmen wie TensorFlow, Scikit-Learn und R. • Es stehen bereits vorhandene Modelle zur Verfügung, die für bestimmte Geschäftsszenarios entwickelt wurden. • Die Interaktion mit dem System wird durch eine REST-Standardschnittstelle für die Anwendungsprogrammierung erleichtert. • Der Ansatz bietet Algorithmen und vortrainierte Modelle, die unstrukturierte Daten verarbeiten können, einschließlich Bildern, Audio, Video, Text und mehr. • Die Lösung integriert Deep-Learning-Algorithmen. • Sie unterstützt auch die Verwendung von Grafikverarbeitungseinheiten (GPUs).
Entscheidungskriterien	
• Die Business- und die KI-Logik sind auf der SAP-S/4HANA-Plattform umgesetzt. • Grundlegende Anwendungen wie Prognosen oder die Erkennung von Trends, bei denen die Algorithmen nicht viel Daten, Speicher oder Verarbeitungsleistung benötigen. • Die in SAP S/4HANA gespeicherten Daten sind für das Training des Modells ausreichend; eine große externe Datenquelle ist für Trainingszwecke nicht erforderlich. • Die erforderlichen KI-Algorithmen werden von SAP HANA bereitgestellt, einschließlich Predictive Analysis Library (PAL), Automated Predictive Library (APL) und Textanalyse.	• Die KI-Logik ist in SAP Data Intelligence oder SAP AI Core integriert, während die Geschäftslogik auf SAP S/4HANA oder SAP Business Technology Platform basieren kann. • Komplexe Anwendungen wie Bilderkennung oder Verarbeitung natürlicher Sprache, die unter anderem neuronale Netzwerke mit einem hohen Bedarf an Daten, RAM und CPU/GPU-Zeit erfordern. • Für das Training des Modells wird eine beträchtliche Menge externer Daten benötigt, wobei der Schwerpunkt auf der Verarbeitung unstrukturierter Daten liegt. • KI-Bibliotheken von Drittanbietern sind notwendig.

19.2 Implementierung von Embedded-AI-Applikationen

Wie bereits in Abb. 19.1 dargestellt, gibt es zwei verschiedene Arten der Umsetzung von Embedded AI, die jeweils von der verwendeten spezifischen Bibliothek für Künstliche Intelligenz abhängen. Die Automated Predictive Library (APL) wird mit einem integrierten Mechanismus zum Ausführen von Data-Science-Prozessen wie Datenvorverarbeitung oder Transformationen ausgeliefert. Das bedeutet, dass Entwickler diese Aspekte nicht manuell implementieren müssen, da alle erforderlichen Artefakte vom Framework für das KI-Lebenszyklusmanagement (Intelligent Scenario Lifecycle Management (ISLM)) generiert werden. Dieser automatisierte Prozess ist jedoch auf die Anzahl der in APL verfügbaren Algorithmen und ihren Anwendungsbereich eingeschränkt. Aus diesem Grund wird die Predictive Analysis Library (PAL) für komplexere Szenarien verwendet, in denen die APL nicht ausreicht. Dies gilt zum Beispiel, wenn die für einen bestimmten Anwendungsfall erforderlichen Algorithmen nicht von APL unterstützt werden oder wenn die Prognosegenauigkeit des produzierten Modells nicht zufriedenstellend ist. PAL bietet eine breitere Auswahl an Algorithmen als APL und ermöglicht eine individuelle Implementierung eines Anwendungsfalls für Künstliche Intelligenz, basierend auf der Untersuchung durch Data Scientisten. Der Nachteil ist jedoch, dass der Entwicklungsaufwand im Vergleich zu APL größer ist, da eine AMDP-Klasse implementiert werden muss.

In diesem Abschnitt werden die erforderlichen Implementierungsschritte für beide Varianten der Embedded AI erläutert. Die Implementierung basiert auf dem Framework für das KI-Lebenszyklusmanagement, das aus den beiden in Abb. 19.2 dargestellten SAP-Fiori-Apps besteht: der App *Intelligente Szenarios* und der App *Intelligentes Szenario Management*. Wir finden diese Anwendungen im SAP Fiori Launchpad unter INTELLIGENT SCENARIOS, indem wir dem Benutzer die Rolle SAP_BR_ANALYTICS_SPECIALIST zuordnen.

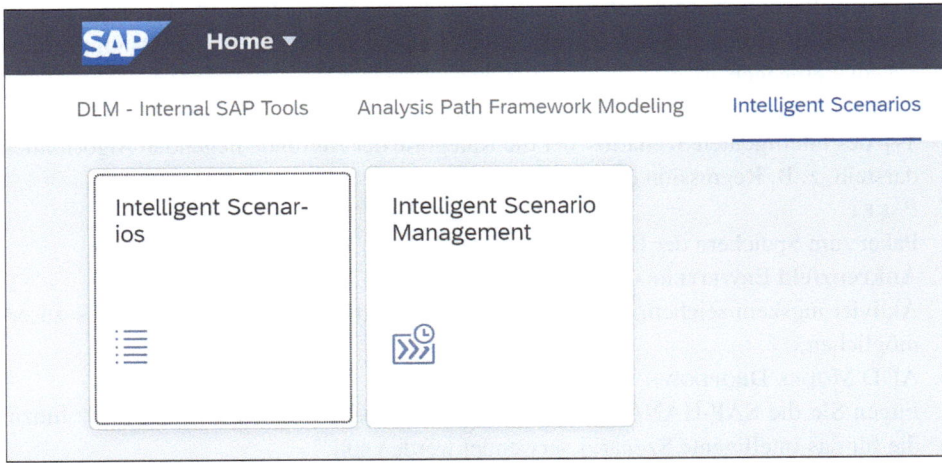

Abb. 19.2 SAP-Fiori-Apps für das KI-Lebenszyklusmanagement-Framework

Die Anwendung *Intelligente Szenarios* wird während der Designphase verwendet, sodass Entwickler das Intelligente-Szenario-Artefakt definieren können. Dieses Artefakt umfasst alle Entwicklungsobjekte für einen Anwendungsfall, unabhängig davon, ob Embedded AI oder Side-by-Side AI angewendet wird. Die Anwendung *Intelligentes Szenario-Management* wird während der Betriebszeit verwendet, sodass Kunden den gesamten Lebenszyklus ihrer KI-Modelle verwalten können, einschließlich Aufgaben wie Modelltraining und Aktivierung.

Betrachten wir nun die Schritte zur Implementierung der Embedded AI auf Basis von APL.

19.2.1 Generierter Ansatz basierend auf APL

Da unser Ziel darin besteht, die technischen Implementierungsschritte zu veranschaulichen, wählen wir einen einfachen Anwendungsfall aus, in dem der Steuerbetrag für Kundenaufträge vorhergesagt wird. Die Implementierung aller KI-Anwendungsfälle beginnt mit der Erstellung des *Designzeit-Artefakts* des *Intelligenten Szenarios*. Dazu müssen wir die SAP-Fiori-App *Intelligente Szenarios* starten (siehe Abb. 19.2). In dieser Anwendung bietet die Drucktaste ANLEGEN die Möglichkeit, ein Intelligentes Szenario für EMBEDDED KI oder SIDE-BY-SIDE KI anzulegen, wie in Abb. 19.3 dargestellt.

Wählen Sie für unseren Anwendungsfall die Option EMBEDDED aus der Dropdown-Liste aus, und legen Sie unser Embedded-AI-Intelligentes-Szenario mit den folgenden Einträgen an, wie in Abb. 19.4 dargestellt:

1. NAME DES INTELLIGENTEN SZENARIOS
   Eindeutiger Name des Intelligenten Szenarios zur Identifizierung.
2. BESCHREIBUNG DES INTELLIGENTEN SZENARIOS
   Text zur Beschreibung der Problemstellung, die durch das definierte Intelligente Szenario gelöst werden soll. Wir haben „Steuerbetrag vorhersagen" basierend auf unserem Beispiel eingegeben.
3. INTELLIGENTES-SZENARIO-TYP
   Typ des Intelligenten Szenarios, der die Kategorie der zugrunde liegenden Algorithmen darstellt, z. B. Regression oder Klassifizierung.
4. PAKET
   Paket zum Speichern der Entwicklungsartefakte.
5. **Ankreuzfeld** ERWEITERBAR
   Aktivierungskennzeichen, um die Erweiterbarkeit des Intelligenten Szenarios zu ermöglichen.
6. ADD MODEL DROPDOWN
   Fügen Sie die SAP-HANA-Bibliothek (APL, PAL) für Künstliche Intelligenz hinzu, die für das Intelligente Szenario verwendet werden soll.

19.2 Implementierung von Embedded-AI-Applikationen

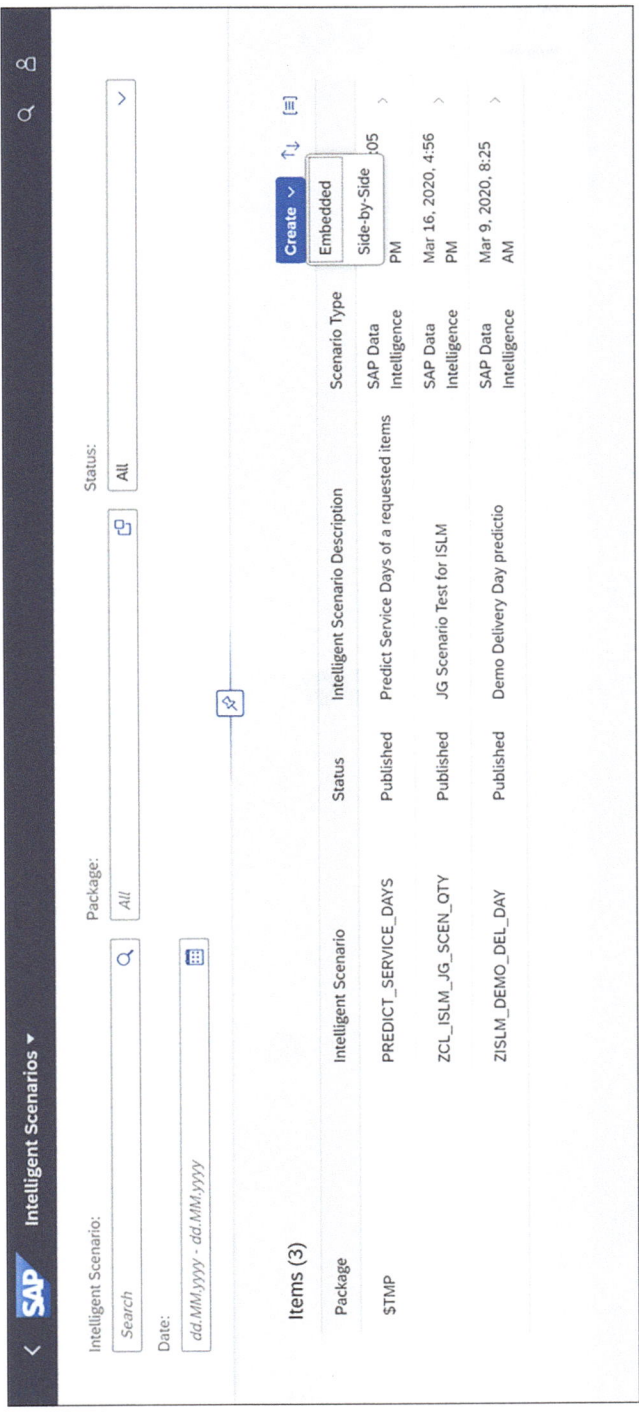

Abb. 19.3 Intelligente Szenarios anlegen

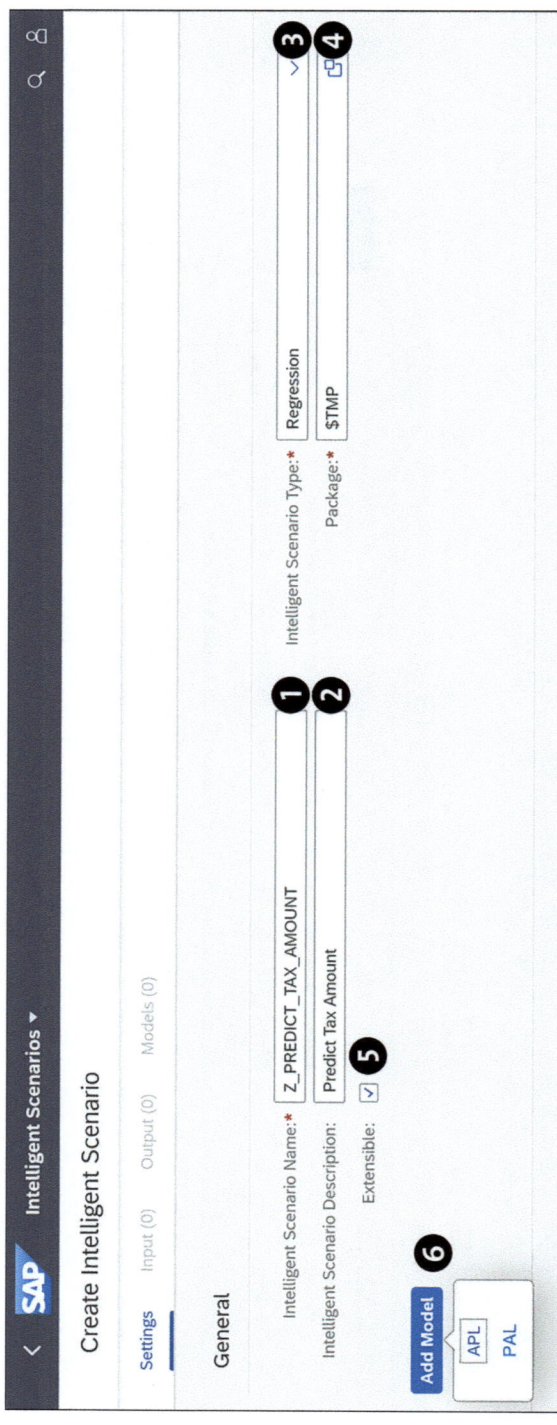

Abb. 19.4 Intelligentes Szenario pflegen und APL-Modell auswählen

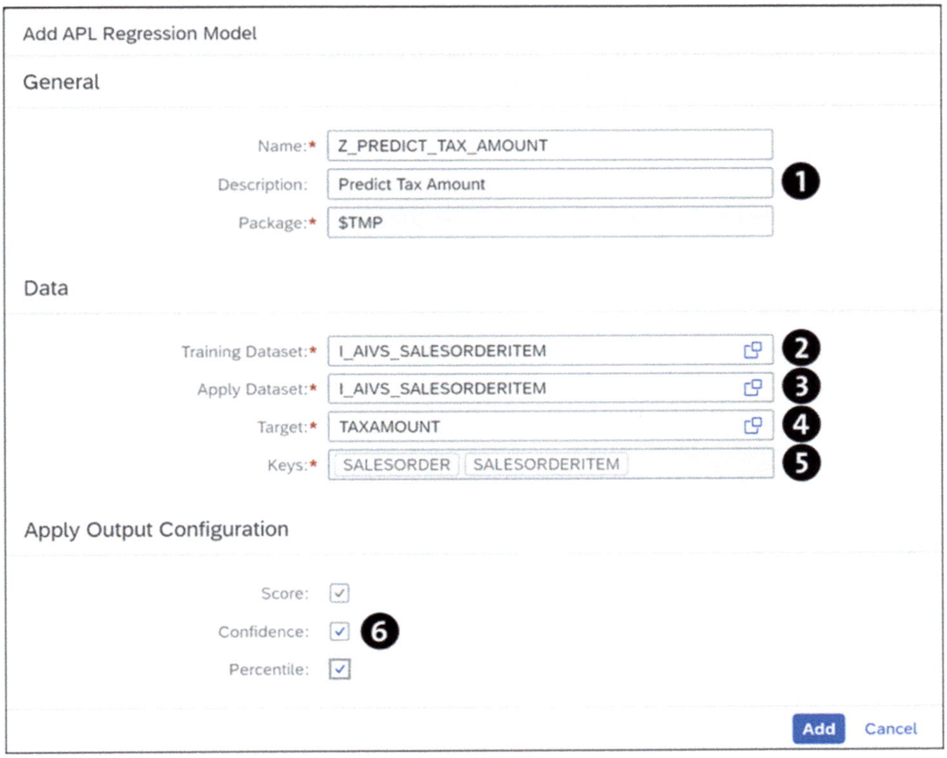

19.2 Implementierung von Embedded-AI-Applikationen

Add APL Regression Model

General
- Name:* Z_PREDICT_TAX_AMOUNT
- Description: Predict Tax Amount ❶
- Package:* $TMP

Data
- Training Dataset:* I_AIVS_SALESORDERITEM ❷
- Apply Dataset:* I_AIVS_SALESORDERITEM ❸
- Target:* TAXAMOUNT ❹
- Keys:* SALESORDER SALESORDERITEM ❺

Apply Output Configuration
- Score: ✓
- Confidence: ✓ ❻
- Percentile: ✓

[Add] [Cancel]

Abb. 19.5 Zusätzliche Informationen für APL-basiertes Intelligentes Szenario pflegen

Da unser Beispielanwendungsfall auf Codegenerierung basiert, wird APL als KI-Bibliothek verwendet. Sobald APL aus der Dropdown-Liste MODELL HINZUFÜGEN ausgewählt wurde, müssen die folgenden zusätzlichen Informationen gepflegt werden, wie in Abb. 19.5 dargestellt:

1. ALLGEMEIN
   Enthält den NAMEN, die BESCHREIBUNG und das PAKET des Intelligenten Szenarios.
2. TRAININGSDATENSET
   CDS-View zum Lesen und Trainieren des Modells für Künstliche Intelligenz. Data Scientisten empfehlen, welche Anwendungsfelder erforderlich sind, damit der Anwendungsentwickler die CDS-View entsprechend definieren kann.
3. APPLY DATENSET
   CDS-View, um die Inferenzsignatur für das Modell für Künstliche Intelligenz zu definieren.
4. TARGET
   Feld der Trainings-CDS-View, das vorhergesagt werden soll.

5. SCHLÜSSEL
Schlüsselfelder der CDS-View, die automatisch ermittelt werden.
6. AUSGABEKONFIGURATION ANWENDEN
Die Ankreuzfelder hier steuern die Vorhersageausgabefelder, die als Teil des Inferenz-APIs generiert werden sollen. SCORE ist standardmäßig ausgewählt und stellt die Regressionsprognose dar. KONFIDENZ steht für den Fehlerbasiswert der Vorhersage. PERZENTIL gibt den Wert an, unter den ein bestimmter Prozentsatz der Beobachtungen in einer Gruppe fällt.

Wenn Sie den Erfassungsdialog in Abb. 19.5 vervollständigen und die Drucktaste HINZUFÜGEN wählen, werden die Details des Intelligenten Szenarios angezeigt. In Abb. 19.6 sehen wir die Registerkarte EINGABE mit den folgenden Werten:

1. EINGABE
Zeigt die Eingabe für das Intelligente Szenario an, bei dem es sich im Wesentlichen um die CDS-View für das Modelltraining handelt.
2. ROLLE
Schlüsselfelder der CDS-Trainingsview werden angezeigt.
3. EINGABE
Eingabefelder der CDS-Trainingsview, mit der der zugrunde liegende APL-Algorithmus trainiert wird, werden angezeigt.
4. ZIEL
Das Zielfeld der CDS-Trainings-View wird angezeigt, das basierend auf dem Training mithilfe der Eingabefelder vorhergesagt wird.
5. ENTWURF VERÖFFENTLICHEN/SICHERN/LÖSCHEN
Wenn Sie auf eine dieser Drucktasten klicken, wird das Intelligente Szenario entsprechend gespeichert oder gelöscht.

Wir können auch zur Registerkarte AUSGABE navigieren, wie in Abb. 19.7 dargestellt, die die folgenden Werte enthält:

1. AUSGABE
Zeigt die Ausgabe für das Intelligente Szenario an, bei dem es sich im Wesentlichen um das Inferenz-API des trainierten Modells handelt.
2. SCHLÜSSEL
Schlüsselfelder des Inferenz-APIs werden angezeigt.
3. VORHERSAGE
Vorhersagefelder des Inferenz-APIs, mit denen die vorhergesagten Ergebnisse exponiert werden, werden angezeigt.

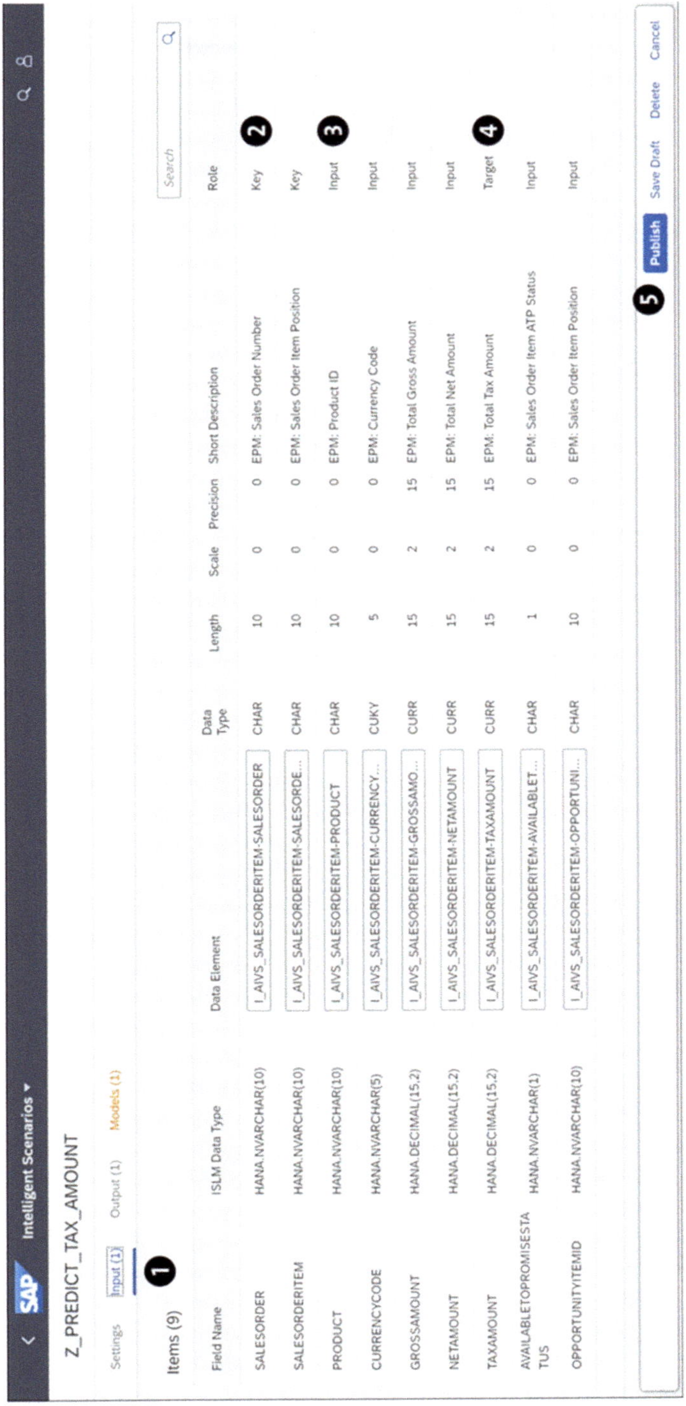

19.2 Implementierung von Embedded-AI-Applikationen

Z_PREDICT_TAX_AMOUNT

Settings | Input (1) | Output (1) | Models (1)

Items (9)

Field Name	ISLM Data Type	Data Element	Data Type	Length	Scale	Precision	Short Description	Role
SALESORDER	HANA NVARCHAR(10)	I_AIVS_SALESORDERITEM-SALESORDER	CHAR	10	0	0	EPM: Sales Order Number	Key
SALESORDERITEM	HANA NVARCHAR(10)	I_AIVS_SALESORDERITEM-SALESORDE...	CHAR	10	0	0	EPM: Sales Order Item Position	Key
PRODUCT	HANA NVARCHAR(10)	I_AIVS_SALESORDERITEM-PRODUCT	CHAR	10	0	0	EPM: Product ID	Input
CURRENCYCODE	HANA NVARCHAR(5)	I_AIVS_SALESORDERITEM-CURRENCY...	CUKY	5	0	0	EPM: Currency Code	Input
GROSSAMOUNT	HANA DECIMAL(15,2)	I_AIVS_SALESORDERITEM-GROSSAMO...	CURR	15	2	15	EPM: Total Gross Amount	Input
NETAMOUNT	HANA DECIMAL(15,2)	I_AIVS_SALESORDERITEM-NETAMOUNT	CURR	15	2	15	EPM: Total Net Amount	Input
TAXAMOUNT	HANA DECIMAL(15,2)	I_AIVS_SALESORDERITEM-TAXAMOUNT	CURR	15	2	15	EPM: Total Tax Amount	Target
AVAILABLETOPROMISESTATUS	HANA NVARCHAR(1)	I_AIVS_SALESORDERITEM-AVAILABLET...	CHAR	1	0	0	EPM: Sales Order Item ATP Status	Input
OPPORTUNITYITEMID	HANA NVARCHAR(10)	I_AIVS_SALESORDERITEM-OPPORTUNI...	CHAR	10	0	0	EPM: Sales Order Item Position	Input

Abb. 19.6 Eingabeabschnitt des definierten Intelligenten Szenarios anzeigen

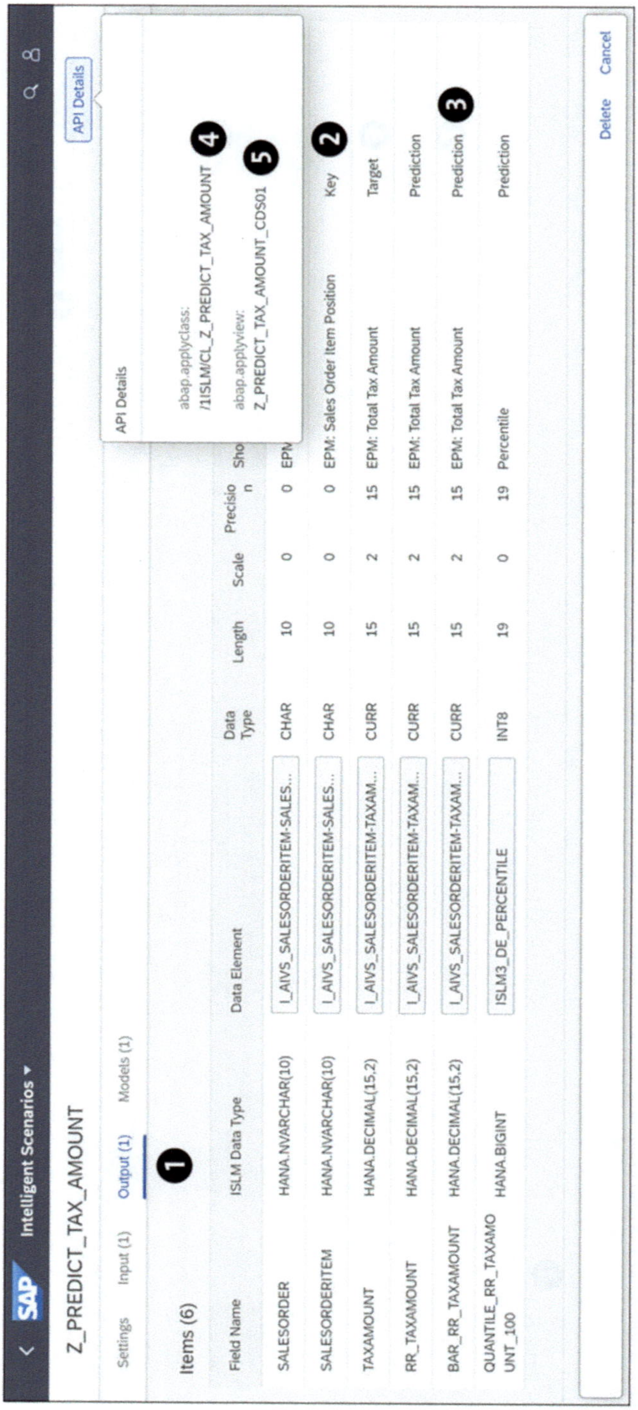

19 Implementierungs-Framework

Field Name	ISLM Data Type	Data Element	Data Type	Length	Scale	Precision	Sho...
SALESORDER	HANA.NVARCHAR(10)	I_AIVS_SALESORDERITEM-SALES...	CHAR	10	0	0	EPM...
SALESORDERITEM	HANA.NVARCHAR(10)	I_AIVS_SALESORDERITEM-SALES...	CHAR	10	0	0	EPM: Sales Order Item Position
TAXAMOUNT	HANA.DECIMAL(15,2)	I_AIVS_SALESORDERITEM-TAXAM...	CURR	15	2	15	EPM: Total Tax Amount
RR_TAXAMOUNT	HANA.DECIMAL(15,2)	I_AIVS_SALESORDERITEM-TAXAM...	CURR	15	2	15	EPM: Total Tax Amount
BAR_RR_TAXAMOUNT	HANA.DECIMAL(15,2)	I_AIVS_SALESORDERITEM-TAXAM...	CURR	15	2	15	EPM: Total Tax Amount
QUANTILE_RR_TAXAMOUNT_100	HANA.BIGINT	ISLM3_DE_PERCENTILE	INT8	19	0	19	Percentile

Abb. 19.7 Ausgabeabschnitt des definierten Intelligenten Szenarios anzeigen

4. ABAP.APPLYCLASS
Wenn Sie die Drucktaste API-Details wählen, können Sie das generierte Inferenz-API als ABAP-Methode anzeigen, die in Geschäftsprozesse und Benutzungsoberflächen integriert werden kann.
5. ABAP.APPLYVIEW
Wenn wir auf die Drucktaste API-Details klicken, können wir das generierte Inferenz-API auch als CDS-Table-Function anzeigen, die in Geschäftsprozesse und Benutzungsoberflächen integriert werden kann.

Wie bereits erwähnt, sind Szenarien, die auf APL basieren, die einfachste Methode zur Realisierung von KI-Anwendungsfällen. Daher ist die Entwicklung nach dem Anlegen des Intelligenten Szenarios im Wesentlichen abgeschlossen. Alle anderen erforderlichen Entwicklungsartefakte werden automatisch generiert. Beispielsweise werden eine Methode in ABAP und eine CDS-Table-Function für die Verwendung des trainierten Modells angelegt, wie in Abb. 19.7 dargestellt. Diese Inferenz-APIs können verwendet werden, um die Ergebnisse der KI während der Designphase in Geschäftsprozesse und Benutzungsoberflächen einzubinden. Die Inferenz-APIs liefern aussagekräftige Ergebnisse, wenn das Modell mit Produktivdaten trainiert wird.

Dazu müssen wir die Anwendung *Intelligentes Szenario-Management* starten (siehe Abb. 19.2), das definierte Intelligente Szenario für den Anwendungsfall auswählen und die Drucktaste Trainieren wählen, wie in Abb. 19.8 dargestellt.

Um das Volumen der Trainingsdaten zu reduzieren, können auf dem Folgebild Filterkriterien definiert werden, wie in Abb. 19.9 im Abschnitt Trainingsfilter dargestellt. In unserem Beispiel ist die Kundenauftragsnummer eingeschränkt, und es werden nur die Produkte HT-100 und HT-800 berücksichtigt. Die verfügbaren Filterbedingungen werden aus der Struktur der zugrunde liegenden CDS-View für das Modelltraining abgeleitet und variieren daher für jeden Anwendungsfall.

Wenn wir unsere Filter gesetzt haben, klicken Sie auf die Schaltfläche Trainieren. Die Filterung ist jedoch optional. Sie können auch die Drucktaste Trainieren wählen, ohne Filterbedingungen anzugeben. Wie in Abb. 19.10 dargestellt, führt jeder Trainingslauf zu einer neuen Version des Modells. Es kann jedoch nur ein Modell für den produktiven Einsatz aktiv sein. Folgende Werte sind wichtig:

1. Modellversionen
Zeigt die verschiedenen Modellversionen an, die aus Trainingsläufen resultieren.
2. Aktivieren, Deaktivieren, Erneut trainieren und Löschen
Modelle können für den produktiven Einsatz aktiviert, deaktiviert, neu trainiert werden, wenn sich die Datenumgebung geändert hat, oder gelöscht werden, indem Sie auf diese Drucktasten klicken.
3. Status
Dieses Attribut gibt an, ob das Modell für die produktive Verwendung aktiviert ist (Status Aktiv).

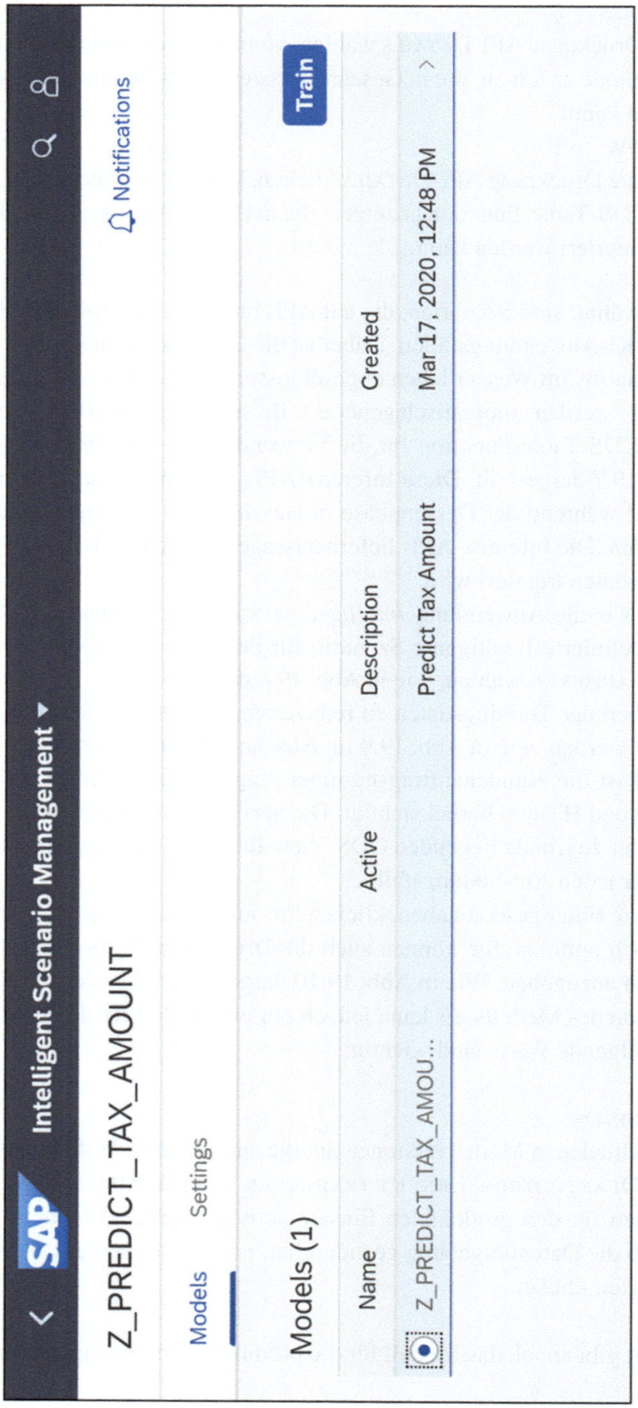

Abb. 19.8 Training des definierten Intelligenten Szenarios anstoßen

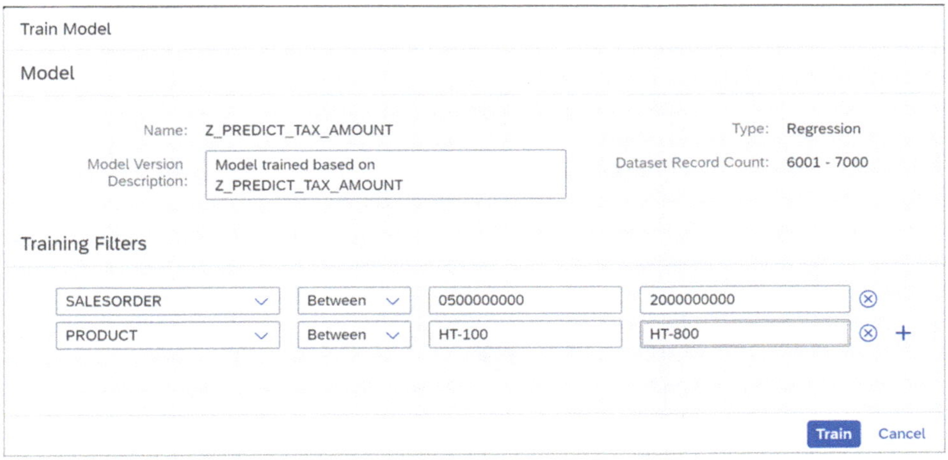

19.2 Implementierung von Embedded-AI-Applikationen

Train Model			
Model			
Name: Z_PREDICT_TAX_AMOUNT		Type: Regression	
Model Version Description: Model trained based on Z_PREDICT_TAX_AMOUNT		Dataset Record Count: 6001 - 7000	
Training Filters			
SALESORDER	Between	0500000000	2000000000 ⊗
PRODUCT	Between	HT-100	HT-800 ⊗ +
			Train Cancel

Abb. 19.9 Filter zur Reduzierung des Trainingsdatenvolumens definieren

Um zu entscheiden, welche Modellversion für die produktive Verwendung aktiviert wird, müssen Sie einen Drilldown zu den Modellauswertungsinformationen durchführen, indem Sie auf eine der aufgelisteten Modellversionen klicken, um zum Bild in Abb. 19.11 zu gelangen. Hier werden die KPIs VORHERSAGEKRAFT und PROGNOSEKONFIDENZ angezeigt. Je näher diese Zahlen an 1 liegen, desto besser ist die Modellqualität. Die wichtigsten Einflussfaktoren werden auch bereitgestellt, um anzuzeigen, welche Eingabeparameter am meisten zum trainierten Modell beigetragen haben.

Die Auflistung 19.1 zeigt die generierte CDS-Table-Function aus Abb. 19.7, auf die über die Drucktaste API-DETAILS zugegriffen wird. Wir können Standardentwicklungswerkzeuge wie ABAP in Eclipse verwenden, um die CDS-View anzuzeigen. Mit dieser CDS-View kann das trainierte Modell genutzt und die Inferenzergebnisse in Geschäftsprozesse oder Benutzungsoberflächen integriert werden. Wie bereits erwähnt, wird auch eine ABAP-Methode für die Inferenz bereitgestellt.

Listung 19.1 Generierte CDS-View für Modellverwendung
```
@EndUserText.label:    'ISLM   AutoGenerierter   View   Z_PREDICT_TAX_
AMOUNT_CDS01 '
@AbapCatalog.sqlViewName: 'Z_D7A03819460EAE' --ISLM Zufällig generierter SQL-Name
@AbapCatalog.dataMaintenance: #DISPLAY_ONLY
@ClientHandling.type: #CLIENT_DEPENDENT
@ClientHandling.algorithm: #SESSION_VARIABLE
@VDM.private: false
@VDM.viewType: #COMPOSITE
```

Abb. 19.10 Mehrere Modellversionen trainieren, eine Version aktivieren

19.2 Implementierung von Embedded-AI-Applikationen

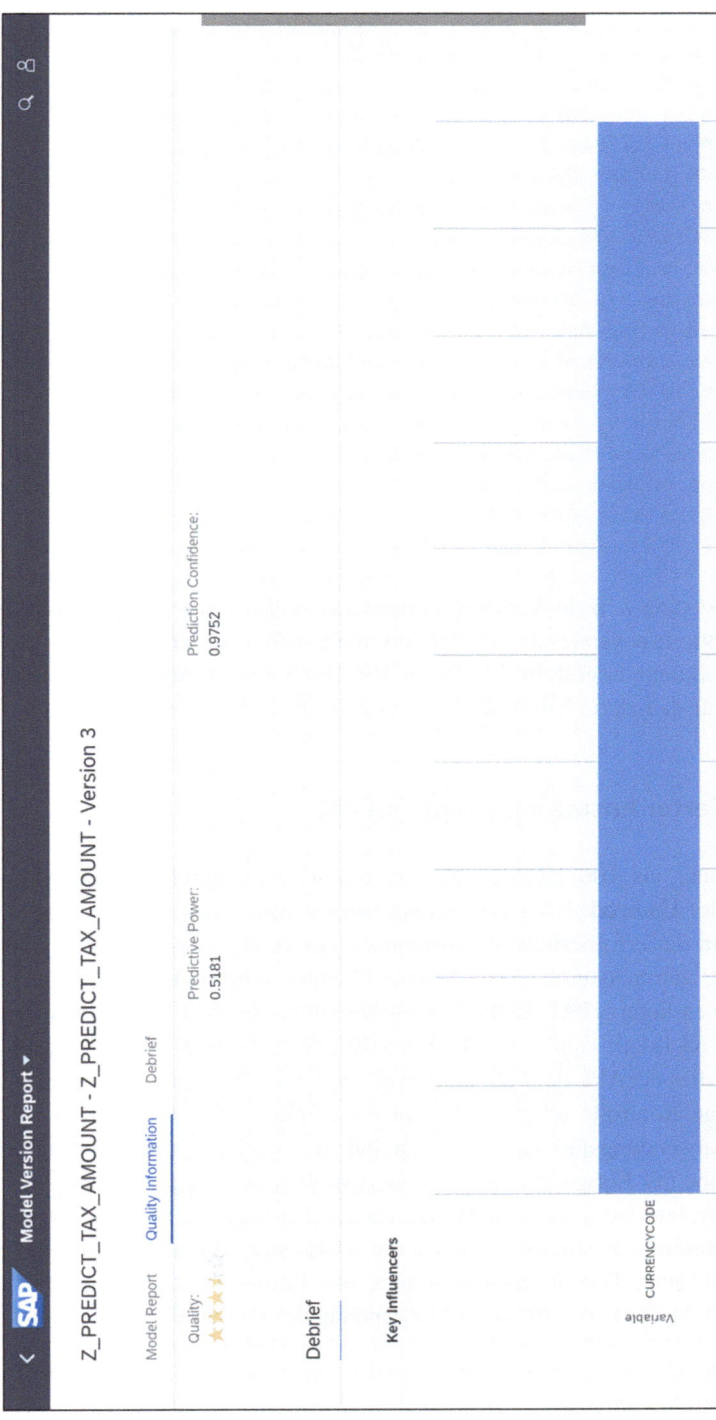

Abb. 19.11 KPIs zur Modellgenauigkeit anzeigen

```
Definieren Sie die View Z_PREDICT_TAX_AMOUNT_CDS01.
 als Select aus Z_PREDICT_TAX_AMOUNT_TF01
        ( p_clnt: $session.client )
    als
  association [1..1] to I_AIVS_SALESORDERITEM as _CKE_toBase on a.Sale-
sOrder = _CKE_toBase.SalesOrder und
a.SalesOrderItem = _CKE_toBase.SalesOrderItem
{key a.SalesOrder als SalesOrder,
key a.SalesOrderItem as SalesOrderItem,
    a. TaxAmount als TaxAmount,
    a. Rr_TaxAmount als Rr_TaxAmount,
    a. Bar_Rr_TaxAmount als Bar_Rr_TaxAmount,
    a. Quantile_Rr_TaxAmount_100 als Quantile_Rr_TaxAmount_100,
 /* Assoziationen */
    @ObjectModel.text.element: null
    @Consumption.hidden: true
    _CKE_toBase als _CKE_toBase
}
```

Die CDS-View kann z. B. in ABAP in Eclipse ausgeführt werden. Dort kann das WERKZEUG DATA PREVIEW verwendet werden, um die Ergebnisse der CDS-View anzuzeigen, wie in der Abbildung dargestellt. Die Spalte RR_TAXAMOUNT enthält den vorhergesagten Steuerbetrag für dedizierte Kundenaufträge (Abb. 19.12).

19.2.2 Codierter Ansatz basierend auf PAL

PAL bietet mehr als 100 KI-Algorithmen und wird verwendet, wenn APL die Anforderungen der Embedded-AI-Anwendung nicht erfüllt. Dies kann beispielsweise der Fall sein, wenn der erforderliche Algorithmus nicht in der APL-Bibliothek enthalten ist oder wenn die automatisierten Data-Science-Prozesse von APL keine ausreichend genauen Prognosen liefern. PAL ist die Lösung für solche Ausnahmeszenarios. Im Fall von PAL wird die KI-Logik vom Entwickler erstellt und nicht automatisch vom Framework generiert, wie dies bei APL der Fall ist. Dieser Ansatz hat den Vorteil, dass der Entwickler die vollständige Kontrolle erhält, sodass er die Implementierung der KI-Logik an den spezifischen Anwendungsfall anpassen kann, indem er die Anleitung von Data Scientisten befolgt. Aufgabe des Entwicklers ist es, eine AMDP-Klasse zu implementieren, die sich an vordefinierte Interfaces hält und Methoden wie Training und Inferenz anbietet. Diese Methoden repräsentieren im Wesentlichen die KI-Logik und umfassen Aspekte wie Vorverarbeitungsschritte, Datentransformationen, die Initiierung der erforderlichen PAL-Algorithmen und bieten ein API für die Verwendung des trainierten Modells. Im folgenden

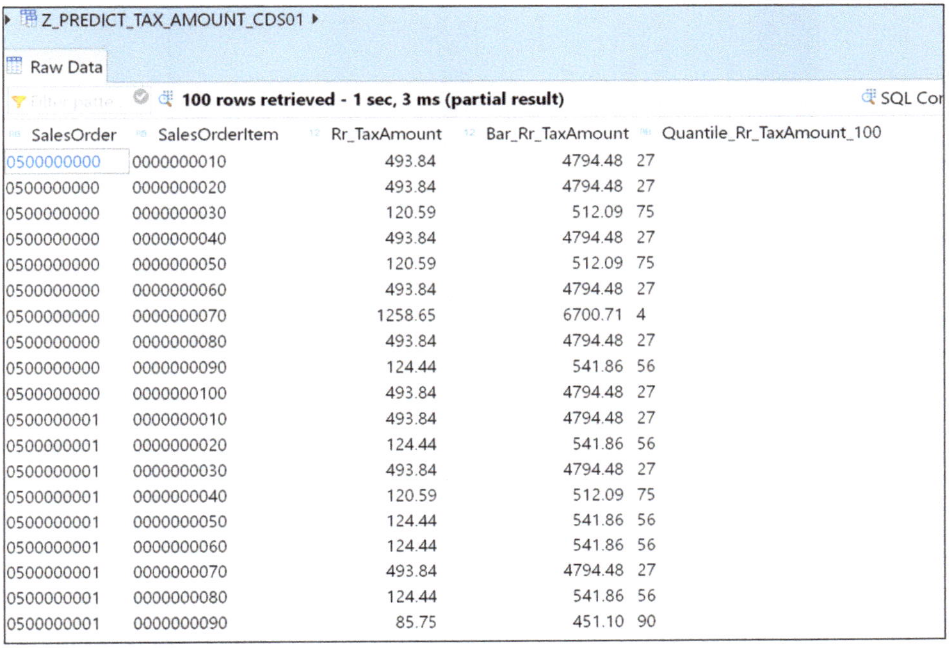

19.2 Implementierung von Embedded-AI-Applikationen

SalesOrder	SalesOrderItem	Rr_TaxAmount	Bar_Rr_TaxAmount	Quantile_Rr_TaxAmount_100
0500000000	0000000010	493.84	4794.48	27
0500000000	0000000020	493.84	4794.48	27
0500000000	0000000030	120.59	512.09	75
0500000000	0000000040	493.84	4794.48	27
0500000000	0000000050	120.59	512.09	75
0500000000	0000000060	493.84	4794.48	27
0500000000	0000000070	1258.65	6700.71	4
0500000000	0000000080	493.84	4794.48	27
0500000000	0000000090	124.44	541.86	56
0500000000	0000000100	493.84	4794.48	27
0500000001	0000000010	493.84	4794.48	27
0500000001	0000000020	124.44	541.86	56
0500000001	0000000030	493.84	4794.48	27
0500000001	0000000040	120.59	512.09	75
0500000001	0000000050	124.44	541.86	56
0500000001	0000000060	124.44	541.86	56
0500000001	0000000070	493.84	4794.48	27
0500000001	0000000080	124.44	541.86	56
0500000001	0000000090	85.75	451.10	90

Abb. 19.12 Inferenzergebnisse in ABAP Eclipse anzeigen

Abschnitt betrachten wir einen einfachen Anwendungsfall, um den Schwerpunkt auf der technischen Implementierung zu behalten. Stellen Sie sich vor, Sie sind ein Cash-Spezialist, der Cashflows in verschiedene Liquiditätspositionen klassifiziert, z. B. Vorgänge und Investitionen. Durch den Einsatz Künstlicher Intelligenz erhalten wir vorausschauende Einblicke in Liquiditätspositionen, indem wir tatsächliche und prognostizierte Ergebnisse vergleichen. Die tatsächlich zugeordneten Liquiditätspositionen können anschließend durch die vom Service für Künstliche Intelligenz vorgeschlagenen vorhergesagten Liquiditätspositionen ersetzt werden.

Die Implementierung dieses Anwendungsfalls basiert auf dem Random Decision Tree des PAL-Klassifizierungsalgorithmus und beginnt mit dem Starten der Anwendung *Intelligent Scenarios* (siehe Abb. 19.2). Als Nächstes legen wir unser Intelligentes Szenario an, wie in Abb. 19.13 dargestellt. Dieses Mal wählen wir KLASSIFIZIERUNG als TYP DES INTELLIGENTEN SZENARIOS basierend auf unserem Anwendungsfall aus. Unter MODELL HINZUFÜGEN müssen wir PAL auswählen.

Auf dem nächsten Bild müssen wir die AMDP-Klasse `CL_FQM_ML_HEMI_RDT` registrieren, indem wir sie in das Feld PAL-KLASSENNAME eingeben, das die bereits erwähnte KI-Logik implementiert (siehe Abb. 19.14). Klicken Sie auf die Schaltfläche HINZUFÜGEN, um fortzufahren.

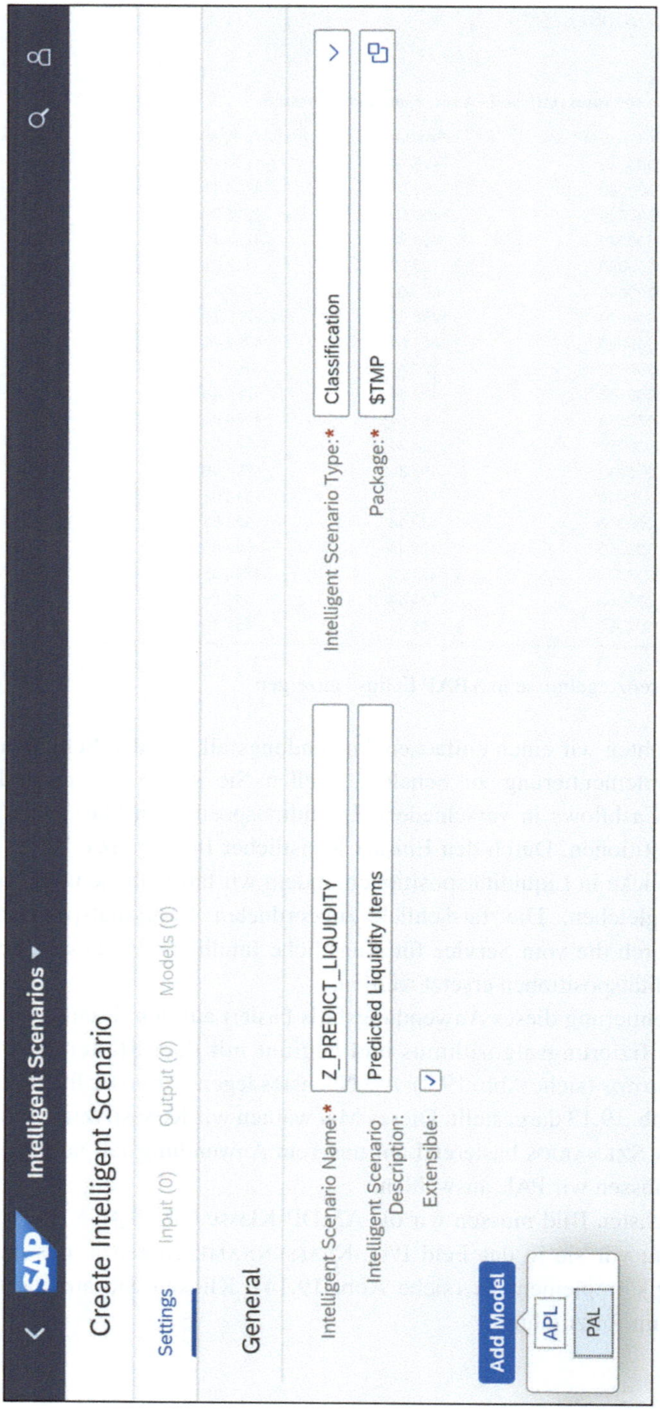

Abb. 19.13 Intelligentes Szenario pflegen und PAL auswählen

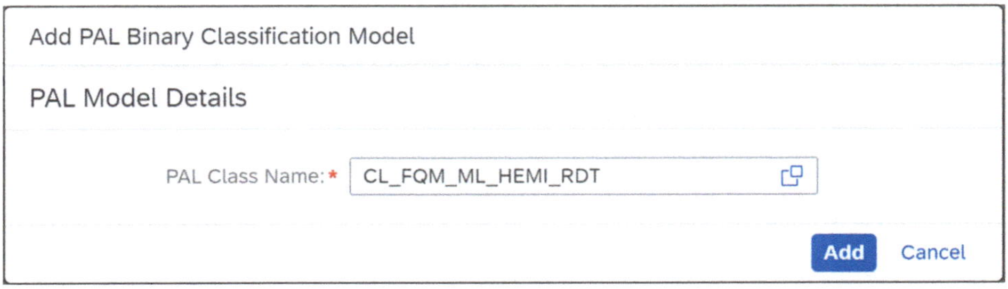

19.2 Implementierung von Embedded-AI-Applikationen

Abb. 19.14 AMDP-Klasse zur Implementierung der KI-Logik registrieren

Die ABAP-Klasse implementiert Methoden zum Bereitstellen von Metadaten wie die zugrunde liegende CDS-View als Eingabe für das Training oder die API-Signatur zum Konsumieren des trainierten Modells. Solche Metadaten werden vom KI-Lebenszyklusmanagement-Framework verarbeitet und auch auf der Benutzungsoberfläche dargestellt, wie in Abb. 19.15 dargestellt.

Andere in Abb. 19.15 gezeigte Elemente wie die Registerkarten EINGABE, AUSGABE, die Drucktaste VERÖFFENTLICHEN, die Drucktaste ENTWURF SICHERN und die Semantik der Felder bleiben dieselben wie für APL im vorherigen Abschnitt. Daher können wir uns nun auf die Implementierung der AMDP-Klasse CL_FQM_ML_HEMI_RDT im ABAP Class Builder konzentrieren, wie in Abb. 19.16 dargestellt.

Da die ABAP-Klasse verschiedene Interfaces implementieren muss, sind Struktur und Verhalten dieser Klassen standardisiert, was eine Voraussetzung für eine einheitliche Behandlung durch das KI-Lebenszyklusmanagement-Framework ist.

Zunächst stellt die in Liste 19.2 aufgeführte Methode Metadaten für das KI-Lebenszyklusmanagement-Framework bereit, z. B. die CDS-View für das Modelltraining oder die API-Signatur für das Konsumieren des Modells.

Listung 19.2 Coding für den Umgang mit Metadaten

```
METHOD IF_HEMI_MODEL_MANAGEMENT~GET_META_DATA.
    DATA LR_BADI TYPE REF TO CL_FQM_ML_DETECT2_BADI.
    TRY.
      GET BADI LR_BADI.
      CATCH CX_BADI_CONTEXT_ERROR.
      CATCH CX_BADI_NOT_IMPLEMENTED.
    ENDTRY.
    CALL BADI LR_BADI->GET_META_DATA
      IMPORTING
        ES_META_DATA = ES_META_DATA.
    ES_META_DATA-TRAINING_DATA_SET = 'I_CashFlowTrainingData'.
    ES_META_DATA-APPLY_DATA_SET = 'I_RecmddLiquidityItem'.
```

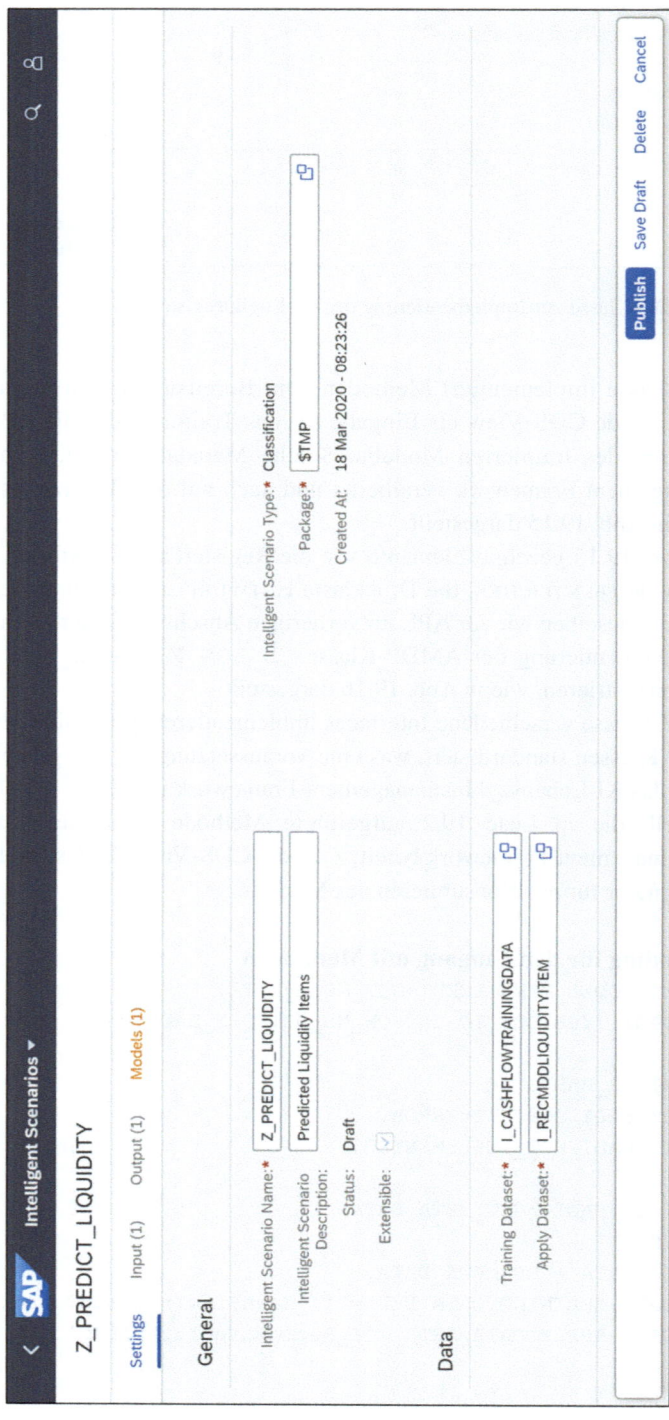

Abb. 19.15 Intelligentes Szenario für Embedded AI basierend auf PAL

19.2 Implementierung von Embedded-AI-Applikationen

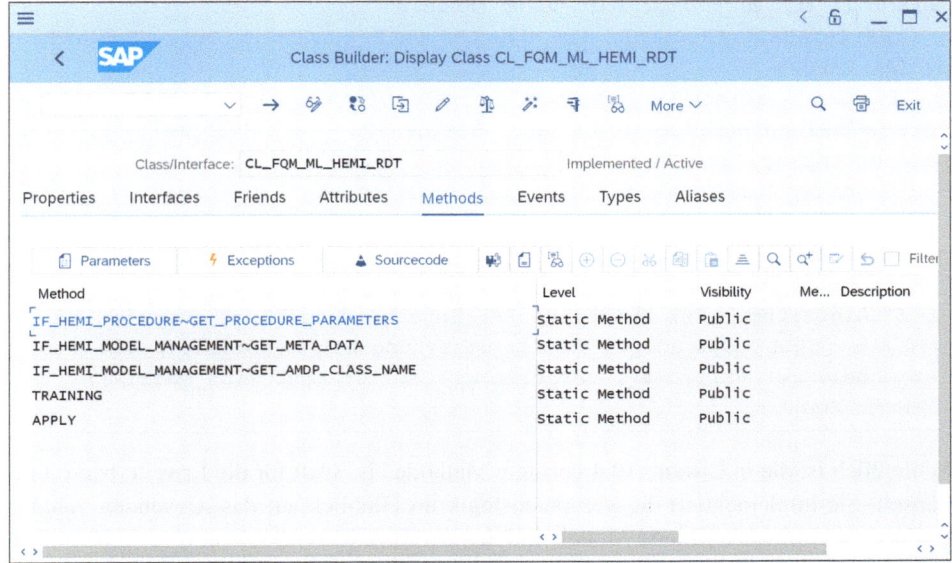

Abb. 19.16 Methoden der ABAP-Klasse für die KI-Logik

```
    ES_META_DATA-FIELD_DESCRIPTIONS) = VALUE #( ( NAME = 'LiquidityI-
tem' ROLE = CL_HEMI_CONSTANTS=>CS_FIELD_ROLE-TARGET)
    ( name = 'OriginSystem'
 role = CL_HEMI_CONSTANTS=>CS_FIELD_ROLE-key)
    (name = 'OriginApplication' role = CL_HLE-CONSTANTS=>CS_FIELD_
ROI_key
    = ENDMETHOD
```

Anschließend wird die in Listung 19.3 aufgeführte Methode als Business Add-In (BAdI) für die Erweiterbarkeit gekapselt. Sie implementiert die Trainingslogik im Hinblick auf das Lesen der Daten basierend auf der CDS-View und das Aufrufen des zugehörigen Algorithmus für den PAL-Algorithmus.

Listung 19.3 Coding für Modelltraining
```
METHODE TRAINING
    BY DATABASE PROCEDURE FOR HDB LANGUAGE SQLSCRIPT OPTIONS SUPPRESS
SYNTAX ERRORS READ-ONLY
    USING CL_FQM_ML_DETECT_BADI=>TRAINING.
    CALL "CL_FQM_ML_DETECT_BADI=>TRAINING"(
      it_data  => :it_data,
      it_param => :it_param,
      et_model et_error_matrix et_errorsion_matrix
```

```
METHOD IF_FQM_ML_DETECT_BADI_INTF~TRAINING
    BY DATABASE PROCEDURE FOR HDB LANGUAGE SQLSCRIPT OPTIONS SUPPRESS
SYNTAX ERRORS.
    lt_data = select CompanyCode, CertaintyLevel, Currency, PlanningLe-
vel, CashPlanningGroup, GLAccount, BusinessPartner, Customer, Supplier,
PartnerCompany, CostCenter, ProfitCenter,
    Segment, BusinessArea, Material, WBSElement, PaymentMethod, Finan-
cialAccountType, FinancialTransactionType, BankAccountInternalID, Li-
quidityItem
    from :it_data;
    /* Algorithmus für zufällige PAL-Entscheidungsbäume aufrufen */
        CALL _sys_afl.pal_random_umsetzungsbäume(:lt_data, :it_param,
:et_model, :et_variable_, :et_error_rate, :et_confusion_matrix);
    ENDMETHOD.
```

Schließlich ist die in Listung 19.4 gezeigte Methode als BAdI für die Erweiterbarkeit gekapselt. Sie implementiert die Verbrauchslogik im Hinblick auf das Anwenden von Anforderungen auf das trainierte Modell und das Bereitstellen von Inferenzergebnissen.

Auflistung 19.4 Coding für Modellinferenz

```
METHOD APPLY
    BY DATABASE PROCEDURE FOR HDB LANGUAGE SQLSCRIPT OPTIONS SUPPRESS
SYNTAX ERRORS READ-ONLY
    USING CL_FQM_ML_DETECT_BADI=>PREDICT_WITH_MODEL_VERSION.
  CALL "CL_FQM_ML_DETECT_BADI=>PREDICT_WITH_MODEL_VERSION"(
    it_data    => :it_data,
    it_model   => :it_model,
    it_param   => :it_param,
    et_result  => :et_result
  );
  ENDMETHOD.
METHOD IF_FQM_ML_DETECT_BADI_INTF~Predict_with_model_version
    BY DATABASE PROCEDURE FOR HDB LANGUAGE SQLSCRIPT OPTIONS READ-ONLY.
    lt_data_uuid = select to_nchar(sysuuid) as id, OriginSystem, Origi-
nApplication, OriginApplication, OriginTransaction, OriginTransaction-
Qualifier, CashFlow,CompanyCode, ProfitCenter, Currency, PlanningLevel,
CashPlanningGroup, GLAccount, BusinessPartner, Customer, Supplier,
PartnerCompany, CostCenter, ProfitCenter, Segment, BusinessArea, Mate-
rial, FinanciitElement, WBSElement,
lt_data_Predict = select id, CompanyCode, CertaintyLevel, Currency,
PlanningLevel, CashPlanningGroup, GLAccount, BusinessPartner, Custo-
mer, Supplier, PartnerCompany, CostCenter, ProfitCenter,Segment, Busi-
nessArea, Material, WBSElement, PaymentMethod, Financi, alAccountType,
FinancialTransactionType, BankAccountInternalID
    FROM :lt_data_uuid *, PaymentMethod, FinancialAccountType, BankAc-
countInternalID
```

```
     FROM :lt_data_uuid *, PaymentMethod, Financi, alAccountType, Bank-
AccountInternalID
     FROM :lt_data_uuid *, WBSElement, PaymentMethod, FinancialAccount-
Type, FinancialTransactionType, BankAccountInternalID
       FROM :lt_data_Originesa_uuid *, PaymentMethod, FinancialAccount-
Type, FinancialTransactionType, BankAccountInternalID
        FROM :lt_data_uuid Origin_Origin_uuid *, WBSElement, PaymentMethod,
FinancialAccountType, FinancialTransactionType, BankAccountInternalID
FROM :Prett_Origin_Origin_Origin_Uuid * Predict_Origin_Origin_uuid *,
PaymentMethod,   alAccountType,   FinancialTransactionType,   BankAccoun-
tInternalID
        FROM :lt_data_uuid * prädikat.
```

Modelltraining, Aktivierung und Debriefing für PAL werden analog zu APL behandelt, wie zuvor in Abb. 19.8, 19.10 und 19.11 dargestellt. Inferenzergebnisse werden von der in Listung 19.4 gezeigten APPLY-Methode exponiert und in Geschäftsprozesse integriert.

19.3 Implementierung von Side-by-Side-AI-Applikationen

Der Side-by-Side-AI-Ansatz wird verwendet, wenn die Embedded AI die Anforderungen des spezifischen Anwendungsfalls nicht erfüllt. Diese Situation kann eintreten, wenn der geeignete Algorithmus nicht von SAP HANA angeboten wird, wenn externe Daten für das Training des Modells benötigt werden oder wenn der Algorithmus erhebliche Hardwareanforderungen hat (z. B. benötigen neuronale Netzwerke eine GPU und verbrauchen viel Speicher). Für die Side-by-Side-AI-Anwendung ist es erforderlich, eine ABAP-Klasse, eine CDS-View und ein Intelligentes Szenario auf der SAP S/4HANA ABAP-Plattform zu entwickeln, während die Trainings- und Inferenz-Pipelines in der SAP Business Technology Platform (SAP BTP) implementiert werden. Für die Implementierung von Künstlicher Intelligenz auf der SAP Business Technology Platform stehen mehrere Entwicklungsumgebungen zur Verfügung. Da die grundlegenden Inhalte und Konzepte identisch sind, werden wir als Beispiel eines davon veranschaulichen, nämlich SAP Data Intelligence.

Im folgenden Abschnitt wird ein Szenario verwendet, in dem die Verzögerung der Produktlieferung vorhergesagt wird, um die technischen Implementierungsschritte zu demonstrieren. Wir beschreiben zunächst die erforderlichen Entwicklungen in SAP Data Intelligence und fahren dann mit der ABAP-Seite fort.

19.3.1 Erforderliche Entwicklung in SAP BTP

Wie in Abb. 19.17 dargestellt, bietet das Launchpad für SAP Data Intelligence Zugriff auf verschiedene SAP-Fiori-Anwendungen, von denen die folgenden drei für die Implementierung von Künstlicher Intelligenz von Bedeutung sind:

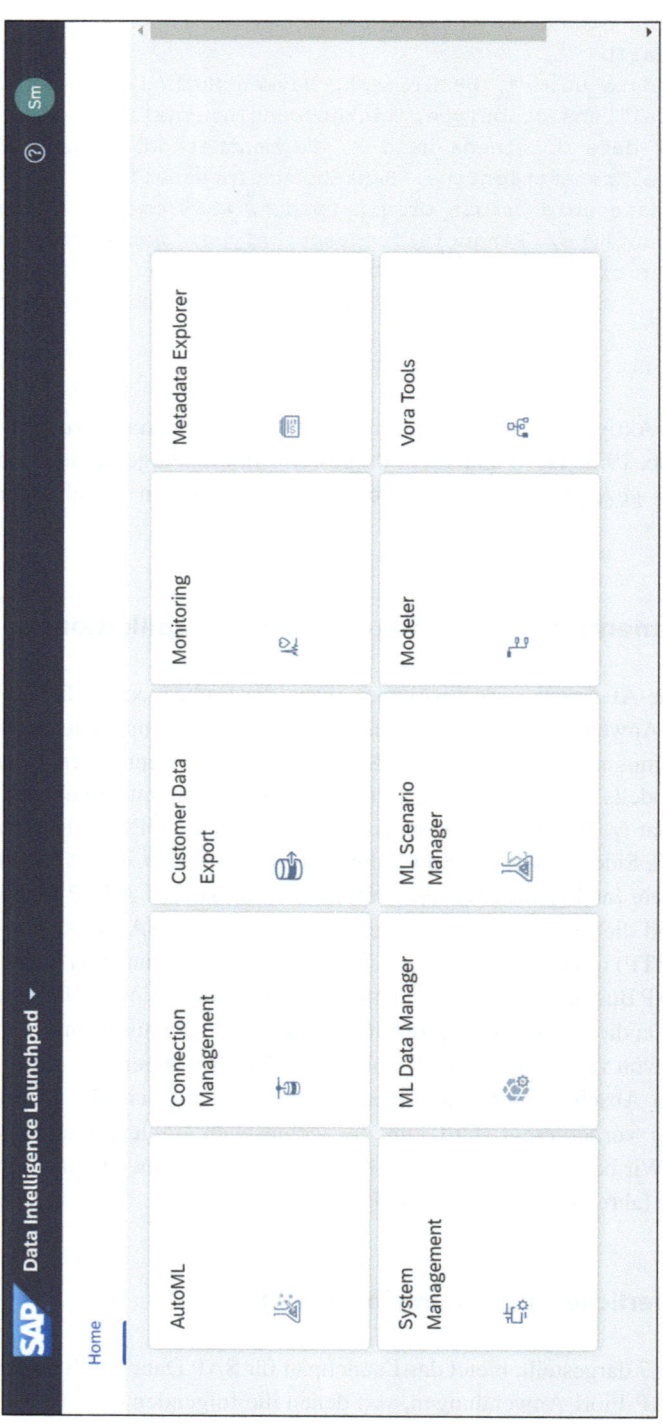

Abb. 19.17 SAP Data Intelligence Launchpad

19.3 Implementierung von Side-by-Side-AI-Applikationen

1. **Verbindungsverwaltung**
   Für die Entwicklung des eingeführten Anwendungsfalls ist die Verbindungsverwaltung erforderlich, um die Konnektivität zum SAP-S/4HANA-System einzurichten und die Trainingsdaten remote zu lesen.
2. **ML Szenario Manager**
   Die App ML Szenario Manager wird verwendet, um alle erforderlichen Implementierungsartefakte zu definieren.
3. **Modelling**
   Die Modelling App wird verwendet, um die erforderlichen Pipelines anzulegen.

Wir beginnen mit der ML-Szenario-Manager-Anwendung. Mit dieser App wird das zentrale Artefakt des Szenarios für Künstliche Intelligenz in SAP Data Intelligence angelegt, wie in Abb. 19.18 dargestellt. Dazu muss ein eindeutiger NAME angegeben werden (in unserem Beispiel Vorhersage des Lieferverzugs), und im Feld GESCHÄFTSFRAGE muss eine Beschreibung eingegeben werden.

Wählen Sie die Drucktaste ANLEGEN. Die Details des Szenarios der Künstlichen Intelligenz sind in Abb. 19.19 dargestellt. Wie bereits erwähnt, umfasst das Artefakt alle Entwicklungs- und Operationsartefakte für den Anwendungsfall, z. B. Pipelines, Python-Coding und Deployments des Modells, wie folgt:

1. DATENSÄTZE
   Datensätze, die in SAP Data Intelligence gespeichert und für die Implementierung des Anwendungsfalls verwendet werden, z. B. während der Data Science Exploration.

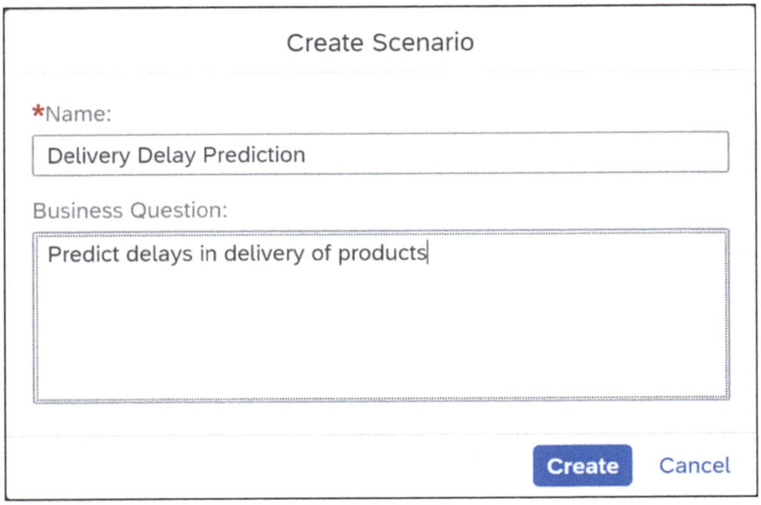

Abb. 19.18 Szenario für Künstliche Intelligenz anlegen

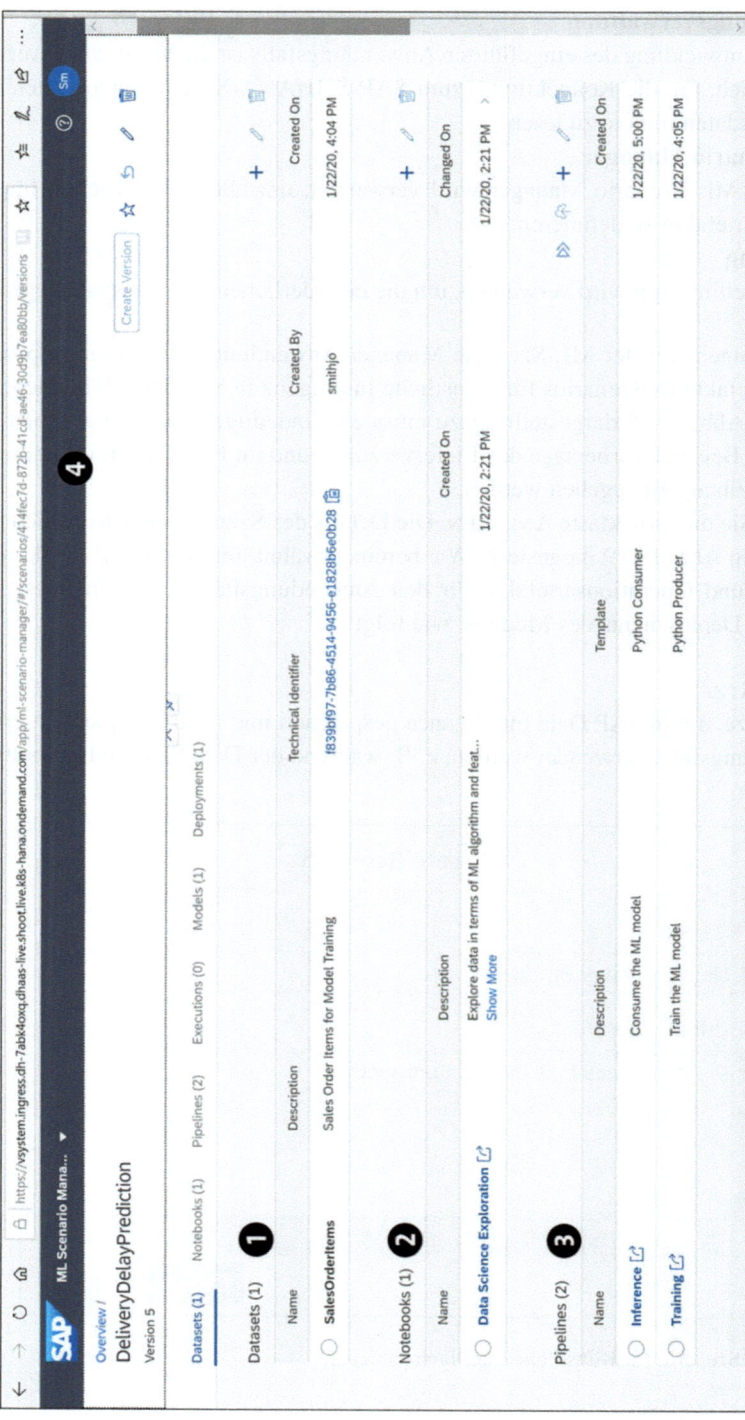

Abb. 19.19 Details zum Szenario für Künstliche Intelligenz

19.3 Implementierung von Side-by-Side-AI-Applikationen

2. NOTEBOOKS
   SAP Data Intelligence integriert Jupyter Notebook, um Data Scientisten eine Explorationsumgebung zu bieten. So werden Erkundung und Entwicklung des Anwendungsfalls kombiniert, um die Effizienz zu steigern.
3. PIPELINES
   Eine Pipeline ist eine grafische Möglichkeit, Trainings- und Inferenzlogik für einen Anwendungsfall zu realisieren.
4. URL
   Jedes Szenario für Künstliche Intelligenz hat eine eindeutige ID, die in der aktuellen Version von SAP Data Intelligence Teil der URL ist. Wir verwenden diesen Identifikator später, um das Szenario für Künstliche Intelligenz an das ABAP-Artefakt zu binden.

Die Integration von Jupyter Notebook wird in Abb. 19.20 gezeigt, die von Data Scientisten verwendet wird, um explorative Aktivitäten für einen Anwendungsfall durchzuführen. Diese Aktivitäten umfassen die Datenanalyse, das Testen von Algorithmen und das Ausführen von Transformationen. Wie in Abb. 19.20 dargestellt, wird die Scikit-Learning-Bibliothek, die für Künstliche Intelligenz konzipiert ist, verwendet, um unseren Anwendungsfall durch die Verwendung des linearen Regressionsalgorithmus zu realisieren.

Durch Klicken auf das Symbol + im Abschnitt PIPELINES des Szenarios für Künstliche Intelligenz (siehe Abb. 19.19) können neue Pipelines angelegt werden, wie in Abb. 19.21 dargestellt. Für unseren Anwendungsfall sind ein Training und eine Inferenz-Pipeline erforderlich.

Pipelines können basierend auf Vorlagen angelegt werden, die bereits die Hauptschritte enthalten. Für unseren Anwendungsfall wählen wir PYTHON PRODUCER aus der Dropdown-Liste VORLAGE für die Trainingspipeline aus und die VORLAGE PYTHON-CONSUMER für die Inferenz-Pipeline. Das KI-Lebenszyklusmanagement-Framework erwartet nur ein Training und eine Inferenz-Pipeline für eine Side-by-Side-AI-Applikation. Um diese Pipelines zu identifizieren, geht das Framework davon aus, dass die Zeichenfolge [ISLM_TRAINING_PIPELINE] Teil der Beschreibung ist. Dies kann in zukünftigen Versionen durch ein explizites Kennzeichen ersetzt werden.

Abb. 19.21 zeigt die Trainingspipeline, die für unseren Anwendungsfall für Künstliche Intelligenz modelliert wurde (zu der wir über den vorherigen Bildschirm navigieren können, siehe Abb. 19.19). Grundsätzlich greift die Pipeline online auf die Anwendungsdaten zu, überträgt sie im CSV-Format (Comma Separated Value), trainiert den Algorithmus, speichert das trainierte Modell und berechnet Genauigkeitsmetriken wie folgt:

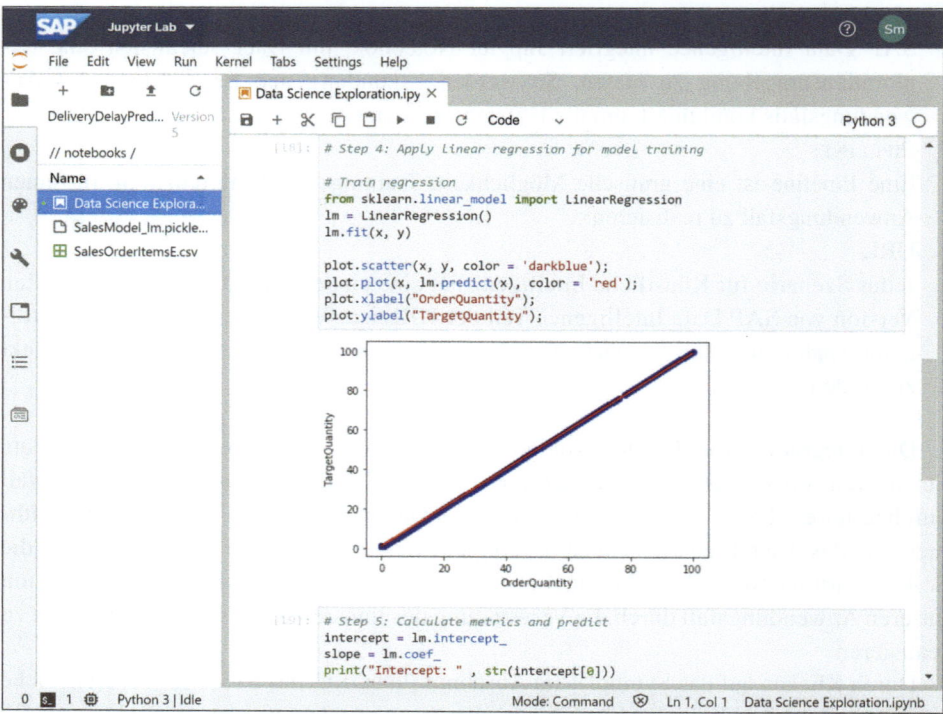

Abb. 19.20 Jupyter Notebook für Data Science Exploration

Abb. 19.21 Trainingspipeline anlegen

19.3 Implementierung von Side-by-Side-AI-Applikationen

1. WORKFLOW-AUSLÖSER
   Der Operator stößt die Ausführung der Pipeline an.
2. CLOUD DATA INTEGRATION
   Der Operator extrahiert Anwendungsdaten aus SAP S/4HANA basierend auf der CDS-Extraktions-View für Trainingsdaten. Die Eigenschaften dieses Operators sind in Abb. 19.23 dargestellt.
3. FLOWAGENT CSV PROD…
   Der Operator wandelt die Anwendung in eine CSV-Datei um.
4. ALGORITHMUS
   Der Operator trainiert den Algorithmus der Künstlichen Intelligenz basierend auf den Anwendungsdaten. Dieser Operator ist in Python kodiert.
5. ARTEFAKT-PRODUCER
   Der Operator speichert das trainierte Modell.
6. SUBMIT METRICS
   Der Operator verarbeitet Metriken für die Modellgenauigkeit.
7. GRAPH TERMINATOR
   Der Operator beendet die Pipeline und gibt die verwendeten Systemressourcen frei.

Die Auflistung 19.5 zeigt die Kodierung für Operator 4, ALGORITHMUS, dargestellt in Abb. 19.22. Das in Jupyter Notebook implementierte Coding (siehe Abb. 19.20) wird in die Struktur übernommen, die vom Operator benötigt wird. Der Input-Port des Operators empfängt die Anwendungsdaten, mit denen der Algorithmus Scikit-Learn lineare Regression trainiert wird. Modellmetriken und die BLOB-ID des trainierten Modells werden von den Ausgabe-Ports des Operators bereitgestellt.

Listung 19.5 Coding für den Operator für das Modelltraining
```
# Python-Skript zum Trainieren von Eingabedaten und Generieren von Me-
triken und Modell-BLOB
def on_input(data):

# Schritt 1: Bibliotheken importieren
Import von Pandas als pd
Imp.-ID
Importnummer als np
Importprotokollierung

logging.basicConfig(level=logging.DEBUG, format='%(asctime)s - %(level-
name)s - %(message)s')
api.logger.info("Ihre Nachricht")

# Schritt 2: Daten lesen und anzeigen
dataset = pd.read_csv(io.StringIO(data), sep=",")
x = set['OrderQuantity'].values.reshape(-1,1)
y = set['TargetQuantity'].values.reshape(-1,1)
```

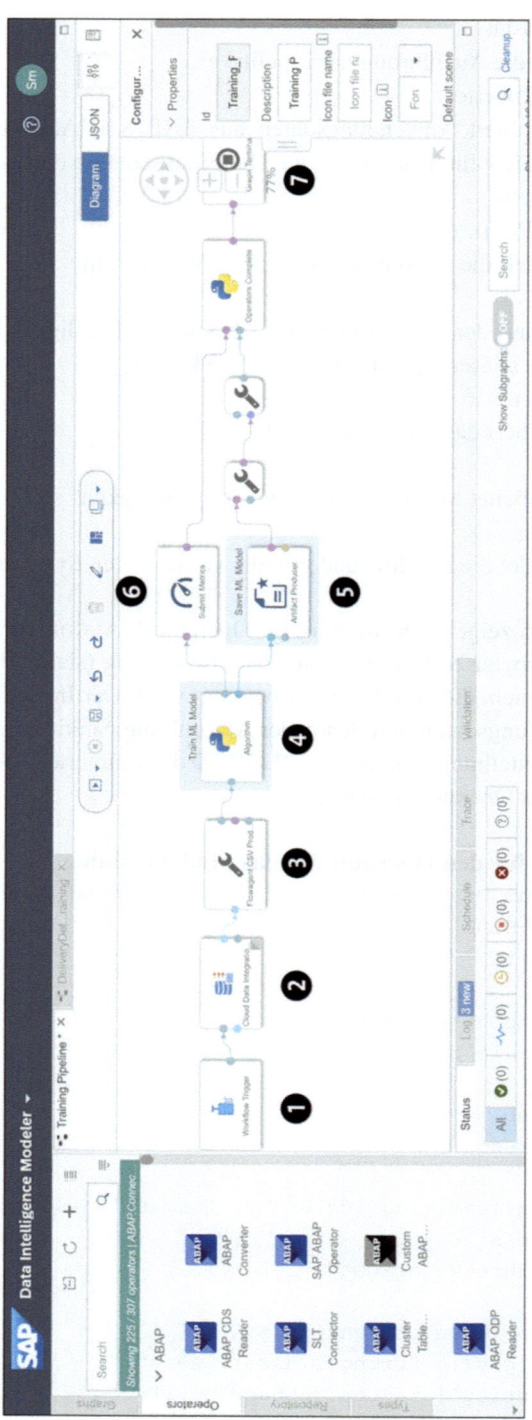

Abb. 19.22 Trainingspipeline

19.3 Implementierung von Side-by-Side-AI-Applikationen

```
# Schritt 3: Lineare Regression für Modelltraining anwenden
from sklearn.linear_model import LinearRegression
lm = LinearRegression()
lm.fit(x, y)

# Schritt 4: Kennzahlen berechnen und vorhersagen
Intercept = lm.intercept_
Steigung = lm.coef_
metrics_dict = {"Intercept: " , str(intercept[0]), "Steigung: ",
str(slope[0,0])}
api.send("metrics", api.Message(metrics_dict))

# Schritt 5: Modell für zukünftige Inferenz speichern
Importauswahl
model_blob = pickle.dumps(lm)
api.send("modelBlob", model_blob)

api.set_port_callback("input", on_input)
```

Wenn wir auf den Operator 2, CLOUD DATA INTEGRATION, in Abb. 19.22 klicken, können seine Eigenschaften gepflegt werden, wie in Abb. 19.23 dargestellt. Gemäß dem Programmiermodell von SAP S/4HANA für Künstliche Intelligenz wird über CDS-Extraktions-Views auf Trainingsdaten zugegriffen. Daher sind Funktionen wie Erstdatenübernahme, Deltabehandlung und Erweiterbarkeit aktiviert. Sehen wir uns die Operatorparameter an:

1. VERBINDUNGS-ID
   ID, um eine Verbindung zum SAP-S/4HANA-System herzustellen.
2. QUELLE
   CDS-View zum Extrahieren von Daten für das Modelltraining.
3. EXTRAKTIONSMODUS
   Extraktionsmodus, um alle Daten (FULL) oder nur Änderungen (DELTA) zu übertragen.
4. SPALTEN
   Spalten des CDS-View-Extraktors, die berücksichtigt werden (Filtern von Spalten).
5. DRUCKTASTE DATENVORSCHAU
   Vorschau der extrahierten Daten.

Schauen wir uns nun die Inferenz-Pipeline für unseren Anwendungsfall für Künstliche Intelligenz an, der in Abb. 19.24 dargestellt ist. In dieser Pipeline wird das trainierte Modell in den Arbeitsspeicher geladen, und ein Listener für REST-Inferenzaufrufe wird instanziiert. Die Details lauten wie folgt:

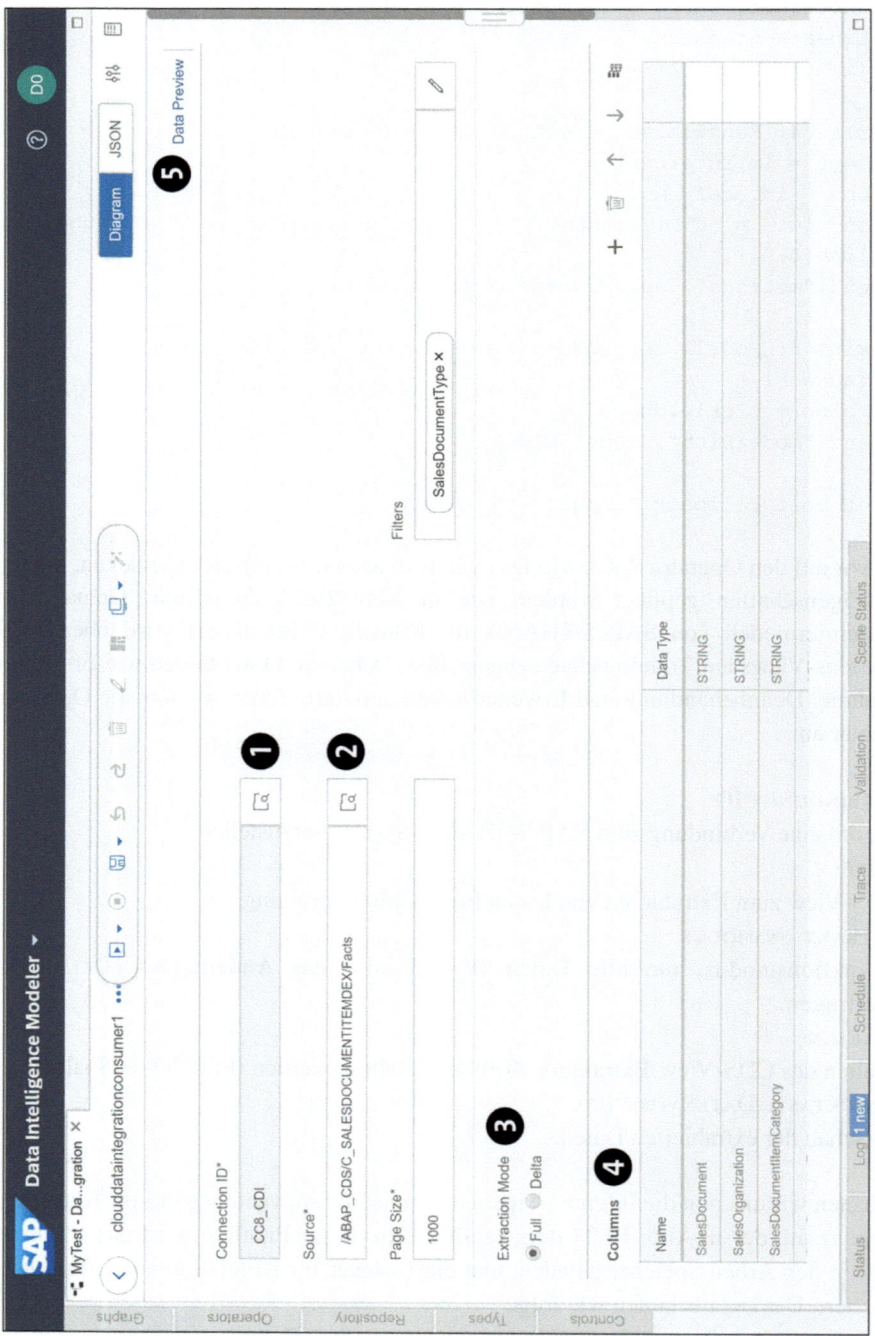

Abb. 19.23 Cloud Data Integration Operator zum Lesen von CDS-View-Daten

19.3 Implementierung von Side-by-Side-AI-Applikationen

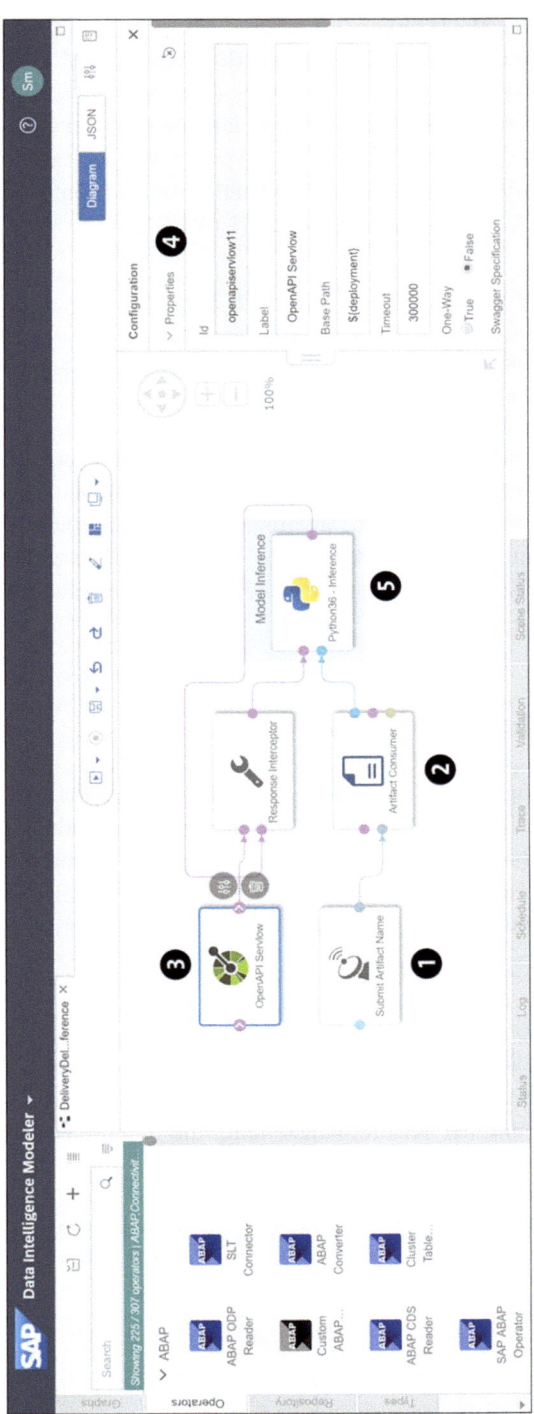

Abb. 19.24 Inferenz-Pipeline

1. ARTEFAKTNAME ÜBERMITTELN
   Dieser Operator ermöglicht die Pflege der ID des trainierten Modells.
2. ARTEFAKT KONSUMENT
   Dieser Operator lädt das trainierte Modell basierend auf seiner ID.
3. OPENAPI SERVLOW
   Dieser Operator wartet auf Inferenzanfragen und sendet Inferenzantworten zurück. Das zugrunde liegende Kommunikationsprotokoll ist REST.
4. EIGENSCHAFTEN
   Zeigt die Eigenschaften des ausgewählten Operators an.
5. MODELLINFERENZ
   Dieser Operator führt Inferenzanforderungen durch und gibt die Inferenzergebnisse zurück.

Der letzte Schritt beim Anlegen von Inhalten für SAP Data Intelligence besteht darin, das Szenario mit Künstlicher Intelligenz als freigegeben zu kennzeichnen. Zu beachten ist, dass nur die Szenarios, die als freigegeben gekennzeichnet wurden, vom KI-Lebenszyklusmanagement-Framework in ABAP berücksichtigt werden. Um dies zu erreichen, müssen wir das Sternsymbol auf der Seite mit den Szenariodetails auswählen, wie zuvor in Abb. 19.19 dargestellt.

19.3.2 Erforderliche Entwicklung in ABAP

Die ABAP-Entwicklung unseres Anwendungsfalls für Künstliche Intelligenz beginnt mit der Erstellung des Intelligenten Szenarios. Dazu muss die Anwendung *Intelligente Szenarios* gestartet werden (siehe Abb. 19.2) und ein intelligentes Szenario vom Typ SIDE-BY-SIDE angelegt werden (siehe Abb. 19.3). Abb. 19.25 zeigt das Intelligente Szenario, das für unseren Anwendungsfall für Künstliche Intelligenz angelegt wurde, und die Felder, die wir ausfüllen müssen, sind:

1. NAME DES INTELLIGENTEN SZENARIOS
   Eindeutiger Name des intelligenten Szenarios zur Identifizierung.
2. BESCHREIBUNG DES INTELLIGENTEN SZENARIOS
   Text zur Beschreibung der KI-Problemstellung, die durch das definierte Intelligente Szenario gelöst werden soll.
3. INTELLIGENT SCENARIO TYP
   Typ des Intelligenten Szenarios, der für unseren Side-by-Side- AI-Anwendungsfall SAP Data Intelligence ist.
4. PAKET
   Paket, in dem die Entwicklungsartefakte abgelegt werden sollen.

19.3 Implementierung von Side-by-Side-AI-Applikationen

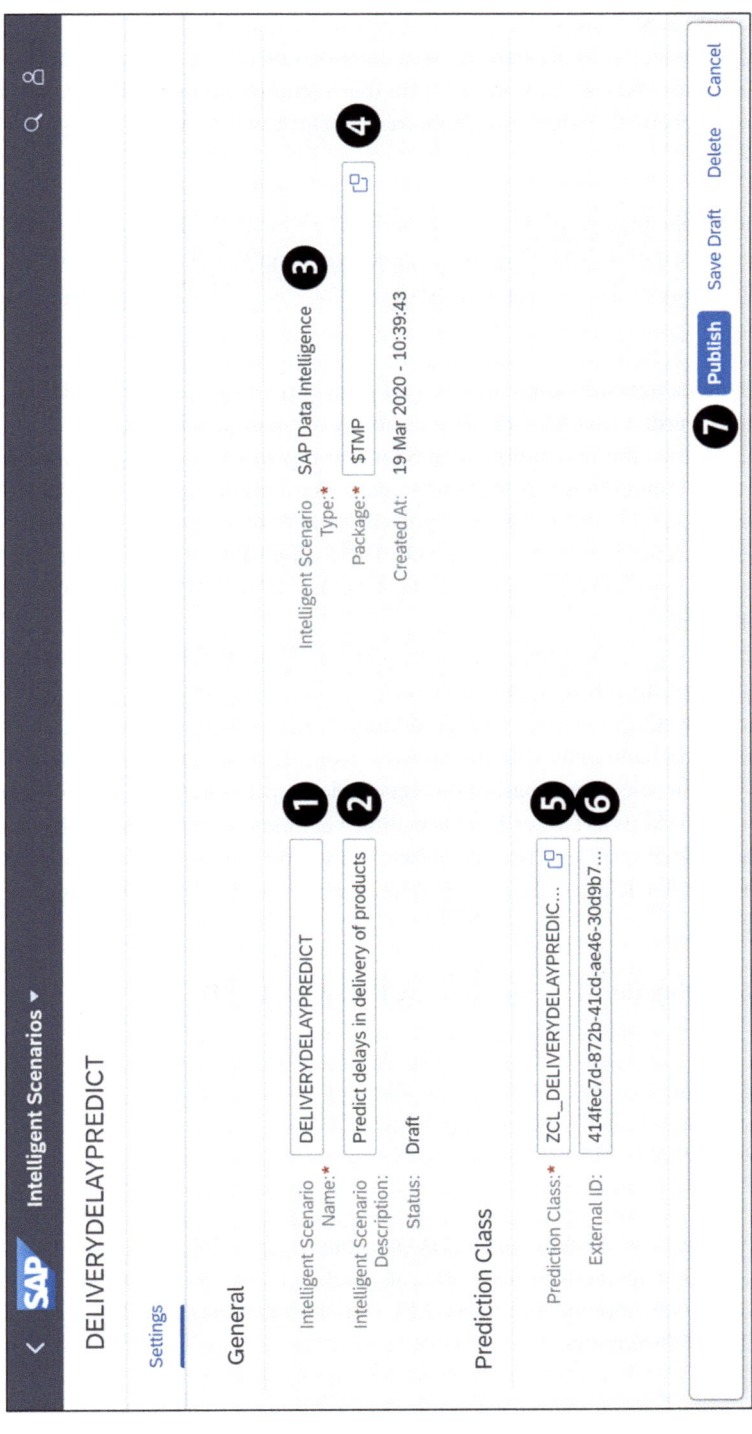

Abb. 19.25 Intelligentes Szenario für Side-by-Side AI anlegen

5. Vorhersageklasse

Die ABAP-Klasse, die Methoden für Metadatenbereitstellung und Inferenzaufrufe implementiert. Diese Klasse muss speziell für das Szenario mit dem ABAP Class Builder implementiert werden, indem das definierte Interface wie in Abb. 19.26 gezeigt angewendet wird.

6. Externe ID

ID des entsprechenden Artefakts des Szenarios für Künstliche Intelligenz, das für unseren Anwendungsfall in SAP Data Intelligence angelegt wurde (siehe Abb. 19.19). Basierend auf dieser ID werden die ABAP- und die SAP-Data-Intelligence-Inhalte integriert.

Ein Intelligentes Szenario kann als Entwurf gesichert werden, wenn zusätzliche Änderungen erwartet werden. Andernfalls wird es zur Verwendung freigegeben.

Die ABAP-Klasse, die im Intelligenten Szenario registriert ist, wie in Abb. 19.25 dargestellt, führt die Funktionen von Metadatenmethoden und das Utility-Interface des trainierten Modells aus, wie in Abb. 19.26 dargestellt. Um dies zu entwickeln, kann der ABAP Class Builder verwendet werden, wie in Abb. 19.26 dargestellt. Um Struktur und Verhalten der Klasse zu standardisieren, muss sie das Interface IF_ISLM_INTELLIGENT_SCENARIO implementieren.

Die Bereitstellung von Metadaten erfolgt nicht über Eingabefelder auf der Benutzungsoberfläche, sondern über Klassenmethoden. Dieser Ansatz gewährleistet die Einfachheit der Benutzungsoberfläche und ermöglicht dennoch die einfache Einbindung zusätzlicher Metadaten. Diese können unterschiedliche Arten von Metadaten sein, z. B. der Name der CDS-View, die für die Datenextraktion verwendet wird, oder die ID der Business-Funktion, die zum Aktivieren der Funktionalität verwendet wird. Die ID des Szenario-Artefakts, das in SAP Data Intelligence entwickelt wurde (wie in Abb. 19.19 dargestellt), wird als Merkmal der Klasse gespeichert und durch die in Listung 19.6 angezeigte Methode angezeigt.

Listung 19.6 Coding für Methode GET_SCENARIO_GUID

```
METHOD IF_ISLM_INTELLIGENT_SCENARIO~GET_SCENARIO_GUID.
   "ISLM-spezifisch: Retuen Sie den ML-Szenario-GUID über die Interface-
Implementierung IF_ISLM_INTELLIGENT_SCENARIO
    rv_scenario_guid = me->mv_scenario_guid.
 ENDMETHOD
```

Mit der ID werden die ABAP- und SAP-Data-Intelligence-Inhalte korreliert und vom KI-Lebenszyklusmanagement-Framework entsprechend verarbeitet. Die in Listung 19.7 aufgeführte Methode implementiert das API zum Konsumieren der Inferenzergebnisse mithilfe des REST-Protokolls.

19.3 Implementierung von Side-by-Side-AI-Applikationen

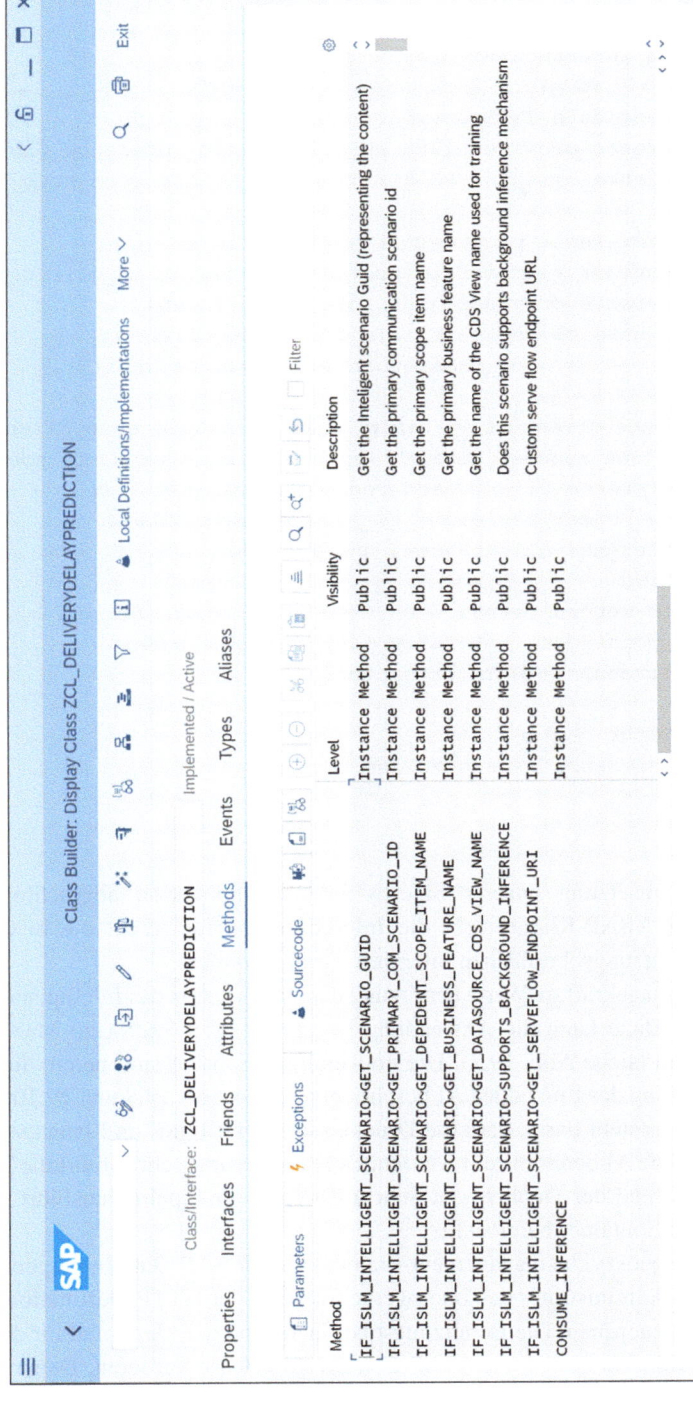

Abb. 19.26 Methoden und Interfaces der registrierten ABAP-Klasse

Listung 19.7 Coding für Methode CONSUME_INFERENCE

```
METHODE CONSUME_INFERENCE.
 DATA:
  lv_json_request_data TYPE string,
  lr_islm_inference_provider TYPE REF TO cl_islm_inference_provider,
  lr_islm_inference_client TYPE REF TO cl_islm_inference_http_client.

 * Initialise inference provider from ISLM
  lr_isferm_provider = lr_isferm_provider ( new inferp_client.
 )  lr_islm_inference_provider->get_inference_client(
   IMPORTING eo_http_client = lr_islm_inference_client
                 es_bapireturn = DATA(ls_bapiret) ).

 * Check inference client is avlaible IF lr_islm_inference_client IS NOT
    INITIAL   lv_json_request_data ='{ "quanity":12 , "product_code":125}'.
    lr_islm_inference_client->add_request_body(
    EXPORTING iv_header_payload = lv_json_request_data).
    lr_islm_inference_client->send_and_Receive(
        IMPORTING
        ev_http_return_reason = DATA(lv_http_return_reason)
        ev_response_data = DATA(lv_json_response_data)
        es_bapireturn = DATA(ls_bapicode

        retur_retur_
 )    lr_islm_inference_client->close( ).
   ENDIF.
   ENDMETHOD
```

Damit ist die Umsetzung unserer Side-by-Side-AI-Applikation abgeschlossen. Das Inferenz-API der ABAP-Klasse stellt die Inferenzergebnisse bereit, die in Geschäftsprozesse und Benutzungsoberflächen integriert werden können.

Um jedoch aussagekräftige Werte bereitzustellen, muss zuerst das Intelligente Szenario trainiert werden. Dazu kann die Anwendung INTELLIGENTES SZENARIO-MANAGEMENT verwendet werden (siehe Abb. 19.2). Die notwendigen Schritte sind bereits im Rahmen der Implementierung der Embedded AI beschrieben (siehe Abb. 19.8 und 19.10). Der einzige Unterschied besteht darin, dass die Drucktasten AUSFÜHREN und IMPLEMENTIEREN für die Side-by-Side AI bereitgestellt werden. Der Ausführungsschritt führt die Trainingspipeline aus, während der Deployment-Schritt die Inferenz-Pipeline ausführt und einen Inferenz-Serving-Container bereitstellt.

Um das KI-Lebenszyklusmanagement-Framework mit SAP Data Intelligence zu verbinden, muss der Administrator das Intelligente Szenario der HTTP-Destination von SAP Data Intelligence zuordnen. Die Benutzungsoberfläche und der Menüpfad für den Zugriff auf die Transaktion können je nach SAP-S/4HANA-Release variieren. Daher sollte die Release-spezifische Dokumentation für das KI-Lebenszyklusmanagement-Framework

19.4 Fazit

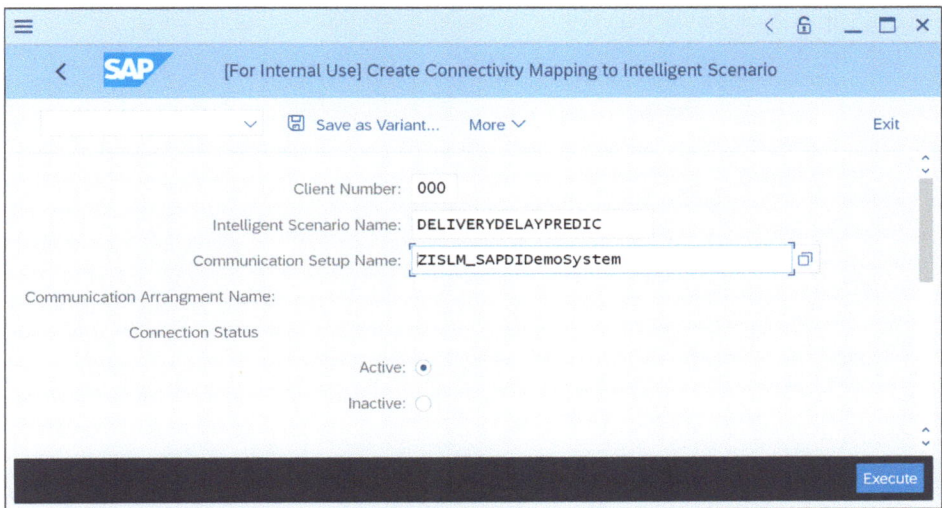

Abb. 19.27 Konnektivität zwischen dem KI-Lebenszyklusmanagement-Framework und SAP Data Intelligence

im SAP Help Portal (https://help.sap.com) berücksichtigt werden. Grundsätzlich muss der Administrator auf die Customizing-Transaktion zugreifen und die HTTP-Destination für das intelligente Szenario pflegen (Abb. 19.27).

19.4 Fazit

In den letzten Kapiteln wurden die Konzepte behandelt, die Künstlicher Intelligenz in SAP S/4HANA sowohl für Embedded- als auch für Side-by-Side-Modelle zugrunde liegen, sodass wir in diesem Kapitel in die technische Implementierung eintauchen konnten. Wir begannen mit einem Vergleich der beiden Modelle (Embedded und Side-by-Side AI) und diskutierten dann, wie jedes Modell entwickelt und ausgeführt werden kann. Die Embedded AI wird für einfache Szenarios mit geringer Systemlast verwendet. Die von der SAP-S/4HANA-Plattform bereitgestellten Bibliotheken für Künstliche Intelligenz reichen in der Regel für diese Art von Anwendungsfällen aus. Komplexere Szenarios, in denen neuronale Netzwerke mit hoher Hardware benötigt werden, werden auf Basis der SAP-Business-Technology-Plattform implementiert und als Side-by-Side AI bezeichnet. Diese Plattform unterstützt eine skalierbare Infrastruktur für Modelltraining und Inferenz, einschließlich GPU-Hardware. Die Entwicklung und der Betrieb von Embedded AI und Side-by-Side AI basieren auf dem Framework für das KI-Lebenszyklusmanagement, das mit entsprechenden Schritt-für-Schritt-Darstellungen erläutert wurde. Dieses Framework standardisiert den Entwicklungsprozess und harmonisiert das Lebenszyklusmanagement der Anwendungen der Künstlichen Intelligenz.

Vertrieb und Forschung

20

In diesem Kapitel beschreiben wir intelligente Geschäftsanwendungen im Vertriebs- und Forschungsbereich und erläutern, wie Kunden von dieser Funktion profitieren können. Wir geben einen kurzen Überblick über die Anforderungen des Anwendungsfalls, die beteiligten Geschäftsprozesse und deren Umsetzung. Der Geschäftsbereich Vertrieb ist riesig und verfügt über ein großes Potenzial zur Automatisierung und Optimierung der Prozesse. Der Schwerpunkt des Kapitels liegt auf der Umsetzung von Angeboten in Kundenaufträge, der Vorhersage von Absatzprognosen, der Prognose von Lieferverzögerungen, der Projektkostenprognose und der Verarbeitung digitaler Inhalte. Die in diesem Buch beschriebenen Konzepte und Frameworks wurden auf diese Anwendungsfälle angewendet, um ihre Praxistauglichkeit zu demonstrieren.

20.1 Umsetzung von Verkaufsangeboten

In diesem Abschnitt konzentrieren wir uns auf den KI-Service, der die Umwandlung von Angeboten in tatsächliche Kundenaufträge prognostizieren soll – ein Service, der für einen Vertriebsleiter oder einen Vertriebsmitarbeiter im Innendienst von großem Nutzen ist. Abb. 20.1 zeigt den speziell für diesen Geschäftsprozess konstruierten KI-Service, auf dessen Details wir in diesem Abschnitt eingehen werden. Um die Verbindung zu den vorherigen Kapiteln herzustellen, führen wir die entsprechenden Referenzpunkte für den Anwendungsfall auf:

- KI-Anwendungsmuster: Vorhersage
- ERP-Referenzprozess: Vom Auftrag bis zum Zahlungseingang/Angebotsabwicklung
- ERP-Referenzarchitektur: Verkauf/Vertriebsunterstützung
- ERP-Referenz-KI-Technologie: ERP-Plattform
- KI-Realisierungsmuster: Embedded AI

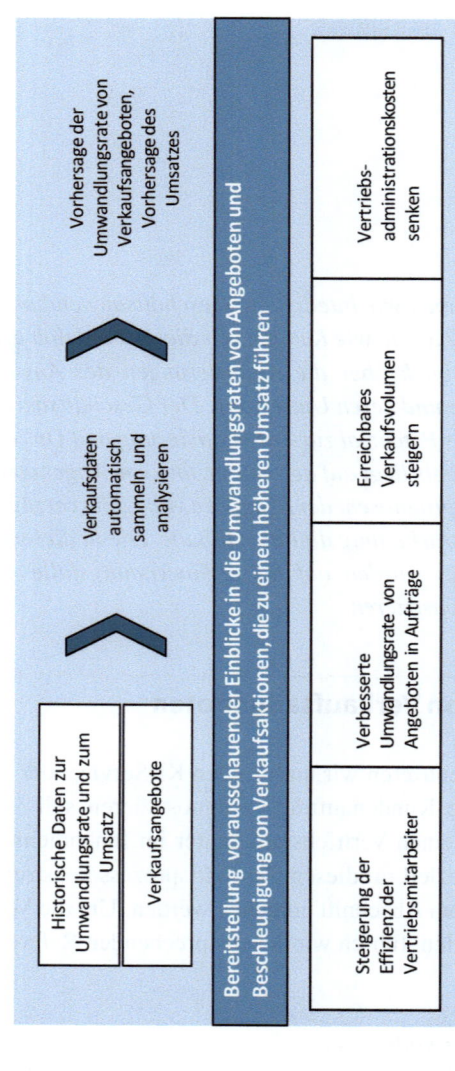

Abb. 20.1 Vorhersage der Umwandlung von Verkaufsangeboten in Kundenaufträge

20.1 Umsetzung von Verkaufsangeboten

Vertriebsmitarbeiter sind dafür zuständig, die Konversionsrate von Verkaufsangeboten in tatsächliche Kundenaufträge zu überwachen. Darüber hinaus müssen sie offene Angebote im Blick behalten und nachverfolgen, um das Verkaufsvolumen zu erhöhen. Eine der größten Herausforderungen besteht darin, jene Angebote zu identifizieren, die nicht wie erwartet in Kundenaufträge umgewandelt werden.

Dieser Prozess erfordert einen erheblichen manuellen Arbeitsaufwand sowie den Einsatz von Fähigkeiten und Fachkenntnissen und ist recht zeitaufwendig. Vertriebsleiter suchen hingegen nach Möglichkeiten, die Effizienz ihrer Vertriebsteams zu steigern, die Umwandlungsrate von Angebot zu Auftrag zu verbessern, potenzielle Umsätze zu steigern und die Vertriebsadministrationskosten zu senken, um das Umsatzwachstum ihres Unternehmens zu fördern. Algorithmen der Künstlichen Intelligenz können in diesem Zusammenhang hilfreich sein. Sie können Informationen aus historischen Systemdaten extrahieren und präzise Vorhersagen über die Umwandlungsraten von Verkaufsangeboten und potenzielle Gesamtumsätze liefern. Diese Lösung kann die Komplexität beherrschen und die Erfassung und Analyse von Verkaufsdaten automatisieren, sodass Vertriebsmitarbeiter keine Raten schätzen müssen. Mit dieser Lösung können Vertriebsmitarbeiter feststellen, welche Angebote zusätzliche Unterstützung und Aktionen erfordern, um das Verkaufsvolumen zu erhöhen, und den Fortschritt kontinuierlich überwachen. Das grundlegende Konzept der Umwandlungsrate von Verkaufsangeboten besteht darin, das Gesamtumsatzvolumen zu erhöhen. Die Umwandlungsrate von Verkaufsangeboten, auch Kundenauftragswahrscheinlichkeit genannt, beschreibt die Wahrscheinlichkeit, dass ein Angebot in eine Kundenauftragsposition umgewandelt wird. Diese Wahrscheinlichkeit, ausgedrückt als Prozentsatz, wird zusammen mit dem Nettowert des Verkaufsangebots verwendet, um einen erwarteten Gesamtauftragswert zu berechnen. Derzeit muss die Kundenauftragswahrscheinlichkeit entweder im Kundenstamm oder im Belegtyp manuell eingegeben werden. Diese eingegebene Wahrscheinlichkeit beruht auf manuellen Berechnungen und Schätzungen oder auf externen Daten, die importiert wurden.

Die Funktion der Künstlichen Intelligenz in SAP S/4HANA, die sich auf die Umwandlungsrate von Angeboten bezieht, bietet für Vertriebsleiter und Vertriebsmitarbeiter im Innendienst einen wertvollen Service. Sie liefert Vorhersagen über erreichbare Umsätze und die potenziellen Umwandlungsraten von Angeboten. Diese Informationen sind hilfreich für die Entscheidung, welche Angebote am wahrscheinlichsten in Kundenaufträge umgewandelt werden, was das aktuelle Verkaufsvolumen steigern kann. Wie in Abb. 20.2 dargestellt, verwendet das aktuelle Szenario Regressionsalgorithmen aus der Automated Predictive Library. Diese Algorithmen, die Teil des KI-Lebenszyklusmanagement-Frameworks sind, sind in die SAP-S/4HANA-Geschäftsprozesse für das Verkaufsangebot integriert, um die Prognosegenauigkeit zu verbessern. Die betriebswirtschaftlichen Vorteile dieser Funktion sind zahlreich. Dazu gehört die Möglichkeit, genauere Absatzprognosen zu erstellen, manuelle Arbeiten und Analysen zu reduzieren und die Gewinn-/Verlustquote zu optimieren. Aus Sicht des Kunden liegt der Wert darin, vorausschauende Einblicke in die Umwandlungsraten von Angeboten zu erhalten. Dies beschleunigt nicht nur die Verkaufsaktionen, sondern führt auch zu einer Umsatzsteigerung.

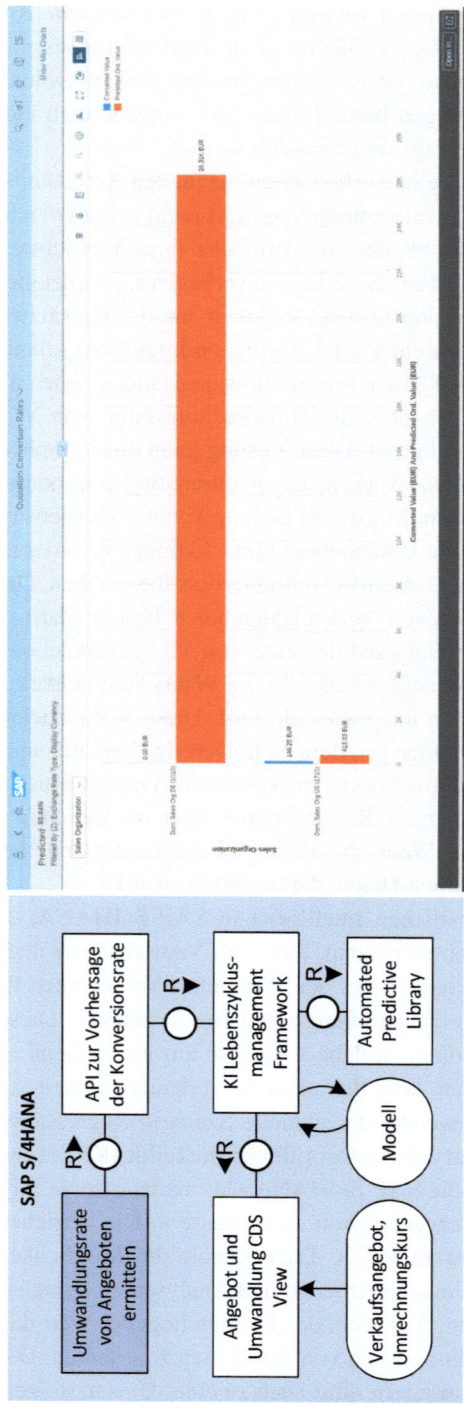

Abb. 20.2 Umsetzung von Verkaufsangeboten vorhersagen – Architektur und Anwendung

20.2 Vorhersage von Absatzprognosen

Als Nächstes richten wir unseren Fokus auf den Service für Künstliche Intelligenz, der eigens zur Vorhersage der Vertriebsleistung entwickelt wurde. Dieser Service ist besonders relevant im Zusammenhang mit der Überwachung der Erfüllung von Kundenaufträgen und der Planung von Verkaufsstrategien. Der für diesen spezifischen Prozess entwickelte Service der Künstliche Intelligenz ist in Abb. 20.3 dargestellt, die wir in diesem Abschnitt ausführlich erläutern werden. Um die Verbindung zu den vorherigen Kapiteln herzustellen, führen wir die entsprechenden Referenzpunkte für den Anwendungsfall auf:

- KI-Anwendungsmuster: Vorhersage
- ERP-Referenzprozess: Vom Auftrag bis zum Zahlungseingang/Angebotsabwicklung
- ERP-Referenzarchitektur: Verkauf/Vertriebsunterstützung
- ERP-Referenz-KI-Technologie: ERP-Plattform
- KI-Realisierungsmuster: Embedded AI

Die Vertriebsplanung umfasst in der Regel eine gründliche Analyse, die einen erheblichen operativen Aufwand erfordert. Dazu gehört das Sammeln von Daten aus verschiedenen Systemen und externen Quellen sowie das Formulieren von Plänen. Dieser Prozess stützt sich auch auf das Fachwissen eines Vertriebsleiters, um genaue Prognosen zu erstellen. Um den Umsatz zu steigern, ist es für Vertriebsleiter von entscheidender Bedeutung, die Vertriebsleistung zu überprüfen, zu beurteilen, ob Vertriebsziele erreichbar sind oder übertroffen werden können, und geeignete Folgeschritte vorzuschlagen. Derzeit ist die Absatzprognose ein arbeitsintensiver Prozess, der bei der Erstellung historischer Daten

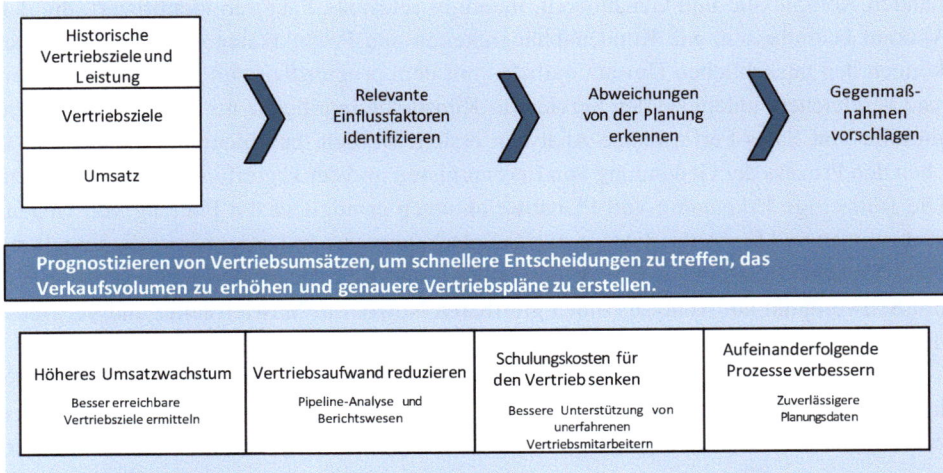

Abb. 20.3 Absatzprognose vorhersagen

und anderer Informationsquellen weitgehend von menschlichem Fachwissen abhängt. Vertriebsleiter werden mit der Verwaltung des operativen Geschäfts beauftragt. Das bedeutet, sie vergleichen den Ist-Umsatz mit dem Plan-Umsatz, um den aktuellen Umsatz zu verbessern. Sie sind auch dafür verantwortlich, den potenziellen Verkaufswert des Unternehmens vorherzusagen, Vertriebsziele festzulegen und Strategien zu entwickeln, um diese Ziele zu erreichen. Vertriebsleiter stehen oft vor Herausforderungen wie dem hohen manuellen Aufwand für das Sammeln und Analysieren von Daten aus Systemen und externen Quellen, wiederholten und zeitaufwendigen Aufgaben zum Sammeln von Informationen und vielem mehr. Die Komplexität der zugrunde liegenden Daten und die Unsicherheit über die Genauigkeit der Analyse und Prognose können ebenfalls erschreckend sein. Es gibt auch die ständige Sorge, Quoten nicht zu erfüllen, was solides Wissen und Erfahrung erfordert. Vertriebsleiter erwarten die folgenden Vorteile und geschäftlichen Nutzen des Services für Künstliche Intelligenz:

- Höheres Umsatzwachstum
- Ermittlung realistischerer Vertriebsziele
- Geringerer Aufwand für den Vertrieb in Vollzeitäquivalenten für Pipeline-Analysen und -Berichte
- Mehr Zeit für den Verkauf
- Geringere Schulungskosten im Vertrieb
- Verbesserte Unterstützung für weniger erfahrene Vertriebsmitarbeiter
- Zuverlässigere Planungsdaten zur Verbesserung der Folgeprozesse im Finanzwesen, in der Fertigung und im Bestand

Der Service der Künstliche Intelligenz zur Vorhersage der Vertriebsperformance hilft bei der automatischen Erfassung und Analyse historischer Verkaufsdaten. Das System behandelt Komplexität und Genauigkeit, indem es relevante Faktoren identifiziert, die den Verkauf beeinflussen, wie Kundenabhängigkeiten und Produktkategorien. Vertriebsleiter können den tatsächlichen Umsatz mühelos mit dem prognostizierten und geplanten Umsatz vergleichen, indem sie den Service für Künstliche Intelligenz nutzen. Prognosen, die mithilfe von Sales-Performance-Analysen erstellt werden, beschleunigen und vereinfachen den Prozess der Gewinnung von Erkenntnissen und der Ergreifung von Maßnahmen. Die frühzeitige Erkennung von Planabweichungen ermöglicht die Planung von Gegenmaßnahmen und fundierte, datengestützte Entscheidungen. Außerdem kann die Erstellung eines Entscheidungspools für Vertriebsanalysen und Key Performance Indicators (KPIs) mit Schwerpunkt auf Analysen einen greifbaren Nutzen für Vertriebsleiter und Vertriebsmitarbeiter erzeugen.

Der Service, der mithilfe von Künstlicher Intelligenz die Vorhersage der Vertriebsleistung ermöglicht, erlaubt es uns, den tatsächlichen Umsatz mit prognostizierten Zahlen zu vergleichen. Dadurch können wir einschätzen, inwieweit wir unsere Vertriebsziele er-

20.2 Vorhersage von Absatzprognosen

Abb. 20.4 Absatzprognose vorhersagen – Architektur

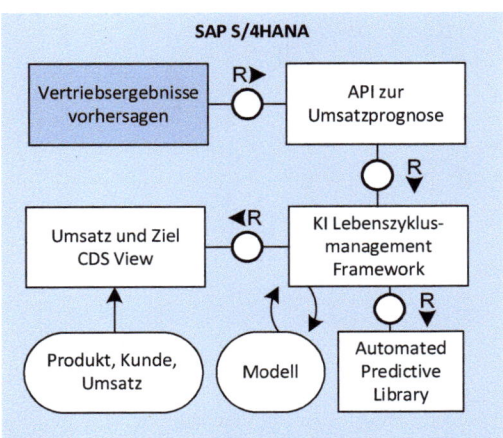

reichen. Dieser Service bietet die Möglichkeit, die aktuelle Vertriebsperformance vorherzusehen und verbessert die Vertriebsplanungsverfahren. Wie in Abb. 20.4 gezeigt, nutzen wir Zeitreihenalgorithmen aus der Predictive Analytics Library, die in das KI-Lebenszyklusmanagement-Framework integriert sind. Diese Algorithmen werden dann in die SAP-S/4HANA-Geschäftsprozesse eingebunden, um die Vertriebsperformance zu prognostizieren. Zusammenfassend lässt sich sagen, dass die Darstellung von Vorhersagen zur Vertriebsperformance in Abb. 20.5 Vertriebsleitern ermöglicht, mehrere Aufgaben zu erledigen:

- Sie können das Volumen des Umsatzes antizipieren, das ein Unternehmen voraussichtlich generieren wird.
- Sie können reale, prognostizierte und beabsichtigte Absatzmengen anhand verschiedener Parameter vergleichen und diesen Vergleich visuell darstellen.
- Sie können die Präzision ihres Planungsprozesses verbessern, indem sie Algorithmen nutzen, die auf Künstlicher Intelligenz basieren. Diese Algorithmen liefern Vorhersagen und Vorschläge, wodurch der manuelle Aufwand für die Vertriebsplanung und ähnliche Aufgaben minimiert wird.

Die Vorteile für das Unternehmen sind vielfältig. Dazu zählen ein Anstieg des tatsächlich erzielten Umsatzes durch die Bereitstellung überragender Erkenntnisse, die notwendige Maßnahmen ermöglichen, sowie Vorhersagen für realisierbare Absatzmengen. Es gibt auch eine allgemeine Reduzierung des manuellen Arbeitsaufwands, der für die Absatzprognose und -planung erforderlich ist. Das Wertversprechen besteht darin, Vertriebsleiter bei der Vorhersage der Vertriebsleistung zu unterstützen. Dies führt zu einer schnelleren Entscheidungsfindung, einer Umsatzsteigerung und der Erstellung präziserer Absatzpläne.

358   20 Vertrieb und Forschung

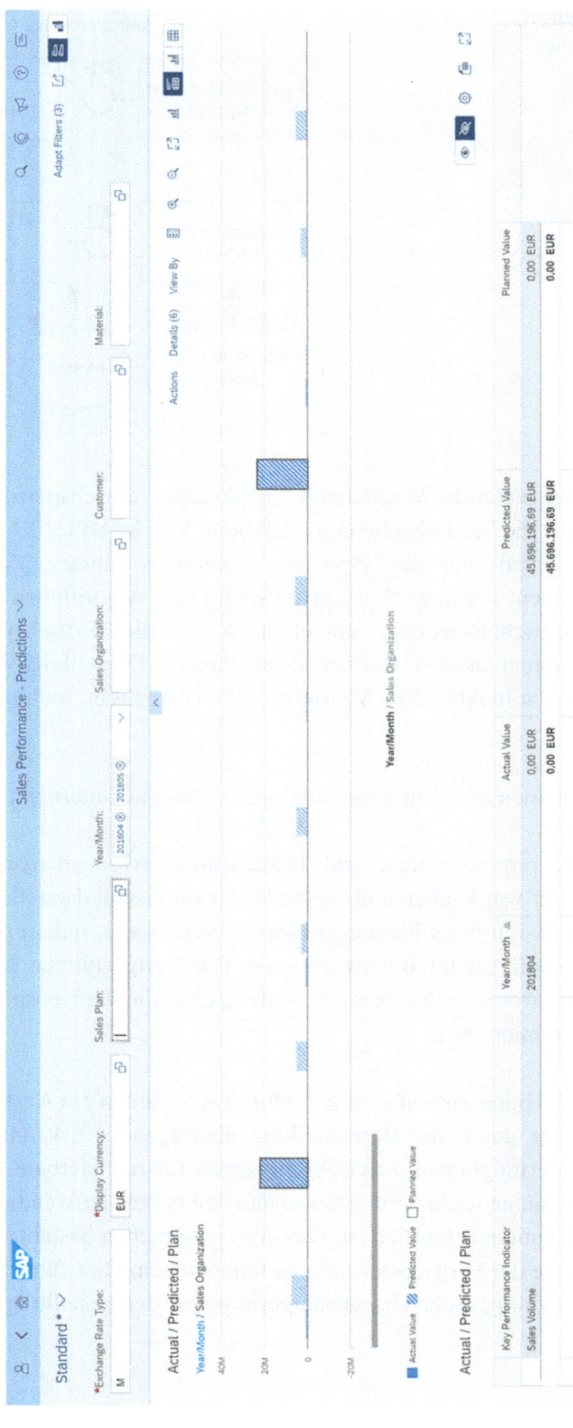

Abb. 20.5 Absatzprognose vorhersagen – Anwendung

20.3 Prognose des Lieferverzugs

In diesem Abschnitt der Diskussion konzentrieren wir uns auf den Service der Künstlichen Intelligenz, der eigens dafür entwickelt wurde, die Liefertermine im Zusammenhang mit der Leistung von Kundenauftragslieferungen vorherzusagen. Um die Verbindung zu den vorherigen Kapiteln herzustellen, listen wir die relevanten Referenzpunkte für den Anwendungsfall auf:

- KI-Anwendungsmuster: Vorhersage
- ERP-Referenzprozess: Vom Auftrag bis zum Zahlungseingang/Bestellungsabwicklung
- ERP-Referenzarchitektur: Verkauf/Auftrags- und Vertragsabwicklung
- ERP-Referenz-KI-Technologie: ERP-Plattform
- KI-Realisierungsmuster: Embedded AI

Abb. 20.6 zeigt den speziell für diesen Prozess entwickelten Service für Künstliche Intelligenz, den wir in diesem Abschnitt detailliert betrachten werden. Die Effektivität der Lieferung ist ein allgemein anerkannter Key Performance Indicator (KPI) im Supply Chain Management. Dieser KPI wird verwendet, um den Erfolg bei der Erfüllung der Kundenanforderungen innerhalb der vorgegebenen Fristen zu messen. Für Vertriebsrollen ist es wichtig, jene Kundenaufträge zu identifizieren, bei denen Verzögerungen auftreten, die Ursachen dieser Verzögerungen zu ermitteln und die Problematik zu beheben. Diese Benutzer sehen sich häufig Hindernissen gegenüber. Dazu gehören verschobene Liefertermine, mangelnde Transparenz darüber, welche Aufträge wahrscheinlich verspätet werden, unzureichende Erkenntnisse über die Gründe für diese Verzögerungen, Kundenreklamationen aufgrund verspäteter Lieferungen und zusätzliche manuelle Arbeiten für wiederkehrende Aufgaben im Zusammenhang mit der Überwachung der Liefertermintreue. Die Vorteile für das Unternehmen und seine Kunden liegen hauptsächlich darin, die

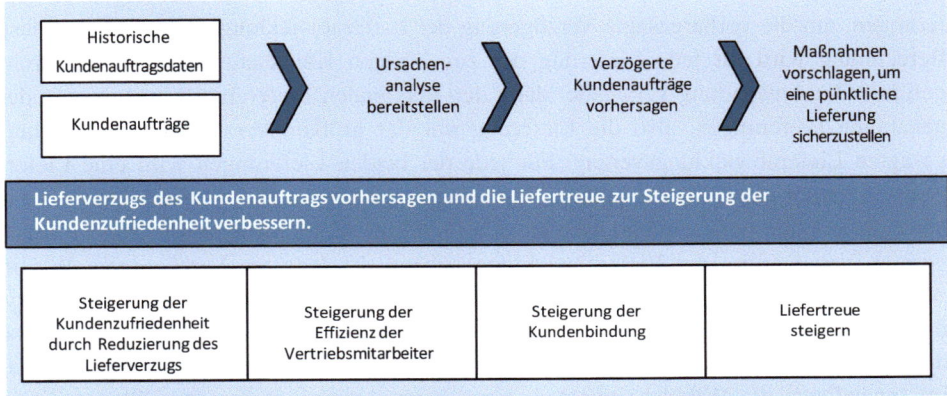

Abb. 20.6 Lieferverzug vorhersagen

Kundenzufriedenheit zu erhöhen, indem Lieferverzögerungen minimiert werden, die Effizienz des Vertriebsteams verbessert wird, mehr Kunden gebunden werden und die Lieferleistung gesteigert wird. Der Service der Künstlichen Intelligenz spielt hierbei eine wesentliche Rolle. Er überwacht die Wahrscheinlichkeit einer Verzögerung bei Kundenauftragspositionen. Dabei nutzt er historische Daten von Kundenaufträgen, um Verzögerungen vorherzusehen und eine Analyse der Ursachen bereitzustellen. Das System weist auf potenzielle Lieferprobleme für jede Kundenauftragsposition hin, damit Vertriebsmitarbeiter entsprechende Maßnahmen einleiten können, um eine pünktliche Lieferung sicherzustellen.

Die SAP-Fiori-Anwendung *Vorhergesagter Lieferverzug*, ausgestattet mit einem Service für Künstliche Intelligenz, ermöglicht es Vertriebsleitern, den aktuellen Status der Liefertreue im Auge zu behalten. Sie können unmittelbar die Auswirkungen des Verhältnisses zwischen gelieferten Positionen und Kundenaufträgen nachvollziehen, um Lieferverzögerungen zu vermeiden. Dies führt langfristig zu einer höheren Kundenzufriedenheit und Kundentreue. Derzeit hängt der Prozess zur Ermittlung des erwarteten Lieferdatums für eine Position in einem Kundenauftrag vom Ergebnis eines Planungs- oder Terminierungswerkzeugs wie der Available-to-Promise(ATP)-Lösung ab. Potenziell zukünftige Abweichungen werden bei dieser Methode jedoch nicht berücksichtigt. Die Anwendung zeigt das erwartete Datum der Lieferungserstellung, das Wunschlieferdatum, die vorhergesagten Produktions- und Verarbeitungsverzögerungen sowie den insgesamt erwarteten Lieferverzug für Verkaufsbelegpositionen an. Das vorhergesagte Datum der Lieferungserstellung wird verwendet, um sich während des Trainings des vorhergesagten Lieferverzugs auf den Fortschritt der Lieferungen als nachfolgende Schritte zum Öffnen von Kundenaufträgen zu konzentrieren. Das erwartete Datum der Lieferungserstellung (basierend auf der bestätigten Einteilung von zuvor gelieferten Kundenauftragspositionen) wird dem tatsächlichen Datum der Lieferungserstellung der entsprechenden Lieferung gegenübergestellt, wobei historische Daten für diesen Vergleich genutzt werden. Die Lösung vergleicht das geplante Warenausgangsdatum aller Lieferungen, für die der Warenausgang abgeschlossen ist, mit dem tatsächlichen Warenbewegungsdatum der nachfolgenden Lieferungen, um die vorhergesagte Verzögerung der Lieferabwicklung zu trainieren. Diese Berechnung wird für jede Lieferung der zugehörigen Kundenauftragsposition durchgeführt. Die Anwendung verwendet dann den maximalen Lieferabwicklungsverzug der genannten Lieferungen, also die Lieferung mit der größten Verzögerung, als vorhergesagten Lieferabwicklungsverzug. Für jede der beiden Lieferungen wird eine Lieferposition berücksichtigt. Das geplante Warenausgangsdatum und das tatsächliche Warenbewegungsdatum unterscheiden sich je nach Lieferung. Die Lösung ermittelt die vorhergesagte Verzögerung der Lieferabwicklung anhand der längsten Verzögerung. Wie in Abb. 20.7 dargestellt, sind Regressionsalgorithmen aus der Automated Predictive Library, die das KI-Lebenszyklusmanagement-Framework verwenden, in die Geschäftsprozesse der Kundenauftragslieferung in SAP S/4HANA integriert. So können Vertriebsmitarbeiter im Innendienst die Wahrscheinlichkeit einer Verspätung einer Kundenauftragsposition überwachen und entsprechende Maßnahmen ergreifen, um die Verzögerung zu verhindern.

20.3 Prognose des Lieferverzugs

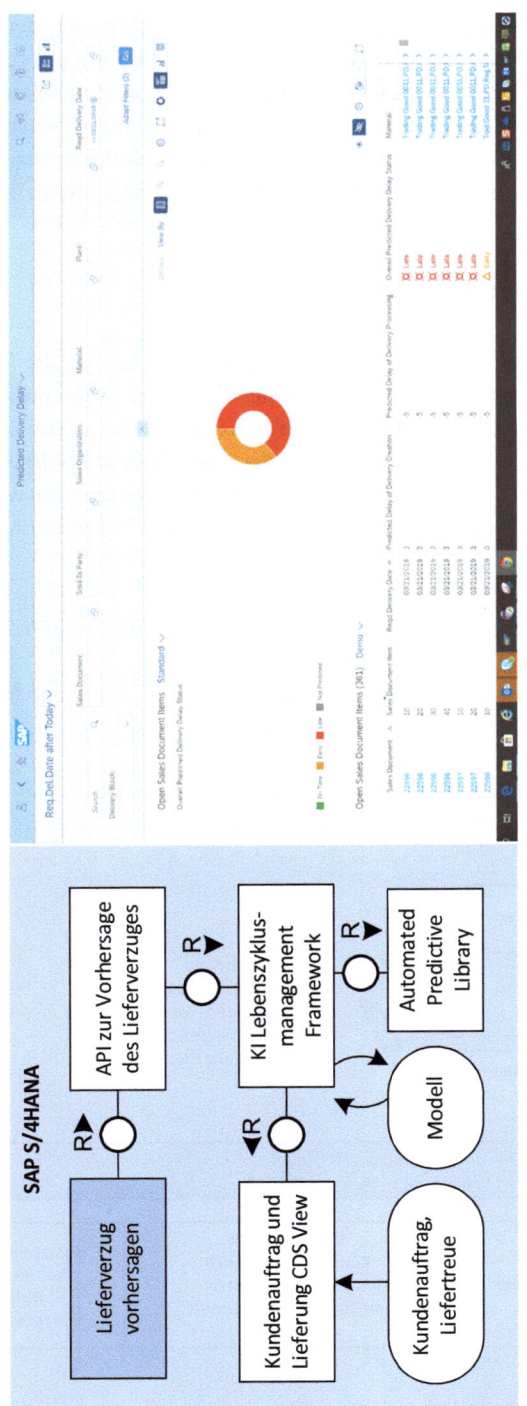

Abb. 20.7 Lieferverzögerung vorhersagen – Architektur und Anwendung

Dies erhöht die Kundenzufriedenheit, indem die Einflusskriterien der wahrscheinlichen Verzögerung berücksichtigt werden. Zu den geschäftlichen Vorteilen gehören ein geringerer manueller Aufwand zur Überwachung und Lösung von Problemen, eine verbesserte Liefertreue und somit eine höhere Kundenzufriedenheit. Das Wertversprechen für den Vertriebsmitarbeiter liegt darin, den Lieferverzug eines Kundenauftrags vorherzusagen, die Liefertreue zu verbessern und letztlich die Kundenzufriedenheit zu erhöhen.

20.4 Prognose der Projektkosten

Unsere Aufmerksamkeit richtet sich auf den Service für Künstliche Intelligenz, der die Ausgaben im Zusammenhang mit Unternehmensprojekten während der Planungsphase des Portfolios für die kommenden Monate prognostizieren soll. Abb. 20.8 zeigt den speziell für diesen Prozess entwickelten Service der Künstlichen Intelligenz, den wir in diesem Abschnitt näher erläutern werden. Um die Verbindung zu den vorherigen Kapiteln herzustellen, nennen wir die entsprechenden Referenzpunkte für den Anwendungsfall:

- KI-Anwendungsmuster: Vorhersage
- ERP-Referenzprozess: Von der Idee bis zur Markteinführung/Produkt- und Dienstleistungsoptimierung
- ERP-Referenzarchitektur: Forschung & Entwicklung/Portfolio- und Projektmanagement
- ERP-Referenz KI-Technologie: ERP-Plattform
- KI-Realisierungsmuster: Embedded AI

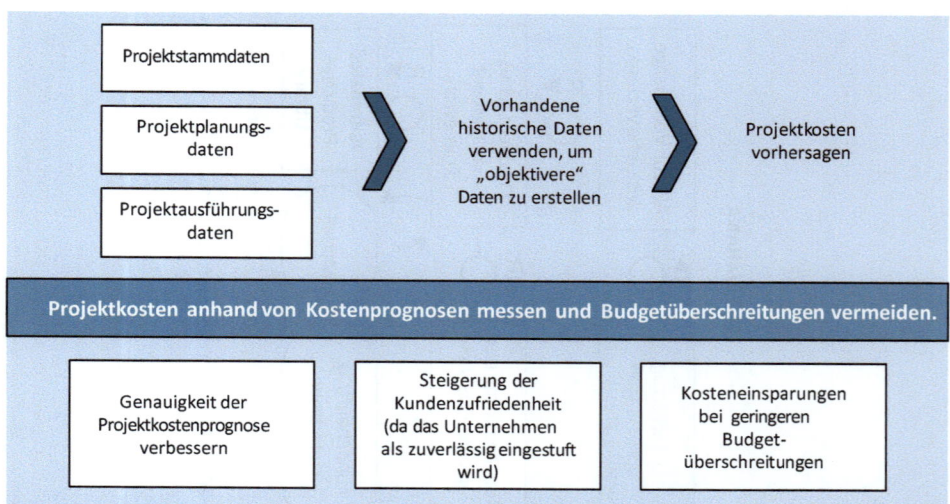

Abb. 20.8 Projektkostenprognose

20.4 Prognose der Projektkosten

Für Einzelpersonen, die Projekte verwalten, besteht das Hauptziel darin, sicherzustellen, dass die Projekte innerhalb des zugewiesenen Budgets bleiben und Budgetüberschreitungen zu verhindern. Dies setzt voraus, dass der festgelegte Produktumfang, die Produktqualität und der Liefertermin genau eingehalten werden. Um diese Ziele zu erreichen, ist es entscheidend, die Ausgaben sowie die Zeit, die mit dem Projekt verbunden sind, so präzise wie möglich zu prognostizieren. Projektmanager stehen oft vor einer Vielzahl von Herausforderungen, darunter:

- Unzureichende Daten oder Daten, die durch persönliche Voreingenommenheit beeinflusst sind.
- Schwierigkeiten bei der Ermittlung geeigneter Informationen zur Berechnung der prognostizierten Kosten.
- Aufgaben, die viel Zeit erfordern, um alle notwendigen Informationen zusammenzustellen.
- Ein hoher manueller Arbeitsaufwand sowie erhebliche Anstrengung.
- Faktoren im Zusammenhang mit Politik und Psychologie.
- Prognoseverfahren, die nicht fehlerfrei sind.

Projektmanager und Finanzcontroller profitieren von einer höheren Genauigkeit der Projektkostenprognosen und einer höheren Kundenzufriedenheit. Ein zuverlässiges Unternehmen erreicht durch weniger Budgetüberschreitungen Kosteneinsparungen und verringert das Risiko von Budgetüberschreitungen.

Der durch Künstliche Intelligenz ermöglichte Service nutzt vorhandene historische Daten, um objektivere und referenzielle Daten zu erstellen. Diese Daten werden aus den Stammdaten des Projekts, Projektplanungsdaten und Projektausführungsdaten abgeleitet. Der Service schlägt einen optimalen Projektstrukturplan (PSP) vor, welcher ein hierarchisches Modell darstellt. Dieses Modell unterteilt das Unternehmensprojekt in kleinere, überschaubarere Segmente, die durch Teile des PSP dargestellt werden. Die Lösung verwendet Algorithmen der Referenzklassenprognose, um aus früheren Projekten zu lernen und verlässlichere Projektprognosen zu liefern. Durch die Implementierung des Services für Künstliche Intelligenz kann die Lösung Projekte kontinuierlich überwachen und verwalten. Sie benachrichtigt Benutzer bei potenziellen Überschreitungen, identifiziert verfügbare Puffer und schlägt mögliche Neuterminierungen und Budgetneuzuordnungen über einen Entscheidungsunterstützungsmechanismus vor. Wie in Abb. 20.9 dargestellt, nutzt das Szenario die Klassifikation und die Algorithmen der k-nächsten Nachbarn aus der Predictive Analytics Library. Diese Algorithmen sind in das KI-Lebenszyklusmanagement-Framework eingebettet und in die Geschäftsprozesse von SAP S/4HANA Enterprise Portfolio and Project Management (EPPM) integriert. Dank der engen Integration mit Geschäftsprozessen in Forschung und Entwicklung (F&E)/Konstruktion und anderen Bereichen wie Finanzwesen oder Beschaffung ermöglicht die Lösung die Verwaltung von Unternehmensprojekten über ihren gesamten Lebenszyklus hinweg. Dazu gehören die Projektinitiierung, Planung,

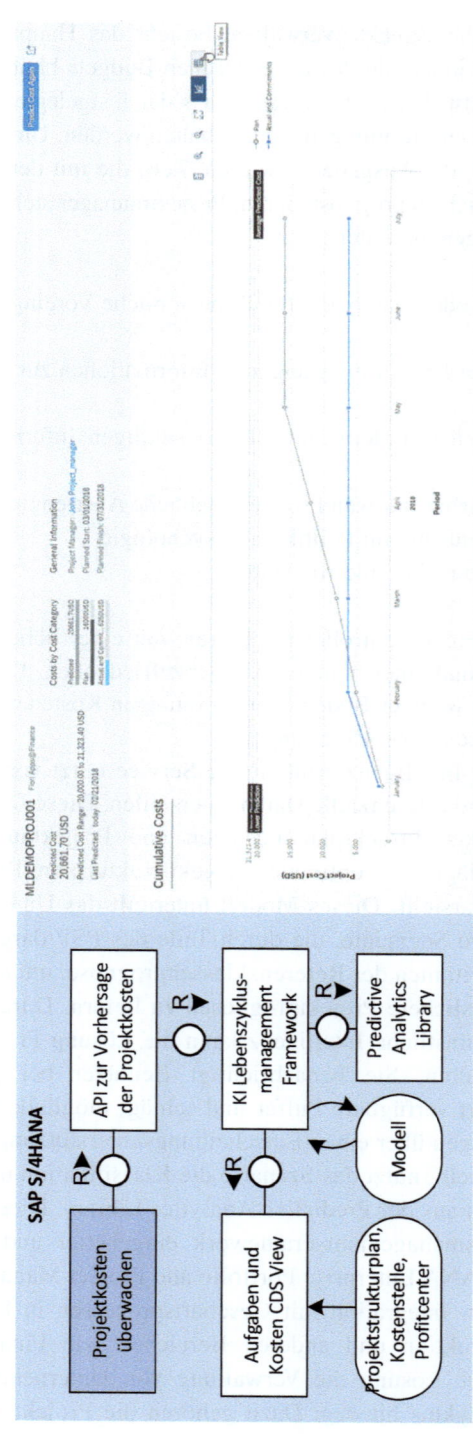

Abb. 20.9 Projektkostenprognose – Architektur und Anwendung

Ausführung, Verfolgung und der Abschluss. Sie kann eine Vielzahl von branchenübergreifenden Projekten handhaben, wie zum Beispiel Investitionsinitiativen, Verwaltungsprojekte, F&E-Projekte, Projektfertigungsprojekte und statistische Initiativen. Die Lösung bietet die folgenden Funktionen zum Verwalten von Unternehmensprojekten und deren Projektstrukturplänen:

- Sie ermöglicht, Projekte innerhalb der Organisation des Unternehmens zu verwalten und Geschäftsprojekte zu überwachen.
- Sie unterstützt eine erfolgreiche Verwaltung des Projektfortschritts und der Kosten innerhalb eines bestimmten Budgets durch die kaufmännische Projektsteuerung.
- Sie verbessert die Projekteffizienz und stellt mithilfe der Projektlogistiksteuerung die termingerechte und budgetgerechte Lieferung hochwertiger Projekte sicher.

Projektbasierte Services verwenden Professional-Services-Projekte, um Kundenprojekte und interne Projekte zu verwalten, während Portfolio- und Projekt-Management branchenübergreifende Projekte mit Unternehmensprojekten abwickelt. Die Anwendung von Referenzklassenprognosen zur Erstellung eines konsistenten Projektplans und einer konsistenten Kostenstruktur birgt ein erhebliches Potenzial. Sie ermöglicht eine genauere Projektkostenprognose und minimiert Budgetüberschreitungen.

20.5 Verarbeitung digitaler Inhalte

In diesem Abschnitt beschäftigen wir uns mit dem Service der Künstlichen Intelligenz, der für die Klassifizierung von Dokumenten und die Verarbeitung digitaler Inhalte verwendet wird. Abb. 20.10 stellt den Service der Künstliche Intelligenz dar, der eigens für diesen Prozess entwickelt wurde und den wir in diesem Abschnitt ausführlich erläutern werden.

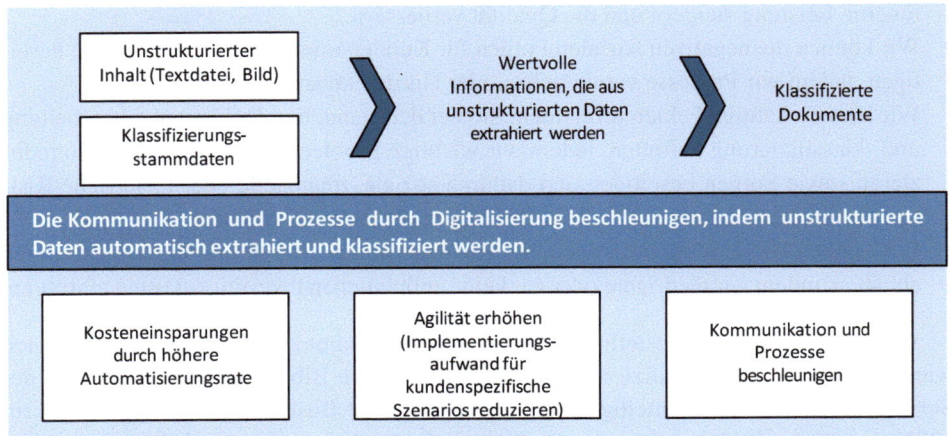

Abb. 20.10 Verarbeitung digitaler Inhalte

Um eine Verbindung zu den vorherigen Kapiteln herzustellen, listen wir die entsprechenden Referenzpunkte für den Anwendungsfall auf:

- KI-Anwendungsmuster: Kategorisierung
- ERP-Referenzprozess: Von der Idee bis zur Markteinführung/Produkt- und Dienstleistungsentwurf
- ERP-Referenzarchitektur: Forschung und Entwicklung/Produkt-Lebenszyklusmanagement
- ERP-Referenz-KI-Technologie: KI-Technologieplattform
- KI-Realisierungsmuster: Side-by-Side AI

Viele Unternehmensprozesse und Kommunikationen, die auf Papier und Dokumenten basieren, verschlechtern die Effizienz in verschiedenen Geschäftsbereichen. Trotz dieser Effizienzprobleme bleiben viele Unternehmen bei diesen traditionellen Verfahren. Die Digitalisierung könnte hier einen erheblichen Effizienzgewinn bringen. Der Prozess der Digitalisierung dreht sich in erster Linie darum, wertvolle Daten in unstrukturierten Quellen wie Textdateien und Bildern zu erkennen. Kunden müssen typischerweise verschiedene Kategorien zur Klassifikation einrichten, diese identifizieren und dann die Dokumente basierend auf diesen Kategorien sortieren.

Zu den Herausforderungen gehören ein erheblicher manueller Arbeitsaufwand, der fehleranfällig sein könnte, und ein manueller Kommunikationsprozess auf der Grundlage von Papier und Dokumenten, der die Effizienz verringert. Kunden profitieren von dem erhöhten geschäftlichen Nutzen in Bezug auf Kosteneinsparungen und Effizienz, was zu einer höheren Automatisierungsrate führt. Die Reduzierung des Implementierungsaufwands für kundenspezifische Szenarien macht sie agil und beschleunigt die Kommunikation sowie die Abläufe durch Digitalisierung. Wir können erhebliche Einsparungen in Bezug auf Zeit, Geld und Aufwand erzielen, indem wir Kundenprobleme mit den folgenden Strategien angehen:

- Wir können leistungsschwache Lösungen beheben, indem wir neue Funktionen einführen, die Leistung steigern und die Qualität verbessern.
- Wir können die negativen sozialen Folgen für Kunden mindern und ihre Risiken beseitigen, indem wir Prozesse vereinfachen oder Hürden abbauen.
- Wir können häufige Fehler vermeiden, die bei der manuellen Dokumentenbearbeitung und -klassifizierung auftreten, indem wir wichtige Probleme angehen, Bedenken reduzieren sowie Sorgen beseitigen und dadurch soziale, finanzielle oder technische Risiken eliminieren, die möglicherweise Probleme verursachen könnten.
- Wir können Hindernisse beseitigen, die Kunden von der Einführung unserer Lösungen abhalten, indem wir niedrigere oder gar keine anfänglichen Investitionskosten einführen.

Wie in Abb. 20.11 dargestellt, werden in diesem Zusammenhang einige Algorithmen wie Textanalyse und Klassifizierung aus der Scikit-Learn Bibliothek verwendet, und der Service der Künstlichen Intelligenz wird auf der SAP Business Technology Platform (BTP) bereitgestellt. Dieser Service für Künstliche Intelligenz wird vom entsprechenden SAP-S/4HANA-Prozess in einem Side-by-Side-AI-Modell genutzt und liefert die erforderlichen Ergebnisse.

20.5 Verarbeitung digitaler Inhalte

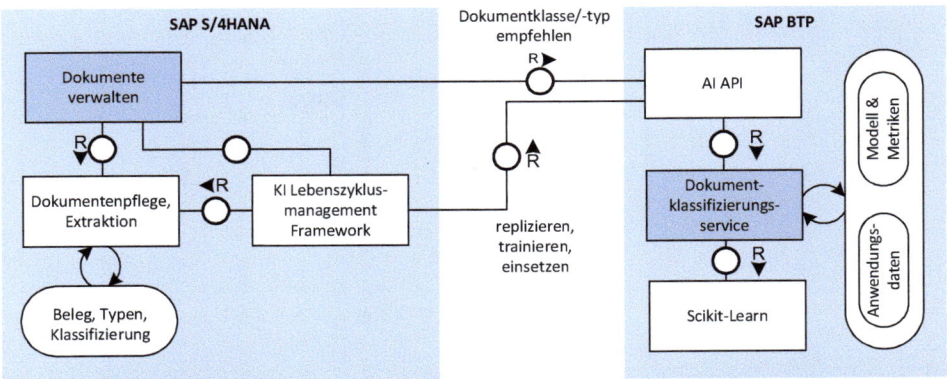

Abb. 20.11 Verarbeitung digitaler Inhalte – Architektur

Abb. 20.12 zeigt, wie die Nutzung dieses Service für Künstliche Intelligenz die Verarbeitung digitaler Inhalte verbessert und Kunden verschiedene Vorteile bietet:

- Dieser Service erleichtert die digitale Transformation von Geschäftsvorgängen, indem er sowohl strukturierte als auch unstrukturierte Daten aus Dokumenten innerhalb der SAP Business Technology Platform extrahiert, die in SAP S/4HANA integriert sind.
- Dokumente werden automatisch mithilfe der von SAP bereitgestellten Klassifizierungsklassen kategorisiert.
- Dieser flexible und skalierbare Service zur Verarbeitung digitaler Inhalte ermöglicht die einfache Implementierung bestimmter Anwendungsfälle mit minimalem Aufwand.

Die in Abb. 20.12 dargestellte Anwendung ermöglicht die Verwaltung von Originalsoftwaredateien und Dokumentinfosätzen (DIS). Der Stammsatz eines Dokuments wird als DIS bezeichnet. Der DIS umfasst sowohl das eigentliche Dokument (oder die Originaldatei) als auch die Metadaten des Dokuments. Dokumente können anhand verschiedener Filterkriterien wie Status, Dokumentnummer, Dokumentart, Dokumentversion, Dokumentteil, Benutzer und Dokumentbeschreibung gesucht und aufgerufen werden. Darüber hinaus unterstützt die Anwendung die Entwurfskompatibilität, die es Benutzern ermöglicht, Änderungen zu sichern, ohne sie abzuschließen und zu einem späteren Zeitpunkt mit der Bearbeitung fortzufahren. Die Nutzung des Service zur Verarbeitung digitaler Inhalte auf Basis Künstlicher Intelligenz bietet unter anderem folgende geschäftliche Vorteile:

- Kosteneinsparungen und Effizienz: Der Service ersetzt manuelle Aufgaben oder erhöht die Automatisierungsraten, indem strukturierte Inhalte aus unstrukturierten Inhalten extrahiert und Dokumente automatisch klassifiziert werden.
- Agilität: Der Service ermöglicht die Implementierung kundenspezifischer Szenarien mit minimalem Aufwand durch die Nutzung flexibler und skalierbarer Dokumentverwaltungsservices wie Optical Character Recognition (OCR), regelbasierter Inhaltsextraktion und Dateikonvertierung auf Basis Künstlicher Intelligenz.

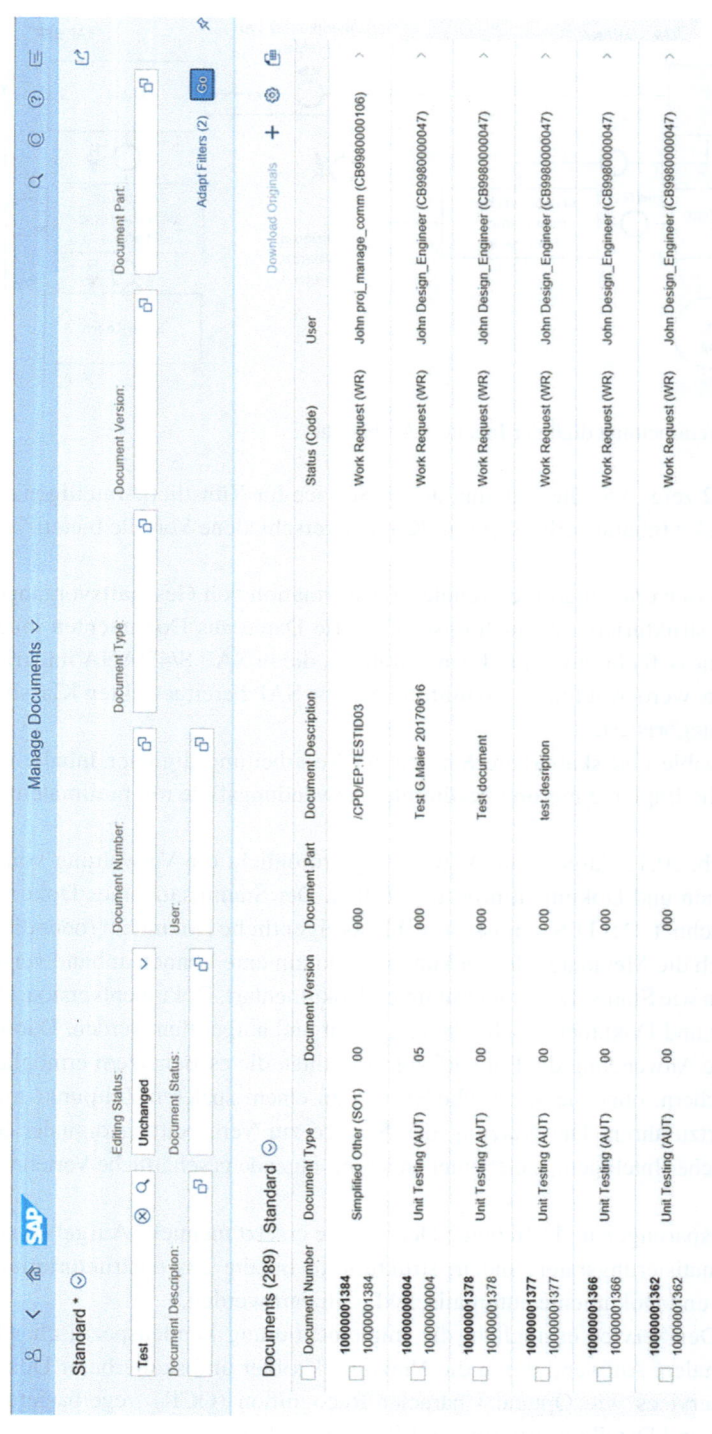

Abb. 20.12 Verarbeitung digitaler Inhalte – Anwendung

20.6 Betrugserkennung und -prävention

Lassen Sie uns nun die Services für Künstliche Intelligenz besprechen, die speziell für den Bereich Governance, Risk und Compliance entwickelt wurden. Da Unternehmen aufgrund einer Vielzahl von Situationen und Umständen weiterwachsen und sich weiterentwickeln, werden die Steuerung dieser Änderungen, das Risikomanagement und die Einhaltung der Compliance immer wichtiger. Hier kommen die von ERP-Systemen bereitgestellten Governance-, Risiko- und Compliance-Lösungen ins Spiel. Diese Lösungen unterstützen Unternehmen bei der Verwaltung ihrer wichtigsten Abläufe und bei der Bewältigung potenzieller Risiken. Die drei Schwerpunktbereiche sind die Risikoanalyse, die Vorschriftenverwaltung und die Compliance-Überwachung. Einige der wichtigsten Funktionen dieser Lösungen sind:

- Risikoermittlung und Verbesserung der Risikomanagementaktivitäten
- Effizientes Risikomanagement mit minimaler oder keiner Komplexität
- Effektive Prävention von Betrug in Geschäftsprozessen und verbessertes Auditmanagement
- Verbesserung der Unternehmensleistung durch die Wahrung ihrer Kernwerte

In diesem Abschnitt gehen wir genauer auf die Verwendung des Services für Künstliche Intelligenz ein, der speziell für die Erkennung und Verhütung von Betrug entwickelt wurde. Abb. 20.13 veranschaulicht den Prozess des Services für Künstliche Intelligenz zur Betrugserkennung und -vermeidung in der Anwendung SAP Business Integrity Screening. Wir werden diesen Prozess in diesem Abschnitt weiter ausarbeiten. Um die Verbindung zu den vorherigen Kapiteln herzustellen, führen wir die entsprechenden Referenzpunkte für den Anwendungsfall auf:

- KI-Anwendungsmuster: Kategorisierung und Vorhersage
- ERP-Referenzprozess: Von der Idee bis zur Markteinführung/Produkt- und Dienstleistungsmarkteinführung
- ERP-Referenzarchitektur: Forschung und Entwicklung/Produkt-Compliance
- ERP-Referenz-KI-Technologie: ERP-Plattform
- KI-Realisierungsmuster: Emebedded AI

Wir beginnen unsere Diskussion, indem wir uns die Probleme ansehen, die Kunden erleben, ihre Problempunkte und Herausforderungen sowie die Möglichkeiten, wie die Anwendung SAP Business Integrity Screening, unterstützt durch Künstliche Intelligenz, Lösungen bietet. Sachbearbeiter für Betrugsaufdeckung und Screening-Experten sind damit beauftragt, eine wachsende Anzahl verdächtiger oder ungewöhnlicher Fälle zu verwalten, die wöchentlich, täglich und sogar stündlich bewertet und kategorisiert werden müssen. Ein häufiges Problem für diese Ermittler besteht darin, dass viel Zeit auf Fälle verwendet wird, die an der Spitze der Liste stehen, aber letztlich wenig, bis gar keine Risiken oder Auswirkungen für das Unternehmen haben. Dabei werden einige Hochrisikofälle über-

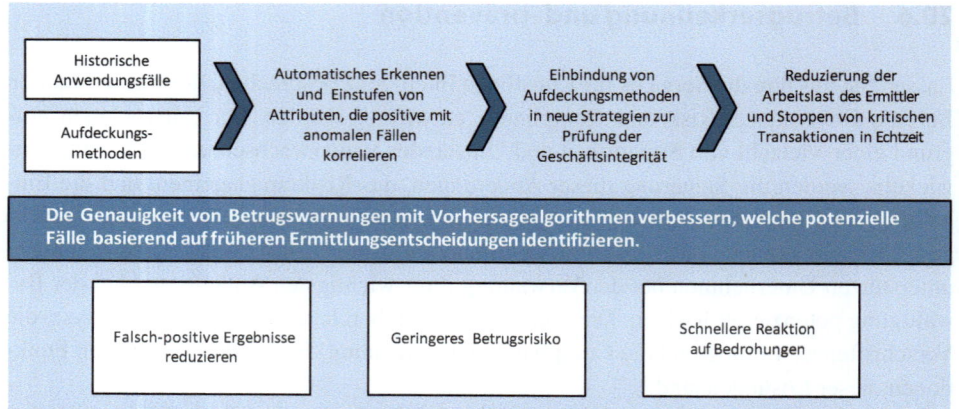

Abb. 20.13 Betrugserkennung und -prävention

sehen. Diese Ermittler würden sehr profitieren, wenn sie sich auf weniger, aber bedeutendere Fälle konzentrieren könnten, ohne die Mehrheit der Folgefälle aus den Augen zu verlieren. Anstatt an einer zufälligen Auswahl von Fällen zu arbeiten, stufen vorhersagende Aufdeckungsmethoden jeden neuen Fall basierend auf seinen potenziellen Auswirkungen auf das Geschäft des Unternehmens ein. Dieser Ansatz unterstützt nicht nur Unternehmen, sondern steigert auch die Produktivität der Ermittler. Ermittler, die nicht umfassend mit Data Science vertraut sind und oft als *Citizen Data Scientists* bezeichnet werden, nutzen den Schwellenwertparameter vorausschauender Aufdeckungsmethoden, um ihre Arbeitslast zu steuern und Aufgaben zu priorisieren. Dies führt zu erheblichen Effizienz- und Rentabilitätsverbesserungen. Wie in Abb. 20.13 gezeigt, können Unternehmen Unterbrechungen wichtiger Geschäftsprozesse verhindern, indem sie schneller auf Bedrohungen reagieren und Verfahren einführen, die Betrug verhindern. Mit der Anwendung SAP Business Integrity Screening können Sie das Betrugsrisiko senken, indem sie die Analysefunktionen verbessern, einen besseren Einblick in potenziell betrügerische Aktivitäten bieten und bessere Managemententscheidungen ermöglichen. Diese Anwendung unterstützt für unser Unternehmen relevante Betrugsszenarien wie Mitarbeiterdiebstahl, Korruption und Garantiebetrug. Dank der In-Memory-Datenbanktechnologie und der Integration in SAP S/4HANA sowie andere Drittanbieterquellen erlaubt diese Anwendung Ermittlern, riesige Datenmengen in Echtzeit zu sammeln, zu analysieren und darauf zu reagieren.

SAP Business Integrity Screening hat Vorhersage-Techniken eingeführt, die Vorhersagealgorithmen verwenden, um potenziell betrügerische Aktivitäten zu erkennen. Diese Techniken lernen aus früheren Ermittlungsentscheidungen von SAP Business Integrity Screening. Die Algorithmen können häufig aktualisiert werden, um mit den sich ständig ändernden Strategien von Betrugsangriffen Schritt zu halten, die je nach Tag, Stunde oder sogar Minute variieren können. Wie in Abb. 20.14 dargestellt, werden die Klassifizierungs- und Regressionsalgorithmen aus der Predictive Analytics Library in Verbindung

20.6 Betrugserkennung und -prävention

Abb. 20.14 Betrugserkennung und -vermeidung – Architektur und Anwendung

mit dem Framework für das KI-Lebenszyklusmanagement verwendet. Diese Algorithmen werden dann in die SAP-S/4HANA-Geschäftsprozesse integriert. Die in Echtzeit generierten Informationen werden den entsprechenden Personen zur Verfügung gestellt, damit sie fundierte Entscheidungen treffen können. Diese Entscheidungen können zu Aktionen führen, die einen Betrugsangriff entweder aufdecken oder verhindern. Mit SAP Business Integrity Screening können Business-Analysten und Sachbearbeiter für Betrugsaufdeckung verschiedene Aufgaben ausführen. Dazu gehören die automatische Erkennung und Rangfolge von Attributen in klassifizierten Daten, die eine positive Korrelation mit anomalen Fällen aufweisen. Außerdem ist die Integration dieser Attribute mit vorhandenen Aufdeckungsmethoden zur Bildung neuer Strategien von SAP Business Integrity Screening möglich. Darüber hinaus wird die Verwendung robuster, modernster Algorithmen für Künstliche Intelligenz unterstützt. Im Wesentlichen bietet diese Lösung mehrere Vorteile. Sie kann neue verdächtige Muster erkennen, die Anzahl falsch positiver Ergebnisse reduzieren und Algorithmen für Künstliche Intelligenz nahtlos in das etablierte Framework von SAP Business Integrity Screening integrieren.

20.7 Fazit

In diesem Abschnitt lag unser Fokus auf den Services für Künstliche Intelligenz und den eingebetteten Anwendungsfällen, die für den Geschäftsbereich Vertrieb und Forschung entwickelt wurden. Abb. 20.15 bietet einen Überblick über den Auftragsabwicklungsprozess.

Der in Abb. 20.15 dargestellte Prozess illustriert die zahlreichen Schritte vom Bearbeiten von Angeboten über das Erfassen von Kundenaufträgen bis zur Ausführung dieser Aufträge, der Lieferung von Produkten, der Verwaltung von Retouren und der Rechnungserstellung. Der Vertriebsleiter und das interne Vertriebsteam haben spezifische Anforderungen, die durch die Nutzung von Künstlicher Intelligenz erfüllt werden können. Das Hauptaugenmerk liegt auf der Fertigstellung und Verwaltung von Kundenaufträgen. Im Folgenden sind einige Anwendungen aufgelistet, die in diesem Kapitel unter Verwendung von Algorithmen für Künstliche Intelligenz, basierend auf dem Framework für das KI-Lebenszyklusmanagement, behandelt wurden:

- Ein Verkaufsangebot prognostiziert die Umwandlung von Verkaufsangeboten in Kundenaufträge.
- Die Vertriebsperformance prognostiziert Absatzprognosen.
- Die Liefertreue prognostiziert Lieferverzögerungen.

Weiterhin haben wir die Services für Künstliche Intelligenz und eingebettete Anwendungsfälle berücksichtigt, die für den Geschäftsbereich Forschung und Entwicklung (F&E) und Konstruktion entwickelt wurden. In unserer Darstellung ging es vor allem um die Verwaltung von Projekt- und Portfolio-Lebenszyklen sowie die verschiedenen damit

20.7 Fazit

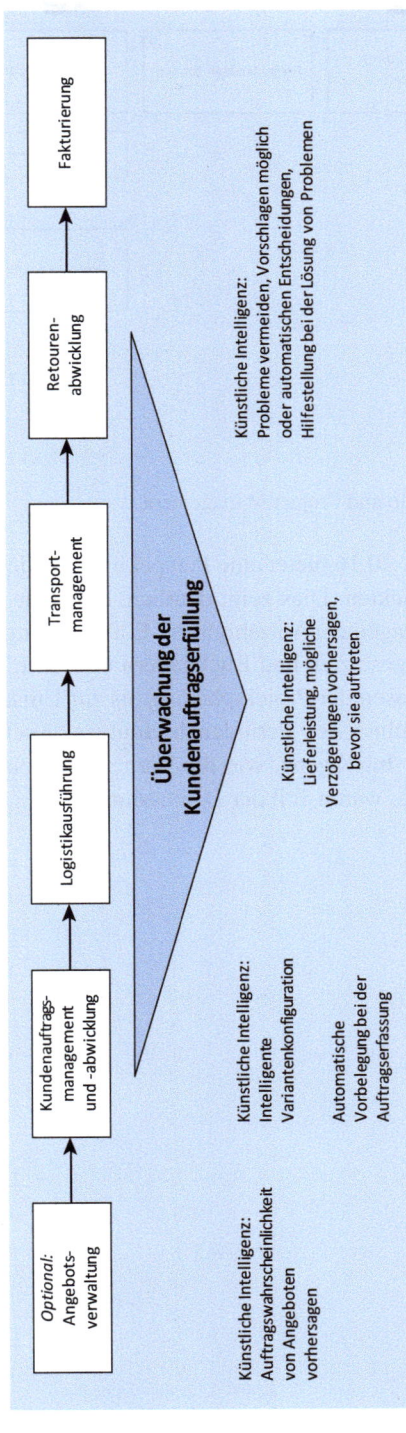

Abb. 20.15 Auftragsabwicklungsprozess mit Künstlicher Intelligenz

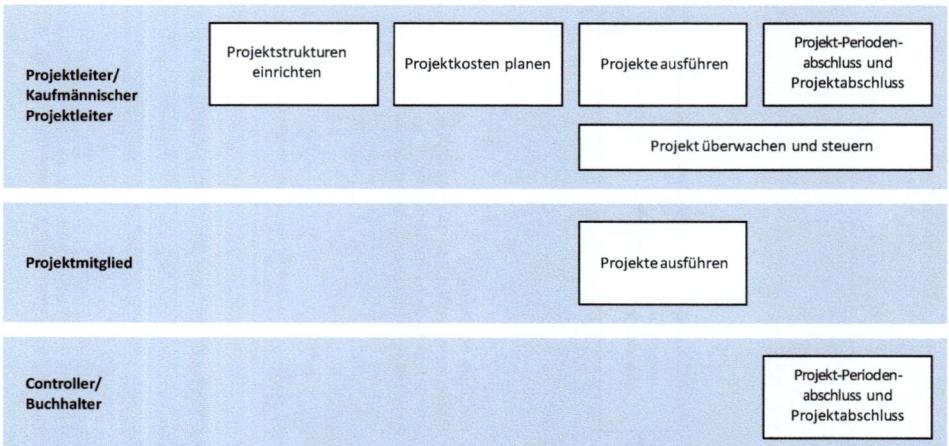

Abb. 20.16 Enterprise Portfolio and Project Management

verbundenen Elemente. Abb. 20.16 bietet eine Perspektive auf die Verwaltung von Unternehmensportfolios und -projekten. Dies zeigt deutlich, dass eine Vielzahl von Aufgaben innerhalb der Portfolio-Management-Verfahren die Einbeziehung von Projektmanagern, Teammitgliedern, Finanzvorgesetzten und Buchhaltern erfordert. Diese Aufgaben erstrecken sich von den frühen Phasen der Projektplanung bis zur Umsetzung des Projekts und gehen sogar bis zum Abschluss des Periodenabschlusses. Auch die potenziellen Anwendungen von Künstlicher Intelligenz, wie die Vorhersage von Projektkosten und die Verarbeitung digitaler Inhalte, waren Teil der Diskussion.

Bezugsquellenfindung und Beschaffung 21

In diesem Kapitel beschreiben wir intelligente Geschäftsanwendungen in der Bezugsquellenfindung und Beschaffung und erläutern, wie Kunden von dieser Funktion profitieren können. Wir geben einen kurzen Überblick über die Anforderungen des Anwendungsfalls, die beteiligten Geschäftsprozesse und deren Umsetzung. Der Geschäftsbereich Bezugsquellenfindung und Beschaffung ist enorm, und es gibt viele Möglichkeiten, die Prozesse zu automatisieren und zu verfeinern. Der Schwerpunkt des Kapitels liegt auf der Vertragsausschöpfung, der Auflösung der Zahlungssperre für Rechnungen, der Vorhersage von Lieferantenlieferungen, neuen Katalogpositionen, der bildbasierten Belegung und dem intelligenten Genehmigungs-Workflow. Die in diesem Buch beschriebenen Konzepte und Frameworks wurden auf diese Anwendungsfälle angewendet, um ihre Praxistauglichkeit zu demonstrieren.

21.1 Vertragsausschöpfung

Unsere Aufmerksamkeit richtet sich nun auf den Service, der auf Künstlicher Intelligenz basiert und die Funktionalität der Mengenkontraktausschöpfung in SAP S/4HANA nutzt. Dieser Service kann die Kontraktausschöpfung und den Vertragsablauf im Voraus prognostizieren und ermöglicht es Einkäufern somit, Kontrakte neu zu verhandeln. Der speziell für diesen Prozess entwickelte Service für Künstliche Intelligenz ist in Abb. 21.1 dargestellt, die wir in diesem Abschnitt näher erläutern werden. Um die Verbindung zu den vorherigen Kapiteln herzustellen, führen wir die relevanten Referenzpunkte für den Anwendungsfall auf:

- KI-Anwendungsmuster: Vorhersage
- ERP-Referenzprozess: Von der Bezugsquellenfindung bis zur Zahlung/Bezugsquellenabwicklung
- ERP-Referenzarchitektur: Beschaffung/Bezugsquellenfindung und Vertragsmanagement

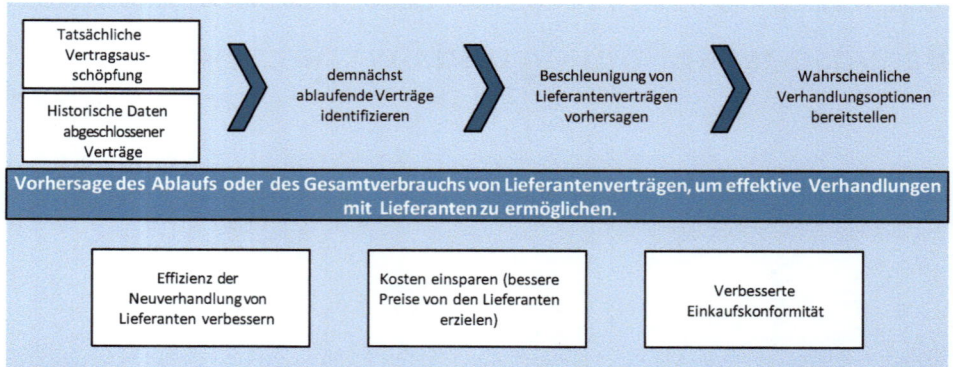

Abb. 21.1 Ablauf und Verbrauch von Verträgen vorhersagen

- ERP-Referenz-KI-Technologie: ERP-Plattform
- KI-Realisierungsmuster: Embedded AI

Führungskräfte in der Beschaffung müssen Verträge, die dem Ende nahe sind, erneut prüfen und überarbeiten, um günstigere Bedingungen auszuhandeln. Dies kann eine komplexe Aufgabe sein, da Verträge oft früher als erwartet auslaufen. Dabei profitieren Kunden von der Möglichkeit, früher und effektiver mit Lieferanten zu verhandeln. Sie können bessere Preise für Produkte sichern, Vertragsendtermine im Voraus vorhersagen und die Einhaltung von Einkaufsregeln verbessern.

Algorithmen, die auf Künstlicher Intelligenz basieren, können Verträge identifizieren, die sich dem Ende nähern, und die Wahrscheinlichkeit einschätzen, dass ein Vertrag früher endet als vorhergesagt. Ein vorab festgelegter Satz von Key Performance Indicators ermöglicht eine detaillierte Analyse der Daten aus SAP S/4HANA. Dadurch wird die Benutzerfreundlichkeit des Unternehmens verbessert, indem visuelle Prognosen bereitgestellt und potenzielle Verhandlungsstrategien vorgeschlagen werden. Grundsätzlich ermöglichen die Bezugsquellenfindungs- und Beschaffungsfunktionen von SAP S/4HANA Unternehmen, die Ausgaben in allen wichtigen Kategorien zu kontrollieren, direkte Kosten und Verwaltungsaufwand zu senken sowie die Gesamtzeit für den Abschluss eines Zyklus zu reduzieren. Durch die Kombination mit Predictive Services aus der SAP Business Technology Platform wird der Beschaffungsprozess weiter optimiert und liefert neue Einblicke darüber, wann Verträge voraussichtlich genutzt werden.

Das System nutzt historische Daten aus abgeschlossenen Verträgen, um vorherzusagen, wann Lieferantenverträge vollständig genutzt sein werden. Auf diese Weise kann der Einkäufer Neuverhandlungen mit Lieferanten rechtzeitig und strategisch planen. SAP S/4HANA ist bereits in der Lage, sowohl Mengen- als auch Wertverträge hinsichtlich ihrer Ausschöpfung zu analysieren und bietet eine monatliche Aufschlüsselung der Vertragsnutzung. Durch die Einführung eines Services, der Künstliche Intelligenz verwendet, um die Ausschöpfung von Verträgen vorherzusagen, können Unternehmen ihre Verhandlungsstrategien weiter verfeinern. Dies ermöglicht nicht nur die Senkung der Gesamtkosten, sondern auch eine Verbesserung des Lieferantenmanagements. Wie in Abb. 21.2 erkennbar,

21.1 Vertragsausschöpfung

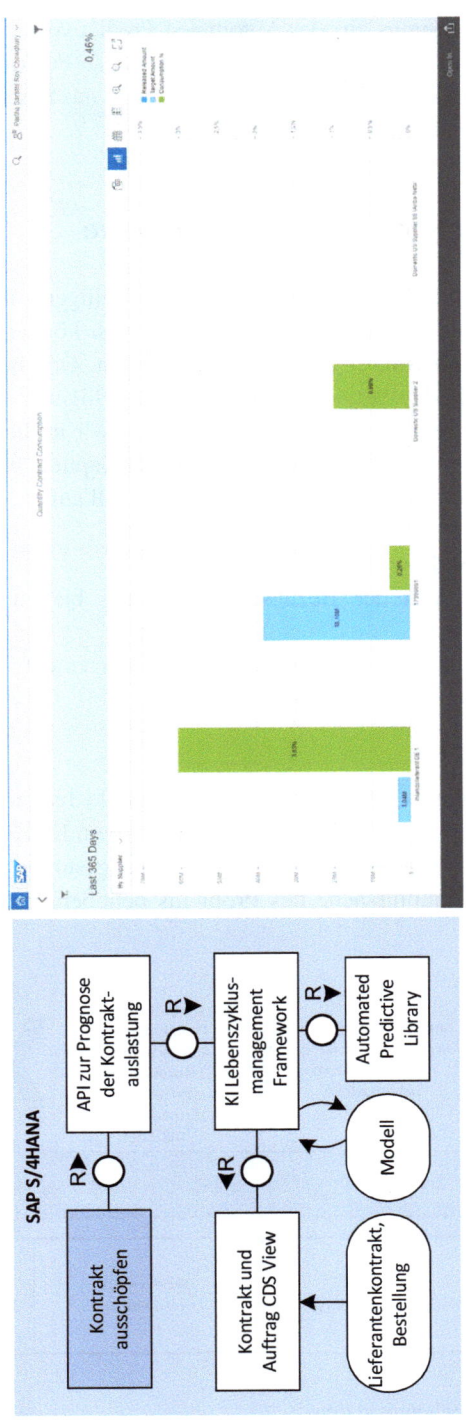

Abb. 21.2 Vertragsausschöpfung – Architektur und Anwendung

wird der Regressionsalgorithmus aus der Automated Predictive Library im Rahmen des KI-Lebenszyklusmanagement-Frameworks eingesetzt. Diese Funktionen sind in die Beschaffungsprozesse von SAP S/4HANA integriert, wodurch das System Vorabvorhersagen für das Auslaufen von Verträgen bereitstellen kann.

21.2 Auflösung für Rechnungszahlungssperre

Unser Fokus liegt nun auf dem Service für Künstliche Intelligenz, der entwickelt wurde, um die Zahlungssperren für Rechnungen zu zentrieren. Diese könnten möglicherweise die Skonti gefährden, die dem Käufer zur Verfügung stehen. Das in Abb. 21.3 gezeigte Diagramm veranschaulicht den Service für Künstliche Intelligenz, der speziell für dieses Verfahren entwickelt wurde. Dies ist ein Thema, auf das wir in diesem Abschnitt näher eingehen werden. Um eine Verbindung zu den vorherigen Kapiteln herzustellen, listen wir die entsprechenden Referenzpunkte für den Anwendungsfall auf:

- KI-Anwendungsmuster: Empfehlung
- ERP-Referenzprozess: Von der Bezugsquellenfindung bis zur Zahlung/Zahlungsabwicklung
- ERP-Referenzarchitektur: Beschaffung/Rechnungsmanagement
- ERP-Referenz-KI-Technologie: ERP-Plattform
- KI-Realisierungsmuster: Embedded AI

Der Prozess der Rechnungsstellung wurde durch digitale Technologie und Automatisierung erheblich verändert. Der einzige Moment, in dem ein Einkäufer oder Buchhalter eingreifen muss, tritt ein, wenn eine Rechnungszahlung gestoppt wird. In diesem Fall muss der Einkäufer die Hauptursache des Problems beheben, um die Zahlungssperre

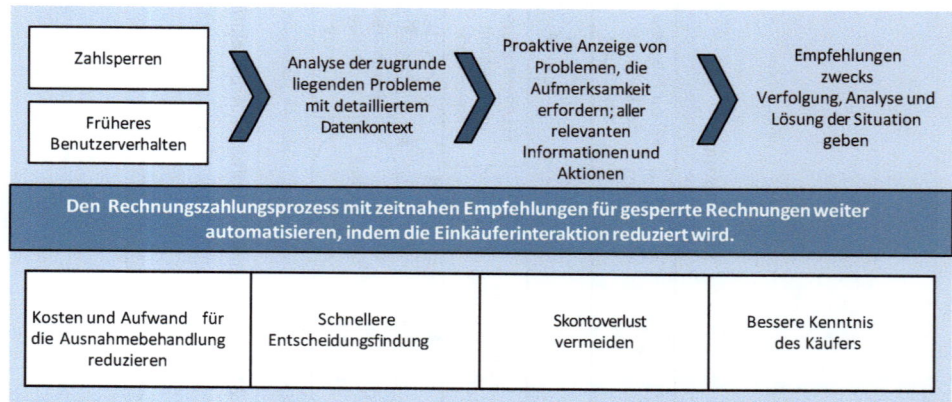

Abb. 21.3 Zahlsperre für Rechnung klären

21.2 Auflösung für Rechnungszahlungssperre

aufzuheben. Während dieses Prozesses kann der Einkäufer auf mehrere Hürden stoßen, beispielsweise die Klärung des Grundes für eine Zahlungssperre. Dies ist oft ein langwieriger und kostspieliger Vorgang. Häufig wird ein manueller Prozess gestartet, wenn eine Anomalie in einer Zahlung auftritt, was zu verpassten Skonti für Käufer und verlorenen Geschäftsmöglichkeiten für Lieferanten führt.

Durch einen integrierten Service, der durch Künstliche Intelligenz unterstützt wird, kommen Algorithmen zum Einsatz, um Rechnungen mit den vorhandenen Bestellungen und Beschaffungsvorschriften abzugleichen. Obwohl der Rechnungsabgleich stark automatisiert ist, gibt es immer noch Ausnahmen, die ein manuelles Eingreifen von Einkäufern oder Kreditorenbuchhaltern erfordern. Diese Ausnahmen können unerwartete Zusatzkosten in der Rechnung oder Mengen- und Preisabweichungen umfassen. Solche Ausnahmen sind nicht nur zeitaufwendig, sondern auch kostspielig. Wenn ein Sperrgrund auftritt, werden Lieferantenrechnungen automatisch angehalten, und der verantwortliche Einkäufer muss die zugrunde liegenden Probleme lösen. Der Prozess kann weiter optimiert werden, indem Empfehlungen genutzt werden, um die Situation zu überwachen, zu analysieren und zu lösen. Durch kürzere Bearbeitungszeiten können Einkäufer zudem vermeiden, Skonti für vorzeitige oder sofortige Zahlungen zu verpassen.

Der in Abb. 21.4 dargestellte Prozess verwendet Regressionsalgorithmen aus der Automated Predictive Library und nutzt das Framework für das KI-Lebenszyklusmanagement. Dieses ist in die SAP-S/4HANA-Geschäftsverfahren integriert. Unternehmen streben in der Regel nach Vorteilen wie Kostensenkungen bei minimalem Aufwand, beschleunigter Entscheidungsfindung, Verhinderung von Skontoverlusten und der Möglichkeit, dass sich die Mitarbeiter auf kritischere Aufgaben konzentrieren können, anstatt manuelle Tätigkeiten zu erledigen. Lieferanten profitieren ebenfalls von schnelleren Rechnungszahlungen, Skonti und Kosteneinsparungen. Ein herausragendes Merkmal ist die Automatisierung des Rechnungszahlungsprozesses, die zeitnahe Vorschläge für gesperrte Rechnungen liefert, wodurch die Zeit reduziert wird, die ein Einkäufer für das manuelle Entfernen von Zahlsperren aufwendet. Zusammenfassend bietet die Zahlungssperre für gefährdeten Skonto den Buchhaltern und Einkäufern folgende Vorteile:

- Aufzeigen von Problemen, die Aufmerksamkeit erfordern, und Konsolidierung aller relevanten Informationen und Aktionen an einem Ort
- Untersuchung der Grundursachen mit einem detaillierten Datenkontext
- Erhalten von Vorschlägen basierend auf dem vorherigen Benutzerverhalten
- Vermeidung von Skontoverlusten

Zu den geschäftlichen Vorteilen gehören die Minderung der Auswirkungen von Ausnahmebehandlungen und wiederholenden Aufgaben, die Prozessautomatisierung für eine schnellere Entscheidungsfindung, die Vermeidung von Skontoverlusten sowie die Möglichkeit, sich auf wichtige Aufgaben zu konzentrieren.

Abb. 21.4 Auflösung der Rechnungszahlsperre – Architektur und Anwendung

21.3 Vorhersage der Lieferung

Wir richten nun unseren Fokus auf den speziell für die Bestellabwicklung entwickelten Service der Künstliche Intelligenz, dessen Ziel es ist, die Liefertermine für Positionen in einer Bestellung vorherzusagen. Das als Abb. 21.5 bezeichnete Diagramm zeigt den Aufbau dieses für diese spezielle Aufgabe konzipierten Künstliche-Intelligenz-Services, den wir in diesem Abschnitt genauer untersuchen und ausführlich erläutern werden. Um eine Verbindung zu den vorherigen Kapiteln herzustellen, führen wir die entsprechenden Referenzpunkte für den Anwendungsfall auf:

- KI-Anwendungsmuster: Vorhersage
- ERP-Referenzprozess: Von der Bezugsquellenfindung bis zur Zahlung/Beschaffungsabwicklung
- ERP-Referenzarchitektur: Beschaffung/Operative Beschaffung
- ERP-Referenz-KI-Technologie: ERP-Plattform
- KI-Realisierungsmuster: Embedded AI

Während des Beschaffungsprozesses ist es üblich, dass die erforderlichen Produktionsmaterialien von einer Vielzahl von Lieferanten stammen. Verzögert sich die Lieferung, kann dies die termingerechte Produktion in Fabriken stören, was eine kostspielige Neuterminierung der Montagelinien erforderlich macht. Verzögerungen bei der Lieferung indirekter Materialien können außerdem die Bereitstellung notwendiger Produkte oder Dienstleistungen für Mitarbeiter erheblich verschieben. Algorithmen, die auf Künstlicher Intelligenz basieren, können diese Lieferverzögerungen unter verschiedenen Umständen identifizieren und die Wahrscheinlichkeit zukünftiger Verzögerungen prognostizieren. Wie in Abb. 21.6 dargestellt, verwenden diese Regressions- und Klassifizierungsalgorithmen die Automated Predictive Library und nutzen das Framework für das KI-Lebenszyklusmanagement, um Künstliche Intelligenz in die SAP-S/4HANA-Geschäftsprozesse einzubinden.

Durch den Einsatz eines Algorithmus für Künstliche Intelligenz, der die Anlieferung vorhersagt, können Käufer voraussagen, wann eine Lieferung eintrifft und den Status der Sendung kategorisieren. Dies ermöglicht es dem Einkäufer, diese Informationen an die Abteilung Produktlebenszyklusmanagement (PLM) weiterzuleiten und manuell mit der Materialbedarfsplanung (MRP) und dem Sicherheitsoptimierungsservice (BZQ) Schritt zu halten. Zukünftige Versionen mit erweiterten Funktionen für Künstliche Intelligenz könnten diesen Prozess weiter verbessern, sodass der MRP-Techniker und der Konstrukteur keine Datensätze im System mehr manuell aktualisieren müssen. Zu den geschäftlichen Vorteilen dieses Ansatzes gehören:

- Höhere Zuverlässigkeit bei der Planung und Lieferung von Materialien
- Verhinderung von Produktionsverzögerungen und Umplanung

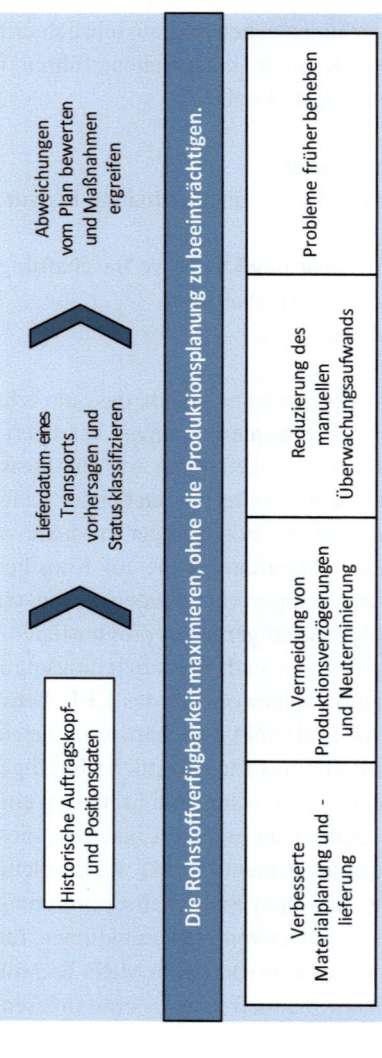

Abb. 21.5 Lieferdatum für Bestellpositionen vorhersagen

21.3 Vorhersage der Lieferung

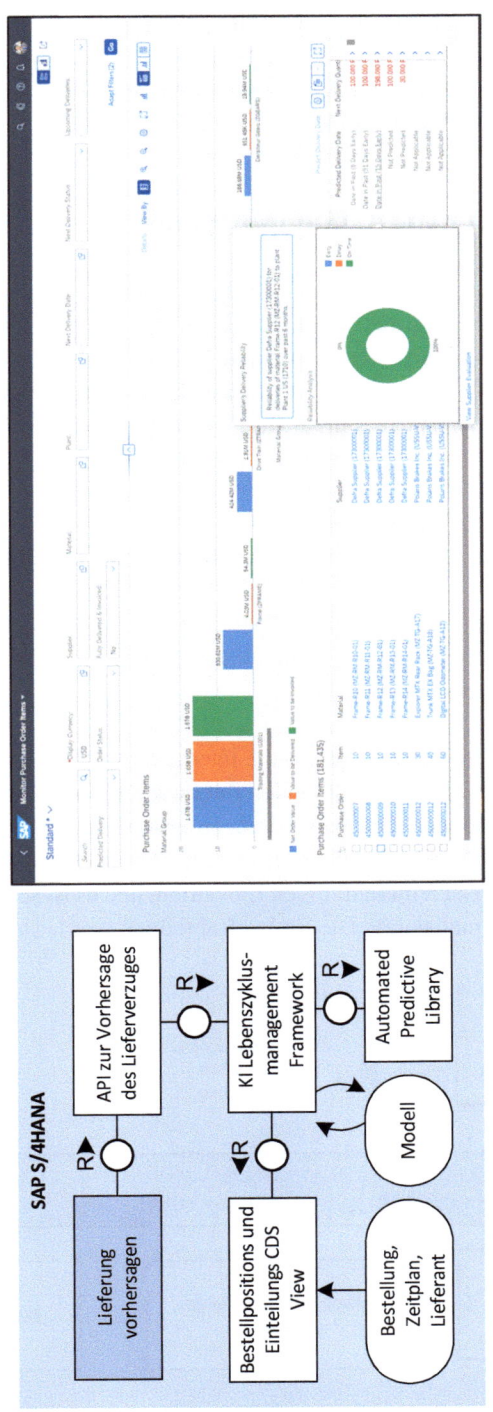

Abb. 21.6 Lieferprognose – Architektur und Anwendung

- Geringerer manueller Aufwand zur schnelleren und proaktiven Überwachung und Lösung von Problemen
- Aktuelle Informationen zur Durchlaufzeit für Waren und Dienstleistungen auf Stammebene für die direkte und indirekte Beschaffung

21.4 Vorschlag für neue Katalogpositionen

Konzentrieren wir uns nun auf den Service der Künstlichen Intelligenz, der auf die Bearbeitung von Bestellungen und die in den Katalogartikeln angebotenen Vorschläge ausgerichtet ist. Der für dieses Verfahren konzipierte Service der Künstliche Intelligenz ist in Abb. 21.7 dargestellt, auf die wir in diesem Abschnitt eingehen werden. Um die Brücke zu den vorherigen Kapiteln zu bauen, führen wir die entsprechenden Referenzpunkte für den Anwendungsfall auf:

- KI-Anwendungsmuster: Empfehlung
- ERP-Referenzprozess: Von der Bezugsquellenfindung bis zur Zahlung/Bezugsquellenabwicklung
- ERP-Referenzarchitektur: Beschaffung/Operative Beschaffung
- ERP-Referenz-KI-Technologie: KI-Technologieplattform
- KI-Realisierungsmuster: Side-by-Side AI

Ein Einkaufsleiter ist verantwortlich für die interne Beschaffung von Waren und Positionen sowie für die Verwaltung des aktuellen internen Katalogs. Dabei steht er vor verschiedenen Herausforderungen. Benutzer erzeugen große Mengen an Freitextpositionen, deren Untersuchung und Analyse immer einen erheblichen Aufwand erfordert. Zusätzlich führen Freitextpositionen zu fehleranfälligen Einkäufen, und es ist schwierig, den internen Katalog konsistent zu aktualisieren. Die Einkaufsabteilung würde stark davon profitieren,

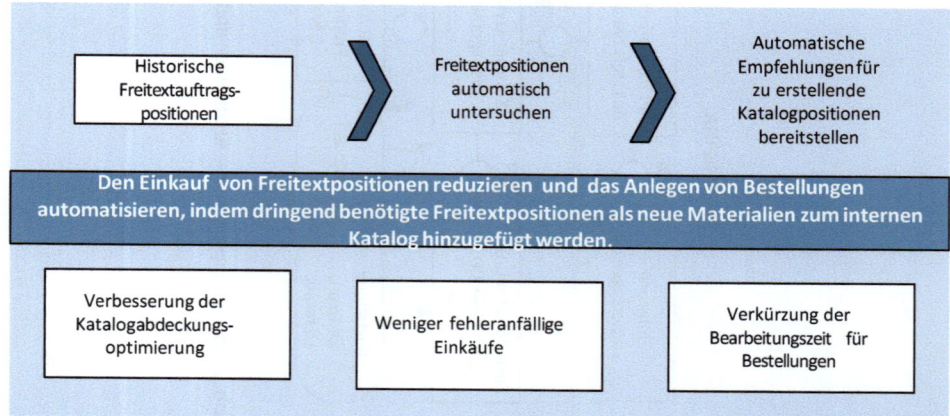

Abb. 21.7 Freitext-Auftragspositionen in Katalogpositionen umwandeln

21.4 Vorschlag für neue Katalogpositionen

die Katalogabdeckung zu optimieren und die fehleranfälligen Einkäufe zu minimieren. Dies würde letztendlich die Gesamtzeit für die Bearbeitung von Bestellungen reduzieren.

Der vorgeschlagene Service für Künstliche Intelligenz in der Katalogposition soll dem Algorithmus ermöglichen, die Kontrolle über die Untersuchungsaufgaben und Ressourcen zu übernehmen, die von den Benutzern stark nachgefragt werden. So können diese Positionen automatisch dem Katalog hinzugefügt werden. Dies führt dazu, dass das Anlegen von Bestellungen automatisiert wird, was wiederum garantiert, dass automatisierte Vorschläge für Positionen gemacht werden, die in den Katalog aufgenommen werden sollen. Dies würde dem Einkaufsleiter dabei helfen, sein Ziel zu erreichen, die Anzahl der Freitextpositionen so weit wie möglich zu minimieren. Wenn Benutzer eine große Anzahl an Freitextpositionen erstellen, können Berechnungsmethoden dabei helfen, den geeigneten Zeitpunkt für die Einführung eines neuen Artikels in den Katalog zu ermitteln. Bei einem erheblichen Bedarf von Benutzern werden vorhandene Materialien automatisch in den Katalog aufgenommen. Wie bereits erwähnt, bietet der Service für Künstliche Intelligenz automatisierte Vorschläge für die Erstellung neuer Katalogartikel durch die Nutzung von Funktionen, die in Künstlicher Intelligenz und statistischen Modellen enthalten sind. Diese Vorschläge werden durch Erkenntnisse ergänzt, die von dem Algorithmus gesammelt werden, der in dem Service für Künstliche Intelligenz verwendet wird. Wie in Abb. 21.8 gezeigt, werden die Algorithmen aus der TensorFlow-Bibliothek verwendet, und der Service für Künstliche Intelligenz wird mithilfe der SAP Business Technology Platform (SAP BTP) erstellt. Der entsprechende SAP-S/4HANA-Prozess nutzt diesen Service für Künstliche Intelligenz in einem Side-by-Side-AI-Modell und liefert die erforderlichen Ergebnisse.

Das Wertversprechen dieses auf Künstliche Intelligenz basierenden Services unterstreicht, wie wichtig es ist, Erfahrungen aus der Vergangenheit zu nutzen, um die automatische Aufnahme neuer Artikel in den Hauskatalog vorzuschlagen oder durchzuführen. Durch diesen Prozess wird sichergestellt, dass der Katalog stets auf dem neuesten Stand bleibt und darüber hinaus zeitsparend ist. Eine visuelle Darstellung der entsprechenden SAP-S/4HANA-Anwendung ist in Abb. 21.9 zu sehen.

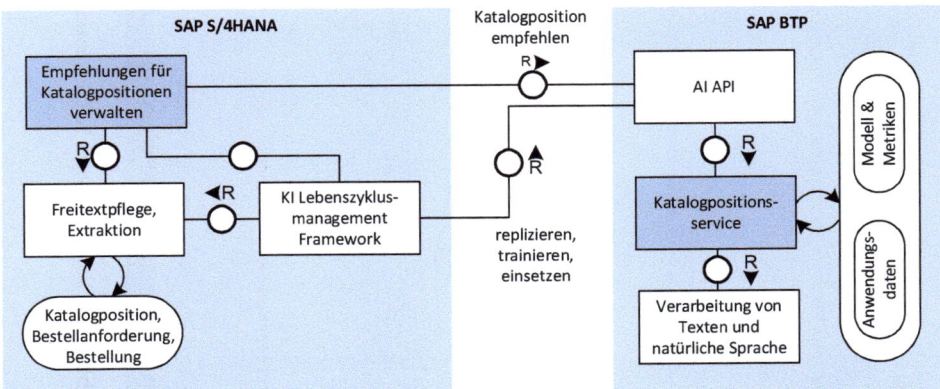

Abb. 21.8 Vorschlag neuer Katalogpositionen – Architektur

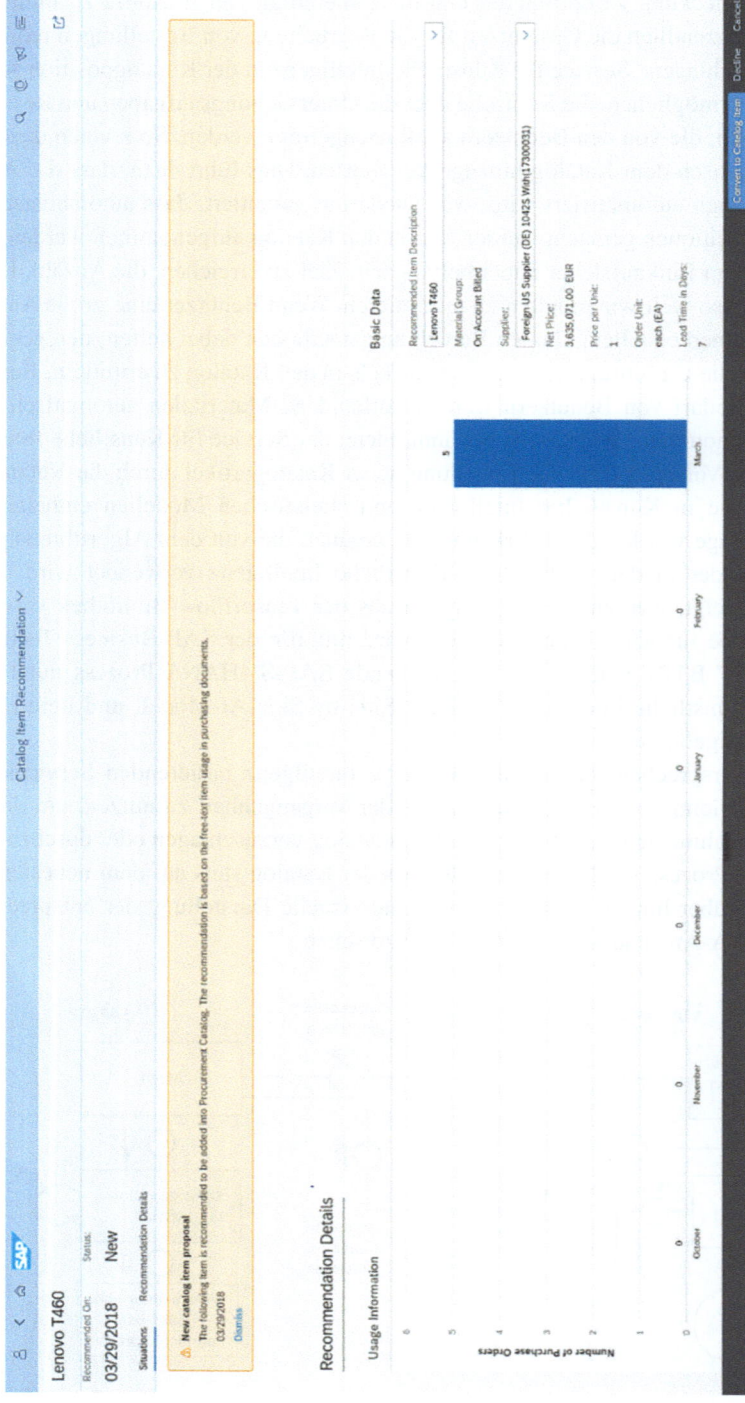

Abb. 21.9 Vorschlag neuer Katalogpositionen – Anwendung

21.5 Vorschlag für Warengruppen

Wir konzentrieren uns nun auf den Service für Künstliche Intelligenz, der entwickelt wurde, um während des Bestellanforderungsprozesses eine Warengruppe für Artikel vorzuschlagen, die im Freitext beschrieben werden. Der für dieses Verfahren konzipierte Service für Künstliche Intelligenz ist in Abb. 21.10 dargestellt. In diesem Abschnitt werden wir die Details dieses Dienstes eingehend erläutern. Um die Verbindung zu den vorherigen Kapiteln herzustellen, führen wir die entsprechenden Referenzpunkte für den Anwendungsfall auf:

- KI-Anwendungsmuster: Empfehlung
- ERP-Referenzprozess: Von der Bezugsquellenfindung bis zur Zahlung/Bezugsquellenabwicklung
- ERP-Referenzarchitektur: Beschaffung/Operative Beschaffung
- ERP-Referenz-KI-Technologie: KI-Technologieplattform
- KI-Realisierungsmuster: Side-by-Side AI

Operative Einkäufer haben die Aufgabe, falsch zugeordnete Materialgruppen zu identifizieren und zu korrigieren. Dadurch können unbeabsichtigte Einkäufe in falschen Kategorien minimiert werden. Die Beschaffungsabteilung sieht sich oft mit Problemen konfrontiert, wenn Mitarbeiter unbeabsichtigt Einkäufe unter den falschen Kategorien tätigen. Wenn Mitarbeiter Freitextpositionen anlegen, ordnen sie häufig eine Warengruppe zu, die nicht mit der betreffenden Position übereinstimmt. Dies erfordert einen arbeits- und resourcenintensiven manuellen Prozess, um der Freitextposition die richtige Warengruppe zuzuordnen. Käufer müssen die Materialgruppe manuell anpassen, damit das entsprechende

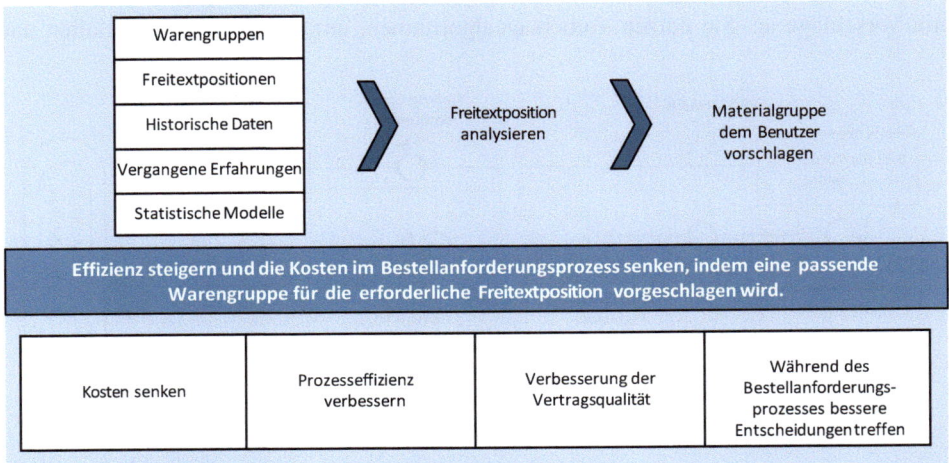

Abb. 21.10 Warengruppe für Freitextpositionen vorschlagen

Teammitglied übernehmen kann. Dieser manuelle Prozess ist sowohl hinsichtlich der Ressourcen als auch der Prozesse kostspielig. Die Automatisierung dieses Prozesses kann Kunden verschiedene Vorteile bieten. Dazu gehören Kostensenkung durch automatische Warengruppenzuordnung, verbesserte Prozesseffizienz, geringeres Risiko fehleranfälliger Einkäufe und bessere Entscheidungsfindung im Bestellanforderungsprozess. Die vorgeschlagene Warengruppe für Freitextpositionen-Service, erleichtert durch Künstliche Intelligenz, hilft dabei, die Instanzen falsch zugeordneter Warengruppen zu verringern. Dieser Künstliche-Intelligenz-Service empfiehlt dem Anforderer beim Anlegen der Bestellanforderung eine geeignete Warengruppe für die gewünschte Freitextposition. Diese Empfehlung basiert auf den Fähigkeiten von Künstlicher Intelligenz und statistischen Modellen. Der Service verwendet Algorithmen aus der TensorFlow-Bibliothek und wird mit der SAP Business Technology Platform (SAP BTP) erstellt, wie in Abb. 21.11 dargestellt. Der entsprechende SAP-S/4HANA-Prozess verwendet diesen Service für Künstliche Intelligenz in einem Side-by-Side-AI-Modell und liefert, wie in Abb. 21.12 dargestellt, die erforderlichen Ergebnisse.

Die Vorteile, die Unternehmen durch die Nutzung von Services auf Basis Künstlicher Intelligenz erzielen können, sind zahlreich und umfassen Folgendes:

- Der manuelle Aufwand wird deutlich reduziert
- Die Prozesseffizienz verbessert sich, was wiederum zu einer Verringerung der Aufwendungen führt
- Es besteht eine geringere Wahrscheinlichkeit, fehleranfällige Einkäufe zu tätigen

Eine präzisere Kategorisierung von Freitextpositionen in Warengruppen kann bei der Verwaltung fehleranfälliger Einkäufe hilfreich sein. Die Empfehlung für eine passende Materialgruppe wird aus historischen Erfahrungen und Daten abgeleitet. Diese Modelle, die auf Künstliche Intelligenz basieren, lernen aus vergangenen Daten und bieten daraufhin Vorschläge an. Sie nutzen Vorhersagealgorithmen, um automatisch Materialien und

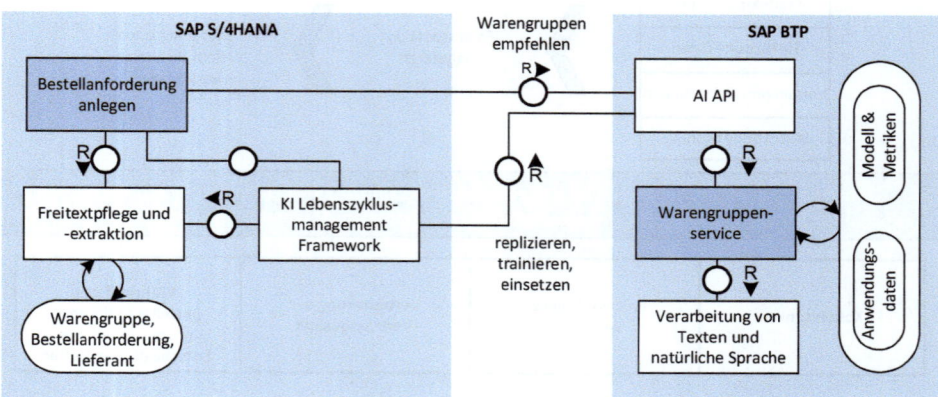

Abb. 21.11 Materialgruppe vorschlagen – Architektur

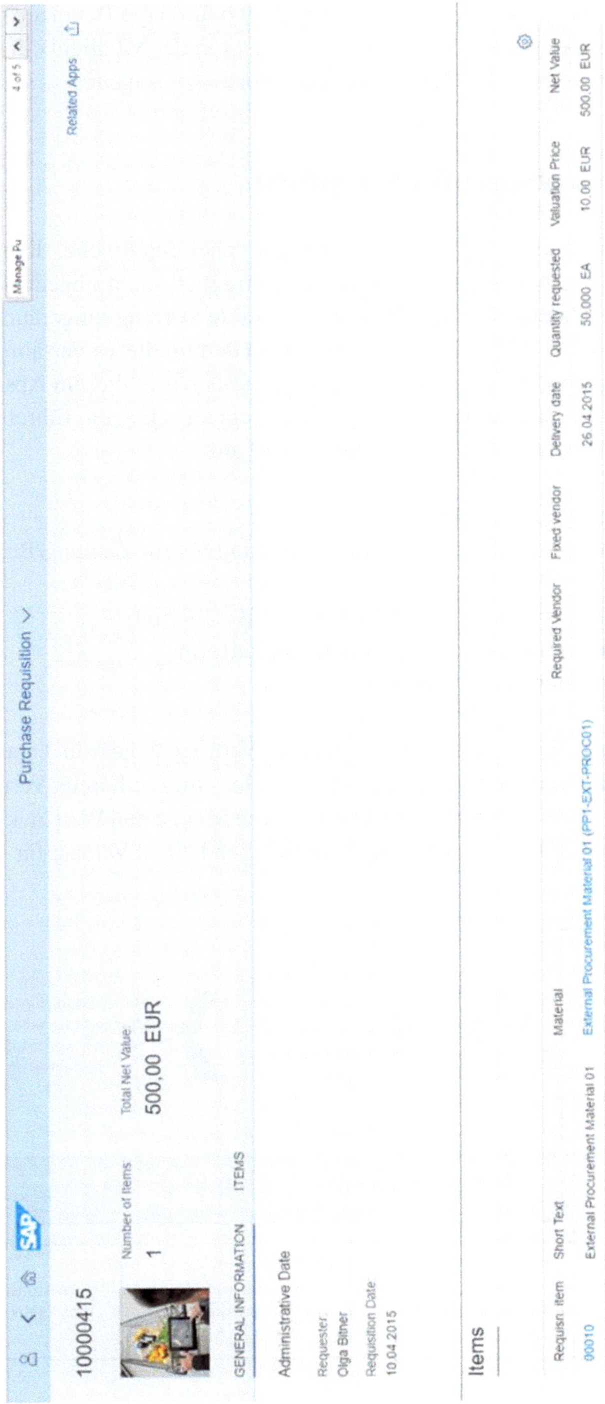

21.5 Vorschlag für Warengruppen

Abb. 21.12 Materialgruppe vorschlagen – Anwendung

Kategorien für die Freitextpositionen vorzuschlagen, wodurch die Benutzerfreundlichkeit für die Einkäufer verbessert wird. Der Hauptvorteil liegt in der Möglichkeit, die Effizienz zu steigern und die Kosten im Bestellanforderungsprozess zu senken.

21.6 Materialien ohne Einkaufskontrakt

Konzentrieren wir uns nun auf den Service der Künstlichen Intelligenz, der mit dem Ziel entwickelt wurde, Ausgaben zu minimieren, die vertraglich nicht abgedeckt sind. Dies wird erreicht, indem Materialien ohne Einkaufskontrakte Vorrang eingeräumt und Alternativen angeboten werden. Abb. 21.13 veranschaulicht den für dieses Verfahren konzipierten Dienst der Künstlichen Intelligenz, auf dessen Details wir in diesem Abschnitt eingehen werden. Um die Brücke zu den vorherigen Kapiteln zu schlagen, führen wir die entsprechenden Referenzpunkte für den Anwendungsfall auf:

- KI-Anwendungsmuster: Rangfolge
- ERP-Referenzprozess: Von der Bezugsquellenfindung bis zur Zahlung/Bezugsquellenabwicklung
- ERP-Referenzarchitektur: Beschaffung/Operative Beschaffung
- ERP-Referenz-KI-Technologie: KI-Technologieplattform
- KI-Realisierungsmuster: Side-by-Side AI

Käufer müssen Artikel identifizieren, denen keine Verträge zugeordnet sind, und Preisanfragen basierend auf vergleichbaren Artikeln erstellen, für die bereits Verträge existieren. Für Käufer ist es wichtig, Artikel nach Faktoren wie Menge und Wert zu klassifizieren, wenn sie eine Angebotsanfrage erstellen und anschließend einen Vertrag für diese Artikel

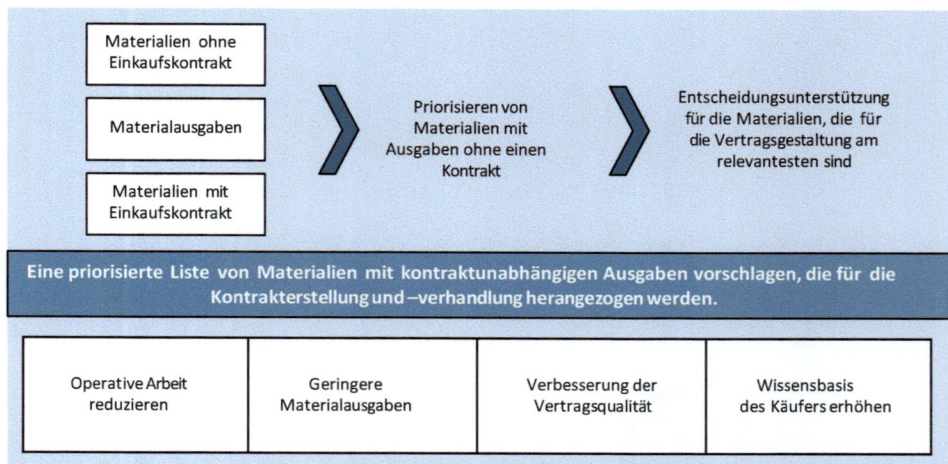

Abb. 21.13 Materialien ohne Einkaufskontrakt

21.6 Materialien ohne Einkaufskontrakt

abschließen. Bei der Durchführung unternehmensweiter Beschaffungsaufgaben stehen Einkäufer vor verschiedenen Herausforderungen. Das Fehlen eines Einkaufskontrakts für bestimmte Positionen führt zu erhöhten Gesamtausgaben, da häufig außervertragliche Bestellungen getätigt werden. Die Erstellung einer Angebotsanfrage von Grund auf ist oft aufwendiger als das Anlegen einer Anfrage basierend auf einer ähnlichen Position. Auch die Aufgabe, eine Liste außervertraglicher Positionen zu klassifizieren, kann zeitaufwendig sein. Die Beschaffungsabteilung profitiert erheblich davon, wenn außervertragliche Ausgaben intuitiv verwaltet werden können. Dieser Ansatz könnte Kosteneinsparungen ermöglichen, indem Angebotsanfragen für Positionen generiert werden, die häufig außer Vertrag bestellt werden, mithilfe einer Rangliste von Positionen. Dies würde den Käufern ermöglichen, sich rechtzeitig auf frühe und effektive Verhandlungen mit Lieferanten vorzubereiten, was zu günstigeren Einkaufspreisen für Artikel führt. Dadurch wird der Prozess zur Erstellung von Angebotsanfragen effizienter. In Abb. 21.14 wird gezeigt, dass die Implementierung von Künstlicher Intelligenz auf der SAP Business Technology Platform (SAP BTP) basiert. Der Service zum Vorschlagen von Kontrakten nutzt historische Daten zum Training. In diesem Zusammenhang werden historische Bestellungen, Kontrakte und Materialausgaben berücksichtigt. Vorschläge, die vom Einkaufspersonal abgelehnt werden, werden in den Betrieb des Künstliche-Intelligenz-Services einbezogen.

Der Dienst für Künstliche Intelligenz identifiziert Materialien, die am ehesten in einen Vertrag einbezogen werden sollten. Dabei werden Algorithmen der TensorFlow-Bibliothek für die Künstliche Intelligenz verwendet. Der entsprechende SAP-S/4HANA-Prozess nutzt diesen Service für Künstliche Intelligenz in einem Side-by-Side-AI-Modell und liefert die erforderlichen Ergebnisse durch Vorschläge zur Anlegung einer Ausschreibung. Um wirtschaftlich zu operieren, müssen Einkäufer auf außervertragliche Bestellungen verzichten. Hierbei hilft der Algorithmus für Künstliche Intelligenz dem Einkäufer, Materialien zu identifizieren, die keinen Vertrag haben, und sie mit ähnlichen Materialien zu verknüpfen, die vertraglich geregelt sind. Dies geschieht basierend auf bestimmten Faktoren und es werden diese Materialien für eine Anfrage vorgeschlagen, wie in Abb. 21.15 gezeigt. Mit der Lösung können Führungskräfte in der Bestellabwicklung folgende Aktionen ausführen:

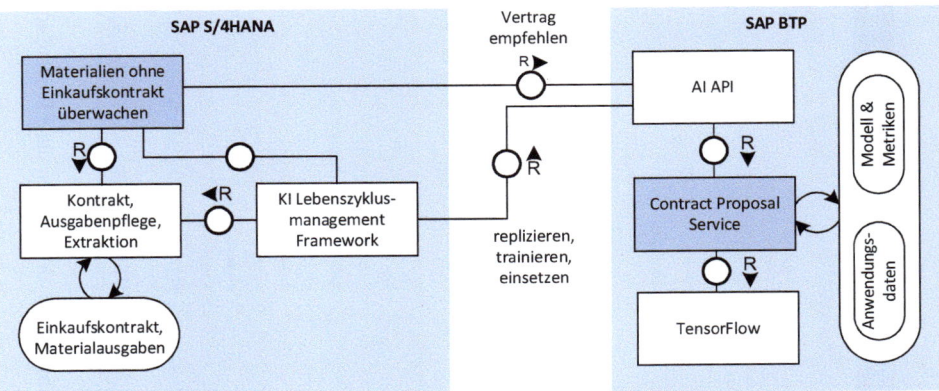

Abb. 21.14 Materialien ohne Einkaufskontrakt – Architektur

Abb. 21.15 Materialien ohne Einkaufskontrakt – Anwendung

- Vertragsverhandlungen im Einklang mit den Richtlinien und Praktiken des Unternehmens einschätzen
- Effiziente Verhandlungen mit Lieferanten über häufig bestellte Materialien initiieren und durchführen
- Prognosemodelle einrichten und Szenarien ausführen
- Einen vordefinierten Satz von Key Performance Indicators (KPIs) verwenden, um die Erstellung robuster Analysen auf SAP S/4HANA zu erleichtern

Einige der geschäftlichen Vorteile für die Kunden umfassen:

- Verbesserte Benutzerfreundlichkeit für Unternehmen, um die Empfehlungen mit Prognosen zu visualisieren
- Möglichkeiten für Einkäufer, effiziente Verhandlungen mit Lieferanten zu initiieren und durchzuführen
- Günstigere Einkaufspreise für Materialien von Lieferanten erzielen
- Verbesserte Einkaufskonformität

Zu den Vorteilen für Einkäufer und Unternehmen gehören die Minimierung von Einkäufen, die nicht Teil eines Vertrags sind, und die Vereinfachung des Vertragsverhandlungsprozesses im Einklang mit den etablierten Praktiken des Unternehmens. Der auf Künstliche Intelligenz basierende Service bietet Einkäufern und Unternehmen einen Vorteil, indem er frühzeitige und effektive Verhandlungen mit Lieferanten erleichtert und so erhebliche Kosteneinsparungen ermöglicht.

21.7 Bildbasierter Einkauf

Nun werden wir die Besonderheiten der Anwendung und die Prozesse im Zusammenhang mit der bildbasierten Beschaffung im Bestellanforderungsverfahren erläutern. Abb. 21.16 zeigt den Service, der mit Künstlicher Intelligenz für diesen Prozess entwickelt wurde, sowie die Details, die wir in diesem Abschnitt untersuchen werden. Um eine Verbindung zu den vorherigen Kapiteln herzustellen, listen wir die entsprechenden Referenzpunkte für den Anwendungsfall auf:

- KI-Anwendungsmuster: Empfehlung
- ERP-Referenzprozess: Von der Bezugsquellenfindung bis zur Zahlung/Zahlungsabwicklung
- ERP-Referenzarchitektur: Beschaffung/Operative Beschaffung
- ERP-Referenz-KI-Technologie: KI-Technologieplattform
- KI-Realisierungsmuster: Side-by-Side AI

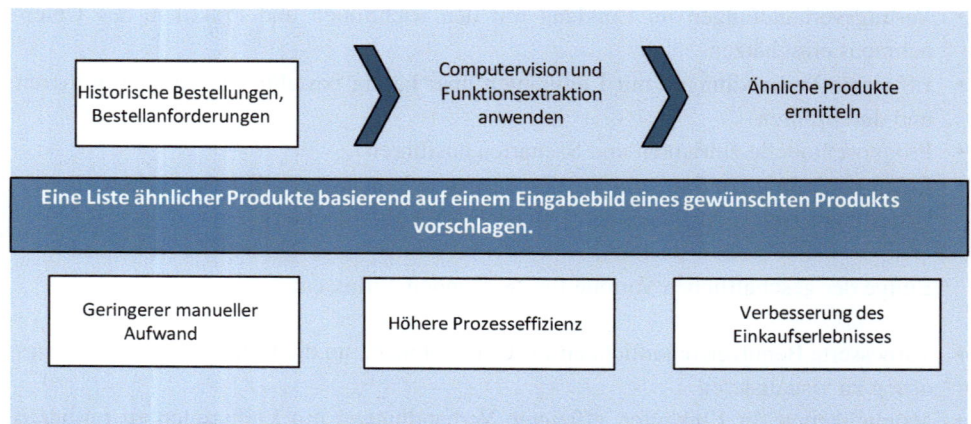

Abb. 21.16 Bildbasierter Einkauf

Wir beobachten derzeit zahlreiche Interaktionen zwischen Menschen und Systemen in der modernen technologischen Landschaft. Dieser Trend wird sich voraussichtlich mit der Weiterentwicklung der Technologie weiter verstärken. Systeme, die in der Beschaffung involviert sind und Bilder sowie komplexe Algorithmen verarbeiten müssen, müssen trainiert werden, um das am besten geeignete interne Material oder Katalogartikel zu identifizieren, die zu einem bestimmten Bild passen. Ein Benutzer kann einfach ein Foto mit seinem mobilen Gerät aufnehmen, woraufhin eine inhaltsübergreifende Suche gestartet wird, die automatisch die entsprechende Bestellanforderung erstellt. Dies optimiert den Beschaffungsprozess für Einkäufer erheblich und kann zu signifikanten Kosteneinsparungen führen. Häufig treten Diskrepanzen zwischen den Artikelbeschreibungen auf, die von Benutzern und Einkäufern bereitgestellt werden. Solche Diskrepanzen können zu Verzögerungen im Beschaffungsprozess führen, da falsche Materialien beschafft werden oder unnötige zusätzliche Kosten durch die Beschaffung unerwünschter Materialpositionen entstehen. Durch die Lösung dieses Problems kann die Effizienz der Benutzer erheblich gesteigert und sichergestellt werden, dass generierte Bestellanforderungen im Voraus validiert werden. Die Funktionen der Künstlichen Intelligenz unterstützen die Mitarbeiter erheblich bei der katalogübergreifenden Suche nach Bestellpositionen. Die verwendeten Algorithmen stammen aus der TensorFlow-Bibliothek, und der Künstliche-Intelligenz-Service wird mithilfe der SAP Business Technology Platform (SAP BTP) erstellt, wie in Abb. 21.17 dargestellt.

Der Produktvorschlagsservice nutzt historische Daten für das Training, die historische Katalogdaten im CSV-Format enthalten können. Für die Eingabe verwendet der Service ein Bild eines vom Endbenutzer bereitgestellten Produkts, um dieses sowie ähnliche Positionen im Katalog zu identifizieren. Die Empfehlungen enthalten Produktidentifikationsnummern aus den Kundenkatalogen, die der Service für Künstliche Intelligenz als relevant einstuft, basierend auf dem hochgeladenen Produktbild des Endbenutzers. Wie in Abb. 21.18 gezeigt, verwendet der relevante SAP-S/4HANA-Prozess diesen Service für

21.7 Bildbasierter Einkauf

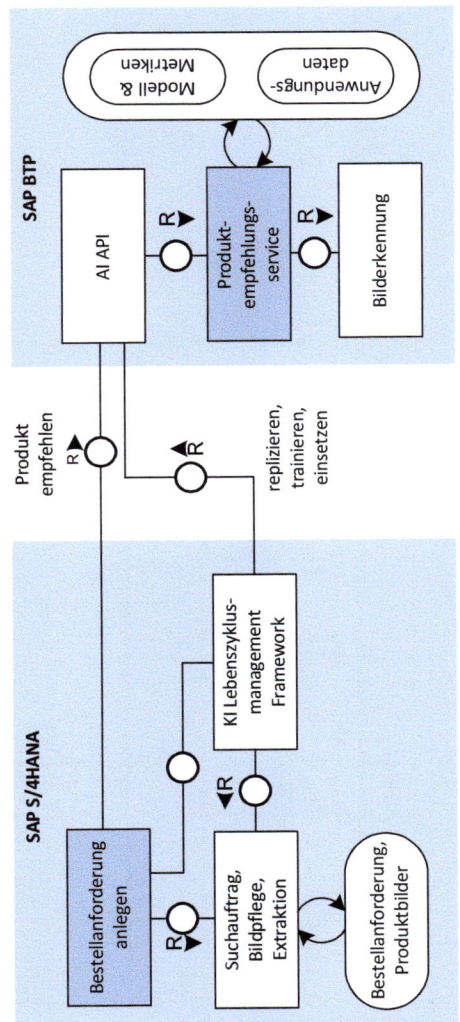

Abb. 21.17 Bildbasierter Einkauf – Architektur

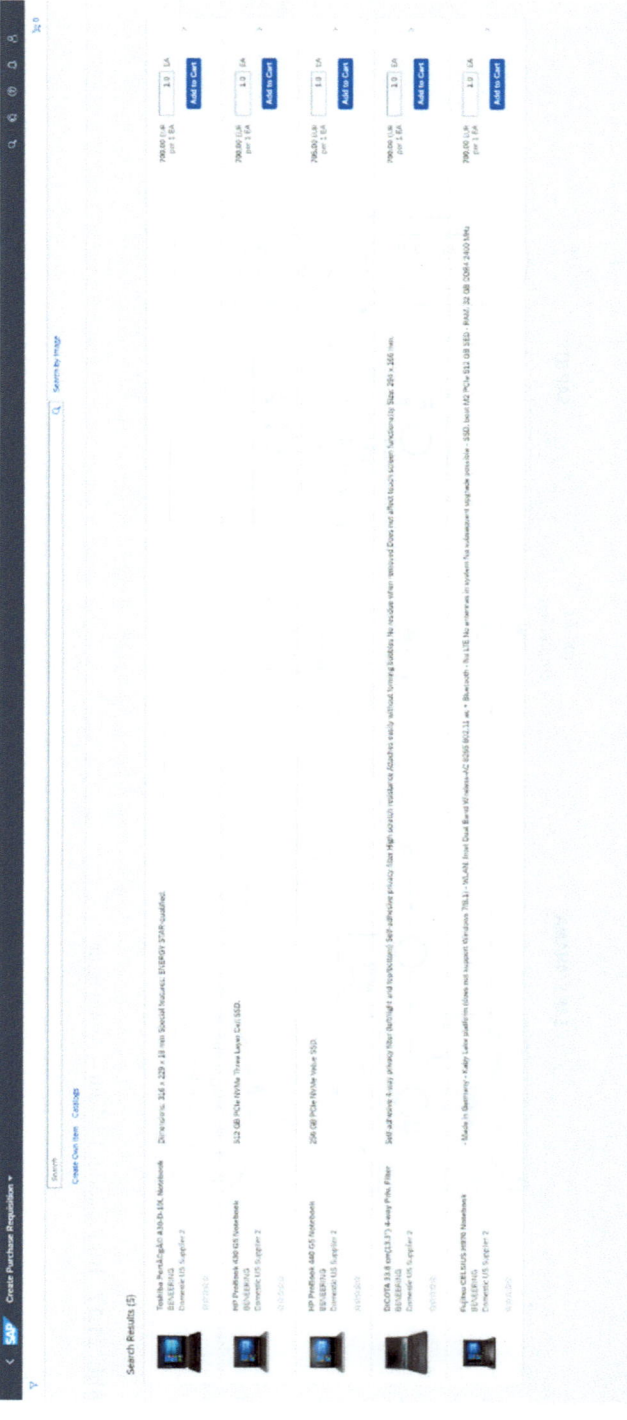

Abb. 21.18 Bildbasierter Einkauf – Anwendung

Künstliche Intelligenz und liefert die erforderlichen Ergebnisse. Der gesamte Prozess wird beschleunigt, indem ein Bild hochgeladen und eine katalogübergreifende Suche durchgeführt wird, die automatisch eine Bestellanforderung generiert. Zu den Hauptfunktionen gehören:

- Der Vergleich von Bildern, die im katalogübergreifenden Suchindex mit Katalogartikelbildern aufgenommen wurden, um übereinstimmende Muster in den Bildern zu identifizieren.
- Die Erfassung ähnlicher Bilder durch anfängliche Normalisierung der Bilder, welche beispielsweise das Flippen, Drehen sowie das Anpassen von Helligkeit und Farben umfasst, um die Wahrscheinlichkeit zur Identifizierung von Ähnlichkeiten zu erhöhen.
- Die katalogübergreifenden Suchergebnisse zeigen die am besten übereinstimmende Artikel basierend auf deren Ähnlichkeitsbewertung an. Artikel werden durch interne Katalog-IDs identifiziert.

Bilder können entweder von einem lokalen Laptop oder über eine spezielle bildbasierte Einkaufs-App hinzugefügt werden, die einen Einkaufswagenentwurf vorbereiten kann. Die Nutzung dieses Dienstes der Künstlichen Intelligenz bietet zahlreiche wesentliche Vorteile. Dazu gehören die Benutzerfreundlichkeit und die Möglichkeit, kostspielige Ausnahmebehandlungen zu umgehen. Der Dienst stellt außerdem sicher, dass die bestellten Produkte den Compliance-Standards entsprechen, und verhindert Einkäufe außerhalb des Katalogs. Dies führt zu erheblichen finanziellen Einsparungen, die in Beschaffungsabteilungen sehr geschätzt werden.

21.8 Intelligenter Genehmigungs-Workflow

Der Prozess des Erwerbs von Waren oder Dienstleistungen folgt einem systematischen Vorgehen und bestimmten Standards. Wir werden die Besonderheiten untersuchen, wie wir diesen Prozess halbautomatisieren und intelligenter gestalten können, indem wir die Erkenntnisse aus der Vergangenheit berücksichtigen und Künstliche Intelligenz integrieren. Abb. 21.19 veranschaulicht das in diesem Verfahren eingesetzte System der Künstlichen Intelligenz, das wir in diesem Abschnitt der Diskussion analysieren und erläutern werden. Um einen Bezug zu den vorherigen Kapiteln herzustellen, führen wir die entsprechenden Referenzpunkte für den Anwendungsfall auf:

- KI-Anwendungsmuster: Empfehlung
- ERP-Referenzprozess: Von der Bezugsquellenfindung bis zur Zahlung/Beschaffungsabwicklung
- ERP-Referenzarchitektur: Beschaffung/Operative Beschaffung
- ERP-Referenz-KI-Technologie: KI-Technologieplattform
- KI-Realisierungsmuster: Side-by-Side AI

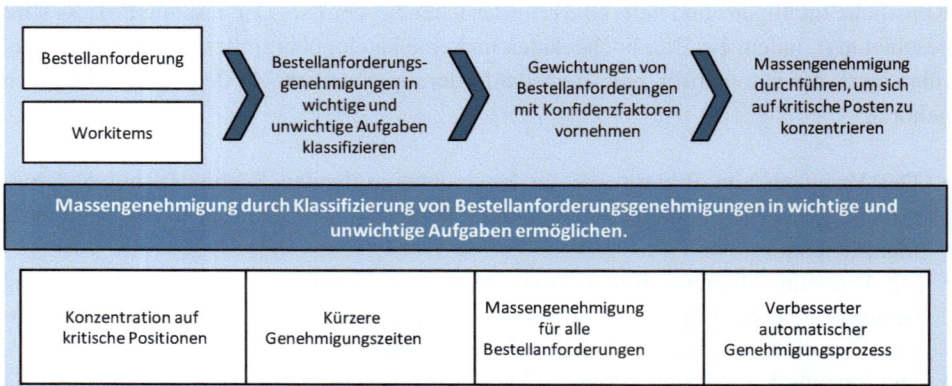

Abb. 21.19 Intelligenter Genehmigungs-Workflow

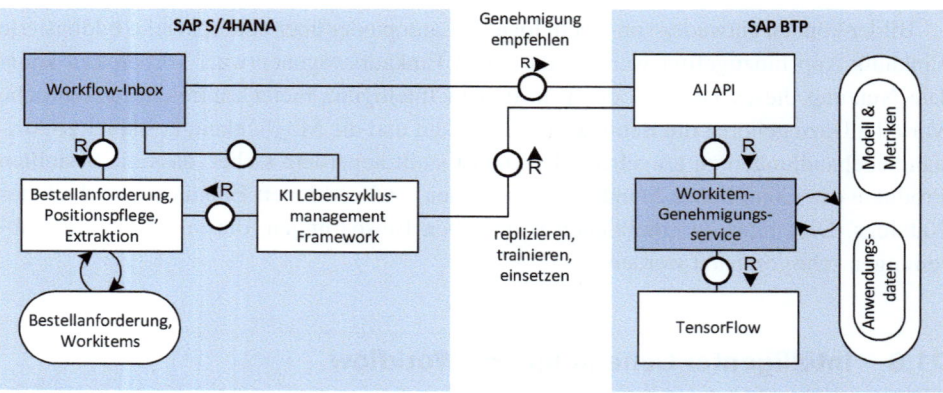

Abb. 21.20 Intelligenter Genehmigungs-Workflow – Architektur

Der durch Künstliche Intelligenz ermöglichte Service überprüft die Genehmigungsverfahren für Einkäufe und erteilt autonom die Freigabe für Anfragen, die in der Regel nicht abgelehnt werden. Dies betrifft insbesondere solche Anfragen, die historisch gesehen eine Genehmigungsrate von über 90 % aufweisen.

Die Algorithmen der Künstlichen Intelligenz sind in der Lage, Muster für die automatische Genehmigung zu identifizieren, die für Käufer allein schwer zu erkennen sein könnten. Dies steigert die Produktivität der Einkaufsabteilung erheblich und führt zu Kosteneinsparungen. Die eingesetzten Algorithmen stammen aus der TensorFlow-Bibliothek, und der Künstliche-Intelligenz-Service wird mithilfe der SAP Business Technology Platform (SAP BTP) erstellt, wie in Abb. 21.20 dargestellt.

21.8 Intelligenter Genehmigungs-Workflow

Der Service, der als Workitem-Genehmigungsvorschlagsservice bezeichnet wird, nutzt historische Daten für seinen Trainingsprozess. Diese Daten können historische Genehmigungsinformationen für Bestellanforderungen im CSV-Format umfassen. Die Bestellanforderungsdaten enthalten spezifische Informationen zu einer Bestellanforderung, sodass der Service das Konfidenzniveau für die Genehmigung einer Bestellanforderung berechnen kann. Das ermittelte Konfidenzniveau wird als Prozentsatz ausgedrückt und basiert auf der Historie genehmigter oder abgelehnter Positionen aus vergangenen Bestellanforderungen. Wie in Abb. 21.21 gezeigt, wird dem Genehmigenden in der App *Meine Inbox* der festgelegte Wahrscheinlichkeitsgrad zusammen mit dem Genehmigungsprozentsatz angezeigt, der mit den beitragenden Einflussfaktoren zur Klärung verknüpft ist. Der entsprechende SAP-S/4HANA-Prozess nutzt diesen Service der Künstlichen Intelligenz in einem Side-by-Side-AI-Modell und liefert die benötigten Ergebnisse. Im Wesentlichen sind Personen, die im Beschaffungssektor auf Grundlage von Funktionen oder Finanzen genehmigen, häufig täglich mit zahlreichen Genehmigungsaufgaben überlastet. Ziel des intelligenten Genehmigungs-Workflows ist es, Bestellanforderungsgenehmigungen in wichtige und weniger wichtige Aufgaben zu unterteilen, indem ihnen ein Konfidenzfaktor zugewiesen wird. So können sich die Genehmigenden auf die entscheidenden Positionen konzentrieren. Dies spart nicht nur Zeit und Kosten, sondern ermöglicht es ihnen auch, sich stärker auf ihre strategische Arbeit zu konzentrieren. Bei der Zuweisung eines Konfidenzfaktors zu den Bestellanforderungsgenehmigungen werden mehrere Schlüsselelemente berücksichtigt. Dazu gehört die Fähigkeit, leicht zwischen kritischen und weniger kritischen Genehmigungen zu unterscheiden, den Fokus des Genehmigenden ausschließlich auf kritische Aufgaben zu richten, alle Aufgaben basierend auf ihrem Konfidenzfaktor zu kategorisieren und die Basis für eine potenzielle Massengenehmigung aller gruppierten Bestellanforderungen in der Genehmigungsphase zu schaffen. Zu den Vorteilen für Unternehmen gehören die Verkürzung der Genehmigungszeiten durch die Konzentration ausschließlich auf kritische Genehmigungen, die effizientere Nutzung der Zeit und des Aufwands eines Genehmigenden, eine verbesserte Benutzerfreundlichkeit aufgrund der Kategorisierung von Genehmigungen basierend auf ihrem Vertrauensfaktor und eine höhere Prozesseffizienz, die durch die Automatisierung der Genehmigungsentscheidungen erreicht wird.

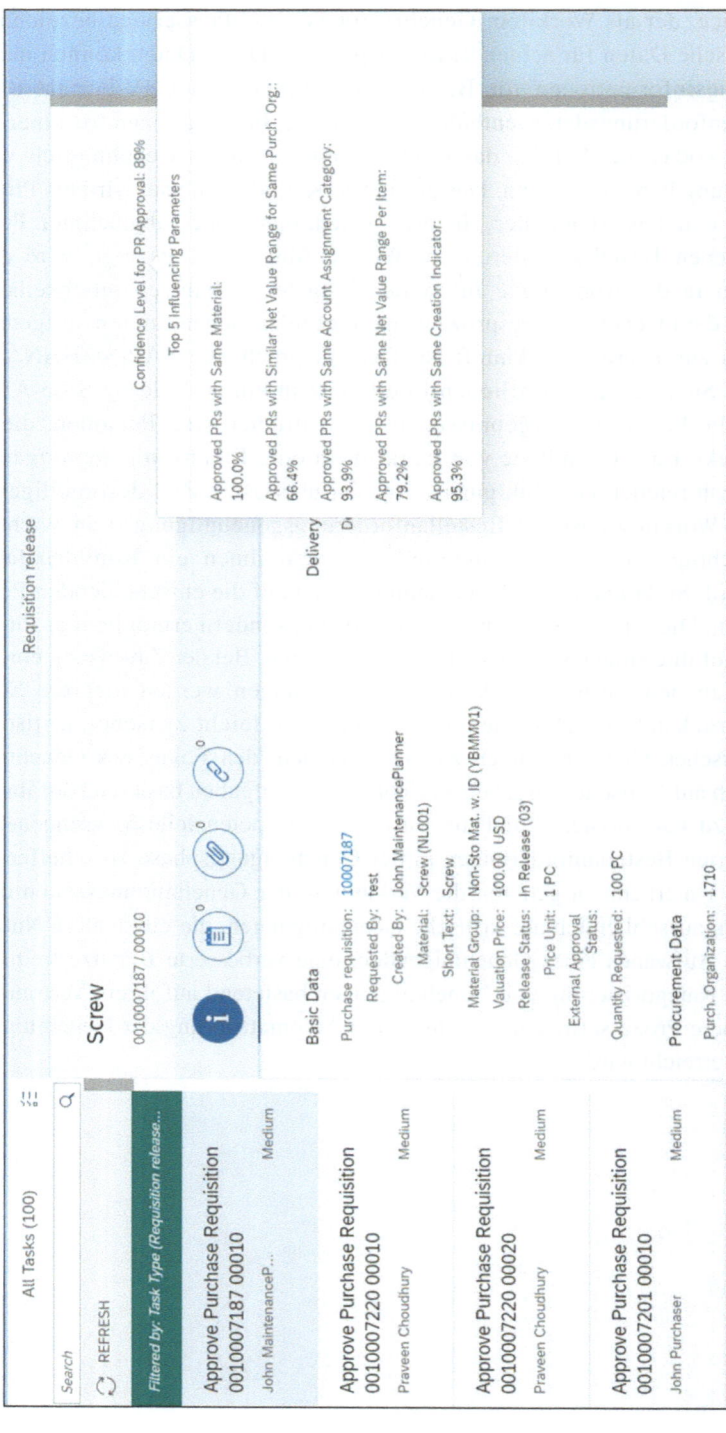

Abb. 21.21 Intelligenter Genehmigungs-Workflow – Anwendung

21.9 Fazit

In diesem Abschnitt konzentrieren wir uns auf die Services für Künstliche Intelligenz und die eingebetteten Anwendungsfälle, die im Bereich der Beschaffung entwickelt wurden. Abb. 21.22 bietet einen Überblick über die detaillierten Schritte im Beschaffungsprozess und zeigt, wie die Funktionen der Künstlichen Intelligenz in diesen Prozess integriert sind. Jede Geschäftseinheit muss im Rahmen ihrer Geschäftstätigkeit verschiedene Materialien erwerben, die Rohstoffe und Dienstleistungen umfassen können. Diese Materialien können durch firmeneigene Produktionsmethoden oder durch den Prozess der Fremdbeschaffung beschafft werden.

Auf übergeordneter Ebene besteht der Beschaffungsprozess aus den folgenden Prozessen:

• Materialbedarfsplanung	• Wareneingang
• Lieferantenauswahl	• Wareneingangsrechnung
• Anfrage	• Rechnungsprüfung
• Bestellanforderung	• Zahlung an Lieferanten
• Bestellung	

In diesem Kapitel haben wir erläutert, wie Künstliche-Intelligenz-Services in SAP S/4HANA integriert oder verwendet werden. Alle Anwendungsfälle basieren auf den in diesem Buch vorgestellten Konzepten und Frameworks. Dies dient als Validierung für die praktische Anwendbarkeit der zugrunde liegenden Innovationen.

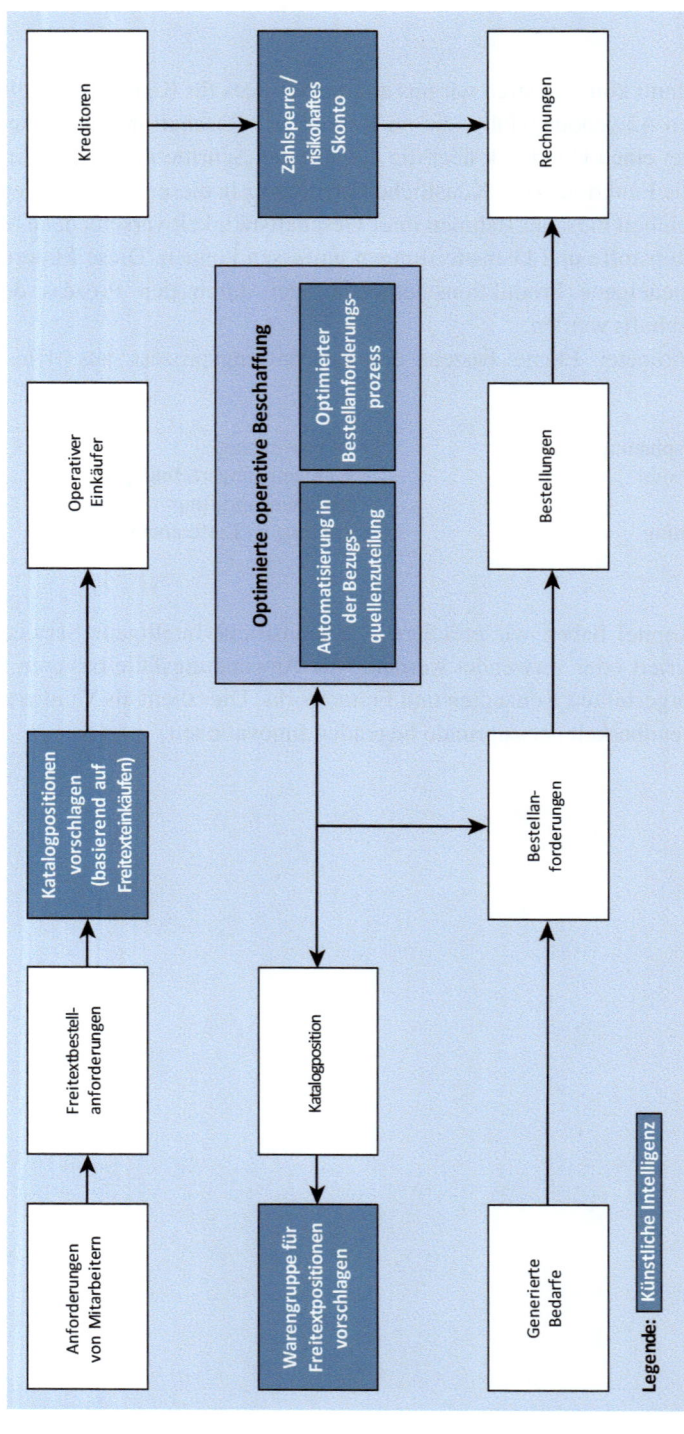

Abb. 21.22 Beschaffungsprozess mit Künstlicher Intelligenz

Bestand und Lieferkette 22

In diesem Kapitel beschreiben wir intelligente Geschäftsanwendungen im Geschäftsbereich Bestand und Lieferkette und erläutern, wie Kunden von dieser Funktion profitieren können. Wir geben einen kurzen Überblick über die Anforderungen des Anwendungsfalls, die beteiligten Geschäftsprozesse und deren Umsetzung. Der Geschäftsbereich Bestand und Lieferkette ist riesig und bietet ein großes Potenzial zur Automatisierung und Optimierung der Prozesse. Der Schwerpunkt des Kapitels liegt auf dem Transitbestand, der bedarfsorientierten Wiederbeschaffung, dem Fehlercode mit Texterkennung, der Früherkennung von nicht gängigem Bestand, der Automatisierung von Ursachenanalyse, der Optimierung von Prüfplänen und der Fehlererfassung. Die in diesem Buch beschriebenen Konzepte und Frameworks wurden auf diese Anwendungsfälle angewendet, um ihre Praxistauglichkeit zu demonstrieren.

22.1 Transitbestand

In diesem Abschnitt konzentrieren wir uns auf das Künstliche-Intelligenz-System, das entwickelt wurde, um die Funktionalität des Transitbestands zu unterstützen. Dieses System ist darauf ausgelegt, Verzögerungen bei der Bewegung von Bestand zwischen verschiedenen Werken oder Lagerorten vorherzusagen. Der für diesen speziellen Prozess konzipierte Service der Künstlichen Intelligenz ist in Abb. 22.1 dargestellt. Im folgenden Abschnitt erklären wir die Details dieses Services. Um den Zusammenhang zu den vorherigen Kapiteln herzustellen, führen wir die relevanten Referenzpunkte für den Anwendungsfall auf:

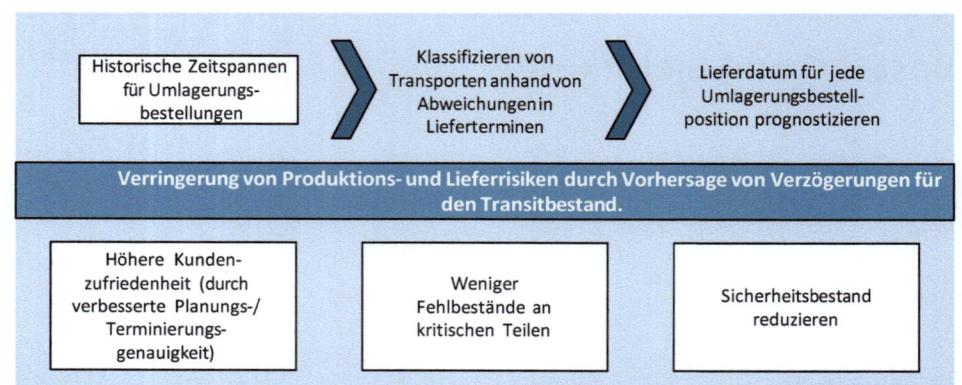

Abb. 22.1 Transitbestand

- KI-Anwendungsmuster: Vorhersage
- ERP-Referenzprozess: Von der Planung bis zur Auftragserfüllung/Beschaffungsabwicklung
- ERP-Referenzarchitektur: Lieferkette/Lieferung und Transport
- ERP-Referenz-KI-Technologie: ERP-Plattform
- KI-Realisierungsmuster: Embedded AI

Die meisten Kunden benötigen eine Verlagerung von Beständen zwischen verschiedenen Lagerstandorten oder Fabriken. Dies macht die Erstellung von Umlagerungsbestellungen notwendig. Mit der SAP-Fiori-App *Überfällige Materialien – Transitbestand* in SAP S/4HANA können Kunden den Transport von Materialien überwachen, sowie offene Umlagerungsbestellungen verfolgen, die noch nicht von der empfangenden Fabrik bestätigt wurden. Diese Überwachung ist besonders sinnvoll, wenn die Materialien die erwartete Transportzeit überschritten haben. Üblicherweise verfügen Kunden über einen vordefinierten Zeitplan, der die Dauer für den Transfer von Materialien zwischen zwei Fabriken festlegt.

Der Bestandsverantwortliche ist für die rechtzeitige Ankunft der Materialien im Produktionswerk verantwortlich. Dies umfasst die Überwachung der Materialbewegungen über verschiedene Lagerorte oder Werke hinweg. Um diesem Prozess zu erleichtern, werden Umlagerungsbestellungen erstellt, die sowohl die Umlagerung von Beständen als auch die Verfolgung von Materialien im Transit sicherstellen sollen. Bestandsverantwortliche stehen oft vor Herausforderungen wie mangelnder Transparenz bei verspäteten Lieferungen zwischen Lagerorten und Schwierigkeiten bei der Schätzung der Umlagerungsdauer. Diese Herausforderungen können Zeit und Kosten negativ beeinflussen, was sich auf die nachgelagerte Lieferung von Fertigerzeugnissen und Rohstoffen auswirkt. Besonders kritisch wird dies, wenn die Waren verderblich oder zeitabhängig sind, da dies die Qualität der Fertigerzeugnisse gefährden kann. Kunden profitieren von einer verbesserten Planungs- und Terminierungsgenauigkeit, die Szenarien kritischer Bestandsunter-

22.1 Transitbestand

deckungen mindern und die Fluktuation verbessern kann. Dies führt letztlich zu einer Verringerung des Sicherheitsbestands. Die Vorhersage des Ankunftsdatums oder des Prognoselieferdatums kann beim Anlegen der Umlagerungsbestellung durch integrierte Prognosemodellierung abgerufen werden. Die Fähigkeit, das prognostizierte Lieferdatum eines Transports vorherzusagen, bringt erhebliche Vorteile mit sich. Das Wertversprechen dieser Lösung liegt in der Fähigkeit, Produktions- oder Lieferrisiken zu reduzieren, indem Verzögerungen im Transitbestand vorhergesagt werden. Unternehmen, die Waren aus ihren Werken senden und empfangen, müssen den Status der Materialien im Transit überwachen. Treten eine Verzögerung, Engpässe oder andere Probleme auf, muss das Unternehmen rechtzeitig reagieren und entsprechende Maßnahmen ergreifen.

Die Anwendung *Überfällige Materialien – Transitbestand* in SAP S/4HANA bietet eine Übersicht über ausstehende Transporte, sodass der Nutzer Maßnahmen ergreifen kann. Mit integrierter Prognosemodellierung kann die Anwendung Versandtermine für jede Warenbewegung vorhersagen. Dieser Einblick ermöglicht es den Nutzern, Lieferverzögerungen, Produktionstermine und andere nachgelagerte Aktivitäten besser zu verwalten. Die Genauigkeit der Ergebnisse verbessert sich, wenn das Modell mit den neuesten Verhaltensdaten und Informationen, die in ERP gespeichert sind, erneut trainiert wird. Wie in Abb. 22.2 des aktuellen Szenarios gezeigt, sind Regressionsalgorithmen aus der Automated Predictive Library, die das KI-Lebenszyklusmanagement-Framework nutzen, in die entsprechenden SAP-S/4HANA-Geschäftsprozesse integriert. Diese Algorithmen helfen dabei, das Eintreffen von Transitbeständen zwischen verschiedenen Standorten vorherzusagen. Der Service zur Vorhersage des Eingangs von Transitbestand mittels Künstliche Intelligenz ermöglicht es Lager- und Bestandsverantwortlichen Folgendes zu tun:

- Das Ankunftsdatum einer Sendung vorhersagen und ihren Status kategorisieren
- Prognosemodelle erstellen und Szenarien trainieren und ausführen
- Vorkonfigurierte KPIs für detaillierte Analysen von ERP-Daten mit Drilldown-Funktionen nutzen
- Frühzeitige und effektive Transparenz von Umlagerungsbestellungen erzielen
- Neue Integrationsfunktionen in ERP nutzen, um mit vorausschauenden Analysen Echtzeiteinblicke in die Geschäftsszenarien des Produktionsbereichs zu erhalten

Geschäftliche Vorteile umfassen die Reduzierung von Bestandsunterdeckungen und -überschüssen, was letztlich zu einer besseren Verwaltung der Bestandskosten führt. Zudem wird der Geschäftsprozess zur Verfolgung von Transitbeständen optimiert und automatisiert, was zu einer zuverlässigeren Planung und Terminierung von Transitwarenprozessen beiträgt. Die Benutzerfreundlichkeit für das Unternehmen wird durch die Visualisierung von Daten mit Prognosen verbessert. Mit dieser neuen Funktion der Künstlichen Intelligenz können Lagerleiter und Bestandsverantwortliche Kostenausfälle und Bestandsüberdeckungen reduzieren, Bestandskosten effektiver verwalten und die Transportdauer in Tagen vorhersagen.

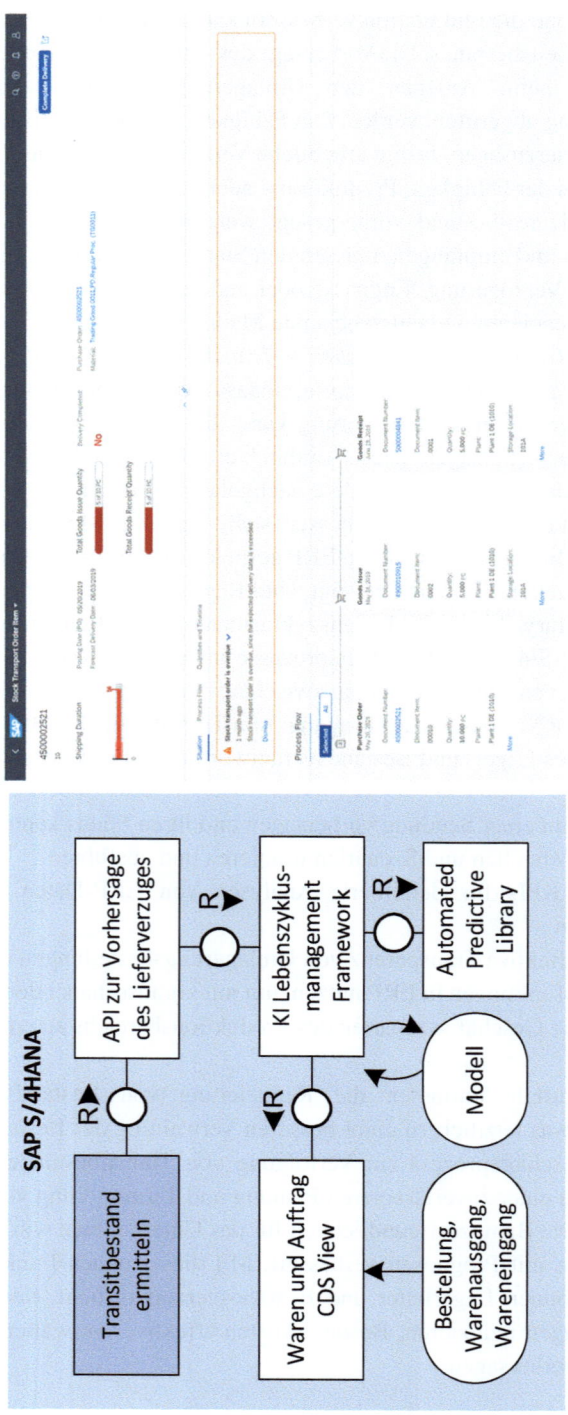

Abb. 22.2 Transitbestand – Architektur und Anwendung

22.2 Bedarfsorientierte Wiederbeschaffung

In diesem Abschnitt richten wir unsere Aufmerksamkeit auf den Service für Künstliche Intelligenz, der auf die Anforderungen der bedarfsorientierten Wiederbeschaffung zugeschnitten ist. Dieser Service ist speziell dafür entwickelt worden, die dynamische Anpassung von Puffern für Materialien zu verwalten, die in den Bestand umgelagert werden. Der für diesen Prozess entwickelte Service für Künstliche Intelligenz ist in Abb. 22.3 dargestellt. Im aktuellen Abschnitt werden wir uns mit den Details dieses Services befassen. Um die Brücke zu den vorherigen Kapiteln zu schlagen, führen wir die entsprechenden Referenzpunkte für den Anwendungsfall auf:

- KI-Anwendungsmuster: Vorhersage
- ERP-Referenzprozess: Von der Planung bis zur Auftragserfüllung/Auftragserfüllungsoptimierung
- ERP-Referenzarchitektur: Lieferkette/Bestandsverwaltung
- ERP-Referenz-KI-Technologie: ERP-Plattform
- KI-Realisierungsmuster: Embedded AI

Die Rolle des Dispositionsverantwortlichen ist entscheidend dafür, dass Produktionsstätten oder Kunden die benötigten Materialien rechtzeitig erhalten. Dispositionsverantwortliche sind zudem für die Überwachung der Planung und Ausführung des Nachschubs sowie für die Pflege der entsprechenden Puffer zuständig. Aufgrund unzureichender Supply-Chain-Analysen und schwankender Nachfragesignale kann die Planung, Verfolgung und Verwaltung von Puffern jedoch sowohl kostspielig als auch zeitaufwendig für Bestandsverantwortliche sein. Die Vorteile einer effektiven Bestandsführung für

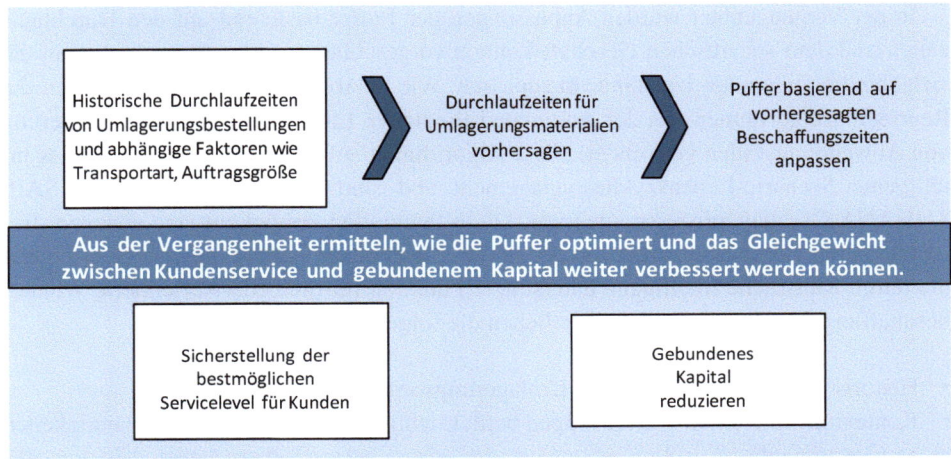

Abb. 22.3 Bedarfsorientierte Wiederbeschaffung

Unternehmen und ihre Kunden sind beträchtlich. Dazu gehören eine Verringerung des Sicherheitsbestands, eine Senkung der Kosten für den Lagerbestand, weniger Lagertage und eine Verringerung des veralteten Bestands.

Die Lösung wurde entwickelt, um Produkte zu analysieren und zu kategorisieren, die Anpassungen an ihren Pufferebenen benötigen. Anschließend wählt sie die Produkte aus, die für die bedarfsorientierte Wiederbeschaffung relevant sind. Durch die Verwaltung von Puffern für Produkte, die basierend auf vorhergesagten Beschaffungszeiten aus dem Bestand übertragen werden, kann das System optimale Nachschubaufträge und Puffervorschläge generieren. Das Wertversprechen dieses Dienstes ist seine Fähigkeit, Daten zur Optimierung der Puffer zu nutzen. Dieses Gleichgewicht zwischen Kundenservicelevel und Kapitalinvestitionen ist von entscheidender Bedeutung. Die Vorhersage der individuellen Durchlaufzeiten für Umlagerungsbestellungen ist für Bestands- und Lagerleiter von entscheidender Bedeutung, um ihren Bestand an ihren Standorten oder Lagerorten effektiv zu verwalten. Die Durchlaufzeit bezieht sich auf die Verzögerung zwischen dem Start und dem Abschluss eines Prozesses. Beispielsweise kann die Vorlaufzeit für die Lieferung eines neuen Autos vom Hersteller nach einer Bestellung zwischen zwei Wochen und sechs Monaten liegen. Diese Durchlaufzeiten werden vorhergesagt, und dann werden Maßnahmen ergriffen, um die Bestandspufferwerte zu pflegen. Diese neuen Werte können in die Anwendung integriert werden, um Puffer mit entkoppelten Beschaffungszeiten zu verwalten. Beim Planungsansatz der bedarfsorientierten Wiederbeschaffung ist die dynamische Anpassung von Puffern eine kritische Komponente. Eine wesentliche Eingabe für die Neuberechnung von Puffern ist die Beschaffungszeit für den Puffernachschub. Puffer sind proportional von dieser Beschaffungszeit abhängig. Je genauer die Durchlaufzeit bestimmt werden kann, desto besser kann der Puffer dimensioniert werden. Dadurch wird sichergestellt, dass er groß genug ist, um den Kundenservice aufrechtzuerhalten, aber klein genug, um Kapitalinvestitionen zu minimieren.

In der Vergangenheit wurden Anpassungen der Puffer basierend auf den Durchlaufzeiten und dem spezifischen Geschäftskontext vorgeschlagen, um sich am besten an die sich ständig ändernden Umstände anzupassen. Wie in Abb. 22.4 dargestellt, wurden die Regressionsalgorithmen aus der Automated Predictive Library für die Implementierung von Anwendungsfällen verwendet. Diese Algorithmen nutzen das Framework für das intelligente Szenario-Lebenszyklusmanagement und sind in die entsprechenden SAP-S/4HANA-Geschäftsprozesse integriert. Diese Integration ermöglicht eine genauere Berechnung der Beschaffungszeit und der Puffer, die gepflegt werden müssen. Somit bietet die durch Künstliche Intelligenz unterstützte Funktion für die bedarfsorientierte Wiederbeschaffung dem Bestandsverantwortlichen die folgenden Möglichkeiten:

- Historische Durchlaufzeiten von Umlagerungsbestellungen bewerten
- Kontextinformationen von Aufträgen berücksichtigen, um Muster und Abhängigkeiten zu identifizieren

22.2 Bedarfsorientierte Wiederbeschaffung

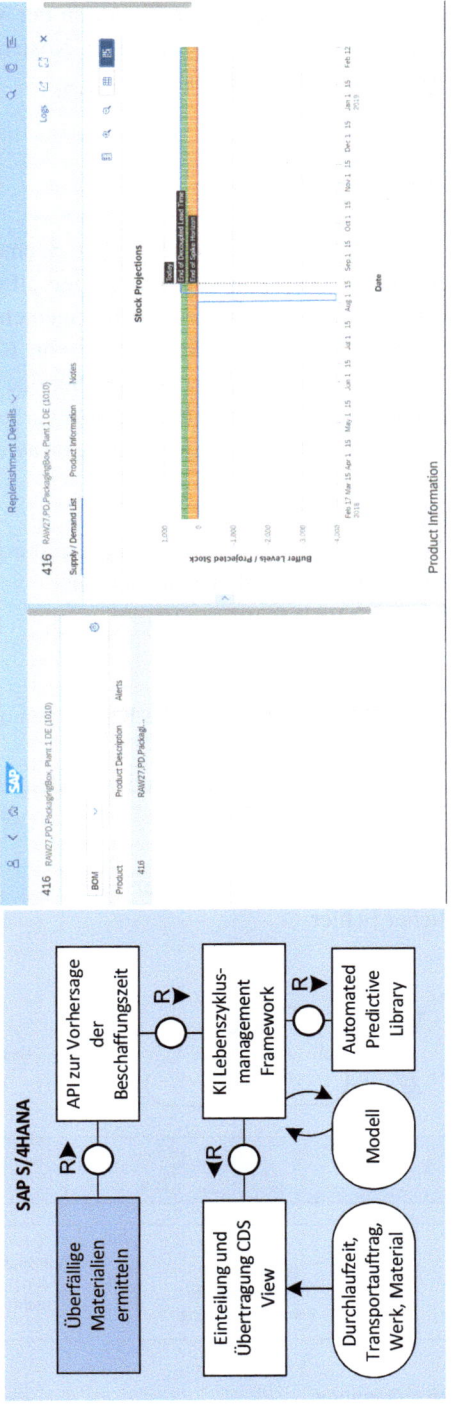

Abb. 22.4 Bedarfsorientierte Wiederbeschaffung – Architektur und Anwendung

Der Vorteil dieses Services der Künstlichen Intelligenz in der Wirtschaft ist, dass er höchstmögliche Kundenservicegrade zu möglichst geringen Kosten garantiert, insbesondere das an gepufferte Bestände gebundene Kapital.

22.3 Fehlercode mit Texterkennung

Bevor wir uns mit den Besonderheiten des vorgeschlagenen Szenarios für den Umgang mit fehlerhaftem Code befassen, ist es wichtig, zunächst den allgemeinen Prozess des Fehlermanagements zu verstehen und wie das Qualitätsmanagement solche Fehler verarbeitet. Abb. 22.5 veranschaulicht den Service, der mithilfe von Künstlicher Intelligenz entwickelt wurde, um diesen Prozess zu erleichtern. Diesen Service werden wir in diesem Abschnitt ausführlich untersuchen. Um die Verbindung zu den vorherigen Kapiteln herzustellen, geben wir die entsprechenden Referenzpunkte für den Anwendungsfall an:

- KI-Anwendungsmuster: Empfehlung
- ERP-Referenzprozess: Von der Planung bis zur Auftragserfüllung/Fertigung
- ERP-Referenzarchitektur: Fertigung/Qualitätsmanagement
- ERP-Referenz-KI-Technologie: ERP-Plattform
- KI-Realisierungsmuster: Embedded AI

Der Prozess der Fehlerbehandlung kann in mehrere Kategorien unterteilt werden:

1. Vorschlag eines Fehlercodes mit einer textuellen und visuellen Erläuterung
2. Warnung bei ähnlichen Fehlern
3. Vorschlag der zugrunde liegenden Fehlerursache
4. Vorschlagen von Aufgaben, die sich auf Defekte beziehen
5. Zusammenfassung ähnlicher Fehler

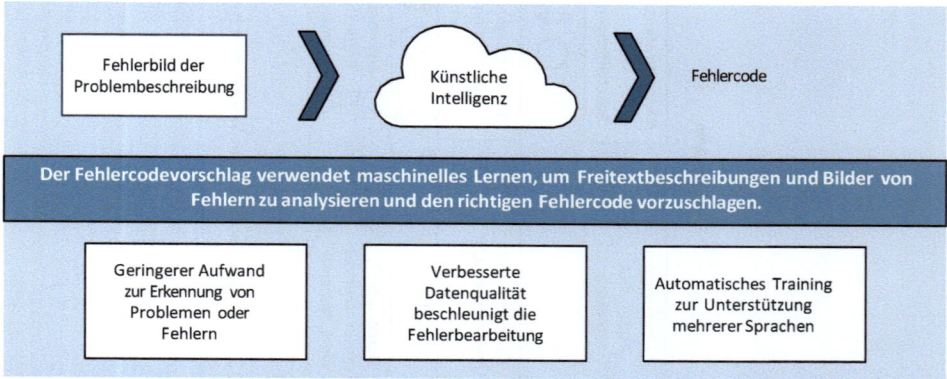

Abb. 22.5 Fehlercode mit Texterkennung

22.3 Fehlercode mit Texterkennung

Diese Fehler werden in verschiedenen Phasen vom Qualitätstechniker und Qualitätsingenieur bearbeitet. Beachten Sie die Rollen des Qualitätstechnikers und des Qualitätsingenieurs beim Melden und Analysieren von Fehlern und wie diese Rollen zum Gesamtkontext der Fehlerbearbeitung beitragen. Die verschiedenen Schritte für das Reporting und die Analyse von Fehlern werden entsprechend skizziert und nummeriert. Lassen Sie uns nun unsere Aufmerksamkeit auf den Service für Künstliche Intelligenz lenken, der sich um das Vorschlagen von Fehlercodes mit textuellen und visuellen Erklärungen im Bereich des Qualitätsmanagements dreht. Sehen wir uns die Schritte in Abb. 22.5 an. Angenommen, ein Qualitätstechniker möchte Vorschläge für eine bestimmte Fehlercodegruppe und einen bestimmten Fehlercode erhalten, die auf einer textuellen Erklärung und einem Bild des Fehlers während des Fehlererfassungsprozesses basieren, mit dem Ziel, den Code zu finden, der dem Fehler am besten entspricht. Ausgehend von vorhandenen Fehlern mit textuellen Erläuterungen und Bildern, die einer übereinstimmenden Fehlercodegruppe und einem entsprechenden Fehlercode entsprechen, schlägt der Algorithmus für Künstliche Intelligenz eine Fehlercodegruppe und einen Fehlercode für einen neuen Fehler vor, sofern eine textuelle Erklärung und ein Bild verfügbar sind, während der Qualitätstechniker den Fehler erfasst. Dieser Service für Künstliche Intelligenz ist in den SAP-S/4HANA-Geschäftsprozess integriert und unterstützt den Qualitätstechniker bei der Arbeit im SAP Fiori Launchpad durch Empfehlungen und Vorschläge. Wie in Abb. 22.6 dargestellt, werden im aktuellen Szenario Klassifizierungs- und k-nächstgelegene Nachbaralgorithmen aus der Automated Predictive Library und Textanalysefunktionen aus SAP HANA, die das KI-Lebenszyklusmanagement-Framework nutzen, verwendet und in die Geschäftsprozesse des SAP-S/4HANA-Qualitätsmanagements integriert.

Die Konstruktion des Modells der Künstlichen Intelligenz berücksichtigt eine Vielzahl von Elementen. Dazu gehören die Art des Fehlers, eine detaillierte sowie kurze Erläuterung des Defekts und ein Bild des Fehlers. Diese Informationen werden schließlich genutzt, um unter Einsatz von Klassifizierungsalgorithmen eine Fehlergruppe und den entsprechenden Code vorzuschlagen. Der Wert des Modells liegt in seiner Fähigkeit, den Prozess zur Vorschlagserstellung von Fehlercodes basierend auf historischen Mustern zu vereinfachen. Dies ermöglicht es Qualitätstechnikern, mehr Zeit für die Entdeckung zusätzlicher Fehler aufzuwenden.

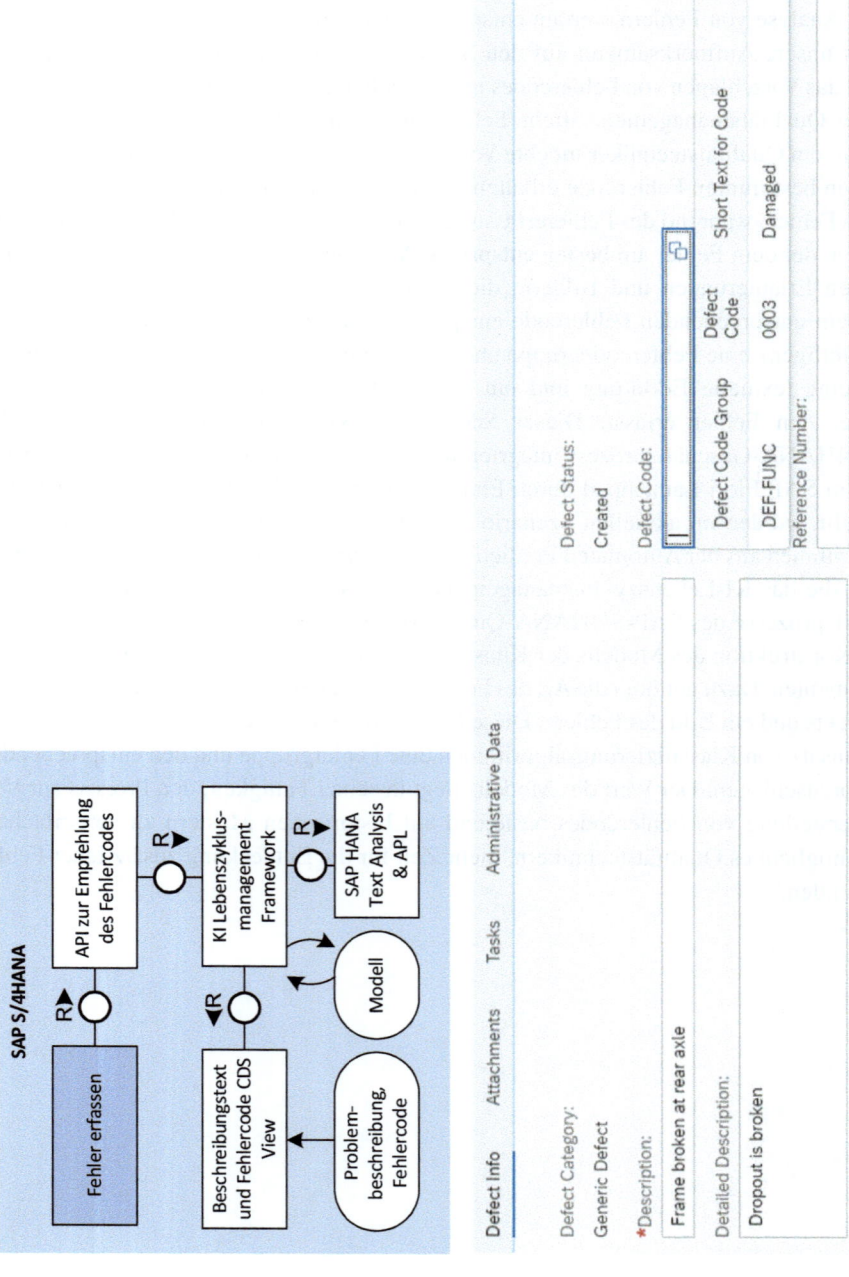

Abb. 22.6 Fehlercodevorschlag – Architektur und Anwendung

22.4 Frühzeitige Erkennung nicht gängiger Bestände

In diesem Abschnitt konzentrieren wir uns auf den Service der Künstliche Intelligenz. Dieser Service dient dazu, langsam bewegende Artikel und stagnierende Bestände in der Bestandsführung frühzeitig zu identifizieren. Abb. 22.7 zeigt den speziell für diesen Zweck geschaffenen Service der Künstlichen Intelligenz. Wir werden die Details dieses Services in diesem Abschnitt besprechen. Um eine Verbindung zu den vorherigen Kapiteln herzustellen, führen wir die entsprechenden Referenzpunkte für diesen Anwendungsfall auf:

- KI-Anwendungsmuster: Vorhersage
- ERP-Referenzprozess: Von der Planung bis zur Auftragserfüllung/Produktlieferung
- ERP-Referenzarchitektur: Lieferkette/Bestandsverwaltung
- ERP-Referenz-KI-Technologie: ERP-Plattform
- KI-Realisierungsmuster: Embedded AI

Die Aufgabe eines Produktions- und Bestandsplaners beinhaltet die strategische Umlagerung von Beständen zwischen verschiedenen Standorten. Dies kann die Verlagerung von Beständen zu einem nahe gelegenen Lager oder einem Händlerstandort mit hoher Umschlagshäufigkeit bedeuten. Der Planer muss sicherstellen, dass jeder Standort eine optimale Bestandsmenge aufweist, um effiziente Bestandsbewegungen zu ermöglichen. Künstliche-Intelligenz-Dienste können diesen Prozess erheblich unterstützen, indem sie stagnierende Bestände im Voraus identifizieren. Dadurch wird die Kategorisierung von Produkten in verschiedene Gruppen basierend auf historischen Daten und Informationen erleichtert. Algorithmen für Künstliche Intelligenz sind in der Lage, nicht bewegte Be-

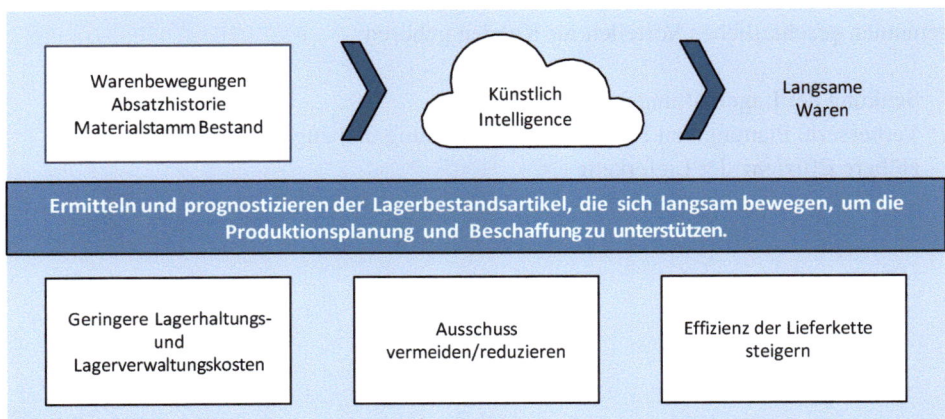

Abb. 22.7 Früherkennung von nicht gängigem Bestand

stände an verschiedenen Standorten zu überwachen, darunter Werke, Lager und Händler. Diese Algorithmen können dank ihrer Prognosefunktionen potenzielle nicht gängige Materialien im Voraus vorhersagen. Der Service für Künstliche Intelligenz überwacht außerdem neue Bedarfe oder Bedarfe, die beispielsweise aus Bestellanforderungen, Kundenaufträgen oder Ersatzteilbedarfen resultieren könnten. Er kann sogar erwartete Aufträge antizipieren und Materialbewegungen empfehlen, um zu verhindern, dass Bestände zu Ladenhütern oder nicht benötigten Lagergütern werden. Die Effektivität dieses Algorithmus der Künstlichen Intelligenz kann durch historische Verkaufs-, Beschaffungs- und Fertigungsdaten erheblich verbessert werden. Eine große Menge an Daten vergangener Bestandsbewegungen kann besonders nützlich für die Verfeinerung des Algorithmus sein. Wie in Abb. 22.8 dargestellt, umfasst der Ansatz die Verwendung von Regressions- und Zeitreihenalgorithmen aus der Automated Predictive Library. Diese Algorithmen sind in das Framework für KI-Lebenszyklusmanagement integriert und in die entsprechenden SAP-S/4HANA-Geschäftsprozesse eingebettet. Diese Integration ermöglicht eine verbesserte Vorhersage von Ladenhütern und nicht gängigem Bestand.

Die Software hilft dabei, Artikel zu überwachen, die nicht schnell verkauft werden und für die die Bestandsmitarbeiter verantwortlich sind. Durch die Auswahl der bevorzugten Anzeigewährung kann der Benutzer den Geldbetrag bewerten, der in diesen langsam verkauften Produkten gebunden ist. Der Sachbearbeiter kann das Lagerhüter-Kennzeichen verwenden, um Positionen mit geringem Verbrauch basierend auf dem Verhältnis von Verbrauch zu Bestand zu überwachen. Mit dem Lagerhüter-Kennzeichen ist es möglich, verschiedene Positionen basierend auf ihrem Verbrauchsgrad zu vergleichen. Folglich kann der Benutzer Schlüsselpositionen anhand eines eigenen Kriteriensatzes identifizieren und vergleichen. Es sollten Positionen überwacht werden, die innerhalb eines bestimmten Zeitraums aufgrund einer Analyse nicht verwendet wurden. Die Lösung stellt dann eine Liste der nicht verwendeten Positionen bereit, die die Filterkriterien erfüllen. Zu den allgemeinen geschäftlichen Vorteilen für Kunden gehören:

- Senkung der Lagerhaltungskosten
- Verbesserte Planung von Produktion, Beschaffung und zugehörigen Kosten
- Höhere Effizienz der Lieferkette

22.4 Frühzeitige Erkennung nicht gängiger Bestände

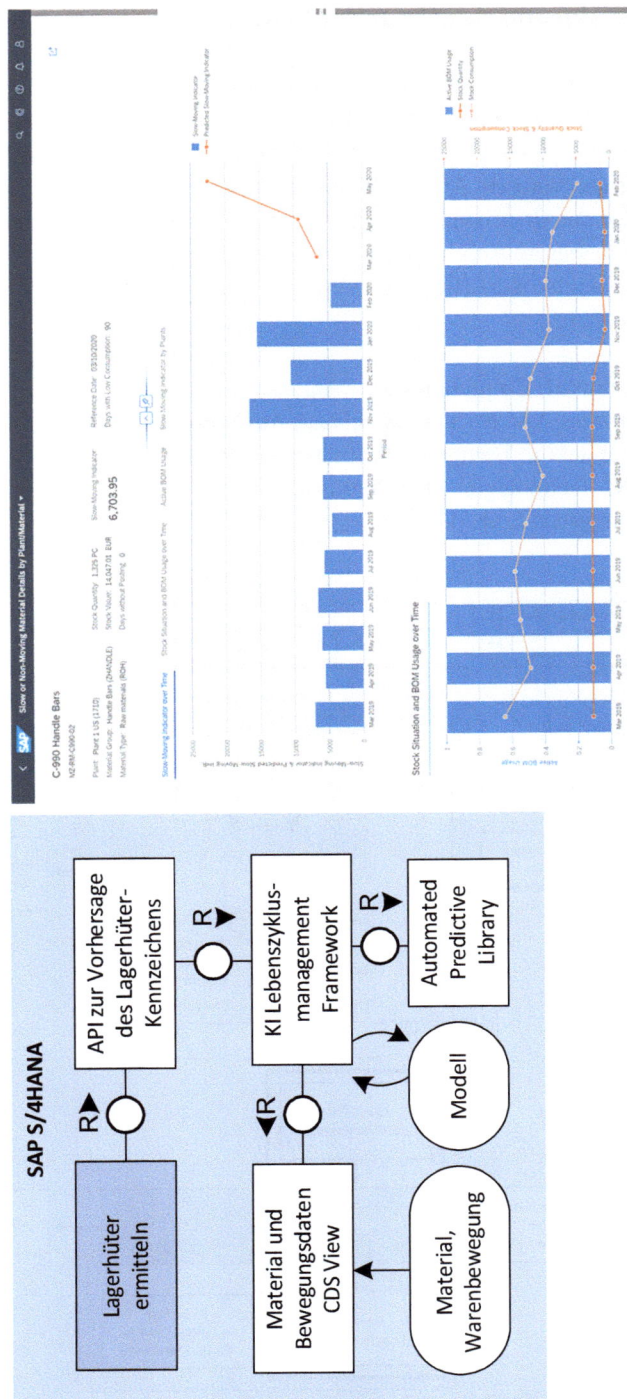

Abb. 22.8 Früherkennung von nicht gängigem Bestand – Architektur und Anwendung

22.5 Automatisierung der Ursachenanalyse

Unser Schwerpunkt liegt nun auf den Voraussetzungen für die Automatisierung der Ursachenanalyse bei Unternehmen, die in der Komponentenfertigung tätig sind. Durch diese Maßnahmen können sie die Zeitpläne ihrer Qualitätsingenieure und Produktionsexperten effizienter überwachen. Abb. 22.9 zeigt anschaulich, wie Künstliche Intelligenz dazu beitragen kann, die Ursachenanalyse zu verbessern und zu automatisieren. Dies ist ein Thema, das wir in diesem Abschnitt genauer untersuchen werden. Um die Verbindung zu den vorherigen Kapiteln herzustellen, liefern wir die entsprechenden Referenzpunkte für den Anwendungsfall:

- KI-Anwendungsmuster: Empfehlung
- ERP-Referenzprozess: Von der Planung bis zur Auftragserfüllung/Fertigung
- ERP-Referenzarchitektur: Fertigung/Qualitätsmanagement
- ERP-Referenz-KI-Technologie: ERP-Plattform
- KI-Realisierungsmuster: Embedded AI

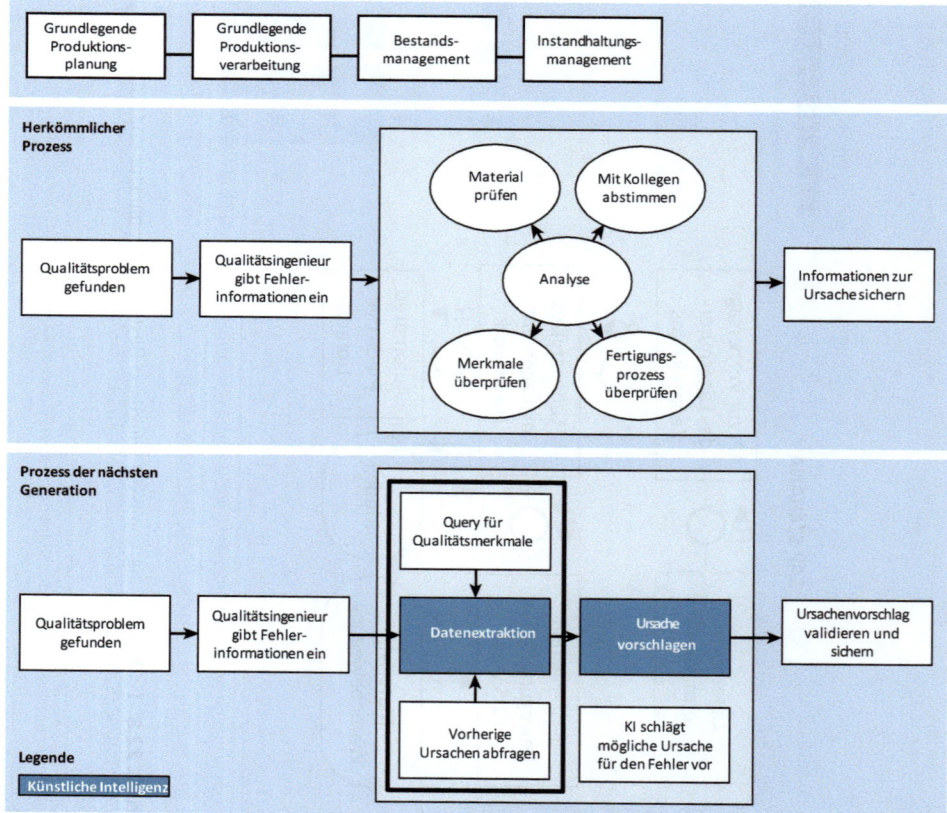

Abb. 22.9 Ursachenanalyse automatisieren

22.5 Automatisierung der Ursachenanalyse

In traditionellen Methoden identifiziert der Qualitätsingenieur Probleme durch einen umfassenden Ablauf. Dabei werden die Materialien geprüft, Diskussionen mit Kollegen und Einzelpersonen geführt, die unterschiedlichen Merkmale der im Fertigungsprozess entdeckten Probleme analysiert und diese Ergebnisse dokumentiert. Anschließend wird eine detaillierte Analyse der Grundursache durchgeführt, die auf diesen vielfältigen Informationen und Erkenntnissen basiert.

Der vorgeschlagene Ansatz verwendet einen auf Künstliche Intelligenz basierenden Service, der mögliche Grundursachen für verschiedene Fehler identifiziert. Diese Fehler stammen aus historischen Daten zu Grundursachen und unterschiedlichen Qualitätsmerkmalen. Die Algorithmen dieses Künstliche-Intelligenz-Service durchsuchen die bereitgestellten Daten und erkennen eine Vielzahl möglicher Ursachen. Dies kann dem Qualitätsingenieur dabei helfen, Lösungen zu entwickeln und dadurch die Ausfallzeiten von Equipment und Anlagen zu minimieren. Für den algorithmischen Aspekt wird die Predictive Analytics Library von SAP HANA eingesetzt, während das KI-Lebenszyklusmanagement für die Implementierung und den Betrieb verwendet wird. Die Anwendung, wie in Abb. 22.10 dargestellt, fasst die wichtigsten Fakten und Zuständigkeiten im Zusammenhang mit dem Inspektionsmanagement zusammen, die derzeit für uns relevant sind. Informationen werden auf Karten angezeigt, wodurch wir diese schnell anzeigen, filtern und darauf reagieren können, während wir uns auf die wichtigsten Aufgaben konzentrieren. Die Karten zeigen die relevanten Informationen sortiert nach Bedeutung an. Zum Beispiel zeigt die Karte *Prüflose ohne Verwendungsentscheid* die prozentuale Verteilung von Prüflosen basierend auf ihrem Ergebniserfassungsstatus an, ergänzt durch ein Ringdiagramm, das die Anzahl der Prüflose ohne Verwendungsentscheid im Kopf anzeigt.

Der Benutzer kann dann entscheiden, ob er Verwendungsentscheide für Prüflose mit unterschiedlichen Status der Ergebniserfassung oder für Prüflose ohne Verwendungsentscheid treffen möchte. Die Anwendung bietet einen Mehrwert, indem sie die folgenden Karten anbietet:

- Prüflose ohne Prüfplan: Auf dieser Seite werden, sortiert nach Erstellungsdatum, offene Prüflose angezeigt, die keinen Prüfplan haben.
- Prüflose ohne Verwendungsentscheid: Zeigt die Gesamtzahl der Prüflose ohne empfohlene Verwendung an.
- Prüflose bereit für Verwendungsentscheid: Zeigt den Prozentsatz der Prüflose an, die für den Verwendungsentscheid aus allen Prüflosen bereit sind, d. h. Prüflose mit dem Status der Ergebniserfassung „abgeschlossen" und Prüflose ohne Abweichungen.
- Prüflose mit Fehlern: Zeigt die Anzahl der zu Prüflosen produzierten Fehler basierend auf der Prüflosherkunft an. Standardmäßig wird die Anzahl der am aktuellen Tag produzierten Fehler angezeigt.
- Häufigste fehlerhafte Materialien: Zeigt die Gesamtzahl der Fehler an, die von den schlimmsten Materialien produziert wurden. Standardmäßig wird die Anzahl der am aktuellen Tag produzierten Fehler angezeigt.

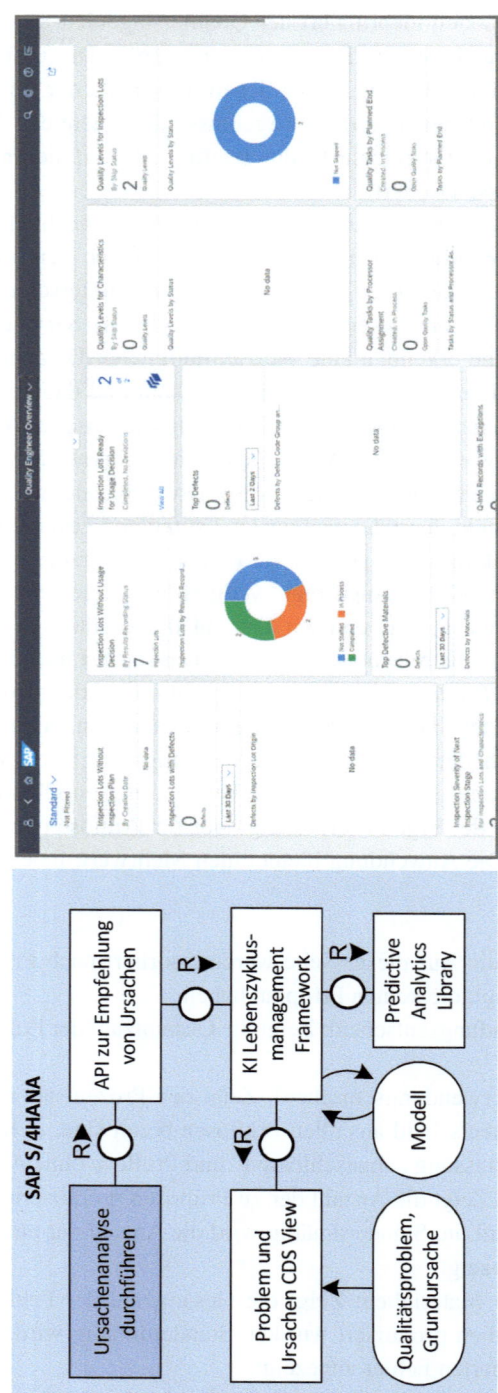

Abb. 22.10 Ursachenanalyse automatisieren – Architektur und Anwendung

- Häufigste Fehler: Zeigt die Anzahl der Fehler an, die durch den Fehlercode und die Fehlercodegruppe verursacht wurden. Standardmäßig wird die Anzahl der am aktuellen Tag produzierten Fehler angezeigt.
- Prüfschärfe der nächsten Prüfstufe: Zeigt an, wie viele Qualitätslagen für Prüflose und Attribute entwickelt wurden.
- Qualitätslage für Prüflose: Zeigt die Anzahl der festgestellten Qualitätslagen des Prüfloses an.
- Qualitätslage für Merkmale: Zeigt die Anzahl der Qualitäten an, die für ein Merkmal entwickelt wurden.
- Verletzung der Eingriffsgrenzen: Zeigt an, wie oft die Eingriffsgrenzen in den letzten sechs Tagen und heute überschritten wurden.
- Qualitätsinfosätze mit Ausnahmen: Zeigt die Anzahl der Qualitätsinfosätze mit Ausnahmen nach Sperrebene oder Freigabedatum an.
- Qualitätsmaßnahmen nach geplantem Ende: Zeigt die Anzahl der offenen Qualitätsmaßnahmen mit voraussichtlichen Abschlussdaten für die letzten 30 Tage und die nächsten 30 Tage an.
- Qualitätsmaßnahmen nach Bearbeiterzuordnung: Zeigt die Anzahl der aktiven, hochwertigen Maßnahmen nach Bearbeiterzuordnung an.

22.6 Optimierung der Prüfpläne

Wir werden uns nun auf die Anforderungen zur Verbesserung der Inspektionsstrategien konzentrieren, mit dem Ziel, sowohl Produktionsmitarbeiter als auch Qualitätsinspektoren in die Lage zu versetzen, die Kosten zu reduzieren. Um den Zusammenhang zu den vorherigen Kapiteln herzustellen, listen wir die entsprechenden Referenzpunkte für den Anwendungsfall auf:

- KI-Anwendungsmuster: Empfehlung
- ERP-Referenzprozess: Von der Planung bis zur Auftragserfüllung/Fertigung
- ERP-Referenzarchitektur: Fertigung/Qualitätsmanagement
- ERP-Referenz-KI-Technologie: KI-Technologieplattform
- KI-Realisierungsmuster: Side-by-Side AI

Wie in Abb. 22.11 dargestellt, hat Künstliche Intelligenz das Potenzial, Empfehlungen zu geben und die Prüfstrategien zu ergänzen.

Auf dieses Konzept werden wir in diesem Abschnitt eingehen. Bei einer konventionellen Methode müssen die an der Produktion und Qualitätsprüfung beteiligten Personen die Qualitätsmerkmale und die Ergebnisse der Prüfung untersuchen. Anschließend überprüfen sie die unterschiedlichen Qualitätsanforderungen der Kunden. Dies führt dazu, dass der Qualitätsingenieur Änderungen an den detaillierten Prüfplänen vornimmt. Die vorgeschlagene Lösung nutzt Algorithmen, die auf Künstlicher Intelligenz und den bisherigen

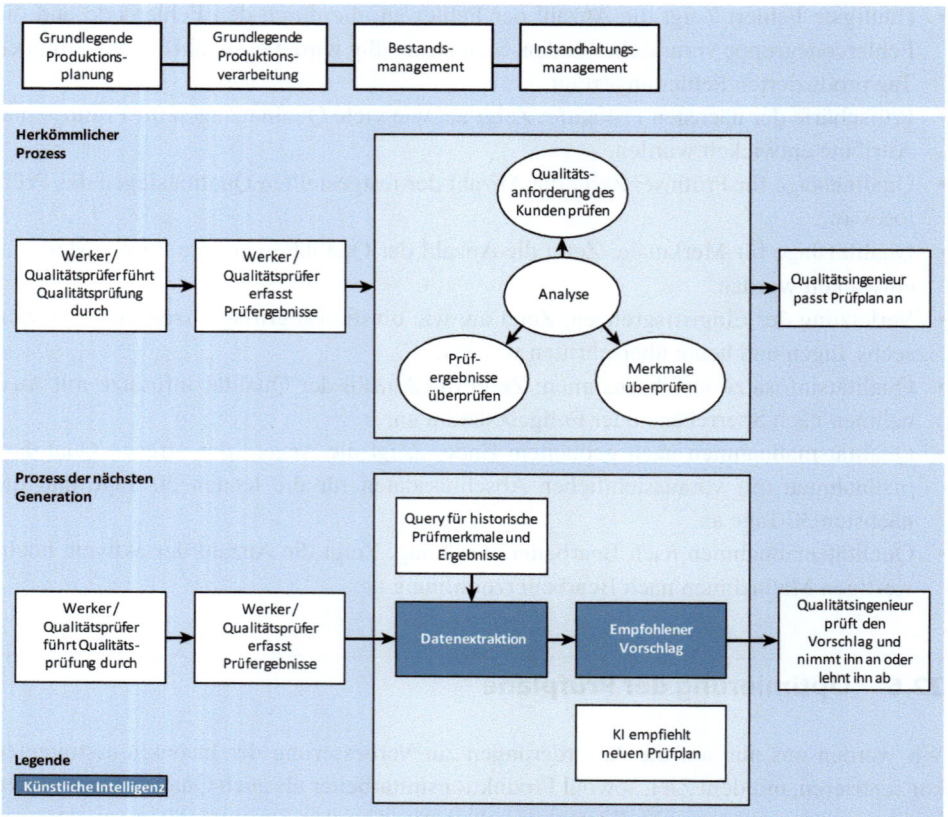

Abb. 22.11 Prüfpläne optimieren

Merkmalen der Prüfpläne und ihrer Ergebnisse basieren. Diese Algorithmen bieten dann Vorschläge, wie die Prüfpläne geändert werden können. Dies hat das Potenzial, die manuelle Arbeit, die Qualitätsingenieure zur Prüfung aller Prüfpläne benötigen, erheblich zu verringern. Abb. 22.12 illustriert die Anwendung der Side-by-Side-AI-Methode, bei der Anwendungsdaten in die SAP Business Technology Platform (SAP BTP) repliziert werden, um Modelle zu trainieren. Die vorgeschlagenen Prüfschemata werden über REST-API in die SAP-S/4HANA-Geschäftsverfahren integriert. Die Überwachung der Modelle erfolgt durch das KI-Lebenszyklusmanagement. Prüfpläne können für eine Vielzahl von Zwecken erstellt werden, wie beispielsweise für die Prüfung von Modellen, die Durchführung von Audits, Vorserienprüfungen, Prüfungen beim Wareneingang oder Warenausgang, Prüfungen bei Umlagerungen und Prüfungen im Rahmen der Serienfertigung. Der Prüfplan ist mit dem Linienplan und dem Planungsrezept verknüpft. Die Funktionen der Prüfplanung in diesen Plantypen unterscheiden sich jedoch nur geringfügig.

Die zusätzliche Erstellung von Prüfplänen für produktionsbezogene Prüfungen ist nicht erforderlich. Die Prüfmerkmale werden durch Arbeitspläne für fertigungsbegleitende Prü-

22.6 Optimierung der Prüfpläne

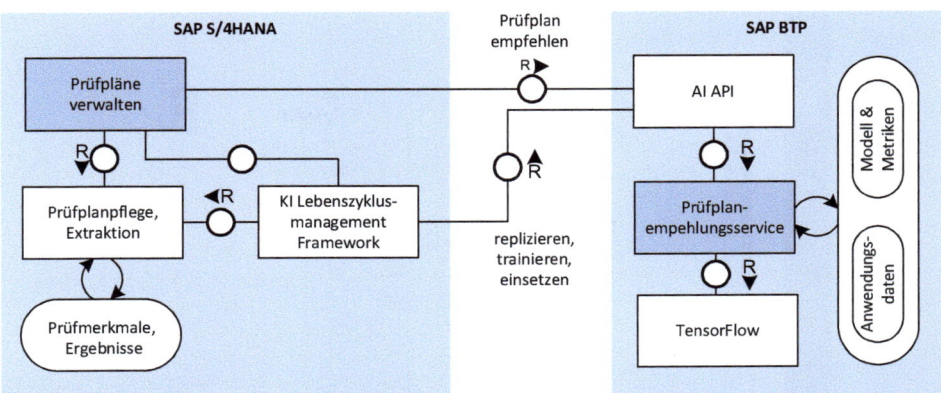

Abb. 22.12 Prüfpläne optimieren – Architektur

fungen, Linienpläne, Planungsrezepte für fertigungsbegleitende Prüfungen in der Prozessindustrie oder Instandhaltungsaufgabenlisten für Kalibrierprüfungen festgelegt. Der Aufbau des Prüfplans ähnelt dem des Routenplans. Dem Prüfplankopf sind ein oder mehrere Vorgänge zugeordnet, die dann mit den Prüfmerkmalen und Prüfwerkzeugen, auch Fertigungshilfsmitteln genannt, verknüpft werden. Prüfvorgaben aus einer niedrigeren Ebene können diejenigen auf Prüfplanebene, also Prüfplankopf, Vorgang und Prüfmerkmal, ersetzen. Die Struktur des Prüfplankopfs ähnelt der des Arbeitsplans. Die Details in der Planüberschrift bilden den Rahmen für das gesamte Dokument. Der Plankopf enthält folgende Details: Plandaten, Informationen zur Dynamisierung und zu Prüfpunkten, Informationen zur externen Nummerierung in der Ergebniserfassung sowie Informationen zum Änderungsdienst. Der Prüfplanüberschrift sind eine oder mehrere Prüfaktivitäten zugeordnet. Die Organisationsstruktur der Prüfvorgänge ähnelt der eines Arbeitsplanvorgangs. Jedem Prüfvorgang können verschiedene Prüfmerkmale zugeordnet werden. Die Standards für die Beurteilung der Materialqualität können mit der in Abb. 22.13 dargestellten Lösung festgelegt werden. Diese Lösung ist für die Erstellung und Überwachung von Prüfplänen konzipiert. Mit dieser Anwendung können Aufgaben und Funktionen in die Prüfpläne eingebunden und die Elemente ermittelt werden, die geprüft werden müssen.

Die Software bietet eine Arbeitsvorratsseite, auf der Prüfpläne mit Hilfe verschiedener Filter durchsucht werden können. Zu den typischen Komponenten von Prüfplänen gehören:

- Der Kopf des Prüfplans, der eine Übersicht über den gesamten Plan bietet.
- Das Prüfverfahren, das die Reihenfolge festlegt, in der die Prüfung durchgeführt werden soll.
- Das Prüfmerkmal, das den spezifischen Aspekt der zu prüfenden Positionen auswählt.

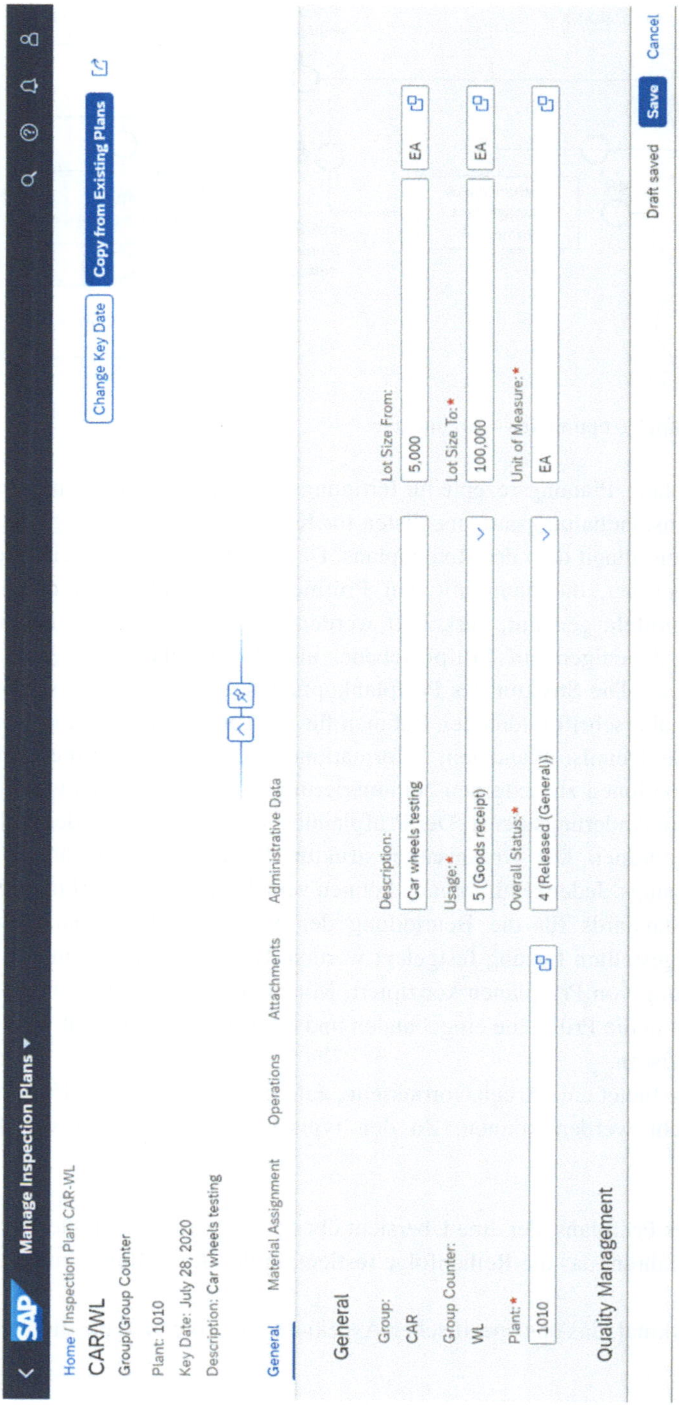

Abb. 22.13 Prüfpläne optimieren – Anwendung

22.7 Fehlererfassung

Im Abschn. 22.3 haben wir uns mit der Bearbeitung und Erfassung von Fehlern auseinandergesetzt, insbesondere im Kontext der Bestands- und Lieferkettenbranche. Einige Aspekte dieser Funktionen können auch auf die Branche der Komponentenfertigung übertragen werden. Die für diesen Kontext entwickelte Lösung ist in Abb. 22.14 dargestellt, die im Zentrum unserer Erörterung in diesem Abschnitt steht. Um eine Verbindung zu den vorherigen Kapiteln herzustellen, führen wir die relevanten Referenzpunkte für den Anwendungsfall an:

- KI-Anwendungsmuster: Empfehlung
- ERP-Referenzprozess: Von der Planung bis zur Auftragserfüllung/Fertigung
- ERP-Referenzarchitektur: Fertigung/Qualitätsmanagement
- ERP-Referenz-KI-Technologie: KI-Technologieplattform
- KI-Realisierungsmuster: Side-by-Side AI

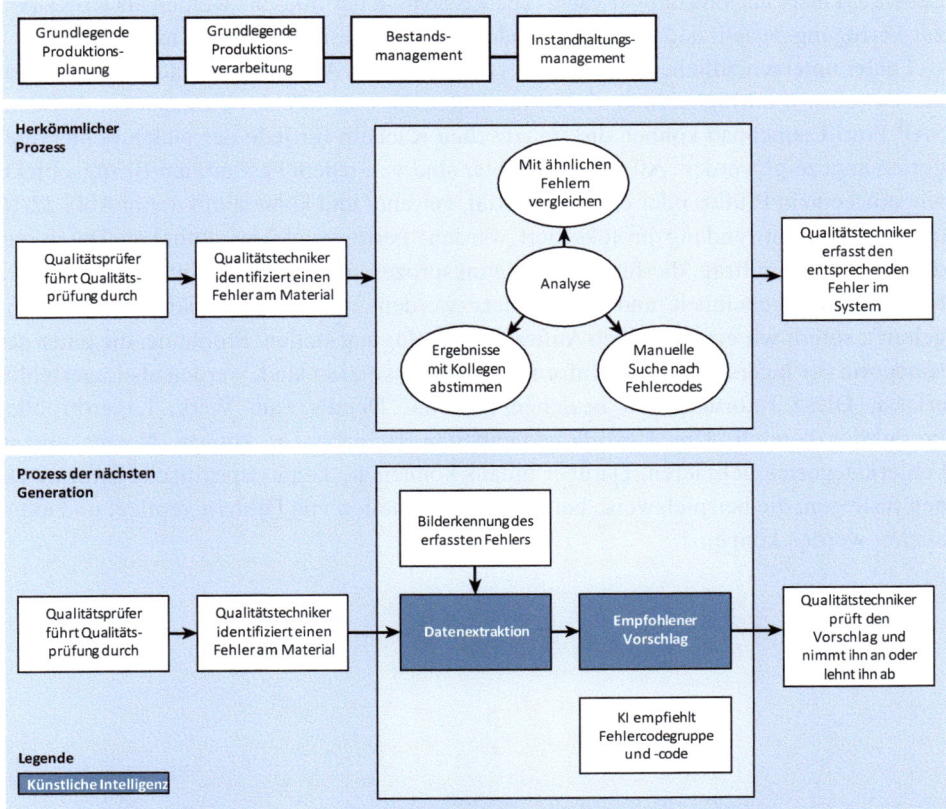

Abb. 22.14 Fehlererfassung

Der Service der Künstlichen Intelligenz ist in den SAP-S/4HANA-Geschäftsprozess integriert und bietet eine effizientere Möglichkeit, Fehlercodes basierend auf historischen Mustern vorzuschlagen. Dies ermöglicht es Qualitätstechnikern, mehr Zeit auf die Entdeckung einer größeren Bandbreite von Fehlern zu verwenden. In Abschn. 22.3 haben wir eine ähnliche Anwendung in der Bestands- und Lieferkettenbranche untersucht, wobei unser Fokus auf der Texterkennung im Kontext des Vorschlags von Fehlercodes lag.

Im Bereich der Komponentenfertigung gibt es sicherlich einige Überschneidungen, aber das Ziel ist hier, sich auf die Aspekte der Bilderkennung und die Algorithmen der Künstlichen Intelligenz zu konzentrieren. Diese Algorithmen schlagen Fehlercodes und Gruppen von Fehlercodes basierend auf Ähnlichkeiten mit anderen Fehlern vor. Wie in Abb. 22.15 dargestellt, wird eine Side-by-Side-AI-Methode verwendet, die die generische Bilderkennungsfunktion der SAP Business Technology Platform (SAP BTP) anwendet. Diese Funktion ist auf diesen spezifischen Anwendungsfall zugeschnitten. Informationen zu Fehlern, einschließlich Bildern, werden aus SAP S/4HANA abgerufen, um das Modell zu trainieren.

Das Lebenszyklusmanagement der Vorgänge wird vom Framework für das KI-Lebenszyklusmanagement überwacht. Die Ergebnisse der Inferenz werden als REST-API zur Verfügung gestellt und in den zugrunde liegenden Geschäftsprozess integriert.

Fehler unterschiedlicher Art können erzeugt werden. Abhängig von der Kategorie hat der Benutzer die Möglichkeit, vielfältige Daten für einen Fehler einzugeben. Auf dem SAP Fiori Launchpad können die spezifischen Kacheln für jede der vielen Fehlerkategorien angezeigt werden. Allgemeine Fehler sind von jedem bestimmten Bezugsobjekt, wie etwa einem Prüflos oder einem Material, getrennt und können mit der in Abb. 22.16 dargestellten Anwendung protokolliert werden. Fertigungsfehler enthalten Daten aus dem Fertigungsauftrag, die für den Fertigungsprozess relevant sind. Informationen wie Material, Mengeneinheit und Arbeitsplatz werden aus dem Produktionsauftrag abgeleitet, sofern wir einen solchen Auftrag zur Verfügung stellen. Probleme, die unter der Kategorie der lagerspezifischen Informationen klassifiziert sind, werden als Lagerfehler erfasst. Diese Informationen beziehen sich auf Details zum Werk, Lagerort oder Produktionsbereich. Um Unvollkommenheiten zu erfassen, können Nutzer eigene Fehlerkategorien definieren. Darüber hinaus können sie kontextspezifische Informationen festlegen, die beispielsweise bei der Dokumentation von Fehlern gepflegt und aktualisiert werden können.

22.7 Fehlererfassung

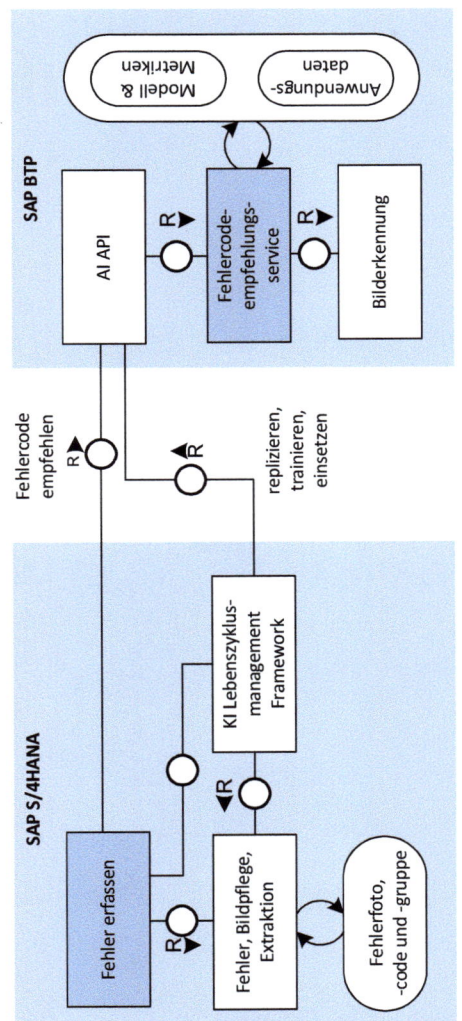

Abb. 22.15 Fehlererfassung – Architektur

Abb. 22.16 Fehlererfassung – Anwendung

22.8 Fazit

In diesem Kapitel konzentrierten wir uns auf die Services für Künstliche Intelligenz und eingebettete Anwendungsfälle, die für den Geschäftsbereich Bestand und Lieferkette entwickelt wurden. Wir haben auch kurz die Szenarien für die Lagerverwaltung angesprochen; die meisten dieser Funktionen sind mit der Bestandsführung im Zusammenhang mit der Fertigung verknüpft. Die Bestandsführung befasst sich mit dem Prozess der Verfolgung des Werts und der Mengen aller Waren, die unser Unternehmen auf Lager hat, während die Lagerhaltung das Lagern von Waren ist, die später verkauft oder verteilt werden. In der Regel verwaltet die Bestandsführung die Produkte oder Materialien, die ein Unternehmen an seine Kunden verkauft, um Gewinn zu erzielen. Als Teil der Logistikkette umfasst die Bestandsführung verschiedene Aspekte, wie das Steuern und Überwachen von Einkäufen von Lieferanten und Kunden, die Lagerhaltung des Bestands, die Kontrolle der zu verkaufende Produktmenge und die Auftragserfüllung. Es gibt drei Kernschritte: den Einkauf von Beständen, das Lagern von Beständen und das Erzielen von Vorräten. Im Allgemeinen können Bestandsarten in vier Klassen gruppiert werden: Rohstoffe, Ware in Arbeit, Fertigerzeugnisse und Waren für Wartung, Reparatur und Hilfs- und Betriebsstoffe. In der Komponentenfertigung gibt es Anforderungen an eine optimierte Beschaffung, beschleunigte Produktplanung, optimierte Auftragsabwicklung, Personalwesen, Projektservices und Kernfinanzierung. Wir haben verschiedene Szenarien erläutert, um darzustellen, wie Künstliche Intelligenz die Prozesse verbessern kann, um bessere Geschäftsergebnisse zu erzielen. Die Anwendungsfälle basieren auf den in diesem Buch vorgeschlagenen Konzepten und Frameworks, die ihre reale Anwendbarkeit belegen.

Finanzwesen 23

In diesem Kapitel beschreiben wir intelligente Geschäftsanwendungen im Finanzbereich und erläutern, wie Kunden von dieser Funktion profitieren können. Wir geben einen kurzen Überblick über die Anforderungen des Anwendungsfalls, die beteiligten Geschäftsprozesse und deren Umsetzung. Der Geschäftsbereich Finanzen ist riesig und verfügt über ein großes Potenzial zur Automatisierung und Feinabstimmung der Prozesse. Der Schwerpunkt des Kapitels liegt auf der Debitorenbuchhaltung, der Kreditorenbuchhaltung, der Buchhaltung und dem Finanzperiodenabschluss. Die in diesem Buch beschriebenen Konzepte und Frameworks wurden auf diese Anwendungsfälle angewendet, um ihre Praxistauglichkeit zu demonstrieren.

23.1 SAP Cash Application

SAP Cash Application verbessert den Zahlungsprozess, indem die zeitraubende Aufgabe der Abstimmung eingehender Bankzahlungen mit den zugehörigen Forderungsrechnungen automatisiert wird. Um eine Verbindung zu den vorherigen Kapiteln herzustellen, listen wir die relevanten Referenzpunkte für den Anwendungsfall auf:

- KI-Anwendungsmuster: Abgleich
- ERP-Referenzprozess: Finanzwesen/Rechnungsabwicklung
- ERP-Referenzarchitektur: Finanzwesen/Finanzvorgänge
- ERP-Referenz-KI-Technologie: KI-Technologieplattform
- KI-Realisierungsmuster: Side-by-Side AI

Dies ist eine cloudbasierte Lösung, die Künstliche Intelligenz verwendet, um Vorhersagen für den Abgleich anzubieten, wobei historische Daten als Grundlage dienen.

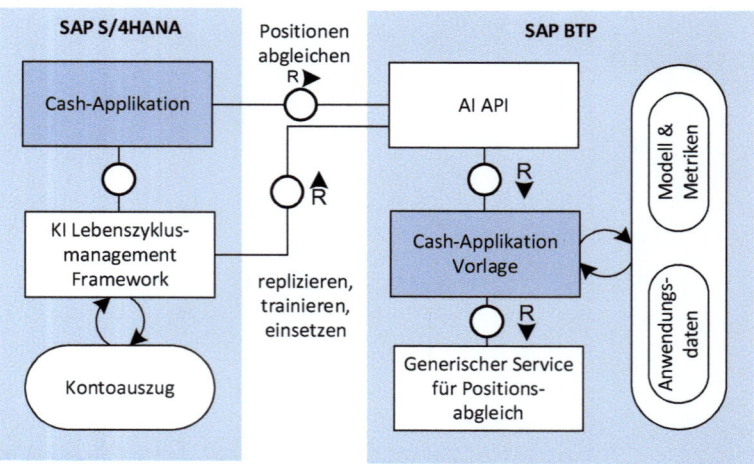

Abb. 23.1 SAP Cash Application – Architektur

Dementsprechend wird, wie in Abb. 23.1 dargestellt, die Side-by-Side AI mit der SAP Business Technology Platform (SAP BTP) genutzt, um die Services und letztlich die Künstliche-Intelligenz-Anwendungen von SAP S/4HANA zu entwickeln, die in diesem Kapitel erklärt werden. Im SAP-S/4HANA-System gibt es eine Funktion, mit der der zugrunde liegende Integrationsprozess geplant werden kann. Dieser Prozess dient dazu, historische Daten zu extrahieren und sie dann in die SAP Business Technology Platform zu replizieren. Der Replikationsprozess wird sowohl für Trainings- als auch für Inferenzzwecke verwendet. Nachdem dieser Prozess abgeschlossen ist, kann ein anderes Programm für die weitere Verarbeitung ausgewählt werden.

Das System kann so konfiguriert werden, dass es Daten extrahiert, die sich auf offene Forderungspositionen beziehen. Diese Daten werden dann in die SAP Business Technology Platform repliziert und dort bewertet. Möchte der Kunde seine Kontoauszugspositionen nachbearbeiten, schlägt das System Vorhersageergebnisse vor. Die Integration und der Betrieb der Künstlichen Intelligenz zwischen SAP S/4HANA und der SAP Business Technology Platform werden vom Framework für das KI-Lebenszyklusmanagement verwaltet. Das Framework ist verantwortlich für die Replikation von Anwendungsdaten, die Ausführung von Trainingsjobs und das Deployment von Modellen für die Inferenz. Auf der SAP Business Technology Platform erfolgt die Integration mit SAP S/4HANA über ein Artificial Intelligence Application Programming Interface (AI API). Diese Schnittstelle stellt im Wesentlichen eine Sammlung von APIs dar, die für die Modellverwaltung genutzt werden. Diese APIs können verwendet werden, um Trainingsjobs auszulösen oder Modellmetriken bereitzustellen. Dadurch wird der Integrationskontrakt zwischen SAP S/4HANA und der SAP Business Technology Platform von der zugrunde liegenden Technologie für Künstliche Intelligenz abstrahiert und bleibt stabil. Es gibt auch einen generischen Einzelpostenabgleichservice, der zur Umsetzung verschiedenster Anwendungs-

23.1 SAP Cash Application

fälle für den Einzelpostenabgleich genutzt werden kann. Dieser Service für Künstliche Intelligenz ist auf SAP Cash Application spezialisiert und ermöglicht es, die spezifischen Anforderungen des Einzelpostenabgleichs in diesem Anwendungsfall zu erfüllen. Der Prozess des Ausgleichs von Einzelposten in der SAP Cash Application wird mit einem repräsentativen System-Screenshot dargestellt, wie in Abb. 23.2 zu sehen ist.

Die dargestellte Funktionalität der Künstlichen Intelligenz wird verwendet, um die Effizienz des Clearing-Prozesses zu erhöhen. Betrachten wir nun die verschiedenen Funktionen, die in SAP Cash Application enthalten sind. Abb. 23.3 erläutert detailliert den Prozessablauf im Zusammenhang mit dem Finanzgeschäftsprozess eines Sachbearbeiters in der Debitorenbuchhaltung. Wir werden erläutern, wie und wo SAP Cash Application dazu beitragen kann, den Prozess zu optimieren.

In vielen Unternehmen muss das Debitorenteam oder das Shared-Services-Team einen erheblichen manuellen Aufwand bewältigen, von der Auftragsannahme bis zur Zahlungsabwicklung. Da diese Unternehmen ihren Kundenstamm erweitern, muss die Debitorenbuchhaltung in der Lage sein, das gestiegene Zahlungsvolumen zu verarbeiten, ohne zusätzliche Buchhalter einstellen zu müssen. Gleichzeitig müssen sie sicherstellen, dass die Außenstandsdauer der Forderungen (Days Sales Outstanding (DSO)) kontrolliert bleibt, indem sie vermeiden, dass Barmittel über einen längeren Zeitraum auf den Kundenkonten verbleiben. Aktuelle benutzerdefinierte Regeln können einen gewissen Automatisierungsgrad bieten, sind jedoch oft schwierig und teuer zu implementieren und decken möglicherweise nicht alle Szenarien ab, da vielen Zahlungen vollständige Überweisungsinformationen fehlen. Eine große Anzahl von Zahlungen erfordert weiterhin manuelle Bearbeitung, beispielsweise wenn die Zahlung keine vollständigen Rechnungsbezüge enthält, die Stammdaten nicht aktuell sind oder Kunden mehrere Rechnungen gleichzeitig bezahlen. Anwendungen, die Künstliche Intelligenz nutzen und nahtlos in bestehende Geschäftsprozesse integriert sind, können äußerst vorteilhaft sein. Diese Anwendungen können Debitorenteams von der aufwändigen Abstimmungsarbeit entlasten, sodass sie sich auf strategischere Aufgaben konzentrieren können. Der in Abb. 23.3 dargestellte Prozessablauf veranschaulicht den Auftragsabwicklungsprozess, der durch Künstliche Intelligenz erweitert wird. Dieser Prozess besteht aus den folgenden Schritten:

1. Der Extraktor für Zahlungsavise extrahiert automatisch Zahlungsinformationen aus unstrukturierten Dokumenten wie PDFs, E-Mails oder Papieren für den Zahlungsausgleichsprozess.
2. Das Debitorenteam prüft den Vorschlag und fährt mit der Zahlungsausgleichsphase fort.
3. Standardausgleichsregeln werden verwendet, um offene Forderungen mit den Zahlungen abzugleichen.
4. Zahlungen, die nicht mit den Standardregeln verarbeitet werden können, werden an SAP Cash Application gesendet, das passende Vorschläge basierend auf Modellen mit Künstlicher Intelligenz generiert, die historische Finanzausgleichsinformationen verwenden.

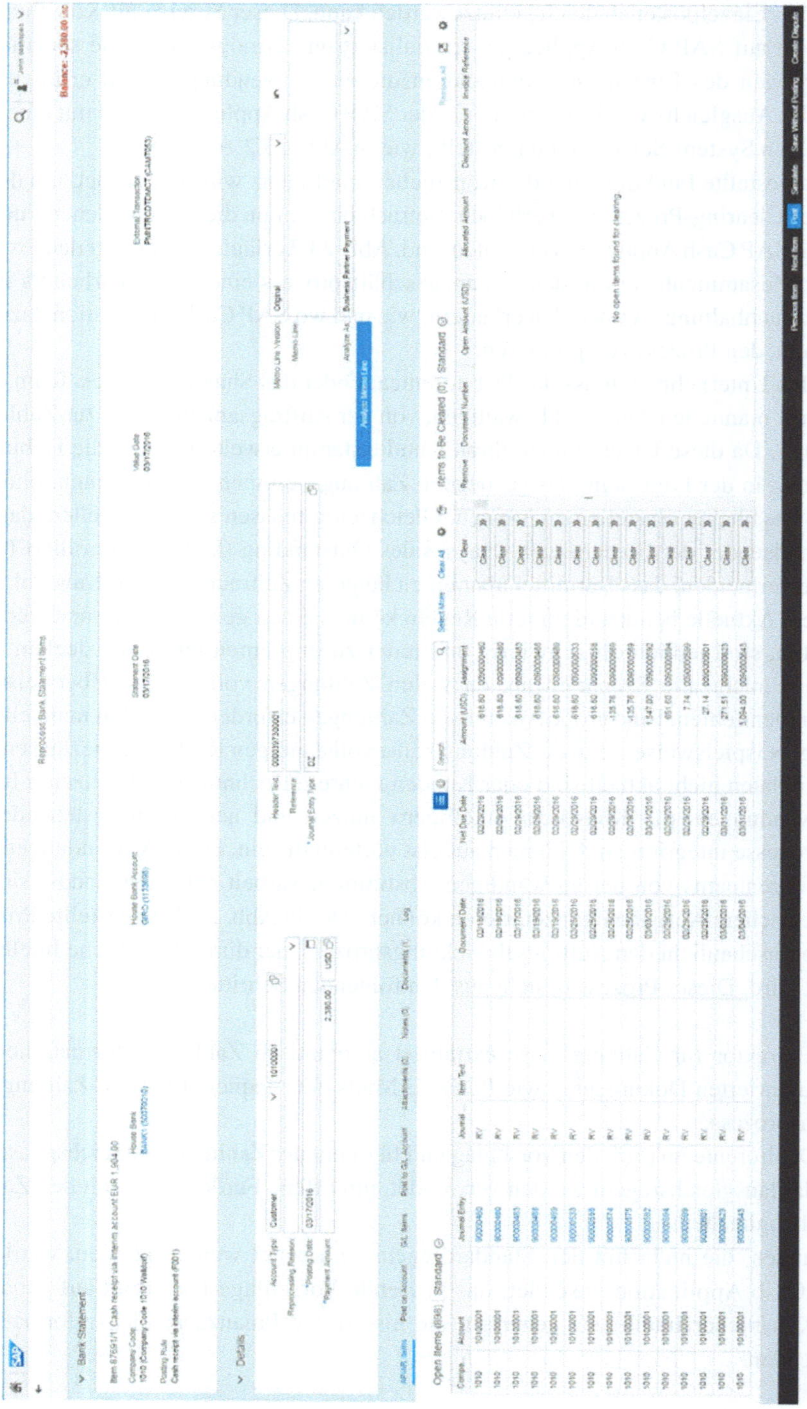

Abb. 23.2 Kontoauszugspositionen nachbearbeiten

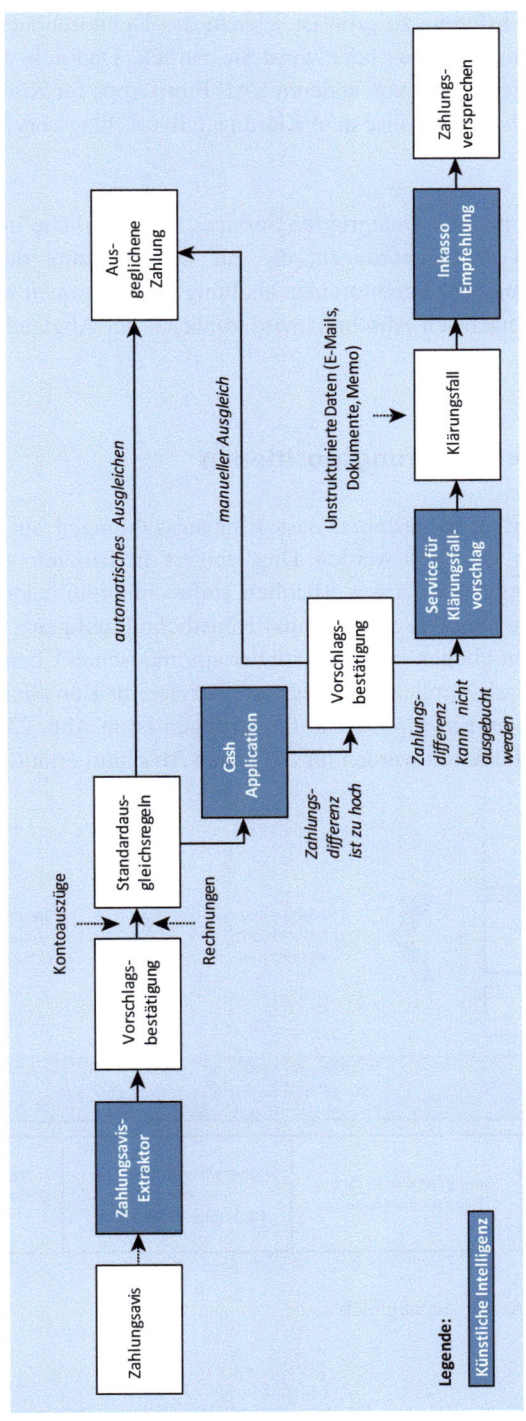

Abb. 23.3 Debitorenbuchhaltung – durchgängiger Prozess

5. Wenn die Zahlungsdifferenz zu groß ist, gleicht das Debitorenbuchhaltungsteam die Zahlung entweder manuell aus oder weist sie zurück. Dadurch werden zusätzliche Prozessschritte ausgelöst, die von anderen SAP-Fiori-Apps für Künstliche Intelligenz unterstützt werden, beispielsweise dem Klärungsfallvorschlagsservice und dem Inkassoempfehler.

Die in SAP Cash Application integrierten Services für Künstliche Intelligenz sind aufgrund der zahlreichen Aktualisierungen, die zur Unterstützung der Mitarbeiter der Debitorenbuchhaltung und der Kreditorenbuchhaltung vorgenommen wurden, in mehrere Themen unterteilt. Im nächsten Abschnitt wird zunächst der Abgleich von Forderungspositionen besprochen.

23.1.1 Abgleich von Forderungspositionen

SAP Cash Application ist so gestaltet, dass Eingangszahlungen automatisch mit ausstehenden Forderungen verknüpft werden. Dies steigert die Effizienz des normalerweise zeitaufwendigen Klärungsfallprozesses erheblich, sodass mit minimalem Benutzereingriff gearbeitet werden kann. Die Anwendung nutzt Künstliche Intelligenz, um eine reibungslose Einrichtung zu ermöglichen und die Rate der automatischen Übereinstimmungen zu erhöhen. Der in SAP Cash Application integrierte Service für Künstliche Intelligenz zum Zweck des Abgleichs von Einzelposten in Forderungen ist in Abb. 23.4 dargestellt. Die Einzelheiten zu dieser Funktion werden im folgenden Abschnitt erläutert.

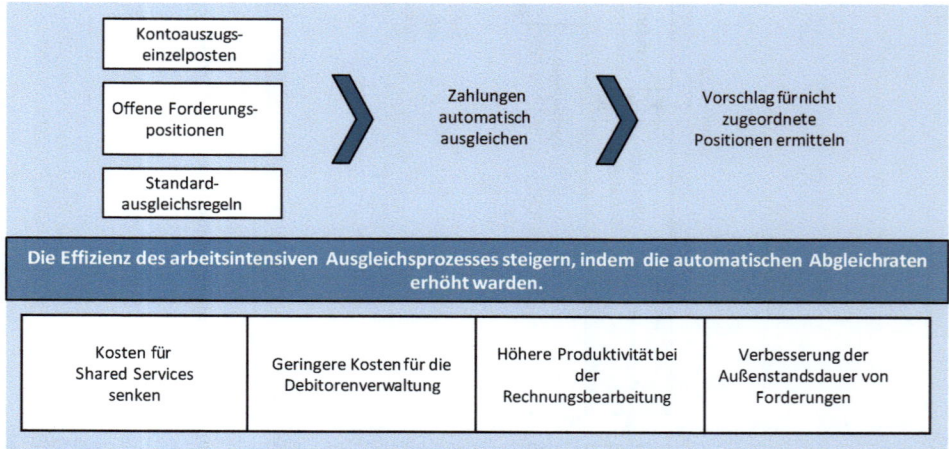

Abb. 23.4 Forderungseinzelpostenabgleich

Beachten Sie, dass die Aufgabe eines Debitorenbuchhalters darin besteht, eingehende Bankzahlungen mit Kundenrechnungen abzugleichen, um sicherzustellen, dass Zahlungen korrekt den Forderungen zugeordnet werden. Diese Sachbearbeiter stehen bei ihren Routineaufgaben vor mehreren Herausforderungen:

- Sie stoßen häufig auf unvollständige Zahlungsinformationen, zum Beispiel wenn ein Rechnungsbezug fehlt oder falsch ist.
- Sie müssen nicht übereinstimmende Zahlungen manuell bearbeiten, eine Aufgabe, die nicht nur viel Arbeit erfordert, sondern auch fehleranfällig ist.
- Ihre Arbeit ist zeitsensitiv.

Kunden hingegen suchen nach bestimmten Verbesserungen und Vorteilen, die den Unternehmenswert steigern würden:

- Sie möchten eine Verbesserung bei der Außenstandsdauer der Forderungen sehen.
- Sie streben eine Reduzierung der Kosten für die Verwaltung der Debitorenbuchhaltung an.
- Sie möchten die Produktivität der Rechnungsbearbeitung erhöhen.
- Sie sind bestrebt, die Kosten für Shared Services zu senken.

Der Einsatz von Künstlicher Intelligenz unterstützt den Debitorenbuchhalter dabei, die Zahlungen automatisch mit den offenen Forderungen abzugleichen, sodass kein manueller Datenabgleich erforderlich ist. In diesem Zusammenhang werden Algorithmen wie Random Forest und XGBoost aus der Scikit-Learning Bibliothek verwendet. Wir werden nicht auf die technischen Mechanismen dieser Algorithmen eingehen, sondern uns auf ihre geschäftliche Anwendung konzentrieren. Diese Algorithmen lernen die Übereinstimmungskriterien aus den historischen Aktionen von Buchhaltern. Die Modelle laufen über Nacht, um die erforderlichen Ergebnisse zu liefern. Dies kann die frühzeitige Identifizierung von Zahlungsproblemen von Kunden erleichtern, die Zahlungen konsequent mit falschen Rechnungsnummern senden. Wenn das System entsprechend konfiguriert ist, kann es die Zahlungen automatisch abgleichen. Das wichtigste Wertversprechen dieses Services der Künstlichen Intelligenz besteht darin, die Effizienz von arbeitsintensiven Clearingprozessen zu steigern, indem die Rate des automatischen Abgleichs erhöht wird.

23.1.2 Forderungseinzelpostenabgleich mit Zahlungsavis

Wir werden nun die Funktion zur Extraktion von Zahlungsavisinformationen genauer betrachten und sehen, wie sie die Anforderungen der Kunden erfüllt. Die Funktionsweise und der Mehrwert des Künstliche-Intelligenz-Service sind in Abb. 23.5 dargestellt. Auf diese Abbildung werden wir in diesem Abschnitt ausführlich eingehen.

Abb. 23.5 Extraktion von Zahlungsavisen

Wie nutzen der für die Debitorenbuchhaltung zuständige Sachbearbeiter und das für Shared Services verantwortliche Team diesen Künstliche-Intelligenz-Service? Bevor wir die Besonderheiten erörtern, betrachten wir zunächst die Voraussetzungen. Der Debitorensachbearbeiter ist verantwortlich für die Dokumentation der Zahlungsavise, die von Kunden in einem nicht digitalen Format empfangen werden. Diese Zahlungsavise enthalten die notwendigen Informationen zum Ausgleich von Debitorenkonten bezüglich Rechnungszahlungen. Dabei stößt der Sachbearbeiter auf mehrere Herausforderungen:

- Die Zahlungsavise sind möglicherweise nicht eindeutig oder falsch.
- Das manuelle Extrahieren von Informationen aus den Zahlungsavisen ist nicht nur zeitaufwendig, sondern auch anfällig für Fehler.
- Der manuelle Abgleich von Zahlungsavisen mit Kundenrechnungen kann komplex sein. Oft werden Zahlungsavise aufgrund technischer Hürden nicht in das System eingegeben, und der Aufwand kann nur für den manuellen Ausgleich von Zahlungen verwendet werden.

Es gibt mehrere mögliche Ergebnisse und Vorteile, die der Sachbearbeiter für die Debitorenbuchhaltung und das Shared-Services-Team erzielen kann, um den Gesamtgeschäftswert seines Unternehmens zu steigern:

- Verbesserung der Effizienz der Vollzeitäquivalent-Rechnungsbearbeitung
- Steigerung der Produktivität des FTE-Rechnungseingangs und der FTE-Rechnungsbearbeitung
- Reduzierung der Zahlungsabwicklung und der Lieferantenanfragen sowie der damit verbundenen Personalkosten
- Verringerung von Rechnungsfehlern durch externe Mitarbeiter

23.1 SAP Cash Application

In diesem Zusammenhang werden Algorithmen aus der TensorFlow-Bibliothek verwendet. Der Künstliche-Intelligenz-Service digitalisiert automatisch unstrukturierte Zahlungsavise und extrahiert zusätzliche Zahlungsinformationen aus unstrukturierten Avisen (z. B. E-Mail, PDF, Papier). Diese extrahierten Informationen werden dann verwendet, um den Ausgleichsprozess über SAP Cash Application zu automatisieren. Der Abgleich erfolgt automatisch und in großem Maßstab, wobei verschiedene Präferenzen der Kundenkommunikation berücksichtigt werden. Das primäre Wertversprechen des Künstliche-Intelligenz-Services besteht darin, den manuellen Aufwand zu minimieren, indem Zahlungsavisinformationen automatisch aus unstrukturierten Quellen extrahiert und zur Automatisierung des Ausgleichsprozesses genutzt werden. Der Service wurde, wie in Abb. 23.1 dargestellt, implementiert.

23.1.3 Forderungseinzelpostenabgleich mit Lockbox

Untersuchen wir den Aufbau der Lockbox-Informationsfunktion und wie sie den Anforderungen der Kunden entspricht. In Abb. 23.6 wird der Service, der auf Basis von Künstlicher Intelligenz arbeitet, veranschaulicht, den wir in diesem Abschnitt darstellen werden. Durch das zunehmende Aufkommen digitaler Transaktionen sind die Informationen über Überweisungen von den eigentlichen Zahlungen getrennt. Diese Trennung erschwert die zeitnahe Identifizierung des Zahlenden oder der Forderung. Die Qualität und Detailgenauigkeit der Überweisungsinformationen, die mit Schecks bereitgestellt werden, kann variieren. Dies führt zu ähnlichen Qualitätsproblemen in den Lockbox-Einträgen. Solche Probleme können auch durch Fehler bei der manuellen Dateneingabe in der Bank

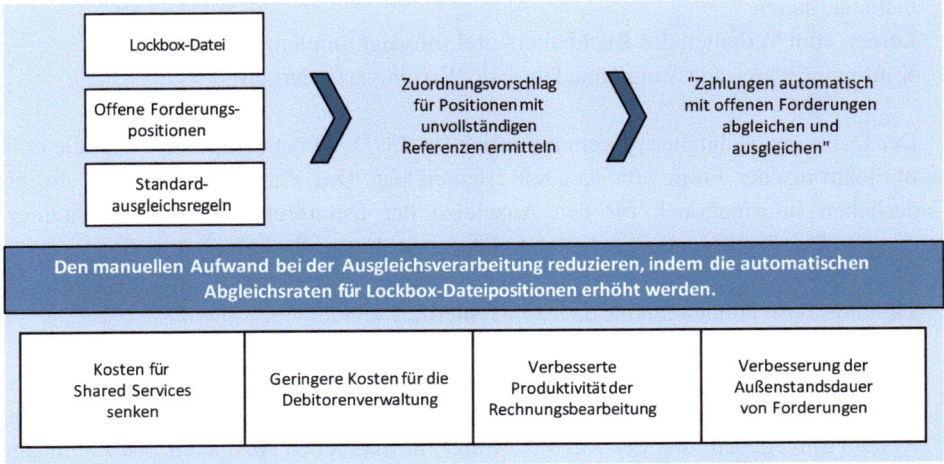

Abb. 23.6 Forderungseinzelpostenabgleich mit Lockbox-Informationen

auftreten. Das traditionelle Lockbox-Programm bietet eine grundlegende Automatisierung, die auf einem exakten Abgleich von Referenznummern basiert. Dies kann jedoch zusätzliche manuelle Arbeiten oder weitere Investitionen in die Automatisierung erfordern.

Einträge in der Lockbox können über ein Programm, das auf Künstlicher Intelligenz basiert, zur Erweiterung an SAP Cash Application weitergeleitet werden. Dieser Prozess verwendet Algorithmen aus der TensorFlow-Bibliothek. Das Modell für Künstliche Intelligenz wurde entwickelt, um Debitoren und Debitoren zu identifizieren. Hierzu werden bestehende Daten und historische Trends analysiert. Beispielsweise sind die Modelle der Künstlichen Intelligenz in der Lage, Verbindungen zwischen den Konten und der magnetischen Tintenzeichenerkennung (MICR) zu lernen oder Forderungen anhand unvollständiger Referenznummern zu lokalisieren. Die erweiterten Zahlungsavisvorschläge werden anschließend zurück an SAP S/4HANA gesendet, wo sie von einem Buchhalter überprüft und mithilfe der Lockbox-Funktion in SAP S/4HANA ausgeglichen werden. Es gibt auch eine Option für das automatische Ausgleichen. Zu den erweiterten Feldern gehören der alternative Debitor, der alternative Buchungskreis, die Rechnungsnummer und die alternative Kontoart. Die Lockbox-Funktion bietet mehrere betriebswirtschaftliche Vorteile, zum Beispiel:

- Steigerung der Effizienz und Minimierung von Fehlern in der Finanzabteilung
- Ermöglicht dem Finanzteam, sich auf strategische Aufgaben zu konzentrieren und mit dem Unternehmen zu wachsen
- Beschleunigung der Verarbeitung von Eingangszahlungen zur Verringerung der Außenstandsdauer von Forderungen
- Nahtlose Integration mit SAP S/4HANA Cloud und SAP S/4HANA On-Premise, um Wert aus historischen Daten zu ziehen und den aktuellen Bearbeitungs-Workflow aufrechtzuerhalten
- Lernen vom Verhalten des Buchhalters und sofortige Implementierung
- Kontinuierliche Anpassung ohne laufende Wartung erforderlich

Der Debitorenbuchhalter ist verantwortlich für die Dokumentation der Avise, die er in nicht-elektronischer Form von Kunden erhalten hat. Das Zahlungsavis liefert die erforderlichen Informationen für den Ausgleich der Debitorenkonten bei Rechnungszahlungen. Der Debitorenbuchhalter steht häufig vor Herausforderungen wie:

- Zahlungsavise können unklar und/oder fehlerhaft sein
- Die manuelle Extraktion aus Zahlungsavisen ist arbeitsintensiv und fehleranfällig
- Die manuelle Abstimmung (Abgleich) von Zahlungsavisen und Kundenrechnungen ist komplex. Oft werden Zahlungsavise aufgrund technischer Hindernisse nicht in das System eingegeben, und der Aufwand muss für manuellen Ausgleich von Zahlungen verwendet werden

23.1 SAP Cash Application

Durch die Nutzung der Lockbox-Funktion und des Service für Künstliche Intelligenz können mehrere Vorteile erzielt werden:

- Verbesserte Effizienz der Mitarbeiter bei der Rechnungsbearbeitung
- Höhere Produktivität bei Rechnungseingang und -bearbeitung
- Geringere Personalkosten für Zahlungsabwicklung und Lieferantenanfragen
- Geringere Fehler bei Rechnungen durch externe Mitarbeiter

Mit der Lockbox-Funktion können wir unstrukturierte Zahlungsavise automatisch digitalisieren und zusätzliche Zahlungsinformationen aus unstrukturierten Avisen extrahieren. Diese zusätzlichen Informationen können genutzt werden, um den automatischen Ausgleichsprozess über SAP Cash Application vorzubereiten. Der Debitorenbuchhalter würde von der Verwendung dieser Lockbox-App sehr profitieren, da sie den Abgleichprozess automatisiert und skaliert. Sie ermöglicht auch die Verwaltung einer Vielzahl von Kundenkommunikationspräferenzen. Das Wertversprechen besteht darin, den manuellen Aufwand durch die automatische Extraktion von Zahlungsavisinformationen aus unstrukturierten Quellen wie E-Mails, PDFs und Papier erheblich zu reduzieren und den Ausgleichsprozess zu automatisieren. Der Service wurde, wie in Abb. 23.1 dargestellt, implementiert.

23.1.4 Einzelpostenabgleich für Verbindlichkeiten

Nun betrachten wir die Einzelpostenfunktion für Verbindlichkeiten und analysieren, wie sie die Anforderungen der Kunden erfüllt. Der Künstliche-Intelligenz-Service ist in Abb. 23.7 dargestellt, auf den wir in diesem Abschnitt näher eingehen und ihn detailliert erläutern werden.

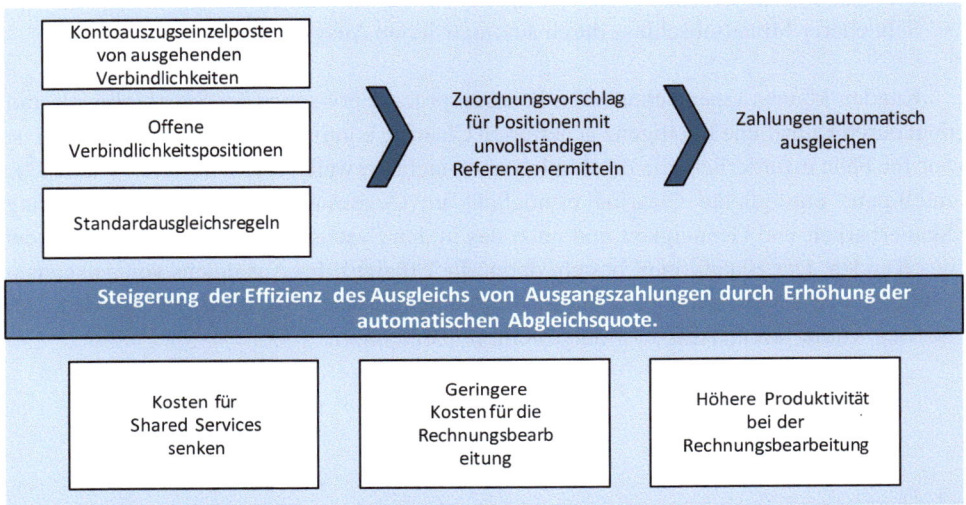

Abb. 23.7 Abgleich von Verbindlichkeitspositionen

Zahlungen, die Kunden an ihre Lieferanten senden, werden als Ausgangszahlungen bezeichnet und erscheinen als Sollposten auf einem Kontoauszug. Wenn ein Lieferant eine Zahlung zur Begleichung einer Rechnung initiiert, wird der Betrag direkt vom Bankkonto des Kunden abgezogen. Aufgrund der begrenzten Informationen auf dem Kontoauszug werden diese Zahlungen jedoch oft nicht automatisch vom System ausgeglichen. Ein Künstliche-Intelligenz-Service kann entsprechende Verbindlichkeiten identifizieren und Vorschläge machen, um diese dann automatisch auszugleichen. Dieser Service bietet mehrere Vorteile:

- Er lernt aus dem Verhalten des Kontos und beginnt sofort zu funktionieren.
- Er passt sich kontinuierlich an und erfordert keine ständige Wartung.

In diesem Zusammenhang werden die Algorithmen Random Forest und XGBoost aus der Scikit-Learning-Bibliothek verwendet. Zu den für diesen Prozess erforderlichen Grunddaten gehören Ausgangsrechnungen, Kreditorenzahlungen und Kontoauszugspositionen für Ausgangszahlungen. Die Rolle des Buchhalters besteht darin, sicherzustellen, dass die erhaltene Zahlung auf die relevante Verbindlichkeitsposition angewendet wird. Der Buchhalter muss die vom Lieferanten initiierten Eingangszahlungen mit der richtigen Verbindlichkeitsposition abgleichen. Diese Aufgabe ist arbeitsintensiv und erfordert Ermittlungsarbeiten, um einen Zahlungsbetrag mit den minimalen Informationen abzugleichen, die auf dem Kontoauszug verfügbar sind. Der Einsatz von Künstlicher Intelligenz kann jedoch den Arbeitsaufwand für die Abstimmung von Zahlungen und Verbindlichkeiten verringern und einen konzentrierten Aufwand für komplexere Fragen ermöglichen. Dieser Prozess führt auch zu Folgendem:

- Höhere Produktivität der Mitarbeiter
- Weniger manuelle Fehler
- Schnellerer Monatsabschluss durch automatisierten Ausgleich

Kunden können einen schnelleren Klärungsprozess erwarten, der Standardregeln mit dem durch Künstliche Intelligenz generierten Clearing kombiniert. Manueller Aufwand ist nur für Fälle erforderlich, die das Modell noch nicht verwaltet hat. Das durch Künstliche Intelligenz ermöglichte Clearing ermöglicht im Gegensatz zum manuellen Clearing Skalierbarkeit und Genauigkeit und nutzt das in den Systemdaten enthaltene Know-how des Kunden. Der Hauptvorteil besteht darin, die Effizienz des Ausgleichs von Ausgangszahlungen zu verbessern, indem die Rate des automatischen Abgleichs erhöht wird. Der Service wurde, wie in Abb. 23.1 dargestellt, implementiert.

23.2 Buchhaltung und Finanzabschluss

In diesem Teil werden wir auf einige der Services eingehen, die für die Buchhaltung und den Periodenabschluss entwickelt wurden. Dabei nutzen wir die Funktionen der Künstlichen Intelligenz. Diese Services konzentrieren sich insbesondere auf die Erlösbuchhaltung und das Berichtswesen, die für die Abwicklung des Prozesses der Erlösrealisierung und des Rechnungswesens gemäß den gesetzlichen Anforderungen unerlässlich sind. Diese Anforderungen werden häufig durch internationale Vorschriften wie die International Financial Reporting Standards und die Accounting Standards Codification vorgegeben. Die Vorratsbuchhaltung ist eine Methode zur Bewertung und Verfolgung des physischen Bestands und der Ware in Arbeit gemäß den gesetzlichen Vorschriften und den Anforderungen des internen Rechnungswesens. Jede Warenbewegung wird im Material-Ledger ausgewertet, was eine gleichzeitige Echtzeitbewertung des Bestands in verschiedenen Währungen ermöglicht. Ein wichtiger Aspekt ist die Fähigkeit, große Mengen von Logistikdaten effizient zu verarbeiten. Die Bewertung des physischen Bestands kann entweder zu Standardkosten oder zu einem gleitenden Durchschnitt erfolgen, der automatisch berechnet wird. Außerdem ist es möglich, die Materialkosten und den Bestandswert manuell anzupassen. Es gibt auch die Möglichkeit, den Materialbestand periodisch gemäß den gesetzlichen Anforderungen (z. B. Niederstwert, Last In First Out oder First In First Out) oder Produktkostenmanagement-Anforderungen (wie Ist-Kalkulation oder Plan-Kalkulation) zu bewerten. Wir haben die Möglichkeit, einen Einzelabschluss für ein oder mehrere Unternehmen innerhalb unseres Konzerns monatlich, vierteljährlich, jährlich oder in beliebigen anderen Intervallen mit einem anpassbaren Umfang von Abschlussarbeiten durchzuführen. Lokale Rechnungslegungsstandards und/oder die von der Gruppe verwendeten Standards können berücksichtigt werden. Eine Konsolidierungsgrundlage kann verwendet werden, um die Finanzdatenerfassung für den Konzernabschluss zu generieren und zu überwachen, entweder aus rechtlichen Gründen oder für Zwecke des konsolidierten Management-Reportings. Dieses Verfahren bietet eine hohe Flexibilität im Datensammlungsprozess sowie die Möglichkeit, verschiedene Rechnungslegungsvorschriften zu konfigurieren. Die Buchhaltungslösung zur Automatisierung des Prozesses der Erfassung von Konsolidierungsdaten kann nahtlos damit integriert werden.

Wie in Abb. 23.8 dargestellt, kommt die Side-by-Side AI zum Einsatz. Dabei werden historische Daten zu Wareneingangs- und Rechnungseingangsbuchungen, Bestellungen, Abgrenzungen und Kundenaufträgen in die SAP Business Technology Platform (SAP BTP) repliziert. Dies dient dem Training von Modellen und der Durchführung von Chargeninferenzen. Für jeden der genannten Anwendungsfälle steht ein spezifischer Service für Künstliche Intelligenz zur Verfügung, der über REST-Endpunkte nahtlos in Geschäftsprozesse und Benutzeroberflächen integriert wird. Die Funktionen der Künstlichen Intelligenz werden meist in einer prozessorientierten Sprache und einem visuellen Format dargestellt, sodass Geschäftsanwender sie auch ohne umfangreiche Data-Science-Kenntnisse nutzen können. Lebenszyklusmanagementvorgänge werden mithilfe von den bereits genannten AI APIs organisiert und durch das Framework für KI-Lebenszyklusmanagement

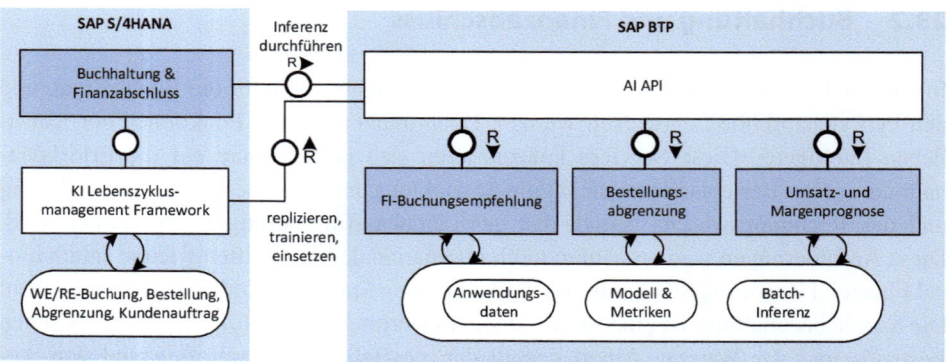

Abb. 23.8 Buchhaltung und Finanzabschluss – Architektur

koordiniert. Abb. 23.9 zeigt ein Beispiel für einen System-Screenshot der Lösung zur Abstimmung des Rechnungswesens für Wareneingang und Rechnungseingang. Als nächstes betrachten wir kurz den Prozess und erläutern, wie Künstliche-Intelligenz-Services ihn erweitern können, angefangen bei der Abstimmung der Finanzkonten mit Wareneingängen und Rechnungseingängen (WE/RE).

23.2.1 Ausgleich von Wareneingangs- und Rechnungskonten

Die Darstellung in Abb. 23.10 zeigt, wie der auf Künstliche Intelligenz basierende Service das Verfahren zur Abstimmung von Wareneingangs- und Rechnungskonten im Rahmen der Finanzkontenabstimmung erweitert. In diesem Abschnitt erläutern wir die Besonderheiten dieses Prozesses. Um eine Verbindung zu den vorherigen Kapiteln herzustellen, nennen wir die entsprechenden Referenzpunkte für den Anwendungsfall:

- KI-Anwendungsmuster: Empfehlung
- ERP-Referenzprozess: Finanzwesen/Berichtswesen
- ERP-Referenzarchitektur: Finanzwesen/Buchhaltung und Finanzabschluss
- ERP-Referenz-KI-Technologie: KI-Technologieplattform
- KI-Realisierungsmuster: Side-by-Side AI

Die Abstimmung von Wareneingangs- und Rechnungseingangskonten (WE/RE-Konten) ist ein Prozess, der sich mit Ausnahmen bei Bestellpositionen befasst, bei denen Unterschiede zwischen dem Wareneingang und dem Rechnungseingang auftreten. Diese Unterschiede können entweder ausgebucht werden, oder die zugrunde liegende Ursache kann in verschiedenen Bereichen wie Buchhaltung, Einkauf, Logistik und Lieferanteninteraktionen nachverfolgt werden.

23.2 Buchhaltung und Finanzabschluss

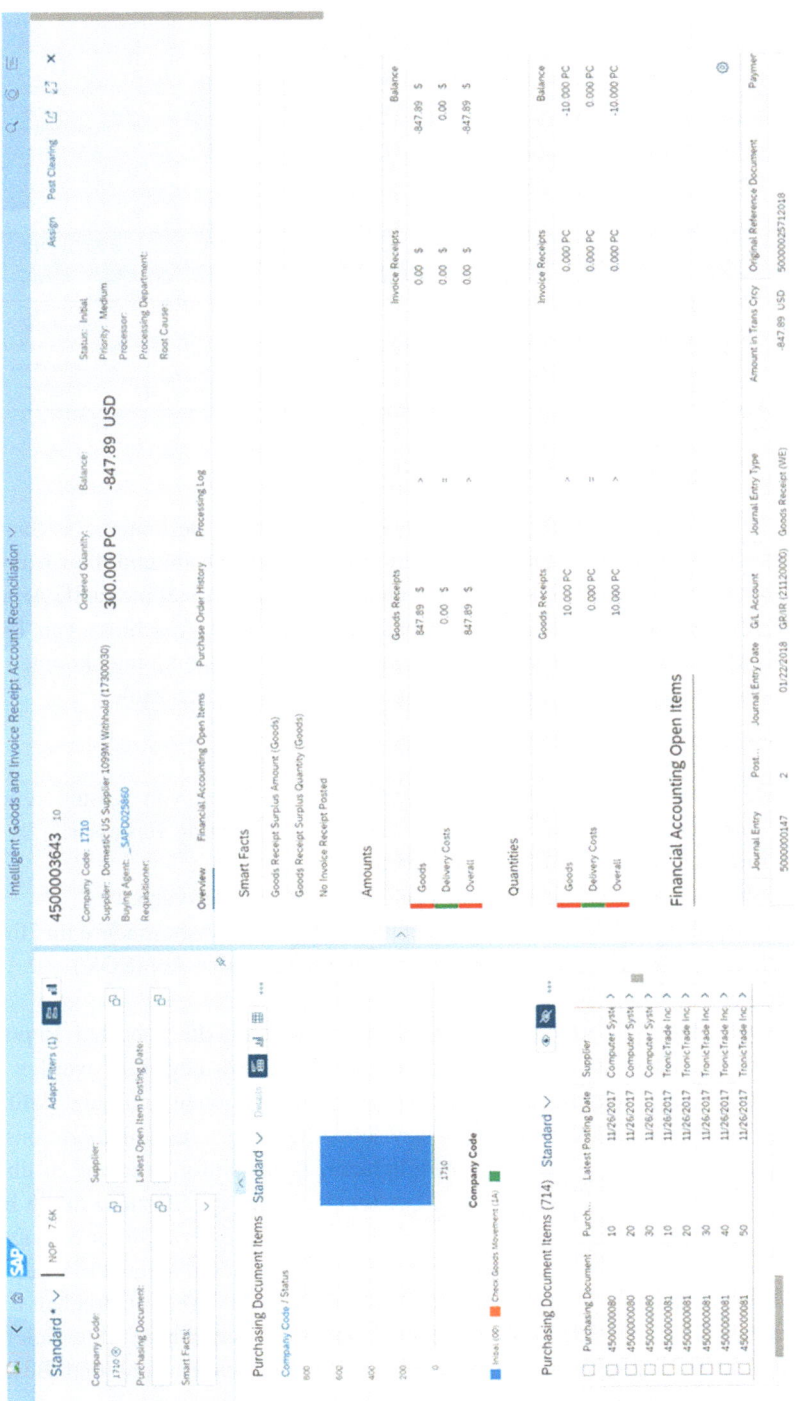

Abb. 23.9 Intelligente Waren- und Rechnungskontenabstimmung

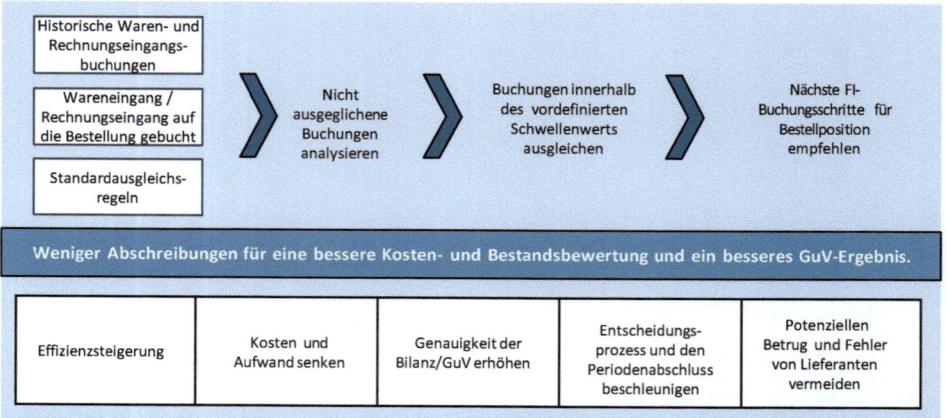

Abb. 23.10 Wareneingangs- und Rechnungskonten ausgleichen

Dieser Prozess ist oft herausfordernd, da die Erstellung von Berichten, das Sammeln aller relevanten Informationen, die Untersuchung der Grundursache und die Lösung des Problems durch Kommunikation mit verschiedenen Abteilungen viel manuelle Arbeit erfordert. Diese Anstrengungen können zu Verzögerungen beim Abschluss von Finanzperioden führen. Wenn dieser Prozess jedoch automatisiert werden könnte, könnten Kunden zusätzliche geschäftliche Vorteile genießen. Zu diesen Vorteilen zählen:

- Präzisere Finanzberichte
- Verringerte Abschreibungen, was wiederum die Genauigkeit von Kosten- und Bestandsbewertungen erhöht und die Gewinn- und Verlustrechnung verbessert
- Verbesserung der Genauigkeit bei Lieferantenverbindlichkeiten
- Verhinderung potenziellen Betrugs und von Fehlern durch Lieferanten
- Sicherstellung der Einhaltung von Unternehmensrichtlinien, insbesondere im Hinblick auf die Pflege von WE/RE-Konten gemäß dem Sarbanes Oxley Act (SOX)

Die Herausforderungen in diesem Bereich können durch die robusten Reporting-Funktionen eingebetteter KI-Algorithmen in SAP S/4HANA bewältigt werden. SAP S/4HANA bietet Echtzeiteinblicke in alle relevanten Informationen und nutzt dafür eine einfache und flexible SAP-Fiori-Benutzeroberfläche, die integrierte Kollaborationsfunktionen enthält. Weiterhin erleichtert die Möglichkeit, Prozessinformationen zu überwachen, die Prozessanalyse und -optimierung. Letztendlich wird die Effizienz durch intelligente Vorschläge des Services für Künstliche Intelligenz gesteigert. Dieser Service hilft dabei, den Abschluss von Finanzperioden zu beschleunigen, indem manuelle Arbeit reduziert und Datenanalysen in Echtzeit bereitgestellt werden. Das Wertversprechen hier ist das Potenzial für Unternehmen, bessere Gewinn- und Verlustergebnisse zu erzielen. Die Reduzierung von Abschreibungen führt zu einer verbesserten Kosten- und Bestandsbewertung. Der Service wurde, wie in Abb. 23.8 dargestellt, implementiert.

23.2.2 Abgrenzungsverwaltung

Abb. 23.11 präsentiert einen Dienst für Künstliche Intelligenz, der darauf abzielt, die Arbeitsweise des Abgrenzungsmanagements sowie den Prozess der Vorhersage von Abgrenzungen zu erläutern. Im nächsten Abschnitt gehen wir tiefer auf dieses Thema ein. Um eine Verbindung zu den vorangegangenen Kapiteln herzustellen, listen wir die entsprechenden Referenzpunkte für den Anwendungsfall auf:

- KI-Anwendungsmuster: Vorhersage
- ERP-Referenzprozess: Finanzwesen/Berichtswesen
- ERP-Referenzarchitektur: Finanzwesen/Buchhaltung und Finanzabschluss
- ERP-Referenz-KI-Technologie: KI-Technologieplattform
- KI-Realisierungsmuster: Side-by-Side AI

Die Funktion zur Vorhersage von Abgrenzungen liefert Schätzungen und Prognosen zu Abgrenzungen, die entscheidend für die Planung des Cashflows sind. Der vom System vorgeschlagene lineare Wert kann auf Basis des Verständnisses der Bestellung, des Feedbacks der Bereichsverantwortlichen und den bisher gemeldeten Werten angepasst werden. Zu den Herausforderungen zählen die Schwierigkeit, Abgrenzungen zu schätzen, da Projekte selten synchron verlaufen. Das System schlägt lineare Werte vor, die Anpassungen beruhen konsequent auf dem Verständnis der Buchhalter für die Bestellung, und die gemeldeten Werte sind oft veraltet. Zudem ist das Feedback der Bereichsverantwortlichen notwendig. Um diese Probleme zu mindern, können vorhandene Daten genutzt werden, um bestimmte Bestellungen zu kategorisieren und historische Daten aus

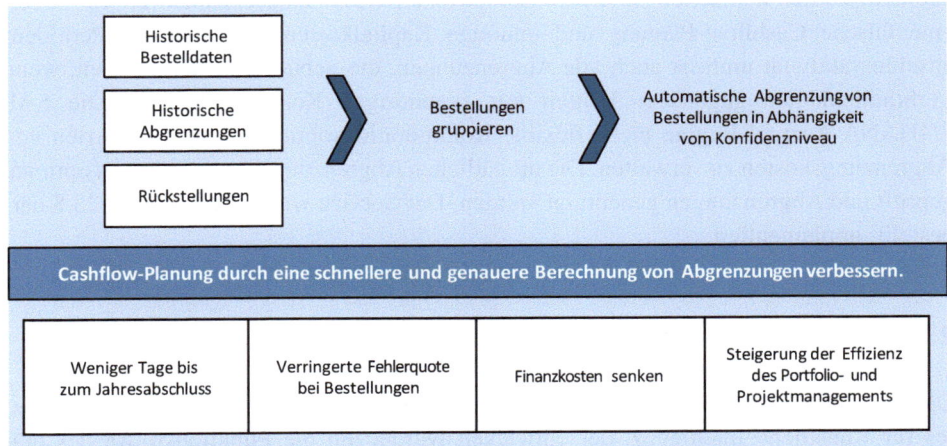

Abb. 23.11 Abgrenzungen vorhersagen

früheren Bestellungen heranzuziehen, um vorzuschlagen, wie die Abgrenzungen für diese Aufträge gehandhabt werden sollen. Diese Informationen werden für die Entwicklung eines Services für Künstliche Intelligenz verwendet, der diese Probleme löst. Der Einsatz von Services der Künstlichen Intelligenz kann in verschiedenen Bereichen zu erheblichen Verbesserungen führen. Dazu gehören die Verkürzung des Zeitaufwands für die Fertigstellung der Jahresabschlüsse, die Reduzierung der Fehlerquote in Bestellungen, die Steigerung der Effizienz von Portfolio- und Projektmanagementressourcen und die Senkung der Finanzkosten. Kunden profitieren von der automatischen Akkumulation von Bestellungen und der genauen Berechnung der gesamten Rückstellungen. Dieser Service für Künstliche Intelligenz, der mit den SAP- S/4HANA-Prozessen zusammenarbeitet, nutzt Algorithmen wie Random Forest und XGBoost aus der Scikit-Learning-Bibliothek. Der Hauptvorteil besteht in der Verbesserung der Finanzstromplanung durch eine schnellere und genauere Berechnung von Abgrenzungen. Rückstellungen sind projizierte Beträge in einer Bestellung, die aufgrund des aktuellen Status eines Projekts noch bezahlt oder fakturiert werden müssen. Wenn beispielsweise geschätzt wird, dass ein Projekt über ein Jahr hinweg insgesamt 12.000 € kostet, beträgt die lineare Abgrenzung 1000 € pro Monat. Projekte verlaufen jedoch selten linear; es kann sein, dass in den ersten drei Monaten nichts bezahlt wird, aber bis zum achten Monat 80 % des Projekts abgeschlossen sind, sodass 9600 € statt 8000 € bezahlt werden sollten. Derzeit werden Abgrenzungen von einem Buchhalter geschätzt, der den vom System vorgeschlagenen linearen Wert basierend auf seinem Verständnis der Bestellung, dem Feedback des Bereichsverantwortlichen und den bisher gemeldeten Werten anpasst. Der Einsatz von Services für Künstliche Intelligenz kann dieses Problem lösen, indem bestehende Daten verwendet werden, um bestimmte Bestellungen zu kategorisieren und basierend auf ihrer Historie vorherzusagen, wie sie anfallen sollten. Jede abgegrenzte Bestellung reduziert automatisch den manuellen Aufwand. Ein korrekter Gesamtabgrenzungswert verhindert eine falsche Cashflow-Planung und unnötige Kapitalkosten. Die typische Periodenabschlussaktivität umfasst auch alle Abgrenzungen, die gebucht werden müssen, wenn Verbindlichkeiten gegenüber Dritten mit zugehörigen Kosten entstehen. Die SAP S/4HANA Accrual Engine bietet flexible Konfigurationsoptionen, um diese Arten von Abgrenzungskosten zu verwalten. Die monatlichen Abgrenzungsbeträge können optional geprüft und Abgrenzungen genehmigt werden. Der Service wurde, wie in Abb. 23.8 dargestellt, implementiert.

23.2.3 Prädiktive Buchhaltung

Die Abbildung mit der Bezeichnung 23.12 liefert eine detaillierte Erläuterung des Dienstes für Künstliche Intelligenz, der entwickelt wurde, um die Funktionsweise des prädiktiven Buchhaltungsverfahrens zu verstehen. Dieser Service ermöglicht die Vorhersage zukünftiger Einnahmen, Ausgaben und Cashflows. In diesem Abschnitt werden wir die

23.2 Buchhaltung und Finanzabschluss

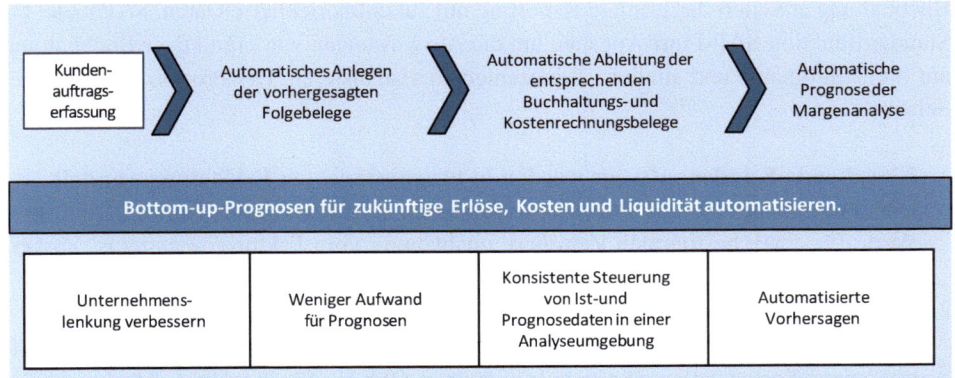

Abb. 23.12 Prädiktive Buchhaltung

Besonderheiten dieses Services genauer betrachten. Um die Verbindung zu den vorherigen Kapiteln herzustellen, führen wir die entsprechenden Referenzpunkte für den Anwendungsfall auf:

- KI-Anwendungsmuster: Vorhersage
- ERP-Referenzprozess: Finanzwesen/Berichtswesen
- ERP-Referenzarchitektur: Finanzwesen/Buchhaltung und Finanzabschluss
- ERP-Referenz-KI-Technologie: KI-Technologieplattform
- KI-Realisierungsmuster: Side-by-Side AI

Bei der traditionellen Buchhaltungsmethode muss das Buchhaltungsteam eine Vielzahl von Abschlussaufgaben ausführen, bevor die Stakeholder die Unternehmensleistung bewerten können. Dieser Ansatz bietet keinen sofortigen Zugriff auf Daten für schnelle Geschäftsentscheidungen. Daher wurden mehrere Verbesserungen und Anpassungen in ERP-Systemen vorgenommen, um den Abschlussprozess zu beschleunigen und die Anzahl der Abschlussaufgaben zu reduzieren, wodurch der gesamte Abschlusszyklus verkürzt wird. Dieser Ansatz wird häufig als kontinuierliche Buchhaltung bezeichnet, da er einen Echtzeit-Datenzugriff ermöglicht, ohne auf den Abschluss des Abschlusszyklus warten zu müssen. Aufgrund der raschen Entwicklung von Geschäfts- und Branchenprozessen war es notwendig, prädiktive Buchhaltungsdaten für zukünftige Perioden sowie eine zentrale Datenquelle, wie das Universal Journal, zu verwenden. Dies hat den Übergang vom kontinuierlichen Rechnungswesen zu prädiktiver Buchhaltung ermöglicht. Der prädiktive Buchhaltungsservice in SAP S/4HANA, der durch Künstliche Intelligenz unterstützt wird, erweitert den Umfang des Rechnungswesens. Dies stellt die nächste Entwicklung des kontinuierlichen Rechnungswesens dar und unterstützt Organisationen bei der zukünftigen Planung von Geschäftsabläufen und der Strategieentwicklung. Diese Funktion konzentriert sich auf den Erlös, der von Organisationen basierend auf eingehenden Kundenauftragsdaten generiert wird, selbst wenn keine Waren- oder Rechnungsbuchung erfolgt. Prädiktive

Buchhaltung erweitert das primäre Reporting um zukunftsorientierte Daten. SAP bietet als Standardfunktion SAP-Fiori-Apps an, um die Auswirkungen von prädiktiver Buchhaltung auf die Bruttomarge und ähnliche Kennzahlen zu visualisieren. Der Prozess umfasst zwei Schritte:

1. **Eingehende Kundenaufträge werden in prognostizierten Erlös umgewandelt.**
   Dies ermöglicht eine umfassende Zusammenfassung aller Kundenaufträge und ihrer Werte für einen bestimmten Zeitraum, unabhängig vom Fakturierungsstatus. Vorhergesagte Warenausgänge und Fakturen werden im Prediction-Ledger erfasst.
2. **Obligos werden in erwartete Ausgaben umgewandelt.**
   Hierzu gehören Kostenzuordnungen zu einem Projektstrukturplan (PSP), einem Auftrag, einer Kostenstelle und einem Lieferanten. Obligos für abgeleitete Merkmale wie Profitcenter, Segment und Funktionsbereich können ebenfalls angezeigt werden.

Prädiktive Buchhaltung bietet zahlreiche Vorteile:

- Es ermöglicht eine genaue Prognose zukünftiger Erlöse basierend auf prognostizierten Forderungen und Gewinnmargen aus Kundenaufträgen.
- Es bietet Berichtsverfügbarkeit für zukünftiges Umlaufvermögen basierend auf den prognostizierten Einnahmen und erwarteten Ausgaben.
- Es hilft dabei, Ausnahmen und Chancen zu identifizieren.
- Es bietet einen Überblick über den zukünftigen Cashflow und andere ähnliche Berichte basierend auf Prognosedaten für zukünftige Perioden.

Der Service wurde, wie in Abb. 23.8 dargestellt, implementiert.

23.3 Fazit

In diesem Kapitel haben wir uns auf Anwendungsfälle im Finanzbereich konzentriert und erläutert, wie Kunden von dieser Funktion profitieren könnten. Wir haben zunächst einen kurzen Überblick über die Anforderungen an den Anwendungsfall, die beteiligten Geschäftsprozesse und deren Umsetzung gegeben. Wie wir uns vorstellen können, ist der Geschäftsbereich Finanzwesen groß, mit viel Potenzial zur Automatisierung und Optimierung der Prozesse. Dies kann Debitoren- und Kreditorenbuchhaltern, Buchhaltern und Finanzcontrollern helfen. Wir haben die Themen Debitoren und Kreditoren, Buchhaltung und Finanzperiodenabschluss besprochen. Diese Szenarien wurden durch die Anwendung des Side-by-Side-AI-Ansatzes umgesetzt. Daher mussten Anwendungsdaten repliziert werden, einzelne Künstliche-Intelligenz-Services wurden für die Anwendungsfälle bereitgestellt, und das Lebenszyklusmanagement wurde mit dem KI-Lebenszyklusmanagement-Framework abgewickelt. Die erfolgreiche Anwendung der vorgeschlagenen Konzepte und Frameworks auf die Finanzszenarien hat die Praktikabilität der in diesem Buch erläuterten Erfindungen validiert.

Epilog – Ethische Aspekte

24

Wir schließen das Buch mit ethischen Überlegungen zur Künstlichen Intelligenz im Kontext von Geschäftsanwendungen ab. Obwohl Künstliche Intelligenz positive Auswirkungen auf die Wirtschaft und unsere Gesellschaft hat, wirft sie gleichzeitig öffentliche Bedenken auf, wie negative Auswirkungen auf Arbeitsplätze oder den Verlust der menschlichen Kontrolle in der automatisierten Entscheidungsfindung. Somit hängt der Erfolg der Künstlichen Intelligenz von ihrer breiten gesellschaftlichen Akzeptanz ab. Daher diskutieren wir in diesem abschließenden Epilog kurz ethische Leitprinzipien, um die Entwicklung und den Einsatz von Software für Künstliche Intelligenz zu steuern.

24.1 Leitprinzipien

Künstliche Intelligenz bietet Unterstützung bei wirtschaftlichen und gesellschaftlichen Herausforderungen, bringt aber auch Bedenken mit sich, wie die Rationalisierung von Arbeitsplätzen oder den Verlust menschlicher Kontrolle. Tatsächlich erweisen sich viele dieser Befürchtungen in der Praxis jedoch eher als Fiktion denn als Fakten. Künstliche Intelligenz entwickelt sich evolutionär statt revolutionär, was uns Zeit gibt, uns auf kommende Veränderungen und Herausforderungen vorzubereiten. Trotzdem müssen diese Bedenken ernst genommen werden. Künstliche Intelligenz beeinflusst den Arbeitsmarkt, da weitere Aufgaben automatisiert werden. Beschäftigte können von Routine- und Wiederholungsarbeiten entlastet werden, sodass sie zu wertschöpfenden Tätigkeiten wechseln können, die auf Fähigkeiten beruhen, die einzigartig für den Menschen sind, wie Kreativität und Emotionalität. Bestehende Arbeitsplätze werden durch Künstliche Intelligenz transformiert, und es entstehen neue Arbeitsplätze für die Konzeption, den Betrieb und den Einsatz intelligenter Systeme. In der zukünftigen Arbeitswelt wird die Zusammenarbeit zwischen Mensch und Maschine im Vordergrund stehen. Automatisierte Entscheidungen auf Basis von Künstlicher Intelligenz werfen Fragen des Verbraucherschutzes bezüglich der Neutralität und Objektivität von Algorithmen auf. Ein gutes Softwaredesign kann hier Abhilfe schaffen. Die Gestaltung intelligenter Systeme sollte von menschlichen Leitprinzipien gesteuert werden. In einem Geschäftsumfeld haben durch ein System ausgelöste Aktionen konkrete Ergebnisse in der realen Welt, die die Ziele und den Gewinn eines Unternehmens beeinflussen. Da die Verantwortung für diese Handlungen beim menschlichen Benutzer verbleibt, muss der Mensch die Kontrolle über die Ausführung behalten. Intelligente Systeme sollen die Fähigkeiten der Menschen erweitern, damit Benutzer die Software besser verstehen und steuern können. Die Bereitstellung ausreichender Informationen über das zugrunde liegende Modell der Künstlichen Intelligenz und die Erklärung der Algorithmusergebnisse sollten zentrale Aspekte bei der Entwicklung intelligenter Anwendungen sein, um Vertrauen zwischen Mensch und Maschine zu schaffen. Zudem muss die Entwicklung von Künstlicher Intelligenz ethische Werte und rechtliche Standards respektieren. Der Erfolg von Künstlicher Intelligenz hängt von ihrer breiten gesellschaftlichen Akzeptanz ab. Die SAP hat hierzu folgende Leitprinzipien für die Entwicklung und Implementierung von Anwendungen Künstlicher Intelligenz definiert (SAP-KI-Leitprinzipien, 2021):

- Wertgetrieben: Wir erkennen an, dass mit Künstlicher Intelligenz ein Potenzial verbunden ist, das unvereinbar mit diesen Leitprinzipien und unseren operativen Standards sein kann, wie bei jeder Technologie. Wir sollten die United Nation Guiding Principles on Business and Human Rights (United Nation Human Rights, 2011), rechtliche Anforderungen und anerkannte internationale Standards bei der Entwicklung von Software für Künstliche Intelligenz einhalten. Gegebenenfalls wird der Lenkungsausschuss für KI-Ethik-Teams herangezogen, diese Leitprinzipien auf spezifische Applikationen anzuwenden. Wir sollten uns bemühen, den Missbrauch unserer Technologie zu verhindern, wenn dieser in Konflikt mit unseren Werten steht.
- Design für Menschen: Wir entwickeln inklusive Lösungen für Künstliche Intelligenz, die die Fähigkeiten unserer vielfältigen Anwenderbasis stärken und erweitern. Wir nutzen Künstliche Intelligenz, um den Menschen zu helfen, ihr Potenzial auszuschöpfen, indem wir intuitive und augmentative Technologien für menschliche Benutzererfahrungen bereitstellen. Dafür müssen wir eng mit den Anwendern in einem multidisziplinären und demografisch abwechslungsreichen Kontext zusammenarbeiten.
- Unternehmen vorurteilsfrei machen: Bias oder Vorurteile haben negative Auswirkungen auf alle, einschließlich der Verwender und der Software für Künstliche Intelligenz. Dies gilt besonders, wenn Diskriminierung oder unfaire Auswirkungen auf unterrepräsentierte Gruppen entstehen könnten. Wir sollten darauf bestehen, dass unsere technischen Teams die geschäftlichen Probleme und die Datenqualität vollständig verstehen. Die Teams sollen vielfältig und multidisziplinär sein, und wir sollten konstant nach neuen technologischen Lösungen suchen, um Vorurteile zu verringern. Zudem sollten wir die Kunden dabei unterstützen, vielfältigere Unternehmen zu gründen, indem wir Künstliche Intelligenz einsetzen, um modernste Produkte zu schaffen.

- Streben nach Transparenz und Integrität: Die Systeme sollten je nach technischer Komplexität strengen Kriterien unterliegen. Die Kunden sollten über den Input, die Fähigkeiten, die beabsichtigte Nutzung und die Einschränkungen informiert werden. Zudem sollten wir ihnen Werkzeuge zur Überwachung und Regulierung zur Verfügung stellen. Die Kunden tragen die Verantwortung und werden sie weiterhin tragen. Um die Offenheit der Systeme zu erhöhen, sollten wir Forschung betreiben und die Zusammenarbeit in der Branche unterstützen.
- Einhaltung von Qualitäts- und Sicherheitsstandards: Qualitätssicherungsverfahren, die wir bei Bedarf kontinuierlich aktualisieren, werden auf unsere Software für Künstliche Intelligenz angewendet, genau wie auf jedes andere Produkt, das wir entwickeln. Unsere Software durchläuft umfangreiche Tests in realen Szenarien, um ihre Gebrauchstauglichkeit festzustellen und die Produktanforderungen zu erfüllen. Wir arbeiten eng mit unseren Kunden und Benutzern zusammen, um die Qualität, Sicherheit und Zuverlässigkeit unserer Systeme aufrechtzuerhalten und weiter zu verbessern.
- Datenschutz in den Mittelpunkt stellen: Jedes Produkt und jeder Service muss den Datenschutz als Grundbestandteil enthalten. Wir sollten transparent darüber sein, wie, warum, wo und wann die Software für Künstliche Intelligenz Kunden- und anonymisierte Benutzerdaten verwendet. Dieses Engagement für Datensicherheit zeigt sich in der Einhaltung aller relevanten Rechtsnormen sowie in der Forschung mit akademischen Spitzeneinrichtungen, um die neuesten Ansätze und Werkzeuge zur Stärkung des Datenschutzes zu entwickeln.
- Engagement mit den gesellschaftlichen Herausforderungen der Künstlichen Intelligenz: Auch wenn viele der genannten Bereiche weitgehend von uns beeinflusst oder gesteuert werden können, gibt es neue Bedenken, die ein breiteres gesellschaftliches Gespräch erfordern. Dieses erstreckt sich über verschiedene Felder, Länder und kulturelle, philosophische und religiöse Traditionen. Dazu gehören unter anderem:
    - Wirtschaftliche Auswirkungen, wie Unternehmen und Gesellschaft zusammenarbeiten sollten, um Studierende und Arbeitnehmende auf eine KI-Wirtschaft vorzubereiten und wie die Gesellschaft möglicherweise Wohlstand neu verteilen, soziale Sicherheit gewährleisten und die Wirtschaft entwickeln muss.
    - Auswirkungen auf die Gesellschaft, einschließlich des Werts und der Bedeutung von Arbeit für Einzelpersonen und des Potenzials von Programmen Künstlicher Intelligenz als soziale Begleiter und Betreuer zu fungieren.
    - Normative Fragen, wie Künstliche Intelligenz mit moralischen Dilemmas umgehen sollte und welche Nutzungen von Künstlicher Intelligenz, insbesondere im Hinblick auf Sicherheit, als akzeptabel gelten sollten.

Außerdem gibt es weitere Herausforderungen, die einen breiteren Dialog über Branchen, Disziplinen, Grenzen und kulturelle, philosophische und religiöse Traditionen hinweg erfordern.

24.2 Ethische Richtlinien

In diesem Abschnitt werden die Leitprinzipien für Künstliche Intelligenz in der Ethikrichtlinie der SAP (SAP AI Ethics Policy, 2022) näher erläutert. Die Ethikrichtlinie für Künstliche Intelligenz verdeutlicht insbesondere, wie diese Leitprinzipien mit Anwendungsfällen für Künstliche Intelligenz zusammenhängen. Dabei werden die Ziele, Anforderungen und Zuständigkeiten für Mitarbeiter beschrieben, die an der Erstellung, Verwendung und dem Verkauf von Anwendungen für Künstliche Intelligenz beteiligt sind.

24.2.1 Menschliches Handeln und Aufsicht

Die Teams sollten bei der Entwicklung von Anwendungen für Künstliche Intelligenz in Bezug auf menschliche Handlungsfähigkeit und Aufsicht Folgendes berücksichtigen:

- Die Rechte und Freiheiten eines Menschen sollten immer die Rechte und Freiheiten einer Anwendung für Künstliche Intelligenz überwiegen, es sei denn, dies ist durch geltende lokale Gesetze ausdrücklich erlaubt.
- Wenn geltendes lokales Recht keine Regelungen vorschreibt, muss die menschliche Aufsicht durch ein wirksames Governance-System erfolgen. Dies wird von Fall zu Fall festgelegt und kann, ohne darauf beschränkt zu sein, *Human-in-the-Loop*, *Human-on-the-Loop* oder *Human-in-Command* umfassen.
- Gemäß der Datenschutzrichtlinie eines Unternehmens muss die menschliche Aufsicht in Fällen implementiert werden, in denen Menschen von Entscheidungen von Anwendungen der Künstlichen Intelligenz direkt betroffen sein können. Dies soll sicherstellen, dass die menschliche Autonomie nicht gefährdet wird und keine unerwarteten Auswirkungen entstehen.
- Soweit es praktikabel ist, muss eine Erklärung gegeben werden, wie Entscheidungen durch eine Künstliche Intelligenz Anwendung getroffen wurden, die in automatisierten Entscheidungsprozessen verwendet wird.
- Um sicherzustellen, dass sich die Anwendung für Künstliche Intelligenz wie von den Entwicklern beabsichtigt verhält und kein unbeabsichtigtes Verhalten, keine unbeabsichtigten Ergebnisse oder keine unbeabsichtigte Nutzung aufweist, werden während der Entwicklung und Implementierung umfassende Tests und eine angemessene Governance durchgeführt. Dabei kann nach dem Einsatz die Sichtbarkeit der menschlichen Aufsicht über das Künstliche-Intelligenz-System begrenzt oder unbekannt sein.

24.2.2 Bekämpfung von Vorurteilen und Diskriminierung

Künstliche-Intelligenz-Systeme lernen aus den Verhaltensweisen und den sozialen Strukturen der Kulturen, die sie untersuchen. Daher haben datengesteuerte Technologien das Potenzial, gesellschaftliche Muster von Marginalisierung, Ungleichheit und Vorurteilen,

24.2 Ethische Richtlinien

die in den Datenquellen eingebettet sind, zur Entwicklung von Künstlicher Intelligenz zu replizieren, zu verstärken und zu vergrößern. Darüber hinaus können Anwendungen von Künstlicher Intelligenz die Vorurteile ihrer Entwickler reproduzieren, da viele Merkmale, Metriken und analytische Frameworks der Modelle, die Data Mining ermöglichen, von ihren Erstellern ausgewählt werden. Datensätze, die für die Entwicklung der Trainings- und Testprozesse der algorithmischen Systeme verwendet werden, repräsentieren möglicherweise nicht angemessen die Populationen oder historischen Kontexte, aus denen sie Schlussfolgerungen ziehen. Dies kann besonders dann problematisch sein, wenn die initialen Datensätze von Unternehmen, Branchen oder Organisationen gesammelt wurden, die für die Erstellung und Implementierung von Anwendungen für Künstliche Intelligenz ungeeignet sind. Diese Voreingenommenheit kann die Erstellung und Ergebnisse der Anwendungen von Künstlicher Intelligenz negativ beeinflussen, was sich wiederum negativ auf Benutzer oder Kunden auswirken kann. Wenn die Möglichkeit besteht, Diskriminierung zu fördern oder unterrepräsentierte Gruppen ungerecht zu treffen, ist zusätzliche Vorsicht geboten. Bei der Beseitigung von Voreingenommenheit und Diskriminierung in Systemen der Künstlichen Intelligenz müssen Teams folgende Aspekte berücksichtigen:

- Neben den Beschränkungen, die durch die Datenschutzrichtlinien des Unternehmens festgelegt sind, dürfen Künstliche-Intelligenz-Systeme nicht dazu verwendet werden, zuvor anonymisierte Daten zu deanonymisieren, sodass sie zur Identifizierung bestimmter Personen oder Gruppen führen könnten.
- Unternehmensanwendungen mit Künstlicher Intelligenz dürfen nicht zu unfairen Ergebnissen führen.
- Die Daten, die für das Training von Künstliche-Intelligenz-Systemen genutzt werden, müssen so inklusiv wie möglich sein und einen vielfältigen Querschnitt der Bevölkerung oder historischer Ereignisse darstellen. Sie sollten frei von historischen oder sozial konstruierten Vorurteilen, Ungenauigkeiten und Fehlern sein oder diese berücksichtigen und abmildern.
- Um direkte oder indirekte Vorurteile, Diskriminierung oder Marginalisierung von Gruppen oder Einzelpersonen zu minimieren, müssen Teams Anstrengungen unternehmen, um ungerechtfertigte Ergebnisse zu identifizieren und technologische oder organisatorische Abhilfemaßnahmen zu ergreifen. Dazu gehört beispielsweise die Minimierung von Vorurteilen bei Trainingsdaten.
- Entwickler müssen beteiligte Benutzer in die Bewertung und Überprüfung der Inklusion und Nichtdiskriminierung der Outputs einbeziehen.
- Es müssen Prozesse vorhanden sein, um potenzielle Vorurteile während der Entwicklungs-, Implementierungs- und Nutzungsphase von Anwendungen mit Künstlicher Intelligenz zu testen und zu überwachen.
    - Systeme müssen mit möglichst großen, repräsentativen, genauen und generalisierbaren Datensätzen trainiert und ausgewertet werden.
    - Zielvariablen, Merkmale, Verfahren oder analytische Strukturen, die irrational, unethisch oder nicht validierbar sind, dürfen nicht in die Modellarchitekturen aufgenommen werden.

- Die Implementierung und Nutzung der Systeme sollten ohne unbeabsichtigte negative Auswirkungen auf die Nutzer oder Begünstigten erfolgen.
- Eine faire Methode sollte verwendet werden, um die Systeme der Künstliche Intelligenz auf unparteiische Ergebnisse hin zu bewerten, wenn dies praktikabel ist.
- Unabhängig vom Alter, Geschlecht, den Fähigkeiten oder anderen Merkmalen der Benutzer müssen Anwendungen von Künstlicher Intelligenz benutzerorientiert sein und die vielfältigsten relevanten Endbenutzer berücksichtigen sowie entsprechende Barrierefreiheitsanforderungen erfüllen.

24.2.3 Transparenz und Erklärbarkeit

Gemäß ihrem technischen Fachwissen und ihrem Einsatzzweck unterliegen Anwendungen im Bereich der Künstlichen Intelligenz strengen Anforderungen. Neben den technischen Ressourcen, die für Training und Vorhersagen erforderlich sind, müssen wir den Kunden klar und verständlich ihren Input, ihre Fähigkeiten, ihren Verwendungszweck und ihre Einschränkungen erläutern. Da Agenten der Künstlichen Intelligenz keine moralische Verantwortlichkeit besitzen, ist es unmöglich, sie für ihre Taten zur Verantwortung zu ziehen. Durch die Priorisierung der Transparenz sowohl des Erstellungsprozesses der Künstliche Intelligenz als auch der Transparenz und Nachvollziehbarkeit ihrer Entscheidungen und Verhaltensweisen müssen Verfahren eingeführt werden, um sicherzustellen, dass die entwickelten Systeme der Künstlichen Intelligenz objektiv und zuverlässig funktionieren. In Bezug auf die Transparenz und Erklärbarkeit von Anwendungen im Bereich der Künstlichen Intelligenz sollten Teams Folgendes berücksichtigen:

- Um Transparenz und Rückverfolgbarkeit zu gewährleisten, müssen die Datensätze und Verfahren, die zur Beurteilung eines Systems der Künstlichen Intelligenz verwendet werden, dokumentiert werden, einschließlich derjenigen zur Datenerfassung und Datenkennzeichnung sowie der Algorithmen, die in den erstellten Anwendungen der Künstlichen Intelligenz verwendet werden.
- Im Rahmen des Entwicklungsprozesses müssen die Fähigkeiten und Einschränkungen des Systems so beschrieben werden, dass sie für den spezifischen Anwendungsfall nachvollziehbar sind. Dies sollte Details über den Genauigkeitsgrad (Leistungskennzahl) des Systems der Künstlichen Intelligenz sowie über dessen Fähigkeiten und Einschränkungen enthalten.
- Wenn die betroffene Person dies anfordert, müssen Produkte, die Künstliche Intelligenz zur Verarbeitung personenbezogener Daten verwenden, in Übereinstimmung mit der Datenschutzrichtlinie so viel Transparenz wie möglich in einer klaren und einfachen Sprache bieten.
- In Übereinstimmung mit der Datenschutzrichtlinie muss Software, die Künstliche Intelligenz für automatisierte Entscheidungsfindung oder Profiling verwendet, auf

Anfrage der betroffenen Person Erklärungen bereitstellen können, die das Datensegment, in dem die Person eingestuft wurde, und die Gründe für diese Einstufung erläutern. Zudem müssen die Begründungen der Entscheidung offengelegt werden, wenn die betroffene Person dies anfordert. Die Erklärung muss der betroffenen Person die Möglichkeit geben, das Urteil anzufechten.
- Die Methoden zur Erstellung, Analyse und Validierung der Anwendungen der Künstlichen Intelligenz sowie die Ergebnisse oder Entscheidungen, die sie treffen, müssen im Entwicklungsprozess vollständig dokumentiert werden.
- Bei direkter Kommunikation mit Personen (auch über „Chatbots" oder Conversational AI):
  - Anwendungen der Künstlichen Intelligenz müssen für die richtigen Endbenutzer klar als solche erkennbar sein.
  - Wenn möglich und praktisch umsetzbar, sollte dem Benutzer die Möglichkeit gegeben werden, zwischen der Interaktion mit einem System der Künstlichen Intelligenz und einer menschlichen Interaktion zu wählen.
  - Systeme der Künstlichen Intelligenz sollten so entworfen werden, dass sie verhindern, dass Menschen Empathie oder emotionale Bindung zur Software der Künstliche Intelligenz entwickeln.
  - Nutzer von Systemen der Künstlichen Intelligenz müssen darüber informiert werden, dass die soziale Interaktion simuliert ist.
- Basierend auf dem Anwendungsfall müssen die Entwickler von Systemen der Künstlichen Intelligenz alles daransetzen, dass die Entscheidungen, Empfehlungen und Ergebnisse des Systems so verständlich wie möglich sind. Dazu können die Benutzeroberfläche (UI) oder Anwendungsprotokolle genutzt werden, um ein optimales Verständnis und eine bestmögliche Nachvollziehbarkeit zu gewährleisten.
- Der Benutzer muss darüber informiert werden, dass Konfidenzniveaus häufig von Systemen der Künstlichen Intelligenz verwendet werden, und gegebenenfalls mit dem tatsächlichen Konfidenzniveau einer bestimmten Ausgabe versorgt werden.
- Ziel, Grenzen, Anforderungen und Entscheidungen des Systems der Künstlichen Intelligenz müssen so festgelegt und dokumentiert werden, dass sie für den nicht-technischen allgemeinen Leser oder Nutzer verständlich sind.
- Software- und Lösungsansätze mit Blackboxen und/oder tiefen neuronalen Netzen:
  - Wenn Entwickler sogenannte Blackbox-Algorithmen erstellt haben, müssen zusätzliche Erklärungshilfen angeboten werden. Nachvollziehbarkeit, Auditierbarkeit und offene Dokumentation sowie Offenlegung der Funktionen der Software sollten gewährleistet sein.
  - Eine Erklärung der Ausgabe muss, soweit möglich, zur Verfügung gestellt werden; wenn dies nicht praktikabel ist, müssen die Benutzer darüber informiert werden, dass die Ausgabe möglicherweise nicht vollständig nachvollziehbar ist.
  - Die Notwendigkeit dieser Informationen hängt von den Umständen und der Schwere der Auswirkungen ab.

- Der Kontext und die Rahmenbedingungen, in denen ein System der Künstlichen Intelligenz betrieben wird, müssen bei der Entwicklung berücksichtigt werden, damit der Mensch trotz guter Absichten nicht durch den Einsatz der Systeme geschädigt wird.
- Diese Richtlinie gilt für die gesamte Softwarelösung, auch wenn ein System der Künstlichen Intelligenz eines Drittanbieters (z. B. TensorFlow) in die Lösung eingebettet ist.

24.2.4 Zivilgesellschaft

Anwendungen für Künstliche Intelligenz sollten darauf abzielen, die kognitiven, sozialen und kulturellen Fähigkeiten des Menschen zu verbessern, zu ergänzen und zu stärken. Sie sollten nicht dazu benutzt werden, Verhaltensweisen zu verhindern oder einzuschränken, die für eine freie Gesellschaft charakteristisch sind. In Bezug auf die Zivilgesellschaft sollten Teams bei der Konzeption oder Implementierung von Systemen der Künstlichen Intelligenz Folgendes berücksichtigen:

- Systeme der Künstliche Intelligenz dürfen nicht für die menschliche Überwachung entwickelt oder implementiert werden, indem Biometrie, Gesichtserkennung oder andere Unterscheidungsmerkmale verwendet werden, um gezielt bestimmte Personen oder Gruppen zu identifizieren und ihre Menschenrechte zu verletzen.
- Systeme der Künstliche Intelligenz dürfen nicht für Tätigkeiten entwickelt oder genutzt werden, die dazu führen, dass bestimmte Personen oder Gruppen diskriminiert oder von Chancen und Vorteilen ausgeschlossen werden, welche Künstliche Intelligenz der Allgemeinheit bieten kann.
- Künstliche-Intelligenz-Systeme sollten nicht dazu verwendet werden, Menschen oder Gruppen in öffentlichen Räumen, in den Medien oder für ähnliche Zwecke ungerecht zu manipulieren.
- Es ist nicht erlaubt, Systeme der Künstlichen Intelligenz zu entwickeln oder zu nutzen, um demokratische Wahlen oder den öffentlichen Diskurs zu unterbinden.
- Die Entwicklung und der Einsatz von Systemen der Künstlichen Intelligenz müssen sich an Leitprinzipien orientieren, die darauf abzielen, die Umweltauswirkungen des Geschäftsbetriebs zu verringern.

24.3 Bewertungsprozess für Anwendungsfälle

Wie in der SAP AI Ethics Policy (2022) dargelegt, müssen Fachleute ethische Probleme und Kompromisse im Zusammenhang mit der Nutzung von Systemen für Künstliche Intelligenz durch eine begründete, kontextrelevante und evidenzbasierte Entscheidungsfindung behandeln, anstatt nach Intuition oder zufälligem Ermessen vorzugehen. Teams sollten das Problem zunächst zur Prüfung durch ihre Einheit vorlegen, wenn ein Anwendungsfall, der für eine Anwendung mit Künstlicher Intelligenz vorgelegt wird, die definierten

24.3 Bewertungsprozess für Anwendungsfälle

Richtlinien zu einem beliebigen Zeitpunkt der Lebensdauer verletzen kann. Dies gilt auch dann, wenn die Teams nur Vorbehalte oder Sorgen haben. Ferner sollten sie entscheiden, ob die Verwendung eines bestimmten Anwendungsfalls fortgesetzt werden soll oder nicht. Abb. 24.1 veranschaulicht den Bewertungsprozess für Anwendungsfälle mit Künstlicher Intelligenz, indem sie die Anwendungsfälle in die Kategorien *Zu unterbindende*, *Risiko-* und *Standardfälle* unterteilt (SAP AI Ethics, 2022).

Die in der Ethikpolitik umrissenen sogenannten roten Linien sollten auch für Anwendungsfälle mit Künstlicher Intelligenz gelten. Wir müssen sofort aufhören, unseren Anwendungsfall zu erstellen, zu implementieren und zu verkaufen, wenn er mit diesen Zielen konzipiert wurde. Lassen Sie uns die roten Linien wiedergeben:

- Persönliche Freiheit: Menschliche Überwachung, die Biometrie, Gesichtserkennung oder andere Unterscheidungsmerkmale verwendet, um bestimmte Personen oder Gruppen anzusprechen, mit der Absicht, die Rechte dieser Personen zu verletzen oder zu missbrauchen. Diskriminierung, die bestimmte Personen oder Gruppen daran hindert, gleichberechtigten Zugriff auf die Vorteile und Chancen zu haben, die Künstliche Intelligenz der allgemeinen Gemeinschaft bietet. Bereits anonymisierte Daten werden deanonymisiert, was zur Identifizierung bestimmter Personen oder Gruppen führen kann.
- Gesellschaft: Manipulation von Personen oder Gruppen durch öffentliche Foren, die Medien oder die Kontrolle anderer ähnlicher Zwecke mit der Absicht, sie irreführend oder ungerecht zu behandeln. Untergrabung demokratischer Wahlsysteme oder Diskussionsmethoden, die den menschlichen Dialog beeinträchtigen. Vorsätzliche negative Auswirkungen auf Systemnutzer und/oder diejenigen, die sowohl direkt als auch indirekt davon betroffen sind.
- Umwelt: Entwicklung und Einsatz von Systemen der Künstlichen Intelligenz müssen ohne bis zu geringen Umweltschäden erfolgen.

Bestimmte Anwendungsfälle mit Künstlicher Intelligenz kategorisieren wir als Szenarien mit hohem Risiko. Wir stützen diese Standards auf die Arten der Künstlichen Intelligenz, die in der Vergangenheit zu ungünstigen Ergebnissen für bestimmte Menschen oder ganze Gemeinschaften geführt haben (zum Beispiel Amazons Fall eines diskriminierenden AI-Recruiting-Tools). Anwendungsfälle mit hohem Risiko sind zulässig, aber bevor sie weiterentwickelt, verwendet oder verkauft werden können, müssen sie zunächst gemäß dem in Abb. 24.1 dargestellten Prozess bewertet werden:

1. Verarbeitung personenbezogener Daten: Behandelt der Anwendungsfall Daten, die zu einer benannten oder identifizierbaren natürlichen Person gehören? Es sei denn, es handelt sich um anonymisierte Daten und den Prozess der Anonymisierung.
2. Verarbeitung geschützter personenbezogener Daten: Umfasst der Anwendungsfall die Verarbeitung bestimmter Kategorien personenbezogener Daten, wie z. B. Informationen über die sexuelle Orientierung, Religion oder Biometrie (einschließlich Gesichtsbildgebung) einer Person?

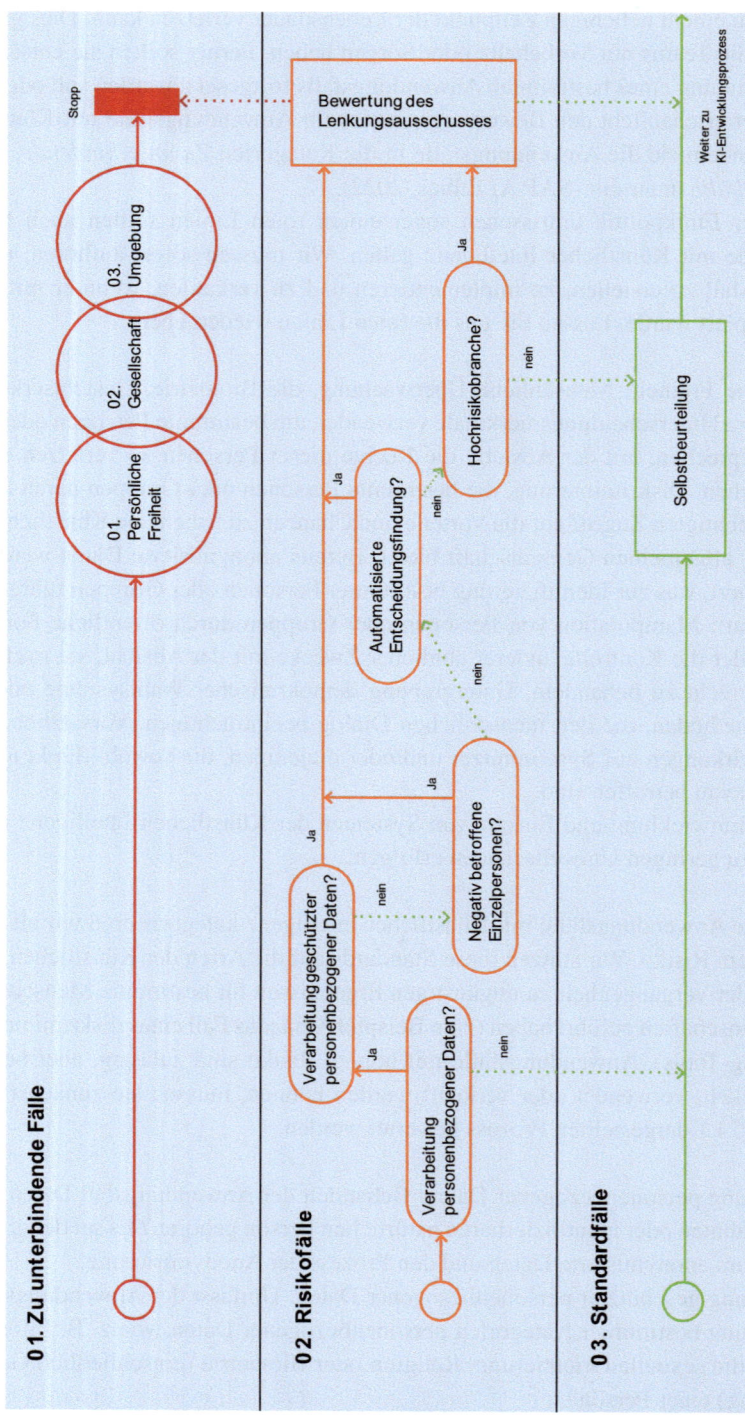

Abb. 24.1 Bewertungsprozess für Anwendungsfälle

3. Negativ betroffene Personen: Könnte der Anwendungsfall die Grundrechte oder die Freiheit einer Person beeinträchtigen oder einschränken? Könnte es dem Wohlbefinden der Menschen (Gesundheit und Sicherheit) schaden?
4. Automatisierte Entscheidungsfindung: Zeigt der Anwendungsfall eine vollständig oder teilweise automatisierte Entscheidungsfindung, die Situationen abdeckt, in denen es kein menschliches Eingreifen gibt und in denen es eine menschliche Überwachung gibt, Empfehlungssysteme jedoch ausgeschlossen sind?
5. Hochrisikobranche: Gilt für den Anwendungsfall einer der folgenden Bereiche: Beschäftigung/Personalwesen, Gesundheitswesen, Strafverfolgung?

Wenn die Antwort auf Frage 1 und mindestens eine der Fragen 2–5 „Ja" lautet, ist die Genehmigung des Lenkungsausschusses für Künstliche Intelligenz erforderlich. Alle anderen Szenarien fallen in die Kategorie Standardfall und können nach einer kurzen Selbsteinschätzung entwickelt werden.

24.4 Fazit

Künstliche Intelligenz birgt das Potenzial, zahlreiche Optionen für Organisationen, Regierungen und die Gesellschaft als Ganzes zu eröffnen. Sie könnte jedoch auch zu sozialen, politischen und wirtschaftlichen Umwälzungen führen. Zudem übersteigt das schnelle Tempo der Verbreitung dieser Technologie die Fähigkeit der politischen Entscheidungsträger, eine wesentliche Richtung für ihre nachhaltige und sichere Entwicklung vorzugeben. Angesichts dieser Herausforderungen ist es notwendig, explizite ethische Richtlinien festzulegen, die bei der Entwicklung, Implementierung, Nutzung und dem Verkauf von Technologien der Künstlichen Intelligenz befolgt werden müssen. Die Verpflichtung eines Unternehmens, die Allgemeine Erklärung der Menschenrechte zu bewahren und zu unterstützen, bildet den Eckpfeiler der Ethik für Künstliche Intelligenz. Dazu gehört insbesondere das Verbot der Diskriminierung und Belästigung aufgrund persönlicher Merkmale wie Kultur, Rasse, ethnische Zugehörigkeit, Religion, Alter, Geschlecht, sexuelle Orientierung, Geschlechtsidentität sowie körperlicher oder geistiger Behinderung. Außerdem zielt der Einsatz von Künstlicher Intelligenz in Anwendungen darauf ab, Menschen vor Schaden zu schützen, alle gleich und gerecht zu behandeln, das Recht auf Freiheit und Würde nach dem Gesetz zu gewährleisten und bürgerliche, politische und soziale Rechte zu verteidigen. Die Ethikpolitik für Künstliche Intelligenz soll sicherstellen, dass Lösungen für Künstliche Intelligenz in Übereinstimmung mit den grundlegenden organisatorischen Werten des Unternehmens und den definierten Leitprinzipien für Künstliche Intelligenz entwickelt, implementiert, genutzt und verkauft werden. Indem die Richtlinienanforderungen an die entsprechenden Phasen des Entwicklungsprozesses angepasst werden, bietet dieses Kapitel den Teams, die an der Erstellung von Künstlicher Intelligenz beteiligt sind, einen Leitfaden zur Umsetzung der Ethikpolitik für Künstliche Intelligenz in allen Phasen des Lebenszyklus von Künstlicher Intelligenz.

Literatur

Aberdeen Group. (2006, November). *Best practices in extending ERP*. Research Brief.
Aberdeen Group. (2007). *The total cost of ERP ownership*. Research Brief.
Aberdeen Group. (2008). *The ERP in manufacturing benchmark report*.
Aberdeen Group. (2009). *The ERP in action: Epicor*.
Adam, F., & O'Doherty, P. (2000). Lessons from enterprise resource planning implementation in Ireland – Towards smaller and shorter ERP projects. *Journal of Information Technology, 15*(4), 305–316.
Akerkar, R. (2019). *Artificial intelligence for business*. Springer.
Akkermans, H. A., & Helden, K. V. (2002). Vicious and virtuous cycles in ERP implementation: A case study of interrelations between critical success factors. *European Journal of Information Systems, 11*, 35–46.
Akkermans, H. A., Bogerd, P., & Yucesan, E. (2003). The Impact of ERP on supply chain management: Exploratory findings from a European Delphi study. *European Journal of Operational Research, 146*(2003), 284–301.
Aktürk, C. (2021). Artificial Intelligence in enterprise resource planning systems. A bibliometric study. *Journal of International Logistics and Trade, 19*(2), 69–82.
Aladwani, A. M. (2001). Change management strategies for successful ERP implementation". *Business Process Management Journal, 7*(3), 266–275.
Alaskari, O., Pinedo-Cuenca, R., & Ahmad, M. M. (2019). Framework for selection of ERP system: Case study. *Procedia Manufacturing, 38*, 69–75.
Al-Ghourabi, A. (2023). *Artificial Intelligence in business and technology*. Kindle.
Al-Mashari, M. (2000). *Enterprise-wide information systems: the case of SAP R/3 application* (S. 3–8). Proceedings of the 2nd International Conference on Enterprise Information Systems.
Al-Mashari, M., & Zairi, M. (2000). Revisiting BPR: A holistic review of practice and development". *Business Process Management Journal, 6*(1), 10–42.
Al-Mashari, M., Al-Mudimigh, A., & Zairi, M. (2003). Enterprise resource planning: A taxonomy of critical factors. *European Journal of Operational Research, 146*(2), 352–364.
Al-Mashari, M., Ghani, S. K., & Al-Rashid, W. (2006). A study of the critical success factors of ERP implementation in developing countries. *International Journal of Internet and Enterprise Management, 4*(1), 68–95.
Al-Mudimigh, A., Zairi, M., & Al-Mashari, M. (2001). ERP software implementation: An integrative framework. *European Journal of Information Systems, 10*(4), 216–226.

Aloini, D., Dulmin, R., & Mininno, V. (2007). Risk management in ERP project introduction: Review of the literature. *Information & Management, 44*(6), 547–567. https://doi.org/10.1016/j.im.2007.05.004

Al-Okaily, A., Al-Okaily, M., & Teoh, A. P. (2021). Evaluating ERP systems success: Evidence from Jordanian firms in the age of the digital business. *VINE Journal of Information and Knowledge Management Systems.* ISSN: 2059-5891.

Alpaydin, E. (2014). *Introduction to machine learning.* MIT Press.

Alsharari, N. M., Al-Shboul, M., & Alteneiji, S. (2020). Implementation of cloud ERP in the SME: Evidence from UAE. *Journal of Small Business and Enterprise Development.* ISSN 1462-6004.

Alvarez, R. (2000). *Examining an ERP implementation through myths: A case study of a large public organization* (S. 1655–1661). Proceedings of the Americas Conference of Information Systems, Long Beach.

Amr Research. (1997). *Enterprise resource planning software report* (S. 1997–2002).

Anderson, E. E., & Chen, Y.-M. (1997). Microcomputer software evaluation: An econometric model. *Decision Support Systems, 19*(2), 75–92.

Anderson, J., & Narasimhan, R. (1997). Assessing implementation risk: A technological approach. *Management Science, 25*, 512–521.

Anexinet, R. B. (2006). *Top 10 ERP implementation pitfalls.* http://www.anexinet.com/pdfs/ERP_top10pitfalls3-2006.pdf. Zugegriffen am 01.02.2023.

Anguelov, K. (2021). *Applications of Artificial Intelligence for optimization of business processes in the enterprise resource planning systems.* 12th National Conference with International Participation.

Avital, M., & Vandenbosch, B. (1999). *SAP implementation at metallica: An organizational drama.* International Conference on Information Systems ICIS, Charlotte.

Ayağ, Z., & Ozdemir, R. G. (2007). An intelligent approach to ERP software selection through fuzzy ANP. *International Journal of Production Research, 45*(10), 2169–2194.

Aydogmus, H. Y., Kamber, E., & Kahraman, C. (2021). ERP selection using pictue fuzzy CODAS methods. *Journal of Intelligent & Fuzzy Systems., 40*(6), 11363–11373.

Bacharach, S. B., Bamberger, P., & Sonnenstuhl, W. J. (1996). The organizational transformation process: the micro politics of dissonance reduction and the alignment of logics of action. *Administrative Science Quarterly, 41*, 477–506.

Bancroft, N., Seip, H., & Sprengel, A. (1998). *Implementing SAP R/3* (2. Aufl.). Manning Publications.

Barki, H., & Pinsonneault, A. (2002). Explaining ERP implementation effort and benefits with organizational integration. *Cahier du Gresi., 20*(1), 54.

Barth, C., & Koch, S. (2019). Critical success factors in ERP upgrade projects. *Industrial Management & Data Systems, 119*(3), 656–675.

Becerra-Fernandez, I., Murphy, K., & Simon, S. (2000). Integrating ERP in the business school curriculum. *Commun ACM, 43*(4), 39–41.

Berchet, C., & Habchi, G. (2005). The implementation and deployment of an ERP system: An industrial case study. *Computers in Industry, 56*(6), 588–605.

Berett, S. (2002). Unleashing the integration potential of ERP systems: The role of process-based performance measurement systems. *Business Process Management Journal, 8*(3), 254–277.

Bernroider, E., & Koch, S. (2001). ERP selection process in midsize and large organizations. *Business Process Management Journal, 7*(3), 251–257.

Beskese, A., Corum, A., & Anolay, M. (2019). A model proposal for ERP system selection in automotive industry. *International Journal of Industrial Engineering, 26*(3).

Bhatt, N., Guru, S., Thanki, S., & Sood, G. (2021). Analysing the factors affecting the selection of ERP package: A fuzzy AHP approach. *Information Systems and e-Business Management, 19*, 641–682.

Bhowmik, L., Dhar, A., & Mukherjee, R. (2021). *Machine learning with SAP*. SAP Press.

Bingi, P., Sharma, M. K., & Godla, J. K. (1999). Critical issues affecting an ERP implementation. *Information Systems Management, 16*(3), 7–14.

Biolcheva, P., & Molhova, M. (2022). Integration of AI supported risk management in ERP implementation. *Computer and Information Science, 15*(3), 37.

Bishop, C. M. (2006). *Pattern recognition and machine learning. Information science and statistics*. Springer.

Boddington, P. (2023). *AI ethics*. Springer.

Boersma, K., & Kingma, S. (2005). Developing a cultural perspective on ERP. *Business Process Management Journal, 11*(2), 123–136.

Bonner, M. (2000). Roadmap to ERP success. *Control Magazine, 26*(08), 14.

Bourrasset, C., Boillod-Cerneux, F., & Sauge, L. (2018). *Requirements for an enterprise AI Benchmark*. Technology Conference on Performance Evaluation and Benchmarking.

Bowersox, D. J., Closs, D. J., & Hall, C. T. (1998). Beyond ERP – The storm before the calm. *Supply Chain Management Review, 1*(4), 28–37.

Bradford, M., & Florin, J. (2003). Examining the role of innovation diffusion factors on the implementation success of enterprise resource planning systems. *International Journal of Accounting Information Systems, 4*, 205–225.

Bradley, J. (2008). Management based critical success factors in the implementation of enterprise resource planning systems. *International Journal of Accounting Information Systems, 9*(3), 175–200.

Brown, C., & Vessey, I. (1999). *ERP implementation approaches: Toward a contingency framework*. In *International Conference on Information Systems ICIS*.

Brown, R. M., & Stephenson, K. (1981). The evaluation of purchased computer software. *Mid-South Business Journal, 7*, 8–11.

Bruce, P., & Bruce, A. (2020). *Practical statistics for data scientis*. O'Reilly.

Bueno, S., & Salmeron, J. L. (2008). Fuzzy modeling enterprise resource planning tool selection. *Computer Standards and Interfaces, 30*(3), 137–147.

Bzdok, D., Altman, N., & Krzywinski, M. (2018). Statistics versus machine learning. *Nature Methods, 15*, 233–234.

Caldwell, B., & Stein, T. (1998, November 30). Beyond ERP – New IT agenda – A second wave of ERP activity promises to increase efficiency and transform ways of doing business. *Information Week, 711*, 34–35.

California Consumer Privacy Act. (CCPA). (2023). *State of California Department of Justice*. https://oag.ca.gov/privacy/ccpa. Zugegriffen am 01.02.2023.

Canhoto, A., & Clear, F. (2020). Artificial intelligence and machine learning as business tools: A framework for diagnosing value destruction potential. *Business Horizons, 63*(2), 183–193.

Cantu, R. (1999). *A framework for implementing enterprise resource planning systems in small manufacturing companies*. Master's thesis, St. Mary's University, San Antonio.

Carmona, D. (2019). *The AI organization*. O'Reilly.

Casati, F., Govindarajan, K., & Jayaraman, B. (2019). *Operating enterprise AI as a service*. International Conference on Service-Oriented Computing.

Chang, W., Schmelzer, M., Kopp, F., Hsu, C., Su, J., Chen, L., & Chen, M. (2019). *A deep learning facial expression recognition based scoring system for restaurants* (S. 251–254). International Conference on Artificial Intelligence in Information and Communication (ICAIIC).

Chang, Y. (2020). What drives organizations to switch to cloud ERP systems? The impacts of enablers and inhibitors. *Journal of Enterprise Information Management., 33*(3), 600–626.

Charlier, R., & Kloppenburg, S. (2017). *Artificial Intelligence is not the future, it is already happening and widely available.* https://www.pwc.nl/nl/assets/documents/artificialintelligence-in-hr-a-no-brainer.pdf. Zugegriffen am 01.02.2023.

Chau, P. Y. K. (1995). Factors used in the selection of packaged software in small businesses: Views of owners and managers. *Information and Management, 29*(2), 71–78.

Chaubard, F. (2023). *AI for retail: A practical guide to modernize your retail business with AI and automation.* Wiley.

Chen, A. N., Goes, P. B., Gupta, A., & Marsden, J. R. (2006). Heuristics for selecting robust database structures with dynamic query patterns. *European Journal of Operational Research, 168,* 200–220.

Chen, D., Doumeingts, G., & Vernadat, F. (2008). Architectures for enterprise integration and interoperability: Past, present and future. *Computers in Industry, 59,* 647–659.

Chen, H.-H., Chen, C.-S., & Tsai, L. H. (2009). A study of successful ERP – From the organization fit perspective. *Journal of Systemics, Cybernetics and Informatics, 7*(4), 8–16.

Chen, I. J. (2001). Planning for ERP systems: Analysis and future trend. *Business Process Management Journal, 7*(5), 374–386.

Chen, L., Jiang, M., Jia, F., & Liu, G. (2021). Artificial intelligence adoption in business-to-business marketing: Toward a conceptual framework. *Journal of Business & Industrial Marketing, 37*(5), 1025–1044.

Chen, S., & Wang, J. (2019). Cloud-based ERP system selection based on extended probabilistic linguistic MULTIMOORA method and Choquet integral operator. *Computational and Applied Mathematics, 38,* 1–32.

Chugh, R., Sharma, S. C., & Cabrera, A. (2017). Lessons learned from Enterprise Resource Planning (ERP) implementations in an Australian company. *International Journal of Enterprise Information Systems, 13*(3), 23–35.

Chung, S. H., Tang, H.-L., & Ahmad, I. (2011). Modularity, integration and IT personnel skills factors in linking ERP to SCM systems. *Journal of Technology Management & Innovation, 6,* 1–3.

Ciborra, C., Braa, K., Cordella, A., et al. (2000). *From control to drift – The dynamics of corporate information infrastructures.* Oxford University Press.

Cohen, M. (2022). *Practical linear algebra for data science.* O'Reilly.

Colmenares, L. E. (2004). *Critical success factors of enterprise resource planning systems implementation in Venezuela.* Americas Conference on Information Systems (AMCIS) Proceedings paper, *21,*134–139.

Cotteleer, M. J., & Bendoly, E. (2006). Order lead-time improvement following enterprise information technology implementation: An empirical study. *MIS Q, 30*(3), 643–660.

Cubric, M. (2020). Drivers, barriers and social considerations for AI adoption in business and management: A tertiary study. *Technology in Society, 62,* 101257.

Czekster, R. M., Webber, T., Jandrey, A. H., & Macron, C. A. M. (2019). Selection of enterprise resource planning software using analytic hierarchy process. *Enterprise Information Systems, 13*(6), 895–915.

D'Ascoli, S. (2022). *Artificial Intelligence and deep learning with Python.* Independently published.

Davenport, T. H. (1998). Putting the enterprise into the enterprise system. *Harvard Business Review, 76*(4), 121–131.

Davenport, T. H. (2000). *Mission critical: Realizing the promise of enterprise systems.* Harvard Business School Press.

Davenport, T. H., & Ronanki, R. (2018). Artificial Intelligence for the real world. *Harvard Business Review.*

Davenport, T. H., Harris, J. G., & Cantrell, S. (2004). Enterprise systems and ongoing process change. *Business Process Management Journal, 10*(1), 16–26.

Davidson, R. (2020). Top ERP software vendors in 2020 company comparison list. https://software-connect.com/erp/top-vendors/. Zugegriffen am 01.02.2023.

Deutsch, C. (1998). Software that can make a grown company cry. *The New York Times, 148*(51), 1–13.

Dixit, A. K., & Prakash, O. (2011). Study of issues affecting ERP implementation in SMEs. *International Refereed Research Journal, 2*(2) Available at: www.researchersworlld.com, 77–85.

Domingos, P. (2015). *The master algorithm: How the quest for the ultimate learning machine will remake our world*. Basic Books.

Dong, L (2000). *A model for enterprise systems implementation: Top management influences on implementation effectiveness*. Americas Conference on Information Systems AMCIS, K.

Duda, R. O., Hart, P. E., & Stork, D. G. (2000). *Pattern classification* (2. Aufl.). Wiley-Interscience.

Earley, S. (2020). *The AI-powered enterprise*. LifeTree.

Edwards, L., & Veale, M. (2017). *Slave to the algorithm? Why a 'Right to an Explanation' is probably not the remedy you are looking for*. SSRN Scholarly Paper. Social Science Research Network.

El Sawah, S., El Fattah, A. A., Tharwat, A., et al. (2008). A quantitative model to predict the Egyptian ERP implementation success index. *Business Process Management Journal, 14*(3), 288–306.

Escalle, C. X., Cotteleer, M. J., & Austin, R. D. (1999). *Enterprise Resource Planning (ERP): Technology note*. Harvard Business School Publishing.

Essex, D., Diann, D., & O'Donnell, J. (2020). *Enterprise resource planning*. https://searcherp.techtarget.com/definition/ERP-enterprise-resource-planning. Zugegriffen am 01.02.2023.

Esteves, J., & Pastor, J. A. (2001). *Analysis of critical success factors relevance along SAP implementation phases* (S. 1019–1025). Seventh Americas Conference on Information Systems.

European Commission. (2018). *Guidelines on automated individual decision-making and profiling for the purposes of regulation 2016/679 (Wp251rev.01)*.

European Commission. (2019a). *EU high-level expert group on Artificial Intelligence. Ethics Guidelines for Trustworthy AI*.

European Commission. (2019b). *Policy and investment recommendations for trustworthy Artificial Intelligence*.

Everdingen, Y., Hillergersberg, J., & Waarts, E. (2000). ERP adoption by European midsize companies. *Communications of the ACM, 43*(4), 27–31.

Ewusi-Mensah, K. (1997). Critical issues in abandoned information systems development projects. *Communications of the Association for Computing Machinery (ACM), 40*(9), 74–80.

Federici, T. (2009). Factors influencing ERP outcomes in SMEs: A post-introduction assessment. *Journal of Enterprise Information Management, Google Scholar, 22*(1–2), 81–98.

Finney, S., & Corbett, M. (2007). ERP implementation: A compilation and analysis of critical success factors. *Business Process Management Journal, 13*(3), 329–347.

Fisher, D. M., Fisher, S. A., Kiang, M. Y., et al. (2004). Evaluating mid-level ERP software. *Journal of Computer Information Systems, 45*(1), 38–46.

Foster, D. (2023). *Generative deep learning*. O'Reilly.

Gantz, J., & Reinsel, D. (2012). The digital universe in 2020: Big data, bigger digital shadows, and biggest growth in the far east. *IDC iView: IDC Analyze the future, 2007*(2012), 1–16.

Gargeya, V. B., & Brady, C. (2005). Success and failure factor of adopting SAP in ERP system implementation. *Business Process Management Journal, 11*(5), 501–516.

Gartner, I. (2019). Gartner says 5.8 billion enterprise and automotive IoT endpoints will be in use in 2020. https://www.gartner.com/en/newsroom/press-releases/2019-08-29-gartner-says-5-8-billion-enterprise-and-automotive-io. Zugegriffen am 01.02.2023.

Gattiker, T., & Goodhue, D. L. (2000). Understanding the plant level costs and benefits of ERP: will the ugly duckling always turn into a swan? 33rd Hawaii International Conference on Science Systems HICSS, Maui, Hawaii.

Gattiker, T., & Goodhue, D. L. (2005). What happens After ERP Implementation: Understanding the impact of interdependence and differentiation on plant-level outcomes? *MIS Q, 29*(3), 559–585.

Gaughan, D., Natis, Y., Alvarez, G., & O'Neill, M. (2020). *Future of applications: Delivering the composable enterprise*. Gartner. https://www.gartner.com/en/doc/465932-future-of-applications-delivering-the-composable-enterprise. Zugegriffen am 01.02.2023.

Gavali, A., & Halder, S. (2019). Identifying critical success factors of ERP in the construction industry. Asian. *Journal of Civil Engineering., 21*, 311–329.

General Data Protection Regulation (GDPR). (2023). *Council of the European Union*. https://www.consilium.europa.eu/en/policies/data-protection/data-protection-regulation. Zugegriffen am 01.02.2023.

George Saadé, R., Nijher, H., & Sharma, C M. (2017). *Why ERP implementations fail – A grounded research study*. Proceedings of the 2017 InSITE Conference. Informing Science Institute, 191–200.

Geron, A. (2019). *Hands-on machine learning with Scikit-Learn, Keras & TensorFlow*. O'Reilly.

Gianclaudio, M., & Comandé, G. (2017). Why a right to legibility of automated decision-making exists in the general data protection regulation. *International Data Privacy Law, 7*(4).

Gibson, N., Holland, C., & Light, B. (1999a). A case study of a fast track SAP R/3 implementation at Guilbert. *Electronic Markets, 9*(3), 190–193.

Gibson, N., Holland, C., & Light, B. (1999b). *Enterprise resource planning: A business approach to systems development*. 32nd Hawaii International Conference on Science Systems HICSS, Maui.

Glass, R. L. (1998). Enterprise resource planning: Breakthrough and/or term problem? *Data Base, 29*(2), 14–15.

Gobeli, D. H., Koeing, H. F., & Mirsha, C. S. (2002). Strategic value creation. In P. Phan (Hrsg.), *Technological entrepreneurship* (S. 3–16). McGraw Hill.

Goldenberg, B. (1991). Analyze key factors when choosing software. *Marketing News, 25*, 23.

Goldkuhl, G. (2002). *Anchoring scientific abstractions - ontological and linguistic determination following socio-instrumental pragmatism* (S. 29–30). European Conference on Research Methods in Business and Management.

Goodfellow, I., Bengio, Y., & Courville, A. (2016). *Deep Learning. Adaptive computation and machine learning series*. MIT Press.

Gordon, C., & Upadhyay, M. A. (2021). *The AI dilemma*. BPB Publications.

Goundar, S., Nayyar, A., Maharaj, M., Ratnam, K., & Prasad, S. (2021). *How artificial intelligence is transforming the ERP systems. Enterprise systems and technological convergence*. Information Age Publishing.

Grabski, S. V., Leech, S. A., & Bai, L. U. (2003). Enterprise systems implementation risks and controls. In G. Shanks, P. B. Seddon, & L. P. Willcocks (Hrsg.), *Second-wave enterprise resource planning systems: Implementing for effectiveness*. Cambridge University Press.

Gregor, S., & Hevner, A. R. (2013). Positioning and presenting design science research for maximum impact. *MIS Quarterly, 37*(2), 337–355.

GrowthbusinesS. (2017). *The rise of the AI recruiter: Is HR tech the next to challenge human intuition?* https://www.growthbusiness.co.uk/rise-ai-recruiter-hr-technext-challenge-human-intuition-2550350/. Zugegriffen am 01.02.2023.

Grus, J. (2019). *Data science from scratch*. O'Reilly.

Guenole, N., & Feinzig, S. (2018). *The business case for AI in HR*. https://forms.workday.com/content/dam/web/en-us/documents/case-studies/ibm-business-case-ai-in-hr.pdf. Zugegriffen am 01.02.2023.

Gunasekaran, A., Ngai, E. W. T., & McGaughey, R. E. (2006). Information technology and systems justification: A review for research and applications. *European Journal of Operational Research, 173*, 957–983.

Hadidi, M., Al-Rashdan, M., Hadidi, S., & Soubhi, Y. (2020). Comparison between Cloud ERP and Traditional ERP. *Journal of Critical Reviews, 7*(3), 2020.

Han, S. W. (2004). ERP-enterprise resource planning: A cost-based business case and implementation assessment. *Human Factors and Ergonomics in Manufacturing, 14*(3), 239–256.

Hanseth, O., Ciborra, C. U., & Braa, K. (2001). The control devolution, ERP and the side effects of globalization. *The Data Base for Advances in Information Systems, 32*(4), 34–46.

Haq, R. (2020). *Enterprise Artificial Intelligence transformation*. Wiley.

Hastie, T., Tibshirani, R., & Friedman, J. (2009). *The elements of statistical learning: Data Mining, Inference, and Prediction. Springer Series in Statistics*. Springer.

Hechler, E., & Oberhofer, M. (2020). *Deploying AI in the enterprise*. Apress.

Hecht, B. (1997). Choose the right ERP software. *Datamation, 43*(3), 56–58.

Hevner, A., & Chatterjee, S. (2010). *Design research in information systems*. Springer Publishing.

Hilpisch, Y. (2020). *Artificial Intelligence in finance*. O'Reilly.

Hitt, L. M., Wu, D. J., & Zhou, X. (2002). Investment in enterprise resource planning: Business impact and productivity measures. *Journal of Management Information Systems, 19*(1), 71–98.

Holland, C., & Light, B. (1999). A critical success factors model for ERP implementation. *IEEE Software, 16*(3), 30–36.

Hongk, K., & Kim, Y.-G. (2002). The critical success factors for ERP implementation: An organizational fit perspective. *Information and Management, 40*(1), 25–40.

Hoofnagle, C. J., Sloot, B., & Zuiderveen, B. F. (2019). The European Union general data protection regulation: What it is and what it means. *Information & Communications Technology Law, 28*(1), 65–98.

Hsiuju, R. Y., & Chwen, S. (2008). Aligning ERP implementation with competitive priorities of manufacturing firms: An exploratory study. *International Journal of Production Economics, 92*, 207–220.

Hurwitz, J., & Kirsch, D. (2018). *Machine learning for dummies*. Wiley.

Huyen, C. (2022). *Designing machine learning systems*. O'Reilly.

Hyvonen, T. (2003). Management accounting and information systems – ERP vs BoB. *European Accounting Review, 12*(1), 155–173. http://ssrn.com/abstract=369323

Iakimets, A. (2020). *What are packaged business capabilities?* Elastic Path Software Inc. https://www.elasticpath.com/blog/what-are-packaged-business-capablities. Zugegriffen am 01.02.2023.

Ibrahim, A. M. S., Sharp, J. M., & Syntetos, A. A. (2008). A framework for the implementation of ERP to improve business performance: A case study. In Irani, Z., Sahraoui, S., & Ghoneim A. et al. (Hrsg), *Proceedings of the European and Mediterranean Conference on Information Systems (EMCIS)*.

IDC. (2020). *Worldwide enterprise resource planning software market shares, 2020: The advance of modular and intelligent ERP systems*.

IDC. (2021). *IDC futureScape: Worldwide enterprise resource management software market shares, 2021: Digital-First World Propelling the Market*.

IDC. (2022a). *IDC futureScape: Worldwide Artificial Intelligence and automation 2023 predictions*.

IDC. (2022b). *IDC futureScape: Worldwide intelligent ERP 2023 predictions*.

IDC. (2022c). *IDC market forecast: Worldwide Artificial Intelligence software forecast, 2022–2026*.

Insights, F. (2018). *How AI builds a better manufacturing process*.

Jacobs, F. R., & Bendoly, E. (2003). Enterprise resource planning: Developments and directions for operations management research. *European Journal of Operational Research, 146*, 233–240.

Jalan, S. (2020). *Applications of data science in ERP*. https://medium.com/swlh/applications-of-data-science-in-erp-5e98347d4d07. Zugegriffen am 01.02.2023.

James, G., Witten, D., Hastie, T., & Tibshirani, R. (2013). *An introduction to statistical learning: With applications in R. Springer Texts in Statistics*. Springer.

Jamison, T. A., Layman, P. A., Niska, B. T., et al. (2005). Evaluation of enterprise architecture interoperability, Air Force Institute of Technology, Ohio.

Janich, P. (1997). Kleine Philosophie der Naturwissenschaften. BeckscheReihe 1203.

Janich, P. (2005). *Was ist Wahrheit? Eine philosophische Einführung.* C.H.Beck.

Janich, P. (2006). *Was ist Information? Kritik einer Legende.* Suhrkamp.

Jarrar, Y. F., Al-Mudimigh, A., & Zairi, M. (2000). ERP implementation critical success factors-the role and impact of business process management. *International Conference on Management of Innovation and Technology, 1*, 122–127.

Jarvinen, Z. (2020). *Enterprise AI for dummies.* For Dummies.

Johansson, B. (2007). *Why focus on roles when developing future ERP systems.* www.3gerp.org

Juma, M., & Shaalan, K. (2020). Cyberphysical systems in the smart city: Challenges and future trends for strategic research. In *Swarm intelligence for resource management in internet of things* (S. 65–85). Elsevier.

Kaddoumi, T., & Tambo, T. (2022). *Democratizing enterprise AI success factors and challenges.* European Mediterranean and Middle Eastern Conference on Information Systems.

Kalling, T. (2003). ERP systems and the strategic management processes that lead to competitive advantage. *Information Resources Management Journal (IRMJ), 16*(4), 46–67.

Kamhawi, E. M. (2008). Enterprise resource-planning systems adoption in Bahrain: Motives, benefits, and barriers. *Journal of Enterprise Information Management, 21*(3), 310–334.

Kanaracus, C. (2011, August 11). Epicor sued over alleged ERP project failure, Computer world. http://www.computerworld.com

Katsov, I. (2022). *The theory and practice of enterprise AI.* Grid Dynamics.

Kearns, M., & Roth, A. (2019). *The ethical algorithm: The science of socially aware algorithm design.* Oxford University Press.

Keil, M., & Tiwana, A. (2006). Relative importance of evaluation criteria for enterprise systems: A conjoint study. *Information Systems Journal, 16*(3), 237–262.

Kelleher, J. D., & Tierney, B. (2018). *Data science.* The MIT Press Essential Knowledge series.

Kerzel, U. (2020). Enterprise AI canvas integrating Artificial Intelligence into business. *Applied Artificial Intelligence, 35*.

Kholeif, A. O., Abdel-Kader, M., & Sherer, M. (2007). ERP customization failure: Institutionalized accounting practices, power relations and market forces. *Journal of Accounting and Organizational Change, 3*, 250–269.

Kimberling, E. (2006). 7 critical success factors to make your ERP or IT project successful. http://it.toolbox.com/blogs/erp-roi/7-criticalsuccess-factors-to-make-your-erp-or-it-project-successful-12058. Zugegriffen am 01.02.2023.

Kimberling, E. (2011). Back to school: When will ERP software customers learn to avoid failure? http://panorama-consulting.com/back-to-school-when-will-erp-software-customers-learn-to-avoid-failure/. Zugegriffen am 01.02.2023.

Kiran, T. S., & Reddy, A. V. (2019). Critical success factors of ERP implementation in SMEs. *Journal of Project Management, 4*(4).

Kleppmann, M. (2017). *Designing data-intensive applications.* O'Reilly.

Konstantas, D., Bourrières, J. P., Léonard, M., et al. (2005). *Interoperability of enterprise software and applications* (S. 409–420). Proceedings of the First Conference on Interoperability of Enterprise Software and Applications, INTEROP-ESA'05. Springer.

Krishnan, N. (2020). *Enterprise Artificial Intelligence and machine learning for managers.* C3.ai.

Krumbholz, M., Galliers, J., Coulianos, N., & Maiden, N. A. M. (2000). Implementing enterprise resource planning packages in different corporate and national cultures. *Journal of Information Technology, 15*(4), 267–280.

Kumar, K., & Hillegersberg, J. V. (2000). ERP experiences and evolution. *Communications of the ACM, 43*(4), 22–26.

Kumar, V. (2010). Application of analytical hierarchy process to prioritize the factors affecting ERP implementation. *International Journal of Computer Applications, 2*(2), 0975–8887.

Kumar, V., Maheshwari, B., & Kumar, U. (2002). Enterprise resource planning systems adoption process: A survey of Canadian organizations. *International Journal of Production Research, 40*(3), 509–523.

Kumar, V., Maheshwari, B., & Kumar, U. (2003). An investigation of critical management issues in ERP implementation: Empirical evidence from Canadian organizations. *Technovation, 23*(10), 793–807.

Kyung-Kwon, H., & Young-Gul, K. (2002). The critical success factors for ERP implementation: An organizational fit perspective. *Information & Management, 40*, 25–40.

Lakshmanan, V. (2020). *Machine learning design patterns*. O'Reilly.

Lall, V., & Teyarachakul, S. (2006). Enterprise resource planning (ERP) system selection: A data envelopment analysis (DEA) approach. *Journal of Computer Information Systems, 47*(1), 123–127.

Langenwalter, G. (2000). *Enterprise resources planning and beyond: Integrating your entire organization*. St. Lucie Press.

Laughlin, S. (1999). An ERP game plan. *Journal of Business Strategy, 20*(1), 32–37.

Leon, A. (2007). *ERP demystified*. McGraw-Hill Education (India) Ltd.

Liao, X. W., Li, Y., & Lu, B. (2007). A model for selecting an ERP system based on linguistic information processing. *Information Systems, 32*(7), 1005–1017.

Light, B., Holland, C. P., & Wills, K. (2001). ERP and best of breed: A comparative analysis. *Business Process Management Journal, 7*(3), 216–224.

Li-Ling, H., & Minder, C. (2004). Impacts of ERP systems on the integrated-interaction performance of manufacturing and marketing. *Industrial Management & Data Systems, 104*(1), 42–55.

Lindley, J. T., Topping, S., & Lindley, L. (2008). The hidden financial costs of ERP Software. *Managerial Finance, 34*(2), 78–90.

Mabert, V. A., Soni, A., & Venkataramanan, M. A. (2000). Enterprise resource planning survey of US manufacturing firms. *Production and Inventory Management Journal, 41*, 52–58.

Mabert, V. A., Soni, A., & Venkataramanan, M. A. (2003). Enterprise resource planning: Managing the implementation process. *European Journal of Operational Research, 146*(2), 302–314.

Mackinnon, W., Grant, G., & Cray, D. (2008). *Enterprise information systems and strategic flexibility* (S. 402). Proceedings of the 41st Hawaii International Conference on System Sciences.

Mahraz, M., Benabbou, L., & Berrado, A. (2020). A compilation and analysis of critical success factors for the ERP implementation. *International Journal of Enterprise Information Systems, 16*(2), 107–133.

Maione, G. (2021). *Artificial Intelligence and the public sector: The case of accounting. Artificial Intelligence and its contexts*. Springer.

Manoilov, I. T. (2023). ERP systems and AI. *Economics and computer science*, (1), 5–14.

McKinney, W. (2022). *Python for data analysis*. O'Reilly.

McKinsey & Company. (2019). Industry 4.0: Capturing value at scale in discrete manufacturing. https://www.mckinsey.com/~/media/McKinsey/Industries/Advanced%20Electronics/Our%20Insights/Capturing%20value%20at%20scale%20in%20discrete%20manufacturing%20with%20Industry%204%200/Industry-4-0-Capturing-value-at-scale-in-discrete-manufacturing-vF.ashx. Zugegriffen am 01.02.2023.

Menon, S. A., Muchnick, M., Butler, C., & Pizur, T. (2019). Critical challenges in Enterprise Resource Planning (ERP) implementation. *International Journal of Business and Management, 14*(7), 54.

Momoh, A., Roy, R., & Shehab, E. (2010). Challenges in enterprise resource planning implementation: State-of-the-art. *Business Process Management Journal, 16*(4), 537–564.

Moon, Y. B., & Phatak, D. (2005). Enhancing ERP system's functionality with discrete event simulation. *Industrial Management & Data Systems, 105*(9), 1206–1224.

Moon, Y. B., & Young, B. (2007). Enterprise resource planning (ERP): A review of the literature. *International Journal of Management and Enterprise Development, 4*(3), 235–264.

Moore, G. E. (1965). Cramming more components onto integrated circuits. *Electronics, 38*(8), 114–117.

Motwani, J., Mirchandani, D., Madan, M., et al. (2002). Successful implementation of ERP projects: Evidence from two case studies. *International Journal of Production Economics, 75*(1), 83–96.

Mueller, J. P., & Massaron L. (2021). *Artificial Intelligence for dummies*. For Dummies

Murphy, K. P. (2012). *Machine learning: A probabilistic perspective. Adaptive computation and Machine Learning series*. MIT Press.

Muscatello, J. R., & Parente, D. H. (2006). Enterprise resource planning (ERP): A post implementation cross-case analysis. *Information Resource Management Journal, 3*, 61–81.

Nagai, E. W. T., Law, C. C. H., & Wat, F. K. T. (2008). Examining the critical success factors in the adoption of enterprise resource planning. *Computers in Industry, 59*(6), 548–564.

Nah, F., Faja, S., & Cata, T. (2001). Characteristics of ERP software maintenance: A multiple case study. *Journal of Software Maintenance, 13*(6), 1–16.

Nah, F. F.-H., Zuckweiler, K. M., & Lau, J. L.-S. (2003). ERP implementation: Chief information officers' perceptions of critical success factors. *International Journal of Human-Computer Interaction, 16*(1), 5–22.

Natarajan, P., & Rogers, B. (2021). *Demystifying AI for the enterprise*. Productivity Press.

Nazemi, E., Tarokh, M. J., & Djavanshir, R. R. (2012). ERP: A literature survey. *International Journal of Advanced Manufacturing Technology, 61*, 999–1018.

Nelson, B. (2020). *AI concepts for business applications*. Business Expert Press.

Nelson, H. (2023). *Essential math for AI*. O'Reilly.

Nield, T. (2022). *Essential math for data science*. O'Reilly.

Nohria, N., William, J., & Roberson, B. (2003). What really works. *Harvard Business Review, 81*(7), 42–52.

Olhager, J., & Selldin, E. (2003). Enterprise resource planning survey of Swedish manufacturing firms. *European Journal of Operational Research, 146*(2), 365–373.

Parasuraman, R., Sheridan, T. B., & Wickens, C. (2000). *A Model for Types and Levels of Human Interaction with Automation*. IEEE Transactions on Systems, Man, and Cybernetics.

Parijat, U., & Dan, P. K. (2009). ERP in Indian SME's: A post implementation study of the underlying critical success factors. *International Journal of Management Innovation System, 1*(2), 1–10.

Parikh, T. (2018). The ERP of the future: Blockchain of things. *International Journal of Scientific Research in Science, Engineering and Technology, 4*(1), 1341–1348.

Park, K., & Kusiak, K. (2005). Enterprise resource planning (ERP) operations support systems for maintaining process integration. *International Journal of Production Research, 43*(19), 3959–3982.

Parr, A., & Shanks, G. (2000). A model of ERP project implementation. *Journal of Information Technology, 15*(4), 289–304.

Parthasarathy, S., & Padmapriya, S. T. (2023). Understanding algorithm bias in artificial intelligence-enabled ERP software customization. *Journal of Ethics in Entrepreneurship and Technology*. ISSN 2633-7436.

Pawlowski, S., Boudreau, M., & Baskerville, R. (1999). *Constraints and flexibility in enterprise systems: A dialectic of system and job*. Americas Conference on Information Systems AMCIS, Milwaukee.

Pierson, L. (2021). *Data science for dummies.* For Dummies.
Polivka, M., & Dvorakova, L. (2021). *Selection of the ERP system with regard to the global 4th industrial revolution* (Bd. 92). The 20th International Scientific Conference Globalization and its Socio-Economic Consequences.
Prahalad, C. K., & Krishnan, M. S. (2008). *The new age of innovation, driving co-creating value through global networks.* McGraw Hill.
Provost, F., & Fawcett, T. (2021). *Data science for business.* Upfront Books.
Ptak, C., & Schragenheim, E. (2000). *ERP: Tools, techniques, and applications for integrating the supply chain.* St. Lucie Press.
Purnendu, M., & Gunasekaran, A. (2003). Issues in implementing ERP: A case study. *European Journal of Operational Research, 146*, 274–283.
Raja, P., Sheridan, T. B., & Christopher, W. (2000). A model for types and levels of human interaction with automation. *IEEE Transactions on Systems, Man, and Cybernetics, 30*, 286–297.
Ranganathan, C., & Brown, C. V. (2006). ERP investments and the market value of firms: Toward an understanding of influential ERP project variables. *Information Systems Research, 17*(2), 145–161.
Rao, S. S. (2000). Enterprise resource planning: Business needs and technologies. *Industrial Management and Data Systems, 100*(1–2), 81–88.
Rasmy, M. H., Tharwat, A., & Ashraf, S. (2005). *Enterprise resource planning (ERP) implementation in the Egyptian organizational context* (S. 1–13). European Mediterranean Conference on Information Systems, Cairo.
Ratkevičius, D., Ratkevičius, Č., & Skyrius, R. (2012). ERP selection criteria: Theoretical and practical views. *Ekonomika, 91*(2), 97–116.
Rebstock, M., & Selig, J. (2000). *J. Development and implementation strategies for international ERP software projects* (Bd. 2, S. 932–936). 8th European Conference on Information Systems ECIS
Reid, A. (2023). *The AI renaissance.* Kindle.
Reis, J., & Housley, M. (2022). *Fundamentals of data engineering.* O'Reilly.
Richter, M., & Flückiger, M. D. (2013). *Usability Engineering kompakt. Benutzbare Produkte gezielt entwickeln* (3. Aufl.). Springer (IT kompakt). http://site.ebrary.com/lib/alltitles/docDetail.action?docID=10691416
Robb, D. (2011, January). Enterprise ERP buyer's guide: SAP, Oracle and Microsoft. www.enterpriseappstoday.com
Rogerson, S., & Fidler, C. (1994). Strategic information systems planning: Its adoption and use. *Information Management & Computer Security Journal, 12*(3), 12–17.
Kenge, R., & Khan, Z. (2020). A research study on the ERP system implementation and current trends in ERP. *Shanlax International Journal of Management, 8*(2), 34–39.
Rosario, J. G. (2000). On the leading edge: Critical success factors in ERP implementation projects. *Business World (Philippines), 27*, 27.
Rosemann, M., Scott, J., & Watson, E. (2000). *Collaborative ERP education: Experiences from a first pilot.* Americas Conference on Information Systems AMCIS, K.
Ross, J. W., & Weill, P. (2002). Six decisions your IT people shouldn't make. *Harvard Business Review, 80*(11), 84–92.
Rowe, F., & Elamrani, R., & Bidan, M., et al. (2005). *Does ERP provide a cross-functional view of the firm? Challenging conventional wisdom for SMEs and large French firms.* 26th International Conference on Information Systems, Las Vegas, S. 11–24.
Ruivo, P., Johannson, B., Sarker, S., & Oliveira, T. (2020). The relationship between ERP capabilities, use, and value. *Computers in Industry, 117*, 103209.
Russell, S., & Norvig, P. (2020). *Artificial Intelligence: A modern approach.* Pearson.

Sadagopan, S. (1999). *The world of ERP: A managerial perspective* (S. 1–16). Tata McGraw-Hill Publishing Company Limited.

Samara, T. (2015). *ERP and information systems: Integration or Disintegration.* Wiley.

SAP AI Ethics. (2022). *Building trustworthy & ethical AI systems.* https://www.sap.com/products/artificial-intelligence/ai-ethics.html

SAP AI Ethics Policy. (2022). *SAP global Artificial Intelligence ethics policy.* https://sap.sharepoint.com/teams/SAPOneAssets/Library/company_policies_and_guidelines/Global_AI_Ethics_Policy_1.0_English.pdf. Zugegriffen am 01.02.2023.

SAP AI Guiding Principles. (2021). *SAP's guiding principles for Artificial Intelligence.* https://www.sap.com/products/artificial-intelligence/ai-ethics.html?pdf-asset=940c6047-1c7d-0010-87a3-c30de2ffd8ff&page=1. Zugegriffen am 01.02.2023.

SAP-KI-Leitprinzipien. (2021). SAP SE. *SAP AI Ethics Handbook.* https://www.sap.com/documents/2023/03/7211ee96-647e-0010-bca6-c68f7e60039b.html

SAP Human Rights Commitment. (2022). *SAP global human rights commitment statement.* https://www.sap.com/documents/2016/01/a8c6d366-577c-0010-82c7-eda71af511fa.html. Zugegriffen am 01.02.2023.

Sarferaz, S. (2021a). U.S. Patent Application No. 16/725,734. U.S. Patent and Trademark Office.

Sarferaz, S. (2021b). U.S. Patent Application No. 16/797,835. U.S. Patent and Trademark Office.

Sarferaz, S. (2021c). U.S. Patent No. 16/865,021. U.S. Patent and Trademark Office.

Sarferaz, S. (2022a). *Compendium on enterprise resource planning.* Springer Publishing.

Sarferaz, S. (2022b). U.S. Patent No. 11,494,512. U.S. Patent and Trademark Office.

Sarferaz, S. (2022c). U.S. Patent No. 11,507,884. U.S. Patent and Trademark Office.

Sarferaz, S. (2023a). *ERP-Software: Funktionalität und Konzepte.* Springer Publishing.

Sarferaz, S. (2023b). U.S. Patent No. 11,580,455. U.S. Patent and Trademark Office.

Sarferaz, S. (2023c). U.S. Patent No. 11,625,602. U.S. Patent and Trademark Office.

Sarferaz, S. (2024a). *Embedding Artificial Intelligence into ERP Software.* Springer Publishing.

Sarferaz, S. (2024b). U.S. Patent No. 11,893,458. U.S. Patent and Trademark Office.

Sarferaz, S. (2024c). U.S. Patent No. 12,014,248. U.S. Patent and Trademark Office.

Sarferaz, S., & Banda, R. (2021). *Implementing machine learning with SAP S/4HANA.* Rheinwerk.

Saueressig, T., Gilg, J., Betz, O., & Homann, M. (2021a). *SAP S/4HANA cloud – An introduction.* SAP Press.

Saueressig, T., Stein, T., Boeder, J., & Kleis, W. (2021b). *SAP S/4HANA architecture.* SAP Press.

Schonefeld, M., & Vering, O. (2000). Enhancing ERP-efficiency through workflow-services, Proceedings of the 2000 Americas Conference on Information Systems, AMCIS Long Island, S. 640–645.

Schuler, K., & Schlegel, D. (2021). *A framework for corporate Artificial Intelligence strategy.* International Conference on Digital Economy.

Scott, E. J. (1999, Mai 13). *The FoxMeyer Drugs' bankruptcy: Was it a failure of ERP?* (S. 223–225) Proceedings of the 5th Americas Conference on Information System, Milwaukee.

Shah, I. (2019). *Intro to data science: A step-by-step guide to learn data science.* https://towardsdatascience.com/intro-to-data-science-531079c38b22. Zugegriffen am 01.02.2023.

Shahin, D., & Sulaiman, A. (2009). Successful enterprise resource planning implementation: Taxonomy of critical factors. *Industrial Management and Data Systems, 109*(8), 1037–1052.

Shalev-Shwartz, S., & Ben-David, S. (2014). *Understanding machine learning: From theory to algorithms.* Cambridge University Press.

Sharif, A. M., Irani, Z., & Love, P. E. D. (2005). Integrating ERP using EAI: A model for post-hoc evaluation. *European Journal of Information Systems, 14*(3), 162–174.

Shehab, E., Sharp, M., Supramaniam, L., et al. (2004). Enterprise resource planning: An integrative review. *Business Process Management Journal, 10*(4), 359–386.

Siriginidi, S. R. (2000a). Enterprise resource planning: Business needs and technologies. *Industrial Management & Data Systems, 100*, 81.

Siriginidi, S. R. (2000b). Enterprise resource planning in reengineering business. *Business Process Management Journal, 6*, 376.

Soh, C., Kien, S. S., & Tay-Yap, J. (1999). Enterprise resource planning: Cultural fits and misfits: Is ERP a universal solution? *Communications of the Association for Computing Machinery (ACM), 43*(4), 47–51.

Soh, C., Kien, S., & Tay-Yap, J. (2000). Cultural fits and misfits: Is ERP a universal solution? *Communications of the ACM, 43*(4), 47–51.

Somers, T., Nelson, K., & Ragowsky, A. (2000). *Enterprise resource planning (ERP) for the next millennium: Development of an integrative framework and implications for research*. Americas Conference on Information Systems AMCIS, USA.

Soni, N., Sharma, E., Singh, N., & Kapoor, A. (2020). Artificial Intelligence in business: From research and innovation to market deployment. *Procedia Computer Science, 167*, 2200–2210.

Spathis, C., & Constantinides, S. (2003). The usefulness of ERP systems for effective management. *Industrial Management and Data Systems, 103*(9), 677–685.

Spathis, C., & Constantinides, S. (2004). Enterprise resource planning systems' impact on accounting processes. *Business Process Management Journal, 10*(2), 234–247.

Sprott, D. (2000). Componentizing the enterprise application packages. *Communication of the ACM, 43*(2), 63–69.

Sridharan, V., & LaForge, R. L. (2000). Resource planning: MRP to MRPII and ERP. In P. M. Swamidass (Hrsg.), *Encyclopedia of production and manufacturing management*. Springer. https://doi.org/10.1007/1-4020-0612-8_818

Stapleton, G., & Rezak, C. J. (2004). Change management underpins a successful ERP implementation at Marathon Oil. *Journal of Organization Excellence, 23*(4), 15–21.

Stensrud, E. (2001). Alternative approaches to effort prediction of ERP projects. *Information & Software Technology, 43*(7), 413–423.

Stewart G. (2000). *Collaborative ERP curriculum developing using industry process models*. Americas Conference on Information Systems AMCIS, K.

Straub, D. (2009). Editor's comments: Why top journals accept your paper. *Management Information Systems Quarterly, 33*(3), III–X.

Sumner, M. (2000). Risk factors in enterprise-wide/ERP Projects. *Journal of Information Technology, 15*(4), 317–327.

Swan, J., Newell, S., & Robertson, M. (1999, December). The illusion of 'best practice' in information systems for operations management. *European Journal of Information Systems, 8*(8), 284–293.

Swanton, B. (2004, September 21). Build ERP upgrade costs into the business change program – Not the IT budget. *Computer Weekly*, 28–28.

Tarantilis, C. D., Kiranoudis, C. T., & Theodorakopoulos, N. D. (2008). A web-based ERP system for business services and supply chain management: Application to real-world process scheduling. *European Journal of Operational Research, 187*, 1310–1326.

Thanh, N. (2022). Designing a MCDM model for selection of an optimal ERP software in organization. *Systems, 10*(4), 95.

Themistocleous, M., Irani, Z., & O'Keefe, R. M. (2001). ERP and application integration, exploratory survey. *Business Process Management Journal, 7*(3), 195–204.

Tiwana, A., & Keil, M. (2006). Functionality risk in information systems development: An empirical investigation. *IEEE Transactions on Engineering Management, 53*(3), 412–425.

Tongsuksai, S., Mathrani, S., & Taski, N. (2019). *Cloud enterprise resource planning implementation: A systematic literature review of critical success factors*. IEEE Asia-Pacific Conference on Computer Science and Data Engineering.

Tsai, W. H., Chien, S. W., Hsu, P. Y., et al. (2005). Identification of critical failure factors in the implementation of enterprise resource planning (ERP) system in Taiwan's industries. *International Journal of Management and Enterprise Development, 2*(2), 219–239.

Tsai, W. H., Lee, P. L., Shen, Y. S., et al. (2009). *The relationship between ERP software selection criterion and ERP success* (S. 2222–2226). Proceedings of International Conference on Industrial Engineering and Engineering Management, IEEE.

Umble, E., & Umble, M. (2002). Avoiding ERP implementation failure. *Industrial Management, 44*(1), 25–33.

Umble, E. J., Haft, R. R., & Umble, M. M. (2003). Enterprise resource planning: Implementation procedures and critical success factors. *European Journal of Operational Research, 146*(2), 241–257.

United Nation Human Rights. (2011). Guiding principles on business and human rights. https://www.ohchr.org/Documents/Publications/GuidingPrinciplesBusinessHR_EN.pdf. Zugegriffen am 01.02.2023.

Vahrenkamp, R. (2021). Enterprise resource planning system. https://wirtschaftslexikon.gabler.de/definition/enterprise-resource-planning-system-51587/version-274748. Zugegriffen am 01.02.2023.

Van der Aalst, W. (2014). Data scientist: The engineer of the future (Bd. 7). Proceedings of the I-ESA Conference. Springer.

Van der Aalst, W. (2016). Data science in action. In *Process mining: Data science in action* (S. 3–23). Springer Berlin Heidelberg.

Vander, P. J. (2017). *Python data science handbook*. O'Reilly.

Varga, E. (2019). Introduction to data science. In *Practical data science with Python 3: Synthesizing actionable insights from data* (S. 1–27). Apress.

Vasiliev, Y. (2022). *Python for data science*. No Starch Press.

Venable, J., Pries-Heje, J., & Baskerville, R. (2016). FEDS: A framework for evaluation in design science research. *European Journal of Information Systems, 25*, 77–89.

Verville, J., & Halingten, A. (2002). An investigation of the decision process for selecting an ERP software: The case of ESC. *Management Decision, 40*(3), 206–216.

Verville, J., & Halingten, A. (2003). A six-stage model of the buying process for ERP software. *Industrial Marketing Management, 32*(7), 585–594.

Vincent, A. M., Soni, A., & Venkataramanan, M. A. (2003). Enterprise resource planning: Managing the implementation process. *European Journal of Operational Research, 146*(2), 302–314.

Wailgum, T. (2009). *10 famous ERP disasters, dustups and disappointments, CIO*. http://www.cio.com

Wei, C. C., & Wang, M. J. J. (2004). A comprehensive framework for selecting an ERP system. *International Journal of Project Management, 22*, 161–169.

Wei, C. C., Chien, C. F., & Wang, M. J. J. (2005). An AHP-based approach to ERP system selection. *International Journal of Production Economics, 96*(1), 47–62.

Weiling, K., & Kwok, K. W. (2008). Organizational culture and leadership in ERP implementation. *Decision Support Systems, 45*(2), 208–218.

Weiss, T. R., & Songini, M. L. (2002). Hershey upgrades R/3 ERP system without hitches. *Computerworld, 36*(37), 25.

Wier, B., Hunton, J., & Hassabelnaby, H. R. (2007). Enterprise resource planning systems and non-financial performance incentives: The joint impact on corporate performance. *International Journal of Accounting Information Systems, 8*(3), 165–190.

Wight, O. W. (1984). *Manufacturing resource planning: MRP II – Unlocking America's productivity potential* (S. 53–54, Rev. ed.). Wiley. ISBN: 0-471-13274-8.
Willis, T. H., & Willis-Brown, A. H. (2002). *Extending the value of ERP*. Industrial Management & Data Systems. ISSN 0263-5577.
Wilson, J. (2002). Responsible authorship and peer review. *Science and Engineering Ethics, 8*(2), 155–174.
Winter, R. (2008). Design science research in Europe. *European Journal of Information Systems, 17*, 470–475.
Witten, I. H., Frank, E., Hall, M. A., & Pal, C. J. (2016). *Data mining: Practical machine learning tools and techniques* (4. Aufl.). Morgan Kaufmann.
Wong, B., & Tein, D. (2003). *Critical success factors for ERP projects*. Proceedings of the National Conference of the Australian Institute of Project Management (S. 1–8). http://cms.3rdgen.info/3rdgen_sites/107/resource/orwongandtein.pdf. Zugegriffen am 01.02.2023.
Woo, H. (2007). Critical success factors for implementing ERP: The case of a Chinese electronics' manufacturer. *Journal of Manufacturing Technology Management, 18*(4), 431–442.
Woollacott, E. (2019). Intelligent ERP: The foundation of digital transformation. G. Zeba, J. Lucić, & M. Čičak (Hrsg.), *ERP systems in croatian enterprises and industry, 4*, 313–316.
Yajiong, X., Huigang, L., William, R., et al. (2005). ERP implementation failures in China: Case studies with implications for ERP vendors. *International Journal of Production Economics, 97*(3), 279–295.
Yang, J. B., Wu, C. T., & Tsai, C. H. (2007). Selection of an ERP system for a construction firm in Taiwan: A case study. *Automation in Construction, 16*(6), 787–796.
Yathiraju, N. (2022). Investigating the use of an Artificial Intelligence model in an ERP cloud-based system. *International Journal of Electrical, Electronics and Computers, 7*(2), 1–26.
Yurtyapan, M. S., & Aydemir, E. (2021). ERP software selection using intuitionistic fuzzy and interval grey number-based MACBETH method. *Grey Systems Theory and Application, 12*(1), 78–100.
Zadeh, A. H., Sengupta, A., & Schultz, T. (2020). Enhancing ERP learning outcomes through Microsoft dynamics. *Journal of Information Systems Education, 31*(2), 83–95.
Zdravkovic, M., Panetto, H., & Weichhard, G. (2021). AI-enabled enterprise information systems for manufacturing. *Enterprise Information Systems, 16*(4), 668–720.
Zhang, L., Lee, K. O., & Banerjee, P. (2002). *Critical success factors of enterprise resource planning systems implementation success in China* (S. 1–10). Proceedings of the 36th Hawaii International Conference on System Sciences.
Ziaee, M., Fathian, M., & Sadjadi, S. J. (2006). A modular approach to ERP system selection: A case study. *Information Management & Computer Security, 14*(5), 485–495.

MIX
Papier aus verantwortungsvollen Quellen
Paper from responsible sources
FSC® C105338

If you have any concerns about our products,
you can contact us on
ProductSafety@springernature.com

In case Publisher is established outside the EU,
the EU authorized representative is:
**Springer Nature Customer Service Center GmbH
Europaplatz 3, 69115 Heidelberg, Germany**

Printed by Libri Plureos GmbH
in Hamburg, Germany